Manfred G. Schmidt

Demokratietheorien

Manfred G. Schmidt

# Demokratie-
# theorien

Eine Einführung

3., überarbeitete
und erweiterte Auflage

VS VERLAG FÜR SOZIALWISSENSCHAFTEN

Bibliografische Information Der Deutschen Bibliothek
Die Deutsche Bibliothek verzeichnet diese Publikation in der Deutschen Nationalbibliografie;
detaillierte bibliografische Daten sind im Internet über <http://dnb.ddb.de> abrufbar.

1. Auflage 1995  Leske + Budrich, Opladen
2. Auflage 1997  Leske + Budrich, Opladen
3. Auflage Januar 2000  Leske + Budrich, Opladen
Unveränderter Nachdruck der 3. Auflage Mai 2006

Alle Rechte vorbehalten
© VS Verlag für Sozialwissenschaften | GWV Fachverlage GmbH, Wiesbaden 2006

Lektorat: Frank Schindler

Der VS Verlag für Sozialwissenschaften ist ein Unternehmen von Springer Science+Business Media.
www.vs-verlag.de

Das Werk einschließlich aller seiner Teile ist urheberrechtlich geschützt. Jede Verwertung außerhalb der engen Grenzen des Urheberrechtsgesetzes ist ohne Zustimmung des Verlags unzulässig und strafbar. Das gilt insbesondere für Vervielfältigungen, Übersetzungen, Mikroverfilmungen und die Einspeicherung und Verarbeitung in elektronischen Systemen.

Die Wiedergabe von Gebrauchsnamen, Handelsnamen, Warenbezeichnungen usw. in diesem Werk berechtigt auch ohne besondere Kennzeichnung nicht zu der Annahme, dass solche Namen im Sinne der Warenzeichen- und Markenschutz-Gesetzgebung als frei zu betrachten wären und daher von jedermann benutzt werden dürften.

Umschlaggestaltung: KünkelLopka Medienentwicklung, Heidelberg
Druck und buchbinderische Verarbeitung: MercedesDruck, Berlin
Gedruckt auf säurefreiem und chlorfrei gebleichtem Papier
Printed in Germany

ISBN-10  3-8100-2635-2
ISBN-13  978-3-8100-2635-4

# Inhaltsverzeichnis

Vorwort ............................................................................. 13
Einleitung ......................................................................... 19

**Teil I: Vorläufer moderner Demokratietheorien** ........ 29

**1.1 Die Aristotelische Lehre der Staatsverfassungen und die Demokratie im „Staat der Athener"** ............. 34
– Der Demokratiebegriff der Aristotelischen Staatsformenlehre .................................................................. 34
– Die Erste und die Zweite Staatsformenlehre des Aristoteles ............................................................ 36
– Der Staat der Athener: Struktur, Praxis und Kritik ......... 41
– Würdigung der Aristotelischen Demokratielehre ........... 55

**1.2 Von Hobbes' Demokratiekritik zu Lockes frühliberalem Konstitutionalismus** ............................. 59
– Thomas Hobbes' Demokratiekritik ................................. 60
– John Locke: Grundlegung des frühliberalen Konstitutionalismus ................................................... 66

**1.3 Montesquieus Idee der „gemäßigten Demokratie"** .... 74
– Die Krise des französischen Staatsabsolutismus ............ 75
– Montesquieus Staatsformenlehre ..................................... 77
– Funktionsvoraussetzungen der Demokratie ..................... 81
– Montesquieus Gewaltenverteilungslehre ......................... 84
– Würdigung von Montesquieus „freiheitlichem Staatsmodell" ................................................................. 89

| | | |
|---|---|---|
| **1.4** | **Radikale Lehre der Volkssouveränität: Rousseaus Beitrag zur Demokratietheorie** ............................... | 91 |
| – | Rousseaus Ansatz ...................................................... | 93 |
| – | Volkssouveränität ...................................................... | 94 |
| – | Rousseaus Staatsformenlehre und der Ort der Demokratie ........................................................ | 96 |
| – | Gemeinwillen und Gesamtwillen ............................... | 100 |
| – | Würdigung von Rousseaus demokratietheoretischem Beitrag ........................................................................ | 103 |
| **1.5** | **Die *Federalist Papers*: Zügelung der Demokratie durch Föderalismus, Repräsentation und liberalen Konstitutionalismus** ................................................ | 110 |
| – | Politischer Kontext .................................................... | 110 |
| – | Konzeption ................................................................. | 114 |
| – | Politische Grundlinien ............................................... | 116 |
| – | Würdigung der *Federalist Papers* ........................... | 122 |
| **1.6** | **Der Zielkonflikt zwischen Freiheit und Gleichheit: Tocqueville über die Demokratie in Amerika** ........ | 127 |
| – | Tocquevilles Demokratiebegriffe .............................. | 130 |
| – | Von den Vorzügen der Demokratie ........................... | 133 |
| – | Von den Schwächen der Demokratie ........................ | 134 |
| – | Gegenmittel zur „Tyrannei der Mehrheit" ................. | 140 |
| – | Würdigung von Tocquevilles Demokratietheorie ...... | 142 |
| **1.7** | **Liberale Theorie der Repräsentativdemokratie: John Stuart Mill** ....................................................... | 148 |
| – | Auf der Suche nach der besten Staatsform ................ | 148 |
| – | Die Vorzüge und die Probleme der Demokratie ........ | 150 |
| – | „Representative Government" ................................... | 152 |
| – | Würdigung von Mills demokratietheoretischem Beitrag | 158 |
| **1.8** | **Marx' Lehre der revolutionären Direktdemokratie** .... | 165 |
| – | Demokratie bei Marx ................................................. | 166 |
| – | Analyse der Pariser Kommune .................................. | 167 |
| – | Gewaltmonistische revolutionäre Direktdemokratie ... | 170 |
| – | Würdigung von Marx' Beitrag zur Demokratietheorie ... | 171 |

## Teil II: Moderne Theorien der Demokratie ... 175

**2.1 Theorie der Führerdemokratie: Max Weber** ... 178
- Max Webers Parteinahme für Demokratisierung, Parlamentarisierung und „plebiszitäre Führerdemokratie" ... 180
- Strukturdefekte des „politischen Betriebes" in Deutschland ... 181
- Herrschaftssoziologie der Demokratie ... 189
- Würdigung von Webers Beitrag zur Demokratietheorie ... 194

**2.2 Demokratie als Methode: Joseph Schumpeter** ... 197
- Die Demokratietheorie in Schumpeters *Kapitalismus, Sozialismus und Demokratie* ... 199
- Voraussetzungen und Konsequenzen der Demokratie ... 205
- Würdigung von Schumpeters Demokratielehre ... 209

**2.3 Ökonomische Theorie der Demokratie: Anthony Downs** ... 212
- Downs und Schumpeter ... 213
- Demokratie als Markt für Nutzenmaximierer ... 214
- Von rationalen Bürgern und rationalen politischen Parteien ... 217
- Würdigung von Downs' Ökonomischer Theorie der Demokratie ... 221

**2.4 Die Demokratietheorie der Pluralisten** ... 226
- Pluralismus ... 227
- Leitmotive und Ziele pluralistischer Demokratietheorien ... 228
- Gesellschafts- und staatszentrierte Theorien pluralistischer Demokratie ... 229
- Der Einbau der Interessenverbände in die Demokratietheorie ... 232
- Kampfparität als staatliche Aufgabe ... 233
- Demokratievoraussetzungen: „Kontroverser" und „nicht-kontroverser Sektor" ... 235
- Würdigung der pluralistischen Demokratietheorie ... 235

**2.5 Theorie der Sozialen Demokratie** ... 240
- Begriffsgeschichte der „Sozialen Demokratie" ... 241

- Radikal-etatistische und moderate reformpolitische
  Theoriefamilien ............................................................. 242
- Formwandel vom liberalen zum sozialen Rechtsstaat ... 244
- Debatten um die Theorie der Sozialen Demokratie ....... 246

**2.6 Partizipatorische Demokratietheorie** ............................. 251
- Schulen der partizipatorischen Demokratietheorie ......... 252
- Das Anliegen der partizipatorischen Demokratietheorie 253
- Bilder vom Bürger in der partizipatorischen
  Demokratietheorie .......................................................... 257
- Funktionsvoraussetzungen partizipatorischer
  Demokratie ..................................................................... 259
- Würdigung der partizipatorischen Demokratietheorie.... 261
- Empirische Spielarten .................................................... 265

**2.7 Kritische Theorien der Demokratie** ............................... 268
- Der erste Pfeiler der kritischen Demokratietheorie:
  Probleme der Transformation von Individualpräferenzen
  in Kollektiventscheidungen ............................................ 269
- „Out-of-equilibrium majorities" ...................................... 270
- Wandernde Mehrheiten .................................................. 272
- Tyrannei der Mehrheit und wahlsystembedingte
  Herrschaft der Minderheit .............................................. 273
- „Externe Kosten", „Entscheidungskosten" und
  „Interdependenzkosten" ................................................. 274
- Probleme der Übersetzung von Stimmen in Mandate .... 275
- Therapien zur Linderung von Problemen
  der Bündelung von Individualpräferenzen zu
  Kollektiventscheidungen ................................................ 281
- Selektivität demokratischer Willensbildungs-
  und Entscheidungsprozesse: Claus Offes Weiterführung
  der Kritischen Theorie der Politik .................................. 282
- Kritische Theorie der Mehrheitsregel ............................ 285

**2.8 Komplexe Demokratietheorie** ....................................... 294
- Die ältere Variante der komplexen Demokratietheorie... 296
- Die erweiterte Variante der komplexen
  Demokratietheorie .......................................................... 299
- Würdigung der komplexen Demokratietheorie .............. 304

**Teil III: Vergleichende Demokratieforschung: empirisch-analytische Demokratietheorien** ............... 307

**3.1 Parlamentarische und präsidentielle Demokratie** ...... 309
- Hauptunterscheidungsmerkmale .................................. 309
- Typen parlamentarischer und präsidentieller Systeme .... 311
- Semipräsidentialismus ................................................ 313
- Der Fall Bundesrepublik Deutschland .......................... 314
- Politischer Prozess und Staatstätigkeit in der parlamentarischen und der präsidentiellen Demokratie .. 316

**3.2 Konkurrenz- und Konkordanzdemokratie** ............... 325
- Der angloamerikanische Weg zum „Rom der Demokratie" ......................................................... 325
- Konkordanzdemokratie .............................................. 327
- Von den Vorzügen und Nachteilen der Konkordanzdemokratie .............................................. 331
- Vorzüge und Nachteile der Konkurrenzdemokratie ....... 336

**3.3 Mehrheits- und Konsensusdemokratie** .................... 338
- Lijpharts Mehrheits- und Konsensusdemokratietypen .... 339
- Demokratiestrukturen in 36 Staaten ............................. 344
- Kritische Würdigung der Lijphart-Studie von 1999 ........ 346
- Indikatoren moderner „gemäßigter" Demokratien ......... 351
- Vom besonderen Wert der „Patterns of Democracies" ....................................................... 354

**3.4 Direktdemokratie** ................................................. 355
- Direktdemokratie in der Bundesrepublik Deutschland ... 355
- Direktdemokratie im internationalen Vergleich ............. 358
- Warum in Deutschland die Direktdemokratie auf Bundesebene schwach ist ..................................... 361
- Direktdemokratie als „Prämie für Demagogen"? ........... 362
- Direktdemokratie in der Schweiz .................................. 364
- Schwächen der Direktdemokratie ................................. 371
- Direktdemokratie und nichtdirektdemokratische Beteiligungsformen .................................................... 373

**3.5 Parteienstaatliche Demokratie im internationalen Vergleich** ............................................................... 375
- „Parteienstaat" aus staatsrechtlicher Sicht ................... 376

- Parteienstaatliche Demokratie aus der Sicht der
  Parteiendifferenzthese ................................................. 378
- Parteien und Staatstätigkeit: Formen
  „Sozialer Demokratie" ................................................. 383

**3.6 Messungen demokratischer Staatsverfassungen** ........ 389
- Das Wahlrecht als Messlatte der Demokratie ................ 390
- Indikatoren der Polyarchie ......................................... 393
- Vanhanens Index der Demokratisierung ....................... 398
- Demokratie- und Autokratieskalen für das 19.
  und 20. Jahrhundert .................................................. 402
- Politische Rechte und Bürgerrechte:
  die Freedom House-Skalen ......................................... 408
- Vorzüge und Grenzen der Demokratiemessungen ......... 413

**3.7 Hat die Europäische Union ein Demokratiedefizit?** ... 424
- Die These der hinreichenden demokratischen
  Legitimierung der Europäischen Staatengemeinschaft ... 425
- Die These des strukturellen Demokratiedefizits der EU . 430
- Kann das Demokratiedefizit der EU behoben werden? .. 435

**3.8 Funktionsvoraussetzungen der Demokratie** ............... 438
- Wirtschaftlicher Entwicklungsstand und Demokratie..... 439
- Streuung gesellschaftlicher Machtressourcen und
  Demokratie ................................................................ 442
- Sozialkulturelle, verfassungspolitische und
  außenpolitische Bedingungen der Demokratie ............. 446
- Standarderklärungsmodell der
  Demokratievoraussetzungen ....................................... 450

**3.9 Übergänge vom autoritären Staat zur Demokratie** .... 460
- Erweiterung des Wahlrechts ....................................... 460
- Demokratisierungswellen ........................................... 463
- Pfade zur Demokratie und Bedingungen
  erfolgreicher Übergänge ............................................. 469
- Fall- und Länderstudien zur Transition ....................... 475
- Risiken des Übergangs zur Demokratie und
  erfolgreiche Transitionen ............................................ 477
- Huntingtons Rezeptbuch für Demokratisierer ............. 483

## Teil IV: Stärken und Schwächen der Demokratie und der Demokratietheorien ... 489

**4.1 Die Demokratie als Problembewältiger und als Problemerzeuger** ... 489
- Streit um die Demokratie ... 490
- Die Demokratie als Problemlöser ... 497
- Die Demokratie als Problemerzeuger ... 499
- Abwägungen ... 505

**4.2 Vorzüge und Nachteile verschiedener Demokratieformen** ... 513
- Mehrheitsdemokratien und nichtmajoritäre Demokratien ... 515
- Mischformen ... 517
- Repräsentativ- und Direktdemokratie ... 518
- Etablierte und fragile Demokratien ... 520

**4.3 Ist die Demokratie wirklich die beste Staatsverfassung? Befunde des Demokratie-Diktatur-Vergleichs** ... 522
- Der 1. Befund: Höhere politische Produktivität der etablierten Demokratien ... 523
- Der 2. Befund: Die Überlegenheit der Demokratien wird aufgrund methodologischer Fehler meist überschätzt ... 526
- Der 3. Befund: Bei manchen Aufgaben erzielen die Demokratien Leistungen von nur mäßiger Höhe ... 529
- Der 4. Befund: Die etablierten Demokratien bewältigen die meisten Herausforderungen, doch manche Herausforderungen sind für sie bestandsgefährdend ... 534
- Revision der Churchill-These ... 538

**4.4 Die Demokratietheorien im Vergleich** ... 539

Literaturverzeichnis ... 551

# Tabellenverzeichnis

1: Wirkungen des Wahlsystems (I): Hypothetische Stimmenverteilung auf fünf Parteien in 20 Wahlkreisen .................................................. 276
2: Wirkungen des Wahlsystems (II): Stimmen- und Mandateverteilungen nach Wahlsystemen .................... 279
3: Präsidentielle und parlamentarische Demokratie im internationalen Vergleich ..................................... 315
4: Konkurrenzdemokratie, Konkordanzdemokratie und Mischformen in alten und neuen Demokratien ........ 330
5: Operationalisierung von Lijpharts „Mehrheits"- und „Konsensusdemokratie"..................................... 341
6: Strukturen der Demokratie nach Lijphart: Exekutive-Parteien-Dimension und Föderalismus-Unitarismus-Dimension in 36 Staaten ....................... 342
7: Institutionelle Barrieren der zentralstaatlichen Exekutive in 36 Demokratien ..................................... 352
8: Nationale Referenden und Volksinitiativen in den etablierten Demokratien ..................................... 360
9: Chancen politischer Beteiligung im internationalen Vergleich ..................................................... 374
10: Strukturen parteienstaatlicher Demokratie in 23 Ländern: Regierungsbeteiligung konservativer, liberaler, zentristischer und linksorientierter Parteien 1950-1998 ............................................................... 381
11: Größe der „Sozialen Demokratie" im internationalen Vergleich .................................................... 388
12: Demokratisierung des Wahlrechts ............................. 392

13: Die Konstruktion der Demokratie- und der
Autokratieskala bei Jaggers und Gurr (1995) ............... 404
14: Demokratieskalen für souveräne Staaten im
19. und 20. Jahrhundert................................................. 418
15: Zusammenhänge zwischen Demokratisierungsgrad,
Machtressourcenverteilung, Religion und ethnischer
Homogenität................................................................. 444
16: Die dritte und die vierte „Demokratisierungswelle"
(Beobachtungszeitraum 1973-1999)............................ 467
17: Demokratie als Problembewältiger:
Ein Überblick über die wichtigsten Argumente ............ 498
18: Demokratie als Problemerzeuger:
Die wichtigsten Argumente im Überblick .................... 501
19: Die Demokratietheorien im Vergleich.......................... 544

# Vorwort zur 3. Auflage

Das vorliegende Buch ist die 3., vollständig neu bearbeitete und um fünf Kapitel erweiterte Auflage meiner erstmals 1995 veröffentlichten Einführung in ältere und moderne Theorien der Demokratie. Das Werk zieht einen Kreis von der Staatsformenlehre des Aristoteles über Hobbes, Locke, Montesquieu, Rousseau, die *Federalist Papers*, Tocqueville, Mill, Marx, Max Weber, Schumpeter, Downs und die modernen Kritiker der Demokratie bis zum neuesten Stand der international vergleichenden Demokratieforschung. Neu hinzugekommen sind die Kapitel zu Thomas Hobbes und John Locke sowie zur Demokratietheorie der *Federalist Papers*, sodann zur parteienstaatlichen Demokratie im internationalen Vergleich, ferner zur Frage, ob die Europäische Union ein Demokratiedefizit hat, sowie zum Demokratie-Diktatur-Vergleich. Alle anderen Kapitel wurden gründlich überarbeitet und ebenfalls auf den neuesten Stand der – ungewöhnlich rasch voranschreitenden – Demokratieforschung am Ende des 20. Jahrhunderts gebracht. Davon zeugt auch das ausführliche Literaturverzeichnis, das im Vergleich zur ersten und zweiten Auflage alleine zusätzlich mehr als 440 Neuerscheinungen seit 1996 enthält.

Zu den Demokratietheorien gehören normative und empirische Lehren. In normativen Demokratietheorien werden Ist- und Soll-Zustände abgewogen. Empirische oder „realistische" Demokratietheorien, so der Sprachgebrauch, dienen hingegen hauptsächlich dazu, Demokratien zu beschreiben und erklärungsbedürftige Eigenheiten zu erklären. Beide Theoriespielarten kommen in diesem Buch zur Sprache. Insoweit folgt es gebräuchlichen Einführungen in die Demokratielehre – zu nennen sind beispielsweise Cnudde/Neubauer (1969), Narr/Naschold (1973), Wiesendahl (1981),

Sartori (1992), Held (1996) und Waschkuhn (1998) – und will deren hohes Niveau halten.

Allerdings wird mit dem vorliegenden Werk noch ein weiter gestecktes Ziel verfolgt. Das Buch soll auch über den neuesten Stand der vergleichenden Demokratieforschung unterrichten, also über jene Forschung, die Demokratien untereinander – aber auch mit Nichtdemokratien – vergleicht und ihre Stärken und Schwächen bilanziert. Hiermit wird ein besonders wichtiger Teil der Demokratietheorie beleuchtet, der sowohl in Einführungen wie auch in demokratietheoretischen Debatten meist vernachlässigt wird. Die vergleichende Demokratieforschung beschreibt und erklärt Gemeinsamkeiten und Unterschiede verschiedener Demokratietypen und erkundet deren Vorzüge und Nachteile. Weiterhin erörtert sie Funktionsvoraussetzungen der Demokratie und untersucht die Bedingungen, unter denen demokratisch verfasste Staaten gedeihen oder zusammenbrechen. Ferner erforscht sie die Wege, die vom autoritären Staat zur Demokratie führen, und benennt die Hindernisse, die auf diesen Pfaden zu überwinden sind. Überdies zielt die vergleichende Demokratieforschung auf möglichst exakte Erfassung des Unterschieds von Demokratie und nichtdemokratischer Staatsverfassung. Das setzt die genaue Messung des Demokratie- und des Autokratiegehalts von Staatsverfassung und Verfassungswirklichkeit voraus. Auch hierüber wird in diesem Band ausführlich berichtet, und zwar anhand von Demokratiemessungen für alle unabhängigen Staaten vom späten 19. bis zum Ende des 20. Jahrhunderts. Schließlich sollen mit dem vorliegenden Buch nicht nur die Vorzüge und Nachteile der demokratischen Praxis bilanziert werden, sondern auch die Stärken und Schwächen der Demokratietheorien.

Geschrieben wurde dieses Buch für ein größeres Publikum. Es wendet sich gleichermaßen an Studierende, Lehrende und anderweitig tätige Absolventen des Faches Politikwissenschaft und angrenzender Disziplinen, insbesondere der Erziehungswissenschaft, der Geschichtswissenschaft, der Philosophie, der Rechtswissenschaft, der Soziologie und der Wirtschaftswissenschaft, sowie an alle an Fragen der Demokratie Interessierte. Der vorliegende Text ist die grundlegend überarbeitete, aktualisierte und erweiterte Fassung einer Schrift, die im ersten Entwurf 1992 für die Fernuniversität Hagen verfasst und dort 1993 als Studienbrief eingesetzt wurde. In Vorlesungen und Seminaren an der Universität Heidelberg und später am Zentrum für Sozialpolitik der Universität Bremen wurde dieses Werk auch in der universitären Lehre erprobt und weiterentwickelt. Davon legen die erste Auflage von 1995, die zweite von 1997 und nunmehr die dritte Auflage Zeugnis ab. In die dritte Auflage wurde sowohl das einschlägige fachwissenschaftliche Schrifttum, soweit es bis zum Ende des 20. Jahrhunderts veröffentlicht wurde, vor allem das deutsch- und englischsprachige Schrifttum, wie auch die bis Ende 1999 verfügbaren Daten zum Demokratievergleich eingearbeitet. Redaktionsschluss war der 6. Januar 2000.

Bei der Anfertigung des vorliegenden Buches kam mir zuverlässige Hilfe zugute. Ich danke vor allem Erika Steiner, die einen Teil der Schreibarbeiten übernahm und die Literaturangaben überprüfte, Edith Gindulis und Nico Siegel, die beim Korrekturlesen und bei der Datensammlung behilflich waren, sowie Sven Jochem und Uwe Wagschal, die Teile des Manuskriptes kritisch kommentierten. Mein besonderer Dank gilt der Deutschen Forschungsgemeinschaft (DFG). Ein Teil der Forschungsmittel des Leibniz-Preises, den mir die DFG 1995 für meine Studien zur vergleichenden Staatstätigkeitsforschung verliehen hatte, floss in die umfangreichen Recherchen, die für den Vergleich der Demokratietheorien, den Demokratienvergleich und den Demokratie-Diktatur-Vergleich anfielen.

Bremen und Heidelberg, im Januar 2000

# Einleitung

„Demokratie" ist ein Fachausdruck des politischen und des wissenschaftlichen Sprachgebrauchs, der dem Griechischen entstammt. Er ist abgeleitet aus „demos" – dem griechischen Wort für Volk, Volksmasse oder Vollbürgerschaft – und „kratein", was „herrschen" oder „Macht ausüben" heißt. Demokratie ist insoweit Herrschaft oder Machtausübung des Demos, Volksherrschaft oder Herrschaft der Vielen (Meier u.a. 1972). „Volk" wird dabei politisch definiert, als Staatsvolk, nicht nach ethnischer Zugehörigkeit. Mit Herrschaft dieses Staatsvolkes ist eine legitime Herrschaft gemeint, also eine prinzipiell anerkennungswürdige Weise des Herrschens. Diese zeichnet dreierlei aus. Sie geht vom Volk aus, wird durch den Demos (oder seine von ihm gewählten Repräsentanten) ausgeübt und dem Anspruch nach zum Nutzen des Staatsvolkes eingesetzt. Im spezielleren Sinne kann Demokratie auch Herrschaft oder Machtausübung einer Volksversammlung bedeuten, so wie sie erstmals in den altgriechischen Stadtstaaten vom 5. bis ins 4. Jahrhundert vor Christi Geburt praktiziert wurde (Bleicken 1994).

Mittlerweile ist Demokratie zum Oberbegriff vieler politischer Ordnungen geworden. Nur noch die wenigsten von ihnen ähneln der Volksversammlungsherrschaft der griechischen Antike. Die meisten Demokratien der Gegenwart und der neuesten Geschichte unterscheiden sich von den altgriechischen Formen durch die Repräsentativverfassung, den viel größeren Anteil der Teilhabeberechtigten an der erwachsenen Bevölkerung, das Hinzutreten intermediärer, zwischen Demos und politischer Führung vermittelnder Organisationen wie Parteien und Verbände, die strenge Zügelung der Demokratie durch Verfassung und Gesetz, sowie durch die Verankerung in Klein- wie auch in Großstaaten. Doch allen älteren und modernen Demokratien ist der Anspruch gemeinsam, die Herrschaft im Staate auf die Norm politischer Gleichheit der Vollbürger zu verpflichten, auf den Willen der Stimmbürgerschaft oder zumindest eines maßgebenden Teils der Stimmbürgerschaft zu gründen und die Regierenden auf Rechenschaftspflichtigkeit gegenüber den Regierten festzulegen.

Von den älteren und neueren Demokratien handelt eine Vielzahl von Theorien. Diese Theorien und die Verfassungswirklichkeit der demokratischen Staatsformen sind das Zentrum des vorliegenden Buches. Es gliedert sich in vier große Teile. Im ersten Teil werden klassische Demokratietheorien – Vorläufer der Theorien entwickelter Demokratien – vorgestellt. Hier wird der Bogen von Aristoteles bis zu Karl Marx gespannt. Der zweite Teil der Schrift ist modernen Theorien der Demokratie gewidmet. Er reicht von Max Weber und Schumpeter über die Ökonomische Theorie der Demokratie bis zu den kritischen Demokratielehren und zur komplexen Demokratietheorie von Fritz W. Scharpf.

Erörtert werden im ersten und zweiten Teil dieses Buches sowohl empirische oder realistische Demokratietheorien als auch normative Theorien. Die empirischen oder realistischen Demokratietheorien beschreiben und erklären Ist-Zustände der Demokratie. Die normativen Ansätze hingegen bewerten ihre Ist- und Soll-Zustände. Was von wem als Demokratie bezeichnet wird und wie deren Bewertung ausfällt, kommt in diesem Band ebenso zur Sprache wie das Hauptproblem, von dem sich die Theoretiker leiten ließen. Ferner gilt das Interesse den Funktionsvoraussetzungen der Demokratie. Zudem interessiert, welche Vorzüge und Schwächen die Demokratie hat und wo ihre „Achillesferse" liegt (Sartori 1992: 40). Und besonders wichtig ist ein anwendungsorientiertes Motiv, das in besonderem Maße im Kapitel 4.2 sichtbar wird: Nicht nur um Darstellung und Würdigung der Demokratietheorien geht es in diesem Werk, sondern auch darum, die Eignung der älteren und neueren Theorien für die Untersuchung moderner Demokratien zu erkunden.

Im dritten Teil des Buches erfolgt ein Perspektivenwechsel. Er dient dem Vergleich der Verfassungswirklichkeit verschiedener Demokratietypen, beispielsweise der Mehrheits- und der Konkordanzdemokratie oder der Direkt- im Unterschied zur Repräsentativdemokratie. Dem Theorietypus nach zu urteilen, stehen empirisch-analytische Demokratietheorien auf international und entwicklungsgeschichtlich vergleichender Basis im Zentrum dieses Teils. Untersucht werden die verschiedenen Demokratietypen vor allem auf ihre Struktur, Funktion und Leistungsfähigkeit zur Integration gesellschaftlicher Gruppen und zur Bewältigung politischer Sachprobleme. Auch nach den Entstehungs- und Funktionsvoraussetzungen von Demokratien wird dort gefragt. Diese Frage wird auf der Basis historisch und international vergleichender Forschung beantwortet. Erörtert werden zudem die Chancen und Probleme, die sich beim Übergang vom autoritären Staat zur Demokratie ergeben. Dies schließt die Beantwortung der Frage ein, wie groß die Überlebenschancen von neu gegründeten Demokratien der dritten und der vierten „Demokratisierungswelle" (Huntington 1991) der 70er, 80er und 90er Jahre des 20. Jahrhunderts sind. Überdies enthält dieser Teil die neuesten Ergebnisse international und historisch vergleichender Demokratiemessungen. Wie demokratisch sind die souveränen Staaten der Welt heutzutage? Und wie demokratisch oder undemokratisch waren sie früher? Auch hierauf gibt die vergleichende Demokratieforschung Antwort.

Im vierten Teil werden die Fäden aus den ersten drei Teilen der Abhandlung unter der Leitfrage zusammengeführt, welche Vorzüge und Defizite der Demokratie eigen sind. Der Nutzen wie auch die Kosten der Demokratie kommen hierbei ausführlich zur Sprache. Das schließt den Vergleich des politischen Leistungsprofils von Demokratien und Diktaturen ein. Überdies werden die Demokratietheorien auf den Prüfstand gestellt: Welche von ihnen sind besser und welche schlechter? Und welche eignen sich in besonderem Maße für die genaue Beschreibung, Erklärung und Bewertung der Demokratie?

In der vorliegenden Schrift wird Demokratie vor allem im Sinne einer „Staatsverfassung" (Aristoteles, *Politik*, 1279b) – unter Einschluss von Verfassungsnormen *und* Verfassungswirklichkeit – verstanden. Sie ist eine Staatsverfassung von Klein- und Flächenstaaten, in der die Herrschaft auf der Basis politischer Freiheit und Gleichheit sowie weit reichender politischer Beteiligungsrechte der Bevölkerung im Erwachsenenalter mittel- oder unmittelbar aus dem Staatsvolk hervorgeht, in wettbewerblich organisierten Willensbildungs- und Entscheidungsprozessen erörtert und unter Berufung auf das Interesse der Gesamtheit oder der Mehrheit der

Stimmberechtigten ausgeübt wird, und zwar unter dem Damoklesschwert der Abwahl der Regierenden durch das Volk oder dessen Vertreter. Zugegebenermaßen ist diese Definition etwas sperrig. Andererseits ist ihr mindestens dies gutzuschreiben: Sie ist die wirklichkeitsnah abgewandelte Fassung der viel zitierten Demokratiedefinition des US-amerikanischen Präsidenten Abraham Lincoln aus dem Jahre 1863: Demokratie sei „government of the people, by the people, and for the people", also eine Regierungsform, die aus dem Volk hervorgeht und durch das Volk in seinem ureigenen Interesse ausgeübt wird. Ganz so bruchlos und unmittelbar demokratisch wie Lincolns Definition es nahe legt, ging es freilich weder damals noch später zu.

Doch auch die realistische Korrektur von Lincolns Demokratiedefinition reicht nicht aus. In vielen Angelegenheiten herrscht nachweislich weder das Volk noch die Volksvertretung, sondern vielmehr die Judikative oder die Bürokratie, mitunter im Verein mit der Regierung. Für Letzteres ist Max Webers Herrschaftssoziologie besonders hilfreich. Mit ihr kann man die Demokratie als eine Form säkularisierter legitimer Herrschaft kraft Befehlsgewalt und Gehorsamspflicht begreifen, die alltäglicher oder − im Fall „plebiszitärer Führerdemokratie" (Max Weber) − charismatischer Art ist, die sich auf einen Verwaltungsstab gründet und nach Gehorsamsmotiven entweder dem Typus legaler oder charismatischer Herrschaft zuzuordnen ist (Schluchter 1988). Die Legitimitätsgrundlage dieser Ordnung besteht hauptsächlich aus dem Glauben der Bürger an die Rechtmäßigkeit von Satzung und Verfahren, so im Fall der legalen Herrschaft, an die Rechtmäßigkeit der außeralltäglichen Gnadengabe eines politischen Führers, beispielsweise eines Demagogen (Weber 1976, Schluchter 1988, Breuer 1994), oder, im Fall der Direkt- oder Versammlungsdemokratie, aus der Minimierung von Herrschaft (Kapitel 2.1).

Die Demokratie ist eine Herrschaft, die im Zeichen säkularisierter, weltlicher Ordnung steht. In ihr sind die Vollbürger letztlich alleinberechtigter Ursprung der Staatsgewalt. Der Ursprung der öffentlichen Gewalten liegt somit nicht länger beim Monarchen oder bei der Kirche, bei Gott, den Göttern oder von Gott oder Göttern bestellten Herrschern. Besitz und Ausübung der Staatsgewalt müssen zumindest in nennenswertem Umfang und für maßgebende Herrschaftsfunktionen konkret von den Vollbürgern hergeleitet und ihnen gegenüber verantwortlich sein. Das ist die Grundvoraussetzung demokratischer Verfassung und Verfassungswirklichkeit (Böckenförde 1987: 894).

Der Inhalt des Demokratiebegriffs ist jenseits dieser Bestimmungen nur scheinbar hinreichend eindeutig. Tatsächlich wird unter Demokratie höchst Unterschiedliches verstanden. Im antiken Griechenland und bis ins 19. und frühe 20. Jahrhundert wurde zum Demos, der Stimmbürgerschaft, lediglich ein kleiner Teil der erwachsenen männlichen Bevölkerung gezählt, vor allem waffenfähige, steuerzahlende und seit langem ansässige Bürger männlichen Geschlechts. Aristoteles gehörte nicht zu ihnen. Er war Metöke – Fremder. Der Hauptstrom der Theorie und Praxis der Demokratie war überdies lange Zeit Männersache – ein „male stream" (Mary O'Brien, zitiert bei Phillips 1991). Mittlerweile hat sich das geändert. Heutzutage gehört zur Demokratie ein universaler Gleichheitsanspruch. Er umfasst alle Frauen und Männer einer bestimmten Staatsangehörigkeit und ab einer bestimmten Altersstufe, sofern nicht radikale Oppositionsdenker ins andere Extrem fallen und ihrerseits sektoral oder gruppenspezifisch ausgerichtete Demokratievorstellungen entwickeln, beispielsweise die Lehre von der „klassengebundenen Demokratie" des orthodoxen Marxismus (Lenin 1970), oder die Lehre der „ethnischen Demokratie", oder die der „feministischen Demokratie" des radikalen Flügels der Frauenbewegung.

Aber auch dort, wo ihr Universalitätsanspruch akzeptiert wird, sind der konkrete Inhalt und die Reichweite der Demokratie umstritten. Konservative neigen zu einem engeren Demokratieverständnis und erheben ihre Stimme gegen weitere Demokratisierung (Kielmansegg 1988a). Radikale Denker der Linken und der Grünen hingegen befürworten die „starke Demokratie" (Barber 1994). In der Mitte zwischen beiden Polen ist der gemäßigte Demokratiebegriff moderner liberaler Theoretiker anzusiedeln (Held 1996).

Wie unterschiedlich das Demokratieverständnis sein kann, erhellt die Verwendung des Demokratiebegriffs in der Politik. Die Demokratie ist ein Hauptbestandteil des modernen westlichen Verfassungsstaates, der „konstitutionellen Demokratie" (Friedrich 1953 und 1966). Allerdings fand sie auch Eingang in die Selbstbezeichnung autoritärer Regime, wie die der staatssozialistischen Länder Mittel- und Osteuropas bis zum Fall des Eisernen Vorhangs 1989/90. Eine „Volksdemokratie" gab es dort, so verhieß das Aushängeschild. Wörtlich übersetzt bedeutet „Volksdemokratie" „Volks-Volksherrschaft". Eine höchst seltsame Konstruktion, die hellhörig macht und den begründeten Verdacht nährt, ein besonderer Teil des Volkes, nämlich die sich zur Avantgarde erklärende Staatspartei, herrsche letztendlich autokratisch über das Volk, was in den sozialistischen „Volksdemokratien" tatsächlich der Fall war.

Lincolns Demokratieformel „government of the people, by the people, and for the people" bedarf der Konkretisierung. Eben diese ist von Periode zu Periode und von Land zu Land verschieden. „Volk" umfasst in den heutigen demokratischen Verfassungsstaaten alle volljährigen männlichen und weiblichen Staatsangehörigen. Zu den Staatsangehörigen zählen – je nach Staatsangehörigkeitsrecht – der größte Teil oder fast alle der im Lande wohnhaften Erwachsenen. Vor nicht allzu langer Zeit war das gänzlich anders. Bis ins 20. Jahrhundert schien der Ausschluss von Frauen vom Wahlrecht ebenso selbstverständlich zu sein wie der von Ungebildeten, Besitzlosen, Nicht-Waffenfähigen und Personen, die abhängig von karitativen Zuwendungen lebten. Überdies wird man Lincolns Demokratiedefinition ergänzen müssen: Die Regierung kann auf unterschiedliche Weise „aus dem Volk hervorgehen", beispielsweise durch Wahl, Kooptation, Los und auf direktem oder indirektem Weg. Zudem kann die Regierungsmacht auf verschiedenen Wegen „durch das Volk ausgeübt werden", beispielsweise direkt- oder repräsentativdemokratisch. Und „für das Volk" tätig werden schließt bekanntlich verschiedenartige Bestrebungen und Ziele ein, ehrliche wie korrupte, sorgfältig geplante wie chaotische Politik, tatkräftige Problemlösung wie wichtigtuerische Selbstbeweihräucherung, Maßnahmen zugunsten der großen Mehrheit und solche, die nur einer Minderheit Nutzen bringen oder niemandem nützen und allen schaden.

Wie das Demokratieverständnis im Einzelnen beschaffen ist und welche Veränderungen die Politische Theorie der Demokratie von der griechischen Antike bis zur verfassungsstaatlichen Demokratie im ausgehenden 20. Jahrhundert durchlaufen hat, wird in der vorliegenden Schrift erläutert. Sie fördert zutage, dass der gute Name, den die Demokratie heutzutage genießt, jüngeren Datums ist. Überwiegend positive Würdigung wurden der demokratischen

Praxis und Theorie erst im 20. Jahrhundert zuteil, und selbst dann uneingeschränkt nur in einem überschaubaren Kreis von Ländern. Dieser Kreis umfasst die seit längerem etablierten und relativ fest verwurzelten Demokratien in Westeuropa, Nordamerika, Australien, Neuseeland, Indien, Israel und Japan, um die allerwichtigsten zu nennen. Vorher herrschte ein distanziert-kritisches Verständnis. Der großen Mehrheit der Philosophen, der Staatswissenschaftler und der Politiker galt die Demokratie lange als denkbar schlechte Staatsform, nicht selten als wankelmütige „Pöbelherrschaft", bestenfalls als eine Ordnung, die nur im Rahmen kleiner Gemeinwesen zu verwirklichen sei und – wenn überhaupt – nur akzeptiert wurde, wenn sie mit Elementen anderer Staatsformen, insbesondere der Monarchie, Aristokratie oder Oligarchie, kräftig vermischt und hierdurch gemäßigt wurde.

Ein anschauliches Beispiel für die kritische Distanz zur Demokratie ist Platons *Der Staat* (347 v. Chr.). In dieser Schrift ordnet Platon (427-347 v. Chr.) die Demokratie den schlechten Staatsverfassungen zu, denjenigen, die voller Unordnung seien. Zu ihren Gunsten könne höchstens gesagt werden, dass sie nicht die am meisten fehlerhafte Staatsform sei (*Der Staat* VIII. Buch). Dieser Rang gebühre der Tyrannis – doch der bahne die Demokratie den Weg. Eine Demokratie entsteht, so heißt es bei Platon weiter, „wenn die Armen zum Sieg gelangt sind und von den Gegnern einen Teil hinrichten, einen anderen verbannen, den übrigen aber in gleichen Maße Anteil geben an der Verfassung und die Staatsämter zum überwiegenden Teil durch Los bestimmen lassen" (*Der Staat* VIII, 557). Auch der demokratische Mensch, also der für die Volksherrschaft charakteristische Bürger, ist für Platon ein Sinnbild fehlender Ordnung und mangelnden Verantwortungsbewusstseins: Jeden Tag ist er dem gerade vorherrschenden Triebe gefällig (*Der Staat* VIII 561cd).

Von der Theorie der Demokratie, den Stärken und Schwächen demokratischer Staatsverfassung und vom Demokratienvergleich handelt das vorliegende Buch. In der Alltagssprache meint Theorie – meist abschätzig – eine hoch abstrakte, praxisferne, vielleicht sogar weltfremde Betrachtungsweise. In der Wissenschaft hingegen ist Theorie der Fachbegriff für die anhand bestimmter bewährter Methoden und Kriterien erfolgende nachprüfbare, geschulte „Art und Weise des Beobachtens, des Fragens und des Antwortens" (Willke 1993). Theorie meint zudem ein – normative und empirische Komponenten umfassendes – System von Begriffen, Definitionen und informationshaltigen und überprüfbaren Aussagen, das zur Ordnung von Sachverhalten, Beschreibung, exakten Erklärung und gegebenenfalls zur Vorhersage verwendet wird. In diesem Sinne wird der Theoriebegriff im vorliegenden Buch verwendet. Er ist weit genug definiert, um sowohl normative Gedankengebäude wie auch empirisch-analytische Demokratietheorien zu erfassen.

Die vorliegende Abhandlung ist aus der Perspektive eines kritischen Befürworters verfassungsstaatlicher Demokratie geschrieben. Als Minimaldefinition dieses Demokratietypus wird eine Form legaler Herrschaft (mitunter auch einer charismatischen Herrschaft) im Sinne von Webers Typen legitimer Herrschaft zugrunde gelegt, die in institutioneller Hinsicht durch allgemeines, freies, gleiches Wahlrecht, Parteienwettbewerb, authentische Informations-, Meinungs-, Oppositions- und Koalitionsfreiheit für alle Staatsbürger, regelmäßige Wahl der politisch Herrschenden (und die Chance ihrer Abwahl) durch die Stimmberechtigten und die Einbettung in die Strukturen des Verfassungsstaates charakterisiert ist. Dass die Befürwortung dieses Herrschaftstyps nicht ein beliebiger Standpunkt ist, verdeutlichen hoffentlich die Ausführungen in den nachfolgenden Kapiteln. Dem Standort des Verfassers liegt die durch wissenschaftliche Erkenntnis untermauerte Überzeugung zugrunde, dass die Demokratie im Vergleich zu anderen Herrschaftsordnungen in der Regel – und unter noch zu präzisierenden Bedingungen – eine beachtliche Fähigkeit hat, die gleichberechtigte Teilnahme tendenziell aller erwachsenen Bürger sicherzustellen, zugleich ein größeres Maß der Integration gesellschaftlicher Gruppen mit widerstreitenden Interessen zu gewährleisten und regelungsbedürftige Probleme zumindest in passablem Ausmaß zu bewältigen. Allerdings wird die nüchterne Beschreibung von Stärken und Schwächen der Demokratie zeigen, dass zum bedingungslosen Feiern dieser Staatsform kein Anlass besteht. Auch sie hat große Mängel. Doch mehr davon in den folgenden Kapiteln.

Im Übrigen sollte die wissenschaftliche Standortgebundenheit, die Schulenzugehörigkeit des Verfassers dieses Bandes dem Leser von Beginn an deutlich sein. Vorrang hat für den Verfasser ein wissenschaftlicher Blickwinkel mit folgenden Eigenschaften: 1) Er soll empirisch-analytisch sein und ohne Rücksicht auf wissenschaftsfremde Vorgaben systematisch und nachprüfbar beschreiben und erklären. 2) Er soll Theoriequalität haben, wobei die Theorie auf einer möglichst breiten erfahrungswissenschaftlichen Basis ruhen soll. 3) Drittens soll sowohl der „Input" der Demokratie – vor allem die politische Mitwirkung der Bürger – zur Sprache kommen, als auch ihr „Output", also die Produkte und Ergebnisse demokratischer Entscheidungsprozesse. 4) Viertens sollen sowohl die Theorien wie auch die Praxis der Demokratie vergleichend betrachtet werden. Der wissenschaftliche Standort, von dem aus die vorliegende Schrift verfasst wurde, liegt demnach näher an den „empirischen" oder „realistischen" Demokratietheorien als an den „normativen" Lehren und insoweit näher an denjenigen, die Ist-Zustände und Wandel beschreiben und erklären (beispielsweise Dahl 1971, Lijphart 1999 und Lipset u.a. 1993), als an jenen, die hauptsächlich normative Fragen demokratischer Verfassungen erörtern, wie beispielsweise Habermas (1992a, 1992b).

Teil 1
Vorläufer moderner Demokratietheorien

Es gibt nicht nur eine Demokratie, sondern viele verschiedene Demokratien (Katz 1997). Und es gibt nicht nur eine Demokratietheorie, sondern viele verschiedene Demokratietheorien (Held 1996). Manche von ihnen rücken die nüchterne Beschreibung und Erklärung dessen, was ist, ins Zentrum und streben danach, Ursache-Wirkungs-Zusammenhänge aufzudecken. Das sind die sogenannten „empirischen" oder „realistischen Demokratietheorien" (Cnudde/Neubauer 1969). Hiervon sind die „normativen Demokratietheorien" zu unterscheiden. Deren Anliegen ist die Begründung und Auslotung von Soll-Zuständen, von dem, was nach Maßgabe bestimmter Normen als wünschenswert angesehen wird (Pateman 1970, Habermas 1992a, Barber 1994). Demokratietheorien kann man zudem nach ihrer primär statischen oder dynamischen Natur unterscheiden. Ein Beispiel für Letzteres sind die älteren und neueren Theorien vom Aufstieg und Niedergang von Demokratien. Auch nach dem Standort der Verfasser können die Demokratietheorien geordnet werden. Viele stammen aus der Feder von Verteidigern des Demokratieprinzips, andere wurden von seinen Gegnern verfasst. Während die einen politische Beteiligung und Oppositionschancen groß schreiben, wie die Anhänger der partizipatorischen Demokratielehre, zählen andere auch noch eine faschistische Führerdiktatur, die sich auf die Akklamation der Anhängerschaft stützt, zu den demokratischen Ordnungen, so beispielsweise Carl Schmitt (1926).

In der folgenden Darstellung kommen alle erwähnten Demokratietheorietypen zur Sprache. Geordnet werden sie zunächst entlang der Trennlinie zwischen vormodernen und modernen Demokratietheorien. Festgemacht wird diese Scheidelinie am Unterschied zwischen den Vorläufern oder den Vorstufen von Theorien moderner Demokratien und den Theorien über die demokratischen Verfassungsstaaten des 20. Jahrhunderts. Die Trennlinie ist zeitlich etwa an der Wende zum 20. Jahrhundert zu verorten und sachlich am Übergang vom stark eingegrenzten Wahlrecht zum allgemeinen Wahlrecht und der Entstehung von Parteien- und Verbändesystemen. Außerdem spielt eine zweite Unterscheidung zwischen Demokratietheorien im vorliegenden Buch ein wichtige Rolle: die zwischen prozess- und ergebnisorientierten Theorien. Sie geht unter anderem auf Fritz Scharpfs *Demokratietheorie zwischen Utopie und Anpassung* aus dem Jahre 1970 zurück, der die „input-orientierte Demokratietheorie", die auf die Eingabeseite des politischen Systems zielt, von der „output-orientierten", welche die Leistungserbringungsseite der Politik betont, unterscheidet (Kapitel 2.8). Prozessorientierte Demokratietheorien erörtern vor allem die Interessen und Willensäußerungen, die in den Willensbildungsprozess eingespeist oder von ihm ausgesperrt werden. Ein Beispiel ist die partizipatorische Demokratietheorie (Kapitel 2.6). Die meisten prozessorientierten Theorien werden von der Frage geleitet, „wie das politische System eingerichtet sein müsse, wenn Entscheidungen möglichst unverfälscht aus der gleichen Partizipation aller hervorgehen sollen" (Scharpf 1970: 25). Die ergebnisorientierten Theorien hingegen rücken vor allem die Auswirkungen des demokratischen Entscheidungsprozesses auf die Qualität des Regierens ins Zentrum. Sie normieren die gewünschte Qualität politischer Leistungen und bestimmen von dort aus alle weiteren Anforderungen an die Struktur des politischen Systems. Zu diesen Theorien zählen sowohl die Aristotelische Lehre von der guten „Staatsverfassung" (Aristoteles, *Politik* III 1279b), wozu die reine Demokratie im Übrigen nicht gehört (Kapitel 1.1), als auch die modernen kritischen Demokratietheorien, wie die Fundamentalkritik am Mehrheitsprinzip (Kapitel 2.7).

Ferner kann man Demokratietheorien danach ordnen, ob sie eher die beteiligungsberechtigten Bürger ins Zentrum rücken oder die Institutionen und Vorgänge eines demokratisch verfassten politischen Systems. Überdies unterscheidet die Methodologie die Demokratietheorien. Nicht nur an die Differenz zwischen normativer und empirischer Theorie ist hierbei gedacht, sondern auch an den Unterschied zwischen Theorien mit breiter, aus systematischem Vergleich gespeister Erfahrungsbasis und denjenigen mit schmaler, nichtrepräsentativer Erfahrungsgrundlage.

Schlussendlich können die Demokratietheorien politisch-ideologischen Grundströmungen zugerechnet werden. Allerdings kann von einer Eins-zu-eins-Entsprechung von Theorieposition und politischer Richtungszugehörigkeit keine Rede sein. Deshalb wird man nur unter Inkaufnahme grober Vereinfachung drei politisch-ideologische Hauptströmungen der Demokratietheorien unterscheiden: eine konservative, eine liberale und eine radikale.

Anhand dieser Trennlinien und der Prüffrage nach dem potenziellen Ertrag für ein besseres Verständnis von Struktur, Prozess und Ergebnis moderner Demokratien wurden die in den nachfolgenden Kapiteln vorgestellten Theorien ausgewählt. Zur Sprache kommen zunächst ältere Demokratielehren, die ideengeschichtlich Vorläufer von Theorien moderner konstitutioneller Demokratie sind. Der Ausgangspunkt ist die Volksversammlungsherrschaft der athenischen Demokratie der Antike – und die zugehörige Lehre der guten und schlechten Seiten der Demokratie im „Staat der Athener", so der Titel einer in der Schule des Aristoteles verfassten Handschrift über die athenische Demokratie (Dreher 1993). Die „Aristotelische Demokratietheorie", so die Kurzbezeichnung für dieses Gedankengebäude, steuert vor allem den Gedanken der „guten Staatsverfassung", insbesondere den einer Mixtur aristokratischer und demokratischer Elemente zur Debatte bei. Ferner hat sie Substantielles über die Funktionsvoraussetzungen der Demokratie und über deren Achillesferse zu sagen. Auch spricht für sie die breite erfahrungswissenschaftliche und politik- bzw. sozialphilosophische Basis, fußt sie doch auf systematischem Vergleich und der Bewertung von Verfassung und Verfassungswirklichkeit verschiedener Stadtstaaten.

Im Anschluss an die Erörterung der Aristotelischen Demokratielehre wird der Leser über viele Jahrhunderte hinweg in das Zeitalter des neuzeitlichen Staatsabsolutismus und der aus der Aufklärungsphilosophie stammenden Kritik absolutistischer Herrschaft geführt. Beim Werk von Thomas Hobbes wird Station gemacht. Von dort geht es weiter zu John Locke und Montesquieu. Hobbes befürwortet aus vielerlei Gründen einen starken, autoritären Staat. Zu diesen Gründen zählen die Ergebnisse einer schneidend scharfen Demokratiekritik. John Locke und Montesquieu sind besonders ertragreich für vormoderne und moderne Demokratielehren, obwohl beide nicht Theoretiker und Parteigänger der Volksherrschaft sind. Allerdings steuern Lockes Kritik der absoluten Monarchie und Montesquieus Distanzierung vom Staatsabsolutismus französischer Prägung den Gedanken eines liberalen Konstitutionalismus und einer „gemäßigten Demokratie" zur Debatte bei (Schwan 1991: 219). Die „gemäßigte Demokratie" ist eine Institutionenordnung, die im Vergleich zur absolutistischen Monarchie mit beträchtlichen Vorzügen aufwarten kann. Montesquieu zufolge ist sie tugendhafter. Obendrein fügt sie sich in ein differenziertes System der Machtverschränkung und der Mischverfassung ein, das die Staatsgewalten auszutarieren verspricht.

Jean-Jacques Rousseau greift den Gedanken der Direktdemokratie auf und steigert ihn zur radikalen Volkssouveränitätslehre. Rousseaus Lehre ist der Gegenpol zu den frühliberalen verfassungsstaatlichen Modellen in Montesquieus Theorie und zur später entworfenen klassisch-liberalen Demokratietheorie von John Stuart Mill, den Alexis de Tocquevilles *Über die Demokratie in Amerika* beeindruckt hat. Gemeinhin gilt Rousseau als Vertreter der Direktdemokratie und Fürsprecher der Identität von Regierten und Regierenden. Zumindest an der Aussage, Rousseau sei Anhänger der Direktdemokratie, wird man erhebliche Abstriche machen müssen. Allerdings tritt er wortgewaltig für die Sache der Volkssouveränität ein, und zwar für nichtteilbare Volkssouveränität. Eine Radikalisierung von Rousseaus Lehre in revolutionärer Absicht findet sich sodann in der Theorie der rätedemokratischen Organisation, die Karl Marx vor allem in seiner Abhandlung über die Pariser Kommune von 1871 in der Schrift *Der Bürgerkrieg in Frankreich* entwickelte.

Rousseaus und Marx' Lehre diametral entgegengesetzt ist die Demokratie, die von den Autoren der *Federalist Papers* und von John Stuart Mill in seiner Theorie der Repräsentativregierung propagiert wird. Die *Federalist Papers* sind Dokumente der liberal-konstitutionellen und föderalistischen Zügelung der Demokratie in einem Flächenstaat. Und Mill ist der bedeutendste Vertreter der klassisch-liberalen Demokratietheorie und zugleich derjenige, der die Demokratielehre auf die Grundlage einer repräsentativdemokratischen Ordnung stellt. Mill steht näher als die zuvor erwähnten Theorien an der Schwelle zur Moderne und zur Massendemokratie des 20. Jahrhunderts. Mehr noch gilt das erstaunlicherweise für einen Mann, der schon in der ersten Hälfte des 19. Jahrhunderts ein bahnbrechendes Werk zur Demokratietheorie und zugleich ein Glanzstück sozialwissenschaftlich informierter Demokratieforschung verfasste: Alexis de Tocquevilles' *Über die Demokratie in Amerika*. Wie im Kapitel 1.6 gezeigt wird, ist diese Schrift grundlegend für die Demokratieforschung. Eines ihrer Hauptthemen ist die Idee eines fundamentalen Zielkonflikts zwischen Gleichheit und Freiheit. Und wie kaum ein anderer vor und nach ihm schält Tocqueville den Nutzen und die Kosten der Demokratie heraus.

Diese Theorien sind Gegenstand des ersten Teils des vorliegenden Buches. Die Aristotelische Demokratielehre neigt einer konservativen Position zu. Zugleich ist sie eine struktur- und prozessorientierte Demokratietheorie, der ein reichhaltiger Erfahrungsschatz zugrunde liegt. Mit Einschränkungen gilt das auch für Montesquieus Lehre, der jedoch nach einem mittleren Standpunkt zwischen konservativen Positionen und Konstitutionalisierung der Monarchie strebt. Das liberale Moment ist bei John Locke angelegt, wenngleich es in Fragen der Toleranz mitunter von staatsautoritären Traditionen überlagert wird, die vor allem bei Thomas Hobbes zu voller Blüte gelangt waren. Kurs auf liberalen Konstitutionalismus halten die Verfasser der *Federalist Papers*. Hin- und hergerissen zwischen konservativem und liberalem Standort ist Tocqueville, eindeutig liberal John Stuart Mill, radikal – trotz aller Traditionalismen – Jean-Jacques Rousseau und revolutionär schließlich Karl Marx.

Die Demokratietheorien dieser Denker sind Vorformen moderner Demokratietheorie – teils normativer, teils empirischer Art. Die modernen Demokratietheorien und die verschiedenen Typen demokratisch verfasster Staaten werden in Teil II dieses Buches erörtert. Zunächst aber stehen die Vorläufer der modernen Demokratietheorien im Zentrum. Welch' besseren Auftakt könnte es dafür geben als die Lehre der „richtigen" und der „entarteten" Staatsverfassungen und die genaue Analyse der Vorzüge und Nachteile der Volksversammlungsherrschaft in der *Politik* des Aristoteles und im *Staat der Athener* (Aristoteles 1993), so der Titel der Quellenschrift zur Verfassung und Verfassungswirklichkeit Athens vom Ende des 7. Jahrhunderts bis 403 v. Chr.?

# Kapitel 1.1
## Die Aristotelische Lehre der Staatsverfassungen und die Demokratie im Staat der Athener

„Demokratie" ist für die Aristotelische Lehre eine „Staatsform" oder eine „Staatsverfassung", so heißt es in Aristoteles' *Politik*, dem etwa im dritten Viertel des 4. Jahrhunderts v. Chr. entstandenen Werk (*Politik* III 8 und IV 1). Der Begriff zielt auf die geschriebene Verfassung und die Verfassungswirklichkeit. Demokratie ist Herrschaft der Vielen. Das unterscheidet sie von der Einerherrschaft, wie in der Monarchie oder der Tyrannis, und von der Herrschaft der Wenigen, wie in der Aristokratie oder der Oligarchie. Doch darin geht ihre Bestimmung nicht auf. Demokratie hat man, so präzisiert Aristoteles, „wenn die armen Freien als Majorität im Besitze der Herrschaft sind" (*Politik* IV 4 1290b) und dies zu ihrem Vorteil nutzen.

### Der Demokratiebegriff der Aristotelischen Staatsformenlehre

Das bedarf der Erläuterung. „Freie" sind Vollbürger, die sich selbst gehören und ihre Lebensführung selbst bestimmen. Die „Armen", die Aristoteles meint, sind die große Masse der Freien. Sie sind, so würde man heute sagen, das gemeine Volk – im Unterschied zu den „Angesehenen" (Winterling 1993: 188, 203). Zu den „armen Freien", die in der Demokratie die Mehrheit haben, zählen nicht Bettler, sondern die Nicht-Reichen unter den Vollbürgern, vor allem „Bauern, Lohnarbeiter, Handwerker und Kaufleute" (Höffe 1996: 260). Vollbürger ist nicht jeder, auch nicht jeder Erwachsene. Die Frauen gehören ebenso wenig dazu wie die zahllosen Sklaven und die ansässigen Fremden, die Metöken. Aristoteles (384-322 v. Chr.) ist ebenfalls Metöke, folglich ebenfalls nicht Vollbürger. Vollbürger sind gemäß Bürgerschaftsgesetz des Perikles von 451/450 v. Chr. nur die Waffenfähigen mit unbescholtener Geburt: Männer, die väter- und mütterlicherseits „eindeutig aus athenischen Familien stammten" (Welwei 1999: 111). Diese waren gemeint, als es bei Thukydides hieß: Die Männer sind die Stadt; sie herrschten. „Im Besitze von Herrschaft" sein bedeutet Überlegenheit, Dominanz und Machtausübung, und zwar Machtausübung des Demos, also der Gesamtheit der Stimmberechtigten, in der Volksversammlung, in der Exekutive und in den vom Stimmvolk beschickten Geschworenengerichten (*Der Staat der Athener* 41,2). Nutzung dieser Herrschaft zum eigenen Vorteil schließlich heißt, sie nicht zum Wohle der Gesamtheit sondern zu deren Schaden einzusetzen (*Politik* III 8, 1279b).

Welches sind die Voraussetzungen der Demokratie, und wie ist ihr inneres Gefüge beschaffen? Zu ihren Voraussetzungen gehören die gleiche Freiheit für alle und die negative Freiheit, so erläutert Aristoteles in der *Politik*. Ein Stück der Freiheit und ein erstes Zeichen der Demokratie ist damit gegeben, „daß man abwechselnd gehorcht und befiehlt" (*Politik* VI 2 1317b), mit gleichem Stimmrecht an Mehrheitsbeschlüssen mitwirkt und diese befolgt. Ein zweites Zeichen jeder Demokratie ist, „daß jeder ... lebt, wie er will" (*Politik* VI 2 1317b), im Unterschied zur Unfreiheit, wie der Sklaverei, in der man leben muss, wie man nicht will.

Aus der Gleichheit und der negativen Freiheit ergeben sich, wie Aristoteles weiter erläutert, für die demokratische Staatsform folgende Eigentümlichkeiten: „Die Magistrate werden von allen aus allen gewählt. Alle herrschen über jeden und jeder im Turnus über alle. Die Ämter werden durch das Los besetzt, entweder alle oder doch diejenigen, die keine bestimmten Erfahrungen oder Kenntnisse erfordern. Das Recht auf die Ämter hängt von keinerlei oder doch nur von einem sehr niedrigen Zensus ab. Kein Amt darf von dem nämlichen Mann zweimal bekleidet werden, oder es darf nur wenige Male oder bei wenigen Stellen geschehen, mit Ausnahme der militärischen Stellen. Die Amtsperioden sind alle oder soweit es die Stelle zuläßt von kurzer Dauer. Richter sind alle und alle dazu wahlfähig, und sie entscheiden über alles oder über das meiste und größte und wichtigste, wie über Rechenschaftsberichte, politische Sachen und die Privatverträge. Die Volksversammlung entscheidet in allen Angelegenheiten – eine einzelne Behörde über keine oder sehr wenige -, oder sie entscheidet doch in den wichtigsten Dingen. Von den Behörden ist am meisten demokratisch die Bule (der Rat) in Gemeinwesen, wo nicht alle Bürger (für den Besuch der Volksversammlung) ein gutes Honorar bekommen; in diesem Fall entzieht man auch dieser Behörde die Gewalt; denn das Volk nimmt dann wegen des guten Honorars alle Entscheidungen an sich... Sodann werden Honorare gewährt, am liebsten für alle, Volksversammlung, Gerichte, Magistrate (...) Während ferner in der Oligarchie Geschlecht, Besitz und Bildung den Ton angeben, scheint es die Eigentümlichkeit der Demokratie zu sein, daß in ihr das Gegenteil davon den Ausschlag gibt: gemeine Abkunft, Armut und Roheit. Für die Staatsämter gilt die Regel, daß keines lebenslänglich sein darf; wenn aber noch ein solches von einer früheren Verfassungsänderung übrig ist, so wird seine Befugnis eingeschränkt und es statt durch Wahl durchs Los besetzt" (*Politik* VI 2 1317b-1318a).

Ein langes Zitat. Aber es führt zum Kern der Sache: Die Demokratie im Staat der Athener ist die Verfassung und die Verfassungswirklichkeit der quantitativen Gleichheit, der Freiheit und der Souveränität des Demos in der Legislative, der Exekutive und der Judikative. Der mächtige Demos, die potenziell unbegrenzte Souveränität der Stimmberechtigten, im Wesentlichen der Armen oder wenig Begüterten, ist nach Sicht der Aristotelischen Lehre das Herausragende der athenischen Demokratie vom 5. Jahrhundert bis ins 4. Jahrhundert v. Chr. Diese Staatsverfassung, eine der ersten frühen volksherrschaftlichen Regime (Robinson 1997), hat die Aristotelische Demokratielehre hauptsächlich im Visier.

**Die Erste und die Zweite Staatsformenlehre des Aristoteles**

Die Demokratie wird in der Aristotelischen Theorie aus verschiedenen Perspektiven analysiert und bewertet. Am bekanntesten ist der Blickwinkel der Ersten Aristotelischen Staatsformenlehre. In ihr werden sechs verschiedene Staatsformen verglichen und bewertet, und zwar parallel zu Freundschafts- und Rechtsformen der Hausgemeinschaft (*Politik* III, *Nikomachische Ethik* VIII 12, Dobbs 1996). Jede dieser Staatsformen wird idealtypisierend porträtiert, also unter besonderer Hervorhebung der wichtigsten Merkmale zu einem einheitlichen Gedankenbilde geformt. Der Vergleich der Staatsformen in der Ersten Aristotelischen Staatsformenlehre basiert auf der Kreuzung zweier Merkmale, nämlich auf der Zahl der Regierenden, vor allem danach, ob viele oder wenige regieren oder ob nur einer herrscht, und darauf, ob das Regieren auf „den gemeinen Nutzen" zielt oder „nur auf den eigenen

Vorteil der Regierenden" (*Politik* III 6 1279a). Die Staatsverfassungen, in denen mit Rücksicht auf den gemeinen Nutzen geherrscht wird, sind die „richtigen" Ordnungen. Die anderen gelten als „Entartungen" der richtigen Formen (*Politik* III 6 1279a), als Verfehlungen „despotischer Art" (*Politik* III 6 1279a).

Der Ersten Aristotelischen Staatsformenlehre zufolge ist die richtige Variante der Einerherrschaft die Monarchie. Ihr entspricht in der Hausgemeinschaft die väterliche Herrschaft. Die Abweichung von der Monarchie ist die Tyrannis, die despotische Alleinherrschaft zum Nutzen des Herrschers. Die gute Staatsform der Herrschaft der Wenigen ist die Aristokratie, entweder darum, „weil die Besten regieren, oder darum, weil diese Herrschaft das Beste für den Staat und seine Glieder verfolgt" (*Politik* III 7 1279a), die fehlerhafte die Oligarchie, die Herrschaft zum „Vorteil der Reichen" (*Politik* III 7 1279b). Der Aristokratie entspricht in der Hausgemeinschaft das richtige Verhältnis von Mann und Frau. Als gute Staatsform der Herrschaft der Vielen schließlich gilt der auf dem Zensus beruhende Verfassungsstaat, die „Politie", „Republik" oder „Timokratie", so die laut *Nikomachische Ethik* präzise Bezeichnung für eine Herrschaftsordnung, in der den Bürgern Rechte und Pflichten nach ihrer Ehre, einschließlich ihres Vermögens, zustehen (*Nikomachische Ethik* III 12 1160 33ff.). Die Politie hat man, wenn „das Volk den Staat zum gemeinen Besten verwaltet" (*Politik* III 7 1279a). In der Hausgemeinschaft entspricht ihr das gleichberechtigte Verhältnis unter Brüdern. Und die Demokratie? Sie ist die verfehlte Form der Herrschaft der Vielen. Sie strebt allein nach dem „Vorteil der Armen" (*Politik* III 7 1279b). Und deshalb ist die Demokratie, wie die Tyrannis und die Oligarchie, nicht für den gemeinsamen Nutzen da (*Politik* III 7 1279b). Der Politie oder Timokratie entspricht in der Hausgemeinschaft das gleichberechtigte Verhältnis unter Brüdern. In der Hausgemeinschaft entspricht der Demokratie der Zustand, „wo der Herr fehlt – denn da sind alle gleich -, und wo das Oberhaupt schwach ist und jeder tut, was ihm gefällt" (*Nikomachische Ethik* VIII 12 1161a 7ff.).

Der Gerechtigkeit halber ist hinzuzufügen, dass Aristoteles die zur Demokratie alternativen Legitimationsformen ebenfalls verwirft, so die Vorstellung, alle Macht ginge von Gott aus oder würde kraft Geburt erworben (Höffe 1996: 262). Ferner ist für ihn die Demokratie eine Form der Polis, also des Stadtstaates der griechischen Antike, und insofern besser als das, was außerhalb der Polis existiert. Dort nämlich ist der Mensch nur noch ein Tier und „nach dem Kriege begierig" (*Politik* I 2 1253 6f.), und dort gibt es – das Schlimmste – „bewaffnete Ungerechtigkeit" (*Politik* I 2 1253a 33f.). Manchen Elementen der demokratischen Staatsverfassung schreibt die Aristotelische Lehre sogar gewisse Vorzüge zu, so die „Weisheit der Vielen" (Bookman 1992, Waldron 1995, vgl. *Politik* III 11). Dies gründet auf der Überzeugung, die Befähigung zur Beurteilung und Bewertung von Politik nehme mit eigener Erfahrung der Führung öffentlicher Ämter zu. Zugrunde liegt ferner die Auffassung, wonach ein Staat, in dem viele Arme von den öffentlichen Angelegenheiten ausgeschlossen sind, „ein Staat voll von Feinden" (*Politik* III 11 1281b 30) und deshalb instabil sei. Hinzu kommt die Meinung, die Vielen könnten weniger leicht bestochen werden als ein einzelner oder wenige. Schlussendlich wurzelt das Vertrauen in die Weisheit der Vielen in der Vermutung, das kollektive Urteil der Vielen könnte besser sein als das Urteil weniger Personen. Wie weiter unten erläutert wird, hält die Aristotelische Lehre die Mischverfassung von Demokratie und Oligarchie sogar für eine vergleichsweise gute Staatsverfassung. Das fußt auf der Überzeugung, dass die Herrschaft der Vielen Nützliches für das Gemeinwohl zustande bringen könne, sofern sie die Gestalt der gemäßigten Demokratie annehme und durch ausgleichende Elemente anderer Staatsformen ergänzt würde.

Hierin äußert sich ein milderes Urteil über die Demokratie als in ihrer Einstufung als entartete Staatsform. Passt beides überhaupt zusammen? Ja! Doch um beide Positionen zu verstehen, sind zwei Vorgehensweisen der Aristotelischen Demokratielehre auseinander zu halten. Eine basiert auf einer idealtypisierenden Staatsformenlehre. Sie kommt vor allem in der Ersten Staatsformenlehre zum Zuge, in der die drei guten Herrschaftsformen und ihre Entartungen erörtert werden. Zu letzteren gehört das Gedankenbild der extremen Demokratie. Diese Demokratieform wird von Aristoteles schonungslos kritisiert, ebenso wie jene Gemeinwesen, die ihr nahe kommen. Von der idealtypisierenden ist die empirisch-analytische Vorgehensweise zu unterscheiden. Mit ihr wird die Vielfalt der realen Staatsformen einschließlich der Mischverfassungen erkundet, typologisiert, auf Entstehungsbedingungen sowie Funktionsvoraussetzungen befragt und bewertet. Dieses Vorgehen liegt der Zweiten Aristotelischen Staatsformenlehre zugrunde, die vor allem im Buch IV und VI der *Politik* entfaltet wird. Der Schlüsselsatz zur empirisch vergleichenden Vorgehensweise findet sich im zweiten Kapitel des IV. Buches der *Politik*. Einige meinten, so heißt es dort, es gebe bloß eine Demokratie und Oligarchie. Doch das, so Aristoteles, ist einfach nicht wahr (*Politik* IV 2 1289a 9f.). Vielmehr gibt es verschiedene Formen. Die Demokratien beispielsweise unterscheiden sich vor allem nach

– der sozialen Zusammensetzung, insbesondere nach der Gliederung des Gemeinwesens in Bauern, Handwerkerstand, Handelsleute, Tagelöhner, Wehrstand, Kriegerstand, die besitzende Klasse (welche die Staatslasten finanziert) und die obersten Staatsdiener und nach dem Maße, zu dem diese Stände an der Erörterung und Durchführung gemeinschaftlicher Angelegenheiten beteiligt sind,
– verschiedenen institutionellen Bedingungen, wie Unterstützung der politischen Beteiligung durch Diäten für alle Bürger, also einschließlich der Armen, Regelung des Zugangs zu den Regierungsämtern, Stellung der Volksversammlung und der Gerichte, und nach
– der Differenz zwischen Regentschaft des Gesetzes und Vorherrschaft der Stimmen über das Gesetz (*Politik* IV 4, IV 6, VI 4, Nichols 1992: Kp. 3, Saxonhouse 1996).

Die Kombination dieser Merkmale erlaubt es, zwischen verschiedenen demokratischen Staatsverfassungen auf einer Achse zu unterscheiden, die von der gemäßigten bis zu den „extremen Demokratien" reicht (*Politik* VI 5 1320, VI 4 1319). Man kann die wichtigsten Demokratieformen „nach dem Kreis der regimentsfähigen Bürger und der Reichweite ihrer Regierungskompetenz" (Höffe 1996: 260) wie folgt charakterisieren:

1. Die erste und historisch älteste Form ist die gemäßigte Demokratie. Die Vermögensqualifikation für Regierungsämter kennzeichnet diese Demokratieform. Ihr Demos besteht überwiegend aus Ackerbauern, die den Aufwand an politischer Beteiligung auf das Notwendigste beschränken und sich weithin damit zufrieden geben, die Exekutive zu wählen und die Beamten Rechenschaft ablegen zu lassen.

2. Die zweite Form der Demokratie zählt ebenfalls zu den gemäßigten Ordnungen, sieht aber keinen Zensus bei der Ämterbesetzung vor. Als Qualifikation genügt in der Regel die Abstammung: Die Eltern müssen schon Bürger gewesen sein. Weil aber die Ämter in dieser Demokratieform nicht besoldet werden, kann die Masse des Volkes nicht längere Zeit aktiv an der Legislative, der Judikative und der Kontrolle der Exekutive teilnehmen.
3. In der dritten, schon stärkeren Demokratieform sind alle Bürger „regimentsfähig" (Höffe 1996: 260). Doch herrscht hier wie in den beiden zuvor erwähnten Gemeinwesen das Gesetz und nicht die jeweilige Stimmenmehrheit.
4. Die Vollteilnahme aller Mitglieder des Demos ist erst in der vierten Demokratieform möglich. Dies ist die „äußerste" oder „extreme Demokratie", zugleich die historisch jüngste und die Staatsverfassung, die Aristoteles aus eigener Anschauung in Athen kennt (Hansen 1991: 16). Politisch-ökonomisch basiert die extreme Demokratie auf politischer Gleichheit aller Bürger und auf besoldeter politischer Betätigung. Namentlich die Armen erhalten für ihre politische Mitwirkung Diäten. Dadurch werden die städtische Bevölkerung und die große Masse der Landbevölkerung abkömmlich für die Politik und bestimmen diese. Auf dieser Grundlage wird das gemeine Volk zum Alleinherrscher, zumal sich die Reichen häufig zwecks Führung ihrer wirtschaftlichen Angelegenheiten von den politischen Gremien fernhalten. Typisch für die extreme Demokratie ist das Fehlen der Gesetzesherrschaft einerseits und andererseits die Herrschaft der Demagogen, die immer neue Volksbeschlüsse herbeiführen und an die Stelle von Gesetzesherrschaft die – wankelmütige, kaum kalkulierbare, ungebremste – Herrschaft der Stimmen setzen (*Politik* IV 4 1292a 5ff., Bullen 1996: 196ff.).

Je mehr die Staatsverfassung den Charakter einer durch das Gesetz gemäßigten Demokratie annimmt und je stärker damit die Volksherrschaft gezügelt und der Spielraum für Demagogie eingeschränkt wird, desto milder fällt das Urteil der Aristotelischen Lehre aus. Und je extremer demokratisch die Staatsverfassung, insbesondere je ungezügelter der volksherrschaftliche Charakter und je schwächer die Gesetzesherrschaft, desto härter die Kritik der Demokratie und desto vorbehaltloser ihre Zuordnung zu den pervertierten Staatsformen – so lässt sich die demokratietheoretische Position der Aristotelischen Schule auf eine Kurzformel bringen. Diese Sichtweise mündet in Aristoteles' Erörterung der – nach gegebenen Umständen – relativ besten Staatsverfassung in die Empfehlung, die beiden in der griechischen Welt am häufigsten vorkommenden Verfassungen zu mischen, also die Demokratie und die Oligarchie, und zwar jeweils die mildeste Form (Hansen 1991: 60f., Saxonhouse 1996). Neigt diese Mischverfassung mehr zur Demokratie, wird sie „Politie" genannt, genau wie die idealtypische „richtige" Staatsform der Vielen. Neigt die Mischverfassung zur Oligarchie, trägt sie den Namen „Aristokratie" (*Politik* IV 8 1293b 30ff., Hansen 1991: 66 f.).

Warum liegt die relativ beste Verfassung in der Mitte, also dort, wo sie ein zahlenmäßig starker Mittelstand stützen kann (*Politik* IV 1294a-1297a)? Durch die Mischung beider Verfassungen werden, so die Lehre des Aristoteles, dem die Mitte ein „Kernbegriff" des politischen Denkens ist (Demandt 1993: 111), gefährliche Neigungen beider Regime abgeflacht oder neutralisiert. Das geschieht beispielsweise durch Vergabe der Staatsämter auf der Grundlage der Wahl (mithin auf der Basis eines oligarchischen Prinzips an Stelle der demokratischen Ämtervergabe durch das Los) und unabhängig vom Zensus, also nach demokratischem Prinzip an Stelle des oligarchischen Prinzips eines hohen Zensus, oder dadurch, die Zugehörigkeit zur Vollbürgerschaft an einen Zensus zu binden, der aber nicht so hoch wie in den Oligarchien festgesetzt wird (*Politik* IV 1294a-1294b).

**Der Staat der Athener: Struktur, Praxis und Kritik**

Doch zurück zur Kritik der Demokratie. Einer verbreiteten Sichtweise zufolge ist Aristoteles ein Gegner der demokratischen Staatsform gewesen. Finley (1980), Dahlheim (1994), Roberts (1994: XI) und viele andere behaupten das. Doch das ist übertrieben. Genauer trifft die Aussage zu, Aristoteles habe – neben „einer ausgewogenen Wertung demokratischer Systeme" (Welwei 1999: 312) – „eine beträchtliche Distanz" (Schwarz 1989: 33) zur Demokratie an den Tag gelegt. Zur Präzisierung sollte hinzugefügt werden: diese Distanz ist um so beträchtlicher, je extremer die Demokratie ist.

Wie kommt es zu dieser Distanz? Ist die Demokratie im Staat der Athener, der schon vor und während Aristoteles' Lebzeiten der radikalen Demokratieform nahe kam, wirklich so kritikbedürftig? Auf welchen Bewertungsmaßstäben fußt die Kritik? Der schlechte Ruf der Demokratie, vor allem in der Ersten Staatsformenlehre des Aristoteles, wird den überraschen, der die Zeugnisse hoher Wertschätzung der Demokratie im Athen des 5. und 4. vorchristlichen Jahrhunderts kennt und den guten Ruf der demokratischen Verfassungen heutzutage vor Augen hat (Welwei 1999: 107ff.). Doch bis ins 20. Jahrhundert war die Demokratie in der Politischen Theorie umstritten. Häufig wurde sie als kurzsichtige, wankelmütige Herrschaft der Vielen gewertet, die ohne Sinn und Verstand für das Ganze Politik im eigenen Interesse ausübten. Alkibiades, ein Schüler Sokrates und Perikles Neffe, hatte die athenische Demokratie gar als ein Regime der „Zuchtlosigkeit" eingestuft, das die Vielen zu „Unmaß und Schlechtigkeit" verleiten könne und tatsächlich verleite (Thukydides, *Geschichte des Peloponnesischen Krieges* VI 89). Eine höchst kritisch-distanzierte Position prägte auch die Beurteilung der radikalen Demokratie in der Ersten Staatsformenlehre des Aristoteles. Mit der kritischen Sichtweise der Demokratie folgte Aristoteles, wenngleich im Ton milder, Auffassungen seines Lehrers, Platon (427-347 v. Chr.). Dem war die „Selbstzerfleischung" (Hildebrandt 1973: IX) seines Mutterlandes in der Demokratie ebenso vor Augen gestanden wie die Hinrichtung Sokrates', seines Lehrers, durch die Herrschaft des Volkes (Saxonhouse 1996: 87-114, 1998). Systematisch kritisiert hatte Platon die Demokratie in *Der Staat* und sie dort als eine der Staatsformen des Verfalls gewertet. Der Verfall gehe vom Königtum aus. Der Streit der Herrschenden, vor allem der Streit der maßgeblich an der Staatsführung beteiligten Philosophen, münde in Gewaltherrschaft. Von dort führe der Weg zur Plutokratie, zur Herrschaft des Geldbesitzes, der am materiellen Eigennutz orientierten handel- und gewerbetreibenden Klasse. Die vierte Stufe des Niedergangs sei die Demokratie, die Herrschaft der Vielen, die verantwortungslose Herrschaft nach Augenblickslust und wankelmütiger Meinung, die fünfte schließlich die Tyrannis (*Der Staat VIII*, Demandt 1993: 124).

Platon wurde nachgesagt, er habe ein „Zerrbild der Demokratie" gezeichnet, welches durch das Gegenbild, nämlich das Philosophenkönigtum, nicht mildere Wertung verdiene (Welwei 1999: 310). Andererseits ist Platons Lehre des Niedergangs der Staatsformen eine nachvollziehbare Deutung der griechischen Verfassungsgeschichte zugute zu halten. Zugrunde liegt eine entwicklungsgeschichtliche Lehre der Verfassungen vom archaischen Stammeskönigtum über die Herrschaft der Wenigen zur Herrschaft der armen Vielen. Die Herrschaft der Vielen läuft dauernd Gefahr, sich zur Tyrannis zu wandeln. Ihre Unordnung bezeugt der Mensch, der von ihr geformt wird. Er ist unberechenbar wie das Los, das in der radikalen Demokratie über die Besetzung der öffentlichen Ämter entscheidet. Der demokratische Mensch ist für Platon Sinnbild fehlender Ordnung und mangelnden Verantwortungsbewusstseins. Von seinen Launen und Trieben lässt der demokratische Mensch sich leiten: „Und so verläuft denn sein Leben Tag für Tag so, daß er der gerade sich einstellenden Begierde nachgibt. Bald zecht er und lauscht dem Flötenspiel, dann wiederum gibt er sich mit Wasser zufrieden und magert ab; bald treibt er Gymnastik, dann liegt er wieder auf der Bärenhaut und kümmert sich um nichts; ab und zu tut er auch so, als beschäftigte er sich mit Philosophie. Oft tritt er als Staatsmann an die Öffentlichkeit, springt von seinem Sitz auf und redet, was ihm gerade in den Mund kommt, und nicht anders steht es mit seinem Handeln. Eifert er einmal irgendwelchen Kriegshelden nach, so wirft er sich auf deren Handwerk, gefallen ihm die Geschäftsleute, so wendet er sich deren Tätigkeit zu. Weder Ordnung noch Pflichtzwang regelt sein Leben, sondern er lebt so in den Tag hinein bis an sein Ende und nennt das ein liebliches, freies und seliges Leben" (Platon, *Der Staat*, 561cd).

Auch wenn Platon über die Teilhabemöglichkeit und die Rechtssicherheit der Bürger später milder urteilt, so in der Schrift über die Gesetze (*Nomoi*), bleibt er bei der kritischen Sicht der Demokratie. Sie weicht für ihn weit, viel zu weit, von der Norm des guten Gemeinwesens ab. Sie ist fehlerhaft und instabil. Zudem öffnet sie gar das Tor zu noch fehlerhafteren Staatsformen. Ihr entspricht ein beklagenswerter Menschentyp, der die Norm des tugendhaften Lebens ebenfalls weit verfehlt. Schlimmer noch: Dieser Typ findet sich in der Menge wieder, die in der Volksversammlung verbindliche Entscheidungen für das gesamte Gemeinwesen trifft, womöglich noch aufgehetzt von nicht weniger halt- und verantwortungslosen Demagogen.

Noch besser verständlich wird die kritische Distanz der Aristotelischen Staatsformenlehre zur Demokratie, wenn auch die politischen Institutionen der athenischen Volksherrschaft berücksichtigt werden. Dies geschieht im Folgenden am Beispiel der athenischen Demokratie vor allem in den Jahren zwischen 461/460 v. Chr., dem Beginn des Perikleischen Zeitalters, und 322 v. Chr., als die Makedonier, die neuen Herren Athens, einen hohen Zensus festlegen, der das gemeine Volk von der Teilhabe an der Politik ausschließt (Hansen 1991, Kinzl 1995). Die athenische Demokratie begreift Aristoteles als Verkörperung einer weithin extremen Demokratie. Diese wertet er, wie schon dargelegt, als entartete Staatsverfassung. Zumindest auf den ersten Blick ist das negative Urteil über den Staat der Athener verwunderlich. Die Demokratie in Athen, so wie sie mit Unterbrechungen bis 322 v. Chr., dem Beginn der Makedonier-Herrschaft über Athen, währte, erscheint bei oberflächlicher Betrachtung als eine respektable Herrschaftsordnung. Die vielfältigen Beteiligungsmöglichkeiten der Stimmbürger beispielsweise verdienen Aufmerksamkeit. Vereinfacht gesagt, kommt vor allem im Staat der Athener des vierten Jahrhunderts v. Chr., der Aristoteles in der *Politik* vor allem interessiert, vier politischen Institutionen eine herausragende Bedeutung zu: 1) den Beamten (Magistrate), 2) dem Rat der 500, d.h. den Vertretern der Regierung bzw. dessen, „was die Demokratie von ihr übriggelassen hat" (Bleicken 1994: 190), 3) sodann vor allem der Volksversammlung und 4) den Gerichten, vor allem den Geschworenengerichten (Hansen 1991). Die Aufteilung der politischen Macht in den antiken Stadtstaaten ist formal der modernen Aufteilung der Macht auf Regierung, Parlament, Wählervolk und unabhängige Gerichte entfernt vergleichbar. Allerdings lag die Souveränität in der athenischen Demokratie bei der Volksversammlung, und zwar die schier unbegrenzte Oberhoheit. Der Rat hatte hauptsächlich die Funktion, Beschlüsse zu allen Anträgen zu entwerfen, die dem Volk zur Entscheidung vorgelegt werden sollten. Auch diente er der Beratung und Beaufsichtigung der Beamten. Seine Funktion wurde der einer modernen Regierung verglichen. Doch der Rat besaß, im Unterschied zu den Regierungen heutzutage, „keine vom Willen der Volksversammlung unabhängige Macht" (Dahlheim

1994: 200). Seine politische Funktion bestand vor allem darin, „den Souverän entscheidungsfähig zu machen" (Bleicken 1994: 199), indem er von Bürgern Anträge entgegennahm, dem Souverän Anträge zur Entscheidung vorlegte, und den Verwaltungsapparat mit der Durchführung der Beschlüsse beauftragte.

Die Unterschiede zur modernen Demokratie sind mit Händen greifbar (Raaflaub 1995, Gschnitzer 1995). Die Machtverteilung zwischen den Institutionen ist zuvörderst zu erwähnen. Im Unterschied zum Wähler in einer Demokratie des 20. oder des 21. Jahrhunderts, der alle vier oder fünf Jahre zur Wahlurne geht, hielten die Bürger Athens in der Volksversammlung „tatsächlich und jederzeit alle Entscheidungen in ihren Händen" (Dahlheim 1994: 197). Mehr noch: Der Souverän, also die Stimmbürgerschaft, trat in zweifacher Gestalt in Erscheinung, und zwar in der Volksversammlung und in den Geschworenengerichten, die aus Laienrichtern gebildet wurden. Diese wurden durch Los aus einem Kreis von mindestens dreißigjährigen Bewerbern ausgewählt, um Urteile zu fällen. Die Urteile der Geschworenengerichte konnten von der Volksversammlung in der Regel nicht aufgehoben werden. Weithin Einigkeit herrscht im Schrifttum darüber, dass das Volk bei der Abstimmung im Gericht „Herr ... über den Stimmstein" (Dahlheim 1994: 202) und insoweit zugleich Herr über die staatliche Ordnung war (Dahlheim 1994: 202).

Die Vorrangstellung des Demos in der Volksversammlung und in der Judikative prägten die Institutionenordnung der athenischen Demokratie. Das charakterisiert fast die gesamte Epoche von 460 bis 322 v. Chr., auch wenn die Gesetzesherrschaft im vierten Jahrhundert vor Christi Geburt und vor allem in den letzten drei Dekaden dieser Epoche aufgewertet wurde ((Welwei 1999: 107ff., 301ff., Hansen 1991: X). Kennzeichnend war des Weiteren die weitgehende Kontrolle der Exekutive und deren Schwächung durch den Demos, wodurch der Rat von der Volksversammlung und den Geschworenengerichten abhängig gemacht wurde. Obendrein wurde die Beamtenschaft in nahezu ohnmächtiger Stellung gehalten. Der Rekrutierungsmodus befestigte dies: Viele Beamte wurden durch Los bestellt, also durch das urdemokratische und in seiner Wirkung durchschlagend nivellierende Auswahlprinzip. Die Kompetenzverteilung tat ein Übriges: In der Regel waren die Befugnisse der Beamten auf eine größere Zahl jeweils kurzfristig amtierender Amtsinhaber verteilt. Überdies unterlagen alle der Pflicht ständiger Rechenschaftslegung vor dem Rat oder – im Falle der öffentlichen Anklage – vor den Geschworenengerichten. Im Übrigen wurde öffentliche Anklage häufig erhoben, auch gewerbsmäßig, so vor allem durch die Sykophanten. Für sie scheint sich der Einsatz gelohnt zu haben: Die Erhebung öffentlicher Anklage wurde materiell prämiert, sofern es sich um Angelegenheiten öffentlichen Interesses handelte.

Aus alldem wird ersichtlich, dass der Souverän in der athenischen Demokratie umfassende und weitreichende Gestaltungsmöglichkeiten hatte und ihm keine nennenswerten Gewaltenhemmnisse, Gewaltenteilungen oder -verschränkungen entgegenstanden.

Allerdings gibt es Hinweise darauf, dass der Souverän den großen Handlungsspielraum nicht voll ausschöpfte und der Gesetzesherrschaft mehr Raum blieb, als Aristoteles' Ausführungen erwarten lassen. Im Mittelpunkt öffentlicher Erörterung und Entscheidung standen in Athens Demokratie die Außen- und die Militärpolitik sowie – noch häufiger – die Ehrung und Belohnung von Bürgern, Metöken und Auswärtigen. Seltener wurden Beschlüsse zu wirtschaftlichen oder erziehungspolitischen Fragen gefällt. Das Haupttätigkeitsfeld der Volksversammlung betraf die „unmittelbar sich aus dem Gang der politischen Ereignisse ergebende aktuelle Situation" (Bleicken 1994: 182). Unter bestimmten Umständen variierte die Volksversammlung die politischen Spielregeln. Dazu war sie befugt, aber sie praktizierte solche Verfahrensherrschaft vergleichsweise selten, was als weiterer Hinweis auf eine gewisse Selbstzügelung einer ansonsten weithin ungeschmälerten Souveränität gewertet werden kann (Bleicken 1994: 183).

Die Eigenheiten der Institutionenordnung und der Verfassungswirklichkeit der athenischen Demokratie sind bemerkenswert. Ins Auge springt der große Unterschied zu älteren Herrschaftsformen, vor allem die weitgehende politische Gleichheit zwischen Arm und Reich, soweit es sich um männliche Freie handelte. In der athenischen Demokratie bestand zudem für die Bürger Freiheit von der Herrschaft eines Einzelnen, wie in der Monarchie und der Tyrannis, und von der Herrschaft weniger Machthaber, wie in der Aristokratie und der Oligarchie. Bemerkenswert ist ferner, dass die athenische Demokratie „auf der institutionellen Einbindung aller in ihr ablaufenden Prozesse" beruhte (Bleicken 1994: 433). Das widerspricht gängiger Meinung seitens Kritiker der athenischen Demokratie. Nicht die institutionelle Einbindung politischer Vorgänge unterscheidet die moderne Demokratie von der athenischen Demokratie der Antike, wohl aber der Schwerpunkt des politischen Prozesses, die institutionelle Form und die Teilhabechancen. In der Moderne liegt das Schwergewicht der institutionellen Einbindung darin, die Volkssouveränität und den Volkswillen zu beschränken, beispielsweise mittels Gewaltenteilung und qualifizierter Mehrheit bei besonders wichtigen Gesetzgebungsvorhaben. Im Staat der Athener hingegen überwog die weitgehend unbegrenzte Volkssouveränität und mit ihr die direkte Kontrolle und die persönliche Haftung der Bürger. „Der Unterschied beweist", schreibt einer der besten Kenner der Materie, „daß die Athener den Volkswillen höher schätzten als die Sicherheit des Einzelnen bzw. einer Minderheit gegenüber dem Terror oder der Laune der Mehrheit" (Bleicken 1994: 433).

Auch die herausragende Bedeutung der unmittelbaren Kommunikation unterscheidet die athenische Demokratie von der heutigen Demokratie. Die Willensbildung und Entscheidungsfindung standen im Zeichen des gesprochenen, nicht des geschriebenen Wortes. Nachrichten über öffentliche Angelegenheiten wurden hauptsächlich verbreitet durch den „Herold, das Anschlagbrett, ... Klatsch und ... Gerüchte und schließlich die mündlichen Berichte und Verhandlungen in den verschiedenen Kommissionen und Versammlungen, die schon fast den ganzen Regierungsapparat ausmachten. Diese Welt verfügte nicht nur nicht über Massenmedien, sondern besaß überhaupt keine Medien (in unserem Sinne)" (Finley 1980: 22). Die Welt der athenischen Demokratie war eine des direkten Austausches zwischen politischen Führern und Masse und zwischen den Mitgliedern der politischen Institutionen. Sie war eine „Gesellschaft von Angesicht zu Angesicht" (Finley 1980), in der fast jeder jeden kannte und in der man sich häufig – wenn nicht täglich – auf dem Markt oder in einer der politischen Institutionen begegnete. In dieser Gesellschaft spielten begabte Redner eine herausragende Rolle, vor allem diejenigen, die augenblicksorientiert und öffentlichkeitswirksam vereinfachende Deutungen und Handlungsempfehlungen anbieten konnten. Zu ihnen gehörten nicht nur die Demagogen, die Hauptorganisatoren der extremen Demokratie, sondern auch Personen, die nachweislich Hervorragendes oder Aufsehenerregendes vorweisen konnten, wie wirtschaftlichen Reichtum, wohltätige Gaben, Patronage oder militärischen Ruhm, so – bis zu seiner Verbannung – Perikles' Feldherr Thukydides (Finley 1991: 107ff.). Aber zum gesellschaftlichen Zusammenhalt der athenischen Polis zählte auch ein höchst beachtliches Maß sozialer Kontrolle (Hunter 1994).

Wie funktionierte ein politisches System nach Art der athenischen Demokratie? Von ihrer Funktionsweise hat man sich unterschiedliche Vorstellungen gemacht. Naiv bewundert hat sie mancher, so Jean-Jacques Rousseau, der seine Leser mit folgenden Worten belehrte: „Bei den Griechen erledigte das Volk alle seine Obliegenheiten selbst; es war ununterbrochen auf dem Marktplatz versammelt. Es wohnte in einem milden Klima, war überhaupt nicht habgierig, die Arbeit taten seine Sklaven, seine große Angelegenheit war seine Freiheit" (Rousseau, *Gesellschaftsvertrag*, III. Buch, 15. Kap.). Ernüchternd ist demgegenüber die Bilanz, die Moses I. Finley in *Das politische Leben in der antiken Welt* zog. Ihm zufolge hat die athenische Demokratie überhaupt keine moderne Entsprechung. Finley schrieb: „es gab keine organisierten Parteien und keine Regierung im Sinne einer bestellten oder gewählten Gruppe von Männern, die für eine bestimmte Zeit offiziell das Recht oder die Pflicht hatte, Vorschläge der Volksversammlung zu unterbreiten und die ein mehr oder weniger unbeschränktes Recht hatte, bindende Entscheidungen zu treffen. Sicherlich fand die Volksversammlung, wenn sie bald nach Tagesanbruch zusammentrat, oft eine Beschlußvorlage vor, die vom Rat entworfen worden war. Aber dieses jährlich wechselnde Gremium von 500 durch das Los bestellten Männern war nicht eine Regierung in unserem Sinne, obwohl es sich mit der ganzen Breite administrativer Aufgaben befasste und auch die Gesetzgebung vorbereitete. Ebensowenig gab es eine offizielle Opposition. Alternativvorschläge kamen aus einem kleinen Zirkel von Politikern, für den es keine technische Bezeichnung gibt, weil es sich nicht um eine organisierte Gruppe handelte. Sie mußten versuchen, ihre Vorschläge beim Rat und der Volksversammlung durchzubringen; der Volksversammlung stand am Ende frei, jeden Vorschlag, woher er auch gekommen war, anzunehmen, zu ergänzen oder zurückzuweisen. Eine Massenversammlung aus mehreren tausend Männern, die sich für diesen bestimmten Anlaß eingefunden hatten, hörte Rednern zu – Männern, die das Wort ergriffen, ohne ein Amt innezuhaben und ohne offizielle Funktionen und Verpflichtungen wahrzunehmen, und entschieden dann durch Handzeichen, alles an einem (oder an weniger als einem) Tag". Strittiges wurde ausführlich und ergebnisoffen debattiert: „Es gab keinen Fraktionszwang, keine Mechanismen, um das Abstimmungsergebnis im vorhinein, unabhängig vom Verlauf der Debatten festlegen zu können. Diese Debatten waren der Test für politische Führerschaft, hier entschieden sich politische Schicksale" (Finley 1991: 99f).

Noch zurückhaltender als Finley, dem man nachsagte, er neige zum „Romantisieren" der athenischen Demokratie (Fears 1973), bilanzierte Robert Dahl die Verfassungswirklichkeit der antiken Demokratie. Das politische Leben im alten Griechenland sei weit hinter seinen eigenen politischen Idealen zurückgeblieben. Soweit man die bruchstückhaften Belege deuten könne, sei Politik in Athen und in anderen Stadtstaaten der griechischen Antike ein hartes, heftig umkämpftes Geschäft gewesen. Sachfragen habe man oftmals persönlichem Ehrgeiz untergeordnet. Politische Parteien im heutigen Sinn hätten noch nicht existiert. Doch Fraktionen auf der Basis von Familien- oder Freundschaftsbeziehungen sei größte Bedeutung zugekommen. Der Anspruch, dem gemeinsamen Nutzen zu dienen, sei jedoch meist den stärkeren Ansprüchen der Familien und der Freundschaften untergeordnet worden. Nicht zuletzt habe es das Scherbengericht gegeben, das die Verbannung eines Bürgers beschließen konnte und durch das Oppositionelle für Jahre außer Landes gewiesen werden konnten. Das Ausmaß der Bürgerbeteiligung sei im Quantitativen wie im Qualitativen unterschiedlich gewesen. Zumeist habe es sich um gefolgschaftsähnliche Beteiligung gehandelt. Was die Beteiligung an der Aussprache über öffentliche Angelegenheiten angehe, so seien die meisten Ansprachen von einer kleinen Anzahl von Führern gehalten worden, vor allem von Männern mit hoher Reputation und Rednergabe. Aus all dem zog Dahl eine pessimistische Bilanz. Es sei ein Fehler zu glauben, dass in den demokratischen Stadtstaaten Griechenlands die Bürger weniger mit ihren privaten Interessen beschäftigt und dem öffentlichen Wohl mehr zugewandt gewesen seien als die Bürger in modernen demokratischen Ländern. Vielleicht hätten sie ihr Tun und Lassen stärker am Gemeinwohl ausgerichtet, doch die Belege deckten diese Vermutung nicht (Dahl 1989: 21).

Wie auch andere Quellen zeigen, waren bei weitem nicht alle Mitglieder des Demos regelmäßig oder auch nur sporadisch an der Aussprache öffentlicher Angelegenheiten beteiligt. Finleys Schätzungen zufolge wurden im Athen des 5. Jahrhunderts bei weitem nicht alle der rund 40.000 Stimmberechtigten zur Beteiligung gewonnen. Zum Kreis der Aktivbürger gehörten sowohl jene, die herausragende Positionen bekleideten und jene, die sich mit der Beteiligung an den Abstimmungen begnügten. Innerhalb eines Zeitraumes von rund zehn Jahren war schätzungsweise jeweils ein Drittel oder ein Viertel des Demos einmal Mitglied im Rat der 500. Das umfasste für die Dauer eines Jahres fast täglich die Pflicht zur Mitberatung und Mitentscheidung. Hinzu kam die Mitwirkung von mehreren tausend Stimmberechtigten in den Geschworenengerichten. Überdies gab es hunderte von Amtsinhabern und Marktinspektoren. Die Repräsentativität der aktiv beteiligten Stimmbürgerschaft kann nicht mit Sicherheit bestimmt werden, doch waren wohl die Stadtbewohner sowie ältere Bürger überrepräsentiert, die ländliche Bevölkerung und der Agrarsektor, der wichtigste Wirtschaftszweig, hingegen erheblich unterrepräsentiert (Austin/Vidal-Naquet 1984, Finley 1991).

Insgesamt zeigen die verfügbaren – bruchstückhaften – Daten allerdings ein höchst beachtliches Niveau politischer Beteiligung der Stimmberechtigten an (Hansen 1991, Kinzl 1995). Dass die Stimmberechtigten nur einen Teil der erwachsenen Bevölkerung umfassten, war in der athenischen Demokratie selbstverständlich. Diese Demokratie war nicht universalistisch ausgerichtet. Sie schloss keineswegs alle Bürger ab einer bestimmten Altersstufe ein, sondern nur einen Teil der in der Stadtgemeinde wohnhaften männlichen Bevölkerung im Alter von mindestens 20 Jahren. Die athenische Demokratie fußte auf einer eigentümlichen „politischen Mischung von Partizipation und Exklusion" (Lindsay 1992). Wie schon erwähnt, entschied über Zugehörigkeit oder Ausschluss zweierlei: die Waffenfähigkeit, und die war an den Mann gebunden, und, kraft Geburt und Geburt der Eltern, die Zugehörigkeit zum geschlossenen Kreis des Stadtstaates (Bleicken 1994: 394).

Der Grad der Inklusion und Exklusion war von Polis zu Polis und von Periode zu Periode verschieden. Auf dem Höhepunkt der athenischen Demokratie, kurz vor dem Ausbruch des Peloponnesischen Krieges (431-404 v. Chr.), lebten in Attika schätzungsweise zwischen 250.000 und 300.000 Menschen. Von diesen waren etwa 170.000 bis 200.000 erwachsen. Ausgeschlossen von der Beteiligung am politischen Leben war die Mehrheit: die Sklaven (ca. 80.000), die despotischer Herrschaft unterstanden, die dauernd ansässigen Fremden, die Metöken (ca. 25.000), ferner Bürger, die ihre Rechte verwirkt hatten und die Frauen (Hansen 1991, Bleicken 1994: 393f.). Vermutlich gehörte nur jeder siebte oder im günstigsten Fall nur jeder vierte Erwachsene zum Demos.

Nach den Maßstäben des 20. Jahrhunderts würde sich die athenische Demokratie demnach nicht als echte Demokratie qualifizieren, sondern höchstens als eine defekte Demokratie – verunstaltet durch oligarchische Tendenzen, unzureichende Sicherungen gegen die Macht der Volksversammlungsmehrheit und weitreichende Exklusion sowie Rechtlosigkeit der Sklaven. Man hat insoweit mit gewisser Berechtigung die antiken Demokratien als „elitäre Oligarchien" eingestuft (McIver, zitiert nach Leibholz 1958: 80). Noch härter urteilte Heinrich von Treitschke. Für ihn war die athenische Demokratie „Massenaristokratie" der Vollbürger über Sklaven (Treitschke 1898: 257).

Allerdings wird der athenischen Demokratie nicht gerecht, wer sie nur als „Massenaristokratie", „elitäre Oligarchie" und von der modernen Demokratie grundverschiedene Ordnung versteht. Wer dies tut, übersieht das Neue, das mit der Demokratie der Athener entstanden war, nämlich „die Erteilung des politischen Rechts ohne Rücksicht auf Herkunft und Vermögen" (Bleicken 1994: 394). Ihre „Radikalität" (Bleicken 1994: 394) basierte auf der politischen Gleichheit der Bürger, gleichviel, ob diese arm oder reich waren. Das klingt insgesamt – in Maßen – respektabel. Die Demokratie im Staat der Athener scheint dem bislang Erwähnten zufolge insgesamt eine leidlich funktionierende Staatsform mit umfassenden Beteiligungschancen der Bürger – wenngleich diese nur eine Minderheit der erwachsenen Wohnbevölkerung waren – gewesen zu sein. Warum aber hielten viele Beobachter, unter ihnen Aristoteles, zur Demokratie so viel Distanz – und zwar Distanz nicht etwa wegen der Exklusion der Frauen oder wegen der Rechtlosigkeit der Sklaven, deren Zeugenaussagen vor Gericht durch Folter erzwungen werden durften (Gehrke 1999: 108)?

Die Distanz ist mit verschiedenartigen Gründen erläutert worden, beispielsweise mit persönlicher Vorliebe oder Antipathie, mit dem Bestreben, dem Publikum nach dem Munde zu reden und dem Bemühen, vor möglichen Gefahren der Demokratie zu warnen (z.B. Strauss 1991, Demandt 1993, Lindsay 1994). Das mag alles stimmen. Freilich tragen die vorhandenen Belege diese Schlüsse nur zum Teil. Hinzu kommen mittlerweile – besser belegbare und nachprüfbare – Urteile (Meier u.a. 1971, Mossé 1979: 90ff., Bleikken 1994).

Ein Stachel der Kritik an der Demokratie galt der politischen Gleichheit. Anstoß nahmen die Kritiker an dem der Demokratie zugrunde liegenden quantitativen Gleichheitsbegriff. Man rieb sich vor allem an der – ohne angemessene Würdigung von Sachverstand, Bildung, Herkunft, Vermögen oder persönlicher Leistung – erfolgenden Gleichbehandlung von Ungleichem.

Die Negativbeurteilung der Demokratie wurzelte überdies in Institutionenkritik. Vor allem die Rechtsprechung der Geschworenengerichte rief Missfallensbekundungen hervor. Die Geschworenengerichte setzten sich aus nicht fachgeschulten Richtern zusammen, die ihre Urteile nach passiver Anhörung und ohne Beratung fällten. Fehlurteilen und willkürlichen Entscheidungen waren Tür und Tor geöffnet.

Hinzu kamen Fehlurteile der Volksversammlung und der Geschworenengerichte, die teils durch Unwissenheit und Desinformation, teils durch Agitation, mitunter aufgrund moralischer und intellektueller Überforderung, oder aufgrund interessengeleiteten Handelns zustande kamen. Das war nicht selten, verwies auf einen Systemdefekt und stützte die Auffassung, die Menge könne unmöglich Philosoph sein (Platon, *Der Staat* 494a 4), also nicht über schön oder hässlich, Recht oder Unrecht urteilen und nicht zu wahrer Erkenntnis gelangen. Solche Schwächen hatten die Demokratiekritiker im Auge, weniger die Gegenbeispiele (Bleicken 1994: 374).

Hinzu kam die Kritik an den Demagogen, den charismatischen Rednern der extremen Demokratie, welche die Menge mal für dieses, mal für jenes Vorhaben mobilisierten und die Masse nicht selten zum Schaden aller Beteiligten aufwiegelten.

Kritik rief sodann die Behandlung der abhängigen Städte im Attischen Seebund durch die Demokratie hervor. Anstoß nahmen die Kritiker vor allem an der Umwandlung des Bundes in ein Untertanengebiet und an der Unterdrückung der inneren Autonomie der Städte, ihrer finanziellen Ausplünderung sowie an der Niederwerfung von Städten, die vom Bund abgefallen waren, oder – wie die Melier – nach Neutralität im Peloponnesischen Krieg strebten, was das demokratische Athen mit einem grauenvollen Blutbad unter allen erwachsenen Männern der Insel Melos und Versklavung der Frauen und Kinder beantwortete (Thukydides, *Geschichte des Peloponnesischen Krieges* 5, 84-116).

Generell galt die Außenpolitik, vor allem die Kriegführung, den Demokratiekritikern als ein Bereich, in dem die Demokratie besonders großen Schaden anrichtet. In der Außenpolitik war nicht selten die Masse der Armen unnachgiebiger Befürworter aggressiver Militärpolitik, in der Hoffnung auf Lohn, Beute und Siedlungsraum, während die Reichen zur Zurückhaltung mahnten.

Überdies wurden kritische Stimmen gegen politische Führer laut, nicht nur gegen die Demagogen. Im Zuge der innen- und außenpolitischen Auseinandersetzungen verlor für die Opposition gegen Perikles (495-429 v. Chr.), lange Zeit der unbestrittene „erste Mann" Athens, der Anspruch der Demokratie, alle Bürger an der Führung öffentlicher Angelegenheiten zu beteiligen, jegliche Glaubwürdigkeit. Perikles galt als bedeutendster politischer Redner seiner Zeit. Doch seine Geltung war zweischneidig, wie die Worte eines seiner Widersacher erhellen: „Wenn ich ihn auf den Boden werfe, leugnet er doch, daß er gefallen sei, er behält Recht, und überredet selbst die, die es gesehen haben" (Kagan 1992: 21f.).

Zur Personenkritik gesellte sich die Kritik an den politischen Weichenstellungen und an der Destabilisierung, die hierdurch mitunter erzeugt wurde. Der Demokratie wurde die Selbstzerstörung durch übermäßige Kriegführung vorgehalten, vor allem der Peloponnesische Krieg (431-404 v. Chr.), der Athen an den Rande des Zusammenbruchs führte. Im Peleponnesischen Krieg hatten demagogische Tendenzen besonders verlustreiche Entscheidungen herbeigeführt. Obendrein hatte sich die Demokratie als schwach erwiesen. Im Jahr 411 v. Chr. ließen sich die Athener sogar zunächst zur freiwilligen Preisgabe der volksherrschaftlichen Ordnung überreden. Doch auch die gemäßigtere Demokratie, die 403 v. Chr. in Athen eingesetzt wurde und bis zum Beginn der Makedonierherrschaft im letzten Drittel des 4. Jahrhunderts v. Chr. die dominierende Staatsverfassung blieb, neigte zu schwerwiegenden Fehlentscheidungen. Zu diesen gehörten drakonische Strafen. Zum Entsetzen Platons richtete die Demokratie im Jahre 399 v. Chr. Sokrates hin, den Philosophen, der die Volksherrschaft überaus kritisch beurteilt hatte.

Die beträchtliche Distanz zur Demokratie wurde zudem von der Auffassung untermauert, die Demokratie neige zur Destabilisierung, und zwar durch übermäßige Verteilung und Umverteilung. Die Volksversammlungsherrschaft lebe nicht nur von Beute und Ausbeutung, vor allem von besiegten Gemeinwesen und Verbündeten. Sie erhöhe auch die Spannungen zwischen den Bürgern, unter anderem die zwischen Arm und Reich, beispielsweise durch übermäßige Belastung der Reichen mit Zwangsabgaben oder durch öffentliche Anschuldigungen, üble Nachrede oder gar durch Verbannung. So jedenfalls sprachen die Demokratiekritiker. Ihrer Sicht zufolge lief die Herrschaft der Volksversammlung häufig auf unversöhnlichen Streit zwischen Arm und Reich hinaus, bei dem der Nutzen der einen notwendigerweise der Schaden der anderen Streitpartei war, und bei dem es keine verlässliche Chance für kooperatives Verhalten und Nutzenmehrung zu Gunsten aller Beteiligten gab (Wagschal 2000). Mehr noch: Die Volksversammlung destabilisierte durch Schüren des „Klassenkampfes" (Sartori 1992: 278) die politische Ordnung. Die tendenziell gewaltmonistische Herrschaft der Volksversammlung und das nahezu vollständige Fehlen jeglicher wirksamer Gewaltenteilung erwiesen sich – auch bei immanenter Betrachtung – als schwere Bürde der Demokratie.

Kritisiert wurden sodann die Schwankungen der Willensbildungsprozesse in der Demokratie. Politisch kommuniziert wurde von Angesicht zu Angesicht und vermittelt durch öffentliche Aussprache. Hinzu kamen Beschlussfassungen durch Wahl und Abstimmung, aber auch durch Los und Geschworenenurteil (Finley 1980). All dies war allerdings anfällig für wankelmütige Mehrheiten und Stimmungen sowie für Mobilisierungs- und Verführungskünste von Demagogen, so dass am Ende nicht selten „die Laune der Menge" obsiegte (Bleicken 1994: 374). Insoweit liegt die Achillesferse der Demokratie für die Aristotelische Schule just im Mechanismus der weithin ungezügelten Volksversammlungsherrschaft.

Aus dem Blickwinkel der Aristotelischen Lehre verstieß die Demokratie, vor allem die extreme Form, somit gegen die meisten Normierungen legitimer Herrschaft, vor allem dagegen, Herrschaft durch das Gesetz zu begrenzen, ferner gegen den Grundsatz, das Herrscherwohl nicht über das Gesamtwohl zu stellen, sowie gegen das Gebot, die Regierten nicht zu Gunsten der Regierenden auszubeuten (Höffe 1996: 253ff.). Die Schlussfolgerung lag auf der Hand: Die Demokratie verfehlt den Staatszweck. Der Staatszweck besteht nach Aristoteles darin, „daß man gut lebe" (*Politik* III 9 1280b), und zwar im Sinne eines glücklichen und tugendhaften Lebens (Bien 1990: XXI). Die Demokratie verfehlt diesen Zweck, und zwar um so mehr, je näher sie der extremen, ungezügelten Volksversammlungsherrschaft kommt. Und weil sie den Staatszweck verfehlt, ist die Demokratie eine fehlerhafte Staatsform – so die Demokratiekritik der Aristotelischen Staatsformenlehre.

**Würdigung der Aristotelischen Demokratielehre**

Im Streit über Vorzüge und Schwächen der athenischen Demokratie im 5. und 4. Jahrhundert v. Chr. haben die Zeugnisse distanziert-kritischer Beobachter besonders großen Einfluss. Diese Zeugnisse sind jedoch nicht über jede Kritik erhaben. Der Aristotelischen Lehre beispielsweise hält man vor, sie unterschätze im Falle der athenischen Demokratie im 4. Jahrhundert v. Chr. das Ausmaß der Gesetzesherrschaft. Aristoteles' Demokratiekritik übersehe, „daß in seinem Muster Athen durchaus die Gesetze herrschen", so gab beispielsweise Christian Meier zu bedenken (Meier u.a. 1972, S. 831, Anm. 53, 828f.). Zudem überschätze sie das Maß, in dem die Armen die Herrschaft über die Legislative, die Exekutive und die Judikative gewonnen hatten (Ober 1989, Eucken 1990: 287ff., Strauss 1991, Eder 1995, Ober/Hedrick 1996, Welwei 1999).

Selbstbeschreibungen und Zeugnisse von Anhängern der radikalen Demokratie im Staat der Athener vermitteln demgegenüber das Bild einer leistungsfähigen stolzen Gesellschaft freier und gleicher Bürger, so beispielsweise Perikles in seiner Totenrede zu Ehren der im ersten Jahr des Peloponnesischen Krieges gefallenen Athener im Winter 431/430 v. Chr. (Thukydides, *Geschichte des Peloponnesischen Krieges* 2, 35-46). Die Anhänger der Demokratie betonten die aktive Beteiligung aller Bürger, ohne Ansehen des Vermögens, und hoben die Schulung und die Entfaltung persönlicher Qualitäten in der öffentlichen Willensbildung sowie die damit einhergehende Pflege und Förderung tugendhaften Handelns hervor. Obendrein war ihrer Sicht der Dinge zufolge das Urteil der breiten Menge oft durchaus vernünftig. Ferner habe die öffentliche Erörterung politischer Fragen dazu geführt, Entscheidungsalternativen sorgfältig zu durchleuchten und abzuwägen. Die Demokratieanhänger priesen vor allem die erzieherische Bedeutung der Teilhabe der Vielen an den öffentlichen Angelegenheiten (Meier u.a. 1972, Raaflaub 1988: 335ff.). Insoweit entwickelten die Verteidiger der athenischen Demokratie ein Argument, das in der Moderne vor allem von der partizipatorischen Demokratietheorie aufgegriffen wird (siehe Kapitel 2.6). Ergänzt wurde dieses Argument durch die Auffassung, die Demokratie mache aufgrund der Einbindung der Einwohner die Polis stark – im Innern und auch nach außen. Überdies reklamierten die Befürworter der athenischen Demokratie ein weit höheres Maß an Gesetzesherrschaft. Man habe – im Gegensatz zu vielen anderen Staatsformen – geschriebenes Recht, und deshalb sei der Staat ein Staat der Gesetzesherrschaft. Schlussendlich hoben die Demokratiebefürworter die Freiheit hervor: In der Demokratie könne man leben, wie man wolle (Meier u.a. 1972: 828f.).

Zurück zur Staatsformenlehre des Aristoteles. Selbst wenn sie die Demokratie im Staat der Athener wohl mitunter zu harsch kritisiert, und auch wenn aus heutiger Sicht ihre Befürwortung der Sklaverei ebenso befremdet wie ihre Hinnahme und Rechtfertigung höchst ungleicher Teilhabechancen von Frauen und Männern, so hat diese Lehre dennoch außerordentlich hohes Niveau. Die Aristotelische Staatsformenlehre ist komplex. Sie untersucht die Verfassung und die Verfassungswirklichkeit der Staatsformen. Ferner studiert sie einzelne Staatsverfassungen und vergleicht sie anderen Regimen. Überdies erkundet sie Bestands- und Zerfallsbedingungen politischer Regime. Zudem entwickelt sie dabei die erste Theorie der Funktionsvoraussetzungen der Demokratie. Sieben Funktionsbedingungen einer demokratischen Ordnung nennt die Theorie des Aristoteles. Es sind dies: 1) ein hinreichendes Maß an Interessenharmonie in der teilhabeberechtigten Bürgerschaft, 2) ein relativ hohes Maß an Homogenität hinsichtlich der Größen, die gemeinhin scharfe soziale Spannungen und heftige politische Konflikte hervorrufen, vor allem die Vermögensverteilung zwischen Arm und Reich, 3) ein kleiner überschaubarer Stadtstaat, der idealerweise eine Größenordnung von rund 5.000 bis 10.000 erwachsenen Teilhabeberechtigten umfasst, 4) die Chance für alle Mitglieder des Demos, an den direktdemokratischen Versammlungen teilzunehmen und unmittelbar über öffentliche Belange mitzuentscheiden, 5) eine gefestigte, aber gleichwohl gemäßigte Beteiligungsbereitschaft der Bürgerschaft sowie die Bereitschaft und Befähigung, dem Gebot tugendhaften Handelns nachzukommen, und zwar im Sinne verantwortlicher und ethisch legitimierter Zielsetzung und Mittelanwendung, 6) in sozioökonomischer Hinsicht eine breite Mittelschicht und 7) Autonomie der Stadtstaaten in politischer, wirtschaftlicher und militärischer Hinsicht.

Die Aristotelische Demokratietheorie ist unter den zeitgenössischen Zeugnissen die am besten dokumentierte Analyse der athenischen Demokratie. Diese Lehre gab auch den Auftakt für einen lang anhaltenden Schulenstreit über die Bewertung der Demokratie in der griechischen Antike. Zugrunde liegt die Spaltung zwischen Anhängern der prozessorientierten Demokratieauffassung, welche die Pflege von Staatsbürgertugenden durch politische Beteiligung hervorheben und den Anhängern der institutionellen Lehre, die vor allem die Antinomie von Staatsgewalt und individueller Freiheit zur Bewertungsgrundlage machen. Der institutionellen Auffassung zufolge sind die Allmacht der Volkssouveränität und die Unterdrückung des Individuums im Staat der Athener die Hauptmerkmale. Anstelle der Staatsbürgertugenden sehen die Anhänger der institutionellen Lehre die „Staatsknechtschaft des Individuums" (Jakob Burckhardt) oder die „Terrorisierung des Individuums durch die Masse", so Bleickens treffende Charakterisierung dieser Position (Bleicken 1994: 582). Diesem Urteil steht die Auffassung der Konstitutionalisten entgegen. Diese betonen die Funktionstüchtigkeit der demokratischen Institutionenordnung und die Wertigkeit demokratischer Verfahren, so der dänische Althistoriker Mogens H. Hansen und im Großen und Ganzen auch Bleicken (1994). Bleicken zufolge ist die athenische Demokratie weder ein Unfall der Weltgeschichte noch ein Idealstaat, sondern „der historische Beleg dafür, daß die unmittelbare Herrschaft einer Masse auch unter dem Vorzeichen einer radikalen politischen Gleichheit über lange Zeit hindurch wirklich funktioniert hat" (Bleicken 1994: 584).

Die Differenz zwischen der Demokratie der griechischen Antike und den demokratischen Ordnungen des 19. und 20. Jahrhunderts ist groß. Die griechische Antike kannte nur die Direktdemokratie in kleineren Gemeinwesen. Unbekannt waren ihr Parteien,

Interessengruppen, Medien und Gegenkräfte zur ungezügelten Volksherrschaft wie eine unabhängige fachgeschulte Richterschaft oder Menschen- und Grundrechte. Überdies ist die altgriechische Demokratie mehr eine umfassende und auf alle Erfahrungsbereiche einwirkende „Gesellschafts- und Lebensordnung" (Raaflaub 1995: 5) als eine Verfassung. Und die athenische Bürgerschaft ist „nicht nur eine politische, sondern auch eine kultische Gemeinschaft" (Gehrke 1999: 109): Zahlreiche Götterfeste und rege Beteiligung an künstlerischen und sportlichen Darbietungen führen die Bürger zusammen. Zudem ist die altgriechische Demokratie, nicht zuletzt die athenische, weit mehr als die modernen Demokratien zum Kriegführen geneigt und vom Krieg geprägt (ebd.: 111ff., Gschnitzer 1995, Bachteler 1990). Auch aufgrund dieser Unterschiede können die Demokratieerfahrungen der griechischen Antike nicht direkt auf die Moderne übertragen werden.

Gleichwohl hat die altgriechische Demokratie den modernen konstitutionellen Demokratien viel zu bieten. Sie ist die historisch erste Form einer – wie auch immer verkürzten – demokratischen Ordnung. Zudem hat ihre wissenschaftliche Beobachtung ein erstaunlich leistungsfähiges Instrumentarium zur Beschreibung, Bewertung und Erklärung demokratischer und nichtdemokratischer Herrschaftsordnungen hervorgebracht, so vor allem die Aristotelische Lehre der Demokratie. Diese ist Teil einer größeren Lehre der „Staatsverfassungen" (*Politik* III 6 1278b) und wurde zur Grundlage für zahllose Bestrebungen, politische Systeme systematisch zu vergleichen. Die Schlüsselvariablen zur Typologisierung von Staatsformen seitens der Aristotelischen Schule, insbesondere die Zahl der Herrschenden, ihre sozialökonomische Position und die Qualität der Herrschaft, gehören zu den Standardinstrumenten späterer Generationen der Staats- und Sozialwissenschaften. Beispielgebend ist überdies die Kombination von normativer Theorie und empirischer Analyse. Mit ihr wird geprüft, ob eine Staatsverfassung dafür geeignet ist, „dem Menschen bei der Verwirklichung eines sittlichen Ziels in der Gesellschaft, dem Rechtswesen und allgemein in einem rechten Leben zu helfen" (Finley 1980: 9). Die Suche nach dem „Idealstaat" leitet auch die Aristotelische Theorie (Demandt 1993). Als beste Polis gilt ihr diejenige, deren Institutionen das gute – glückliche und tugendhafte – Leben ermöglichen. Doch wird zudem pragmatisch gefragt, welche Staatsverfassung unter den gegebenen Umständen die relativ beste sei. Zugleich erkundet die Aristotelische Staatsformenlehre Gemeinsamkeiten und Unterschiede der verschiedenen Verfassungen aus der Perspektive des Vergleichs. Überdies erörtert sie die Funktionsvoraussetzungen der Demokratie. Außerdem fügt sie der statischen Betrachtung eine dynamische Komponente hinzu, nämlich die Vorstellung vom Wandel der Staatsverfassungen bis hin zu ihrem Niedergang. Obendrein hat sie alle drei Dimensionen des Politischen im Blickfeld: die institutionellen Formen, die politischen Vorgänge und den Inhalt politischer Entscheidungen, die sie vor allem anhand der Qualität des Regierens erfasst. Auch in dieser Hinsicht ist die Aristotelische Staatsformenlehre, so distanziert ihr Verhältnis zur Demokratie ist, eine feste Grundlage für die wissenschaftliche Beobachtung politischer Systeme, einschließlich der Demokratien. Und obwohl die Aristotelische Staatsformenlehre mehr als 2300 Jahre alt ist, erweist sie sich auch heutzutage noch als erstaunlich leistungsstark.

**Kapitel 1.2**
**Von Hobbes' Demokratiekritik zu Lockes frühliberalem Konstitutionalismus**

Das Denken über Demokratie verharrte bis weit in die Neuzeit im Bannkreis der Deutung, die ihr in der Aristotelischen Staatsformenlehre zuteil geworden war. Demokratie war dabei lange nur noch ein Wort der Gelehrtensprache, obendrein eines, das selten Verwendung fand und meist mit Zweifel an ihrer Wertigkeit verbunden war. Existenzberechtigung wurde der Demokratie allenfalls als Teil einer Mischverfassung eingeräumt. Sofern der Begriff Demokratie auf politische Systeme angewandt wurde, geschah dies für die freieren politischen Gemeinwesen, die in Holland, in der Schweizer Eidgenossenschaft, in einzelnen deutschen Stadtrepubliken und in den nordamerikanischen Siedlerkolonien existierten. Weithin verstand man unter Demokratie bis ins 19. Jahrhundert eine Regierungsform oder Staatsverfassung, die sich nur für Kleinstgemeinwesen eignet, nicht für große Flächenstaaten. Auch hierin folgte man dem überlieferten Verständnis von Demokratie als Volksversammlungsherrschaft in einem überschaubaren Stadtstaat. Nach wie vor definierte man Demokratie hauptsächlich als Direktdemokratie und als eine Einrichtung, die zur Wankelmütigkeit und Verantwortungslosigkeit neigte.

Nennenswert erweitert wurde die Demokratietheorie erst rund zwei Jahrtausende nach dem Niedergang der athenischen Demokratie. Die Aufklärungsphilosophie, vor allem die Kritik der geburtsständischen Privilegienordnung und des Absolutismus, bahnte allmählich einem neuen Verständnis von Theorie und Praxis der Demokratie den Weg. Im Zuge der Säkularisierung der Legitimationsfrage fand der Gedanke der Volkssouveränität – an Stelle der Souveränität legitimierter Herrscher – mehr und mehr Verbreitung. Zugute kam der Aufwertung der Demokratieidee auch die Entwicklung repräsentativdemokratischer Verfassungsvorstellungen. So wurden der Demokratie allmählich positivere Bewertungen zuteil, wenngleich nach wie vor die zweifelnd-distanzierte Position überwog, die in ihr eher eine schlechte als eine gute Staatsverfassung sah (Meier u.a. 1972).

In diesem und dem nächsten Kapitel werden für beide Sichtweisen einflussreiche Denker der Politischen Ideengeschichte als Kronzeugen gerufen. Als Vertreter der kritisch-distanzierten Abhandlung der Demokratie und der These, sie habe größere Mängel als andere Staatsformen, kommt Thomas Hobbes (1588-1679), der englische Staats- und Gesellschaftsanalytiker, zur Sprache. Als Repräsentant der Theoretiker, die dem Demokratiegedanken implizit und dem der Zügelung der öffentlichen Gewalten ausdrücklich mehr Wohlwollen entgegenbringen, wird John Locke (1632-1704) ausgewählt und im nachfolgenden Kapitel von Montesquieus Verfassungslehre ergänzt.

**Hobbes' Demokratiekritik**

Doch zuvor soll die Demokratie aus dem Blickwinkel der bis dahin herrschenden kritisch-distanzierten Position beleuchtet werden. Ein herausragendes Beispiel ist Thomas Hobbes' schneidend scharfe Demokratiekritik in *De Cive (Vom Bürger)* von 1642 und vor allem im *Leviathan*, der 1651 veröffentlichten Studie über *Stoff, Form und Gewalt eines kirchlichen und bürgerlichen Staates*, so der Untertitel des Werkes. Gewiss handeln *De Cive* und *Le-*

*viathan* von grundsätzlicheren Dingen als nur von der Demokratie, doch seien diese für den hier interessierenden Zweck beiseite gelassen. Demokratietheoretisch besonders instruktiv sind die Ausführungen im 7. und 10. Kapitel der Abhandlung *Vom Bürger* und im 19. Kapitel des *Leviathan*. Dort unterscheidet Hobbes, der klassischen griechischen Staatsformenlehre zunächst noch folgend, die Staatsformen Monarchie, Aristokratie und Demokratie (*Leviathan*: 145 – im Folgenden zitiert nach der deutschen Ausgabe 1984). Das Unterscheidungsmerkmal ist die „Verschiedenheit des Souveräns oder der Person, die alle und jeden einzelnen der Menge vertritt" (*Leviathan*: 145). Doch im Unterschied zur aristotelischen Lehre wird nicht länger danach gefragt, ob die Herrschaftsausübung den eigenen Interessen oder dem Kollektivnutzen zugute kommt. Besteht diese Vertretung aus einer Person, ist die Staatsform monarchisch. Ist die Vertretung die Versammlung aller, die zusammenkommen, handelt es sich um eine Demokratie oder einen Volksstaat („Popular Common-wealth"). Aristokratie wird die Staatsform genannt, in der die Versammlung nur aus einem Teil des Volkes besteht. Abrupt fügt Hobbes hinzu: Andere Staatsverfassungen kann es nicht geben, „denn es besitzen entweder einer, mehrere oder alle die gesamte souveräne Gewalt, die ( ... ) unteilbar ist" (ebd.: 145).

Gegen Zwischen- oder Mischformen erhebt Hobbes seine Stimme. Sie würden nur die Souveränität teilen und damit Schaden stiften (Höffe 1996a: 73ff.). Auch verzichtet Hobbes darauf, zwischen der „richtigen Staatsform" und ihren „Abweichungen" zu unterscheiden. Diese Unterscheidung verhöhnt er. Sie gründe sich nur auf private Maßstäbe für Gut und Böse, auf Unzufriedenheit mit den Ordnungen, die man nicht mag und Zufriedenheit mit denen, die man aus anderen Gründen vorziehe (*Leviathan*: 519). Und so seien die Bezeichnungen für die guten und die entarteten Staatsformen nichts als Namen, die nur „die verschiedenen Meinungen der Bürger über die Herrschenden" ausdrückten (*Vom Bürger*: 149). Für seinen Staatsformenvergleich beansprucht Hobbes größere analytische Schärfe. Hierfür legt er mehrere wohlfahrtstheoretisch gerichtete Prüffragen an. Deren Kern liegt in zweierlei: erstens in der Erhaltung des Friedens, also im wirkungsvollen Schutz, den der Herrscher den Regierten vor dem Bürgerkrieg gibt, und zweitens in der Förderung des Wohls der Bürger (*Vom Bür-*

*ger:* 174). Dies fußt auf einem pessimistischen Menschen- und Staatsbild. Hobbes schildert es anhand des gedanklich konstruierten Naturzustandes vor der Gründung eines Staates. Im Naturzustand sei der Mensch dem anderen Menschen – wie ein Staat dem anderen – ein Wolf. Er kümmere sich vor allem ums eigene Überleben und darüber hinaus um sein „Privatwohl, um das Wohl seiner Familie, seiner Verwandtschaft und seiner Freunde" (*Leviathan:* 146f., *Vom Bürger:* 59). Man müsse davon ausgehen, so Hobbes weiter, dass das Privatwohl und das Wohl der Familie, der Verwandten und der Freunde in der Regel dem Gemeinwohl in die Quere kämen.

Von diesem Konflikt zwischen Privatinteressen und Gemeininteressen gebe es jedoch eine Ausnahme. Die komme dort zustande, wo das öffentliche Interesse und das Privatinteresse am meisten zusammenfielen. Wo das der Fall sei, werde das öffentliche Interesse, das öffentliche Wohl, am meisten gefördert. Wo ist das der Fall? Hobbes' Antwort lautet: in der Monarchie! Nur dort decke sich das Privatinteresse mit dem öffentlichen Interesse, weil Reichtum, Macht und Ehre eines Monarchen sich alleine aus dem Reichtum, der Stärke und dem Ansehen seiner Untertanen ergäben. Hobbes zufolge kann kein König „reich, ruhmvoll und sicher sein, dessen Untertanen entweder arm oder verachtenswert oder aus Not oder Uneinigkeit zu schwach sind, um einen Krieg gegen ihre Feinde durchhalten zu können" (*Leviathan*: 147). In einer Demokratie oder Aristokratie hingegen „trägt der öffentliche Wohlstand zum Privatvermögen eines korrupten oder ehrgeizigen Menschen weniger bei als oftmals ein hinterlistiger Rat, eine verräterische Handlung oder ein Bürgerkrieg" (ebd.: 147).

Vorrang gebühre der Monarchie vor der Aristokratie und Demokratie aus einem weiteren Grund: Die Monarchie sei grundsätzlich offen für den besseren Willensbildungsprozess, der Demokratie hingegen sei eine defizitäre Deliberation eigen – ja sogar strukturelle Lernunfähigkeit. Hobbes drückt diesen Gedanken so aus: „Ein Monarch kann jeden, wann und wo er will, zu Rate ziehen und folglich die Meinung von Menschen anhören, die von der Sache etwas verstehen, über die er nachdenkt, welchen Rang und welche Eigenschaft sie auch immer besitzen mögen, und zwar so lange vor der eigentlichen Handlung und so geheim, wie er es wünscht" (ebd.: 147). In der Demokratie hingegen kämen bei der Willensbildung nur die in Frage, die von Anfang an zum Mitgliederkreis gehören. Doch das sind nach Hobbes größtenteils Leute, „die mehr davon verstehen, wie man Reichtum als wie man Kenntnisse erwirbt und die ihren Rat in langen Reden geben, die die Menschen zu Handlungen aufpeitschen mögen und dies gewöhnlich auch tun, sie aber damit nicht regieren" (ebd.). Die Demokratie stärkt somit gerade das Gefährlichste. Sie schürt den Meinungskampf. Sie treibt den Kampf der Doktrinen voran. Und sie bekräftigt somit eine Dynamik, die im Krieg über Doktrinen enden kann, wie Hobbes in seiner Analyse der Voraussetzungen und der Eskalation des Bürgerkriegs in England zwischen 1640 und 1648 zeigt (Hobbes: *Behemoth*, 1682). Mehr noch: Aufgrund der Vielzahl der Teilnehmer ist die demokratische Versammlung weder in örtlicher noch in zeitlicher Hinsicht in der Lage, einen guten geheimen Rat anzunehmen.

Einen dritten Vorzug habe die Monarchie. Wer in ihr entscheidungsbefugt ist, sei weit weniger wankelmütig als Versammlungen, in denen viele entscheiden. Hier entfaltet Hobbes ein Argument, das rund 300 Jahre nach ihm von der Ökonomischen Theorie der Demokratie aufgegriffen und weitergeführt wird, das Argument nämlich, dass der Demokratie eine Unbeständigkeit inne wohne, die sich aus der großen Zahl der Beteiligten und den Unwägbarkeiten der Willensbildung- und Abstimmungsprozeduren ergäben: „Die Entscheidungen eines Monarchen sind nur so unbeständig wie die menschliche Natur. In Versammlungen dagegen kommt zur natürlichen Unbeständigkeit noch die der Zahl" (*Leviathan*: 147).

Hiermit zusammen hängt ein viertes Argument, das Hobbes ebenfalls zugunsten der Monarchie ins Feld führt. Weil in der Monarchie der Herrscher aus einer Person besteht, könne dieser „nicht aus Neid oder Selbstinteresse mit sich selbst uneins sein". Uneinigkeit aber entstehe in einer Versammlung, und zwar so heftig, so erläutert Hobbes mit Blick auf das England seiner Zeit, „daß daraus ein Bürgerkrieg entstehen kann" (ebd.: 148).

Fünftens spricht gegen die Demokratie die größere Anfälligkeit für Günstlinge. Die gebe es auch in der Monarchie, wenngleich in geringerer Zahl als in den Demokratien. Noch gewichtiger sei ein Zweites. Die eigentlichen Günstlinge der Demokratie seien die Redner, also wiederum die, die viel Macht besitzen und damit hauptsächlich Schaden anrichten. Und die das Volk aufhetzenden Redner, das weiß der an Thukydides' *Geschichte des Peloponnesi-*

*schen Krieges* geschulte Hobbes, können die semantischen Gemeinsamkeiten zersetzen und hierdurch zu Hauptverursachern eines Bürgerkrieges werden. Die Demokratie hat insoweit im Unterschied zur Monarchie eine weitere besonders gefährliche Schwäche: sie ist „eine Bühne für moralfreie Sprachvirtuosen" (Bredekamp 1999: 124) und deshalb bürgerkriegsanfälliger als andere Regime.

Ein weiterer gefährlicher Nachteil ist der Demokratie eigen. In ihr sei die Wahrscheinlichkeit groß, dass aus dem politischen Kampf ein charismatischer Herrscher emporkomme, das Volk vom Gehorsam gegen die Gesetze ablenke und womöglich zur offenen Rebellion bringe (ebd.: S. 253).

Hobbes erörtert schließlich diejenigen Mängel, die man der Monarchie gemeinhin als Hauptschwäche vorhält. Dazu zählt vor allem die Krisenanfälligkeit der Nachfolgeregelung, insbesondere die Wahrscheinlichkeit, dass nur einem Kinde oder einem anderen, der ebenfalls nicht in der Lage ist, zwischen Gut und Böse für das Gemeinwesen insgesamt zu unterscheiden, die Macht übertragen wird und dass der zum Herrscher Gekürte einem Vormund überantwortet wird. Solche Defekte ergäben sich in jeder Regierungsform, gibt Hobbes zu bedenken. Man könne sie nicht nur der Monarchie anlasten (ebd.: 148f.).

Hobbes' Schlussfolgerung aus alldem ist eindeutig: Falsch sei die Meinung, „daß alle Könige zum Geschlecht der Raubtiere gehörten", so seine Formulierung der antimonarchischen Lehre im ersten Satz von *Vom Bürger*. Und falsch sei es, die öffentliche Gewalt womöglich auf weltliche und kirchliche Herrscher aufzuteilen, womit Hobbes sich in schärfsten Gegensatz zur Kirche bringt. Richtig sei vielmehr die These, dass die beste Staatsform die Monarchie sei, insbesondere die kraftvoll regierte, autoritär und hierarchisch organisierte Königsherrschaft. Sie schütze besser als andere Staatsformen vor Bürgerkrieg, und sie befördere das Wohl ihrer Bürger wie keine andere. Die anderen Staatsverfassungen – Aristokratie und Demokratie – sind die schlechteren Herschaftsformen (Flathman 1993). Das bekräftigt für Hobbes die Auffassung, die er im zweiten Satz seiner Schrift *Vom Bürger* in die rhetorische Frage gekleidet hatte: „Aber war nicht das römische Volk selbst ein reißendes Tier?".

So jedenfalls die reine Theorie des Thomas Hobbes. Neben dieser Sichtweise enthält Hobbes' Werk eine zweite Perspektive des

Staatsformenvergleichs. In ihr kommt der reine Machttechniker zum Vorschein und der Beobachter, den hauptsächlich die Souveränität und die Friedensstiftung durch den Souverän interessiert. Legitim können nämlich in Wirklichkeit alle drei Regierungsformen sein, die Monarchie, die Aristokratie und die Demokratie! Warum ist das so? Hobbes' Antwort lautet: jede Staatsform, in welcher der Souverän den gesellschaftlichen Frieden wahrt und die Gesellschaft nach außen erfolgreich verteidigt, ist rechtmäßig und erfüllt den Vertrag zwischen Souverän und Herrschaftsunterworfenen. Aus diesem Grund haben die Beherrschten dem Souverän zu gehorchen. Insoweit hätte Thomas Hobbes seinen Frieden auch mit einer demokratischen Staatsform machen können, vorausgesetzt, diese wäre stabil, effizient, effektiv regiert und sorge für inneren Frieden und für Sicherheit nach außen. Die Wahrscheinlichkeit, dies in einer Demokratie zu erreichen, sei allerdings beträchtlich geringer als in einer Monarchie. Dort seien die Chancen für erfolgreiches Regieren im Sinn von Hobbes' Gesellschaftsvertragslehre erheblich besser. Das ist der Hauptbefund des Vergleichs der Staatsformen im *Leviathan* und in *De Cive*. Ausdrücklich schränkt Hobbes im Vorwort an den Leser von *Vom Bürger* ein, dass er die Überlegenheit der Monarchie „nicht bewiesen, sondern nur wahrscheinlich gemacht" habe (*Vom Bürger*: 73), weil er zu ihrem Gunsten nur empirische Argumente vorgetragen habe und nicht, wie sonst, rationale.

Hobbes schreibt im Zeichen des englischen Bürgerkriegs des 17. Jahrhunderts. Das gilt es ebenso zu berücksichtigen wie seine Frontstellung zur aristotelischen Lehre. Wo die aristotelische Lehre Gemeinschaftsfähigkeit und Verständigungsmöglichkeit durch Aussprache sieht, verortet Hobbes hauptsächlich Streben nach privatem Eigennutz und Erörterungen, in denen die Sprache nicht als Instrument der Verständigung dient, sondern als „Trompete des Krieges und Aufruhrs" (*Vom Bürger*: 127). In seinem Demokratiediskurs allerdings bleibt er weithin im Bann des Demokratieverständnisses, das von der platonisch-aristotelischen Staatsformenlehre begründet worden war. Demokratie meint auch bei Hobbes wesentlich nur Versammlungs- oder Direktdemokratie. Allein deshalb ist sie für moderne Demokratieforschungen nur begrenzt ergiebig. Und wie schon die Aristotelische Staatsformenlehre, so neigt auch Hobbes zur Betonung der Mängel einer Demokratie.

Gewiss: Sein staatstheoretisches Werk enthält Fundamente, die später beim Bau der modernen Demokratie nutzbringend verwendet werden können, allen voran die weltliche Legitimationslehre, das Konzept der natürlichen Rechte des Einzelnen und die Idee des Gesellschaftsvertrags. Sie mildern Hobbes Vorliebe für den autoritären Staat und machen aus ihr den „aufgeklärten Despotismus" (Kraynak 1995: 567). In demokratietheoretischer Hinsicht aber liegt die eigentliche Stärke von Hobbes in der scharfen Kritik der strukturellen Funktionsmängel der Herrschaft der Vielen im Rahmen einer Versammlungs- und Direktdemokratie, während das der Demokratie zugewandte Nachdenken erst nach Hobbes zum Zuge kommt.

## John Locke: Grundlegung des frühliberalen Konstitutionalismus

Neu belichtet und neu durchdacht wurde die Demokratie in der Aufklärungsphilosophie, der Kritik geburtsständischer Privilegienordnung und der Kritik absolutistischer Herrschaft. Zwei Werke verdienen hierbei besondere Würdigung. Das erste ist der staats- und gesellschaftsphilosophische Beitrag von John Locke (1632-1704), insbesondere seine Schrift *Zwei Abhandlungen über die Regierung (Two Treatises of Government*, 1690). Nicht minder ertragreich ist die Lehre von Montesquieu (1689 – 1755). Montesquieu zählt wie Locke zu den Denkern, auf die man sich in der Französischen Revolution, im Unabhängigkeitskampf der englischen Kolonien in Nordamerika und in den Entwürfen einer Verfassungsordnung der Vereinigten Staaten von Amerika berufen hat. Sein Schlüsseltext für die Demokratietheorie ist die 1748 erstmals veröffentlichte Schrift *Vom Geist der Gesetze* (*De l'esprit des lois*).

Mit seinem staats- und gesellschaftsphilosophischen Hauptwerk *Two Treatises of Government*, den *Zwei Abhandlungen zur Regierung*, steuert John Locke Grundlagen für eine weltlich legitimierte freiheitliche Verfassung eines Gemeinwesens, eines *Commonwealth*, wie es im Original hieß, bei. Später wird Locke – mit für ihn unvertrauten Begriffen – als „frühliberaler Denker" (Schwan 1991: 197), als „Vorkämpfer für den liberal-demokratischen Staat" (Zentler/Redaktion Kindlers Literatur Lexikon 1988: 516) und die

„liberale Demokratie" (Holden 1988, 1993) gepriesen sowie als maßgebender Begründer des Verfassungsstaates nordamerikanischer Prägung gewertet (Euchner 1989). Das trifft weit besser als seine Verortung in der Ahnenreihe totalitären Denkens (Vaughan 1925: 156) oder nur in der Theorie des „Besitzindividualismus" (Macpherson 1962).

Locke allerdings benutzt nicht das Vokabular der Demokratietheorie, und von Liberalismus ist zu seiner Zeit noch nicht die Rede. Begrifflich und theoretisch kleidet Locke seine Abhandlung zur rechtmäßigen politischen Ordnung des Gemeinwesens vielmehr in die Sprache der naturrechtlich, eigentumsrechtlich und konstitutionalistisch begründeten Lehre der legitimen Herrschaft über grundsätzlich freie, gleiche Staatsbürger. Dabei entfaltet Locke zugleich eine radikale Kritik der absoluten Monarchie. Diese Kritik und seine Lehre von der rechten Herrschaft gründen auf tief verankerten religiösen Überzeugungen. Seine vergleichsweise optimistische Sicht des Menschen und der Gesellschaft basiert auf dem festen Glauben, dass „die Menschen Gottes Geschöpfe sind" (Cranston 1985: 210 – Übersetzung des Verfassers, vgl. Marshall 1994).

Von der Kritik der absoluten Monarchie und der Entfaltung einer freiheitlichen Verfassung ist in *Zwei Abhandlungen zur Regierung* die Rede. Die Erste Abhandlung dient der Kritik der Rechtfertigung der absoluten Monarchie in Robert Filmers *Patriarcha or the Natural Power of Kings* (1680), dem „Flaggschiff des Royalismus im 17. Jahrhundert" (Goldie 1985: 313). Filmers patriarchalische Staatslehre, die das Königtum aus der Herrschaftsgewalt herleitete, die Gott Adam gegeben habe, und in der absoluten Monarchie die einzig legitime Herrschaftsordnung sah, spiegelte den Patriarchalismus der damaligen Agrargesellschaft wider, deckte sich obendrein mit der staatskirchlichen Orthodoxie und brachte zum Ausdruck, was das Volk gerne hören wollte. Die Annahme eines Naturzustandes, für die Denker wie Thomas Hobbes und nun auch John Locke eintraten, war dem Patriarchalismus Filmers nichts als atheistische Verleugnung der Genesis. Filmers Theorie war nicht nur für die Kirche und die Religion wichtig, sondern auch politisch brisant. Die Königstreuen zu Lockes Zeiten nämlich beriefen sich weitgehend auf Filmers Begründung monarchischer Herrschaft aus dem „divine right of kings", dem göttlichen Recht der Könige. Locke aber wies Filmers Ableitung politischer Prinzipien aus der Heiligen Schrift als unbegründet zurück. Auch die Ansicht, ein Herrscher sei göttlicherseits legitimiert, fand nicht seine Zustimmung. Ferner kritisierte er die Auffassung, die patriarchalische Familie sei ein Modell für die Politik.

Das legte den Boden für die *Zweite Abhandlung über die Regierung*. In ihr entfaltet Locke eine naturrechtlich fundierte Gesellschafts- und Staatstheorie, die viele jener Prinzipien des späteren Liberalismus vorwegnimmt, die in der Geschichte der Demokratie und der Demokratietheorie einflussreich wurden. Zu diesen Prinzipien gehören die Vorstellung von der natürlichen Freiheit und Gleichheit des Menschen, das Recht jedes Einzelnen auf Eigentum, worunter Locke Leben, Freiheit und Vermögen versteht, sodann die religiöse Toleranz, ferner die Suprematie der Gesellschaft über das Politische, überdies die Herrschaft des Rechts, Gewaltentrennung zwischen Legislative und Exekutive, weiterhin das Widerstandsrecht der Bürger gegen jede unrechtmäßige Regierung und überdies das Regieren auf der Basis der Zustimmung des Staatsvolkes (government by consent), mit eng begrenztem Staatszweck und begrenzten Machtmitteln der öffentlichen Gewalt.

So wie Locke davon ausgeht, dass der Einzelne im Naturzustand das Recht auf Leben, Freiheit und Vermögen besitzt und dieses mit Gewalt verteidigen darf, so sieht der eigentliche Zweck des Gemeinwesens, das die freien Bürger per Gesellschaftsvertrag und auf dieser Basis durch einen Herrschaftsvertrag gründeten, vorrangig den Schutz des Eigentums in dem oben erwähnten dreifachen Sinne von Leben, Freiheit und Vermögen jedes Gesellschaftsmitglieds vor. Welch' ein radikaler Bruch in der Lehre legitimer Herrschaft und in der Bestimmung der Zwecke des Gemeinwesens! Nicht mehr um Verbesserung oder Erlösung der Seelen geht es Lockes Staats- und Gesellschaftstheorie. Nicht auf Bestrafung von Laster oder Sünde zielt sie oder darauf, Wahrheit zu propagieren oder Gott zu lobpreisen. Vielmehr steht der Rechtsanspruch der Bürger auf Schutz im Zentrum, der Rechtsanspruch auf Schutz des Eigentums im Sinne von Leben, Freiheit und Vermögen. Entsprechend begrenzt sollten die Machtmittel der Staatsgewalten sein. Die legislative Gewalt, nach Lockes Auffassung schon die höchste Staatsgewalt, soll deshalb nur innerhalb eng gezogener Grenzen agieren. Gleiches gilt im Grundsatz für die anderen Gewalten. Die eng gezogenen Grenzen der Legislative werden durch das Vertrauensverhältnis festgelegt, welches die Naturrechte und das Gesetz Gottes, das dem Menschen die Erhaltung als oberstes Gebot vorschreibt, sowie die Gesellschaft geschaffen haben. Die erste Grenze der Legislative liegt darin: Sie muss mit öffentlich bekannt gemachten, festen, allgemeinen Gesetzen regieren, mit Gesetzen, die für alle gleichermaßen gelten, für die Armen ebenso wie für die Reichen. Zweitens dürfen die Gesetze auf kein anderes Ziel gerichtet sein als auf das Wohl des Volkes. Drittens bedürfen Steuern, also hoheitliche Eingriffe in den wirtschaftlichen Wirkungskreis und die ökonomischen Eigentumsrechte der Staatsbürger, ausdrücklich der Zustimmung des Volkes oder seiner Abgeordneten. Und viertens ist es nicht zulässig, die gesetzgebende Gewalt auf irgendeinen anderen zu übertragen oder anders anzulegen, als es das Staatsvolk, das die Legislative begründet, getan hat.

Wie viele Theoretiker vor ihm, unterscheidet John Locke zwischen drei grundlegenden Staatsformen, nämlich vollkommener Demokratie, Oligarchie und Monarchie. Im Fall der vollkommenen Demokratie besitzt die Mehrheit der Staatsbürger die gesamte öffentliche Gewalt. Sie kann diese anwenden, um dem Gemeinwesen Gesetze zu geben und diese durch Beamte ihrer eigenen Wahl vollstrecken zu lassen. Legt die Mehrheit des Staatsvolkes die Gewalt der Gesetzgebung in die Hände einiger Auserwählter, wozu auch deren Erben oder Nachfolger zählen können, handelt es sich um eine Oligarchie. Wird die Gewalt einem Einzelnen anvertraut, hat man es mit einer Monarchie zu tun. Welche Form die Regierung annimmt, hängt ab von der Entscheidung der höchsten Gewalt, nämlich der Legislative, genauer: von der Entscheidung der Mehrheit der Legislative. Die Legislative muss aus dem Staatsvolk hervorgehen. Dies ist das urdemokratische Element in Lockes Theorie. Die Mehrheit des Demos entscheidet letztlich über die Staatsform. Ob der Demos sich für Demokratie, Monarchie oder Oligarchie ausspricht, ist für Locke zweitrangig. Für die Legitimität der Ordnung des Gemeinwesens ist anderes wichtig, nämlich die Frage, ob die jeweiligen Gewaltenträger sich an die Normen des rechten Regierens in dem oben erwähnten Sinne eng umgrenzter Staatszwecke und eng umgrenzter Machtmittel halten. Nur wenn sie das tun und die Rechte der Bürger respektieren, handelt es sich um legitime Staatsgewalt oder legitime Staatsmacht. „Legitimate power is power plus right" – legitime Staatsmacht ist Macht plus Recht. Diese These von Hampsher-

Monk (1992: 103) hat die Richtung zutreffend markiert. Doch ist sie zu ergänzen, denn die Staatsmacht muss letztendlich aus der Zustimmung der Mehrheit hervorgehen.

Die rechtlich gezügelte Regierung, die aus diesen staats- und gesellschaftsphilosophischen Konstruktionen hervortritt und in Lockes Lehre die Gestalt einer moderaten konstitutionellen Monarchie mit aristokratischen Elementen im *House of Lords* und demokratischen Elementen im *House of Commons* annimmt, ist keineswegs eine schwache Staatsmacht (Euchner 1969: 201). Im Gegenteil: Aufgrund der Konzentration auf wenige Zwecke und wegen ihrer Eingrenzung auf genau umrissene Tätigkeitsfelder kann sie sogar beträchtliche Stärke erringen. Just dies unterstreichen Lockes Ausführungen zur exekutiven und föderativen Gewalt des Staates sowie zur Prärogative (*Zwei Abhandlungen* II §§ 143ff.). Es gibt nach Locke in jedem Staat neben der Legislative und der Exekutive eine föderative Gewalt, die zumeist mit der Exekutive vereinigt ist. Die föderative Gewalt ist die Gewalt über Krieg und Frieden, über außenpolitische Bündnisse und alle sonstigen Abmachungen außenpolitischer und internationaler Art. Sie soll für die Sicherheit und für die Interessen des Volkes nach außen dienen. Doch kann sie weit weniger präzise durch zuvor gefasste feste allgemeine Gesetze gelenkt werden als die exekutive Gewalt, die nach innen wirkt. Im Falle der föderativen Gewalt gelten also nicht Gesetze als Richtschnur, sondern Klugheit und Handeln nach bestem Wissen und Können.

Im Übrigen kennt Lockes Theorie auch die Prärogative (*Zwei Abhandlungen* II Kp. 14). Sie ist die „Macht, ohne Vorschrift des Gesetzes, zuweilen sogar gegen das Gesetz, nach eigener Entscheidung für das öffentliche Wohl zu handeln" (*Zwei Abhandlungen* II § 160). Die Prärogative belässt der Exekutive den erforderlichen Spielraum für die Fälle, in denen das Gesetz keine Vorschrift gibt. Ferner kann die Prärogative zur Begnadigung verwendet werden. Überdies berechtigt sie – und das ist politisch besonders zentral – zur Einberufung des Parlaments oder zur Weigerung, das Parlament zusammentreten zu lassen.

Wer aber soll darüber urteilen, ob die Prärogative rechtmäßig ausgeübt wird? Hier sagt Locke knapp und bündig, dass es zwischen einer exekutiven Gewalt mit Prärogative und einer Legislative, deren Zusammentreten vom Willen der Exekutive abhängig ist, auf Erden keinen Richter geben könne. Dies gelte auch für den

Fall, bei dem die Exekutive oder die Legislative sich anschicke, das Volk zu knechten oder gar zu vernichten. Auch in diesem Fall bleibe nur das Heilmittel den Himmel anzurufen (*Zwei Abhandlungen* II § 168). Doch dieses Heilmittel hat es in sich. Es legt die Spur zum Widerstandsrecht (Euchner 1969: 1, 214f., Specht 1989: 184, Ashcroft 1986). Denn die Anrufung des Himmels heißt Anrufung einer Instanz, deren Gesetz es dem Menschen verwehrt, seine Selbsterhaltung zu vernachlässigen oder aufs Spiel zu setzen.

Hier stößt man an den Teil von Lockes Staats- und Gesellschaftsphilosophie, der politisch besonders brisant ist. Locke beharrt nämlich auf dem Widerstandsrecht gegen unrechtmäßige Herrschaft (Marshall 1994), so wie früher vor allem die Katholiken im überwiegend protestantischen England auf ein Widerstandsrecht gegen den weltlichen Herrscher bestanden hatten. Lockes Widerstandsrecht aber ist in der Lehre verankert, es sei rechtmäßig, ungerechter und ungesetzlicher Gewalt entgegenzutreten (II §§ 199ff.). Der tiefste Grund für das Recht auf Widerstand liegt darin, dass die höchste Gewalt im Staate der Legislative zukommt und das Staatsvolk befugt ist, die Legislative abzuberufen oder zu ändern, wenn es zur Ansicht gelangt ist, die gesetzgebende Gewalt handele dem Vertrauen, das in sie gesetzt wurde, zuwider (II § 149). Keineswegs gibt Lockes Theorie jedem politisch Unzufriedenen ein Recht auf Widerstand. Voraussetzung für die Anspruchnahme dieses Rechtes ist vielmehr fortwährender Macht- und Rechtsmissbrauch und ein Beschluss des Staatsvolkes, wonach Missbrauch vorliegt (II § 240).

Überdies steht das Recht auf Widerstand nicht jedermann zu. Wenn Locke vom Widerstandsrecht und vom Staatsvolk spricht, dann meint er die zugehörigen Gesellschaftsmitglieder, die Staatsbürger. Doch die Bestimmung darüber, wer Teil der Bürgerschaft ist und wer von ihr ausgeschlossen wird, ist höchst unterschiedlich geregelt. Zu Lockes Lebzeiten waren es nicht sonderlich viele. Die Wohlhabenderen zählten dazu, der höhere und der niedere Adel, die Kaufleute, die Gewerbetreibenden, die vorwiegend protestantischen, insbesondere puritanischen Unternehmer und Kaufleute, deren wirtschaftliche Existenz von der Politik der Monarchie gefährdet wurde, was sie in Gegensatz zum Königtum brachte und weithin zu Parteigängern des Parlaments machte. Und Locke ist mit seinen *Zwei Abhandlungen über die Regierung* zweifellos ein Parteigänger des Parlaments in dem großen Ringen zwischen Monarchie und Parlamentarismus. Er gilt als ein ursprünglich vom gottesfürchtigen Puritanismus herkommender aufgeklärter „Whig-Philosoph" (Goldie 1985: 286), also als Anhänger jener Richtung, die Englands Geschichte hauptsächlich als fortwährenden Konflikt zwischen Krone und Parlament und schlussendlich als stufenweisen Triumph des liberalen Parlaments über die autokratische Monarchie deutet.

Man hat darüber gestritten, wie weit das demokratische und das liberale Element in Lockes Politik- und Gesellschaftsphilosophie reichen. Zweifellos durchziehen beide Strömungen sein Werk, und beiden bricht Lockes Schrift wirkungsvoller Bahn als andere vor ihm. Andererseits sind Einschränkungen angebracht. Locke hat sich in den drei Jahrzehnten nach 1660 von einer staatsautoritären Gesinnung hin zu einem liberaleren Denker entwickelt. 1660 hätte er noch kaum etwas von dem unterstützt, was er später in den *Two Treatises of Government* entfaltete – Toleranz, Widerstandsrecht und Gegnerschaft gegen ein absolutistisches Regime (Marshall 1994: XV). Aber dennoch sind die autoritätsstaatlichen Spuren nie gänzlich beseitigt worden. Für religiöse Toleranz tritt Locke ein. Aber Atheisten stehen für ihn, wie für viele andere zu seiner Zeit, außerhalb des Gesetzes. Für Wohlfahrtspolitik tritt er ein, die sich aus religiös fundierter Barmherzigkeit speist. Doch seine Auflagen für die arbeitsfähigen Armen sind harsch (Locke 1697). Für eine freiheitliche Staatsverfassung wirbt Locke. Doch den Minderheitenschutz vernachlässigt er so sehr, dass Raum für tyrannische Mehrheit entstehen könnte. Und trotz Befürwortung von Toleranz, Rechtsstaatlichkeit und Mäßigung der Herrschaft ist Locke unversöhnlicher Gegner des Katholizismus. Der Katholizismus und seine Anhänger gelten ihm als Staats- und Gesellschaftsgefährdung, ja: als Monstrosität (Goldie 1997). Schlussendlich ist Lockes Auffassung davon, wer zum Demos gehört, eng. Nur Männer zählen dazu, und von diesen nur Besitzende, also jene, die überhaupt Eigentum in dem dreifachen Sinne von Leben, Freiheit und Vermögen haben. Dazu gehören zu Lockes Zeiten nur wenige Hunderttausende.

Die liberalen und die demokratischen Elemente, die dennoch in Lockes Abhandlungen wurzeln, wurden langfristig aber wirkungsmächtiger. Hervorragende Bedeutung gewannen sie in der Rezeption der *Two Treatises of Government*. Das gilt insbesondere für Lockes Eintreten für eine Herrschaftsordnung, die auf Naturrecht, religiöser Fundierung, Gesetz, „government by consent", also auf zustimmungspflichtiger Regierung, beruht und obendrein Herrschaft auf Widerruf ist. Ein gewaltiger Unterschied zur Doktrin des „göttlichen Rechts der Könige"! Und welch' Unterschied zu Thomas Hobbes sowie zur Theorie und Praxis der Monarchie, so wie Locke sie bis 1688 erlitten hatte, bevor er mit dem Machtantritt Wilhelms von Oranien 1689 zu einem einflussreichen und nunmehr an Leib und Leben nicht mehr gefährdeten politischen Berater und Denker wurde. Der politische Hintergrund der *Zwei Abhandlungen über die Regierung* war äußerst brisant. Geschrieben wurde das Werk größtenteils schon während der sogenannten Exklusionskrise der Jahre von 1680 bis 1683, bei der Lockes Patron, der Graf von Shaftesbury, und Locke an Bestrebungen mitwirkten, die Erbfolge zu beseitigen. Das richtete sich gegen James, der nach der Erbfolge Nachfolger von Charles II. werden sollte und dies auch wurde. Infolge dieser Entwicklung konnten der Graf von Shaftesbury und andere an der Exklusionskrise beteiligte Whigs, unter ihnen John Locke, ihr Leben nur durch Flucht nach Holland retten. Das war 1683. Die gefahrlose Rückkehr nach England wurde erst mit der „Glorious Revolution" von 1689 möglich, dem ohne Blutvergießen erfolgenden Thronwechsel von James II. auf Wilhelm von Oranien (William III.) und Maria II., einer Tochter James II. In diesem Jahr erschienen auch Lockes *Zwei Abhandlungen über die Regierung,* allerdings anonym und versehen mit dem Druckdatum 1690. Zweifelsohne diente die Publikation der *Zwei Abhandlungen* zur Rationalisierung des Umsturzes von 1689, wenngleich ihre Niederschrift nicht zu diesem Anlass erfolgt war.

Richtig froh konnte William III. der *Zwei Abhandlungen über die Regierung* nicht werden. Obwohl Locke dem neuen König die Rechtmäßigkeit der Thronbesteigung im Vorwort zu den *Abhandlungen* ausdrücklich bescheinigte, machte das 16. Kapitel der Zweiten Abhandlung hiervon entscheidende Abstriche. In ihm kritisierte Locke die Lehre, auf die sich William III. berief, nämlich die Auffassung, wonach eine militärische Eroberung souveräne Herrschaft begründe. Dieser Herrschaft aber mangele es an ausreichender Legitimität. Selbst in einem gerechten Krieg habe der Eroberer durch einen Sieg kein Recht auf Herrschaft erworben (II §§ 175ff., 185, 196). Auch hierin erweist sich Lockes Schrift als Beitrag zur Grundlegung eines frühliberalen Konstitutionalismus, also zur Bändigung staatlicher Gewalten durch Recht, Gesetz und Legitimationspflicht. Dafür aber persönlich einzustehen, könnte auch bei einem milderen Herrscher wie William III. nicht ungefährlich werden. Insoweit vermochte Locke, der zeitlebens „an extremely secretive man" blieb (Cranston 1985: xiii), sich auf besonders gute Gründe berufen, als er sich dazu entschloss, die *Two Treatises of Government* 1689 anonym zu publizieren. Erst 1713, neun Jahre nach seinem Ableben, wurde dieses Werk mit dem Namen seines Verfassers versehen.

## Kapitel 1.3
## Montesquieus Idee der „gemäßigten Demokratie"

Aufklärungsphilosophie, Kritik geburtsständischer Privilegienordnung und Verurteilung absolutistischer Herrschaft spielten nicht nur in der englischsprachigen Staats- und Gesellschaftstheorie eine bedeutende Rolle, sondern auch auf dem Kontinent. Nicht minder wirkungsvoll als John Locke kritisierte beispielsweise Montesquieu die absolutistische Herrschaft. Montesquieu, so die Kurzform für Carol de Secondat, Baron de la Brède et de Montesquieu (1689-1755), zählt wie John Locke zu den Denkern, auf die man sich im Unabhängigkeitskampf der englischen Kolonien in Nordamerika, bei den Entwürfen einer Verfassungsordnung der Vereinigten Staaten von Amerika und in der Französischen Revolution berufen hat. Montesquieus Schlüsseltext ist die 1748 erstmals veröffentlichte Abhandlung *De l' Esprit des Loix ou Du rapport que les loix doivent avoir avec la constitution de chaque gouvernement, les moeurs, le climat, la religion, le commerce, etc. – Vom Geist der Gesetze oder Vom Bezug, den die Gesetze zur Verfassung jeder Regierung, den Sitten, dem Klima, der Religion, dem Gewerbe und Handeln usw. haben müssen*. Diese Schrift, Montesquieus „Meisterwerk" (Shklar 1987: 49), ist ein „wissenschaftlich-belehrendes Buch" und zugleich „ein Traktat über das richtige verfassungspolitische Handeln" (Forsthoff 1951: XX). Diesem Traktat zufolge entfalten die Gesetze ihre heilsame Wirkung nur, wenn sie auf die – von Kultur zu Kultur variierenden – politischen und gesellschaftlichen Tatsachen abgestimmt werden.

## Die Krise des französischen Staatsabsolutismus

Ähnlich wie Locke sieht Montesquieu sich nicht als Anhänger der Demokratie, sondern als Gefolgsmann einer konstitutionellen aufgeklärten Monarchie mit demokratischem Beiwerk (Pangle 1973, Richter 1994: 49, Cohler 1988: 8). Ein Leitthema seiner Schriften ist nicht die Demokratie, sondern die Neigung zur ungezügelten Herrschaft einer Monarchie, vor allem die des französischen Staatsabsolutismus. Doch auf der Suche nach Abhilfe entwickelt Montesquieu Überlegungen, die auch für die demokratische Theorie und Praxis von grundlegender Bedeutung sind. Insoweit ist sein Beitrag zur Demokratietheorie – wie derjenige von Locke – nicht direkter, sondern mittelbarer Art. Der Kern dieses Beitrages besteht aus einem durchdachten System der Machtkontrolle und Gewaltenbalancierung zwecks Mäßigung von Macht und Herrschaft. Ferner bekräftigt Montesquieu die – schon bei Locke angelegte – Vorstellung, eine „gemäßigte Demokratie" (im Sinne einer konstitutionellen Monarchie mit demokratischen Zügen) komme auch für Flächenstaaten in Frage, nicht nur für Kleinstgemeinwesen (Schwan 1991: 218). Und dabei fällt zugleich neues Licht auf die Wertigkeit repräsentativdemokratischer Institutionen.

Der Stachel von Montesquieus Kritik gilt der Monarchie, vor allem der Königsherrschaft in Frankreich. Ihrem Selbstverständnis nach ist die französische Königsherrschaft göttlich legitimiert. Doch im Gegensatz zu älteren Theorien begreift sie die göttliche Legitimierung der Monarchie nicht als Begrenzung ihrer Macht. Ihrem Verständnis nach gibt es keine Beschränkungen außer denen, die das Gewissen dem Monarchen auferlegt. Faktisch allerdings ist die Macht des Königs eng begrenzt, und zwar aufgrund des Erbübels der Monarchie, nämlich des chronischen Geldmangels. Um diese Not zu beheben, bedient sich die französische Monarchie im großen Stil der Ämterkäuflichkeit. Ämter werden Privatbesitz und durch Privatbesitz gelangt man zu neuen Ämtern. Man kann die Ämter wie Waren kaufen und verkaufen; ihre Preise schwanken mit der Konjunktur (Neumann 1986a: 152f.). Die Ämterkäuflichkeit öffnet der Korruption Tür und Tor und bereitet den Weg für einflussreiche Interessengruppierungen, die Schutz für ihre Anliegen, vor allem für ihre wirtschaftlichen Interessen, suchen. Zugleich ist durch Kauf von Ämtern und Patenten dem

Bürgertum der Aufstieg in der traditionell hierarchisch gegliederten Gesellschaft ermöglicht worden. Sogar Adelspatente hat die Monarchie seit dem 16. Jahrhundert verkauft. Deswegen hieß es – kritisch gegen die Bourgeoisie gerichtet –, das Bürgertum kaufe, steige auf und werde zum „Geldorden" (Neumann 1986a: 153). Unter solchen Bedingungen neigt die Monarchie zu despotischer Politik, vor allem zu übermäßiger Nutzung von Ressourcen auf Kosten des gemeinen Volkes, mitunter auch zu Lasten der wohlhabenden Schichten. Überdies wirkt die Egalisierung, die von der absolutistischen Monarchie ausgeht und durch den Verkauf von Ämtern und Adelspatenten weiter bestärkt wird, für die traditionelle Gesellschaftsstruktur wie Gift. Hinzu kommt das Überhandnehmen von Müßiggang, Niedertracht und Laster am Königshof, das dem französischen Hof im Besonderen nachgesagt wird. Insoweit der Staat „eine Gesellschaft ist, in der es Gesetze gibt" (*De l'esprit des lois* XI, 3), ist der absolutistische Staat eine Gemeinwesen, in dem die Gesetze nicht angewandt werden oder schlecht sind.

Vor diesem Hintergrund ist Montesquieus barsche Kritik am Tun und Lassen der Königsherrschaft zu sehen: „In den Monarchien bringt die Politik die wichtigen Dinge mit sowenig wie möglich Tugend zu Wege" (*De l'esprit des lois* III, 5). Vor diesem Hintergrund ist auch Montesquieus Theorie der Staatsformen zu lesen. In ihr kommt die Monarchie nicht gut weg, im Gegensatz zur Demokratie, vor allem zur „gemäßigten Demokratie" (Schwan 1991). Ausgangspunkt von Montesquieus Lehre ist – wie in der Aristotelischen Staatsformenlehre – die Analyse idealtypisch gezeichneter Staatsformen. Wie bei dieser ist Montesquieus Ausgangspunkt nicht willkürlich, sondern bewusst gewählt. Ihm zufolge ist das politische Geschehen das Zentrum der Welt und der Staat das eigentliche Subjekt der Weltgeschichte. Deshalb liege der Schlüssel zum Verstehen der Geschichte in der Analyse der Staatsverfassung – nicht in der Ökonomie, wie in der später entwickelten Nationalökonomie oder der marxistischen Politischen Ökonomie, und nicht vorrangig in der Gesellschaft, wie in der später emporkommenden Soziologie.

## Montesquieus Staatsformenlehre

In Montesquieus Staatsformenlehre geht die Kenntnis der antiken Republiken, der Kleinstaaten Italiens und Deutschlands, der Monarchien des neuzeitlichen Europas und des englischen Parlamentarismus ein. Montesquieu klassifiziert die Staatsverfassungen mit einem Dreierschema, im Unterschied zum Zwei-Variablen-Schema der Aristotelischen Staatsformenlehre. Die Zahl der Herrschenden, die Art der Souveränitätsausübung und die Differenz zwischen Mäßigung und Despotie sind die Hauptgrößen (Aron 1968: 24ff.). Ferner gründet Montesquieus Staatsformenlehre nicht länger auf die Unterscheidung von Einerherrschaft, Herrschaft der Wenigen und Herrschaft der Vielen, sondern auf einer neuen Typologie. Diese umfasst die Despotie, die Monarchie und die Republik, und zwar jeweils in aristokratischer und demokratischer Gestalt. In der despotischen Regierung richtet „ein einzelner Mann ohne Regel und Gesetz alles nach seinem Willen und Eigensinn". Monarchisch ist diejenige Regierungsform, „bei der ein einzelner Mann regiert, jedoch nach festliegenden und verkündeten Gesetzen". Republikanisch ist für Montesquieu diejenige Regierungsform, in der „das Volk als Körperschaft bzw. bloß ein Teil des Volkes die souveräne Macht besitzt" (*De l'esprit des lois* II). Die Republik gliedert Montesquieu in zwei Unterformen: die Aristokratie und die Demokratie. Sobald „das Volk als Körperschaft die souveräne Macht besitzt, haben wir eine Demokratie vor uns. Sobald die souveräne Macht in den Händen eines Teils des Volkes liegt, heißt sie Aristokratie" (*De l'esprit des lois* II, 2). Die Demokratie ist für Montesquieu die Staatsform, in der das Volk die gesetzgebende Gewalt ausübt und in der ihm grundsätzlich die Entscheidung über die Verfassungs- und Einzelgesetzgebung obliegt – mittels Wahl der zur Führung der Staatsgeschäfte geeigneten Organe der Beratung und Regierung. An ein Ratskollegium oder einen Senat denkt Montesquieu hierbei und an die Ernennung der Minister durch das Volk. Die Stimmabgabe des Volkes erfolgt öffentlich. Das gilt Montesquieu als „ein grundlegendes Gesetz der Demokratie" (ebd.). Im Unterschied dazu sollen die Abstimmungen in der Legislative und der Regierung geheim sein – den heutzutage geltenden Verhältnissen mithin entgegengesetzt.

Die Staatsformenenlehre hat für Montesquieu Priorität vor der Analyse der Gesellschaft und der Ökonomie. Wie schon in der aristotelischen Lehre, werden die Staatsformen in Beziehung zur Sozialstruktur gesetzt, wenngleich deren Untersuchung in Montesquieus Werk bruchstückhaft bleibt. So wie zwischen Aristokratie, Monarchie und Demokratie unterschieden wird, so wird die Sozialstruktur zergliedert in Adel, König und Volk. Unter „Volk" versteht Montesquieu, wie seine Zeitgenossen, nicht das gesamte Volk, sondern „nur das vermögende Bürgertum" (Riklin 1989: 434). Das niedere Volk (*le bas-peuple*) gilt ihm nicht als politisch wichtige Kraft. Und wie selbstverständlich besteht für ihn, wiederum in Übereinstimmung mit dem Zeitgeist, der Demos aus Männern. An das Frauenwahlrecht denkt man zu jener Zeit nur in einflusslosen Zirkeln.

Montesquieus Demokratiebegriff basiert folglich auf einem – aus heutiger Sicht – hochgradig selektiven Demos-Begriff. Den teilt er mit der Theorie und der Praxis der athenischen Demokratie. Allerdings hat die Sozialstruktur in Montesquieus Schriften schon modernere Züge angenommen. Die Formen der bürgerlichen Gesellschaft treten allmählich hervor, wie beispielsweise am Aufstieg des Besitzbürgertums zu erkennen ist. Und im weiteren Unterschied zur antiken Lehre betont Montesquieu die Notwendigkeit einer Repräsentativverfassung. Eine Versammlungsdemokratie nach althergebrachtem Muster hält er für ein Regime voller Nachteile (*De l'esprit des lois* XI, 6). Doch von der althergebrachten Auffassung, wonach eine Demokratie nur für überschaubare Gemeinwesen passe, löst auch er sich nicht ganz. Der Natur der Republik entspreche ein kleines Territorium, so heißt es im VIII. Buch des *De l'esprit des lois*; für mittelgroße Länder eigneten sich vor allem monarchische Staatsverfassungen und für Großreiche despotische Staatsformen.

Montesquieus Ausführungen zur demokratischen Staatsverfassung erschöpfen sich nicht in der Nachzeichnung der „Natur" der Regierungsform, also ihrer Struktur oder institutionellen Ordnung. Hinzu tritt eine kulturelle Größe – Montesquieu argumentiert nicht nur institutionalistisch, sondern auch kulturalistisch. Von der „Natur" der Regierung unterscheidet er nämlich ihr „Prinzip". Nur wer „Natur" und „Prinzip" einer Staatsform berücksichtigt, kommt ihr auf die Spur. „Ihre Natur macht sie zu dem, was sie ist, ihr Prinzip bringt sie zum Handeln", so erläutert Montesquieu (*De l'esprit des lois* III, 1). Dem *Vom Geist der Gesetze* zufolge regiert der Herrscher am besten, der nicht nur den Institutionen gerecht wird, sondern auch dem jeweiligen „Prinzip". Die Erörterung der „Prinzipien" beginnt Montesquieu mit einem Paukenschlag: „Zum Fortbestand oder zur Stützung einer monarchischen oder einer despotischen Regierung ist keine sonderliche Tüchtigkeit vonnöten. Unter der einen regelt die Kraft des Gesetzes alles oder hält alles zusammen, unter der anderen der immer schlagkräftige Arm des Herrschers. In einem Volksstaat ist aber eine zusätzliche Triebkraft nötig: die Tugend" (III, 3). Tugend ist nicht rein moralisch zu verstehen, sondern im Sinne einer politischen Tugend, die als „die Liebe zum Vaterland und zur Gleichheit" definiert wird, so Montesquieu im Vorwort zu *Vom Geist der Gesetze*. Der tugendhafte Mensch ist einer, „der die Gesetze seines Landes liebt und aus Liebe zu den Gesetzen seines Landes handelt" (ebd.). Gesetzesliebe und Gesetzestreue sind nicht nur im Sinne des Legalitätsprinzips und des Gesetzesgehorsams zu verstehen. Von Alexander Schwan stammt der Vorschlag, die Gesetzesliebe als Chiffre für „Aktivität, Beteiligtsein, Bindung" zu werten, als „eine Art Solidarität und Konsensbereitschaft, die im gesellschaftlichen Leben zur Gewährleistung der staatlichen Ordnung aufgebracht werden muß" (Schwan 1991: 215).

Es lohnt, den Unterschied zwischen dem Prinzip der Demokratie und den Grundsätzen der Monarchie, der Aristokratie und der Despotie genauer zu betrachten. Während die Tugend (la vertu) als Treibkraft der Demokratie gilt, zählt die Mäßigung (modération) als „Seele" der aristokratischen Regierungsform. Das Prinzip der Monarchie ist die Ehre (l'honneur). Doch die Ehre wird mitunter pejorativ verstanden als Sammelbezeichnung für „vordergründige und äußerliche Scheinwerte" (Weigand 1965: 31). Die Despotie schließlich hat die Tugend nicht nötig und die Ehre wäre ihr gefährlich. Sie bedarf der Furcht (la crainte). Hinsichtlich der Prinzipien schneidet die Demokratie bemerkenswert gut ab, während die Monarchie teils bessere, teils schlechtere Noten erhält. Letzteres spiegelt die Mischung von idealtypischer Kennzeichnung der reinen Monarchie und Kritik am Tun und Lassen des Hofes im absolutistischen Frankreich unter Ludwig XIV. und Ludwig XV. wider. Wie tugendlos es dort zuging, hat Montesquieu an verschiedenen Stellen geschildert. In der Monarchie gehöre die Spöttelei über die Tugend unter den Höflingen zum guten Ton. In ihr herrschten „Ehrgeiz mitten im Müßiggang, Niedertracht mitten im Streben, Gier, ohne Arbeit reich zu werden, Wahrheitsscheu, Schmeichelei,

Verrat, Falschheit, Vernachlässigung aller eingegangenen Verpflichtungen, Verachtung der Staatsbürgerpflichten, Furcht vor der Tugend des Herrschers, Hoffnung auf seine Schwächen" und anderes mehr (*De l'esprit des lois* III, 5).

Auch Montesquieus Kurzportrait von Ludwig XIV. legt von gehöriger Distanz zu den Befähigungen und Tugenden des Königs Zeugnis ab: „Ludwig XIV. war weder friedliebend noch kriegerisch. Er beherrschte die Formen der Rechtsprechung, der Politik und der Gottergebenheit und hatte das Wesen eines bedeutenden Königs. Sanft zu seinen Dienstboten, tolerant zu seinen Hofleuten, geizig gegenüber dem Volk, unruhig wegen seiner Feinde, despotisch in seiner Familie, König in seinem Hofstaat, hart in den Räten, Kind in Gewissensfragen, getäuscht von allem, was Könige narrt: den Ministern, Frauen und Frömmlern; stets regierend und regiert; unglücklich in seinen Entscheidungen, die Toren mögend, die Talente erduldend, den Geist fürchtend, ernsthaft in seinen Liebschaften und seiner letzten Zuneigung, schwach im Mitleiderwecken, ausdruckslos in seinen Erfolgen, standhaft in seinen Niederlagen, mutig im Tod. Er liebte die himmlische Herrlichkeit und die Religion, doch man hinderte ihn während seines ganzen Lebens daran, sie kennenzulernen. Wohl keinen von all diesen Fehlern hätte er gehabt, wenn er besser erzogen worden wäre oder ein wenig mehr Geist besessen hätte" (Montesquieu: Pensées, Paris 1949-51, zitiert nach Desgraves 1992: 99 f.).

Montesquieus Staatsformenlehre unterscheidet sich von den älteren Theorien nicht nur durch die eigenwillige Zuordnung der Aristokratie und der Demokratie zur Republik, sondern auch durch die Kombination der Staatsformen- und der Sozialstrukturanalyse. Ferner sind die Ausführungen zu den „Prinzipien" der Staatsverfassungen von einem kulturalistisch-individualistischen Ansatz beeinflusst (Forsthoff 1951). Der jeweils vorherrschende Menschenschlag oder der politische Charakter prägt die Staatsform, so lautet Montesquieus These. In ihr äußert sich eine individualistische und kulturalistische Fundierung der Staatsformenlehre. Allerdings ist sie vormodern, wie insbesondere die Annahme zeigt, es gebe einen unmittelbaren Zusammenhang zwischen individuellen Charakterzügen und Verhalten einerseits und Struktur sowie Funktionsweise der Staatsform andererseits. Das ist eine heroische Annahme. Ihr entgeht, wie sehr das Funktionieren von Staatsformen von Eigenregeln und Eigengesetzmäßigkeit sowie von intermediären Institutionen zwischen Staat und Gesellschaft abhängt. Im Übrigen begreift Montesquieu individuelle Tugenden und Laster überwiegend als exogene Größen, anstatt sie als endogene Faktoren, als von Staat und Gesellschaft wesentlich geprägte Variablen, zu deuten.

Zurück zum demokratietheoretischen Gehalt von Montesquieus Werk. Manche haben aus seinem Vergleich der Staatsformen die Parteinahme für die Demokratie herausgelesen, so Weigand (1965: 31) und Mittermaier/Mair (1995: 97). Doch das überspannt den Bogen. Überzogen ist auch die These, Montesquieu sei „trotz aller scharfen Kritik im einzelnen fest zu den überkommenen politischen Institutionen und auch zum König Ludwig XV." gestanden (Mensching 1992: 35). Und gänzlich abwegig ist Althussers Behauptung, Montesquieu sei schlicht reaktionär gewesen (Althusser 1959). Gewiss: Montesquieu ist nicht fortschrittsoptimistisch, sondern konservativ (Aron 1968, Neumann 1986a). Er setzt auf die Krone und den Adel. Allerdings beeindrucken ihn die freiheitlichen Ordnungen, vor allem diejenige Englands. Und sein Freiheitsstreben lässt ihn nach einer geeigneten Mischung von monarchischer, aristokratischer und demokratischer Herrschaft suchen (Sabine 1963: 558). Letztlich befürwortet er eine konstitutionell verfasste aufgeklärte Monarchie auf der Basis einer gesellschaftlichen Gewaltenteilung zwischen Krone, Adel und Bürgertum und auf der Grundlage gegenseitiger Kontrolle der Staatsgewalten (Weinacht 1999). Die aristokratisch und demokratisch temperierte Monarchie auf Gewaltenverteilungsbasis ist das Leitbild. Und damit erfahren die demokratischen Elemente größere Wertschätzung als zuvor.

**Funktionsvoraussetzungen der Demokratie**

Nicht nur die Aufwertung der Demokratie macht Montesquieu aus demokratietheoretischer Sicht interessant. Aufschlussreich sind auch die Funktionsvoraussetzungen und Zerfallsbedingungen demokratischer Staatsverfassungen, die seine Untersuchungen aufdecken, auch wenn sie zum Teil wiederholen, was seit Aristoteles zum Standard gehört. Die Demokratie gedeiht eher in Kleinstaaten. Mit diesem Theorem folgt Montesquieu dem althergebrachten Verständnis von Demokratie als Theorie und Praxis der Volksversammlungsherrschaft in einer Polis oder einem ähnlich überschaubaren Gemeinwesen. Zu den Funktionsvoraussetzungen der Demokratie zählt er ferner die Herstellung und Aufrechterhaltung prinzipieller Gleichheit unter den Bürgern. In diesem Zusammenhang spricht er von „l'amour de l'égalité", der Liebe zur Gleichheit. Diese schränke den Ehrgeiz ein (*De l'esprit des lois* V, 3). Die Genügsamkeit gehört ebenfalls zu den Demokratievoraussetzungen: „Liebe zur Demokratie bedeutet auch Liebe zur Genügsamkeit. Da in ihr jeder Mann das gleiche Wohlergehen und die gleichen Vorteile finden soll, soll er auch die gleichen Annehmlichkeiten genießen und die gleichen Erwartungen hegen". Das ist allerdings nur bei „allgemeiner Genügsamkeit" zu erwarten (ebd.). Von der „Liebe zur Genügsamkeit" erwartet Montesquieu Beschränkung der Erwerbsgier. Nicht an absolute Gleichheit denkt er dabei, aber an nur maßvolle Vermögensunterschiede. Stabilisierung erfährt die Demokratie Montesquieu zufolge ferner durch gleichmäßigere Verteilung des Bodenbesitzes, Abbau von Macht- und Herrschaftsunterschieden, beispielgebende Institutionen und das Fehlen oder die Eindämmung all dessen, was dem Prinzip der Demokratie – der politischen Tugend im oben erörterten Sinn – abträglich ist, wie „Nachlässigkeiten, Fehlgriffe, eine gewisse Abkühlung der Vaterlandsliebe, gefährliche Beispiele und Anfänge von Korruption" (*De l'esprit des lois* V, 19). Das bekräftigt den zuvor schon angedeuteten Lehrsatz: Ein kluger Herrscher regiert auf eine Weise, die das jeweilige staatsformspezifische Prinzip stärkt.

Emile Durkheim, ein Klassiker der Soziologie, hat Montesquieu als bedeutenden Vorläufer moderner sozialwissenschaftlicher Methodik gewertet (Durkheim 1953). Zu Recht! Der sozialwissenschaftlichen Forschung weit vorgreifend, erörtert Montesquieu beispielsweise Zusammenhänge zwischen Staatsformen und kulturellen Größen, wie den religiösen Traditionen, auf erfahrungswissenschaftlicher Grundlage und oft mit Hilfe des Vergleichs. Zwar ist sein Gedankengang nicht immer systematisch, sondern – wie weithin im *Vom Geist der Gesetze* – anekdotisch (Sabine 1963: 556ff.). Dabei entwickelte er allerdings instruktive Thesen. Und auch die Thesen, die nicht zutreffen, sind empirisch und somit grundsätzlich überprüfbar und korrigierbar. Ein Beispiel: Eine gemäßigte Regierung, also eine Aristokratie oder Demokratie, passt nach Montesquieu besser zur christlichen Religion, während die Despotie sich besser für islamische Glaubensgemeinschaften eigne. Ursächlich hierfür seien politisch-kulturelle Differenzen. Die Predigt der „Sanftmut" im Evangelium hat Montesquieu im Sinn und die hiermit gegebene Differenz zum despotischen Grimm, ferner die in der christlichen Glaubensgemeinschaft verbotene Vielweiberei, die den Herrscher weniger weit von den Untertanen abschließe, sodann die größere Gesetzestreue des Herrschers und seine geringere Todesfurcht (*De l'esprit des lois* XXIV, 3).

Auch zwischen Katholizismus und Protestantismus einerseits und Staatsformen andererseits will Montesquieu Zusammenhänge nachweisen. Die katholische Religion passe besser zur Monarchie und die protestantische eher zur Republik. Der Grund sei darin zu suchen, dass die Völker des Nordens mehr Sinn für Unabhängigkeit und Freiheit hätten. Das sei besonders verträglich mit einer Religion, die ohne ein Oberhaupt nach Art des Papsttums und ohne straffe innerkirchliche Hierarchie auskomme. Nicht nur die Gesetze selbst, sondern der jeweilige „Geist der Gesetze", also die Gesamtheit der soziokulturellen, politisch-kulturellen und regionalen Bedingungen machten den Unterschied aus. Und nur wer diesen „Geist der Gesetze" beim Regieren beachte, werde erfolgreich regieren können.

Montesquieu erörtert nicht nur Struktur, handlungsleitende Prinzipien und Voraussetzungen der Demokratie, er erkundet auch ihre Störanfälligkeit und Zerfallsbedingungen. Ihr Prinzip zu wahren, also die Tugend beizubehalten, ist eine anspruchsvolle, schwer einzulösende Aufgabe. Überdies bedrohen zwei weitere Gefährdungen die Demokratie. Kommt ihr „der Geist der Gleichheit" abhanden, kann die Demokratie entarten. Und zusammenbrechen kann sie, wenn „der Geist übertriebener Gleichheit einreißt" (ebd.). Der „Geist der Ungleichheit" formt die Demokratie zur Aristokratie oder zur Einerherrschaft um. Der „Geist übertriebener Gleichheit" hingegen mündet in despotische Herrschaft. Gleiches kann geschehen, wenn der Demokratie die „Liebe zur Frugalität" verlorengeht.

Ursache des Verfalls einer jeden Staatsform ist für Montesquieu die Erosion der politisch-kulturellen und der soziokulturellen Grundlagen. Der Verfall einer jeden Regierung beginnt fast immer mit dem Verfall ihrer Grundsätze, mit zuviel oder zuwenig Gleichheit in der Demokratie, mit willkürlicher Machtanwendung im Fall der Aristokratie, mit Abschaffung intermediärer Gewalten in der

Monarchie und Selbstzerstörung kraft innerer Logik in der despotischen Regierung (*De l'esprit des lois VIII*). Auch an dieser Stelle erweist sich der *Vom Geist der Gesetze* als eine Schlüsselgröße.

## Montesquieus Gewaltenverteilungslehre

Montesquieus *Vom Geist der Gesetze* ist eine wichtige Schrift zur Verfassungslehre und zur Verfassungspolitik. Besondere Bedeutung kommt dabei dem England-Kapitel im XI. Buch des Werkes zu. Dort erörtert Montesquieu die „konstitutionelle Maschinerie" (Aron 1968: 34) einer zeitgenössischen gemäßigten Monarchie. Und dort entwickelt er ein Ideengebäude, das man lange als Theorie der Gewaltentrennung, als Theorie der Separation der Staatsgewalten Legislative, Exekutive und Judikative in voneinander abgeschottete Teilgewalten fehlgedeutet hat. Richtig aber ist es, Montesquieus Konstruktion als „freiheitliches Staatsmodell" (Riklin 1989, 1999) der Gewaltenverteilung und Gewaltenbalance zu begreifen. Ausdrücklich spricht Montesquieu im XII. Buch des *Vom Geist der Gesetze* von einer „certaine distribution des trois pouvoirs", also von Verteilung oder Aufteilung der öffentlichen Gewalten, nicht von Separierung und wechselseitiger Isolierung. Eindeutig handelt es sich um eine Gewaltenverteilungslehre (Imboden 1959: 9, Korioth 1998). Sie ist eine Synthese von „Legalität, Grundrechten, Machtteilung und Mischverfassung" (Riklin 1989: 420), an der die maßgebenden gesellschaftlichen Kräfte beteiligt sind, also Krone, Adel und Bürgertum. Das demokratietheoretisch Bedeutungsvolle an Montesquieus Gewaltenverteilungsmodell liegt vor allem in dreierlei. An erster Stelle ist die strikte Zügelung von Macht durch Macht zu erwähnen. Der Leitsatz ist, „que le pouvoir arrête le pouvoir". Jede Staatsgewalt hat die andere in Schach zu halten (*De l'esprit des lois* XI, 4). Hinzu kommt – zweitens – die Auffassung, die Gewaltenbalance sorge für Sicherheit und für Freiheit. Und drittens geht es um Einbindung demokratischer Elemente in ein System der Mischverfassung und Machtteilung.

Die Architektonik von Montesquieus Staatsmodell hat vor allem Alois Riklin eindrucksvoll rekonstruiert (Riklin 1989). Montesquieus Modell gründet in der Annahme, Freiheit herrsche nur in dem Staat, in dem eine Macht (im Sinne von öffentlicher Gewalt) die andere in Schach hält. Montesquieu will mit diesem Modell sowohl die Freiheit sichern und die staatliche Handlungsfähigkeit ermöglichen. Vier Teile enthält sein Modell: 1) die Staatsgewalten („pouvoirs", „puissances"), wobei zwischen legislativer, exekutiver und rechtsprechender Gewalt zu differenzieren ist, 2) die tonangebenden gesellschaftlichen Kräfte, vor allem Krone, Adel und Besitzbürgertum, 3) die Staatsorgane, zu denen die Wahlberechtigten zählen, die Volkskammer, die aus Erbadligen zusammengesetzte Adelskammer, das periodisch in neuer Zusammensetzung tagende und durch Los aus dem Volk hervorgehende Volksgericht, weiterhin das Adelsgericht als Ausschuss der Adelskammer des Parlaments, überdies der Monarch als Erbmonarch und die Minister als Berater des Königs, und 4) die Befugnisse („facultés"), wozu die Befugnis, Repräsentanten zu wählen und Gesetze zu erlassen, Vetorechte und anderes mehr gehören.

Für die Verknüpfung der Bestandteile des freiheitlichen Staatsmodells von Montesquieu gelten bestimmte Regeln. Der ersten Regel zufolge kann keine Freiheit herrschen, wenn zwei oder drei Gewalten ausschließlich nur einer gesellschaftlichen Kraft oder einem Staatsorgan zustehen. Der zweiten Regel nach kann keine Freiheit gegeben sein, wenn eine der drei Gewalten ausschließlich nur einer gesellschaftlichen Kraft oder einem Staatsorgan anvertraut ist. Die dritte Regel besagt, es könne keine Freiheit geben, wenn die tonangebenden gesellschaftlichen Kräfte nicht an jeder der drei Gewalten angemessen beteiligt werden, sofern sie diesen unterworfen sind. Der vierten Regel zufolge sollen Gleichheit und Unabhängigkeit der wichtigsten gesellschaftlichen Kräfte – wiederum sind Krone, Adel und Bürgertum gemeint – die Grundlage der Zusammenarbeit bilden (Riklin 1989: 429).

Im Gegensatz zur verbreiteten, gleichwohl fehlerhaften Meinung, Montesquieu favorisiere die strikte Trennung der drei Staatsgewalten, handelt es sich um ein Modell der Gewaltenverteilung und Gewaltenbeschränkung zum Zweck ihrer Balancierung. Riklin hat die Zusammenhänge wie folgt geschildert: „Die gesetzgebende Gewalt ist auf die drei sozialen Kräfte Volk, Adel und König bzw. die drei Organe Volkskammer, Adelskammer und Monarch verteilt. Dabei hat das Volk bzw. die Volkskammer die stärkste Stellung, der Monarch die schwächste, während der Adel bzw. die Adelskammer die Mitte einnimmt – Mitte im Doppelsinn von mittlerer Stärke und vermittelnder Kraft. Kein Gesetzgebungsakt kommt zustande ohne die Zustimmung aller drei sozialen Kräfte bzw. aller drei mit gesetzgebenden Kompetenzen ausgestatteten Organe. Auch die ausführende Gewalt liegt in den Händen aller drei sozialen Kräfte bzw. der drei Organe der Volkskammer, der Adelskammer und des von seinen Ministern unterstützten Monarchen. Hier hat nun freilich der Monarch den stärksten Anteil. Das Parlament kann die Exekutiventscheidungen nicht verhindern; insofern nimmt es an der Exekutive nicht teil ( ... ), aber es hat präventive (Gesetzes- und Finanzbindung des Monarchen) und repressive Einflußmöglichkeiten (Kontrolle der Gesetzesausführung, Kontrolle und Bestrafung der Minister). Die rechtsprechende Gewalt ist auf zwei soziale Kräfte bzw. vier Organe (Volksgericht, Adelsgericht, Volkskammer, Adelskammer) verteilt. Nur der Monarch hat hier keinen Anteil" (Riklin 1989: 433f.).

Dem Parlament steht als Hauptfunktion die Gesetzgebung zu. Allerdings kontrolliert es nicht die gesamte Legislative. Überdies erfüllt es exekutive und judikative Nebenfunktionen. Im Unterschied zum modernen parlamentarischen Regierungssystem lässt Montesquieus Schema die Exekutive nicht aus dem Parlament hervorgehen. Andernfalls müsste freiheitsschädigende Gewaltenvereinigung in Kauf genommen werden (*De l'esprit des lois* XI, 6). Für den Monarchen und die Gerichte gilt Folgendes: Die Hauptfunktion des Monarchen ist die Ausführung der Gesetze und des Völkerrechts. Allerdings bestimmt nicht nur der Monarch über die Exekutivgewalt. Andererseits hat er eine legislative Nebenfunktion. Das Volksgericht nimmt einen Teil der judikativen Gewalt wahr; es hat ausschließlich eine rechtsprechende Funktion. Dem Adelsgericht ist ebenfalls ein Teil der Judikative anvertraut, doch seine Mitglieder bekleiden auch Richterämter und nehmen Parlamentsmandate wahr (Riklin 1989: 433f.).

Die Befugnisse (im Sinne von facultés) in Montesquieus Gewaltenverteilungslehre – 18 an der Zahl – sind teils ausschließlich nur einem Organ anvertraut, teils zwei konkurrierenden Staatsorganen. Nur die Befugnis, den Erlass von Gesetzen zu verhindern oder zu genehmigen, ist auf drei Organe verteilt, auf die Volkskammer, die Adelskammer und den Monarchen.

Die Konstruktionslogik von Montesquieus Lehre der Gewaltenverteilung und -balancierung ist unschwer zu erkennen. Die Staatsgewalten und die sonstigen Mächte sollen sich gegenseitig in Schach halten. Der Machtausgleich unter den Gewalten soll durch ein System ineinander greifender Vetorechte („droits d'empêcher") hergestellt werden. Diese sind ebenso wichtig wie die Aufteilung der Gewalten durch Zuweisung an verschiedene gesellschaftliche Träger. Das ist der zweite zentrale Gedanke der Gewaltenverteilungslehre von Montesquieu: Zum Machtausgleich unter den Staatsgewalten kommt der Ausgleich unter den sozialen Kräften hinzu. Allerdings haben in diesem Ausgleich der Monarch und der Adel eine privilegierte Stellung, während das Volk nachrangig ist. Die Einrichtung zweier Gesetzgebungskammern beispielsweise dient nicht zuletzt dazu, die Privilegien des Adels vor dem Zugriff der Volkskammer zu schützen. Und vom Prinzip der Volkssouveränität beispielsweise findet sich in Montesquieus Gewaltenbalancierungsmodell „ebensowenig eine Spur wie von einer Bevorzugung des bürgerlichen Standes" (Forsthoff 1951: XXXII). Montesquieus Gewaltenbalancierungslehre verleugnet weder Herkunft noch Standeszugehörigkeit ihres aristokratischen Verfassers. Man kann sie sogar als modifizierte Fassung des Lehrsatzes lesen, wonach der Adel ohne Monarchie und die Monarchie ohne den Adel nichts sind. Allerdings basiert dieser Lehrsatz bei Montesquieu auf einer modernisierten Koalition von Adel und Königtum, die gegenüber dem Bürgerstand offen ist und auf einem System der Gewaltenverteilung und Gewaltenbalance beruht, das die Fortführung autokratischer Herrschaft außerordentlich erschwert.

Montesquieus Gewaltenverteilungsmodell ist geprägt von seiner Bewunderung der politischen Institutionen Englands. Von der Freiheit, die er in England herrschen sieht, zeigt er sich verblüfft. England ist für ihn „gegenwärtig das freieste Land der Welt". Frei, weil der König nicht die Macht besitze, irgendeinem Bürger Unrecht zuzufügen, da seine Befugnisse durch das Gesetz des Parlaments beschränkt und kontrolliert sei. Andererseits sei auch die Herrschaft des Unterhauses begrenzt. Vor allem fehle ihm der Zugriff auf die Exekutive. Montesquieu diagnostiziert ein Gleichgewicht von exekutiver und legislativer Gewalt im Zusammenspiel der englischen Institutionen: „In London herrschen Freiheit und Gleichheit. Die Freiheit von London ist die Freiheit der anständigen Leute, worin sie sich von der venezianischen unterscheidet, die darin besteht, in der Anonymität mit H.... zu leben und sie zu heiraten; die Gleichheit von London ist ebenso die der anständigen Leute, worin sie sich von der holländischen Gleichheit unterscheidet, welche die Gleichheit der Halunken ist" (zitiert nach Desgraves 1992: 234).

Nicht weniges am England seiner Zeit gefällt Montesquieu. Dafür hatte der Verfasser des *Vom Geist der Gesetze* auch gute wirtschaftliche Gründe: Einen beträchtlichen Teil der landwirtschaftlichen Produkte und des Weines, den sein südöstlich von Bordeaux gelegenes Gut abwarf, exportierte Montesquieu mit beachtlichem Gewinn nach England. Ästhetische Vorlieben kamen hinzu. Die englische Gartenarchitektur hatte es Montesquieu so sehr angetan, dass er den Wald vor dem Fenster seines Arbeitszimmern im Schloss La Brède, wo er geboren worden war und den *Vom Geist der Gesetze* schrieb, roden und zu einem englischen Park umformen ließ. Allerdings vermittelt Montesquieus Darstellung ein geschöntes Bild der politischen Verhältnisse Englands. Die dortige Gewaltentrennung beispielsweise war lediglich eine Forderung der englischen Opposition, aber nicht Teil der Regierungspraxis. Auch werden in seiner Analyse der politischen Verhältnisse die politischen Parteien keines Wortes gewürdigt. Man hat darüber gestritten, ob Montesquieus England-Interpretation fehlerhaft oder geschönt ist, um einen besseren Angriffspunkt zur Kritik der französischen Verhältnisse zu erlangen. Unbestritten aber hat Montesquieu ein fassettenreiches Bild von England gezeichnet. Nicht ohne Vergnügen legt er dabei die Differenz zwischen Freiheit und Härte des Strafens bloß: „In England ist derjenige, dem man den Prozeß macht und der am nächsten Tag gehängt werden soll, freier als irgendein anderer Bürger im übrigen Europa" (zitiert nach Desgraves 1992: 234). Überdies sieht er die Anfälligkeit der an sich lobenswerten politischen Institutionen Englands. Ihre eigentliche Schwäche liegt in den Charakteren, so Montesquieu, der auch über andere Völker bissig urteilen kann, so über die Niederländer oder die Bayern (ebd.: 220, 216): „Die Engländer sind ihrer Freiheit nicht mehr würdig. Sie verkaufen sie an den König; und wenn der König sie ihnen zurückgäbe, würden sie sie ihm wiederverkaufen" (ebd.: 234). Noch derber fällt Montesquieus Kritik am Lebenswandel der Engländer aus: „Der Engländer braucht ein gutes Abendessen, ein Mädchen und Wohlstand; da er nicht in der vornehmen Welt verkehrt und sich damit begnügt, bringt er sich, sobald sich sein Schicksal verschlechtert, um oder wird zum Dieb" (ebd.: 235).

## Würdigung von Montesquieus „freiheitlichem Staatsmodell"

Montesquieus Staatsmodell ist seiner Zeit voraus. Das gilt sowohl für die Gewaltenverteilungslehre wie für die Demokratieelemente in seinem Werk. In ihm wird die Gewaltenverteilung mit dem „monarchischen Prinzip" kombiniert, das lange als Gegenlehre gegen die Gewaltenteilung galt (Korioth 1998). Montesquieus Staatsmodell enthält überdies demokratische Elemente. Das hat manche veranlasst, sein Staatsmodell insgesamt als „liberalisierte" Demokratie (Sartori 1992) und als „gemäßigte Demokratie" (Schwan 1991) einzustufen. Man muss das Adjektiv „gemäßigt" doppelt unterstreichen und „Demokratie" kleiner schreiben. Denn Montesquieu favorisiert letztlich nicht eine Demokratie, sondern eine konstitutionelle Monarchie mit aristokratischer Grundlage und demokratischem Beiwerk. Wegweisender für die später entwickelte Theorie und Praxis des demokratischen Verfassungsstaates ist Montesquieus Theorie der Balancierung der Staatsgewalten und der gesellschaftlichen Kräfte (Weinacht 1999a, 1999b). Insoweit liefert seine Staatsformenlehre einen bedeutenden Beitrag zur Theorie des Verfassungsstaates und zur Lehre von der konstitutionellen Demokratie im Besonderen, auch wenn sie unverkennbar an ältere Lehren der Mischverfassung anknüpft (Riklin 1999). Von Demokratie ist freilich nach wie vor nur in eng begrenztem Sinne die Rede: Demos heißt bei Montesquieu Volk abzüglich der großen Mehrheit des „niederen Volkes", und Demokratie ist ihm primär ideeller und programmatischer Bestandteil einer gewaltenverteilungstheoretischen Kritik an Politik und Gesellschaft des französischen Absolutismus. Insoweit ist es abwegig, Montesquieu zum geistigen Vater der parlamentarischen Demokratie zu erklären (so Mittermaier/Mair 1995: 97).

Montesquieus „Verurteilung des Despotismus" (Fetscher 1985: 444) und seine distanziert-kritischen Bemerkungen über die Monarchie und den Monarchen trugen ihm die Ungunst des Hofes ein (Desgraves 1992: 99f.). Auch die Kirche konnte sich mit seinem Werk nicht anfreunden. Beleidigung der Religion, Naturreligion und Mangel an christlicher Überzeugung warf man ihm alsbald vor (Desgraves 1992: 350ff.). Drei Jahre nach der Erstveröffentlichung von 1748 wurde *Vom Geist der Gesetze* gar auf den Index gesetzt (ebd.: 358f.). Hinzu kam die Distanzierung derer, die sich von einzelnen Passagen des Werkes kritisiert sahen, Genuas Kaufleute beispielsweise und die Finanziers der Staatsverschuldung (ebd.: 342f.). Größte Aufmerksamkeit fand Montesquieus Kritik jedoch bei der intellektuellen Opposition gegen den Staatsabsolutismus, und praktisch-politisch hat sein Werk in Frankreich und in Amerika nachhaltig gewirkt.

Die demokratietheoretischen Elemente seiner Schriften sind für die damalige Zeit radikal (Weigand 1965: 31, 77). Manche schrieben ihnen sogar „revolutionäres Potential" zu (Schwan 1991: 216). Tatsächlich werden sich führende Köpfe der Französischen Revolution später auf Montesquieu als geistigen Ahnherrn berufen. Auch in die Verfassung der Vereinigten Staaten von Amerika werden seine Lehren Eingang finden. Schließlich ist die wissenschaftliche Bedeutung seines Werkes nicht zu vergessen. Auch unter wissenschaftlichen Gesichtspunkten ist Montesquieus Staatsformenlehre demokratietheoretisch lehrreich. Gewiss: sie ist normativ geprägt und obendrein sprunghaft, episodenhaft, anekdotisch, oftmals unvollständig und widersprüchlich. Doch trägt sie empirische Züge und demonstriert einen gut entwickelten – wenngleich methodologisch noch wenig disziplinierten – Sinn für sozialwissenschaftliche Analyse (Durkheim 1953). Die Kompetenz zur sozialwissenschaftlichen Durchdringung hatte Montesquieu schon im ersten Satz seiner Abhandlung über die Politik der Römer in Religionsfragen (1716) zu erkennen gegeben. Dort heißt es: „Weder Furcht noch Frömmigkeit führten die Religionen bei den Römern ein; wohl aber die Notwendigkeit, in der sich alle Gesellschaften befinden, überhaupt irgendeine zu haben". Auch der sozialwissenschaftliche Gehalt von Montesquieus institutioneller und kulturalistischer Staatsformenlehre wird Folgen haben. Rund einhundert Jahre später wird Alexis de Tocqueville – unter anderem mit Hilfe von Montesquieus Begrifflichkeit – die Demokratie in den Vereinigten Staaten von Amerika systematisch hinsichtlich des Spannungsverhältnisses von Gleichheit und Freiheit untersuchen.

# Kapitel 1.4
# Radikale Lehre der Volkssouveränität: Rousseaus Beitrag zur Demokratietheorie

Als Montesquieus *Vom Geist der Gesetze* veröffentlicht wurde, war Jean-Jacques Rousseau (1712-78) 36 Jahre alt. Rousseau war französischer Moralphilosoph, Schriftsteller, Komponist und Musiktheoretiker schweizerischer Herkunft. Er entstammte einer calvinistischen Genfer Bürgerfamilie, war Halbwaise, erlebte eine unglückliche Jugend und blieb ohne systematische Schulbildung. Ein Studium hat er nicht absolviert. Auch dies unterscheidet ihn von anderen großen Theoretikern der Ideengeschichte, dem Oxforder Magister Thomas Hobbes beispielsweise, dem Gelehrten John Locke, dem Universitätslehrer Adam Smith und vielen anderen Doktoren und Professoren unter den führenden Köpfen der Politischen Ideengeschichte. Rousseaus Anspruch, als „einfacher Mann" das Wort zu ergreifen, „um Klarheit in die gelehrte Verwirrung zu bringen" (Nonnenmacher 1989: 193), hat insoweit einiges für sich. Zugute kam ihm die intime Kenntnis fast aller Schichten der Gesellschaft, die er beschrieb und vehement kritisierte. Günther Nonnenmacher hat die wichtigsten Stationen von Rousseaus Werdegang und seine Wanderungen durch die verschiedenartigsten Schichten der Gesellschaft mit folgenden Worten geschildert: „In einem kleinbürgerlichen Handwerkermilieu aufgewachsen, entfloh er (mit 16 Jahren) einem tyrannischen Meister und führte Jahre hindurch das Leben eines Vagabunden. Er wurde Schützling, Hausfaktotum, schließlich auch – wenig erfolgreicher – Liebhaber einer Dame des niederen Adels; als Diener lernte er auch das Leben des savoyardischen Hochadels kennen. Er war Schreiber in einer kleinstädtischen Verwaltung, Musiklehrer von Töchtern arrivierter Bürger, Hauslehrer bei der Familie Mably, Privatsekretär von Madame Dupins (der Frau eines reichen einflussreichen Steuerpächters), Sekretär an der französischen Botschaft in Venedig. Rousseau gehörte zum Kreis der Intellektuellen, die die Enzyklopädie herausgaben, seinen Lebensunterhalt verdiente er aber als Notenkopierer; in seinen Schriften hat er das Elend des armen Volkes beklagt, bis zu seinem Tod blieb er jedoch Protégé hochadliger Mäzene. Rousseau wurde in Genf geboren, zu Ruhm ist er in Paris gekommen, dem Zentrum der intellektuellen Welt, die er hasste. Als seine Schriften verboten wurden, floh er nach England – auf Einladung David Humes, mit dem er sich im Exil verfeindete. Er fand Zuflucht in Neuchâtel in der Westschweiz – damals eine preussische Enklave – und starb in Frankreich, in Ermenonville, einem Landgut des Marquis de Girardin. Getauft worden war er als Calvinist, dann konvertierte er (in Turin) zum Katholizismus, um später zu seinem alten Glauben zurückzukehren – was nicht verhinderte, daß die Verbrennung seiner Werke in seiner Heimatstadt unter anderem mit dem Vorwurf des Atheismus begründet wurde. Sein Leben lang ist Rousseau ein Wanderer zwischen den Ländergrenzen, den gesellschaftlichen Klassen und den Konfessionen gewesen" (ebd.: 193f.).

Aus politikwissenschaftlicher Perspektive sind vor allem die politisch-philosophischen Schriften und die moralphilosophischen Werke Jean-Jacques Rousseaus von besonderem Interesse. Seine wichtigsten moralphilosophischen Beiträge schrieb er im ersten und im zweiten Diskurs nieder. Im ersten Diskurs, dem *Discours sur les Sciences et les Arts* (1750), hält Rousseau der Aufklärungsphilosophie die These entgegen, die Ausbreitung wissenschaftlicher und literarischer Aktivität korrumpiere die Gesellschaft. Im zweiten Diskurs – er ist dem Ursprung der Ungleichheit unter den Menschen gewidmet (1755) – erörterte er die Grundlagen seiner Kritik der Aufklärung. Dort vertritt er die Auffassung, die Menschen hätten sich von einem Naturzustand, in dem sie in Eintracht und Frieden, Freiheit und natürlicher Gleichheit miteinander lebten, zu einem Zustand der Ungleichheit entwickelt, der den vormals natürlichen guten Menschen in ein kompetitives, selbstbezogenes Wesen verwandelt habe, das anderen bewusst Schaden zufügen könne. Einer der Rousseau-Experten, Iring Fetscher, beschrieb das zugrunde liegende Menschenbild und dessen Wandel mit folgenden Worten: „Ursprünglich sind die Menschen nicht nur materiell, sondern auch psychisch autark. Im Zeitalter, da sie als Hirten zusammenlebten, gab es zwar schon individuelle Bevorzugungen, Liebe und Bewunderung für besondere Talente, aber insofern es noch keine Arbeitsteilung und kein Privateigentum gab, hielt sich dieser Aspekt noch in Grenzen. Die vorherrschenden Instinkte waren zunächst der Selbsterhaltungstrieb (amour de soi, Selbstliebe) und Mitleid (commisération). In der beginnenden Klassengesellschaft, die Rousseau schon mit dem Seßhaftwerden zusammenfallen läßt, verwandelt sich diese

Selbstliebe in Selbstsucht (amour propre), in potentiell gemeinwohlschädigenden Egoismus" (Fetscher 1985: 482).

## Rousseaus Ansatz

Rousseau weist sowohl die traditionelle Doktrin der natürlichen Soziabilität der Menschen zurück, die zu den tragenden Säulen der aristotelischen Lehre zählt, wie auch Hobbes' Auffassung, nach der die Menschen im Naturzustand kompetitiv und selbstsüchtig seien, ja: im Kriegszustand lebten. Rousseaus Geschichtsphilosophie ist nicht fortschrittsoptimistisch, sondern zutiefst pessimistisch. Die primitiven Gesellschaften hält er für die besten Zivilisationen. Die moderne Gesellschaft aber, vor allem die aufstrebende bürgerlich-kommerzielle Welt, ist für ihn eher eine schlechte als eine gute Ordnung und Stoff eher für Verfallslehren als für Fortschrittsphilosophien. Im Gegensatz etwa zu John Locke und Adam Smith verwirft Rousseau auch die „ökonomische Lösungsstrategie" (Nonnenmacher 1989: 82ff.), nämlich die Bekämpfung des Knappheitsproblems durch reichtums- und wertschöpfende Arbeit und voranschreitende wirtschaftliche Entwicklung. Dieser Weg führt nach Rousseau nicht zum Heil, sondern ins Unheil.

In staatsphilosophischer und demokratietheoretischer Hinsicht geht Rousseau ebenfalls eigene Wege. Im Unterschied zur aristotelischen Lehre, den Gesellschaftsvertragstheorien von Hobbes und Locke und im weiteren Unterschied zu Montesquieu propagiert Rousseau in seinen Politischen Schriften eine radikale Volkssouveränitätslehre. Zugleich betont er die politische, soziale und ökonomische Gleichheit viel stärker als die meisten Denker vor ihm. Überdies ist Rousseau der Antipode zum frühkonstitutionalistischen Denken John Lockes und zu Montesquieus Theorie der Gewaltenverteilung. Affekt gegen verfassungspolitische Institutionen hat man ihm bescheinigt (Mandt 1998b: 140). Tatsächlich kritisiert Rousseau die Machtteilungslehre scharf. Sie zerstückele, was zusammengehöre und stärke gar die Selbstbezogenheit von Sonderinteressen. So gerät Rousseau auch in schärfsten Gegensatz zu allen liberal-konservativen Theorien des „limited government", der am kurzen Zügel geführten Regierung, obwohl er zugleich Kritiker der absolutistischen Monarchie ist. Aber Rousseau kritisiert sowohl den Absolutismus wie auch die aufstrebende bürgerliche Gesellschaft, ja: er ist sogar grundsätzlicher Kritiker der modernen Zivilisation überhaupt. Das unterscheidet ihn von den Hauptvertretern der Aufklärungsphilosophie. Allerdings baut er seine Verfassungs- oder Staatstheorie auf das Fundament der Vertrags- und der Souveränitätslehre. Insoweit folgt er den Vertragstheoretikern der Aufklärung, so vor allem in *Du Contrat Social* (1762), der in der deutschen Übersetzung unter dem Titel *Vom Gesellschaftsvertrag oder Grundsätze des Staatsrechts* veröffentlicht wurde. Dort vertritt Rousseau die Auffassung, die Menschen hätten zur Wahrung ihrer Existenzvoraussetzungen, zur Freiheitssicherung und zum Zwecke des allgemeinen Wohls einen Vertrag geschlossen, in dessen Folge mittels Gesetzgebung durch das Volk und Gesetzesvollzug durch eine dem Volke rechenschaftspflichtige Regierung ein System der Kooperation, der Selbstregierung und des Schutzes gegen individuelle Schwächen, gemeinsames Elend und natürliche oder gesellschaftliche Katastrophen geschaffen worden sei.

Rousseaus Staatsverständnis ist revolutionär. Für ihn beruht der Staat weder auf dem Gottesgnadentum – wie in klassischen Rechtfertigungen monokratischer Herrschaft – noch auf autoritärer Herrschaft, die aus dem Volk eine Herde von Unfreien mache, wie im Fall von Hobbes' *Leviathan*, sondern auf freier Vereinbarung der Bürger und Selbstverwaltung. Nur solche Herrschaft gilt Rousseau als legitim. Vor dieser Messlatte erscheinen die meisten Herrschaftsordnungen seiner Zeit als nichtlegitime politische Gemeinwesen.

**Volkssouveränität**

Der Vertragsgedanke und die Souveränitätslehre wurden im Zeitalter der europäischen Religions- und Bürgerkriege entwickelt. Beide sind Antworten auf die dieses Zeitalter charakterisierende Schwäche gesellschaftlicher und politischer Institutionen, auf ungezügelte Gewalt, Krieg und auf gesellschaftliches Elend. Beide entstammen der Suche nach Auswegen aus der Zerrüttung. Die von den Vertrags- und Souveränitätstheoretikern favorisierte Friedensstiftung im Inneren sah in der Regel einen Staat vor, der nach außen und innen souverän und von den Bürgern als rechtmäßig anerkannt sein sollte. Beide Pfeiler der neuzeitlichen Staatstheorie übernimmt Rousseau, doch radikalisiert er den Souveränitätsgedanken zu einer Volkssouveranitätslehre in einer Weise, die ihr einen zugleich basisdemokratischen und autoritären Gehalt verleiht. Vertrags- und Souveränitätstheoretiker vor Rousseau, wie Thomas Hobbes und John Locke, hatten mit der Denkvorstellung eines Transfers der Souveränität vom Volk auf den Staat, den Herrscher oder die Regierenden argumentiert. Hiervon grenzt Rousseau sich scharf ab. Ein Souveränitätstransfer ist nicht zulässig. Die Souveränität entstammt dem Volke, und dort muss sie bleiben. Souverän ist für Rousseau, wer immer Souverän ist. Die Souveränität ist für ihn unveräußerlich, undelegierbar und unteilbar. Mehr noch: Die Volkssouveränität liegt der gesamten Rechtsordnung zugrunde und begründet diese erst. Diesem Verständnis zufolge ist Volkssouveränität nicht Souveränität des Rechtes oder der Verfassung, sondern ungebrochene Oberhoheit der Vollbürger. Das schließt die Oberhoheit über die Verfassung ein. Mit ihr ist die Institution eines Verfassungsgerichtes als Hüter der Verfassung nicht verträglich. Und die Regierung hat in dieser Gedankenwelt nichts anderes als „Diener des Souveräns" zu sein, eine vom Willen des Volkes abhängige Kraft.

Folgerichtig widersetzt sich Rousseau der Übertragung der Souveränität auf einen Herrscher. Konsequenterweise spricht er auch gegen die Delegation der Volkssouveränität auf Repräsentanten. Repräsentation ist ihm ein Greuel. Nichts als ein Pfeiler der mittelalterlichen Legitimationslehre sei sie, der zufolge der Repräsentant, also die Person oder Institution, der die Macht übertragen wird, sich nicht zur Wahl stellen müsse. Die Repräsentationslehre könne mithin ständige, unwiderrufliche Repräsentation legitimieren – und das habe sie auch lange getan. Das Repräsentationsprinzip gehört somit, so die Worte Hella Mandts, zu den „Instanzen der Selbstentfremdung der Menschen und Gefährdungen ihrer Authentizität" (Mandt 1998b: 140). Das erzürnt Rousseau und bestärkt seine Auffassung, eine Repräsentativordnung würde nur die ungerechte Regierungsform des Feudalsystems wieder einsetzen, in der „die menschliche Art herabgewürdigt und wo das Wort Mensch entehrt ist" (*Gesellschaftsvertrag* III. Buch, Kp. 15). Mehr noch: sobald sich ein Volk Vertreter gebe, „ist es nicht mehr frei; es ist nicht mehr" (ebd. III, 15). Deshalb verurteilt Rousseau Englands Parlamentarismus, der noch Montesquieus Bewunderung gefunden hatte: „Jedes Gesetz, das das Volk nicht selbst beschlossen hat, ist nichtig; es ist überhaupt kein Gesetz. Das englische Volk glaubt frei zu sein – es täuscht sich gewaltig, es ist nur frei während der Wahl der Parlamentsmitglieder; sobald diese gewählt sind, ist es Sklave, ist es nichts" (III, 15). Rousseaus Bannstrahl hätte auch die modernen Demokratien der westlichen Verfassungsstaaten getroffen. Rousseaus Kriterien zufolge sind diese nur der Selbstbeschreibung nach Demokratien, tatsächlich kranken sie jedoch an der „Achillesferse" (Sartori 1992: 40) der Massendemokratie, der Delegation von Macht via Wahl und Repräsentation. Insoweit könnten die modernen Demokratien mit Rousseau eher als Oligarchien mit gewählten politischen Führungen bezeichnet werden (Dahl 1989: 225). Just hier wird mehr als 200 Jahre nach Rousseau Benjamin Barber in der Lehre von der „starken Demokratie" anknüpfen und die These entwickeln, die Repräsentation zerstöre die Partizipation (Barber 1994).

Zurück zu Rousseaus Welt. Seine politische Lehre wendet sich gegen die seit Machiavelli und Hobbes in der Politischen Theorie vorherrschende Trennung von Staat und Gesellschaft sowie von Regierung und Volk. Dem setzt er in seinen Erziehungsschriften Separation von der Gesellschaft und in seinen Politischen Schriften Vergesellschaftung der Politik entgegen – soweit dies gesellschaftlich, wirtschaftlich und geographisch machbar ist. Ihm geht es nicht vorrangig um einen Staat, der Teilhabechancen bietet oder diese gar maximiert, sondern hauptsächlich um eine Gesellschaft, in der die Staatsangelegenheiten in die Angelegenheiten der Bürger eingebunden sind und in Selbstverwaltung geregelt werden. Staat und Gesellschaft werden somit als „Einheit" gedacht (Lenk 1991: 946), der ein Gesellschaftsvertrag zugrunde liegt, den die Bürger in freier Zustimmung eingegangen sind, und der gerecht ist, weil alle Bürger gleich behandelt werden, und zweckmäßig, weil der Vertrag das Wohl der Allgemeinheit sicherstellt.

**Rousseaus Staatsformenlehre und der Ort der Demokratie**

Der Gesellschaftsvertrag schafft „eine sittliche Gesamtkörperschaft", eine „öffentliche Person". Sie wird von ihren Gliedern „Staat" genannt, wenn sie passiv und „Souverän", wenn sie aktiv ist (*Gesellschaftsvertrag* I, 6). Der Kern der Souveränität liegt für Rousseau in der Gesetzgebung. Diese ist ausschließlich dem Volk vorbehalten – ohne Hinzukommen von Abgeordneten, Parlament oder anderen intermediären Instanzen. Insoweit ist Rousseau der Verfechter einer radikal direktdemokratischen Regierungsform mit kurzgeschlossenen Beziehungen zwischen Regierenden und Regierten. Neben dem Souverän gibt es eine Regierung; sie ist für die Vollstreckung der Gesetze zuständig – unter Wahrung der Gemeinwohlziele (*Gesellschaftsvertrag* III, 1). Allerdings ist die Regierung für Rousseau bloß Vollzugsorgan des Gesetzgebers. Überdies ist sie dem Souverän jederzeit Rechenschaft pflichtig, und der Souverän kann sie jederzeit abberufen. Rousseaus Volkssouveränitätslehre hat – in modernen Begriffen – ein mächtiges basisdemokratisches Fundament. Rousseau stuft sich allerdings nicht als Demokrat ein, sondern als Anhänger der Republik. Abweichend vom heute üblichen Sprachgebrauch zählt er alle durch Gesetze regierten Staaten zur Republik, nicht nur die Demokratie und die Aristokratie (*Gesellschaftsvertrag* II, 6). Auch eine Monarchie kann republikanisch sein, sofern sie Sachverwalter des Souveräns ist (ebd.).

Zu Rousseaus Lebzeiten war in Europa die Monarchie die vorherrschende Staatsform. Halbwegs demokratische Gemeinwesen, wie die Kantonsdemokratien in der Innerschweiz und in Rousseaus Heimatstadt Genf, waren die Ausnahme, nicht die Regel. In der Beschreibung dieser Ordnungen knüpft Rousseau an die Staatsformentypologie des Aristoteles an. Der Ersten Aristotelischen Staatsformenlehre folgend, unterscheidet er zwischen Demokratie, Aristokratie und Monarchie. Diese können in der Verfassungswirklichkeit in Mischformen auftreten (*Gesellschaftsvertrag* III, 7). „Demokratie" bezeichnet die Staatsform, in der der Souverän die Regierung „dem ganzen Volk oder dem größten Teil des Volkes" anvertraut, und zwar dergestalt, „daß es mehr mit einem öffentlichen Amt betraute Bürger gibt als solche, die nur Privatleute sind" (*Gesellschaftsvertrag* III, 3). Legt der Souverän die Regierungsgeschäfte in die Hand einer kleinen Zahl von Regierenden, so dass die Zahl der mit öffentlichen Ämtern betrauten Bürger kleiner als die der einfachen Bürger ist, handelt es sich um eine Aristokratie. Vereinigt der Souverän schließlich die gesamte Regierung in der Hand eines Einzelnen, von dem alle anderen ihre Macht haben, hat man es mit einer Monarchie zu tun. Allerdings steht hier die hochkonzentrierte Exekutive der Legislative gegenüber. Damit nimmt die Wahrscheinlichkeit des Auseinanderfallens von Gemeinwillen und (Regierungs-)Sonderwillen drastisch zu. Rousseaus Regierungsformenlehre erfasst Zwischentöne – im Unterschied zur älteren Staatsformenlehre. Die Demokratie beispielsweise „kann das ganze Volk umfassen, oder sich bis auf eine Hälfte davon beschränken. Die Aristokratie ihrerseits kann sich von der Hälfte des Volkes bis auf eine sehr kleine, nicht bestimmte Zahl beschränken" (*Gesellschaftsvertrag* III, 3).

Rousseaus Demokratiebegriff unterscheidet sich vom heutigen Demokratieverständnis. Während man in den liberaldemokratischen Verfassungsstaaten unter Demokratie in der Regel ein politisches System versteht, das auf der Volkssouveränität beruht, in dem jedoch der eigentliche Akt der Souveränität – die Gesetzgebung – in Parlamenten durch Volksvertreter vollzogen wird und die Exekutive politischen Beamten und der Bürokratie anvertraut ist, versteht Rousseau unter Demokratie „eine besondere Art der Exekutive, nämlich diejenige, bei der die Mehrheit der Bürger zugleich ausführend tätig ist, während die Gesetzgebung ( ... ) in der Hand des Volkes liegt" (Brockard 1977a: 167).

Rousseaus Demokratiekonzeption wird gemeinhin als Identitätstheorie im Sinne weitgehender Identität von Herrschenden und Beherrschten bezeichnet, so von Ernst Fraenkel (1991, kritisch hierzu Ballestrem 1988). Just diese Koppelung von Herrschern und Beherrschten und die zugehörige institutionelle Verknüpfung von Legislative und Exekutive sind Rousseau jedoch suspekt. Sie lenkten die Aufmerksamkeit des Souveräns auf Einzelgegenstände ab – zum Schaden des Gesamtwohls (*Gesellschaftsvertrag* III, 4). Obendrein gehe es „gegen die natürliche Ordnung", wenn die Mehrzahl regiere und die Minderzahl regiert werde (ebd.). Man könne sich auch nicht vorstellen, „daß das Volk unaufhörlich versammelt bleibt, um die öffentlichen Angelegenheiten zu besorgen". Überdies sei eine solche Regierung inneren Unruhen und Bürgerkriegen ausgesetzt wie keine andere und neige wie keine andere dazu, ihre Form zu ändern. Ferner hat die Demokratie im Sinne von Rousseau extreme Voraussetzungen. Sie erfordere nämlich „schwer zu vereinigende Dinge": „Erstens einen sehr kleinen Staat, in dem das Volk einfach zu versammeln ist und jeder Bürger alle anderen leicht kennen kann; zweitens eine große Einfachheit in den Sitten, die der Vielfalt der Angelegenheiten und heiklen Diskussionen steuert; dann weitgehende Gleichheit der gesellschaftlichen Stellung und der Vermögen, ohne welche die Gleichheit von Recht und Einfluß nicht lange bestehen kann; schließlich wenig oder gar keinen Luxus; denn Luxus ist entweder die Folge von Reichtümern oder macht sie nötig; er verdirbt Reich und Arm, den einen durch Besitz, den anderen durch Begehrlichkeit; er liefert das Vaterland aus an Verweichlichung und an Eitelkeit; er entzieht dem Staat alle seine Bürger, um die einen zu Knechten der anderen und alle zu Knechten der herrschenden Meinung zu machen" (*Gesellschaftsvertrag* III, 4). Schlussendlich sind der Demokratie ungünstige außen- und geopolitische Bedingungen eigen. Die Demokratie ist für Rousseau die Staatsform, die am ehesten zu kleinen und ärmeren Staaten passt. Doch kleine und ärmere Staaten sind wirtschaftlich und militärisch meist von größeren Staaten abhängig. Und diese wiederum eigneten sich nicht für Demokratie, sondern für Monarchie oder Despotie (*Gesellschaftsvertrag* III, 8). Deshalb beurteilt Rousseau die Lebensfähigkeit von Demokratien skeptisch. „Wenn es ein Volk von Göttern gäbe, würde es sich demokratisch regieren", gibt er zu bedenken. Und er fügt hinzu: „Eine so vollkommene Regierung paßt für Menschen nicht" (*Gesellschaftsvertrag* III, 4).

Sonderlich viel scheint Rousseau auf die Praktikabilität der Demokratie nicht gegeben zu haben. Insoweit überrascht es, wenn seine praktisch-politischen Empfehlungen viel gemäßigter sind als die reine Theorie der Volkssouveränität: Frankreich beispielsweise empfiehlt er eine plebiszitär-republikanische Staatsform mit monarchischer Regierung. Und für Polen schlägt er gar eine Föderation aus 33 Grafschaften in der Regierungsform einer Wahlaristokratie vor.

Wie verhält sich Rousseaus reservierte Einstellung zur Demokratie mit der heutzutage verbreiteten Meinung, er sei Vertreter des klassischen Demokratiemodells (Schumpeter 1950, Lenk/ Franke 1987: 128), Hauptexponent radikaldemokratischer Ideen (Schwan 1991), der große „Apostel der Demokratie" (Friedrich 1953: 638), der Theoretiker, der „am Anfang der modernen Demokratie steht" (Schmitt 1926: 19), der Hauptprotagonist der Direktdemokratie oder gar der „Träumer der Demokratie" (Miller 1984)? Rousseau wird zuviel Parteigängertum für die Demokratie zugeschrieben. Vor allem wird man – im Unterschied zu Rousseau – zwischen zwei prinzipiell gleichwertigen Demokratiebegriffen zu unterscheiden haben: einem engen, auf Direktdemokratie begrenzten Begriff und einem weiteren, der direkt- und repräsentativdemokratische Strukturen zulässt. Ferner ist dies zu berücksichtigen: Rousseau versteht unter Demokratie im Wesentlichen die Real- oder Idealtypen politischer Ordnungen, die sich durch Direktdemokratie, insbesondere durch Volksversammlungsherrschaft nach Art der athenischen Demokratie, auszeichnen. Für ihn wäre die heutzutage übliche Begriffsverwendung schwer verständlich. Eine Repräsentativdemokratie wie in der Bundesrepublik Deutschland hätte Rousseau als eine Variante der Aristokratie oder Oligarchie eingestuft. Sie wäre ihm, seinem harschen Urteil über Englands Parlamentarismus nach zu urteilen, vermutlich ein Greuel gewesen. Die Direktdemokratie nach reiner Lehre jedoch kam für ihn aus Praktikabilitätsgründen kaum in Frage. Insoweit hat sich Rousseau nicht als der gesehen, als der er später vielfach gewertet worden ist, nämlich als Fürsprecher der Demokratie oder Vorkämpfer der Direktdemokratie in kleinräumigen Gemeinwesen. Seinem Selbstverständnis nach war Rousseau republikanisch gesinnt. Sein Idealstaat war – geschichtlich betrachtet – die Römische Republik und ausgerechnet das autoritär regierte Sparta. Und zu seiner Zeit schlug sein Herz für eine überschaubare, moralisch integere Republik, wie insbesondere Korsika, sofern es für ihn, „den letzten klassischen Utopisten" (Shklar 1969: 1), überhaupt eine ideale Regierungsform geben konnte (Maihofer 1994, Richter 1994).

## Gemeinwillen und Gesamtwillen

Wie man vor allem dem *Gesellschaftsvertrag* entnehmen kann, enthält die von Rousseau favorisierte Republik einen starken basisdemokratischen Gehalt und eine radikaldemokratische Volkssouveränitätslehre. Deshalb berufen sich Praktiker und Theoretiker mit Vorliebe für basisnahe politische Beteiligung und unteilbare Volkssouveränität, wie Carole Pateman (1970), gerne auf Rousseau – und nicht zu Unrecht. Allerdings stützen sie sich auf eine Theorie, die das Verhältnis von Einzel- und Gesamtwohl und dasjenige von Einzel-, Gesamt- und Gemeinwillen höchst eigenwillig und angreifbar deutet. Die Teilung der Volkssouveränität und ihre Delegation an Repräsentanten lehnt Rousseau strikt ab. Wie ist aber dann die Verbindung von individuellen Willensäußerungen und dem Gesamtwillen und die zwischen Einzel- und Gesamtwohl herzustellen? An dieser Stelle kommt Rousseaus Lehre vom Gemeinwillen (volonté générale), vom Gesamtwillen (volonté de tous) und dem Sonderwillen (volonté particulière) zum Zuge (*Gesellschaftsvertrag* II, 3). Der Gemeinwille (volonté générale) zielt Rousseau zufolge „auf das Gemeininteresse", auf das Gemeinwohl. Der Gesamtwille (volonté de tous) hingegen ist nur auf das Privatinteresse gerichtet und ist „nichts anderes als eine Summe von Sonderwillen" (*Gesellschaftsvertrag* II, 3). Ernst Fraenkel hat vorgeschlagen, den Gemeinwillen (volonté générale) als den aufs Gesamtwohl gerichteten hypothetischen Volkswillen zu deuten (Fraenkel 1991b: 153). Der Gemeinwille zielt auf das Gemeininteresse, das Gemeinsame, das Wohl der Allgemeinheit. Andere haben volonté générale mit „Gemeingeist" übersetzt, so Hölderlin, mit „qualitativen Gemeinwillen", so Günther Nonnenmacher (1989), oder „allgemeinen Willen", so Friedrich Glum (1956). Der Gemeinwille, so die gebräuchliche Übersetzung, ist der Wille, der das Streben nach Gemeinwohl über die Sonderinteressen der Einzelnen stellt, wobei Rousseau dazu neigt, dieses Streben fälschlicherweise mit erfolgreichem Streben gleichzusetzen. Vom Gemeinwillen zu unterscheiden ist der zum Gesamtwillen (im Sinne des volonté de tous) aufsummierte Sonderwille der einzelnen Bürger. Der Gesamtwille ist der empirische Volkswille (Fraenkel 1991b: 153).

Wie gelangt man zum Gemeinwillen? Bei der Erörterung dieser Frage hat Rousseau höchst Irritierendes gesagt. Er behauptet nämlich, dass „der Gemeinwille immer auf dem rechten Weg ist und auf das öffentliche Wohl abzielt" (*Gesellschaftsvertrag* II, 3). Allerdings folge daraus nicht, dass „die Beschlüsse des Volkes immer gleiche Richtigkeit haben. Zwar will man immer sein Bestes, aber man sieht es nicht immer" (II, 3). Wie also gelangt man zum Gemeinwillen, und wie kann man immer das Beste sehen? Im zweiten Anlauf setzt Rousseau so an: Nehme man den Sonderwillen „das Mehr und das Weniger weg, das sich gegenseitig aufhebt, so bleibt als Summe der Unterschiede der Gemeinwille" (ebd.). Er setzt hinzu: „Wenn die Bürger keinerlei Verbindung untereinander hätten, würde, wenn das

Volk wohlunterrichtet entscheidet, aus der großen Zahl der kleinen Unterschiede immer der Gemeinwille hervorgehen, und die Entscheidung wäre immer gut" (ebd.). „Wohlunterrichtet" zu entscheiden, hat vor allem mit „gerechter" und „tugendhafter" Entscheidung zu tun, so besagen die einschlägigen Erläuterungen von Rousseau an anderer Stelle, beispielsweise in den *Abhandlungen über die Politische Ökonomie* (*Politische Schriften*, Bd. 1, 1977).

Rousseaus stillschweigender Annahme zufolge enthält jeder Sonderwille normalerweise Allgemeininteressen. Rousseaus Bürger haben in der Tat „some elements of sociotropic voting" (Feld/Grofman 1988: 573): Es sind „soziotropische" Wähler, die grundsätzlich befähigt sind, in ihrer Wahl Gemeinwohlbelange gebührend zu berücksichtigen. Hinsichtlich des Weges zum Gemeinwillen hat Rousseau offenbar einen Vorgang der Diskussion und der Willensbildung vor Augen, in dem die in jedem Sonderwillen enthaltene Komponente des Allgemeininteresses herausgefiltert und zum Gemeinwillen verdichtet wird. Dies erfolgt nach Rousseau im Wege freier Meinungsäußerung und Abstimmung aller Bürger, wobei Autonomie der Bürger, hoch entwickelter Sachkenntnisstand, wenn nicht gar perfekte Information sowie Überschaubarkeit und ein hohes Maß an Homogenität der Gesellschaft vorausgesetzt werden. In diesem Vorgang, so kann man Rousseau interpretieren, der sich an dieser Stelle nicht ausreichend präzise äußert, heben sich die nur-individuellen Komponenten der Sonderinteressen gegenseitig auf, und übrig bliebe das Allgemeine, das mit dem Ganzen Übereinstimmende (Maier 1968: 131ff.). Voraussetzung hierfür sei, „daß es im Staat keine Teilgesellschaften gibt und daß jeder Bürger nur seine eigene Meinung vertritt" (*Gesellschaftsvertrag* II, 3). Gebe es „Teilgesellschaften", in heutiger Terminologie Parteien und Interessenverbände, so gelte es, „ihre Zahl zu vervielfachen und ihrer Ungleichheit vorzubeugen". Freie Konkurrenz schützt vor Monopol und belebt das Geschäft! Diese „Vorsichtsmaßregeln", fügt Rousseau hinzu, „sind die einzig richtigen, damit der Gemeinwille immer aufgeklärt sei und das Volk sich nicht täusche" (ebd.). Rousseaus Theorie kennt folglich intermediäre Instanzen – was viele Kritiker übersehen (z.B. Schwan 1991 und Offe/Preuss 1991: 150ff.) – nur möchte er sie so weit wie möglich neutralisieren!

## Würdigung von Rousseaus demokratietheoretischem Beitrag

Der volonté générale ist Rousseaus „berühmteste Innovation" (Bloom 1997: 157). Sie soll eine moralische Politik begründen, die den Menschen nicht durch Freiheitsberaubung degradiert (ebd.). Doch Rousseaus Konstruktion des Gemeinwillens ist problematisch. Ja: sie bleibt „notorisch obskur" (Melzer 1995: 1088) und ist offen für Ausbeutung durch selbsternannte Avantgarde. So mancher Jakobiner wird sich nach Rousseau mit dem Anspruch brüsten, sein Wille und der seiner Bundesgenossen verkörperten den Gemeinwillen. Sonderlich trennscharf ist allerdings Rousseaus Argumentation nicht, wenn er die Kriterien erörtert, anhand derer festgestellt werden soll, ob der Gemeinwille vorliegt oder verfehlt wird. Auch weitere Erläuterungen klären den Sachverhalt nicht eindeutig: „Je mehr Übereinstimmung bei den Versammlungen herrscht, d.h. je näher die Meinungen der Einstimmigkeit kommen", schreibt Rousseau, „um so mehr herrscht auch der Gemeinwille vor; lange Debatten jedoch, Meinungsverschiedenheiten, Unruhe zeigen das Emporkommen der Sonderinteressen und den Niedergang des Staates an" (*Gesellschaftsvertrag* IV, 2). Doch das führt nicht weiter, denn Einstimmigkeit ist nicht notwendigerweise ein Gütezeichen von Willensbildungs- und Entscheidungsprozessen. Unter Umständen kann über das dümmste Vorhaben unter gründlich desinformierten Abstimmungsberechtigten alsbald Einstimmigkeit erzielt werden. Auch die Bemerkung Rousseaus, „Meinungsverschiedenheiten", „Unruhe" und „lange Debatten" wiesen den falschen Weg, ist bedenklich. Offenbart sie nicht eine Homogenitäts- und Harmonielehre, die Interessenkonflikte und deren Austragung als minderwertig und eine unterstellte prästabilisierte Harmonie als höherwertig einstuft? Im Übrigen enthält Rousseaus Lehre die Begründung des Zwangs zur Freiheit. Denn was passiert, wenn ein Mitglied der Gesellschaft sich dem Gemeinwillen nicht beugen will? Dann greife die Verpflichtung, den Einzelnen von der Gesamtheit der Gesellschaftsmitglieder zur Zustimmung zu zwingen. Er werde, so Rousseau, in diesem Fall eben zur Freiheit gezwungen (*Gesellschaftsvertrag* I, 7). Unübersehbar gerät Rousseaus volonté générale in zwei Gefahrenzonen: in die des Despotismus der Freiheit – zu Lasten von Oppositionellen – und in die des Paternalismus der Freiheit (Petersen 1994).

Rousseaus Grundsätze der Staatsverfassung und seine demokratietheoretischen Ausführungen im Besonderen haben unterschiedliche Kritiken hervorgerufen. Herold der Demokratie ist er für die eine Seite, Totengräber der Volksherrschaft für die andere. Als Emanzipationstheoretiker zählt er für eine Schule (Maus 1992), als einer der Denker, „die das Bessere rückwärts suchen", wertete ihn hingegen Hegel (1970: 435). „Abgesang" auf eine vormals (hauptsächlich in der griechischen und römischen Antike) „gelungene politische Existenzform des Menschen", bescheinigen ihm Dritte (Forschner 1988: 389). Bisweilen zählt er zu den progressiven Demokraten, dann wieder zu den Theoretikern der konservativen Demokratie (Lenk/Franke 1987: 268) und den Fürsprechern eines repressionsanfälligen „Populismus" (Riker 1982: 238ff., 252). Mitunter wird er denen zugeordnet, die die Saat des modernen Totalitarismus streuen (Melzer 1995: 1087). Für manche ist Rousseau ein „traditionalistischer Moralist" (Fetscher 1968: 259) und „Denker zwischen den Zeiten" (ebd.: 260), weder liberal noch totalitär (ebd.: 261), für andere jedoch „Apostel des Anti-Pluralismus" (Fraenkel 1991e: 307) und Vorreiter vulgärdemokratischen Denkens (ebd.: 307). Auch hat man Rousseau sowohl als Fürsprecher „extremen Individualismus" wie auch als Befürworter „extremen Kollektivismus" bezeichnet (Melzer 1990, 1995: 1085f.). Edmund Burke hielt Rousseau gar für einen „insane Socrates", einen übergeschnappten Sokrates (Fraenkel 1991e: 318), während nicht wenige Vertreter der partizipatorischen Demokratietheorie und Fürsprecherinnen des Feminismus ihn als einen der ihren feiern (Pateman 1970, Merquior 1980, Morgenstern 1996). Ferdinand Hermens bescheinigte Rousseau sogar, er habe die „wissenschaftlich am besten durchformte, ( ... ) auch heute noch durchschlagskräftigste Auffassung vom Wesen der Demokratie" entwickelt (1931: 1).

Dem Streitwert kommt näher, wer – zusätzlich zur Unterschätzung der Probleme, die auf dem Weg zum Gemeinwillen entstehen – fünf besonders kritische Stellen in Rousseaus Politischer Theorie berücksichtigt: (1) die überaus rigide Demokratiedefinition, (2) das Grundrechtedefizit, (3) die Verabsolutierung der Volkssouveränität, (4) das Problem der Vorbereitung, Ausarbeitung und Formulierung der Gesetze und (5) die problematische Rolle des Legislateurs (Ritter/Bondanella 1988).

Rousseau hat man eine „exzentrische Demokratiedefinition" vorgehalten (Dahl 1989: 113), weil mit ihr die Delegation, das Repräsentationsprinzip, als unzulässig für die Demokratie erklärt wird. Robert Dahl hat hierzu ein hübsches Rechenbeispiel präsentiert. Schon eine bescheidene Größe eines Demos erfordert aus Praktikabilitätsgründen die Repräsentation. Die kritische Grenze für eine Herrschaft, die zur Not ohne Repräsentation auskommt, beginnt schon bei einem Demos von 1000 Mitgliedern oder weniger. Bei größerer Mitgliederzahl sind auch bei direktdemokratischer Organisation Delegation und Repräsentation unabweisbar. Mithin eignet sich eine volksherrschaftliche Ordnung nach Rousseaus Modell nicht einmal für das von ihm als Vorbild interpretierte Genf seiner Tage, gewiss nicht für die Kleinstaaten wie man sie heutzutage kennt, auch nicht für Stadtstaaten wie die Hansestädte, sondern bestenfalls für ländliche Kleinstgemeinwesen. Insoweit ist Rousseaus Demokratiekonzept für die politische Partizipation der Bevölkerung in Flächenstaaten mit vielen Millionen von Wahlberechtigten nicht praktikabel. Selbst eine hoch entwickelte Direktdemokratie nach Art der Schweizer Eidgenossenschaft könnte man mit Rousseau nicht als echte Demokratie werten, weil auch die Vorbereitung und Durchführung direktdemokratischer Abstimmungen viel mehr Organisation, Delegation und Repräsentation erfordern als nach Rousseaus Demokratieverständnis erlaubt wäre.

Das Problem ist nicht nur ein semantisches, denn auch die übrige Begrifflichkeit von Rousseaus Regierungsformenlehre eignet sich nicht zur Erfassung von Demokratien in Großstaaten. Man könnte Rousseau höchstens den notwendigerweise beschränkten demokratietheoretischen Horizont zugute halten. Er steht noch im Banne der altgriechischen Demokratievorstellung, und er ist bestimmt von der tagespolitischen Frontstellung gegen den hochgradig zentralisierten französischen Absolutismus. Und dieser war mit seinen „nahezu allmächtigen Ministern ( ... ) und einem ständig sich ausweitenden Hofschranzentum" für Rousseau ein Schrecken (Brockard 1977a: 167).

Rousseau favorisiert das Bürgerrecht auf politische Teilhabe. Dabei handelt es sich um weitreichende Teilhaberechte. Sie betreffen Abstimmungen über Gesetze und die direkte Beteiligung an der Ausübung von Herrschaft. Freilich ist die Vollbürgerschaft – wie damals üblich – nur für die männliche erwachsene Bevölkerung vorgesehen. Teilhabe der Bürger buchstabiert man nach wie vor als Teilhabe einheimischer männlicher Bürger. Insoweit ist Rousseaus Beteiligungsmodell halbiert. Vor allem die weibliche Bevölkerungshälfte ist von ihm ausgeschlossen. Feministische Theoretikerinnen sind deshalb schlecht beraten, wenn sie Rousseau zum Kronzeugen für Theorie und Praxis partizipatorischer Demokratie oder „feministischer Demokratie" erklären, und die Anhänger der partizipatorischen Demokratie, wie Pateman (1970) oder Barber (1994), tun sich keinen Gefallen, wenn sie ihr Anliegen auf Rousseaus Theorie stützen.

Rousseaus Befürwortung politischer Beteiligung hat einen weiteren Mangel. Den Teilhabechancen fehlt der grundrechtliche Unterbau. Rousseau kennt Bürgerrechte, aber er kennt keine Grundrechte, d.h. dem Einzelnen zustehende, meist durch Verfassung als Elementarrechte verbriefte Rechte zum Schutz gegen öffentliche Gewalt und zum Zwecke interindividueller Abgrenzung von Freiheits- und Interessensphären. Somit fehlen seiner Theorie fundamentale Sicherungen gegen staatliche Politik und Herrschaft. Rousseaus Theoriewerk liegt offensichtlich eine eigentümliche Vorstellung von weitgehend konfliktfreier Homogenität und Harmonie in der Bürgerschaft zugrunde. Und Politik scheint für Rousseau eine höchst einfache Angelegenheit zu sein. Doch beides passt nicht auf eine nach Schichten und Klassen, Ethnien und Konfessionsgruppen gegliederte Gesellschaft.

Überdies wird Volkssouveränität in Rousseaus Theorie absolut gesetzt. Ihr zufolge ist Volkssouveränität absolute Oberhoheit – auch über die Mitglieder der Bürgerschaft. Die Souveränität des Volkes ist Rousseau zufolge „prinzipiell unbeschränkt und unbeschränkbar – sie kann nicht durch Verfassungen, Grundrechte, korporative Freiheiten von Gruppen begrenzt werden" (Maier 1968: 129). Dem Volk mangelt es demnach an jeglichem Schutz vor dem Souverän. Insoweit trifft von Gierkes Vorwurf ins Schwarze, wonach Rousseaus *Gesellschaftsvertrag* mit der „absoluten Veräußerung allen Individualrechts an die souveräne Gesamtheit" einhergehe (zitiert bei Maier 1968: 129). Im Extremfall kann die „Souveränität des Volkes" sogar die „Souveränität des Individuums zerstören" (Berlin 1969: 163).

Ein viertes Problem von Rousseaus Politischer Theorie liegt in seinem Gesetzgebungsmodell. Ihm zufolge hat das Volk in der

Volksversammlung oder beim Plebiszit die Aufgabe, Gesetze zu beschließen und zu verabschieden. Nicht zu seinen Befugnissen gehört die Formulierung der Gesetze. Deren Ausarbeitung und Vorberatung wird Sachverständigen überlassen, die als – aufs Gemeinwohl verpflichtete – Berater des Volkes tätig werden. Faktisch ist ihre Position jedoch die von „Volkserziehern" (Schwan 1991: 227). Das schließt die Möglichkeit der Verwandlung von Sachautorität in politische Herrschaft und der Manipulation des eigentlichen Souveräns durch die Sachverständigen ein.

Eng verwoben mit diesem Konstruktionsfehler ist die problematische Rolle des Legislateurs in Rousseaus *Gesellschaftsvertrag*. Dem Legislateur kommt außergewöhnliche Macht zu. Er ist der Berater, der Sachverständige, der Weise, der für die Verfassungsgesetzgebung Maßstäbe zu setzen und die Verfassungsgesetze zu schreiben hat. Die Befugnis, diese Gesetze zu erlassen, und damit erst in Kraft zu setzen, obliegt allerdings nicht dem Legislateur, sondern dem Volk, denn der Erlass und die Inkraftsetzung von Gesetzen gelten als der eigentliche Akt der Souveränität. In Rousseaus Theorie soll der Legislateur nur vorübergehend tätig sein, und er soll weder herrschen noch regieren – als ob er Erzieher wäre (Burgelin 1966). In der Praxis erweist sich diese Vorstellung als unrealistisch. Das zeigen die geschichtlichen Vorbilder von Rousseaus Legislateur – Calvin im Genfer Magistrat und Lykurgos, dem die Verfassung Spartas vom 8. bis 6. Jahrhundert v. Chr. zugeschrieben wird.

Auch die Regierung hat erheblich mehr Spielraum gegenüber dem Souverän, als dies auf den ersten Blick gegeben zu sein scheint, und doch kommt ihr in Rousseaus Theorie nur eine untergeordnete Rolle zu. Rousseau ist ihrem großen Handlungsspielraum gegenüber gleichgültig. Seine Theorie kennt keine Schranken gegen die volle Nutzung oder Dehnung des Handlungsspielraums von Regierungen. Mithin ist in seiner Theorie die Flanke zur Verselbständigung der Regierungsgewalt offen.

Insoweit mischen sich in Rousseaus Theorie radikalemanzipatorische und radikaldemokratische Elemente mit ungezügelter Volkssouveränität, gegen deren Verselbständigung weder die Theorie noch Theoretiker noch das Volk selbst gefeit sind. Die Souveränität des absolutistischen Staates färbt folglich auch die Kritik, die Rousseau als einer ihrer Gegner entwirft. Der demokratische Souverän des Gesellschaftsvertrags ist in seiner legislativen Entscheidungskompetenz „nicht weniger machtvollkommen als der monokratische oder aristokratische Souverän des *Leviathan*", und die Staatslehre des Jean-Jacques Rousseau in ihrer rechtstechnischen Grundstruktur „so absolutistisch-autoritär wie die des Thomas Hobbes", so hat Mayer-Tasch geurteilt (1968: 104). Anderen Kritikern zufolge hat Rousseaus Souverän gar gottesähnliche Attribute. In den Souverän lese er die Vorstellung hinein, die sich die Philosophen lange Zeit von Gott gemacht haben: „sein Wille geschieht, er ist allmächtig, aber er kann nichts Schlechtes wollen" (Emil Boutmy, zitiert nach Schmitt 1922: 42). Allerdings ist der Souverän von Rousseaus *Gesellschaftsvertrag* zumindest an den Mehrheitswillen und im Prinzip an Gemeinwohlnormen gebunden – und das unterscheidet ihn wesentlich vom absolutistischen und totalitären Souverän.

Die Gemeinwohlorientierung des *Gesellschaftsvertrags* steckt dennoch voller Probleme. Es ist schwer, aus vielen Sonderwillen im Prozess der Willensäußerung und Interessenbündelung einen Gemeinwillen zu konstruieren, der seinen Namen verdient. Mitunter werden die Schwierigkeiten dadurch gesteigert, dass auch der Einzelwille schon ein Konglomerat unterschiedlicher, mehr oder minder klar formulierter Willensbekundungen ist. Nicht selten ist der Einzelwille ein widersprüchliches Ergebnis gegensätzlicher Willensäußerungen. Das war Jean-Jacques Rousseau nicht unbekannt. Ein klassisches Beispiel ist seine Rechtfertigung der Abschiebung der von ihm gezeugten fünf Kinder ins Waisenhaus: „Wie könnte ich den Beruf eines Schriftstellers ausüben, wenn häusliche Sorgen und lärmende Kinder mir die Ruhe des Geistes raubten, die zu einer gewinnbringenden Arbeit erforderlich ist". Das Zitat ist Micaela von Marcards Sammlung *Rokoko oder das Experiment an lebenden Herzen* (1994) entnommen. Der Untertitel dieses Bandes lautet: Galante Ideale und Lebenskrisen.

Rousseaus Lehre war einflussreich. Sie wirkte als Zivilisationskritik und Stichwortgeber vieler Fürsprecher der bürgerlichen Revolution, die bald nach seinem Tod Frankreich und in ihrem Gefolge ganz Europa erschütterte. Rousseaus Lehre ist bis heute eine einflussreiche Größe im politischen Denken geblieben (Lieber 1991). Vor allem hat sie die „radikale Tradition" (Melzer 1995: 1086) der westlichen Politischen Philosophie mitbegründet, der zufolge die Übel dieser Welt ein Werk der Gesellschaft sind – und nicht ein Werk Gottes oder des Teufels oder des Einzelnen. Ambivalent ist Rousseaus Wirkung auf die Theorie und Praxis der Demokratie geblieben. Sicherlich ist er „nicht der Theoretiker der modernen europäischen Demokratie" (Fetscher 1968: 260). Und doch wurde seine Volkssouveränitätslehre zur Grundlage der Demokratie- und Parlamentarismuskritik der Linken, so bei Johannes Agnoli (Agnoli/Brückner 1968) und Benjamin Barber (1994), und der Rechten, beispielsweise bei Carl Schmitt (1926). Gerne berufen sich auch Praktiker und Theoretiker der Direktdemokratie auf den basisdemokratischen Teil von Rousseaus Lehre, doch abstrahieren sie dabei meist vom autoritätsanfälligen Teil des Denkgebäudes.

Die Bedeutung, die Rousseaus demokratietheoretischen Äußerungen beigemessen wird, steht allerdings im Missverhältnis zu ihrer Qualität und Ergiebigkeit für eine wissenschaftliche Demokratietheorie. Rousseaus Lehre ist überwiegend normativ und ihr erfahrungswissenschaftliches Fundament ist schwach. Obendrein krankt sie an dem außerordentlich verengten Demokratiebegriff, der unnötigerweise nur auf kleinste Gemeinwesen zugeschnitten ist. Insofern liegen Qualität und Leistungskraft des demokratietheoretischen Ertrags von Rousseaus Schriften deutlich unter dem Niveau, das vor ihm schon erreicht worden war, zum Beispiel in Montesquieus Schriften. Überdies kennt Rousseaus Volkssouveränitätstheorie keine Sicherungen gegen die Verselbständigung der Souveränität und der aus der Souveränität hervorkommenden Staatsgewalt. Auch hier fällt Rousseau hinter das Reflexionsniveau eines Locke und Montesquieu zurück. Es entbehrt nicht der Ironie, dass ausgerechnet Rousseaus Demokratiebegriff Grundlage der viel beachteten Demokratie- und Parlamentarismuskritik von Carl Schmitt wurde (Schmitt 1926). Ihr identitätstheoretisches Fundament passt zwar vorzüglich zu Schmitts Vorstellung von der Identität von Herrscher und Beherrschten im plebiszitären Führerstaat. Doch die wissenschaftliche Erkundung von Herrschaftsformen trägt dieses Fundament nicht.

Das alles ändert nichts an der durchschlagenden politischen Wirkung von Rousseaus radikaler Hauptbotschaft. Diese lautet: Die Souveränität ist unteilbar und unveräußerlich. Das ist das Hauptvermächtnis von Rousseau für die Demokratietheorie – und zugleich intellektueller Sprengstoff für Theorie und Praxis der Demokratie. Rousseaus Botschaft steht in Fundamentalopposition zum Repräsentationsprinzip. Auch ist sie nicht gegen die potenzielle Despotie der Mehrheit gefeit. Dass Gleichheit mit Freiheit kollidieren könnte, war für Rousseau kein Thema. Nach ihm hat man das klarer gesehen, so in den *Federalist Papers* und bei Alexis de Tocqueville.

## Kapitel 1.5
## Die *Federalist Papers*: Zügelung der Demokratie durch Föderalismus, Repräsentation und liberalen Konstitutionalismus

Die nächste Station auf dem Weg von den älteren zu den modernen Demokratietheorien führt in das Nordamerika der Jahre 1787/1788. Halt gemacht wird bei einem zu dieser Zeit veröffentlichten Schlüsseltext der verfassungspolitischen Debatte in den Vereinigten Staaten von Amerika, den *Federalist Papers*. Die *Federalist Papers* sind der „erste und nach wie vor maßgebende Kommentar" (Rossiter 1961: vii) zur Verfassung der Vereinigten Staaten von Amerika und der ihr zugrunde liegenden politischen Theorie (Herz 1999). Verfasst wurden die *Federalist Papers* von Alexander Hamilton, James Madison und John Jay. Mit ihnen wollten die Autoren Partei für die neue Verfassung der Vereinigten Staaten ergreifen und vor allem den New Yorker Ratifikationskonvent, von dessen Entscheidung viel abhing, dazu bewegen, die neue Konstitution anzunehmen.

### Zum politischen Kontext der Federalist Papers

Zugrunde lag ein schwerer Konflikt zwischen den Gegnern und Befürwortern einer neuen Verfassung für die nordamerikanischen Staaten. Nach dem Sieg im Unabhängigkeitskrieg (1775-1783) hatten Streitigkeiten die Stabilität und die Wirksamkeit der Union der elf nordamerikanischen Staaten, die 1777 gegründet worden war, erschüttert[1]. Mehr noch: Diese Union war nur ein loser Ver-

---

1 Dies waren Delaware, Pennsylvania, New Jersey (die allesamt 1787 in die Union aufgenommen wurden), Georgia, Connecticut, Massachusetts, Maryland, South Carolina, New Hampshire, Virginia, New York (die 1788 der Union bei-

bund der Mitgliedstaaten, eine Konföderation, welche weder außenpolitisch hinreichend handlungsfähig war noch innenpolitisch, wie beispielsweise in der Wirtschaftspolitik oder zur Disziplinierung egoistischer Bundesmitglieder. Die einzige föderationsweite Institution war der Kongress, die Vertretung der Mitgliedstaaten. Doch der Kongress war als „bloße Botschafterversammlung" machtlos (Adams/Adams 1994: xxviii). Ihm fehlte das Instrumentarium zur Sicherung der Union nach innen und außen. Auch stand ihm nicht das Recht zu, Steuern zu erheben. Schon in den ersten Belastungsproben hatte die Union der amerikanischen Staaten ihre Schwäche bewiesen. Gleichviel, ob es sich um den Streit über die Verteilung der Kriegslasten handelte, oder um Auseinandersetzungen über Ansprüche auf noch unerschlossenes Gebiet im Westen Amerikas, oder Hader ob der inflationsanheizenden Papiergeldemissionen einiger Mitgliedstaaten, oder Wirtschaftskrisen und Unruhen. Für neue Herausforderungen unionsinterner oder -externer Art war dieser Staatenbund nicht recht gerüstet. Im ungünstigsten Fall war sogar mit einem Rückfall in den Status neuer Abhängigkeit von anderen Mächten zu rechnen.

Der unzureichenden Handlungsfähigkeit der Konföderation suchte eine Koalition von Reformern abzuhelfen, die sich hinter einer neuen Verfassung für die nordamerikanischen Staaten scharte. Aus ihren Bestrebungen entstand der Entwurf einer neuen Verfassung für Amerika und schließlich ein Verfassungstext, der den Mitgliedstaaten der Union zur Ratifizierung vorgelegt wurde. Die neue Verfassung zielte auf eine Repräsentativdemokratie für einen bundesstaatlich gegliederten Großstaat. Sie sah vor, die Legislative in zwei Kammern aufzuteilen. Die Exekutivgewalt hingegen sollte auf einen Regenten, den Präsidenten, übertragen werden. Dahinter stand die Absicht, eine starke Bundesregierung einzurichten, eine, die sowohl in der Wirtschafts- und der Außenpolitik, aber auch innenpolitisch handlungsfähig sein sollte, beispielsweise zur Disziplinierung egoistischer Einzelstaaten. Überdies war an eine unabhängige Judikative gedacht, die auch die Befugnis zur Normen-

---

traten). 1789 folgte North Carolina, 1790 Rhode Island und 1791 Vermont. Im darauf folgenden Jahr kam Kentucky dazu, 1796 folgte Tennessee. 1836 war der Kreis der Unionsstaaten auf 25 angewachsen, 1850 mit Kalifornien auf 31. Im Jahre 1900 zählte man 44 Mitgliedstaaten, und seit 1959, dem Jahr der Aufnahme von Alaska und Hawaii, 50 Gliedstaaten.

kontrolle haben sollte. Die Konzentration der Exekutivgewalt bei einem Regenten konnte als Bekräftigung des monarchischen Prinzips verstanden werden. Und so sahen es die Gegner der neuen Verfassung. Der Verfassungsvorschlag insgesamt war allerdings hauptsächlich eine Mischverfassung aus monarchischen, demokratischen und aristokratischen Elementen, so beispielsweise im Falle der Zusammensetzung und Wahl des Senats.

Der Verfassungsentwurf und die schließlich den Mitgliedstaaten zur Ratifizierung vorgelegte Verfassung waren umstritten. Zu ihren Befürwortern zählten die „Federalists", jene Gruppierung, aus der später die Partei der Republikaner hervorging. Zu ihnen gehörten viele „handelsorientierte Weltbürger" (Adams/Adams 1994: xxxvii), unter ihnen auch Hamilton, Madison und Jay, im Unterschied zu den „landwirtschaftsorientierten Regionalisten" (ebd.), die eine schwächere Bundesregierung und stärkere Gliedstaatregierungen bevorzugten. Die Gegner der neuen Verfassung, alsbald als Antiföderalisten (Anti-Federalists) bezeichnet, die Vorläufer der späteren Demokraten, unter ihnen Thomas Jefferson, der dritte Präsident der USA (1801-1809), befürworteten hingegen im Wesentlichen eine Modifikation der Konföderation. Die Antiföderalisten einte die Opposition gegen die nach ihrem Dafürhalten schwerwiegenden Mängel der neuen Verfassung. So teilten sie die Auffassung, die Bürgertugend sei eines der wichtigsten Prinzipien einer Republik und die Ausbildung dieser Tugend eine notwendige und ehrwürdige Aufgabe für die Regierung. Dies komme aber in der neuen Verfassung zu kurz. Ferner waren die Antiföderalisten der Ansicht, dass eine am Kommerz ausgerichtete Gesellschaft, die sie im Grundsatz unterstützten, Gefahren für Gesellschaft und Politik heraufbeschwöre, denen die neue Verfassung nicht genügend Rechnung trage. Vor allem neige eine am Kommerz orientierte Gesellschaft zu übermäßiger Betonung privater Interessen. Überdies folgten die Antiföderalisten der klassischen Lehre, wonach republikanische Tugenden am ehesten in kleinen überschaubaren politischen Gemeinwesen gelehrt und gelernt werden könnten. Demokratie benötigte nach ihrer Ansicht kleine Räume. Gewiss: auch für die Union der nordamerikanischen Staaten befürworteten die Antiföderalisten ein Mehr an zentralstaatlicher Handlungskompetenz. Doch wollten sie zugleich die zentralstaatliche Regierung so klein und so einfach wie nötig und den Spielraum für die Mitgliedstaaten der Union so groß wie möglich halten. Ferner traten die Antiföderalisten für die Repräsentation möglichst aller sozialer Klassen in der Politik ein. Außerdem befürworteten sie kleine Wahlbezirke, Ämterrotation und häufige Wahlen, um auf diesem Wege die Repräsentanten möglichst eng an die Repräsentierten zu binden. Dies prägte auch ihre Vorschläge für die Legislative. Die Legislative sollte groß sein, ehrenamtlich und dazu befähigt werden, mit Autorität für das Volk zu sprechen. Sodann verlangten die Antiföderalisten eine *Bill of Rights*, ein Gesetzbuch der Rechte der Bürger. Überdies traten sie mit Nachdruck für das Recht auf Privatheit ein. Ihr Hauptanliegen aber bestand darin, die Grundlagen der demokratischen Politik zu schützen. Die Pressefreiheit sollte dazu dienen, die angemessene Repräsentation, häufige Wahlen und die letztlich dominierende Rolle des Volkes bei der Interpretation des Rechts und der Gesetze sicherzustellen. Die Antiföderalisten werteten mit allem Nachdruck die Bürgerschaftlichkeit als „die Seele der demokratischen Republik" (McWilliams 1995: 70) – und darin liegt ihr bleibendes Vermächtnis (ebd.).

Die Verfasser der Federalist-Artikel hingegen, Alexander Hamilton, James Madison und John Jay, allesamt junge Männer der amerikanischen Revolution und Teil der Oberschicht des Landes, befürworteten nachdrücklich die neue amerikanische Verfassung. In ihr sahen sie die Chance, die Union der amerikanischen Staaten zu retten und zukunftsfest zu gestalten. Hamilton, Madison und Jay veröffentlichten ihre Federalist-Artikel zwischen Oktober 1787 und Mai 1788 in New Yorker Zeitungen, und somit in dem Staat, in dem die Antiföderalisten eine besonders starke Position inne hatten. Veröffentlicht wurden die Artikel aber nicht unter dem Namen ihrer Verfasser, sondern – wie in der damaligen Verfassungsdebatte üblich – unter einem Pseudonym. Die Verfasser der *Federalist Papers* einigten sich auf das Pseudonym „Publius". Der Name war mit Bedacht gewählt. Publius Valerius Publicola war einer der Römer, die den letzten römischen Kaiser vertrieben hatten. Später wurde Publius Gesetzgeber und Begründer der römischen Republik. Wie Publius, wollten auch die Verfasser der *Federalist Papers* zum Emporkommen einer lebensfähigen Republik beitragen. Vor allem befürworteten sie eine einheitliche, handlungsfähige bundesweite Regierung, die ausreichend stark sein müsse, um sich gegen äußere Feinde zu verteidigen und dazu, den Unionsbestand gefährdende Konflikte zwischen den Gliedstaaten zu verhindern oder zu überbrücken. Ferner zielten die Federalists auf die Schaffung eines einheitlichen Marktes im Schatten einer unionsweit handlungsfähigen Regierung, in dem Freizügigkeit der Arbeitskräfte und des Handels herrschen sollte. Überdies sollte die Einsetzung einer starken Bundesregierung das Problem der „faction" lösen, so Madisons Bezeichnung für die aus Leidenschaften und materiellen Interessen gespeiste Zwietracht, die unweigerlich das Regieren in den Gliedstaaten vor unlösbare Probleme gestellt hätte (Brinkley/Polsby/Sullivan 1997).

Im Interesse dieser Ziele verteidigten die Autoren der *Federalist Papers* die neue Verfassung. Vor allem wandten sie sich gegen die härtesten Argumente der Kritiker der Verfassung. Deren Beschwerden waren gewichtig: Der Präsident habe Vollmachten wie ein Monarch; das Repräsentantenhaus repräsentiere nicht das Volk, sondern vor allem die Besitzenden und die Arrivierten; das richterliche Recht zur Überprüfung von Gesetzen auf Verfassungskonformität hebe die Richter über die Stimmberechtigten; die Regierung sei zu zentralistisch und gefährde aufgrund ihrer Machtfülle die Freiheit; und das Volk schließlich komme nicht genügend zum Wort.

**Konzeption der Federalist Papers**

An all diesen Punkten setzte die Verteidigung der Verfasser der *Federalist Papers* an. Sie eröffneten die Verteidigung mit einem besonders geschickten Zug. Mit der Benennung ihrer Debattenbeiträge – *Federalist Papers* – beanspruchten sie die wahren „Federalists" zu sein. Das sollte ihre Widersacher zu Antiföderalisten stempeln und in die Defensive drängen. „Federal" war bis dahin weithin der Gegenbegriff zu „national" oder „bundesweit". Mit ihm war ein Attribut der Staatsmacht der Einzelstaaten gemeint, vor allem ihre auf Verträgen mit anderen Einzelstaaten basierende Beteiligung an einer Konföderation. Indem Hamilton, Madison und Jay ihre Parteinahme für ein stärker nationales, zentralstaatliches Regierungssystem als „föderalistisch" auswiesen, strebten sie danach, die positiven Konnotationen des „Föderalen" auf die eigene Sache umzuleiten.

Dabei kam ihnen gute Ausbildung, Erfahrung in der Politik und Gelehrsamkeit zugute. Alle drei Verfasser der *Federalist Papers* hatten studiert, Madison in Princeton, Hamilton und Jay an der Columbia University. Und alle drei hatten – trotz ihres jungen Alters – zum Zeitpunkt der Abfassung der *Federalist Papers* schon beträchtliche politische Erfahrungen gesammelt. Überdies konnte jeder von ihnen eine besondere Kompetenz zur Abfassung der *Federalist Papers* einbringen. Alexander Hamilton (1755 oder 1757-1804), der 51 Artikel zu den *Federalist Papers* beisteuerte und vor allem für den pragmatisch-politischen Teil des Werkes, insbesondere die finanzpolitischen Fragen zuständig zeichnete, befürwortete eine starke Bundesregierung. Hamilton, später der *Secretary of the Treasury* des ersten Präsidenten der USA, George Washington (Amtszeit 1789-1797), setzte sich vor allem deshalb für eine starke Bundesregierung ein, weil andernfalls der Zusammenhalt der Union und die für eine gesunde wirtschaftliche Entwicklung erforderliche politische Basis nicht gewährleistet seien. Eine kraftvolle Regierung ist Voraussetzung für Gewährleistung von Freiheit, einschließlich des freien wirtschaftlichen Handelns, so lautete Hamiltons Devise. Dies erforderte nach seiner Sicht den aufgeklärten Staatsmann als Leitbild.

James Madison (1751-1836), von Hause aus Politiker und Politiktheoretiker, und Präsident der Vereinigten Staaten von Amerika von 1808 bis 1817, befürwortete im Unterschied zu Hamilton „limited government", ein am kurzen Zügel geführtes Regierungssystem und eine streng gezügelte Bundesregierung. „Checks and Balances" – Sicherungen und Gegenkräfte – sollen das eigeninteressierte Treiben der Mehrheit, aber auch das der politischen Führer begrenzen, so Madisons Leitidee. Madison zeichnete sich mit seinen 29 Beiträgen zu den *Federalist Papers* vor allem für konzeptionelle verfassungspolitische Fragen verantwortlich. Unter diesen Beiträgen ragen zwei besonders häufig zitierte Artikel der *Federalist Papers* hervor, nämlich der 10. und der 51. Artikel.

Der dritte im Bunde war John Jay (1745-1829), ein wohlhabender und politisch schon sehr bekannter New Yorker Rechtsanwalt, der später der erste Oberste Richter der USA wurde (1789-1795). Jay, der von Hause aus Jurist und Politiker war, steuerte fünf Beiträge den *Federalist Papers* bei, und zwar hauptsächlich zu außenpolitischen Fragen.

Die *Federalist Papers* sind in vier Teile gegliedert. Die ersten 14 Artikel erörtern die Wichtigkeit der Union der amerikanischen Staaten. Die folgenden acht Artikel decken Mängel der damals bestehenden Konföderation auf und bringen ihre innen- und außenpolitische Schwäche, ja: Überforderung, zur Sprache. Die Artikel 15 bis 36 sollen die Grundzüge der neuen Verfassung schildern, mit der die nordamerikanischen Staaten ihre Herausforderungen meistern könnten. Allerdings entstehen hierdurch neue Probleme, so vor allem womöglich die Bekräftigung der oben erwähnten Vorwürfe der Gegner der Verfassung. Der Entkräftung dieser Vorwürfe sind die restlichen der insgesamt 85 Artikel gewidmet. Mit ihnen soll die Kritik an der neuen Verfassung zurückgewiesen werden. Mit ihnen soll ferner gezeigt werden, dass die neue Verfassung den Konflikt von bürgerlicher Freiheit und garantierter Sicherheit besser austariere als alle anderen Verfassungen. Ferner sollten sie die Argumentation der Antiföderalisten kritisieren. Diese maximierten das Freiheitsziel zum Schaden der Sicherheit, so die Sichtweise der Föderalisten. Doch um Freiheit und Sicherheit zu optimieren, müsse die Staatsverfassung wohl geordnet sein, und zwar nicht direktdemokratisch, sondern repräsentativdemokratisch, nicht konföderal, sondern bundesstaatlich, und nicht ungebremst demokratisch, sondern republikanisch und verfassungsstaatlich.

**Die politischen Grundlinien der *Federalist Papers***

Am wenigsten umstritten waren im Grundsatz die Argumente zu Gunsten einer stärkeren Zentralregierung. Denn die Besorgnis, ihre Schwäche mache die nordamerikanischen Staaten womöglich wieder zu „Sklaven Europas" (Hampsher-Monk 1992: 214), trieb auch die Gegner der Federalists um. Nachweislich hatte sich der Staatenverbund von 1777 als nicht ausreichend handlungsfähig erwiesen. Und abzusehen war, dass er vor noch größeren Aufgaben versagen würde. An dieser Stelle hatten die Autoren der *Federalist Papers* mit ihrem Plädoyer für wirksame Stärkung der Zentralgewalt vergleichsweise leichteres Spiel.

Schwieriger zu vermitteln war hingegen ihr Anliegen, in einem großen Flächenstaat eine republikanische Staatsverfassung föderalistischer Art einzurichten. Das stand quer zu der bis dahin herrschenden Meinung, wonach Demokratie und Republik nur in kleinräumigen Gemeinwesen funktionieren könnten. Überdies sprach gegen einen großflächigen Staat die Meinung, in ihm sei der Abstand zwischen Regierenden und Regierten zu weit. Dort könne sich eine bürgergerechte Verfassung nie verwurzeln.

Hiergegen erhebt James Madison im 10. Artikel der *Federalist Papers* seine Stimme. Ihm zufolge ist die Größe des Landes nicht die Quelle des Problems, sondern ein heilsamer Faktor. Madison konzediert, dass auch die Union nach Art der neuen Verfassung von gefährlicher Zwietracht („factions") geplagt sein werde, die in den Leidenschaften („passions"), also in der Meinung, dass in Politik- und Glaubensfragen immer nur der Andere irre, und in egoistischen Interessen („interests") jedes Einzelnen wurzele. Es gehe darum, so Madison, die Leidenschaften und Interessen unter Kontrolle zu halten, ohne dabei die tiefer liegenden Ursachen der Zwietracht, nämlich die Freiheit, in Frage zu stellen.

Wie kann man das öffentliche Wohl und die privaten Rechte am besten gegen die Leidenschaften und die Interessen sowie gegen eine womöglich tyrannische Mehrheit von Sonderinteressen schützen? Und wie ist all dies zu bewerkstelligen, wenn der – vor allem bei älteren Theorien beliebte – Rückgriff auf Tugenden nicht länger Erfolg verspricht, weil die Interessen wirkungsmächtiger als die Tugendgebote sind (Epstein 1984: 4)? Man muss entweder verhindern, dass „dieselben Leidenschaften oder Interessen zugleich bei einer Mehrheit entstehen, oder der von solchen gemeinsamen Antrieben beherrschten Mehrheit muß es durch ihre große Zahl und die geographische Lage unmöglich gemacht werden, zu einer Einigung zu kommen und ihre Unterdrückungsabsichten in die Tat umzusetzen" (Federalist, Nr. 10, zitiert nach Zehnpfennig 1993). Insoweit ist eine reine Demokratie im Sinne einer Versammlungsdemokratie kein Heilmittel gegen das „Übel der Parteiungen" (Federalist, Nr. 10), denn die Direktdemokratie besitzt „keinen Mechanismus, um das leidenschaftsgetriebene Partikularinteresse an der Durchsetzung zu hindern, wenn es Mehrheiten findet" (Zehnpfennig 1993: 12, vgl. Federalist Nr. 55). Mehr noch: Die reine Versammlungsdemokratie kann nur in Kleinstaaten verwirklicht werden. Nun ist aber Amerika ein Großstaat. Auf ihn passt die Versammlungsdemokratie nicht. Noch gewichtiger ist dies: Wo die Versammlungsdemokratie verwirklicht wird, kommen in der Regel unkluge Entscheidungen, große Turbulenzen und politische Instabilität zustande. Das republikanische Heilmittel ist nach Auffassung der

Federalists nicht in der Direktdemokratie zu suchen, sondern in einer Republik im Sinne einer „Regierungsform mit Repräsentativsystem" (Federalist Nr. 10) und überdies in einem Großstaat.

Die Republik unterscheidet sich von der Demokratie durch zweierlei, so argumentierten die Federalists weiter: Erstens durch die Übertragung der Regierung auf eine kleine Anzahl von gewählten Volksvertretern anstelle der Herrschaft der Vielen, und zweitens durch die größere Anzahl von Bürgern sowie das größere Gebiet, über die sich die republikanische Herrschaft erstreckt. Vor allem die größere Zahl der Bürger, das größere Staatsgebiet und die größere örtliche Distanz zwischen Regierenden und Regierten erbringen gewichtige Vorteile. Mit ihnen nimmt die Zahl fachlich kompetenter Repräsentanten zu. Mit ihnen wächst ferner die Chance, die Forderungen der Wähler zu bündeln, zu kanalisieren und aus ihnen Wichtiges auszuwählen. Und mit ihnen nimmt auch die Zahl der Sonderinteressengruppierungen zu. All dies erschwert die Herausbildung stabiler potenziell tyrannischer Mehrheiten, so die Verfasser der *Federalist Papers*.

Partei ergreifen die *Federalist Papers* für die Republik. Genauer gesagt: Sie befürworten einen Republikanismus, der das föderative mit dem gesamtstaatlichen Element mischt, und somit auf eine Mischverfassung zielt – ähnlich der Staatsverfassungslehre des Aristoteles, der sich von gemäßigter Oligarchie und gemäßigter Demokratie die relativ beste Balancierung der Staatsformen erhoffte. Überdies plädieren die Autoren der *Federalist Papers* dafür, die Staatsorganisation gesamtstaatlich und gliedstaatlich zu legitimieren und treten dafür ein, in der Verfassung eine nationale und föderale Grundlage zu kombinieren (Federalist, Nr. 39).

Aber nichts wäre die Befürwortung der Repräsentativdemokratie und des Föderalismus ohne die Gewaltenaufteilung. Sie ist zu Recht als ein „Herzstück" der *Federalist Papers* bezeichnet worden (Zehnpfennig 1993: 23), auch wenn sie nichts grundsätzlich Neues war, sondern in den Staaten der Union schon zu den vertrauten Spielregeln des Regierens gehörte (Adams/Adams 1994: lxi-lxii). Die Gewaltenaufteilung sei zwecks Freiheitssicherung unverzichtbar. Denn die Bündelung aller Staatsgewalten in einer Einrichtung oder in einer Person sei die eigentliche Tyrannei (Federalist Nr. 47). Um dies zu vermeiden, so argumentieren die Autoren der *Federalist Papers* in enger Anlehnung an Montesquieu, müsse die eine Staatsgewalt der anderen Paroli bieten. Dabei gehe es angesichts des Mangels der menschlichen Natur und der menschlichen Schwäche für egoistisches Verhalten darum, „dem Mangel an besseren Motiven durch entgegengesetzte und miteinander rivalisierende Interessen abzuhelfen" (Federalist Nr. 51, S. 320). Besonders kurzer Zügel bedürfe die Legislative, denn in ihr entstehe am ehesten das Gefährlichste: die tyrannische Mehrheit. Für die Legislative in der Republik heißt dies, die gesetzgebende Gewalt aufzuspalten und in ein System der wechselseitigen Kontrolle überzuführen. Zwei Kammern mit unterschiedlichen Repräsentanten, die auf unterschiedlichem Wege gewählt werden, sind der Mechanismus zur Machtaufteilung der Legislative. So wird der Weg frei zu einer Vertretung der gesamten Bürgerschaft, für die vor allem das Repräsentantenhaus zuständig ist. Zugleich wird ein anderer Pfad zur Vertretung der Einzelstaaten frei. Diese obliegt hauptsächlich dem Senat (*Federalist Papers* Nr. 52-66).

Von dieser Machtaufteilung der Legislative geht obendrein eine erwünschte Nebenwirkung aus, so die Hoffnung der Federalists: Sie stärke die bislang so kümmerliche Exekutive, die nunmehr von einem mächtigen Präsidenten geführt werden soll. Das sehen die Federalists, wie erwähnt, als grundlegende Voraussetzung guten Regierens an, als Grundlage einer republikanischen Gesellschaft und als Funktionserfordernis einer leistungsfähigen Wirtschaft. Die neue Macht der Exekutive allerdings bringt ein neues Problem mit sich: die Machtfülle des Präsidenten. Sie kommt der eines Monarchen nahe. Dies schürt das „tiefsitzende Misstrauen gegen die Exekutive" (Hampsher-Monk 1992: 203), das noch aus der Periode der Kolonialherrschaft Großbritanniens über Nordamerika stammt. Doch die Federalists bieten eine Lösung für das Problem der Machtfülle des Präsidenten an. Die Lösung bestehe darin, die Exekutive und den Präsidenten im Besonderen durch Sicherungen und Gegenkräfte einzugrenzen, durch „checks and balances". Die neu gewonnene Macht der Exekutive soll aufgeteilt werden, und zwar durch vertikale Gewaltenteilung zwischen Bundesregierung und den Regierungen der Einzelstaaten einerseits, und durch horizontale Gewaltenteilung zwischen Exekutive, Legislative und einer unabhängigen Judikative andererseits. Zugleich aber sollte der Präsident nicht machtlos sein, sondern vielmehr die Prärogative im Sinne von John Locke behalten, also notfalls auch die „power to deal with the necessities outside the law" (McWilliams 1995a: 485), die Machtbefugnis also, sich notfalls auch notwendiger Maßnahmen jenseits des Gesetzes zu behelfen. Auch hier kommt wieder das Prinzip der gegenstrebenden Kräfte zum Zuge. Entgegengesetzte und miteinander rivalisierende Interessen sollen dem am Eigennutzen ausgerichteten Handeln der Bürger und der Funktionsträger Paroli bieten, wie auch dem der Institutionen. In die gleiche Richtung wirkt der vielgliedrige Aufbau der Gesellschaften. In ihr wirken die unterschiedlichsten Interessen. Und weil diese Gesellschaft sich nun auf ein viel größeres Staatsgebiet erstrecke, wachse sowohl die Zahl der Interessen, wie auch die der Interessenorganisationen – und mit beiden nehme der Pluralismusgrad der Gesellschaft zu.

Hinsichtlich der Judikative sehen die *Federalist Papers* die Unabhängigkeit der rechtsprechenden Gewalt, Schiedsrichterfunktionen und Befugnis zur Gesetzesüberwachung vor. Unanfechtbar soll die Judikative dadurch sein, dass die Bundesrichter nicht vom Volk gewählt werden und unabsetzbar sind. Sie sind Hüter der Verfassung, so legt es der Federalist-Artikel 78 dar. Sie genießen besonderen Schutz gegen die Gefährdung, die ihrer Frontstellung gegen die beiden anderen Staatsgewalten erwachsen könnte. Die Hauptaufgaben der Judikative des Bundes liegen in der Zuständigkeit für Streitfälle, welche die Gesamtheit der Vereinigten Staaten betreffen. Gefragt ist die Judikative des Bundes ferner in Fällen, in denen eine Einigung auf untergeordneter Ebene der Staatsorganisation nicht möglich ist, und wenn die Selbsterhaltung des gesamten Staatswesens in Gefahr steht. Solche Gefährdung kann durch innerstaatliche Konflikte hervorgerufen werden, durch gesetzgeberische Verstöße der Gliedstaaten gegen die Bundesgesetze oder durch Verstöße der Legislative des Bundes oder eines Einzelstaates gegen die Verfassung. Dagegen setzt die Verfassung das Recht des Obersten Gerichtshofes zur Normenkontrolle, also das Recht der gerichtlichen Überprüfung der Gültigkeit von Rechtsvorschriften und im Besonderen im Verfassungsrecht die Befugnis zur Prüfung der Vereinbarkeit der Gesetze mit den Normen der Verfassung.

Somit legen die Verfassungsgeber den nicht hintergehbaren Maßstab für die Bewertung des Tun und Lassens der Staatsgewalten in die Verfassung und übertragen den Schutz dieser Verfassung dem Obersten Gericht, dem *Supreme Court*.

Vom Normenkontrollrecht des Obersten Gerichtshofes befürchten demokratisch gesinnte Beobachter allerdings die Entmachtung des Demos und der Legislative. Doch dass die Judikative hierdurch der Legislative überlegen sei, bestreiten die Federalists, denn die rechtsprechende Gewalt exekutiere nur den von der Legislative missachteten Volkswillen, so wie er in die Verfassung geschrieben ist.

Insgesamt ergreifen die Autoren der *Federalist Papers* Partei für ein System der „Gewaltenteilung durch Gewaltenverschränkung" (Zehnpfennig 1993: 36), so wie das schon bei Montesquieus *Vom Geist der Gesetze* vorgedacht worden war. Bei Montesquieu hieß es, dass die eine Staatsgewalt die andere in Schach halten solle – „que le pouvoir arrête le pouvoir". In den *Federalist Papers* heißt die Zauberformel: „ambition must be made to counteract ambition" (Federalist, Nr. 51). Der Gewaltenaufteilung und -verschränkung zufolge ist jede der Staatsgewalten einerseits weitestmöglich unabhängig von den beiden anderen Gewalten. Andererseits besteht zwischen ihnen eine Kontrollabhängigkeit: „Die Legislative kann durch ihre Befugnis, Amtsklage zu erheben, auf Exekutive und Judikative Einfluß ausüben; der Senat arbeitet bei der Ämterbesetzung und dem Vertragsabschluß mit der Exekutive zusammen. Die Exekutive wirkt durch ihr Nominierungsrecht auf die Judikative, durch ihr Vetorecht auf die Legislative ein. Die Judikative schließlich kann durch ihr Normenkontrollrecht in die Tätigkeit von Legislative und Exekutive eingreifen" (Zehnpfennig 1993: 36).

Ein Leitprinzip der *Federalist Papers* ist die individuelle Freiheit. Dieses Leitprinzip basiert auf einem nüchtern-skeptischen Menschenbild. „Wären die Menschen Engel", so schrieb Madison im 51. Artikel, „so wäre keine Regierung erforderlich". Doch die Verfasser der *Federalist Papers* kennen die Schwächen und die Mängel der menschlichen Spezies nur zu gut. Von Vernunft und von Leidenschaft werde sie getrieben. Letztere gewinne meist die Oberhand. Selbst wenn die Vernunft obsiege, sei auch sie mängelbesetzt. Die Erkenntnis des Menschen sei beschränkt, seine Kommunikationsfähigkeit ebenfalls und sein Verstand fehlbar. Dies und die Leidenschaften, die sich unter anderem in der vorrangigen Befolgung von Eigeninteressen äußerten, bedürften der Ordnung und Zähmung durch Regeln. Diese müssten für beide Fälle Vorkehr treffen: für Bürger, die im Großen und Ganzen als tugendhafte Staatsbürger handeln, und dafür, dass die Tugendhaftigkeit nicht ausreicht und dem ungebremsten Interesse Vorfahrt lässt.

Zu diesen Vorkehrungen gehöre die Zügelung der Leidenschaften der Mehrheit und ihrer tyrannischen Neigungen durch Repräsentation, Föderalismus und Vorrang der Verfassung, die dem Schutz einer unabhängigen, zum Hüter der Verfassung bestimmten Obersten Bundesgerichtsbarkeit untersteht.

Die Verfasser der *Federalist Papers* haben einen schwierigen Weg gewählt: „Ihre Staatstheorie ist komplex, und sie gründet auf nüchternen anthropologischen Annahmen. Ihr fehlt der Zauber einer Beschwörung der Kraft von ‚Politik'oder der ‚sinnstiftenden' Idee der Nation". Mit diesen Worten charakterisierte ein Rezensent die Neuausgabe einer deutschen Übersetzung der *Federalist Papers* (Herz 1995: 34). Das trifft zu. Doch spiegeln die *Federalist Papers* zugleich gedämpften Optimismus und vorsichtigen Idealismus wider. Ihre Verfasser glauben an die Machbarkeit eines Republikanismus, der durch Verfassung, Föderalismus und Repräsentation gezähmt ist. Allerdings binden sie ihren Optimismus und Idealismus an drei Voraussetzungen: an das Wirken kluger und tugendhafter Regenten, sodann an wohl geordnete Institutionen und relative lose Koppelung von Regierenden und Regierten, sowie an die Annahme, beide wirkten den Gefahren entgegen, die der menschlichen Natur und der potenziellen Mehrheitstyrannei entsprängen.

**Würdigung der Federalist Papers**

Die *Federalist Papers* sind ein herausragendes Dokument der Politischen Theorie und der Geschichte der politischen Ideen. Ihr ehrgeiziges Ziel haben ihre Verfasser in beträchtlichem Maß erreicht. Sie begründeten eine Staatsverfassung, die sowohl das Gemeinwohl („public good") wie auch die privaten Rechte gegen die Gefahren majoritärer Sonderinteressen zu schützen und zugleich den Geist und die Form der vom Volk abgeleiteten Regierung („popular government") zu bewahren verspricht (Federalist, Nr. 10). Die Verfasser der *Federalist Papers* konnten dabei zusätzlichen Ertrag einfahren. Ihre Argumente untermauerten einen bemerkenswerten Regimewechsel der Vereinigten Staaten von Amerika von der Konföderation zum handlungsfähigen Bundesstaat und – noch bemerkenswerter – den Übergang zu einem repräsentativdemokratischen Flächenstaat. Mit beidem wurde die Sackgasse umgangen, vor der Alexander Hamilton am Ende des 85. Artikels warnte: „A nation, without a national government, is, in my view, an awful spectacle" – „eine Nation ohne handlungsfähige nationale Regierung ist meiner Ansicht nach ein schrecklicher Anblick".

Die Autoren der *Federalist Papers* haben überdies mit dem Primat der Verfassung eine bemerkenswerte Innovation in die Verfassungsurkunde der Union der amerikanischen Staaten geschrieben und dabei die Spannung zwischen Volkssouveränität und Konstitutionalismus in einer denkwürdigen Weise überbrückt. Den Volkswillen verkörpert die Verfassung, nicht das Tun und Lassen der Legislative oder der Exekutive (Hampsher-Monk 1992: 256). Zudem enthalten die *Federalist Papers* eine systematische demokratietheoretisch orientierte Begründung des Föderalismus. Dieser sei ein besonders wichtiges republikanisches Heilmittel gegen die „factions", die Parteiungen. Überdies basieren die *Federalist Papers* auf einer modernen Konzeption des Politischen und der politikwissenschaftlichen Analyse. Sie umfassen die Institutionen ebenso wie die Willensbildung und Entscheidungsfindung sowie das Tun und Lassen der Politik. Obendrein beleuchten die *Federalist Papers* all dies aus teils ideengeschichtlicher, teils normativanalytischer, teils empirisch-vergleichender Perspektive. Zudem wird in den *Federalist Papers* das private Interesse gebührend ernst genommen und nicht hinter dem Appell tugendhaft zu handeln zurückgestellt: „the regulation of ... interests forms the principal task of modern legislation", heißt es in dem berühmten 10. Federalist-Artikel – „die Regulierung der Interessen ist die Hauptaufgabe der modernen Gesetzgebung".

Die *Federalist Papers* sind nicht nur ein anspruchsvolles Dokument verfassungspolitischen Denkens und verfassungspolitischer Diskussionskultur. Sie exemplifizieren auch eine „politische Theorie bei der Arbeit" (Hampsher-Monk 1992: 201). Manche feierten die *Federalist Papers* sogar als „das bislang und höchstwahrscheinlich auch weiterhin wichtigste politikwissenschaftliche Werk, das in den Vereinigten Staaten geschrieben wurde" (Rossiter 1961: vii). Andere erblickten in ihnen ein „Meisterstück des politischen Denkens", so J.S. McClelland in seiner *History of We-*

*stern Political Thought* (1996: 366). Allerdings ist dieses Stück nicht eine formelle Abhandlung zur politischen Theorie, sondern ein strategisch angelegtes Werk im Dienste einer bestimmten politischen Sache. Es soll den Leser von der Anerkennungswürdigkeit eines anderen Dokumentes, der Verfassung, überzeugen (Herz 1999: 146ff.). Diese Strategie prägt die Theorie. Und die ist instrumentell auf ihren Hauptverwendungszweck zugeschnitten, deshalb weniger systematisch, überdies mitunter lückenhaft und im Duktus dem Plädoyer eines Verteidigers vor Gericht ähnlich.

Die *Federalist Papers* befürworten einen Bund, der nicht nur aus handlungsfähigen Gliedstaaten besteht, sondern auch aus einer starken Bundesregierung. Man hat die *Federalist Papers* später mitunter als Begründung einer „imperialen Föderation" gedeutet und bisweilen gar als eine Blaupause für einen europäischen Staatenbund gewertet. Im Hinblick auf die Staatsformen und die Demokratietheorie liegt allerdings die Hauptbedeutung der *Federalist Papers* in ihrem Plädoyer für einen handlungsfähigen Bund von Gliedstaaten und für „limited government", sowie dafür, die Demokratie durch Repräsentation, Föderalismus und Verfassung zu zügeln, hierdurch für einen großen Flächenstaat brauchbar und zugleich wetterfest gegen die Stürme zu machen, welche die Sonderinteressen und vor allem die Mehrheitstyrannei entfachen. Damit führen die *Federalist Papers* eine Tradition weiter, die in der Aristotelischen Staatsformenlehre angelegt, im Frühkonstitutionalismus John Lockes aufgegriffen und in Montesquieus Lehre ausgebaut worden war. Und damit begründen die *Federalist Papers* zugleich einen besonders überzeugenden Gegenentwurf zu Rousseaus Lehre und verwandten Theorien ungeteilter Souveränität.

Die Demokratie der *Federalist Papers* ist überwiegend normativ-analytischer Bauart, wenngleich sie einen nicht geringen Erfahrungsschatz birgt. Hauptsächlich aber handelt es sich um „normative Demokratietheorie" im Sinne von Erläuterung und Kommentierung der – erst später zum Test gelangenden – amerikanischen Verfassung und um Werbung für sie, nicht um exakte Erkundung der Verfassungswirklichkeit und der Spannungen zwischen ihr und der Verfassung.

In demokratietheoretischer Hinsicht erörtern die *Federalist Papers* sowohl Input- wie auch Output-Fragen, letztere allerdings intensiver als erstere. Dabei werden Freiheitssicherung und Schutzvorkehrungen gegen Übergriffe von Mehrheiten betont und Fragen substantieller Politik hintangestellt. Vor allem der konzeptuell-verfassungssystematische Teil der *Federalist Papers*, für den Madison verantwortlich zeichnet, gibt dem „limited government" Vorrang, dem streng begrenzten Staat und dem möglichst weit eingegrenzten Aktionsradius des Staatlich-Politischen überhaupt. Hamiltons Beiträge allerdings lassen erahnen, dass er für eine energischere Hand der Regierung eintritt – vor allem in wirtschaftspolitischen Fragen. Ihm gilt eine starke, handlungsfähige Bundesregierung als Lebensgrundlage einer leistungsfähigen Wirtschaft, und diese wiederum als Grundlage erfolgreicher Politik. Wenige Jahre nach Veröffentlichung der *Federalist Papers* wird Hamilton in seinen *Report on Manufactures* (1791) die Vorteile hervorheben, die sich für die USA aus der politischen Unterstützung einer starken einheimischen Industriebasis ergeben können und somit noch stärker als zuvor die Vorteile zu demonstrieren suchen, die eine handlungsfähige energische Bundesregierung mit sich bringt.

Aus demokratietheoretischem Blickwinkel fällt auf, dass in den *Federalist Papers* die politische Beteiligung vernachlässigt wird. Verantwortlich dafür ist wohl das Misstrauen ihrer Verfasser gegen das eigennützige Tun und Lassen des Einzelnen und seiner Organisationen sowie gegen die Wankelmütigkeit der Masse. Möglicherweise spielt auch der Glaube an die Wirksamkeit des „traditional ideal of rule by gentlemen" mit (McWilliams 1995a: 483), also der Glaube an das Ideal der Herrschaft der Gentlemen. Doch ist nicht zu übersehen, dass vor allem die von Madison verfassten Teile der *Federalist Papers* auch Misstrauen gegen die Regierung zum Ausdruck bringen (Herz 1999: 186). Das Hauptanliegen der Verfasser der *Federalist Papers* ist nicht die möglichst niveauvolle politische Beteiligung möglichst vieler. Ihr Hauptproblem besteht darin, für die neue Verfassung zu werben und dabei das Gleichgewicht der politischer Institutionen eines auf „begrenztes Regieren" angelegten republikanischen Bundesstaates zu begründen und zu erläutern. Wie die politische Beteiligung zum Nutzen des Ganzen geregelt werden kann, wird nur aus dieser Problemsicht erörtert, nicht etwa aus einem Blickwinkel, der die Beteiligung als Forum und als Wert an sich begreift. Und nicht erörtert wird die Frage, wie die für Regierende wie Regierte erforderliche Staatsbürgertugend geformt werden könnte.

Auch hinsichtlich des Demos halten sich die Verfasser der *Federalist Papers* zurück. Hier bleiben sie dem zeitgenössischen Verständnis verhaftet, obwohl ihre Theorie über dieses hinausreicht. Zur Stimmbürgerschaft zählt für die Verfassung und für die Autoren der *Federalist Papers* nur ein kleinerer Teil der Erwachsenen, vor allem weiße, besitzende, steuerzahlende Männer. Wie selbstverständlich ausgeschlossen sind alle Nichtweißen, alle Nichtbesitzenden, alle Nichtsteuerzahler und die Frauen. Und über die Sklaverei in den Südstaaten der Union wird nur am Rande räsoniert. Das Verbot der Sklaverei ist nicht vorgesehen. Mehr noch: Die Verfassung und ihre Kommentatoren decken sie (Dahl 1997e: 771f.). Das hat später Thurgood Marshall, den ersten afro-amerikanischen Richter des *Supreme Court*, des obersten Gerichtshofes der USA, beim 200-jährigen Jubiläum der amerikanischen Verfassung zu härtester Kritik veranlasst. Die ursprüngliche Verfassung der USA habe die Sklaverei weitergeführt. Sie sei deshalb defekt gewesen und verdiene keinen Respekt. Wer die Verfassung feiern möchte, müsse die freiheitsstiftenden Verfassungsänderungen des 19. und 20. Jahrhunderts feiern (McKenna 1998: 53). Allerdings kann man der amerikanischen Verfassung zugute halten, dass sie eben diese Revisionen zuließ. Zudem ist der zeitgenössische Hintergrund zu berücksichtigen: Die Toleranz der Sklaverei spiegelt den Kompromisscharakter der amerikanischen Verfassung wider. Die kleinen Mitgliedstaaten erhielten die gewünschte einheitliche Vertretung eines jeden Gliedstaates mit zwei Sitzen im Senat. Die großen Mitgliedstaaten der Union bekamen die bevölkerungsproportionale Aufteilung der Sitze im Repräsentantenhaus. Und die Südstaaten erreichten mit der Drohung, aus dem verfassungsvorbereitenden Konvent von Philadelphia auszuziehen, wenn die Sklaverei in Frage gestellt würde, „daß das Tabu respektiert und obendrein noch drei Fünftel der Versklavten bei der Zuteilung der Repräsentantenhaussitze an die Sklavenhalter mitgezählt wurden" (Adams/Adams 1994: xxxiii).

Hinsichtlich des Universalismus der Freiheitsrechte, für die in den *Federalist Papers* wortreich geworben wird, sind die *Federalist*-Artikel mithin defizitär. Nicht defizitär, sondern wegweisend, sind die *Federalist Papers* trotz ihres eingebauten Konservatismus an einer anderen Stelle, die für die Sicherung der Freiheit nicht unwichtiger ist: Bei ihrem Potenzial für die gut begründete Zügelung von nichtmajoritären oder majoritären Sonderinteressen durch

Verfassung, Repräsentation und Föderalismus und bei dem – mit Ausnahme der Frage der Sklaverei – hiermit erreichbaren Schutz des Einzelnen und der Minderheit vor Missachtung und Misshandlung. Hier erweisen sich die *Federalist Papers* als ein Schlüsseldokument des – sein Potenzial allerdings noch nicht ausschöpfenden – liberalen Konstitutionalismus.

**Kapitel 1.6**
**Der Zielkonflikt zwischen Freiheit und Gleichheit:**
**Alexis de Tocqueville über die Demokratie in Amerika**

Mit „Demokratie" meint die ältere Staatsformenlehre eine Direktdemokratie in kleinen, überschaubaren Gemeinwesen, wie den Stadtstaaten der griechischen Antike oder den Kommunen der heutigen Schweiz. Das war kein Zufall: Demokratisch verfasst waren zunächst nur kleine Staaten oder Stadtgemeinden. Ansonsten herrschten monarchische, aristokratische oder gemischte Staatsformen mit demokratischen Spurenelementen. Das änderte sich mit der Entstehung der Vereinigten Staaten von Amerika. Dort wuchs erstmals in einem Großstaat eine Demokratie heran.

Ein nicht minder folgenreicher Einschnitt kam ungefähr zur selben Zeit, also gegen Ende des 18. Jahrhunderts, im Diskurs über Demokratie hinzu. Der Sprachgebrauch veränderte sich zwischen 1780 und 1800 hauptsächlich in zwei Richtungen: „1) Einmal wurde ‚Demokratie' jetzt aus einem Wort der Gelehrtensprache endgültig zu einem allgemein verwendeten (obgleich weiterhin heftig umkämpften) politischen Begriff, der ebenso der Selbstdarstellung bestimmter Parteirichtungen wie der Kennzeichnung von Verfassungsinstitutionen diente und vereinzelt auch schon in Staatsurkunden auftauchte. 2) Mit dieser Verbreiterung des Sprachgebrauchs ging Hand in Hand eine Erweiterung des Inhalts derart, daß ‚Demokratie' jetzt immer mehr über seinen ursprünglichen verfassungspolitischen Sinn, die Kennzeichnung der Staatsform, hinauswuchs und allgemeinere soziale und geschichtsphilosophische Gehalte in sich aufnahm – ein Vorgang, der auch im Entstehen neuer Wortverbindungen (‚christliche Demokratie', ‚Sozial-Demokratie') deutlich wird" (Meier u.a. 1972: 847f.).

Damit hörten die distanziert-kritischen Wertungen zur Demokratie nicht auf. Zudem hatte die Französische Revolution von 1789, deren Befürworter vielfach „Demokraten" und deren Gegner „Aristokraten" hießen, „die traditionelle Reserve gegenüber der reinen oder absoluten Demokratie" nicht beseitigt (Meier u.a. 1972: 860f.). Diese Reserve war durch die radikalen Experimente der Französischen Revolution sogar gestärkt worden. Nicht zufällig nannte Immanuel Kant die Demokratie – im Sinne unmittelbarer „Volksgewalt" – „ein Despotism", und zwar deshalb, „weil sie eine exekutive Gewalt gründet, da alle über und allenfalls auch wider einen ( ... ) beschließen" (Kant, *Zum ewigen Frieden,* S. 14).

Zu den besonders folgenreichen Nachwirkungen der distanzierten Einstellung zur Demokratie zählt Hegels Staatstheorie. Wie andere vor ihm, begriff Hegel die Demokratie allein als unmittelbare Volksherrschaft. Diese verortete er bei der Revolution. Damit hatte die Demokratie im „Fortschritt der Selbstverwirklichung des Geistes der Freiheit" ihren Platz erhalten (Meier u.a.: 879). Dort aber hatte sie nicht Versöhnung, sondern „neue Entzweiung" gebracht und war geschichtlich „hinter der höchsten erreichten Stufe des Vernunftstaats im Sinne der Rechtsphilosophie Hegels zurückgeblieben" (Meier u.a.: 879). Der Volkssouveränität gab diese Auffassung vom Staat keinen Raum. Liege die Souveränität beim Volk und habe das Volk keinen Monarchen über sich, so sei es nur „formlose Masse, die kein Staat mehr ist" (Hegel, *Grundlinien der Philosophie des Rechts,* § 279). Für Hegel war Demokratie schon überwundene Phase des geschichtlichen Prozesses und höheren Staatsformen, insbesondere der konstitutionellen Monarchie, unterlegen.

Allerdings folgten nicht alle dem Urteil der Demokratiekritiker. Mit der Entstehung eines demokratisch verfassten Großstaates in den Vereinigten Staaten von Amerika wuchs eine neue Sichtweise heran, und zwar eine erfahrungswissenschaftliche Beobachtung, die vor allem den Unterschied von Demokratie und ständischer Gesellschaft belichtete und den weiteren Unterschied zwischen „demokratischer Freiheit und demokratischer Tyrannei" betonte (Tocqueville 1981: 54). Bahnbrechend für diese Sicht der Dinge wurde Alexis de Tocquevilles Schrift *De la Démocratie en Amérique,* deren erstes Buch 1835 und deren zweiter Band fünf Jahre später erschien. Mit dieser Schrift wurde Tocqueville (1805-1859) zum ersten Theoretiker der modernen Massendemokratie (Fetscher 1968: 280).

Alexis de Tocqueville entstammt einem alteingesessenen französisch-normannischen Adelsgeschlecht (Jardin 1991). Nach dem Studium der Jurisprudenz ist er zunächst als Richter tätig. Im April 1831 bricht er zusammen mit seinem Freund Gustave de Beaumont zu einer langen Reise in die Vereinigten Staaten von Amerika auf. Sie führt beide durch alle wichtigen Orte des Landes und bis vor den Präsidenten, Andrew Jackson (Pierson 1938). Nach der Rückkehr im Februar 1832 verfasst Tocqueville den ersten Band des Amerika-Buchs, der ihm alsbald Weltruhm einbringt. Tocqueville analysiert die Demokratie in Amerika aus vergleichender Perspektive, insbesondere vor dem Hintergrund der politischen Instabilität Frankreichs vor und nach der Revolution von 1789, der „großen Debatte" (Siedentop 1994) zwischen Befürwortern und Gegnern dieser Umwälzung und dem Erschrecken darüber, dass die Revolution den alten Staat und die alte Gesellschaftsordnung zerstört, aber nur wenig lebensfähiges und verehrungswürdiges Neues an ihre Stelle gesetzt hat. Tocqueville ist zutiefst geprägt von Frankreichs fortwährendem Pendeln zwischen Revolution und Restauration. Auf die Revolutionsregime der Jahre 1789-1799 folgten das Konsulat und das Erste Kaiserreich von Napoléon Bonaparte (1799-1814/15), die Restaurationsphase von 1814-30, in der ab 1820 die Ultraroyalisten an die Macht gekommen waren, sodann die Juli-Revolution von 1830, die den Streit zwischen Bürgertum und Arbeiterschaft um eine konstitutionell-monarchische oder eine republikanische Staatsform mit der Wahl Louis Philippe von Orleans (Regentschaft von 1830-48) zugunsten der Monarchie entschieden hatten, allerdings um den Preis instabiler politischer und wirtschaftlicher Verhältnisse. Die Revolution von 1789 hatte zwar das alte absolutistische Regime gestürzt, doch war keine stabile Herrschaftsordnung an dessen Stelle getreten. Obendrein war der gefürchtete Zentralismus der politischen Herrschaft ungebrochen – wie später auch Tocquevilles *L'Ancien Régime et la Revolution* (1856) zeigen sollte. Zudem hatte der Vormarsch der Gleichheit in Frankreich das Potenzial der Demokratie nicht ausgeschöpft und die Sache der Freiheit nicht zureichend vorangebracht. Man habe in Frankreich, so erläuterte Tocqueville in der Einleitung zu *De la Démocratie en Amérique* weiter, eine Demokratie – aber ohne die Einrichtungen und Gebräuche, die ihre Laster mindern und ihre natürlichen Vorzüge nach vorne bringen würde. Und so könne man zwar die Übel, welche die Demokratie mit sich bringe, klar erkennen, doch sei der Nutzen, den sie stifte, außer Sichtweite.

Wie der Blick ins Ausland allerdings lehrt, sind die politischen Verhältnisse nicht überall so instabil wie im damaligen Frankreich. Besonders aufschlussreich war für viele Beobachter, auch für Tocqueville, die ruhigere politische Entwicklung Englands und vor allem diejenige Amerikas. England exemplifiziert nach der Revolution im 17. Jahrhundert den allmählichen Übergang zur Moderne und die geordnete politische Entwicklung ohne häufige Regimewechsel wie in Frankreich. Noch interessanter ist die Herrschaft, die in den Vereinigten Staaten von Amerika heranwächst. Dort entsteht das Gegenstück zu Frankreichs politischem Regime, dessen Hauptübel für Tocqueville im hochgradigen Zentralismus und der politischen Instabilität liegt. In den USA hingegen geben stabile Demokratie und Dezentralität den Ton an. Die Analyse dieses Falls ist, so Tocqueville, von allergrößtem Interesse nicht nur für den Historiker, sondern auch für die Politik und die Wissenschaft in Amerika und in Europa. Zum richtigen Erfassen des neuen demokratisch geprägten Zeitalters und seiner Gabelung zur freiheitlichen Demokratie einerseits und zur tyrannischen Demokratie andererseits, sei eine „neue Wissenschaft von der Politik" erforderlich, so Tocqueville in der Einleitung zu seinem Amerika-Buch. An der Grundlegung dieser neuen Wissenschaft war Tocqueville, wie sich alsbald zeigen wird, selbst maßgebend beteiligt.

**Tocquevilles Demokratiebegriffe**

Tocqueville deutet die Verfassung und die Verfassungswirklichkeit Amerikas als Muster eines größeren Ganzen. Er wertet die sich dort entfaltende Demokratie als universalhistorisches Prinzip, das von der aristokratischen Gesellschaftsform wegführt und zur „Gleichheit der gesellschaftlichen Bedingungen" („égalité des conditions") hinstrebt, so die Einleitung zu seinem Amerika-Buch (Tocqueville 1976: 5). Die große demokratische Revolution, die er in Amerika am Werke sieht, ist für ihn weder zufällig noch umkehrbar. Ja: Sie ist sogar „ein Werk der Vorsehung" und trägt dessen Hauptmerkmale: „sie ist allgemein, sie ist von Dauer, sie entzieht sich täglich der Macht des Menschen, die Geschehnisse wie die Menschen haben alle diese Entwicklung begünstigt" (ebd.: 3). Und der Vormarsch der Gleichheit, so seine Überzeugung, wird auch zum unausweichlichen Schicksal der europäischen Nationen werden.

Der Unterschied zu Hegels Lehre könnte nicht größer sein: „Hatte Hegels Weltgeist die Demokratie schon hinter sich gelassen, so führte Tocquevilles Providenz geradewegs auf sie zu und in sie hinein" (Meier u.a. 1972: 882). Nicht minder groß ist der Unterschied zu Adam Smith und Karl Marx, die das Bewegungsprinzip der Umwälzungen im ausgehenden 18. und im 19. Jahrhundert in der Wirtschaft verorten und somit in der materiellen „Basis" lokalisieren. Tocqueville hingegen sucht den Ursprung des gesellschaftlichen Wandels in der Kultur und der Politik, also im „Überbau".

Alexis de Tocqueville lobt und kritisiert die Demokratie Amerikas. Er tut dies mit souveräner Distanz gegenüber dem Gegenstand und seiner eigenen gesellschaftlichen Position (Mill 1957: 123). Seine Untersuchung strebt vor allem danach, „die Wege eines vernünftigen und freiheitlichen Ablaufs der demokratischen Entwicklung aufzuzeigen" (Eschenburg 1976: 891) und mündet in eine kritische Würdigung der Demokratie. Dabei kommt mehr als nur Demokratietheorie zustande. In weiten Teilen ist seine Amerika-Schrift eine breit gefächerte, brillante Interpretation der politisch-gesellschaftlichen Struktur der Vereinigten Staaten von Amerika. Die politische Entwicklung Amerikas wird ebenso erörtert wie die Geschichte, die politisch-geographischen Bedingungen, die gesellschaftlichen Strukturen, das Recht, die Sitten und die Gebräuche.

Man hat allerdings Tocqueville mitunter ungenaue Begriffe vorgehalten. Die Gleichheit beispielsweise sei unscharf und uneinheitlich definiert. Gleiches gelte für den Demokratiebegriff (Tilton 1979: 266). Vor allem verwechsele Tocqueville die Form und Folgen der Demokratie mit denen der modernen Zivilisation überhaupt (Sartori 1992: 18). Diesen Einwand hatte erstmals John Stuart Mill in der Rezension von Tocquevilles Buch in der Edinburgh Review erhoben: Tocqueville „so scheint es, verwechselt die Wirkungen der Demokratie mit den Wirkungen der Zivilisation. Er faßt in einem abstrakten Begriff alle Tendenzen der modernen kommerziellen Gesellschaft zusammen und gibt ihr einen Namen – Demokratie" (Mill 1985b: 235f., Übersetzung des Verf.). Das nährt die Vermutung, so Mill weiter, Tocqueville schreibe der Demokratie fälschlicherweise Wirkungen zu, welche die wirtschaftlich-gesellschaftliche Entwicklung in der Moderne hervorgerufen habe.

Tatsächlich hantiert Tocqueville in seinem Amerika-Buch mit dem von Mill monierten überweiten Demokratiebegriff. Mills kritischer Kommentar zu Tocquevilles Gleichsetzung von moderner Zivilisation und Demokratie trifft insoweit. Aber er trifft nicht zur Gänze. Denn neben dem sehr weiten Demokratiebegriff, der „social democracy" (Lively 1962), verwendet Tocqueville ein enger geschneidertes Konzept: Demokratie meint dort institutionelle und prozessuale Merkmale einer volksherrschaftlichen Regierungsform im Sinne einer „political democracy" (Lively 1962). Wie die genaue Textanalyse zudem zeigt, enthält sein Werk sogar fünf weitere Demokratiebedeutungen – neben der weiten Bedeutung und einer engeren politischen Variante verschiedene Formen mehr oder minder weitreichender Gleichheit (Pierson 1996: 158f.). In dem weit gefassten Sinne ist Demokratie identisch mit dem Gesellschaftszustand der Gleichheit der Bedingungen, und Sammelbegriff für all das, was nicht mehr ständische Gesellschaft und Politik ist. Dieser Vormarsch der Gleichheit erfasst nicht nur Amerika, sondern auch die europäischen Staaten – freilich mit dem Unterschied, dass diese Umwälzung in Amerika „auf eine einfache und leichte Art vor sich gegangen" ist, die Demokratie und die Freiheit näher als anderswo zusammengebracht hat, mittlerweile „ihre natürlichen Grenzen einigermaßen erreicht zu haben scheint" (Tocqueville 1976: 15) und dort am besten beobachtet werden kann. Im Gegensatz zur älteren Staatsformenlehre wird die Demokratie von Tocqueville nicht mehr nur als Versammlungsdemokratie in kleinräumigen Gemeinwesen verstanden. Nun ist sie auch eine zur Repräsentativverfassung offene Ordnung. Der enger definierte Demokratiebegriff stellt auf Institutionen und Vorgänge ab, auf „Einrichtungen" und ihre „Entwicklung", wie Tocqueville sagt: „In Amerika ernennt das Volk den, der das Gesetz macht, und den, der es ausführt; es selbst bildet das Gericht, das die Gesetzesübertretungen bestraft. Die Einrichtungen sind nicht nur grundsätzlich, sondern auch in ihrer ganzen Entwicklung demokratisch; so ernennt das Volk *unmittelbar* seine Vertreter, und es wählt sie im allgemeinen *jedes Jahr*, um sie möglichst ganz von sich abhängig zu machen. Es ist also wirklich das Volk, das lenkt, und obwohl es eine volksvertretende Regierungsform ist, besteht kein Zweifel, daß die Meinungen, die Vorurteile, die Interessen und selbst die Leidenschaften des Volkes keine dauernden Hindernisse finden können, die sie abhalten, täglich auf die Lenkung der Gesellschaft einzuwirken" (Tocqueville 1976: 197).

Tocqueville fügt dem eine weitere – für das gesamte Werk ebenfalls grundlegende – Bestimmung hinzu: Demokratie ist Mehrheitsdemokratie. „In den Vereinigten Staaten regiert, wie in allen Völkern, wo das Volk herrscht, die Mehrheit im Namen des Volkes" (ebd.: 197), und zwar im Zeichen von unaufhörlicher Agitation von Parteien, die um Kooperation und Unterstützung seitens der Bürger werben.

**Von den Vorzügen der Demokratie**

Der amerikanischen Demokratie im enger und im weiter definierten Sinne spendet Tocqueville Lob, wenngleich – wie weiter unten erörtert wird – mit Einschränkungen. Amerikas Demokratie vermeidet den Zentralismus Frankreichs und sorgt obendrein für ruhige politische Entwicklung. Hinzu tritt ihre bemerkenswerte Fehlerkorrekturfähigkeit. Die Demokratie und die in ihr gewählten Regierenden sind für Fehler anfällig, beispielsweise dafür, schlechte Gesetze zu machen. Allerdings sind es „gutzumachende Fehler", beispielsweise missratene Gesetze, die aufgrund der kurzen Amtsdauer der Machtinhaber alsbald widerrufen werden (ebd.: 268). Das politische Regime Amerikas beweist somit Lernfähigkeit, im Unterschied zu Frankreichs altem Staat vor der Revolution, der auch an seiner geringen Lernbefähigung zugrunde ging. Trotz mancher Missgriffe bei der Auswahl der Regierenden gedeiht Amerika. Mitverantwortlich hierfür sind institutionelle Sicherungen gegen die politische Führung. Die Wahl der Beamten auf Zeit und die Erteilung von Machtbefugnis an die Exekutive für eine begrenzte Periode beispielsweise sind der Verselbständigung politischer Führung abträglich (ebd.: 268f.).

Ebensowenig wie andere Ordnungen kann die Demokratie alle Probleme lösen. Doch nicht auf die absoluten, sondern auf die relativen Vorzüge und Nachteile kommt es Tocqueville an. Der Zusammenhang von Klassenstruktur und politischer Entwicklung beispielsweise schlägt in der Demokratie in eigentümlicher Art und

Weise durch. Im Gegensatz zu einer Herrschaft, in der die Reichen allein regieren, wodurch sie die Interessen der Armen gefährden, und im Unterschied zu einer Herrschaftsform, in der die Armen die Gesetze beschließen und die gesellschaftliche Position der Reichen bedrohen, liegt der Vorteil der Demokratie darin, „dem Wohlergehen der großen Zahl" zu dienen (ebd.: 269). Nicht das Gedeihen aller wird begünstigt, wohl aber das der großen Mehrheit. Und langfristig sind die Chancen gedeihlicher wirtschaftlicher Entwicklung in der Demokratie sogar größer als in nichtdemokratischen Regimen (ebd.: 258). Davon legt auch schon der amerikanische Fall Zeugnis ab. Amerika ist – trotz oder wegen Demokratie – das weltweit am meisten prosperierende und stabilste Land. Entgegen der aristotelischen und rousseauschen Lehre von den Funktionsvoraussetzungen gedeiht die Demokratie nach Tocqueville folglich auch in einem wohlhabenden Staat und obendrein in einem Großstaat. Mehr noch: Die Demokratie fördert den Wohlstand und erleichtert somit die Finanzierung ihres kostspieligen Tun und Lassens. Dies und die politischen Teilhaberechte der Bürgerschaft fördern und erziehen die Bürger, stärken den Bürgergeist, dienen der Anerkennung des Rechts und der Achtung des Gesetzes, dem man sich eher unterwirft, weil man es ändern kann (ebd.: 272, 276ff.). Die Dynamik der Demokratie einschließlich ihrer Lernfähigkeit fördern ihre Anerkennung und dienen somit zugleich ihrer Verwurzelung.

Beeindruckt zeigt sich Tocqueville zudem von der Umtriebigkeit, der Tatkraft und der Innovationsfähigkeit des politischen Prozesses in Amerika. Die sich „ständig erneuernde Geschäftigkeit" (ebd.: 280) der politischen Welt dringt auch in die bürgerliche Gesellschaft vor und sei dort wohl von noch größerem Vorzug. Der „Überschuß an Kraft", der „Tatwillen", das Suchen und Experimentieren, die hierin zum Ausdruck kämen, könnten wahre „Wunder" vollbringen (ebd.: 281).

**Von den Schwächen der Demokratie**

Doch nicht nur Stärken sind der Demokratie eigen, sondern auch Schwächen. Durch deren genaue Untersuchung nimmt Tocqueville einiges von dem vorweg, was rund 150 Jahre nach ihm unter der Flagge der „kritischen Theorien der Demokratie" fährt (siehe Kapitel 2.7). Das allgemeine Wahlrecht beispielsweise erzeugt bei weitem nicht alle ihm zugeschriebenen Wohltaten. So funktioniert die Führungsauslese in den Vereinigten Staaten von Amerika nur schlecht. Hervorragende Persönlichkeiten werden nur selten zur Führung öffentlicher Angelegenheiten berufen, und nur wenige von ihnen bewerben sich überhaupt um politische Ämter. Mangelnde Attraktivität der politischen Laufbahn und größerer Nutzen der Führungstätigkeit in Gesellschaft und Wirtschaft mögen für Letzteres verantwortlich sein. Für Ersteres sind jedoch Strukturdefekte der Demokratie verantwortlich: Mangelhafte Qualifikation der Wähler zur fachkundigen Beurteilung von Kandidaten und politischen Problemen, hastig gefällte Entscheidungen und das durch die Demokratie verstärkte Gefühl des Neides, das Nahrung erhält, weil das begehrte Gut Gleichheit nie ganz erreicht wird, gehören für Tocqueville zu den wichtigsten Gründen der Auswahl mittelmäßiger Führer (ebd.: 226ff.).

Hinzu kommen die vielen Wahlen. Gewiss: Sie bieten den Bürgern mannigfache Teilhabechancen. Zugleich aber setzen sie die Gesellschaft in einen Zustand „fieberhafter Erregung" (ebd.: 231). Dieser Zustand ist dem Interessenausgleich und dem guten Regieren abträglich. Auch führt die Wahl der Beamten durch das Volk in neue Schwierigkeiten. Die Wahl erfolgt nur für kurze Amtsperioden. Das und eine Besoldungsstruktur, die für die untere Beamtenschaft relativ hohe und für die obere relativ niedrige Einkommen vorsieht, schaffen Probleme. Die kurze Amtsperiode, der Wahlmechanismus und die unattraktive Besoldung höherer und hoher Positionen in Regierung und Verwaltung drücken der Rekrutierung ihren Stempel auf. In der Regel werden eher mittelmäßige Bewerber für die Stellen gewonnen, vor allem Kandidaten, die weder große Begabungen noch große Leidenschaften haben (ebd.: 235). Obendrein folgt aus der kurzen Amtszeit und der Chance der Abwahl der Amtsinhaber viel Spielraum für eigenmächtiges Tun und Lassen der Gewählten. Dies und der häufige Personalwechsel aber erzeugen Unbeständigkeit in der Verwaltung – und das schmälert die Qualität des Regierens (ebd.: 238).

Zudem sind demokratische Regime nicht gegen Käuflichkeit und Laster gefeit. Käuflichkeit und Laster nehmen auf massendemokratischer Basis sogar bedrohliche Größenordnungen an. Aristokratische Regierungen bestechen bisweilen, gibt Tocqueville zu bedenken, aber demokratische Regierungen sind selbst bestechlich (ebd.: 253ff.).

Wie entwickeln sich die Staatsaufgaben und die Staatsausgaben in der Demokratie? Auch bei der Beantwortung dieser Frage gelangt Tocqueville zu einem kritischen Urteil. Dabei entwickelt er, was die Finanzwissenschaft größtenteils übersehen hat, eine frühe Variante des Gesetzes der wachsenden Staatsaufgaben und Staatsausgaben, für das später Adolph Wagner, Nationalökonom im kaiserlichen Deutschen Reich, Ruhm erlangen wird. Warum neigt die Demokratie zur Ausweitung der öffentlichen Auf- und Ausgaben? In der Demokratie versteht man sich nicht auf die Kunst des Haushaltens. Verantwortlich dafür ist hauptsächlich das die Demokratie charakterisierende Bestreben, das Wohlwollen des Souveräns durch Geld und andere Zuwendungen zu gewinnen. Hinzu kommen die für egalitäre Regime eigentümliche „Unruhe" des „Geistes des Verbesserns" sowie das höhere Anspruchsniveau, das in der höheren Allgemeinbildung wurzelt, welche die Demokratien charakterisiert. Der Hunger nach Verbesserungen und das Streben nach Neuerungen, die für die demokratischen Zeitalter typisch sind, stärken die Regierung in dem Bemühen, ihre Befugnisse zu erweitern, und zwar hauptsächlich dadurch, dass jede gesellschaftliche Gruppe die Einmischung der Regierung zur Unterstützung ihrer eigenen Sache zu gewinnen sucht und dabei größtenteils Erfolg hat. Ferner wachsen die öffentlichen Ausgaben aufgrund der Ineffizienz, welche die Demokratie und ihre häufige Auswechselung des Regierungs- und Verwaltungsapparates mit sich bringen. Dies und die Forderung der ärmeren Wahlberechtigten nach staatlichen Hilfeleistungen erhöhen die Staatsausgaben. So erweisen sich demokratische Regierungen insgesamt als recht kostspielige Arrangements (ebd.: 242f., 790f., 803), sofern nicht die breite Streuung von Eigentum in der Bevölkerung den Widerstand gegen die Abgabenlast ansteigen lässt.

Das Problem der Staatstätigkeit in der Demokratie liegt jedoch nicht nur in der höheren Abgabenlast und der höher entwickelten Bereitschaft, öffentliche Gelder auszugeben. Der eigentümliche Zeittakt der Demokratie, der durch häufige Wahlen und kurze Amtsperioden hervorgerufen wird, mindert die Qualität der Gesetze. Die Gesetze werden meist überhastet entworfen und sind von mangelhafter Qualität (ebd.: 267). Auch hierin äußert sich die charakteristische Schwierigkeit der Demokratie, „die Leidenschaften zu beherrschen und die Bedürfnisse des Augenblicks zugunsten der Zukunft zu unterdrücken" (ebd.: 258). Kurzfristige Politik hat Vorrang vor langfristig konzipierten Maßnahmen. Die Politik zugunsten der Gegenwart und zu Lasten der Zukunft hat Vorfahrt. Es ist, als schreibe Tocqueville ein Lehrbuch über die Probleme des Staatshandelns in der entwickelten Demokratie!

Noch grundsätzlicher kritisiert Tocqueville die Schwäche, welche die Demokratie vor großen Herausforderungen zeigt. Militärischen Herausforderungen und anderen Aufgaben, welche dauerhaft große Anstrengungen erfordern, ist ein demokratisch geführtes Volk weniger gewachsen als andere Völker. Ihm mangelt es an Fähigkeit zu lang dauernder Kriegführung und der dafür erforderlichen Organisation sowie Mobilisierung von Personal und materiellen Ressourcen. Dem stehen der kurzfristige Zeithorizont der Bürger, geringere Belastbarkeit und der kurzfristige Zeitakt der Demokratie entgegen (ebd.: 257). Eine „schwache Stellung der demokratischen Staatswesen in Krisenzeiten" – so lautet Tocquevilles Befund (ebd.: 258). Die Betonung liegt auf „Krisenzeiten". In friedlichen Zeiten kann eine demokratisch regierte Gesellschaft leistungsfähiger als andere sein. Allerdings wird sie militärisch kompetenten Nachbarn wahrscheinlich unterliegen – sofern diese nicht ebenfalls demokratisch verfasst sind (ebd.: 258).

Besonders gering ist die Fähigkeit der Demokratie zur Problemlösung in der Außenpolitik. Die Außenpolitik erfordert nämlich „nahezu keine der Eigenschaften, die der Demokratie eigen sind, dagegen verlangt sie die Entfaltung von fast lauter solchen, die ihr abgehen. Die Demokratie begünstigt die Zunahme der staatlichen Mittel im Inneren; sie verbreitet Wohlstand, entwickelt staatsbürgerliche Gesinnung; sie stärkt in den verschiedenen Gesellschaftsklassen die Achtung vor dem Gesetz; lauter Dinge, die auf die Stellung eines Volkes einem anderen gegenüber nur von mittelbarem Einfluss sind. Aber die Demokratie kann nur mit Mühe die Einzelheiten eines großen Unternehmens in Einklang bringen, an einem Plan festhalten und ihn dann hartnäckig durch alle Fährnisse hindurch fortführen. Sie ist kaum imstande, Maßnahmen im Geheimen auszuarbeiten und deren Ergebnis geduldig abzuwarten. Über solche Vorzüge verfügt weit eher ein einzelner Mann oder eine Aristokratie" (ebd.: 263f.).

137

All diese Mängel verblassen vor dem fundamentalen Konflikt, den Tocqueville zwischen Gleichheit und Freiheit im Allgemeinen und zwischen Mehrheitsdemokratie und Freiheit im Besonderen sieht. Der Vormarsch der Gleichheit gefährdet die Freiheit, und die Demokratie birgt die Gefahr des Umkippens zum Despotismus in sich. Es gibt, so hatte Tocqueville in der Einleitung zur 12. Ausgabe der Demokratie-Schrift besonders deutlich gezeigt, zwei Formen der Demokratie: eine freie und eine tyrannische Demokratie. Und somit hat jedes Volk grundsätzlich die Wahl zwischen „liberté démocratique ou la tyrannie démocratique" (Tocqueville 1981: 54), also zwischen demokratischer Freiheit und tyrannischer Demokratie. Wie schon zuvor Platon und Aristoteles, so sieht auch Tocqueville die Tyrannis als eine der großen Gefahren, die aus der Volksherrschaft hervorwachsen kann. Ebendies wird in Tocquevilles Theorie unter der Kapitelüberschrift „Allmacht der Mehrheit" erörtert. Die Allmacht der Mehrheit schließt die „Tyrannei der Mehrheit" ein (Tocqueville 1976: 289). Die Gefahr der „Tyrannei der Mehrheit" entwickelt Tocqueville unter anderem im Anschluss an die *Federalist Papers* von Hamilton, Madison und Jay (1788) anhand einer Analyse des Regierens in den Bundesstaaten der USA, die zu diesem Zeitpunkt die amerikanische Politik weitgehend prägen. Das Problem der Demokratie steckt nach Tocqueville in ihrem Strukturprinzip, d.h. im Regieren der numerischen Mehrheit im Namen des Volkes (Tocqueville 1976: 197). Gewiss: Die Mehrheit besteht hauptsächlich aus friedlichen Bürgern, die „teils aus Neigung, teils aus Eigennutz aufrichtig das Wohl des Landes wünschen" (ebd.: 197). Allerdings gilt die Macht der Mehrheit „unbedingt" (ebd.: 284). Verstärkt wird dies durch die Direktwahl und die kurze Amtszeit der Machtinhaber. Beide binden das Interesse der Kandidaten am Machterwerb und das der Regierenden am Machterhalt an die Präferenzen der Mehrheit. Schlimmer noch: Die Mehrheit erhält einen Status wie der König in der Monarchie. Wie er wird sie verehrt und gilt als unfehlbar. Immer irren nur die Berater (ebd.: 286). Die Folgen der Mehrheitsherrschaft sind „unheilvoll und für die Zukunft gefährlich" (ebd.: 286). Sie verstärken die Unbeständigkeit in Gesetzgebung und Verwaltung und das Sprunghafte im Gesetzesvollzug. Auch erweitern sie die Ermessensspielräume für Beamte in der Verwaltung und in der Durchführung von Gesetzen (ebd.: 293).

Nicht Schwäche wirft Tocqueville der amerikanischen Demokratie vor, sondern „unwiderstehliche Stärke" (ebd.: 291). Diese Stärke wirkt als „sittliche Macht der Mehrheit über das Denken" (ebd.: 293). Sie umspannt das Denken mit einem „erschreckenden Ring" (ebd.: 294), dessen Überschreiten mit härtesten Mitteln sanktioniert wird. Der Schlüsselsatz von Tocquevilles These zur Mehrheitstyrannei ist dieser: „Was mich in Amerika am meisten abstößt, ist nicht die weitgehende Freiheit, die dort herrscht, es ist die geringe Gewähr, die man dort gegen die Tyrannei findet" (ebd.: 291). Im Extremfall artet der „Despotismus der Mehrheit" zur Repression oder gar zur physischen Liquidierung von Minderheiten aus (ebd.: 291). Nicht dass die Mehrheit jederzeit die Macht missbräuchlich anwendet. Tocquevilles zentraler Einwand ist der: Die Gefahr des Machtmissbrauchs ist ständig präsent, und der gute Gebrauch der Macht ist „nur ein Zufall" (ebd.: 296) – sofern die politischen Institutionen, die Sitten und die Gebräuche nicht Sicherungen gegen die Allmacht der Mehrheit enthalten.

Tocquevilles Kritik der Mehrheitsherrschaft holt noch weiter aus. Die Tyrannei der Mehrheit lähmt das geistige Leben. Er kenne kein Land, so schreibt er mit kaum zu überbietender Schärfe, in dem im Allgemeinen „weniger geistige Unabhängigkeit und weniger wahre Freiheit herrscht als Amerika" (ebd.: 294). Man hemmt dort große Charaktere an der Entfaltung, selten wird mutige Aufrichtigkeit und mannhafte Unabhängigkeit ausgebildet, und in der Menge verbreitet sich höfischer Geist, der dem Souverän, der Mehrheit, unterwürfig schmeichelt. Die Allmacht der Mehrheit ist für Tocqueville die „größte Gefahr für die amerikanischen Republiken" (ebd.: 299).

Tocquevilles Blick ist durch die Erfahrung despotischer Herrschaft in Frankreich geschärft worden. Auch hat er Rousseau gründlich gelesen. Er weiß um die Dynamik radikaler Volkssouveränität. Zudem kennt er die durchschlagende Wirkung jener Politiker, die sich – wie die französischen Revolutionäre – auf Rousseau berufen. Deshalb und aufgrund des Zusammenpralls von Revolutionären und Stützen des alten Regimes, einschließlich der Aristokratie, aus der Tocqueville stammt, „konnte er nur allzugut verstehen, welche Macht Rousseaus Schüler reklamieren und welche Handlungen sie im Namen der Demokratie begehen konnten" (Eisenstadt 1988: 88). Despotie gibt es nicht nur im Ancien Régime oder in der Französischen Revolution, sondern auch in der Demokratie. Einen neuen Despotismus weist Tocqueville jedenfalls nun der Regierungsweise just in dem Lande nach, das sich frei von alten sozialen, kulturellen und militärischen Gewalten entwickelt hat. Mit dem Vormarsch der Gleichheit beschleunigt die Demokratie eine Entwicklung, die schon in den Monarchien Europas angelegt war: die Gleichmacherei. Doch im Unterschied zur Monarchie ruft der Vormarsch der Gleichheit in der Demokratie ein zusätzliches Problem hervor. Die alten Mächte werden zertrümmert. Doch mit ihr fallen zugleich die alten Schranken gegen despotische Herrschaft weg (Tocqueville 1976: 361ff., 812ff.).

**Gegenmittel zur „Tyrannei der Mehrheit"**

Was resultiert daraus: demokratische Freiheit oder neue Knechtschaft (ebd.: 494f., 814ff., 830)? Die Frage muss Tocqueville zufolge unter Berücksichtigung landesspezifischer Verhältnisse beantwortet werden. Am amerikanischen Beispiel zeigt er, wie die „Allmacht der Mehrheit" (ebd.: 284) verringert und verlangsamt werden kann. Institutionelle Sicherungen und Gegenkräfte spielen dabei eine große Rolle, so wie sie beispielsweise in den *Federalist Papers* beschrieben worden sind. Hinzu kommen politisch-institutionelle und gesellschaftlich-kulturelle Bedingungen. Die Vereinigten Staaten kennen zwar eine ausgeprägt starke Regierungszentralisation, so erläutert Tocqueville anerkennend, aber keine Verwaltungszentralisation, sondern im Gegenteil eine dezentralisierte administrative Struktur, in welcher Gemeinden, Behörden und regionale Verwaltungen (*administrations des comtés*) „verborgene Klippen sind", welche „die Flut des Volkswillens aufhalten oder zerteilen" (ebd.: 303). Gegengewichte liegen sodann im „Rechtsgeist" (ebd.: 303), der in den Vereinigten Staaten besonders stark verbreitet ist. „Die amerikanische Aristokratie finden wir auf der Bank der Anwälte und auf den Richterstühlen" (ebd.: 303). Insoweit ist das Prinzip der Mäßigung und des geschulten Urteilens vor allem auf seiten der rechtsprechenden Gewalt zu finden. Von dort dringt der Rechtsgeist in die Legislative und das Volk vor und verlangsamt den Gang der Mehrheit. Welche Ironie der Geschichte: Aristokratische Elemente zügeln den Souverän der Demokratie zu dessen eigenem Vorteil! Das meint Tocqueville, wenn er sagt, dass die amerikanische Gesellschaft „von einer demokratischen Farbschicht bedeckt (ist), unter der man hin und wieder die alten aristokratischen Farben durchschimmern sieht" (ebd.: 53).

Gegengewichte zur Mehrheitstyrannei liegen überdies im bundesstaatlichen Aufbau, sodann in den Gesetzen, den Lebensgewohnheiten, den Sitten und den zahllosen Vereinen und Verbänden der amerikanischen Gesellschaft. Überdies bändigt die Pressefreiheit die Mehrheitsmacht, wie Tocqueville vor allem im zweiten Amerika-Buch hervorhebt. Hinzu kommt die Freiheit des Zusammenschlusses der Bürger in Assoziationen der Gesellschaft wie Verbänden. Diese wirken als „Erziehungsinstitutionen", welche die Menschen aus ihrer Isolation herausführen und in der Kunst geselliger Vereinigung üben (Hecht 1998: 204). Nicht zuletzt lindern gesellschaftlich-kulturelle Traditionen die Neigung zur Tyrannei der Mehrheit. Die religiöse Struktur Amerikas ist hierbei von großer Bedeutung, vor allem ein demokratisches und republikanisches Christentum, das den Wert der einzelnen Seele und ihre Pflichten für das Ganze hochhält (ebd.: 506ff., Mitchell 1995). Zentral ist ferner die Trennung von Staat und Kirche, die der Kirche und der Religion die erforderliche Autonomie und somit den erforderlichen Spielraum dafür verschafft, den Geist der Religion mit dem Geist der Freiheit zu verknüpfen. Und so erst erhält der montesquieusche „Geist der Gesetze" der amerikanischen Demokratie seine rechte, die Gefahr des Mehrheitsdespotismus mindernde sozialkulturelle Fundierung.

Gegen die Mehrheitstyrannei hat man in Amerika Heilmittel eingesetzt, und zwar mit Erfolg (Tocqueville 1976: 321ff.). Der drohende Zielkonflikt von Gleichheit und Freiheit kann folglich überbrückt, gelindert, ja: umgangen werden. Die Gefahr des Mehrheitsdespotismus kann demnach mit Hilfe geeigneter Staatsstrukturen, Gesetze, Sitten und Assoziationen entscheidend verringert werden. Dies gibt letztlich den Ausschlag für den gemäßigten Optimismus, den Tocqueville zu erkennen gibt, wenn er demokratische Freiheit und potenzielle Mehrheitstyrannei abwägt: „Mein Ziel bestand darin", erläutert er, „am Beispiel Amerikas zu zeigen, daß die Gesetze und vor allem die Sitten einem demokratischen Volk erlauben können, frei zu bleiben" (ebd.: 364). Insoweit besteht auch für andere Länder, insbesondere die europäischen Staaten, die Chance, die Demokratisierung in freiheitsbewahrende Bahnen zu lenken. Das gilt Tocqueville als kleineres Übel als die sonst drohende Gefahr des Despotismus eines Einzelnen oder einer neuen, milden Form des Despotismus, für die er vergeblich nach einem passenden Namen sucht (ebd.: 814) und für die am ehesten „paternalistischer Autoritarismus" passt.

Mit der Analyse der Gegenmittel zur Mehrheitstyrannei hat Tocqueville zugleich eine weitere Frage größtenteils beantwortet, nämlich die nach den Ursachen für die Aufrechterhaltung der Demokratie. Die oben erwähnten Sitten und Gebräuche zählen für ihn zu den wichtigsten Faktoren. An zweiter Stelle folgen die – ebenfalls schon erwähnten – Gesetze und Institutionen. An dritter Stelle rangieren die zufälligen oder durch günstiges Schicksal bewirkten Konstellationen. Hierzu gehört die geographische Isolation der USA und somit ihre Distanz zu autokratischen Staaten, ohne die die Demokratie vielleicht unter viel größeren Druck geraten wäre. Und hierzu gehört auch die ausgeprägte Dezentralisierung des Landes, die sich auch im Fehlen einer großen, einflussreichen Hauptstadt niederschlägt.

## Würdigung von Tocquevilles Demokratietheorie

Tocqueville muss später oft als Kronzeuge für und wider die Demokratie herhalten. Bei solchem Streit ist es nützlich, sich zu vergewissern, von welchem Standort er beobachtet. Die Demokratie ist für Tocqueville grundsätzlich eigentlich nichts Erstrebenswertes. Allerdings – und das wird entscheidend – gibt es zu ihr keine akzeptable Alternative mehr, und deshalb muss man sich ihrer annehmen (Tocqueville 1976: 826, 829f.). Zugleich ist die Demokratie so weit wie möglich mit der Freiheit, dem obersten Wert, verträglich zu machen. Sonst geht am Ende aus dem Vordringen der Gleichheit die Unfreiheit hervor. Diese Gefahr ist groß. Doch nicht minder groß ist die Chance, mit der Gleichheit so umzugehen, dass sie nicht die Freiheit beseitigt: Die Nationen unserer Tage können dem Vormarsch der Gleichheit nichts entgegensetzen, so leitet Tocqueville seinen Schlusssatz zum Amerika-Buch ein, und führt ihn mit folgenden Worten weiter: „von ihnen jedoch hängt es ab, ob die Gleichheit sie in die Knechtschaft oder in die Freiheit, zur Gesittung oder in die Barbarei, zum Wohlstand oder ins Elend führt" (ebd.: 830).

Tocqueville wird verschiedenen politischen Lagern zugeordnet. Ein „liberaler Aristokrat" sei er gewesen, behaupten die einen (Kahan 1992, Hacke 1992). Als „konservativer Liberaler" (Ruge 1999: 538) und mit Edmund Burke als Vorläufer des „modernen liberalen Konservativismus" gilt er anderen (Lakoff 1998: 460ff., 442ff.). Für Mittermaier und Mair (1995) ist Tocqueville „der kleinbürgerliche revolutionäre Romantiker" (S. 142). So kann man daneben hauen, wenn man die Sekundärliteratur absichtlich vernachlässigt (ebd.: 1) und die Primärtexte nicht gründlich studiert. Tocqueville selber hat sich mitunter als „Liberaler neuer Art" bezeichnet (Mayer 1976: 874). Damit war ein Liberaler gemeint, der sowohl der Aristokratie distanziert gegenübersteht, wie auch der Demokratie. „Man unterschiebt mir nacheinander demokratische oder aristokratische Vorurteile", so nimmt er Stellung zu den Urteilen, die über ihn gefällt wurden, und fährt fort: „ich hätte vielleicht diese oder jene gehabt, wenn ich in einem anderen Jahrhundert oder in einem anderen Lande geboren worden wäre. Der Zufall meiner Geburt indessen hat es mir leicht gemacht, die einen und die anderen abzuwehren. Ich kam am Ende einer langen Revolution zur Welt, die den alten Staat zerstört und nichts Dauerhaftes begründet hatte. Als ich anfing zu leben, war die Aristokratie schon gestorben und die Demokratie noch nicht geboren. Mein Instinkt konnte mich also nicht blind bestimmen, die eine oder die andere Partei zu ergreifen. Ich lebte in einem Lande, das seit vierzig Jahren an allem herumprobiert hatte, ohne sich endgültig für etwas zu entscheiden. Ich war also keineswegs für politische Illusionen zugänglich. Da ich selbst der alten Aristokratie meines Vaterlandes angehörte, hasste oder beneidete ich sie nicht und liebte sie auch nicht mehr besonders, als sie zerstört wurde; denn nur dem Lebendigen verbindet man sich gern. Ich war ihr nahe genug, um sie gut zu kennen, und stand ihr genügend fern, um sie ohne Leidenschaft beurteilen zu können. Über die Demokratie kann ich das gleiche sagen. Kein Interesse flößte mir für sie eine natürliche und notwendige Neigung ein; sie hatte mich auch persönlich nie beschimpft. Keine besonderen Motive bestimmten mich, sie zu lieben oder sie zu hassen, es seien denn die meiner eigenen Vernunft. Ich befand mich, mit einem Wort gesagt, zwischen Vergangenheit und Zukunft so gut im Gleichgewicht, daß ich von Natur und Instinkt aus keiner von beiden zuneigte, und brauchte keine großen Anstrengungen zu machen, um beide Seiten mit ruhigen Augen betrachten zu können" (zitiert nach Mayer 1976: 875).

Tocqueville ist mit seinem Amerika-Buch nicht nur der „erste Theoretiker der modernen Massendemokratie" geworden (Fetscher 1968: 260), sondern zugleich der Verfasser einer der bedeutendsten politischen, soziologischen und historischen Analyse. „Er ist der Analytiker unter den geschichtlichen Forschern seiner Zeit, und zwar allen Analytikern der politischen Welt der Größte seit Aristoteles und Machiavelli", so lobte ihn Wilhelm Dilthey im *Aufbau der geschichtlichen Welt in den Geisteswissenschaften*. Beispielgebend sind sowohl die Substanz wie auch die Methode in Tocquevilles Amerika-Schrift. Kaum eine andere Studie ist ähnlich weit gefächert; und wenig andere umfassen soziale, politische, rechtliche und geographische Aspekte gleichermaßen souverän und zudem in vergleichender Perspektive. Überdies stellt Tocqueville die Demokratielehre auf eine weitgehend erfahrungswissenschaftliche Basis, bei der Beschreibung, Erklärung und Vergleich gleichermaßen zum Zuge kommen. Überdies sieht er früher als andere und hellsichtiger als die meisten Analytiker, dass politische Parteien ein notwendiger Teil einer freiheitlichen Demokratie sind, nämlich „ein den freien Regierungen eigentümliches Übel" (Tocqueville 1976: 199).

Tocquevilles *De la Démocratie en Amérique* hat nicht nur Anhänger und Gegner der Demokratie beeindruckt. Sie prägt bis auf den heutigen Tag auch die fachwissenschaftliche Diskussion in der Soziologie, der Politikwissenschaft und der Geschichtswissenschaft (Eschenburg 1976, Eisenstadt 1988, Smith 1993, Lipset 1995, Verba/Schlozman/Brady 1995). Mehr noch: Tocquevilles Meisterwerk trägt Wesentliches zur Grundlegung moderner Demokratietheorie bei. Dieses Werk ist empirisch und theoretisch gehaltvoll, es zielt auf wissenschaftliche Erklärung und auf begründete Bewertung, und zu ihm gehören sowohl Fall- und Länderstudien wie auch vergleichende Betrachtungen.

Gewiss: Tocquevilles Amerika-Schrift hat Schwächen. Die neuere Forschung hat einen nicht unerheblichen Teil von Tocquevilles Aussagen kritisiert und korrigiert, so beispielsweise Pierson (1996: 754ff.), Eisenstadt (1988), Smith (1993) und Shklar (1998). So hielt man Tocqueville vor, mit einem Prinzip – der Demokratie – unzulässigerweise alles andere erklären zu wollen. Auch wurde seine Vorgehensweise dafür kritisiert, zur Verifikation von noch nicht hinreichend geprüften Vermutungen zu neigen und das mühseligere Geschäft der Falsifizierung zu vernachlässigen. Zum Beispiel verallgemeinere Tocqueville vorschnell die Ergebnisse seiner Beobachtung der Demokratie in Amerika im ersten Drittel des 19. Jahrhunderts. Manche Kritiker halten ihm vor, er betone die Rolle der Kultur, des Rechts und der Moral zu stark und vernachlässige die der Politik und der Ökonomie (Pierson 1996). Auch geht Demokratie nicht in reiner Mehrheitsdemokratie auf, wie Tocqueville irrtümlich annimmt. Vielmehr sind Kombinationen von Mehrheitsdemokratie und anderen Entscheidungsverfahren möglich, wie Konfliktregelung nach gütlichem Einvernehmen oder Einstimmigkeitsprinzip, wodurch Auswüchse der Mehrheitsdemokratie vermieden werden können. Ferner wird man die Kritik der Leistungsfähigkeit und Gefährdungen demokratischer Systeme nach Demokratietypen differenzieren müssen. Zudem wurde bemängelt, Tocqueville überschätze die Reichweite und Durchschlagskraft der Mehrheitsherrschaft, insbesondere das Potenzial der Mehrheitstyrannei, und unterschätze die institutionellen Gegenkräfte und Sicherungen der Machtbalance im amerikanischen Regierungssystem. Überschätzt wird von Tocqueville zudem die Stabilität der amerikanischen Demokratie. Immerhin wird knapp zwei Jahrzehnte nach der Publikation seines Werkes in Amerika ein Bürgerkrieg ausbrechen; doch davon kann kaum jemand etwas ahnen, der Tocquevilles Analyse Amerikas zum Nennwert nimmt. Auch die Selbstreformfähigkeit der Demokratie wird von ihm nicht ausreichend erfasst. Sie ist größer als er unterstellt. Zum Beispiel werden manche der Defizite, auf die Tocqueville stieß, später beseitigt, wie die fehlende gesetzliche Regulierung von Konkursfällen.

Ferner überzeichnet Tocqueville den Grad, zu dem Amerikas Staatsverfassung in der ersten Hälfte des 19. Jahrhunderts demokratisch ist, und zwar beträchtlich. In diesem Zeitraum sind die Vereinigten Staaten von einer voll entfalteten Demokratie noch weit entfernt. Das gilt sowohl für den weiten Demokratiebegriff wie auch für den engeren, den politisch-institutionellen. Von allgemeinem Wahlrecht, von dem Tocqueville mitunter spricht, kann nicht die Rede sein. Das Wahlrecht steht nur einem Teil der Männer zu, nicht den Frauen. Die schwarze Bevölkerung und die Indianer sind von ihm ebenso ausgeschlossen wie ein erheblicher Teil der erwachsenen weißen Bevölkerung. Ralf Dahrendorf hat den Anteil der Wahlberechtigten im Amerika des Tocqueville-Buches auf rund 5% der Bevölkerung geschätzt (Dahrendorf 1968a: 35). Gemessen an Vanhanens Demokratisierungsskala hatten die USA auch 20 Jahre nach der Erstveröffentlichung von Tocquevilles Studie eine Wahlbeteiligungsquote von 13,4% (bezogen auf die gesamte Bevölkerung) und einen Wettbewerbsgrad im Parteiensystem von 52,1% (Vanhanen 1984: 155). Verknüpft man beide Größen, ergibt sich für die USA in dieser Periode auf der Demokratisierungsskala nach Vanhanen ein Wert von 7,0 (13,4 mal 52,1 geteilt durch 100 = 6,98). Das entspricht einem Demokratieskalenwert, der in den 80er Jahren des 20. Jahrhunderts von halbdemokratischen Regimen erreicht wird, beispielsweise in Bolivien, in Brasilien und in Singapur (Vanhanen 1989, siehe Kapitel 3.5, Jaggers/Gurr 1996).

Robert Dahl hat den Sachverhalt bündig benannt. Zur Zeit von Tocqueville war Amerikas Demokratie bestenfalls „a democracy among white males" (Dahl 1985: 11), vor allem der männlichen, weißen Bevölkerung nord- und westeuropäischer Abstammung. Sie war somit die Demokratie einer „Minorität von Amerikanern" (Smith 1993: 549). Verwunderlich ist das nicht. Das Amerika, das Tocqueville vor Augen hat, steht erst am Anfang der Entwicklung zur Moderne. Es ist noch weit entfernt von den USA des ausgehenden 20. und frühen 21. Jahrhunderts. Im Jahre 1830, also kurz vor Tocquevilles Amerikareise, gehörten zur Union der amerikanischen Staaten gerade 24 Gliedstaaten. Heutzutage sind es 50. Die Bevölkerung zählte damals gerade 12,9 Millionen, davon 9,3 Millionen im Ausland geborene. Wenige Jahre vor der Wende zum dritten Jahrtausend – 1995 – waren es rund 263 Millionen. Der größte Teil der Bevölkerung entfiel 1830 auf die Weißen – rund 10,6 Millionen – und 2,3 Millionen waren Schwarze. Der Anteil der Stadtbevölkerung zeigt mit 8,8% 1830 eine überwiegend ländliche Gesellschaft an, während die USA heutzutage hochgradig verstädtert sind. Überdies herrschte im Amerika des 18. Jahrhunderts krasse soziale und rechtliche Ungleichheit. Die meisten Schwarzen – 86% – waren Sklaven, und allein auf Sklaven entfielen 28% der gesamten Erwerbsbevölkerung. Schule und Hochschule standen – im Unterschied zu heute – bis auf wenige Ausnahmen nur der weißen Wohnbevölkerung offen (Adams u.a. 1998: 498ff.). Im Unterschied zu Tocqueville, für den die soziale Gleichheit das Problem war, weil sie die Freiheit gefährde, haben deshalb andere Theoretiker das Problem in der sozialen Ungleichheit verortet, weil diese die politische Gleichheit in Frage stelle, so beispielsweise Judith Shklar (1998). Doch muss man Tocqueville dies zugute halten: Im Vergleich mit Europa und vor allem mit Frankreich war die Demokratie der Vereinigten Staaten von Amerika, die sich in der ersten Hälfte des 19. Jahrhunderts über die noch wenig moderne Gesellschaftsstruktur wölbte, „bemerkenswert egalitär" (Smith 1993: 549). Dieser Unterschied beschäftigte Tocqueville und überlagerte alle anderen Hierarchien im Amerika seiner Zeit (Shklar 1998: 67). Insoweit ist Tocquevilles Amerikabild tatsächlich verengt und „täuschend" (Smith 1993: 549). Allerdings kann man Tocqueville gegen einen beträchtlichen Teil dieser Kritik in Schutz nehmen. Furet hat das mit dem Argument getan, Tocquevilles Einseitigkeit resultiere aus der gezielten Konzentration auf Wesentliches, auf langfristig Strukturbestimmendes und darauf, Amerika als Beispiel einer reinen Demokratie ohne störende Beiklänge zu analysieren (Furet 1981: 13, 18), insoweit Marx ähnlich, dessen Hauptwerk *Das Kapital* auf der Strukturanalyse eines Kapitalismus ohne Staat und ohne Außenwirtschaft basiert.

Nicht alles, was Tocqueville für oder gegen die Demokratie sagt, kann auf die Waage gelegt werden, auf der entwickelte Demokratien gewogen werden. Entwickelte Demokratien wachsen erst Jahrzehnte nach Tocquevilles Amerika-Schrift heran. Um so bemerkenswerter ist es, wie viele wertvolle Anregungen und tiefe Einblicke in Struktur und Funktionsweise moderner Demokratien Tocquevilles Beobachtungen und Erklärungen vermitteln. Tocqueville erweist sich wirklich als „Prophet des Massenzeitalters" (Pisa 1984). Und obwohl seine Studie die demokratische Qualität Amerikas überzeichnet und die soziale und politische Ungleichheit in den USA in den 30er Jahren des 19. Jahrhundert krass unterschätzt, lässt sich eine Debatte über Vorzüge und Nachteile der Demokratie ohne Tocquevilles brillante Abhandlung *Über die Demokratie in Amerika* sinnvoll überhaupt nicht führen. Doch mehr davon im Schlusskapitel dieses Buches.

# Kapitel 1.7
## Liberale Theorie der Repräsentativdemokratie: John Stuart Mill

Auf dem demokratietheoretischen Werk von Tocqueville, dem liberalaristokratischen Theoretiker der modernen Massendemokratie in ihrer frühen Entwicklungsphase, errichtete einer der bedeutendsten Theoretiker des Liberalismus seine Demokratielehre: John Stuart Mill (1806-1873). Mill wird in England mit Problemen konfrontiert, die sich schon in Tocquevilles Amerikastudie abzeichneten, wie dem Vormarsch der Industriegesellschaft, der zunehmenden gesellschaftlichen Gleichheit, der allmählichen Erweiterung des Wahlrechts, dem Emporkommen politischer Parteien, dem Wissen um Spannungsverhältnisse zwischen Gleichheit und Demokratie auf der einen und Freiheit auf der anderen Seite und dem Gespür dafür, dass die politische Mobilisierung der Mittelklassen und der unteren Gesellschaftsschichten voranschreitet und die Politik vor große Herausforderungen stellt. Mill kennt Tocquevilles Werk über die Demokratie in Amerika (Poppé 1964). Diese Schrift begeistert ihn und der Nachweis charakteristischer Gefahren der Demokratie, insbesondere die Tyrannei der Mehrheit, bestärkt seine Befürchtungen, dass die älteren Utilitaristen, also die Theoretiker des Nützlichkeitsprinzips, Unrecht hatten, als sie Machtmissbrauch nur in nichtdemokratischen Regimen verorteten und von der Demokratie eine durchweg gemeinwohlverträgliche Politik erwarteten (Mill 1957: 123, Hampsher-Monk 1992: 394, 407f.).

**Auf der Suche nach der besten Staatsform**

Das kompliziert die Suche nach der besten Regierungs- oder Staatsform, die auch bei John Stuart Mill im Zentrum seiner politischen Schriften steht. Mill knüpft bei dieser Suche – eher implizit als explizit – auch an älteren Traditionen an. Die Idee der Mischverfassung greift er in abgewandelter Form auf, ebenso die der „gemäßigten Demokratie" (Schwan 1991), die bei John Locke angelegt und vor allem von Montesquieu ausgebaut worden war, sowie die vor allem von Rousseau vertretene Auffassung, dass die politischen Institutionen Agenturen der Erziehung und Bildung der Staatsbürger sind. Mill verknüpft diese Tradition mit der prodemokratischen Sichtweise der älteren Utilitaristen, unter ihnen die seines Vaters, James Mill, und im Besonderen mit der Utilitarismustheorie Jeremy Benthams, wonach die Förderung des größten Glücks der größten Zahl der Bürger das erste Kriterium moralisch richtigen Handelns ist. Beide ergänzt John Stuart Mill mit repräsentativdemokratischen und partizipationstheoretischen Überlegungen, der Aufwertung des Freiheitsgedankens und der Lehre der Historizität sozialer Fragen (Hampsher-Monk 1992: 385). Als Hauptproblem beschäftigen ihn dabei nicht nur die „Frage nach der Grenze der rechtmäßigen Machtausübung der Gesellschaft über das Individuum" und die Bedrohung der Freiheit durch die Tyrannei der numerischen Mehrheit (Schumacher 1994: 10). Sein Hauptproblem ist noch größer. Er sucht nach der besten Regierungsform in einem Umfeld, das durch die Spannung zwischen dem schier unaufhaltsamen Vormarsch des egalitär-demokratischen Prinzips und der Chance des Fortschritts in Aufklärung und Freiheit – aber auch der Möglichkeit, dass die Demokratie diesen Fortschritt aufhält – geprägt wird.

Die beste Regierungsform ist für Mill diejenige, welche die Tugend und die Intelligenz ihrer Bürger fördert und zugleich die Gesellschaftsmitglieder dazu befähigt, ihre Rechte und Interessen selbst zu schützen, beispielsweise durch Erziehung und Ausbildung sowie durch das Recht auf Beteiligung am politischen Willensbildungsprozess, in der Mill zugleich einen „edukativen Prozess" sieht (Ten 1998: 383, 375ff., Mill 1958). Zur besten Regierungsform gehört ferner effektives und intelligentes Regieren sowie die Verbesserung des Loses und des Charakters der Regierten (Shields 1958, Thompson 1976: 175). Politische Beteiligung und Kompetenz sind die Schlüsselbegriffe von Mills Idealstaat. Die politische Beteiligung ist für ihn ein Mechanismus, mit dem die Bürger ihre Interessen äußern, abwägen und schützen und zugleich ihre Staatsbürgerkompetenz stärken können. Für die Sache der Kompetenz tritt Mill ein, weil nur so die vorhandenen Talente und Tugenden in einer für das Gesamtwohl optimalen Weise genutzt würden (Thompson 1976: 54ff.). Dabei kommt es – erstens – auf die instrumentelle Kompetenz an, also auf die Fähigkeit, jene Ziele zu identifizieren, die am ehesten den individuellen Interessen entsprechen und die besten Mittel zur Zielerreichung auszuwählen, und – zweitens – auf die moralische Kompetenz, d.h. die Fähigkeit, diejenigen Zwecke zu erkennen, die für die Individuen und die Gesellschaft insgesamt höherwertig sind.

## Die Vorzüge und die Probleme der Demokratie

Den Kriterien der besten Staatsform genügt grundsätzlich eine Demokratie besser als alle anderen Staatsformen. Diese Kriterien trifft ferner ein Regierungssystem mit breiter Beteiligung möglichst vieler Bürger an der Willensbildung und Entscheidung über öffentliche Angelegenheiten, sofern sie zur autonomen Urteilsbildung befähigt sind, und im Idealfall aller Bürger. Da aber in jedem Gemeinwesen, das größer als eine Kleinstadt ist, die Gesamtheit der Bürger oder auch nur ein größerer Teil der Bürgerschaft höchstens an einer geringen Zahl von Entscheidungen über öffentliche Angelegenheiten persönlich beteiligt sein kann, folgt, dass nur eine Repräsentativordnung als Rahmen einer guten Regierungsform in Frage kommt (Mill 1958: 55, Letwin 1965: 339). Im Unterschied zu Rousseau versteht John Stuart Mill unter Volkssouveränität delegierte Souveränität. Für ihn ist die Repräsentation unverzichtbar. Ebenso unverzichtbar ist, das Regieren Wenigen zu übertragen, allerdings im Interesse der Vielen und kontrolliert durch diese. Für die Repräsentativverfassung spricht nach Mill zudem, dass sie kompetente und verantwortliche Politiker an die Macht bringt und ein wirkungsvolles Mittel gegen jene unerwünschte Nebenfolgen der Massendemokratie, wie sie Tocquevilles Schrift *Über die Demokratie in Amerika* analysiert hat, darstellt.

Tocquevilles Analyse bestärkt Mill in der zunehmend kritischeren Einstellung zur Machbarkeit und Wünschbarkeit einer reinen Demokratie mit umfassendem Wahlrecht (Mill 1957: 123). Besonders beeindruckt ihn die These, die Ausbreitung des demokratischen Prinzips sei unaufhaltsam wie ein Strom und könne wie dieser nur noch in die eine oder die andere Bahn gelenkt werden. In diesem Prozess nähmen zugleich die Gefahren der Demokratie und ihre besonderen Schwächen an Größe und Bedeutung weiter zu. Und das beunruhigt Mill besonders. Vor allem drei Gefahren und Schwächen der Demokratie hat er dabei im Blick. Da ist – erstens – der Mangel an qualifizierter politischer Führung in der Demokratie. Häufig ist deren Politik schlecht, ohne konsistentes System, kurzatmig und unklar. Nicht zuletzt liegt dies an der geringen Intelligenz, die in den Repräsentivversammlungen anzutreffen ist. Hinzu kommt – zweitens – die Gefahr der Tyrannei der Mehrheit. Damit hängt – drittens – die Bedrohung der geistigen Unabhängigkeit und der Intellektualität zusammen, die „tyranny not over the body but over the mind", wie Mill in der Besprechung von Tocquevilles Amerika-Buch schreibt (Mill 1985b: 216), die von der unaufhaltsamen Neigung der Demokratie und ihrer Mehrheit zum Nivellieren ausgeht (Mill 1958, 1985, Kp. IV). In seiner Schrift *On Liberty* sieht Mill diese Tendenz in dem am weitesten demokratisierten Land, den Vereinigten Staaten von Amerika, schon besonders weit vorangeschritten (Mill 1985: Kp. IV, 155).

Das Problem der Despotie der numerischen Mehrheit beunruhigt Mill um so mehr, als er die Ausweitung des Wahlrechts nachdrücklich befürwortet. Er wertet die kontrollierte Öffnung und Erweiterung von Beteiligungschancen für bis dahin ausgeschlossene Gruppen der Gesellschaft als ein Mittel gegen die missbräuchliche Ausübung von politischer Gewalt. In dem ersten Stadium seiner demokratietheoretischen Überlegungen hatte sich Mill das Heilmittel gegen schlechtes Regieren und politische Korruption sogar allein von der Einführung des allgemeinen Wahlrechts, häufigen Wahlen und geheimer Stimmabgabe erhofft. Später wandelte er diese Theorie ab (Burns 1957). Zu denken gab ihm zunehmend, dass gewählte politische Führungen häufig weder über Spezialwissen noch über die intellektuelle Qualität verfügten, die für gute Gesetze und gutes Regieren erforderlich seien. Mill strebte deshalb nicht länger nach Maximierung politischer Beteiligung, sondern nach kontrollierter Erweiterung der Repräsentativverfassung und zugleich danach, eine Institutionenordnung einzurichten, in der drei weitere Probleme zufriedenstellend gelöst werden: die Auswahl einer qualifizierten politischen Führungsschicht, die Zähmung der Mehrheit, insbesondere die Verhinderung des Mehrheitsdespotismus, und die Einrichtung wirksamer Vorkehrungen gegen Inkompetenz unmündiger Bürger bei gesicherter politischer Beteiligung kompetenter Staatsbürger.

## „Representative Government"

Hierfür unterbreitet Mill eine Reihe von Vorschlägen zur Reform der politischen Institutionen (Burns 1957). Zusammenhängende Gestalt nehmen sie in der 1861 erstmals veröffentlichten Schrift *Representative Government* an. Diese Schrift sollte, so erläuterte Mill in seiner Autobiographie, „the best form of a popular constitution" in kohärenter Form darstellen (1957: 169). Die Hauptmerkmale der idealen Repräsentativverfassung des John Stuart Mill lassen sich in dreizehn Regeln zusammenfassen.

Die erste Regel besagt: Eine erfolgreiche Repräsentativverfassung muss bestimmte gesellschaftliche Voraussetzungen erfüllen. Ein gewisser Grad der sozialökonomischen Entwicklung müsse gegeben sein, sonst fehlten die materiellen und kulturellen Voraussetzungen für die demokratische Repräsentativverfassung. Insbesondere müsse das Volk bereit, willens und befähigt sein, sich an den Debatten und Abstimmungen über öffentliche Angelegenheiten zu beteiligen. Der kritische Test der Eignung eines Volkes für eine demokratische Ordnung (popular role) sei die relative Stärke zweier gegensätzlicher Bestrebungen, deren Intensität sich von Land zu Land unterscheide, nämlich die des Strebens nach Machtausübung über andere und die der Bemühung, sich der Unterwerfung unter andere zu entziehen. Ein Volk, in dem Letzteres dominiert, eigne sich in besonderem Maße für eine Repräsentativverfassung nach Mills Rezept (Mill 1958: Kp. 4).

Der zweiten Regel zufolge muss sich die Repräsentativversammlung auf ihre eigentlichen Kernfunktionen konzentrieren. Sie ist Mill zufolge am effektivsten, wenn sie sich um jene Aufgaben kümmert, die sie besser als andere Institutionen erfüllen kann. Eine Versammlung eigne sich beispielsweise zur Aussprache, zur öffentlichen Debatte. Somit habe sie ein Vermögen, das ein individueller Akteur nicht besitze. Andererseits sei ihre Handlungsfähigkeit im Gegensatz zu einem individuellen Akteur weitaus geringer. Deshalb sollte die Repräsentativversammlung nicht nach Kompetenzen streben, die Handlungsfähigkeit voraussetzen, wie die Ausübung von Regierungsfunktionen. Die sei bei qualifizierten Experten viel besser aufgehoben. Auch bei der Gesetzgebung empfiehlt Mill der Repräsentativversammlung Zurückhaltung und weitestmögliche Delegation an Experten oder an Kommissionen der

Versammlung. Ein demokratisches „Arbeitsparlament" mit aristokratischen Leitungsstrukturen wird befürwortet, welches die Technik und die Details der Gesetzgebung an Parlamentsausschüsse delegiert, die ihrerseits stark verkleinerte Abbildungen der Repräsentativversammlung sind. Mill favorisiert somit eine modernisierte Variante der Mischverfassung: Er setzt sich für eine Regierungsform ein, welche die Fähigkeiten des „popular government", also den Fähigkeiten der Menge, mit denen der „instructed few" kombiniert, also mit den Befähigungen der Wenigen, die gelehrt, gebildet und erfahren genug sind, um gut zu regieren. Demokratie mit „expert guidance in political affairs" (Robson 1968: 239), Demokratie mit Expertenlenkung in politischen Angelegenheiten, ist Mills Erfolgsrezept.

Mills dritter Regel zufolge sind Sicherungen gegen Strukturmängel der Repräsentativordnung einzubauen. Ein potenzieller Mangel dieser Verfassung liege in ihrer relativen Kompetenzschwäche. Wie die Bürger so neige auch sie dazu, mehr anzustreben, als sie erreichen könne. Ein weiterer Defekt bestehe aus dem oftmals erfolgreichen Bestreben von Sonderinteressen, die Repräsentativversammlung zum Nachteil des allgemeinen Interesses zu beeinflussen. Hieraus resultiert nach Mill Klassengesetzgebung, d.h. Ausbeutung der Gesetzgebungsmaschinerie zugunsten einer gesellschaftlichen Klasse. Um Klassengesetzgebung zu verhindern, legt Mill großen Wert auf ein parlamentarisches Klassengleichgewicht zwischen den beiden großen sozialen Klassen der sich industrialisierenden Gesellschaft, nämlich Kapital und Arbeit; die konfligierenden Interessen sollten in einer Weise balanciert werden, dass jede Gesellschaftsklasse bzw. deren Vertretung in der Repräsentativversammlung zur Erlangung der Parlamentsmehrheit auf die Unterstützung einer anderen Klasse angewiesen ist. Mills dritte Regel basiert auf der Überlegung, zwecks Wahrung des Gesamtwohls die im Interessenkonflikt zueinander stehenden Gesellschaftsklassen und deren Vertreter zu kooperativem Verhalten zu bringen und notfalls zu zwingen.

Die vierte Regel besagt: Bekämpfe die „falsche" Demokratie und stütze die „wahre" Demokratie, die „true democracy", wie Mill sich ausdrückte. Zu den besonders gefährlichen Auswirkungen der Repräsentativverfassung zählt für Mill die „unechte Demokratie", die „false democracy". Diese ist ein Regierungssystem der Privilegien, in dem die Bürgerrechte oder die Wahlrechte von

Minderheiten bedroht sind. Das ist vor allem in der reinen Mehrheitsregierung der Fall, wo die Minoritäten nicht adäquat repräsentiert sind. Die echte Demokratie hingegen, die „true democracy", ist für Mill eine politische Ordnung mit angemessener Minderheitenvertretung auf der Basis eines strikten Verhältniswahlrechtes. Thomas Hares Plädoyer für ein Verhältniswahlrecht hat John Stuart Mill deshalb begeistert aufgenommen (Kern 1972: 313f., Robson 1968: 199f.). Mit ihm gerät er weit weg vom Typus der Mehrheitsdemokratie, der für die meisten angloamerikanischen Staaten strukturbestimmend werden sollte!

Mit seiner fünften Regel plädiert Mill für ein allgemeines, jedoch nach Würdigkeit gestaffeltes Wahlrecht. Zu den wichtigsten Aufgaben der Repräsentativverfassung zählt nach Mill die zuverlässige Verhinderung des Machtmissbrauchs der numerischen Majorität in der Volksversammlung. Ein restriktives Wahlrecht, wie es im Frühliberalismus propagiert wurde, löse dieses Problem nicht. Im Gegenteil: Die Begrenzung des Wahlrechts oder seine weitere Einengung richteten Schaden an. Sie sei ungerecht, stifte Unfrieden und verspiele obendrein den potenziellen erzieherischen Wert, den die Beteiligung an Entscheidungen über öffentliche Angelegenheiten für die Bürger habe. Stimmrecht heißt für Mill allerdings nicht zwingend gleiches Stimmrecht. Für die Forderung, jedem Bürger das Stimmrecht zu geben, kann er sich erwärmen, aber nicht für das gleiche Stimmrecht. Vielmehr bindet er das Wahlrecht an bestimmte Qualifikationen. Wahlberechtigt soll nur der Bürger männlichen oder weiblichen Geschlechts sein, der lesen, schreiben und rechnen kann und Steuern zahlt. Ausgeschlossen sind die Analphabeten, ferner diejenigen, die keine Steuern entrichten, und Personen, die von Sozialleistungen der Pfarreien und Gemeinden abhängig sind und mithin der Gemeinschaft finanziell zur Last fallen. Aber auch wenn man das Wahlrecht nur den Bürgern gibt, die zur politischen Beteiligung qualifiziert zu sein scheinen, und zwar Männern wie Frauen – Mill tritt nachdrücklich für das Männer- *und* das Frauenwahlrecht ein -, bleibt die Gefahr der Klassengesetzgebung bestehen. Zur Bewältigung dieses Problems schlägt Mill die Institution des Pluralstimmrechts („plural voting") vor – ein ungleiches Stimmrecht, das besonders befähigten Wählern zwei oder mehr Stimmen zuteilt, während die übrigen Abstimmungsberechtigten jeweils nur eine Stimme haben.

Dem Vorschlag stehen das Konzept der proportionalen Gleichheit nach Aristoteles und Tocquevilles Analyse der Demokratie in Amerika Pate. Politische Gleichheit der Art, wie sie in den Vereinigten Staaten von Amerika herrscht und weiter voranschreitet, ist für Mill der falsche Glaube und schädlich für die moralische und intellektuelle Entwicklung, weil sie den Verstand zu kurz kommen lasse und die Freiheit gefährde (Mill 1985, Kp. IV). Getreu dem Grundsatz „Some are wise, and some are otherwise" (Mill zitiert nach Ten 1998: 374), soll das Stimmrecht nach Wissen und Intelligenz gewichtet werden, und zwar so, dass die Machtbefugnis dem Wissen entspreche.

Wie kann geistig-sittliche Überlegenheit festgestellt werden? Die Basis des Pluralstimmrechts dürfe keinesfalls das Eigentum sein – John Stuart Mill ist kein engstirniger Wirtschaftsliberaler, sondern liberaler Befürworter verdienter geistig-sittlicher Überlegenheit („mental superiority"). Nach Mill bietet sich vielmehr die berufliche Position an, vor allem das Niveau der Ausbildung. Insoweit folgt er dem Vorschlag, das Wahlrecht und die politische Reife nach Bildungspatenten zu bemessen, was Max Weber in anderem Kontext als „Lieblingstraum der Literaten" bespöttelte (Weber 1984a: 350, 1984d: 229f). Als ob aus den „Examensfabriken", so Webers herablassende Bezeichnung der Universitäten (Weber 1984d: 229), politisch Klügeres hervorkäme! Allerdings sieht Mill Sicherungen gegen übermäßige Bündelung von Stimmen auf eine bestimmte gesellschaftliche Klasse vor. Das Pluralstimmrecht dürfe nicht einen Zustand herbeiführen, in dem eine Klasse, wie die der Gebildeten, alle anderen majorisieren könnte. Gewiss handelt es sich beim Pluralstimmrecht aus dem Blickwinkel entwickelter Demokratien um ein recht undemokratisches Gebilde. Doch John Stuart Mill zielt weit über den Frühliberalismus und den Wirtschaftsliberalismus hinaus. Nicht um sture Verteidigung von Eigentumsrechten geht es ihm vorrangig, sondern um die Optimierung von Kompetenz und Beteiligungschancen, kurz: um „meritokratischen Reformismus" (Smart 1990: 308). Auf Qualitätsgesichtspunkte, auf Leistung, auf Qualifikation kommt es hierbei an. Mill versäumt nicht, seinen Punkt klarzumachen: Auch dem Ärmsten stehe das Mehrfachstimmrecht zu, sofern der Kandidat den erforderlichen Standard an Wissen und Bildung nachweisen könne.

Gegen das Pluralstimmrecht hat Mill nichts einzuwenden. In dieser Hinsicht ist seine politische Philosophie ständisch. Dafür hat man ihn gescholten und ihm vorgeworfen, dass hier „ziemlich alberne viktorianische Auffassungen von der geistigen Superiorität von Universitätsabsolventen über den Rest der Bevölkerung" am Werke gewesen seien (Weale 1998: 54). In anderer Hinsicht ist Mills Programm jedoch von umstürzlerischer Radikalität. Er bricht mit der bis dahin verbreiteten – auch von seinem Vater vertretenen – Auffassung, Frauen seien vom politischen Wahlrecht auszuschließen, weil ihre Interessen in denen ihrer Väter oder Ehemänner aufgehoben seien. Das Wahlrecht solle nicht nur Männern zustehen, so John Stuart Mill, sondern auch Frauen. Aus dem Blickwinkel entwickelter Demokratien leuchtet seine Begründung ein: Die Geschlechtszugehörigkeit könne ebensowenig ein Grund für den Ausschluss vom Wahlrecht sein, wie die Körpergröße oder die Haarfarbe. Die Befürwortung des Frauenwahlrechts ist allerdings an die zuvor erwähnten Vorgaben des Wahlrechts gebunden: Voraussetzung der Wahlberechtigung soll die Befähigung zur autonom abwägenden Urteilsfällung sein.

Die sechste Regel lautet: Keine indirekten Wahlen! Indirekte Wahlen sind Mill zufolge meist mit unerwünschten Konsequenzen verbunden. Indirekte Wahlen, bei denen beispielsweise die Abgeordneten von Wahlmännern, die ihrerseits vom Elektorat ernannt wurden, gekürt werden, beschnitten den Einfluss des Volkes auf die Führung der Staatsgeschäfte. Mit diesem System kann Mill sich nicht anfreunden, zumal es im Vergleich zu Direktwahlen obendrein kaum zur Kultivierung politischer Informiertheit, öffentlicher Debatte und Erziehung der Teilhabeberechtigten beitrage.

Der siebten Regel zufolge sollen Abstimmungen in der Regel öffentlich stattfinden. Geheime Stimmabgabe ist nunmehr unerwünscht, nachdem sie in Mills früheren Vorschlägen zur Demokratisierung vorgesehen war. Die geheime Stimmabgabe, so gibt Mill nun zu bedenken, stärke selbstbezügliche Interessen. Der gesamte Vorgang einer Wahl sei eine Veranstaltung, in der es um die Herstellung und Wahrung von Vertrauensbeziehungen zwischen Wählern und Gewählten gehe, und dies solle in aller Öffentlichkeit erfolgen. Nicht zuletzt erhofft sich Mill hiervon auch verantwortungsvolles Wahlverhalten.

Die achte Regel besagt, die Finanzierung von Wahlkämpfen solle restriktiv gehandhabt und die Abgeordnetendiäten sollten knapp bemessen werden. Wahlkampfausgaben von Kandidaten will Mill strikt begrenzen, um die Wähler bei ihrer Entscheidung nicht ungebührlich zu beeinflussen. Ferner sollen die Parlamentsmitglieder keine Bezahlung erhalten. Von einem Abgeordnetengehalt befürchtet er das Schlimmste. Mit ihm rekrutiere man unweigerlich selbstsüchtige, vulgäre Personen und Demagogen. Für qualifizierte Kandidaten oder qualifizierte Abgeordnete ohne unabhängiges Einkommen hingegen erwägt Mill Sonderregelungen, beispielsweise die Subventionierung aus den Portemonees der Wähler.

Der neunten Regel zufolge soll die Amtsdauer von Abgeordneten streng begrenzt sein. Wie lange soll ein Abgeordneter nach erfolgter Wahl im Amt bleiben? Mill plädiert für einen mittleren Weg. Die Legislaturperiode soll nicht so lang sein, dass der Abgeordnete seine Verantwortung gegenüber dem öffentlichen Wohl vergesse, aber auch nicht so kurz, dass er keine nennenswerten Gestaltungschancen habe. Mill denkt an eine Legislaturperiode zwischen drei und fünf Jahren, je nach dem, ob die zugrunde liegende Tendenz auf eine aristokratische oder eine demokratische Herrschaftsform hinauslaufe. Unter Umständen komme eine 7-Jahresperiode in Frage. Die Chance der Wiederwahl solle auf jeden Fall gewahrt bleiben, weil diese mehr Nutzen und weniger Kosten als das Verbot der Wiederwahl bringe.

Mit der zehnten Regel tritt Mill gegen das imperative Mandat ein. In Übereinstimmung mit der klassisch-liberalen Repräsentationstheorie von Edmund Burke pocht er auf die freie Entscheidung des Abgeordneten. Das heißt Absage an ein imperatives Mandat, das den Repräsentanten bei Abstimmungen im Parlament an bestimmte Weisungen und Aufträge der Repräsentierten bindet. Das imperative Mandat richte nur Schaden an; es verhindere echte Verantwortlichkeit des Abgeordneten gegenüber den Wählern, und es untergrabe die Aufgabe der Volksvertreter, ihre Qualifikation für die sachgerechte, freie Erörterung und Wahl von Handlungsalternativen zu nutzen.

Der elften Regel zufolge ist eine zweite Kammer im Parlament nicht erforderlich. Das Zweikammersystem wäre nur in dem Fall nützlich, so Mill, wenn Klasseninteressen einer Mehrheit in der ersten Kammer nicht anderweitig Einhalt geboten werden könnte.

Sobald es aber um Fragen der effektiven Zügelung von Souveränität gehe, sei der geeignetste Weg ohnehin derjenige der Streuung von Macht, nicht derjenige der Teilung in zwei Parlamentskammern. Mill setzt als Hauptmittel zur Machtstreuung auf das Wahlsystem, vor allem auf das Verhältniswahlrecht und das Pluralstimmrecht. Das Wahlrecht ist für ihn der Schlüssel, mit dem man die Staatsgewalt wirkungsvoll zügeln kann.

Die zwölfte Regel lautet: Konzentriere die Autorität in der Exekutive! Als allgemeine Regel gilt Mill zufolge, Autorität und Verantwortlichkeit für Entscheidungen nicht zu teilen. Sie sind vielmehr zu konzentrieren und in einem individuellen Akteur oder einem Gremium zu bündeln, was jedoch die Heranziehung von Sachverstand seitens kompetenter Räte ebensowenig ausschließe wie die Wahl des Regierungschefs durch die gesetzgebende Versammlung. Allerdings sollten die Minister weder vom Volk noch von der Abgeordnetenversammlung gewählt werden, weil die Administration der Regierungstätigkeit besondere Qualifikationen voraussetze, die in Wahlen meist nicht angemessen berücksichtigt würden.

Mills dreizehnter Regel zufolge ist ein zentralisierter Staat dem Bundesstaat vorzuziehen. Auch hier ergreift Mill Partei für die Zentralisten und Einheitsstaatstheoretiker. Föderalistischer Theorie und Praxis gegenüber bleibt er reserviert, genau wie die überwältigende Mehrheit der politischen Theoretiker Großbritanniens. Und insoweit neigt Mill doch stärker zu einer majoritären Demokratie als beispielsweise die Autoren der *Federalist Papers*. Allerdings schließt Mill die Nützlichkeit eines Föderalismus nicht grundsätzlich aus. Förderlich könne er vor allem bei sehr großen Gegensätzen zwischen den Regionen und zwischen einzelnen Bevölkerungsgruppen sein. Andererseits erfordere eine stabile Föderation einen Basiskonsens in der Bevölkerung des gesamten Landes, ferner annähernd gleich starke Staaten und überdies Gliedstaaten von einer Größe und einem Gewicht, die ihnen verunmöglichten, mit ausländischen Staaten selbständige Beziehungen aufzunehmen.

**Würdigung von Mills demokratietheoretischem Beitrag**

Soweit John Stuart Mills politische Konzeption für die beste Regierungsform. Mill empfiehlt mit der Repräsentativverfassung eine

Ordnung, die sich einerseits offen für die Entwicklung zur modernen majoritären Demokratie zeigt und die andererseits Vorkehrungen gegen die Tyrannei der Mehrheit trifft sowie gegen Desinformiertheit und Unmündigkeit der Bürger. Mills Entwurf sieht eine Herrschaftsordnung vor, die zahlreiche Einschränkungen des Demokratieprinzips und zahlreiche Gegengewichte zur Herrschaft der numerischen Mehrheit enthält. Insoweit ist die Demokratielehre des *Representative Government* überwiegend nicht liberale Mehrheitsdemokratielehre (Weale 1998: 52), sondern eine „Theorie der qualifizierten repräsentativen Demokratie" (Göhler/Klein 1991: 460). Die Gegenüberstellung von Mills Demokratiekonzept und dem seines Mentors Jeremy Bentham zeigt dies besonders deutlich. Bentham zufolge waren für die demokratische Repräsentativverfassung vier Dinge verlangt: „Secrecy, Annuality, Equality, Universality" – also geheime Stimmabgabe, jährlich stattfindende Wahlen, gleiches Stimmrecht und allgemeines Wahlrecht (Robson 1968: 244). John Stuart Mill hatte diese Regeln beträchtlich modifiziert, und auf öffentliche Stimmabgabe, mehrjährige Legislaturperiode, Pluralstimmrecht und „Aufschub des allgemeinen Wahlrechts solange bis die Wählerschaft in geeigneter Weise erzogen werden kann", abgestellt (Robson 1968: 244).

Mills Demokratietheorie hat in Politik und Wissenschaft verschiedenartige Reaktionen hervorgerufen. Manche sehen ihn als klassischen Vertreter des britischen Liberalismus des 19. Jahrhunderts und als Exponenten der aufsteigenden besitzenden Mittelklasse des britischen Kapitalismus (Shields 1958). Dass er für Demokratie eintritt, nehmen ihm nicht alle ab. Er sei „viel zu elitistisch", um als „wahrer Demokrat" gelten zu dürfen, gab Richard Ashcraft zu bedenken (1998: 169). Später hat er ihn doch als „Theoretiker der demokratischen Gesellschaft" eingestuft (ebd.: 175). Für Mittermaier und Mair ist Mill wie Tocqueville sogar Wegbereiter „der heutigen apologetischen Demokratie-Ideologie", die Repräsentativverfassung und wahre Demokratie gleichsetze (1995: 156). Kritiker der Linken werfen Mill vor, seine Demokratisierungspläne entpuppten sich ausnahmslos als Mittel „gegen die politische Machtergreifung der Mehrheit der Arbeiter" (Bartsch 1982: 238). Vor allem die Bindung des Wahlrechts an die Fähigkeit zu lesen, zu schreiben und zu rechnen schließe notwendigerweise die arbeitende Bevölkerung vom Wahlrecht aus. Damit sei – zumindest für den Liberalismus nach Mill – „das Problem wählender Arbeiter praktisch erledigt" (ebd.: 239, ähnlich Smart 1990: 317).

Allerdings findet die radikale Kritik an Mill keineswegs überall Zustimmung. Mit guten Gründen hat man ihn gegen den Vorwurf in Schutz genommen, er sei bestimmten politischen Gruppierungen oder Gesellschaftsklassen verpflichtet. Kurt L. Shell beispielsweise wertet Mill als freischwebenden Intellektuellen, der keinem Machthaber und keiner Klasse verpflichtet sei und der die Suche nach Wahrheit zum Anliegen seiner publizistisch-wissenschaftlichen Tätigkeit mache (1971: 9). Mill selbst sieht das ganz ähnlich. Übrigens begreift er sich – vor allem in seiner mittleren und späten Schaffensperiode – ausdrücklich als Demokrat (Mill 1957, Thompson 1976). Auch kann er sich auf sein reformpolitisches Anliegen berufen und auf den Nachdruck, den er auf Leistung, Befähigung und Verdienst legt. Mit der Formel „Präferenz für meritokratischen Reformismus" hat Paul Smart den Standpunkt Mills auf den Begriff gebracht (1990: 308). Und zu Recht ist klargestellt worden, dass für Mill die Autorität einer Regierung wesentlich in ihrer Funktion, vor allem in ihrem Beitrag zur Maximierung der Qualitäten der Bürger, zu suchen ist (Smith 1998: xxv).

Im Übrigen kann man Mill selbst bei kritischer Kommentierung seiner Ausführungen zugute halten, dass er in einem Zeitalter die Sache der Repräsentativregierung und der Repräsentativdemokratie vertritt, in dem die Volksherrschaft noch keineswegs anerkannt ist, sondern allenthalben auf Gegnerschaft stößt. Sein Werk über die Repräsentativverfassung entstand am Vorabend der zweiten Wahlrechtsreform in Großbritannien von 1867 und somit auf „halbem Weg ... zwischen oligarchischer Vergangenheit der englischen Repräsentativverfassung und ihrer demokratischen Zukunft" (Kielmansegg 1988a: 48). Noch war das Wahlrecht auf einen geringen Teil der männlichen Bevölkerung beschränkt, und die Stimmung im Lande stand keineswegs auf Befürwortung weitreichender Demokratisierung. Shell hat den Sachverhalt mit folgenden Worten beschrieben: „Die Französische Revolution hatte in England nicht triumphiert – weder physisch noch geistig. Das Wahlrecht war – auch nach der sogenannten ‚großen Reform' von 1832 – auf einen winzigen Anteil der männlichen Bevölkerung beschränkt geblieben, und die zweite – größere – Wahlrechtsreform lag, als die ‚Considerations'(1861) [*Considerations on Represen-*

*tative Government* – der Verfasser] erschienen, noch in der Zukunft (1867). Der landbesitzende Adel hatte gerade begonnen, sich keineswegs reibungslos mit dem emporstrebenden kommerziellen und industriellen Bürgertum zu arrangieren. Die Krone und das House of Lords, traditionelle Stützpfeiler der alten Privilegienordnung, wurden zwar zunehmend vom Gewicht des House of Commons eingegrenzt. Aber die große Masse des arbeitenden Volkes, insbesondere das wachsende Industrieproletariat, war noch ausgeschlossen von legitimer politischer Einflussnahme" (Shell 1971: 9). Auch wahlhistorische Studien verdeutlichen das geringe Ausmaß der Demokratie im Britannien des John Stuart Mill. Vor der Wahlrechtsreform von 1867 zählte man in England und Wales in den ländlichen Grafschaften eine Wahlberechtigtenquote (in Prozent der Bevölkerung) von rund vier Prozent und in den städtischen Wahlbezirken von knapp sechs Prozent. Ein Jahr nach der Reform lagen die entsprechenden Werte zwischen sieben und acht bzw. knapp 13 Prozent (Setzer 1973: 73). Noch geringere Werte zeigt der Demokratisierungsindex von Vanhanen für die Jahre 1860-69 an. Der Anteil der bei Wahlen abstimmenden Wahlberechtigten an der Bevölkerung lag Vanhanen zufolge bei 2,8% und der Wettbewerbsgrad im Parteiensystem bei 55,7%. Folglich belief sich der Demokratisierungsgrad, den Vanhanen durch die Multiplikation beider Größen und anschließender Division durch 100 ermittelt, auf einen Wert von 1,6%, was heutzutage als autoritäres Regime und nicht als Demokratie gewertet würde (hierzu Teil III des vorliegenden Buches).

Dass Mill unter solchen Bedingungen für die Erweiterung des Wahlrechts eintritt, war mutig – und riskant. Denn niemand wusste, wie eine substanziell erweiterte Demokratie wirklich funktionieren würde. Man konnte es allenfalls anhand von Tocquevilles *Über die Demokratie in Amerika* erahnen – und diese Schrift hatte bekanntlich die Ambivalenz der Demokratie eindrücklich aufgedeckt. Den Ausbau der Volksbeteiligung zu befürworten, so wie das Mill tat, das war fast wie ein Sprung ins Dunkle (McClelland 1996: 469).

Deshalb ist es nicht verwunderlich, wenn Mills Schriften und seine Demokratisierungsempfehlungen im Besonderen unterschiedliche Reaktionen in der praktischen Politik und in der Wissenschaft hervorriefen. Das war nicht nur zu Mills Lebzeiten so, sondern auch nach seinem Tod. Die Rezeption von Mills Demokratielehre beispielsweise war lange Zeit entweder auf die elitentheoretische Komponente konzentriert, wie bei Shields (1958), oder auf den partizipationstheoretischen Gehalt, so bei Duncan/ Lukes (1963). Entsprechend unterschiedlich fielen die Zuordnungen aus. Für manche war Mills Repräsentativverfassung „eine Theorie demokratischer Elitenherrschaft" (Ballestrem 1988: 55), ja: Inbegriff elitistischer Demokratietheorie (Smart 1990: 317ff.), andere hingegen sahen ihn als Wegbereiter der partizipatorischen Demokratietheorie, so Carole Pateman (1970). Vermittelnde Positionen betonten demgegenüber – der Sache mehr angemessen –, Mills Repräsentativverfassung sei eine systematische Exposition einer Demokratietheorie (Thompson 1976). Mill will drei Funktionen der Demokratie optimieren und entwickelt dabei eine Position, die später als Sozialer Liberalismus bezeichnet wurde (Göhler/ Klein 1991: 496). Ihm ging es – erstens – um die erzieherische Funktion politischer Beteiligung. Sie ist für Mill Bestandteil der Bildung und des Mündigwerdens der Bürger. Hinzu kam – zweitens – die Protektionsfunktion, also die Verteidigung der Interessen der Bürger gegen Vernachlässigung oder Ausbeutung. An dritter Stelle ist die Führungsfunktion zu erwähnen, vor allem die Kompetenz zur politischen Führung. Die höher qualifizierten und zur Führung politischer Ämter in Frage kommenden Bürger sollen einen möglichst großen Einfluss auf die Politik und die Sicherstellung erzieherischer und protektiver Funktionen haben.

Die politische Beteiligung erörtert Mill aus der Perspektive der Optimierung individueller Nutzenkalküle und verantwortlicher Teilhabe an der Souveränität. Mikro- und Makroebene des Politischen kommen gleichermaßen zum Zug. Dies gilt auch für die Bestimmung der protektiven Funktion der Demokratie. Hinsichtlich der Führungsfunktion haben radikale Kritiker Mill vorgehalten, er habe nur die Interessen der Mittelklasse im Sinn. Doch in seinen Schriften ist anderes zu lesen. Dort geht es um die Skizzierung einer politischen Ordnung, die liberaldemokratischer Natur ist, bürgerlichen Freiheiten Raum lässt und diese sichern will. Insoweit ist Mill Parteigänger einer liberalen Staatsverfassung und nicht Fürsprecher einer bestimmten Gesellschaftsklasse.

Freilich gibt es Schwächen in Mills Repräsentativverfassung und im Demokratiegehalt seines Werkes. Aus heutiger Sicht ist Mills Demokratiebegriff – wiewohl für seine Zeit progressiv – verkürzt. Dem Demokratieverständnis des ausgehenden 20. Jahrhunderts ist Mills Votum für ein plurales Stimmrecht, für offene Stimmabgabe und Bindung des Wahlrechts an Zahlung von Steuern ein Ärgernis. Unverkennbar ist Mills Repräsentativverfassung zudem von aristokratisch gefärbten Repräsentationstheorien beeinflusst. Ferner enthält seine Lehre Zielkonflikte, problematische Annahmen, Unschärfen und tote Winkel. Entgegen Mills erklärtem Ziel, Partizipation und Kompetenz gleichermaßen zu gewichten, favorisiert seine Repräsentativverfassungslehre letztendlich die Kompetenz und die Effizienz des Regierens. Eigentümlich blind scheint Mill gegenüber möglicher Verselbständigung der politischen Führung zu sein. Die Hauptsicherung hiergegen sieht er im Wahlrecht. Doch das greift relativ zur Eigentümlichkeit der Repräsentation – der „Achillesferse der Demokratie" (Sartori 1992: 40) – zu kurz. Zu kurz greift zudem Mills weitgehende Ablehnung alternativer Machtaufteilung, beispielsweise mittels Bändigung der Staatsgewalt im Föderalismus. Das ist auch systemimmanent nicht zwingend, denn für die Verhinderung von Mehrheitstyrannei hat er nicht sonderlich feste Sicherungen vorgesehen.

Auch haben sich begriffliche Unschärfen in seine Theorie eingeschlichen. Das Allgemeinwohl beispielsweise ist eine wichtige theoretische Messgröße in Mills Güterabwägung und Urteilsfindung. Doch empirisch bleibt dieses Schlüsselkonzept entweder eigentümlich blass und unbestimmt oder es wird zu eng definiert und gemessen, beispielsweise mittels des Indikators langfristig rationaler Wirtschaftspolitik (Shell 1971: 18). Überdies gibt es eine Reihe problematischer Annahmen in Mills Schrift zur Repäsentativverfassung. Die Rechtfertigung des Pluralstimmrechtes für die Gebildeten beispielsweise fußt auf fragwürdigen Prämissen. Zugrunde liegen die Annahme, die zusätzliche Stimmkraft vergrößere nicht die Macht und den Nutzen der Privilegierten, und ferner die Vermutung, das höhere Maß an formaler Qualifikation befreie insoweit von interessengeleitetem Denken und Handeln, dass man in der Politik das objektiv Wahre, Richtige und dem Allgemeinwohl Förderliche erkennen könne (ebd.: 21). Aber was hat eigentlich der Doktor der Physik oder der Philologie mit politischer Reife zu tun? Mit diesen Worten hat Max Weber später Vorschläge hinterfragt, die denen von Mill ähneln. Weber fügte hinzu: Jeder Unternehmer und jeder Gewerkschaftsführer, der, „im freien Kampf um das ökonomische Dasein stehend, die Struktur des Staates täglich am eigenen Leibe spürt, weiß mehr von Politik als derjenige, dem der Staat nur die Kasse ist, aus der er kraft Bildungspatentes eine standesgemäße, sichere, pensionsfähige Einnahme erhält" (Weber 1984a: 351).

Ferner wird man Mill eine gewisse „Blindheit" gegenüber der gesellschaftlichen Bedingtheit individuellen Denkens und Handelns vorhalten können (Shell 1971: 21). Der Ausschluss vom Wahlrecht, den Mill für diejenigen fordert, die keine Steuern zahlen oder von karitativen Leistungen abhängig sind, zeigt eine ausgeprägt individualistisch-besitzbürgerliche Messlatte an. Auch hat der Autor des *Representative Government* offenbar nicht die schwerwiegenden politischen Folgen gesehen, die sein Plädoyer für Wahlrechtsausdehnung im England seiner Zeit höchstwahrscheinlich haben würde, nämlich die Stärkung politischer Parteien und die hierdurch bedingte Schwächung der Stellung des einzelnen Abgeordneten. Mill übersieht die „efficient parts" der Verfassung und er überschätzt die „dignified parts", so urteilt sechs Jahre nach Veröffentlichung der Schrift *Representative Government* Walter Bagehot in seinem Werk *The English Constitution* (1867) nicht zu Unrecht. Mill übersieht insbesondere, dass die eigentliche Maschinerie des politischen Entscheidungsprozesses im Kabinett zu suchen ist, nicht mehr in den altehrwürdigen Teilen der Verfassung wie der Monarchie und dem *House of Lords*. Auch hat er wohl übersehen, dass seine Reformvorschläge just den Mechanismus der „efficient parts" stärken und mit Parteipolitik aufladen würden.

In methodologischer Hinsicht schließlich fällt das weitgehende Fehlen vergleichender Beschreibung und vergleichender Überprüfung der Annahmen und Aussagen in den *Considerations of Representative Government* auf. Das ist um so merkwürdiger, als dies den wissenschaftstheoretischen Empfehlungen widerspricht, die Mill in seinen methodologischen Schriften vertritt. In der Schrift über die Repräsentativverfassung präsentiert Mill seine Theorie als etwas Allgemeines, das für unterschiedliche Länder und Zeiträume gültig werden könnte. Doch in aller Regel sind sein Erfahrungsmaßstab und -gegenstand letztlich nur die britische Politik und die britische Geschichte, mitunter angereichert vor allem durch den Erfahrungsschatz, den Tocquevilles *Über die Demokratie in Amerika* bietet. Insoweit ist das harte Urteil Shields, Mills Demokratielehre sei eine Kirchturms-Perspektive eigen, nicht ganz unberechtigt (Shields 1958: XXXIV). Doch dies war ein Ausdruck des Zeitgeistes. Nicht nur Mill hat Großbritannien irrtümlich als repräsentativ für das Ganze gewertet. Karl Marx' Analyse des Kapitalismus beispielsweise, die in der Schaffensperiode von John Stuart Mill entsteht, sollte anhand des Studiums des britischen Falls allen anderen sich industrialisierenden Ländern die zukünftige ökonomisch-soziale Entwicklung schildern! Doch wie Mill unterschätzte Marx die Besonderheiten der britischen Entwicklung und überschätzte die Verallgemeinerbarkeit des Falles Großbritannien. Gemeinsam hat Marx' Theorie mit Mill im Übrigen auch den Blick für die Wichtigkeit sozialer Klassen und Klassenspannungen in der sich industrialisierenden Welt. Doch hier enden die Gemeinsamkeiten. Mill wollte durch Bildung, politische Beteiligung und Emanzipation der schwächeren Gesellschaftsklassen über die Klassengliederung hinausgehen (Ten 1998). Marx hingegen zielte gerade auf Steigerung des Klassenkonflikts und wollte mit der Klasse, und zwar mit dem Proletariat, zur Revolution voranschreiten – in der Hoffnung, von dort zur Befreiung aller zu gelangen.

**Kapitel 1.8**
**Marx' Lehre der revolutionären Direktdemokratie**

Wie John Stuart Mill wurde Karl Marx (1818-1883) vom Aufstieg der Industriegesellschaft in England zutiefst geprägt. Der politische Standort unterschied Marx jedoch radikal von Mill (Duncan 1973). Mill war Liberaler und Demokrat, Marx hingegen Kommunist. Für Mill war die gemäßigte Repräsentativdemokratie die Staatsform, die der bürgerlichen Gesellschaft geziemt. Für Marx war die Demokratie hingegen entweder Beiwerk der Klassenherrschaft der Bourgeoisie oder ein nützliches Instrument zur Erringung der politischen Oberherrschaft der revolutionären Arbeiterbewegung und insoweit Werkzeug zur Herbeiführung des heilsgeschichtlich gedeuteten Endzustandes der Geschichte. Diesen Zustand setzte Marx in den Frühschriften mit politischer Selbstverwirklichung der Menschen gleich. Später wird an deren Stelle die politisch-ökonomische Lehre vom „Reich der Freiheit" auf kommunistischer Grundlage treten. Der „wahre Staat" sei die Demokratie, so hielt Marx noch 1843 in der Kritik des *Hegelschen*

*Staatsrechts* Hegels konstitutionell-monarchischem Idealstaat entgegen. In dieser Schrift identifizierte sich Marx mit der von Hegel abgelehnten Demokratie im Sinne der republikanischen Phase der Französischen Revolution von 1789. Die Demokratie galt ihm dort als echte Selbstbestimmung des Volkes, als „Inhalt und Form" und ihre Verfassung als „freies Produkt des Menschen" (Marx 1972a: 231). In der Demokratie werde erstmals „die wahre Einheit des Allgemeinen und Besonderen" (ebd.: 231) hergestellt, und in ihr gehe der „politische Staat" unter (ebd.: 232).

**Demokratie bei Marx**

Manche Autoren haben Marx „leidenschaftliche Verteidigung der Demokratie" bescheinigt (Springborg 1984: 538). Doch die Demokratie, die Marx interessiert, ist nicht diejenige von Tocqueville, John Stuart Mill oder der *Federalist Papers*. Sein Augenmerk gilt einer Demokratie, die über die bürgerliche Gesellschaft hinausweist. Demokratie meint nämlich im Frühwerk von Marx und in der späteren Schaffensperiode nicht in erster Linie Zustand oder Prozess einer Institutionenordnung, sondern wesentlich Form und Instrument eines heilsgeschichtlich interpretierten Übergangs zu einem idealen Endzustand. Zunächst wird dies im Sinne von Auflösung der Trennung von Staat und Gesellschaft verstanden. Im *Kommunistischen Manifest*, das Marx mit Engels schrieb, gibt hingegen schon die revolutionstheoretische Perspektive den Ton und den Takt an: „Erhebung des Proletariats zur herrschenden Klasse" (Marx/Engels 1970: 44) ist nun die Bestimmung von Demokratie. In ihr steckt die Auffassung, echte Freiheit und echte Gleichheit könnten erst nach Überwindung des Kapitalismus verwirklicht werden. Denn vor diesem Zustand sei die Politik im Kern nichts anderes als Klassenpolitik auf der Basis von Nullsummenspielen, der Staat Instrument der Klassenherrschaft der Bourgeoisie und die Staatsform nichts als eine Hülle, welche die Klassenherrschaftsmaschinerie nur notdürftig überdecke (Marx/Engels 1969: 62, Marx/Engels 1970: 482, Marx 1971). Insoweit entpuppt sich Marx' Parteinahme für die Demokratie als Parteigängertum für die proletarische Demokratie in der politischen Übergangsperiode zwischen kapitalistischer und kommunistischer Gesellschaft. „Die Demokratie, das ist heutzutage der

Kommunismus (...) Die Demokratie ist proletarisches Prinzip" – Friedrich Engels Gleichung bringt den Gedanken auf den Punkt (Engels 1958: 612). Engels ergänzt den Gedankengang an anderer Stelle durch eine instrumentelle demokratietheoretische Überlegung: Die Existenz einer Demokratie und die Nutzung des Wahlrechtes durch die Arbeiterschaft, und zwar durch Wahl einer revolutionären Linkspartei, sind nichts als ein „Gradmesser der Reife der Arbeiterklasse" (Engels 1971: 296). „Reife" meint hier Formierung des revolutionären Klassenbewusstseins. Demokratie ist Feld für revolutionären Befreiungskampf und hat darin ihre Bestimmung (Euchner 1982: 122).

**Analyse der Pariser Kommune**

Nicht ein Wert an sich kommt der Demokratie in dieser Sichtweise zu. Ihre Bedeutung ist revolutionspraktischer Natur. Das ist instrumentalistische Demokratietheorie pur. Sie prägt auch Marx' Analyse der Pariser Kommune von 1871 in *Der Bürgerkrieg in Frankreich* (Marx 1970), eine Schrift, die als „eine leidenschaftliche Anklage gegen Thiers, den Regierungschef der Republik, und mit ihm gegen das bürgerliche Frankreich" gewertet wurde (Euchner 1982: 43). Die Pariser Kommune ist das revolutionäre, auf gewaltförmigen Umsturz gegründete Stadtregime, das nach dem Aufstand in Paris im Anschluss an den Waffenstillstand im deutsch-französischen Krieg von Sozialisten und Kommunisten – den Kommunarden – von März bis Mai 1871 eingerichtet wurde. In seinen politischen Schriften feiert Marx die Kommune. Ihr historisches Verdienst sieht er in ihrem Beitrag zu einem revolutionären Akt, nämlich zur Zerschlagung der politischen Form der Klassenherrschaft des alten Staates und deren Ersetzung durch eine „Regierung der Arbeiterklasse" (Marx 1970: 490).

Eine „Diktatur des Proletariats" sei die Pariser Kommune gewesen, schrieb Friedrich Engels in der Einleitung von 1891 zu Marx' Bürgerkriegs-Schrift. Marx selber verwendete den Diktaturbegriff in seiner Abhandlung zur Pariser Kommune nicht, wohl aber in seiner *Kritik des Gothaer Programms*. Als „revolutionäre Diktatur des Proletariats" hatte er dort die politische Übergangsperiode zwischen kapitalistischer und kommunistischer Gesellschaft bezeichnet (Marx 1971: 24). Dieser Bestimmung entspricht auch die Pariser Kommune. Sie ist Marx zufolge die Staatsform und die Regierungsweise, die mit dem Staat als Herrschaftsinstrument der Bourgeoisie und als Werkzeug der Unterdrückung der Arbeiterschaft ein Ende macht. Die Pariser Kommune beschreibt Marx als eine direktdemokratische, strikt basisverwurzelte Herrschaft der Pariser Arbeiter sowie ihrer Vertreter und Bündnisgenossen. Zugleich wertet er sie als ein System radikaler Eingriffe in die politische, gesellschaftliche und wirtschaftliche Ordnung. Die Verfassung und Verfassungswirklichkeit der Pariser Kommune stellen sich Marx zufolge so dar: „Die Kommune bildet sich aus dem durch allgemeines Stimmrecht in den verschiedenen Bezirken von Paris gewählten Stadträten. Sie waren verantwortlich und jederzeit absetzbar. Ihre Mehrzahl bestand selbstredend aus Arbeitern und anerkannten Vertretern der Arbeiterklasse. Die Kommune sollte nicht eine parlamentarische, sondern eine arbeitende Körperschaft sein, vollziehend und gesetzgebend zu gleicher Zeit. Die Polizei, bisher das Werkzeug der Staatsregierung, wurde sofort aller ihrer politischen Eigenschaften entkleidet und in das verantwortliche und jederzeit absetzbare Werkzeug der Kommune verwandelt. Ebenso die Beamten aller anderen Verwaltungszweige. Von den Mitgliedern der Kommune an abwärts musste der öffentliche Dienst für Arbeiterlohn besorgt werden. Die erworbenen Anrechte und die Repräsentationsgelder der hohen Staatswürdenträger verschwanden mit diesen Würdenträgern selbst. Die öffentlichen Ämter hörten auf, das Privateigentum der Handlanger der Zentralregierung zu sein. Nicht nur die städtische Verwaltung, sondern auch die ganze, bisher durch den Staat ausgeübte Initiative wurde in die Hände der Kommunen gelegt" (Marx 1970: 487f., ohne die Hervorhebungen des Originals).

Nicht nur ihre Strukturen wiesen die Pariser Kommune als revolutionär aus – Direktdemokratie und Fusion der Staatsgewalten und nicht fein säuberliche Trennung oder Verteilung derselben kennzeichneten den Bauplan. Nicht minder radikal waren die militär-, polizei-, justiz- und kulturpolitischen Maßnahmen der Kommune. Ihr erstes Dekret regelte die Auflösung des stehenden Heeres und seine Ersetzung durch das bewaffnete Volk. Als mit Polizei und Heer „die wichtigsten Werkzeuge der materiellen Macht der alten Regierung" (ebd.: 488) beseitigt waren, so erläuterte Marx voller Zustimmung, ging die Kommune daran, die politisch-ideologische Macht des alten Regimes zu brechen und diejenigen Korporationen zu zerschlagen, die als Stütze des alten Staates galten. Der Schlag galt unter anderem den Kirchen und der Religion, die Marx immer schon als „Opium des Volkes" gegolten hatten. Marx kommentierte das Tun beifällig. Die Kommune zerschlug, so Marx' Worte, „das geistliche Unterdrückungswerkzeug, die Pfaffenmacht (...); sie dekretierte die Auflösung und Enteignung aller Kirchen, soweit sie besitzende Körperschaften waren. Die Pfaffen wurden in die Stille des Privatlebens zurückgesandt, um dort, nach dem Bilde ihrer Vorgänger, der Apostel, sich von dem Almosen der Gläubigen zu nähren" (ebd.: 488). Kaum weniger radikal waren die kulturpolitischen Weichenstellungen: „Sämtliche Unterrichtsanstalten wurden dem Volk unentgeltlich geöffnet und gleichzeitig von aller Einmischung des Staats und der Kirche gereinigt. Damit war nicht nur die Schulbildung für Jedermann zugänglich gemacht, sondern auch die Wissenschaft selbst von den ihr durch das Klassenvorurteil in die Regierungsgewalt auferlegten Fesseln befreit" (ebd.: 488). Auch die Eigenständigkeit der rechtsprechenden Gewalt spielt in der Pariser Kommune keine Rolle mehr. Auch hier standen die Weichenstellungen auf Gewaltenfusion und nicht auf Gewaltenteilung oder -trennung: „Die richterlichen Beamten verloren jene scheinbare Unabhängigkeit, die nur dazu gedient hatte, ihre Unterwürfigkeit unter alle aufeinanderfolgenden Regierungen zu verdecken (...) Wie alle übrigen öffentlichen Diener, sollten sie fernerhin gewählt, verantwortlich und absetzbar sein" (ebd.: 488).

Die Wortwahl verriet nicht nüchterne Beschreibung, sondern Mischung aus Bestandsaufnahme, Agitation und Propaganda. Aus diesem Blickwinkel wurden die Struktur und das Tun und Lassen der Pariser Kommune geradezu überschwänglich gelobt, und zwar um so mehr, als sie auch die geschichtliche Bestimmung der bürgerlich-kapitalistischen Gesellschaft einzulösen versprach. Die Pariser Kommune zielte nämlich nach Marx' Dafürhalten auf die „Enteignung der Enteigner" (ebd.: 491) und damit auf Zerschlagung des wirtschaftlichen Herrschaftszentrums der bürgerlichen Gesellschaft. Zudem zeichnete sich in der Kommune für Marx eine Keimform zukünftiger sozialistischer politischer Ordnung ab. Und so konnte Marx seine Abhandlung über die Pariser Kommune mit dem Anspruch verbinden, zugleich die Grundform einer gewaltenmonistischen revolutionären Direktdemokratie zu entwickeln.

## Gewaltenmonistische revolutionäre Direktdemokratie

Neun Hauptmerkmale umfassten die Organisationsprinzipien dieser Herrschaftsform (Bermbach 1973, 1994). 1) Grundlegend ist die Idee der basisnahen Organisation der Gesellschaft in überschaubare Einheiten, in denen die politische Souveränität ihren Ursprung hat. 2) Hinzu kommt das Prinzip der Exekution des Basiswillens gemäß der schon bei Rousseau entwickelten Lehre, wonach kollektive politische Institutionen wesentlich nur Exekutoren des Willens der Basis seien. 3) Ferner ist das Prinzip der Direktwahl aller Ämter vorgesehen. Alle öffentlichen Ämter sollten durch direkte Wahl der Kandidaten seitens der Urwähler besetzt werden. 4) Zur revolutionären Direktdemokratie gehört zudem das imperative Mandat. Jeder Inhaber eines öffentlichen Amtes ist an Weisungen der Wählerbasis gebunden; er unterliegt permanenter Kontrolle und kann durch Beschluss der Urwählerschaft jederzeit aus dem Amte abberufen werden. 5) Überdies ist als Amtsträgerbesoldung das Durchschnittseinkommen vorgesehen. Die revolutionäre Direktdemokratie soll die für die bürgerliche Gesellschaft charakteristische Trennung des Bürgers in Citoyen (Staatsbürger) und Bourgeois (im Sinne des Bürgers als Wirtschaftssubjekt) durch Rückverlagerung politischer Funktionen in die Gesellschaft aufheben. Zu diesem Vorhaben gehört die Besoldung der Amtsträger nach Durchschnittseinkommen. Der öffentliche Dienst müsse „für Arbeiterlohn" (Marx 1970: 488) besorgt werden – um die wirtschaftliche Sonderstellung der Amtsinhaber oder gar deren Verselbständigung von der Basis zu verhindern. 6) Außerdem soll die revolutionäre Direktdemokratie institutionelle Sperren gegen die Verselbständigung der Führungsschicht und gegen Bürokratie errichten. Der Schlüssel hierfür ist die Ämterrotation, die in kürzeren Abständen erfolgende Ablösung von Amtsinhabern. 7) Sozialstrukturell soll Repräsentativität gelten. Die Räte sollen die Sozialstruktur des Volkes widerspiegeln, insbesondere die politisch zentrale Stellung bislang unterworfener gesellschaftlicher Klassen. Im Bannkreis der Marxschen Theorie heißt das: die Mehrheit der Räte ist direkt aus dem Proletariat zu rekrutieren oder aus dem Kreis von „anerkannten Vertretern der Arbeiterklasse" (Marx 1970: 487). 8) Charakteristisch für die revolutionäre Direktdemokratie ist des Weiteren die Beseitigung all dessen, was der angestrebten Homogenisierung der Gesellschaft entgegenstehen könnte. Dazu zählt die Zerschlagung von organisierten Sonderinteressen in Parteien, Verbänden und Kirchen sowie die Auflösung der Gewaltenteilung zwischen Legislative, Exekutive und Judikative. Gesellschaftliche Homogenisierung und Gewaltenmonismus sind Trumpf – Pluralisierung, Gewaltenteilung oder Gewaltenbalance hingegen sind verpönt. 9) Schlussendlich basiert die Direktdemokratie auf totaler Politik. Ihr zufolge sind die direktdemokratischen Verfahrensweisen nicht auf die öffentlichen Angelegenheiten nach althergebrachtem Verständnis begrenzt, sondern umfassend und allgegenwärtig. Dem Projekt der revolutionären Direktdemokratie im Sinne von Marx liegt die Leitidee der „Totalpolitisierung" zugrunde (Guggenberger 1995: 87).

**Würdigung von Marx' Beitrag zur Demokratietheorie**

Die Lehre revolutionärer Direktdemokratie ist gefeiert und verurteilt worden. Richtungsweisend wurde sie vor allem für anarchosyndikalistische Bestrebungen, für basisdemokratisch orientierte Linksbewegungen sowie, ergänzt um die Auffassung, wonach die Kommunistische Partei die Avantgarde der Arbeiterschaft sei, für marxistisch-leninistische Partei- und Staatstheorien (Lenin 1970). Zu ihren Hauptgegnern zählen neben liberalen, christlichen und säkular-konservativen Strömungen auch der gemäßigte Flügel der Arbeiterbewegung, vor allem die Sozialdemokratie sowie liberale, christliche und säkular-konservative Staats- und Demokratietheoretiker.

Die Lehre revolutionärer Direktdemokratie ist die Lehre einer Organisationsform, die in der Praxis nur unter außergewöhnlichen Bedingungen und auf kurze Dauer überlebensfähig ist. Sie setzt ein kleinräumiges, überschaubares Gemeinwesen, hohes Niveau politischer Mobilisierung, hohen Informationsstand und ein umfangreiches Zeitbudget der Urwählerschaft voraus. Wie die geschichtliche Erfahrung lehrt, haben rätedemokratische oder räteähnliche Organisationsformen dieser Art jedoch nur eine geringe Lebenserwartung (Naschold 1969a). Wo räteähnliche Organisationen wirkten, haben sie sich alsbald als nicht überlebensfähig erwiesen. Wie beispielsweise Udo Bermbach gezeigt hat, hängt dies mit kaum einlösbaren Annahmen des Räte-Konzeptes zusammen: „auf der Ebene der Bürger hohe Informiertheit und Engagementbereitschaft, gekoppelt mit der Einsicht, die eigenen Interessen an universellen gesellschaftlichen Entwicklungsimperativen zu orientieren; auf der Ebene der Organisation das Negieren der (...) Notwendigkeit (...), Handlungs- und Entscheidungsalternativen zu selektieren – was unweigerlich zur Fraktionierung und damit zum Durchschlagen partikularer Interessen führen muß; darüber hinaus das Verkennen eines privilegierten Zugangs zu Informationsnutzung und der damit verbundenen selektiven Steuerungs- und Manipulationsmöglichkeiten durch Amtsträger; schließlich die mangelhafte Beachtung des Verhältnisses von Zentral- und Basisorganisation sowie die fast vollständige Vernachlässigung des Faktums, daß alle heutigen Gesellschaften in hohem Maße international verbunden und eingebunden sind" (Bermbach 1994: 131).

Marx' Beitrag zur Demokratielehre ist revolutionstheoretisch und revolutionspraktisch ausgerichtet. Insoweit ist die ihr eigene offene Flanke konsequent: Die revolutionäre Direktdemokratie bringt eine öffentliche Gewalt hervor, die nahezu schrankenlos agieren kann. Die aus dem Volk hervortretende Staatsmacht wird insoweit tendenziell total! Die Lehre der revolutionären Direktdemokratie sieht keine wirkungsvolle Sicherung gegen die Totalisierung der Staatsmacht vor – mit Ausnahme der basisdemokratischen Rückkoppelung des imperativen Mandats, doch die betrifft das Vertretungs- und Führungspersonal, nicht die Staatsmacht als Ganzes. Insoweit hat die Theorie revolutionärer Direktdemokratie nicht nur ein extrem egalitäres und aktionistisches Element, sondern auch einen ausgeprägt autoritären Charakter (Femia 1993) mit größter Anfälligkeit gegen totalitäre Ausdeutungen. Wie fatal eine so ungezügelte politische Herrschaftsordnung wirken kann, lässt sich auch am Tun der Pariser Kommune ablesen. Auf ihr Konto geht bekanntlich nicht nur die von Marx gefeierte revolutionäre Politik, sondern auch die Hinrichtung von 64 Geiseln. Marx hat hierfür nur Hohn übrig. Man habe eben „zur preußischen Sitte des Geiselgreifens" Zuflucht gesucht (Marx 1970: 507).

Aber nicht nur ob ihres Eiferns ist Marx' Kommune-Schrift umstritten. In politischer Hinsicht polarisiert sie zwischen Revolutionären, Reformern und Bewahrern. Auch ihr wissenschaftlicher Gehalt ist strittig. Manche werteten sie als Grundlegung konkreter politikwissenschaftlich-soziologischer Klassenkonfliktanalyse, so beispielsweise Hennig u.a. (1974). Andere sehen in ihr hauptsächlich nur eine tagesbedingte Kampfschrift (Schieder 1991: 16). Die *Schrift über den Bürgerkrieg in Frankreich* dürfe man nicht als Werk eines Historikers verstehen, sondern als „Ehrung" der Pariser Kommune, als „ein Bericht zwischen Dichtung und Wahrheit", so die Worte von Nikolaus Wenturies (1980: 168). Auch Beobachter, die von Marx mehr halten, bezweifeln die Stimmigkeit der Darstellung der Kommune-Schrift, beispielsweise Eike Hennig (1974: XC).

Marx' Abhandlung der Pariser Kommune ist von revolutionärer Gesinnung und begeisterter Zustimmung getragen. Nicht zuletzt deshalb mangelt es ihr an Kritik der Schwächen, der Defekte und der Unterdrückungspotenziale der neuen Ordnung. Insoweit vermisst man in dieser Schrift das Talent zur nüchtern-schonungslosen Analyse, das Marx in vielen Teilen seiner Strukturanalyse des Kapitalismus in *Das Kapital* entfaltet hatte. In der Kommune-Schrift tritt die Kritik jedoch hinter die Rechtfertigung der neuen Ordnung zurück. Deren Rechtmäßigkeit besteht für Marx vor allem darin, dass sie eine Herrschaftsform im Interesse „des ganzen modernen Proletariats" sei, im Interesse der arbeitenden Majorität anstelle der wenigen Aneigner gesellschaftlichen Reichtums (Marx 1970: 509).

Marx' Theorien kann man nicht ursächlich verantwortlich machen für das Tun und Lassen der Staatsmacht und der politischen Organisationen, die sich später auf seine Lehren berufen sollten. Gleichwohl besteht zwischen diesen und Marx' Lehre ein inneres Band. Marx' Demokratietheorie setzt auf die rätedemokratisch konzipierte Fusion von Exekutive, Legislative und Judikative. Mehr noch: Sie steigert die radikale Volkssouveränitätslehre von Rousseau. Sie ist zugleich Einfallstor für die Verselbständigung der Legislative, der Exekutive und der Judikative, und zwar bis zum Extremfall des terroristischen Einsatzes der Staatsgewalten gegen Missliebige. Insoweit reichen Verbindungslinien von der politischen Theorie eines Marx bis zur Theorie und Praxis marxistisch-leninistischer Partei- und Staatspolitik, wie Lenins *Staat und Revolution* (Lenin 1918), und zur Theorie und Praxis der sogenannten „Volksdemokratie" der sozialistischen Staaten Mittel- und Osteuropas bis Ende der 80er Jahre des 20. Jahrhunderts (vgl. Heuer 1990).

Spätestens an dieser Stelle wird verständlich, warum sich Theoretiker des Verfassungsstaates, wie Böckenförde (1987) und Fraenkel (1991), aber auch Fürsprecher des Anarchismus von Marx scharf abgrenzen. Die Verfassungsjuristen halten ihm die Missachtung verfassungsstaatlicher Normen vor, und für die Anarchisten war er „autoritärer Kommunist", so Michail Bakunin (1969: 178). Darin kam nicht nur Bakunins persönliche Kränkung durch Marx zum Ausdruck, sondern auch ein grundverschiedener politischer Standort.

Politisch erwies sich Marx' revolutionäre Direktdemokratie als überaus einflussreich – mit wenig segensreichen Folgen, wie beispielsweise die Theorie und Praxis marxistisch-leninistischer Partei- und Staatspolitik verdeutlichen. Doch auch in wissenschaftlicher Hinsicht ist die Lehre der revolutionären Direktdemokratie auf brüchige Pfeiler gebaut. Das gilt sowohl für die schmale und lückenhafte Empirie, wie auch für die baufällige theoretische Fundierung. Überdies enthüllt die Schrift über die Pariser Kommune einmal mehr einen grundlegenden Mangel der Gesellschaftsanalyse des klassischen Marxismus: Ihm fehlt eine empirisch und theoretisch fundierte Politiktheorie.

Verständlich wird die revolutionäre Direktdemokratielehre letztlich nur für den, der das „Gegenideal" (Sartori 1992: 439) kennt, von dem Marx sich leiten ließ. Giovanni Sartori hat es mit den folgenden Worten umschrieben: Das positive Ideal für Marx ist „eine staatsfreie, spontane harmonische Gemeinschaft, die auf wirtschaftlichem Überfluß beruht. Politisch wird die totale Freiheit (...) durch das Verschwinden der Politik erreicht, wirtschaftlich als Befreiung von allen wirtschaftlichen Zwängen – man könnte fast sagen, durch das Verschwinden der Ökonomie. Wenn es nämlich keine Notwendigkeit, keine Knappheit, keine Not, keine Arbeit (Erschöpfung, Mühe, Plage) gibt, dann ist das Reich der Ökonomie so gut wie das der Politik abgestorben" (ebd.: 439 f.). Indem aber alles wegschmilzt und abstirbt, so fügt Sartori hinzu, bleibt nur noch „ein himmlisches Reich" übrig. Damit entpuppt sich das Gegenideal als „Überideal, das hoch über den von ihm bekämpften Idealen schwebt". Doch hieraus erwächst ein weiteres Problem, so Sartori weiter (1992: 440), denn „der Himmel ist mit der Erde vergleichbar."

# Teil II
# Moderne Theorien der Demokratie

Bislang wurden in diesem Buch klassische Demokratielehren erörtert, Vorläufer moderner Theorien der verfassungsstaatlichen Demokratien. Die klassischen Lehren entstanden allesamt vor dem 20. Jahrhundert – ohne die Erfahrung entfalteter demokratischer Verfassung und Verfassungswirklichkeit. Aus dem Blickwinkel der demokratischen Theorie und Praxis des 20. Jahrhunderts erscheinen die älteren Theorien als verkürzt. Zur Vollbürgerschaft beispielsweise zählen sie nur einen – meist kleinen – Teil der Bevölkerung im Erwachsenenalter. Als ob es selbstverständlich wäre, werden große Bevölkerungsgruppen vom Stimmrecht ausgeschlossen: Fremde, auch seit langem ansässige Zugewanderte und – mit Ausnahme der Schriften von John Stuart Mill – die weibliche Bevölkerung. Vom allgemeinen, freien und gleichen Wahlrecht ist in keiner der klassischen Demokratietheorien die Rede. Überdies hängen die meisten klassischen Lehren der Auffassung an, die Demokratie gedeihe nur in Kleinstaaten. Auch vom Emporkommen politischer Parteien, Parteibeamten und Parteiführern handeln die klassischen Demokratielehren nur am Rande und wenn überhaupt, dann abwertend – abgesehen von ihrer modernsten Variante, nämlich derjenigen Alexis de Tocquevilles.

Aber vor dem 20. Jahrhundert genießt die Demokratie insgesamt keinen guten Ruf, wenngleich der Meinungswandel unübersehbar ist, der sich insbesondere auf seiten der prodemokratischen Radikalliberalen und der Fürsprecher „proletarischer Demokratie" abzeichnet. Doch außerhalb dieser Strömungen blickt man argwöhnisch auf die Demokratie. Das gilt selbst für jene Beobachter, die Tocquevilles nüchterne Bilanz der Vorzüge und Nachteile der Demokratie kennen und schätzen, so beispielsweise der Staatswissenschaftler

Robert Mohl. Tocquevilles *Über die Demokratie in Amerika* bewundert er. Der Kern der von Tocqueville beschriebenen Demokratisierung, der Vormarsch der Gleichheit, war Mohl zuwider, und alles Demokratische, was über ein monarchisch-parlamentarisches System hinausreichte, lehnte er ab. Die Ablehnung wurzelt in der Überzeugung, die Demokratie bringe notwendigerweise nur Mittelmaß hervor, sowohl politisch-personell wie auch politisch-institutionell und überhaupt in geistiger Hinsicht. Und wer den Kritikern etwa die Schweizer Demokratie auf Gemeinde- oder Kantonsbasis als funktionierendes Gegenbeispiel vorhielt, wurde belehrt, dass eine solche Verfassung vielleicht auf Kleinstgemeinwesen passe, aber für monarchisch regierte Flächenstaaten ungeeignet sei.

Vor allem in Deutschland hielt man lange wenig von der Volksherrschaft – wiederum mit Ausnahme der oben erwähnten radikalliberalen Lehre und der Anhänger proletarischer Demokratie. „Demokratie ist nicht die Endstufe und die Manifestation wahrhafter Sittlichkeit, sondern primitive Vorstufe zu einer vollendeten Staatsform". Wo zuviel Gleichheit in der Politik und in der Gesellschaft angestrebt werde, komme es zu der „allgemeinen ehrenwerten Mittelmäßigkeit". So urteilte Heinrich von Treitschke (1834-1896), ein renommierter Historiker. Treitschke stand mit seiner Abkanzlung der Demokratie nicht allein (Meier u.a. 1972: 892f.). Erst allmählich fand in Deutschland eine demokratiefreundlichere Auffassung neue Fürsprecher. Neben der Arbeiterbewegung, in der man nach Sozial-Demokratie (siehe Kapitel 2.5) oder revolutionärer Direktdemokratie strebte (Kapitel 1.8), fand man die Befürworter der Demokratie vor allem in liberalen Kreisen. John Stuart Mill war ein Vertreter des britischen pro-demokratischen Liberalismus und Friedrich Naumann, der ab der Wende zum 20. Jahrhundert für eine Koalition der „industriellen Masse" mit der Monarchie eintrat, einer der Repräsentanten des tastenden Strebens des deutschen Liberalismus nach mehr Demokratie (Naumann 1900).

Die neuen Demokratisierungsbestrebungen konnten von den älteren Demokratielehren jedoch nur bedingt lernen. Befragte man diese auf Funktionsvoraussetzungen der Demokratie, stieß man meist an die Verkürzung der Diskussion auf Kleinstgemeinwesen und auf die These, die Demokratie habe höchst anspruchsvolle Voraussetzungen, beispielsweise weitgehend homogene, nivellierte Lebensverhältnisse.

Allerdings kündeten die Unabhängigkeitserklärung der nordamerikanischen Staaten, die Französische Revolution und die Ausdehnung des Wahlrechts auf nichtbesitzende Gesellschaftsklassen von großen politischen Veränderungen in den Monarchien. An ihrer Seite wuchsen vor allem im 20. Jahrhundert politische Märkte heran, auf denen Wählerstimmen, politische Programme und Problemlösungsversprechen gehandelt wurden. Hinzu kamen die Parlamentarisierung, wodurch die Rolle der Parlamente bei der Interessenbündelung und der Kontrolle des Regierungshandelns gestärkt wurde, sowie die Einbettung semidemokratischer oder demokratischer Arrangements in verfassungsstaatliche Strukturen.

Welche Demokratietheorien entstehen auf dieser Basis? Es sind allesamt Theorien der Massendemokratie in Kleinstaaten und in großen Flächenstaaten. Und es handelt sich durchweg um Theorien von Gesellschaftssystemen, die durch zunehmende politische Mobilisierung, wirtschaftliche Entwicklung und mehr staatliche Eingriffe in gesellschaftliche und wirtschaftliche Abläufe gekennzeichnet sind. Die wichtigsten Demokratietheorien, die vor diesem Hintergrund entstehen, sind Gegenstand des zweiten Teils des vorliegenden Buches. Sein Ausgangspunkt ist der bahnbrechende Ansatz von Max Weber. Weber interpretiert Demokratie im Rahmen seiner Herrschaftssoziologie und vor dem Hintergrund der Probleme des „politischen Betriebs" im deutschen Kaiserreich. Kampf um Machtanteil, Werbung um Gefolgschaft, Konkurrenz und Auswahl kompetenter Führer beschäftigen Weber dabei besonders. Insoweit sind die Parallelen zu Webers demokratietheoretischem Werk die nachfolgend erörterte Demokratietheorie von Schumpeter und die Ökonomische Theorie der Demokratie, die von Anthony Downs geprägt wurde. Hinzu kommt die moderne pluralistische Theorie der Demokratie, deren kontinentaleuropäische Variante vor allem Ernst Fraenkel geformt hat. Sie gehört zu den Grundlagen der Theorie und Praxis in der „konstitutionellen Demokratie" (Friedrich 1966). Die Demokratietheorie der Pluralisten betont die Koppelung von Demokratie, pluralistischer Gesellschaftsstruktur und ausgebauter Verfassungsstaatlichkeit und greift stärker auf die Tradition der „gemäßigten Demokratie" der älteren Staatsformenlehre zurück als die meisten anderen modernen Theorien. Im Unterschied zur Schumpeterschen Demokratielehre und zu den ökonomischen, pluralistischen und führerorientierten Theorien setzen die Anhänger der partizipatorischen Demokratietheorie auf Maximierung politischer Beteiligungschancen der Bürger und auf zivilgesellschaftliche Demokratisierungspotenziale. Sinn und Zweck von Demokratie sind dieser Sichtweise zufolge vor allem im Eigenwert politischer Beteiligung und in aufgeklärter diskursiver Willensbildung zu sehen. Wie erwähnt, waren insbesondere seit dem Aufkommen der Arbeiterbewegung weit über das Bestehende hinausgreifende Demokratievorstellungen gang und gäbe. Die Theorie der „Sozialen Demokratie" zählt dazu, auch wenn sie nur der Schirm für im Einzelnen unterschiedliche Demokratiekonzeptionen ist, die ein reformpolitischer oder revolutionärer Aktivismus kennzeichnet. Manches hat die Theorie der Sozialen Demokratie mit den kritischen Theorien der Demokratie gemeinsam, die zusammen mit der „komplexen Demokratietheorie" (Scharpf 1970) den Abschluss des zweiten Teils dieses Buches bilden. Die kritischen Theorien sind in zwei Schulen verwurzelt: in der politikwissenschaftlich-soziologischen Weiterführung von Gedankengängen der Kritischen Theorie der Frankfurter Schule und in der neueren Ökonomischen Theorie der Politik.

Wie im Teil I gilt das Interesse im Teil II dieses Buches dem Demos-Begriff, der Methode der Demokratieanalyse sowie den Funktionsvoraussetzungen der Demokratie und ihren Schwachstellen, um nur einige Leitfragen in Erinnerung zu rufen, die in der Einleitung zum vorliegenden Band entwickelt wurden. Überdies dient dieser Teil dazu, die Leistungskraft älterer und neuerer Theorie für die möglichst exakte Beschreibung, Erklärung und Bewertung moderner Demokratien zu prüfen.

## Kapitel 2.1
## Max Weber: Theorie der Führerdemokratie

Den demokratietheoretischen Beitrag Max Weber hat vor allem die englischsprachige Fachliteratur in der „elitistischen Demokratietheorie" verortet, so beispielsweise Mark Warren (1988), Peter Breier (1996: 158f.) und Sven Eliaeson (1998). Das ist nicht falsch, wenngleich „Elite" keine Kategorie von Webers sozialwissenschaftlichem Denken war. Genauer kann man den Sachverhalt mit Webers eigenen Worten benennen, auch wenn dabei das später geborene Publikum zusammenzuckt: um herrschaftssoziologische Analyse der Form und Funktion der „Führerdemokratie" (1988c: 544) geht es Max Weber vor allem, insbesondere um „plebiszitäre Führerdemokratie" (1976: 157) auf der Basis eines demokratisierten Wahlrechts und der Parlamentarisierung des Deutschen Reiches (Weber 1984a, 1984b, 1988d). Ins Zentrum seiner Ausführungen stellt Weber dreierlei: erstens die Institutionen des Emporkommens und der Auswahl politischer Führer, zweitens die Beziehungen zwischen den Herrschenden und den Beherrschten unter besonderer Berücksichtigung des Werbens der Führer um Gefolgschaft und Bundesgenossen sowie der Legitimitätsstruktur dieser Herrschaft, und drittens das Tun und Lassen der politischen Führer und deren Funktion für eine offene, wandlungsfähige Gesellschaft. Demokratie wird in der führerorientierten Demokratietheorie nicht als Regierung des Volkes betrachtet, so hat Maurice Duverger, einer der Großen der französischen Politikwissenschaft, einmal gesagt, sondern als „Regierung des Volkes durch eine aus dem Volk hervorgegangene Elite" (Duverger 1959: 431). Welch' gewaltiger Unterschied zu Lincolns Demokratiedefinition „government of the people, by the people and for the people"! Weber aber hätte Duverger von ganzem Herzen zugestimmt und wohl hinzugefügt, nur die politische Führung tauge, die Anerkennung erwirbt und zugleich die Gegenkraft zur Bürokratisierung wird.

Die „Führerdemokratie" Webers geht mit einem Demos-Begriff einher, der im Unterschied zu den klassischen Demokratielehren tendenziell die gesamte erwachsene Bevölkerung umfasst. Die „Führerdemokratie" stellt zudem auf die Beziehungen zwischen politischer Führung und der großen Masse der Bevölkerung im Kontext von Konkurrenzkämpfen um Gefolgschaft, Werbung von Bundesgenossen und von verantwortungsethischem Handeln der Politiker ab. Zu den herausragenden Vertretern dieser Theorie zählen im deutschen Sprachgebiet neben Max Weber (1864-1920) vor allem Joseph A. Schumpeter (1883-1950), dessen Werk allerdings im Unterschied zu Webers Theorie stärker im Denkgebäude wirtschaftswissenschaftlich beeinflusster Theorien der Demokratie verankert ist und deshalb getrennt von diesem vorgestellt wird (Kapitel 2.2).

## Webers Parteinahme für Demokratisierung, Parlamentarisierung und „plebiszitäre Führerdemokratie" in Deutschland

Max Webers demokratietheoretische Ausführungen sind Teil seiner Lehre legitimer Herrschaft und seiner Politischen Schriften. Letztere dienen vor allem der Einmischung in die aktuelle Politik in Deutschland und enthalten zugleich instruktive Analysen des „politischen Betriebes" (Weber 1992: 218) des kaiserlichen Deutschlands und der politischen Ordnung, die sich nach dem Zusammenbruch der Monarchie 1918/19 herausbildet. In den Politischen Schriften setzt sich Max Weber – vor allem seit 1917 mit zunehmender Intensität – für eine Strukturreform der politischen Institutionen in Deutschland ein. Dreierlei befürwortet er: Erstens die Demokratisierung des Wahlrechts, insbesondere die Abschaffung des Drei-Klassen-Wahlrechts in Preußen mit dem Hauptziel, die Einheit der Nation auch in politischer und sozialer Hinsicht sicherzustellen. Zweitens wirbt Weber für die volle Parlamentarisierung Deutschlands, um so die Kontroll-, Debattier- und Führungsauslesefunktionen des Parlaments ebenso zu stärken wie seine Funktion der Budgetkontrolle und der Herbeiführung von Parteikompromissen. Hierdurch will Weber vor allem die Einheit des Regierens und die Einheitlichkeit des politischen Führens sicherstellen. Drittens plädiert Weber – vor allem seit 1918 – mit Nachdruck für die „plebiszitäre Führerdemokratie", und zwar auf der Basis machtvoll organisierter und miteinander konkurrierender Parteien des Typs US-amerikanischer „Parteimaschinen" (Weber 1976: 157).

Das „Recht der unmittelbaren Führerwahl" ist für Weber „die Magna Charta der Demokratie" (Weber 1988a: 224). Im präsidentiell überformten parlamentarischen Regierungssystem sieht er den Schutzschild für die „echte Demokratie": „Ein volksgewählter Präsident als Chef der Exekutive, der Amtspatronage und als Inhaber eines aufschiebenden Vetos und der Befugnis der Parlamentsauflösung und Volksbefragung ist das Palladium der echten Demokratie, die nicht ohnmächtige Preisgabe an Klüngel, sondern Unterordnung unter selbstgewählte Führer bedeutet" (ebd.).

Zum besseren Verständnis ist hinzuzufügen, dass Weber den Begriff „Führerdemokratie" unbefangen verwendet. Er schreibt in der Periode des Übergangs vom Wilhelminischen Kaiserreich zur Demokratie. Mithin kennt er nicht jene Verselbständigung einer Führerherrschaft wie im Deutschland der Jahre von 1933 bis 1945. Obendrein ist der enge Zusammenhang zwischen Webers „Führerdemokratie" und seiner Theorie legitimer Herrschaft hervorzuheben. Die Führerdemokratie ist eine der legitimen Herrschaftsformen, nämlich eine Variante charismatischer Herrschaft, „die sich unter der Form einer vom Willen der Beherrschten abgeleiteten und nur durch ihn fortbestehenden Legitimität verbirgt." In ihr herrscht der Führer „kraft der Anhänglichkeit und des Vertrauens seiner politischen Gefolgschaft zu seiner Person als solcher" (Weber 1976: 156). Zudem bindet Weber den politischen Führer nicht nur an die Legitimität, sondern auch an die Verfassung. Das ist ihm zugute zu halten. „Man sorge dafür", so schrieb er in *Der Reichspräsident*, dass der Präsident „für jeden Versuch, die Gesetze anzutasten oder selbstherrlich zu regieren, ‚Galgen und Strick' stets vor Augen sieht" (Weber 1988a: 221).

**Strukturdefekte des „politischen Betriebes" in Deutschland**

Weber will die bestmöglichen innenpolitischen Voraussetzungen für eine erfolgreiche Weltmachtpolitik Deutschlands, für Machtstaatspolitik, schaffen. Hierfür sind das Heranwachsen und die Auswahl einer fähigen politischen Führungsschicht unverzichtbar. Diese hängen wiederum ab von erfolgreicher Demokratisierung des Wahlrechts und Parlamentarisierung. Demokratisierung und Parlamentarisierung werden aber von den sozialen und politischen Institutionen des Wilhelminischen Deutschlands blockiert. Der von Weber angestrebte „Machtstaat" benötigt eine leistungsfähige politische Verfassung und einen effektiven politischen Führungsstab, doch die politischen und gesellschaftlichen Machtverhältnisse verhindern bis 1918 eine entsprechende Reform. Mit der Umwälzung von 1918/1919 entsteht zwar eine neue politische Ordnung, doch die ist im Kern ebenfalls defizitär. Die politischen Institutionen Deutschlands weisen schwere Strukturdefekte auf, so lautet Webers Urteil über die Jahre der Umwälzung und deren Vorgeschichte. Strukturdefekte des „politischen Betriebes" hat er dabei im Blickfeld und die Mängel eines „autoritär verfaßten Kapitalismus"

(Schluchter 1980), der in Deutschland die Stelle eines liberal verfassten Kapitalismus einnimmt und in der patriarchalischen Betriebsverfassung eine für Weber besonders kritikbedürftige Zuspitzung findet.

Der erste Strukturdefekt des politischen Betriebes in Deutschland vor dem Übergang zur Demokratie ist die „Machtlosigkeit der Parlamente" (Weber 1992: 218). Zwar gibt es den Reichstag, der aus allgemeinen Wahlen hervorgeht, doch bestimmt nicht der Reichstag den Kanzler und die Regierung, sondern der Kaiser oder eben der Reichskanzler selbst. Somit fehlt dem Parlament die Möglichkeit, die politische Führung zu kontrollieren. Ferner hat es keinen Einfluß auf Wahl und Abwahl der politischen Führung, auch dann nicht, wenn sich diese als überfordert zeigen sollte. Die schwerwiegendste Folge des machtlosen Parlaments aber ist die: Aus den Parteien und aus dem Reichstag wächst keine zur politischen Leitung befähigte Elite heran. Somit fehlt eine unverzichtbare Voraussetzung einer wirkungsvollen politischen Leitung der deutschen Politik, nämlich ein Parlament, das Stätte der Auslese kompetenter und verantwortungsbewusster politischer Führer ist.

Zweitens: Die Machtlosigkeit des Parlaments wiegt deshalb so schwer, weil somit ein Gegengewicht zur Beamtenherrschaft fehlt, die sich im Zuge der Bürokratisierung auch in Deutschland entwickelt hat, und zwar so weit, dass das Fachbeamtentum „nicht nur die Fachbeamtenstellen, sondern auch den Ministerposten für sich beanspruchte" (ebd.: 451). Die Beamtenschaft erledigt die alltäglichen Verwaltungsaufgaben vorzüglich, so Weber, doch von den Aufgaben tatkräftiger politischer Leitung ist sie völlig überfordert. Somit verkommt Politik zur bloßen Verwaltung. Die allerdings funktioniert bestens. Selbst die sozialdemokratische Opposition spendet ihr Beifall: „Deutschland war, als der Weltkrieg begann, das wirtschaftlich stärkste, best verwaltete und schlechtest regierte Land Europas", so war bei Friedrich Stampfer, dem Chefredakteur des sozialdemokratischen Vorwärts in der Weimarer Republik, zu lesen (Stampfer 1947). Doch die Kehrseite der guten Verwaltung ist die Rückstufung der Politik in Deutschland auf „negative Politik" (Weber 1984b: 486, 503). Das heißt letztlich kurzfristige, mehr schlecht als recht konzipierte, oftmals dilettantische Politik. Die Beamtenherrschaft untergräbt nach Weber „jedes selbstbewußte, an einer rationalen Wirtschaftsethik und an Marktkampfchancen orientierte ökonomische Handeln" (Schluchter 1985: 99). Obendrein behindert sie die einem Großstaat gebührende Machtstaatspolitik nach außen. Die Beamtenherrschaft schwächt Deutschlands weltpolitische Stellung: sie hat eine Koalition von Gegnerstaaten zusammengeschmiedet. Hierfür verantwortlich macht Weber die Führung der Außenpolitik durch den Monarchen persönlich und die Deckung dessen Linie durch die Berater, die Bürokratie und die Kreise, welche die Monarchie politisch unterstützen.

Drittens haben die politischen Parteien, die Weber grundsätzlich als Organisationen, die zugleich Disziplinierung und Konkurrenz versprechen, schätzt, im kaiserlichen Deutschland einen schwerwiegenden Mangel: Sie sind überwiegend gesinnungspolitische Gruppierungen, Weltanschauungsparteien auf Klassenbasis oder konfessioneller Grundlage und zu borniert und mittelmäßig, um gesamtstaatliche Führungsaufgaben zu übernehmen. Obendrein haben sich die beiden wichtigsten von ihnen – die katholische Zentrumspartei und die Sozialdemokratie – in einer politischen „Ghettoexistenz" eingeschachtelt und haben damit produktive Kräfte gefesselt (Weber 1984b: 503).

Entsprechend defizitär ist – viertens – der Typus des deutschen Politikers. Er hat unter den institutionellen Bedingungen des politischen Betriebes in Deutschland nicht die Macht, im gesamtstaatlichen Maßstab verantwortungsethisch zu handeln. Deshalb spielt er meist nur eine subalterne Honoratiorenrolle und neigt dazu, aus den Parteien außerhalb des Parlaments und im Parlament bloße Zünfte zu machen. Doch Zünfte sind Organisationen, die sich gegen Konkurrenz und offenen Kampf abschließen und folglich den eigentlichen Auftrag der Parteien, dem Mitwirken an der Auswahl kompetenter Führer, unterlaufen (Weber 1992: 219ff.). Und selbst dort, wo die Politik viel mehr Spielraum bekam, wie im Übergang vom monarchischen zum demokratischen Deutschland am und nach dem Ende des Ersten Weltkrieges, waren Politiker mit Charisma und Begabung zur verantwortungsethischen Führung Mangelware.

Webers Kritik am Deutschen Reich ist zugleich Kritik am autoritär verfassten Kapitalismus. Und das ist der fünfte, der politischökonomische Strukturdefekt. Wolfgang Schluchter zufolge hat Weber dabei eine Parallele zwischen dem deutschen Kaiserreich und der späten römischen Kaiserzeit gezogen. Ebenso wie das Berufsheer und die Bürokratie des Römischen Reiches den antiken Kapitalismus erstickt hätten, „so droht der dynastische Militär- und Verwaltungsstaat des deutschen Kaiserreichs den modernen Kapitalismus zu ersticken" (Schluchter 1980: 135). Das Stadtbürgertum, das eigentlich im sich entwickelnden Kapitalismus ins Zentrum der Macht rücken müsste, „sucht Erwerbskapital in Bodenrente" und strebe danach, „die bürgerliche in die feudale Haltung zu verwandeln". Somit verstärke es von sich aus „die Tendenz, die der dynastische Militär- und Verwaltungsstaat erzeugt" (ebd.: 167). Schlimmer noch: das Bürgertum entmachte sich selbst und sein Streben nach feudaler Haltung greife auch auf die übrigen nichtfeudalen Gesellschaftsschichten über, auf die Bauern, die Arbeiter, die privaten und die öffentlichen Beamten. Diesem Prozess will Weber mit seinen verfassungspolitischen Vorschlägen entgegenwirken. Zur Lösung der Probleme soll der Weg zu einem „liberal verfaßten Kapitalismus" dienen (ebd.: 168). Webers Idealbild vom liberal verfassten Kapitalismus und der zu ihm passenden politischen Struktur sieht hauptsächlich dies vor: Vorrang des Gewinns vor Rente, des politischen Wettbewerbs vor dem Amt, des Wertkonflikts vor der Werthierarchie, der Selbstbestimmung vor der Anpassung, und Vorrang der freiheitlichen Betriebsverfassung vor der patriarchalischen. Das Leitmotiv heißt: „Emanzipation des Kapitalismus aus feudalpatriarchalischer Bevormundung und Befreiung der Politik aus bürokratischen Sachzwängen" (ebd.: 115), soweit das im Zeitalter bürokratischer Herrschaft und korporatistischer Staatsintervention, wie sie sich im Deutschen Reich von 1871 herausgebildet hat (Wehler 1995: 662ff.), überhaupt noch möglich ist.

Ein sechster Mangel in Deutschlands politischem Betrieb schält sich in den Jahren des Ersten Weltkrieges heraus, vor allem seit 1916: Es ist der Tatbestand rivalisierender, intransparenter und die Zurechenbarkeit politischer Entscheidungen verhüllender Parallelregierungen, nämlich das Neben- und Gegeneinander von politischer Reichsleitung, Oberster Heeresleitung, Preußischem Staatsministerium und Bundesrat (Weber 1984e: 637ff.). Für Nichteingeweihte war nicht länger durchschaubar, wie diese Parallelregierungen die Politikführung des Deutschen Reiches gestalteten oder blockierten, und wer für die Politik letztendlich verantwortlich war. Das hatte schwere Abstimmungs- und Gestaltungsmängel in der Innen- wie der Aussenpolitik zur Folge und diskreditierte beide – bei Freund und Feind.

Hinzu kommt ein siebter Defekt, der sich im Übergang von der Monarchie zur Weimarer Republik ergibt: Dieser Übergang hat eine „führerlose Demokratie" herausgebildet (Weber 1992: 224). Das heißt für Weber: „Herrschaft der ‚Berufspolitiker' ohne Beruf, ohne die inneren, charismatischen Fähigkeiten, die eben zum Führer machen" (ebd.: 224). Dieser Defekt des politischen Betriebes ist allerdings nicht mehr allein nur dem Erbe des monarchischen Staates anzulasten, sondern auch den Architekten und Hauptakteuren des Übergangs zur Demokratie, der sich in Deutschland 1918/1919 vollzieht (Beetham 1985: 232ff.). Fatal wirken die Entscheidungen, welche nur die Macht des Parlaments mitsamt dem dort dominierenden veralteten „System der Honoratiorenwirtschaft" (Weber 1988a: 221), den dort tonangebenden „alten Berufspolitikern" (ebd.: 221), die Schar „politischer Ladenhüter" (ebd.: 222) stärkten und den ersten Reichspräsidenten von der Nationalversammlung wählen ließen, anstatt ihn vom Volk unmittelbar wählen zu lassen und seine Stellung auszubauen. Die mit der „führerlosen Demokratie" gegebene mittelmäßige Herrschaft wird sogar in dem Maße gestärkt werden, so prophezeit Weber, in dem der Bundesrat wieder ersteht und hierdurch die Macht des Reichstages und damit dessen Bedeutung als „Auslesestelle von Führern" (Weber 1992: 225) weiter beschränkt. In die gleiche Richtung wirkt das Verhältniswahlrecht, das Weber als „typische Erscheinung der führerlosen Demokratie" wertet, und zwar nicht nur deshalb, „weil es den Kuhhandel der Honoratioren um die Placierung begünstigt, sondern auch weil es künftig den Interessenverbänden die Möglichkeit gibt, die Aufnahme ihrer Beamten in die Listen zu erzwingen und so ein unpolitisches Parlament zu schaffen, in dem echtes Führertum keine Stätte findet" (ebd.: 225).

Webers Kritik und seine hierauf gegründeten Reformvorschläge schließen einen Kreis, den er 1895 bei seiner Akademischen Antrittsrede an der Universität Freiburg zu ziehen begonnen hatte. Dort hatte Weber die These entwickelt, es sei für die Geschicke eines Landes gefährlich und auf die Dauer mit dem Interesse der Nation unvereinbar, „wenn eine ökonomisch sinkende Klasse die politische Herrschaft in der Hand hält." Noch gefährlicher sei es, wenn gesellschaftliche Klassen, „zu denen hin sich die ökonomische Macht und damit die Anwartschaft auf die politische Herrschaft bewegt, politisch noch nicht reif sind zur Leitung des Staates" (Weber 1988c: 19). Beides droht Deutschland und ist der Schlüssel zu den Gefährdungen und Chancen des Landes. So Weber im Mai 1895. Dieses Strukturproblem Deutschlands hat die Politik und Wirtschaft auch nach 1895 geplagt. So jedenfalls argumentiert Weber in seinen tagespolitischen Schriften während des Ersten Weltkrieges. Ferner unterstreichen diese Schriften seine Auffassung, dass auch am Ende des Ersten Weltkrieges keine der gesellschaftlichen Klassen zur politischen Führung des Landes befähigt sei. Schließlich begründen Webers Politische Schriften die Botschaft, wonach zur Bewältigung dieses Strukturproblems eine demokratische Transformation der Herrschaftsordnung mit starker führerdemokratischer Komponente vonnöten sei (Beetham 1985: 216f.).

Für die Befürwortung der Parlamentarisierung Deutschlands erhielt Weber viel Beifall aus dem Lager der Demokratieanhänger. Doch seine Lobpreisung der „Führerdemokratie" irritiert vor allem das Publikum, das nach Weber aufgewachsen ist und den Nationalsozialismus aus leidvoller Erfahrung oder leidgeprüfter Überlieferung kennt. Was führte Weber zu beiden Empehlungen, also zur Parlamentarisierung und zum flammenden Appell, der Beamtenherrschaft des kaiserlichen Deutschlands und der „führerlosen Demokratie" (Weber 1992: 224) im Sinne einer Herrschaft von Berufspolitikern ohne innere Berufung, ohne innere charismatische Qualität und zugleich als Herrschaft des Klüngels, die sich 1918/ 1919 in Deutschland herausgebildet habe, mit der „plebiszitären Führerdemokratie" zu Leibe zu rücken?

Zum besseren Verständnis ist es nützlich, Webers politischen Standort und seine Sicht der Politik im Deutschen Reich von 1871 zu beleuchten. Wer könnte das besser als Rainer Lepsius, einer der führenden Weber-Experten? Lepsius hat Webers politische Ansichten mit folgenden Worten skizziert: „Er lebte von 1864-1920, und wenn man davon ausgeht, daß ein Mensch mit etwa 16 Jahren aktiv am politischen Leben teilnimmt, dann ist Weber ziemlich genau ein Zeitgenosse der deutschen Politik von 1880-1920, also vom Ende der Kanzlerschaft Bismarcks bis zur Gründung der Weimarer Republik. Eine außerordentlich dramatische Zeit, in der sich das politische System in Deutschland grundlegend geändert hat. Weber wurzelte in der national-liberalen Tradition des Bürgertums. In Berlin aufgewachsen, wurde er über den Vater, einen berufsmäßigen Stadtrat und national-liberalen Abgeordneten im

Reichstag und im preußischen Abgeordnetenhaus, direkt in die Erfahrung des politischen Prozesses der Reichshauptstadt einbezogen. Aus dieser Tradition kommend, änderte Weber in den Jahren bis 1920 seine politischen Grundvorstellungen wesentlich. Er gehörte zu den sehr wenigen Personen, die, aus einem national-liberalen bürgerlichen Hause kommend, ein demokratisches System befürworteten, zu den Parteien eine kritische, aber systematisch positive Einstellung einnahmen, denen am Parlamentarismus und seinem kraftvollen Funktionieren wesentlich gelegen war, und deren dauernde Sorge sich auf die Ausbildung einer kraft- und verantwortungsvollen politischen Führung, nicht einer bloßen Verwaltung der Politik richtete" (zitiert nach Gneuss/Kocka 1988: 25).

Was bewirkt den Wandel von Webers politischen Grundvorstellungen? Warum befürwortet Weber die Demokratisierung des Wahlrechts, die Parlamentarisierung und die plebiszitäre Führerdemokratie? Dafür bringt Weber systematisch-soziologische Argumente und genuin politische Erwägungen in Anschlag. Die systematisch soziologischen Gründe hat Wolfgang Schluchter wie folgt rekonstruiert: Vom demokratischen Wahlrecht verspricht sich Weber „die Institutionalisierung eines Prinzips, das gegen ständische Monopole gerichtet ist. Denn es begünstigt die Klassenlage vor der ständischen Lage in der Gesellschaft und dient damit der Öffnung der sozialen Beziehungen in einer Situation, in der die dominierende Herrschaftsstruktur aus einer Art Kombination geburts- und berufsständischer Privilegien resultiert" (Schluchter 1985: 101). Von der Parlamentarisierung erhofft sich Weber die Einsetzung eines Prinzips, „das gegen die Monopolisierung der ‚Berufspolitik' durch die Verwaltung und gegen deren Wissensmonopol gerichtet ist" (ebd.: 101f.). Und von der plebiszitären Führerwahl verspricht sich Weber „die Institutionalisierung eines Prinzips, das gegen die Einengung des freien Zugangs zur Macht durch Parteibürokratie und Parlament einerseits, gegen die ‚Meritokratie' in der Politik andererseits gerichtet ist" (ebd: 102).

Weber hat seine Parteinahme für die Demokratisierung Deutschlands aber auch auf politische Erwägungen gegründet. Wie schon in seiner Freiburger Antrittsvorlesung von 1895, zielt er erneut auf Befestigung des deutschen Nationalinteresses, das er in einem starken, auf die Folgebereitschaft der breiten Schichten des Volkes gestützten, innen- und außenpolitisch handlungsfähigen nationalen

Machtstaat verkörpert sieht (Mommsen 1984: 7ff., 1993: 37f., Nipperdey 1992). In der Demokratisierung und Parlamentarisierung verortet er zudem die unabdingbare Voraussetzung dafür, dass Deutschland den Krieg nicht verliert, in dem auf ihn folgenden Frieden nicht zu kurz kommt und zukünftig wieder eine energische Weltmachtpolitik praktizieren kann, um somit auf längere Sicht den Lebensstandard und die wirtschaftliche Zukunft der gesamten Nation zu sichern (Mommsen 1993). Vom allgemeinen und gleichen Wahlrecht erhofft Weber ferner die Einbindung politisch potenziell gefährlicher Schichten, vor allem die Integration der aus dem Krieg heimkehrenden Soldaten und der Arbeiterschaft. Hinzu kommt die grundsätzliche Wertschätzung, die er Wettbewerb, Kampf und Auslese entgegenbringt. Überdies muss man die politisch-philosophische Tradition berücksichtigen, der sich Weber verpflichtet fühlt. Befürworter der Demokratie ist er nicht aus naturrechtlichen Gründen. Viel stärker als das naturrechtlich-egalitäre Moment kommt bei ihm das individualistisch-aristokratische Element des europäischen Liberalismus zum Tragen (Bendix 1964, Mommsen 1974a). So übernimmt er den Grundgedanken des Liberalismus, „daß eine Elite wirtschaftlich und gesellschaftlich unabhängiger Persönlichkeiten am besten geeignet sei, stellvertretend für die ganze Nation zu sprechen" (Mommsen 1974a: 46f.) und setzt dies dem blinden Walten des Majoritätsprinzips entgegen.

Und mit welchen politischen Argumenten befürwortet Weber die „plebiszitäre Führerdemokratie" so nachdrücklich? In ihr sieht er das „Ventil für das Bedürfnis nach Führertum" (Weber 1992: 225). Für Deutschland im Jahre 1919 heißt dies konkret: plebiszitäre Wahl und Abwahl des Reichspräsidenten, und nicht Wahl durch das Parlament, wie im Fall des ersten Reichspräsidenten der Weimarer Republik. Von einem plebiszitär legitimierten Präsidenten erhofft Weber viel. Sein Aufsatz *Der Reichspräsident* für die Berliner Börsenzeitung vom 25.2.1919 zeigt dies besonders deutlich. Ein Gegengewicht zum exekutivföderalistisch untermauerten Bundesrat soll der Präsident sein. Mitwirken soll er an der Bewältigung der gewaltigen Aufbau- und Neubaumaßnahmen in Staat und Gesellschaft nach dem Kriege. Die besten Köpfe für die Politik sollen durch die Direktwahl gewonnen werden. Überdies erhofft Weber sich vom Reichspräsidenten ein Widerlager gegen das von Sonderinteressen beherrschte Parlament und gegen die unheilvolle Mehrheitsherrschaft der Parlamentsabgeordneten, ferner die Bekräftigung der Reichseinheit und eine Gegenkraft zur von Preußen dominierten Ämterpatronage (Weber 1988a). Obendrein schreibt Weber der plebiszitären Führerdemokratie legitimatorische Stabilisierung zu. Der plebiszitär gewählte Reichspräsident könne das „Vakuum an Legitimitätsgeltung" füllen helfen, das durch den Sturz der Monarchie und den Kontinuitätsbruch von 1918/1919 entstanden sei (Mommsen 1974a: 63).

**Herrschaftssoziologie der Demokratie**

War Max Weber überzeugter Anhänger der Demokratie? Manche bejahen die Frage, beispielsweise Iring Fetscher (1970: 42) und Wolfgang J. Mommsen (1993). Andere verneinen sie mit Hinweis auf Webers Fixierung auf den Führertyp, so Georg Lukacs (1962: 533, 538) und Rongfen Wang (1997: 160, 186f.). Weber selbst erklärte seine Haltung zur Demokratie zweckrational: Demokratie sei ihm nie Selbstzweck gewesen, schrieb er beispielsweise 1917 in *Das preußische Wahlrecht*. Ihn interessiere allein dies: die „Möglichkeit einer sachlichen nationalen Politik eines starken nach außen geeinten Deutschlands" (Weber 1984d: 234). Er wisse, dass im alten monarchischen Regime im Lande „die deutsche Politik in der Welt erfolglos bleiben werde und müsse" (ebd.: 234, Anter 1995: 87f., Mommsen 1989: 25f.).

Wer Webers Wertschätzung von Robert Michels kennt, der zum Parteigänger des italienischen Faschismus wurde, könnte mutmaßen, Weber wäre von den – im Breuerschen Sinne – gefolgschaftsdemokratischen Elementen faschistischer Parteien oder der NSDAP ebenfalls in den Bann gezogen worden (Gerth/Mills 1991: 43). Doch diese Probe musste Weber, der 1920, noch vergleichsweise jung an Jahren verstarb, nie bestehen. Und so wird man unter Abwägung der Positionsveränderungen in Webers politischem Denken die Frage nach seiner Stellung zur Demokratie wie folgt beantworten können: Weber war ein Wissenschaftler und politisch engagierter Intellektueller, der vor allem in seinen während des Ersten Weltkrieges verfassten Analysen des Deutschen Reiches die Idee der Demokratie zunehmend konkretisierte, in ein breiter gefasstes Konzept einer offenen Gesellschaft einbaute und dabei seinen nationalliberalen Ansatz zurückstufte (Beetham 1985, Cappai 1994: 160f., 171f., Käsler 1995). Mit seiner Betonung von Konflikt und Konkurrenz, Kräftemessen und Auslese unterschied er sich vom politischen Ideal der deutschen Eliten, aber auch von allen verhandlungsdemokratischen Arrangements. Im Gegensatz zum Glauben, dass Interessenkonflikte am besten allein durch Eliten zu entscheiden seien, ergriff Weber Partei „für den Parlamentarismus und für das Recht der Teilnahme aller Parteien am politischen Prozeß, auch der Sozialdemokraten, für die freie Organisation der Interessen der Arbeiterschaft in Gewerkschaften, für den Wettbewerb auf dem Markt, zwischen den Parteien und den verschiedenen, in Institutionen verfaßten Wertsphären der Kultur, d.h. für eine offene Gesellschaft" (Lepsius in Gneuss/Kocka 1988: 46). Das sind Konkretisierungen der Idee der Demokratie, und zwar Konkretisierungen zugunsten von Institutionenordnungen, die, wesentlich mehrheitsdemokratisch und plebiszitär ausgerichtet, vor allem Kampf, Wettbewerb sowie Werbung von Bundesgenossen und Gefolgschaft betonen. Hiervon erhoffte sich Weber zugleich die Stärkung von nationalen Werten und Gegenmittel zur Bürokratie.

Mit seiner Parteinahme für eine Demokratie, welche die große Masse der Bevölkerung einbezieht und einen institutionellen Kompromiss zwischen parlamentarischem und präsidentiellem Regime anstrebt, greift Weber weit über das hinaus, was die klassischen Demokratietheorien als möglich und zulässig betrachtet hatten. Dass ein Großstaat demokratisiert werden kann, ist für Weber selbstverständlich, wenngleich der Preis hierfür notwendig „eine bürokratisierte Demokratie" ist, denn sie ersetzt den aristokratischen Ehrenbeamten durch ein bezahltes Berufsbeamtentum (Weber 1984c: 606). Dass zur Demokratie Repräsentativverfassung und Plebiszit gehören, hält er für selbstverständlich. Auch hat der Demos bei Weber eine der Moderne geziemende Größe. Allerdings misst Weber dem Staatsvolk nur bedingte Rationalität zu. Die Masse kann nur bis übermorgen denken, so gibt er zu bedenken, denn sie ist erfahrungsgemäß „stets der aktuellen rein emotionalen und irrationalen Beeinflussung ausgesetzt" (Weber 1984b: 549). Aber dennoch umfasst der Kreis der Teilhabeberechtigten bei Weber tendenziell die gesamte erwachsene Bevölkerung. Hinsichtlich der Herrschaftsformen stellt Weber klar, dass die Demokratie eine Ordnung der Institutionen öffentlicher Willensbildung ist, die vor allem durch Wahl und Abwahl der politischen Führung durch das Stimmvolk bestimmt wird. Ferner hegt er keinen Zweifel daran, dass Konstruktionen wie Volkswille oder wahrer Wille des Volkes nicht anderes sind als „Fiktionen", so seine Wortwahl im Brief vom 4. August 1908 an Robert Michels (Weber 1990: 614). Zudem weiß Weber besser als viele andere, dass im modernen bürokratischen Staat der Spielraum für die Demokratie eng begrenzt ist. Denn über viele Angelegenheiten des öffentlichen Lebens herrscht nicht das Volk, sondern die Verwaltung. Und die Bürokratie, darüber besteht für Weber kein Zweifel, ist weiter auf dem Vormarsch.

Darin erschöpft sich Webers Beitrag zur Demokratietheorie nicht. Ihm sind zudem aufschlussreiche Einordnungen der Demokratie in die Herrschaftssoziologie zu verdanken. Gewiss: Weber führt den Leser dabei mitunter durch ein „Labyrinth" (Breuer 1994: 176). Doch fällt bei dieser Führung auch nützliches Begriffswerkzeug ab. Zweifelsohne ist Demokratie aus dem Blickwinkel von Webers Herrschaftssoziologie ein Unterfall von Herrschaft kraft Autorität, ein Unterfall also der Chance, für Befehle bei einer angebbaren Gruppe von Menschen Gehorsam zu finden, und zwar kraft Befehlsgewalt und Gehorsamspflicht, im Gegensatz zur Herrschaft kraft Interessenkonstellation, wie in monopolistischer Lage (Schluchter 1988). Zweifelsohne gehört ein bestimmter Demokratietypus zur charismatischen Herrschaft, die „kraft affektueller Hingabe an die Person des Herren und ihre Gnadengaben (Charisma), insbesondere: magische Fähigkeiten, Offenbarung oder Heldentum, Macht des Geistes oder der Rede" existiert (Weber 1988b: 481). Ein Beispiel ist die plebiszitäre Führerdemokratie. Unstrittig ist ferner, dass man es im Fall des sogenannten Wahlbeamtentums – eines direktdemokratisch gewählten Magistrats – mit einer im Sinne von Weber legalen Herrschaft mit demokratischem Verwaltungsstab zu tun hat. In ihr basiert die Anerkennung des Herrschenden „auf dem Glauben an die Legalität gesatzter Ordnungen und des Anweisungsrechtes der durch sie zur Ausübung der Herrschaft Berufenen" (Weber 1976: 124).

Webers Herrschaftslehre hat drei Haupttypen legitimer Herrschaft unterschieden. Neben der legalen und der charismatischen Herrschaft ist die traditionale Herrschaft die dritte im Bunde. Die traditionale Herrschaft beruht „auf dem Alltagsglauben an die

Heiligkeit von jeher geltender Tradition und die Legitimität der durch sie zur Autorität Berufenen" (ebd.: 124), wie die patriarchalische Herrschaft eines Familienchefs, eines Sippenoberhauptes oder eines Landesvaters. Weber wich allerdings mitunter von der dreigliedrigen Herrschaftstypologie ab und erörterte die Demokratie als vierten Legitimitätsgedanken. So geschah es in einem Vortrag im Jahre 1917, in dem er ausführte, die Entwicklung des modernen abendländischen Staatswesens sei gekennzeichnet „durch das allmähliche Entstehen eines vierten Legitimitätsgedanken ( ... ), derjenigen Herrschaft, welche wenigstens offiziell ihre eigene Legitimität aus dem Willen der Beherrschten ableitet" (zitiert nach Breuer 1994: 176). Ausdrücklich erwähnt wird der Begriff „demokratische Legitimität" im dritten Kapitel von Wirtschaft und Gesellschaft, in dem Weber die „herrschaftsfremde Umdeutung des Charisma" erörtert. Die herrschaftsfremde oder antiautoritäre Umdeutung des Charisma ist folgenreich. Die Anerkennung des Herren durch die Beherrschten wird nicht länger als Folge von Legitimität, sondern als Legitimitätsgrund angesehen. In diesem Fall wird der Herr „zu einem Herren von Gnaden der Beherrschten" (Weber 1976: 156). Man muss Weber wohl so verstehen, dass es in diesem Fall aus ist mit der Herrlichkeit. Denn einen Herren von Gnaden der Beherrschten können diese „frei nach Belieben wählen und setzen, eventuell auch: absetzen" (ebd.). Welch' Entzauberung von Herrschaft!

Die aufregende Lehre von der Demokratie als antiautoritäre, herrschaftsfremde Veranstaltung hat Stefan Breuer zu einer interessanten Neugruppierung von Webers Bausteinen zur Demokratietheorie angeregt. Breuer schlägt vor, Webers Sichtweise der demokratischen Legitimität als herrschaftsfremdes Prinzip auszubauen. Eine Bewegung, die sich auf den Willen der Beherrschten beruft und die den Herren an die Kette ihres Willens legt, ist tatsächlich revolutionär. Sie ist für Weber gleichbedeutend mit Durchbrechung des Herrenrechts und revolutionärer Usurpation (Weber 1976: 742, 749). Eine solche Bewegung zielt auf einen Zustand, in dem eine Herrschaftsstruktur mit genau definierten Rollen, Rechten und Pflichten durch eine „Antistruktur" abgelöst wird (Breuer 1994: 179). In dieser „Antistruktur" sind die Ordnungen und Regeln des Alltags außer Kraft gesetzt. In ihr gehen soziale Beziehungen, die normalerweise fixiert sind, in einen Zustand über, der

„offen und fließend ist und in dem die Individuen sich nicht als Träger von Rollen und Rollensegmenten gegenübertreten, sondern als ganze, konkrete Personen" (ebd.: 179). Normalerweise handelt es sich bei einer „Antistruktur" um einen außergewöhnlichen Zustand relativ geringer Dauer.

Mit Hilfe der Unterscheidung zwischen „Struktur" und „Antistruktur" konstruiert Breuer eine neue Demokratientypologie. Diese teilt die verschiedenen Formen der Demokratie nach zwei Gesichtspunkten ein: danach, „ob sie in der Antistruktur verharren oder den Schritt zur Struktur vollziehen", und danach, „ob sie mehr persönliche oder überpersönliche (sachliche) Lösungen bevorzugen." Die Kreuzung beider Dimensionen ergibt vier Typen. Der erste Typ ist definiert durch dauerhafte Antistruktur und überpersönliche Regelung der Beziehung zwischen Herren und Beherrschten. Hier handelt es sich um den Typ der unmittelbaren Demokratie. Der zweite Typus erwächst aus der Kreuzung von Antistruktur und personalem Charisma. Weber hat diesen Typus unter Bezugnahme auf religiöse Bewegungen und die Gefolgschaft eines Kriegerfürsten erörtert und dem Sinne nach als Gefolgschaftsdemokratie gedeutet. Breuer geht darüber hinaus, indem er in dem hier geschaffenen Typus der Gefolgschaftsdemokratie auch den Prototyp einer Verbindung zwischen einem faschistischen Führer und der zur „Volksgemeinschaft" erklärten Gefolgschaft sieht. Der dritte Demokratietypus ist durch die Kombination von Struktur und sachlicher, überpersönlicher Regelung des Herrschaftsproblems gegeben. Hieraus entsteht der Typ der repräsentativen Demokratie, der herrschaftssoziologisch der legalen Herrschaft entspricht. In ihm rücken die Repräsentanten, die Abgeordneten, in zentrale Positionen. Den vierten Typus kennzeichnet die Kreuzung von Struktur und persönlicher Regelung des Herrschaftsverhältnisses. Dies ist der Typus der plebiszitären Demokratie oder der plebiszitären Führerdemokratie. Schlussendlich kann man Breuers vier Typen der Demokratie in mannigfache Untertypen gliedern, beispielsweise in solche mit oder ohne Gewaltenteilung, in liberal oder autoritär verfasste, und in Herrschaftsformen, in denen Parteien wichtig oder unwichtig sind.

Das sind nützliche Vorschläge. Sie führen aus dem „Labyrinth" von Webers demokratietheoretischen Botschaften heraus. Obendrein ergänzen sie die Demokratietypologien durch die genauere

Identifizierung charismatischer Demokratieformen. Am Ende von Breuers Typologie angelangt, kann man allerdings nachvollziehen, warum Weber letztlich auf den vierten Legitimitätstypus verzichtet hat. Man kommt zur Not ohne ihn aus. Demokratische Herrschaft kann traditional, legal oder charismatisch legitimiert sein. Allerdings ist im Fall der demokratischen Legitimation zu bedenken, dass der Demos oder die Mehrheit desselben letztendlich der Herr ist und die vom Demos eingesetzten Regierenden tatsächlich nur Herren auf Widerruf sind. Der demokratischen Herrschaft steht die Vergänglichkeit des Herrschens auf die Stirn geschrieben.

## Würdigung von Webers Beitrag zur Demokratietheorie

Max Weber hat der Demokratietheorie Substantielles hinzugefügt. Die herrschaftssoziologische Durchleuchtung der Demokratie und die Möglichkeit, diese Perspektive weiterzuentwickeln, gehören ebenso dazu wie die kritische Bestandsaufnahme der Strukturschwächen in Deutschlands politischem Betrieb, wenngleich Webers Mängelliste unvollständig ist. Ihr fehlt beispielsweise die genauere Herausarbeitung der sich überlappenden Modernisierungskrisen, der unantastbaren Sonderrolle des Militärs, des Sozialimperialismus und des Antisemitismus (Wehler 1995), und ferner hat Weber manche der Errungenschaften des Kaiserreiches unterbewertet oder unerwähnt gelassen (beispielsweise den Aufbau der staatlichen Daseinsvorsorge auf kommunaler und gesamtstaatlicher Ebene) (Nipperdey 1992, Wehler 1995). Zu den besonderen demokratietheoretischen Leistungen Webers gehört sodann die kühne These, dass die Schwächen des politischen Betriebes des Kaiserreichs durch Demokratisierung des Wahlrechts, Parlamentarisierung und plebiszitäre Führerdemokratie überwunden werden könnten. Und ferner kann man ihm die weitsichtige These zugute halten, dass sich die Demokratie mehr als andere Herrschaftsformen für Wettbewerb eigne, für Offenheit und für Anpassung an veränderte Verhältnisse.

Allerdings enthält der Beitrag Webers zur Demokratielehre auch Schwächen. Vier Mängel springen ins Auge. Ein erstes Problem von Webers Demokratielehre liegt in seiner auf Hierarchie und Wettbewerb zugeschnittenen Sichtweise der Politik. Diese ist für die Analyse vielgliedriger politischer Systeme und Gesellschaften nicht komplex genug. Sie vernachlässigt nicht nur den Demos, vor allem dessen Eigenheiten und Eigensinn, sondern auch die Interdependenzen zwischen Demos und politischen Führern sowie das Gegen- und Miteinander von politischen Eliten. Überdies unterschätzt Weber offenkundig das Verselbständigungspotenzial eines charismatischen Führers (Heidorn 1982, Kershaw 1998), auch wenn ihm die Verselbständigung von Führungen seit seinen organisationssoziologischen Studien vertraut ist. Überschätzt wird von Weber hingegen lange die Eignung des demokratischen Wettbewerbs zur Herausbildung kompetenter politischer Führer. Schon Tocqueville hatte dies skeptisch beurteilt. Und wenige Jahre nach Webers Tod wird Carl Schmitt Webers Prognose, das Parlament werde eine neue handlungsfähige politische Elite formen, verhöhnen können (Schmitt 1926: 8). Allerdings konnte Schmitt dabei an die überaus kritische Darstellung der „führerlosen Demokratie" anknüpfen, die Weber beispielsweise in *Der Reichspräsident* und in *Politik als Beruf* entwickelte und von der er behauptet, sie kennzeichne Deutschlands Lage im Jahre 1919.

Der zweite Mangel von Webers Theorie der Führerdemokratie besteht aus ihrer ausgeprägt spekulativen Komponente. Wie eine entwickelte Demokratie funktionieren würde, gar noch eine Demokratie, die teils parlamentarisch, teils präsidentiell sein sollte, konnte weder Weber noch ein anderer Zeitgenosse wissen. Selbst Webers Vorbilder – die USA und England – waren zur Zeit des Ersten Weltkrieges nach heutzutage üblichen Standards noch keine vollen Demokratien (Vanhanen 1984). Und wie eine plebiszitäre Führerdemokratie in Deutschland wirken würde, konnte zu Webers Zeit niemand auch nur ahnen. Der feste Glaube an ihr Funktionieren zeigt, dass selbst für den ansonsten so kühl analysierenden Weber die Demokratie zum „Inbegriff rettender Zukunftserwartungen" (Meier u.a. 1972: 895) geworden war. Insoweit war Webers Parteinahme für Demokratisierung, Parlamentarisierung und Führerdemokratie in Deutschland ein gewaltiger Sprung ins Dunkle. Weber hoffte, er gelänge dennoch und würde mit wohl behaltener Landung abgeschlossen. Doch damit behielt er nur wenige Jahre Recht. Alsbald wurde der Reichspräsident der Weimarer Republik vom Volk gewählt, so wie Weber das erhofft hatte. Doch hierdurch wurde die Demokratie in Deutschland – im Gegensatz zu einer weiteren Hoffnung Webers – wirklich nicht leistungsfähiger. Schlimmer noch: 1933 endet die erste deutsche Demokratie in der vom Reichspräsidenten zu verantwortenden Machtübergabe an Adolf Hitler. Obendrein verkörperte Hitler zu einem sehr beträchtlichen Grad einen weberschen plebiszitären Führer, der aus dem politischen Kampf und Wettbewerb als Gewinner hervorgegangen war und im Zusammenspiel mit einer massenhaften Gefolgs- und Bundesgenossenschaft, die dem „Führer" entgegenarbeitete und ihm mitunter sogar vorarbeitete (Kershaw 1998: Kp. 13), den demokratischen Verfassungsstaat aushebelte und an seiner Stelle ein totalitäres Regime zu errichten begann.

Drittens: Im Zentrum von Webers Politikbegriff stehen Wettbewerb, Werbung von Gefolgschaften und Bundesgenossen, Durchsetzung und vor allem Kampf. „Politik ist: Kampf" – so definiert Weber in kaum zu überbietender Zuspitzung (Weber 1984b: 460, Anm. 2). Folgerichtig prüft er die politische Struktur eines Landes daraufhin, ob sie die angemessene Ordnung zur Austragung des Konkurrenzkampfs und zur Auswahl geeigneter Führungspersonen sei. Doch dabei unterstellt Weber, der harte Konkurrenzkampf sei der richtige Mechanismus zur Herausschälung fähiger politischer Führer und garantiere deren Wahl. Dass der Ausleseprozess mangelhaft oder kontraproduktiv sein kann, sieht Webers Gegenmodell zur Beamtenherrschaft und zur „führerlosen Demokratie" nicht vor. Und dass aus diesem Konkurrenzkampf beispielsweise fähige Kandidaten herausfallen können, während Bewerber den Sieg davontragen, die nur Publikums- und Medienwirksamkeit ihr eigen nennen und ansonsten Politik bloß als Inszenierung betreiben, wird ebenfalls unterbelichtet. Statt dessen hängt Weber einer eigentümlich harmonistischen Sichtweise der Auslesefunktionen harter Konkurrenz und harten Kampfes an. Es ist, als ob die Modellvorstellung einer automatisch zur Selbststabilisierung neigenden Marktökonomie ihm den Blick auf Unzulänglichkeiten politischer Vorgänge verstelle.

Viertens: Webers Demokratielehre ist dreifach defizitär. Sie überschätzt die Durchschlagskraft der Führerdemokratie in beängstigendem Ausmaß. Ferner empfiehlt Weber mit der Mischung aus parlamentarischem Regierungssystem und Präsidentialismus (mit jeweils eigenständiger Legitimierungskette für Parlament und Präsident) eine höchst störanfällige Architektonik der politischen Institutionen. Überdies fehlen in Webers Theorie der Führerdemokratie (und in der „führerlosen Demokratie") jegliche institutionellen Sicherungen gegen unbedingtes Machtstreben der Exekutive und Legislative. Politik im Staat ist bei Weber wie Politik zwischen Staaten im Naturzustand: Jeder ist dem anderen ein Wolf, sofern er ihn nicht als Bundesgenossen oder als Teil seiner Gefolgschaft gewinnt. Die Führer, die die Macht im Konkurrenzkampf um die Stimmen der Wahlberechtigten erworben haben, können ihre Entscheidungsbefugnis, folgt man Webers Vorstellung, ungehindert ausüben. Von institutionellen Schranken und Gegenkräften zur politischen Führung und zur Staatsmacht generell ist in Webers Demokratietheorie nur am Rande die Rede – und wenn überhaupt, dann, siehe die Ausführungen zum Bundesrat, eher missbilligend. Ansonsten behilft sich Weber mit einem unterstellten Gleichgewicht zwischen Parlament und plebiszitär legitimiertem Führer und mit der stillschweigenden Annahme einer Balance zwischen den Herrschenden und den Beherrschten. Weber nimmt wohl an, ein cäsaristischer Führer könne von einem mächtigen Parlament effektiv kontrolliert und notfalls vom Volk oder vom Parlament abgesetzt werden. Doch hiermit überschätzt er die Geschlossenheit und die Handlungs- und Durchsetzungsfähigkeit des Staatsvolkes und des Parlaments gegenüber jenem politischen Führer, der zum „Vertrauensmann der Massen" (Weber 1984b: 540) geworden war. Deutschlands politische Entwicklung von 1930 bis 1933 und in den nachfolgenden 12 Jahren beweist dies aufs Schrecklichste.


**Kapitel 2.2**
**Demokratie als Methode: Joseph Schumpeter**

Alexis de Tocquevilles *Über die Demokratie in Amerika* ist der Durchbruch zur erfahrungswissenschaftlichen Analyse der Vorzüge und der Nachteile der modernen Demokratien. Max Weber bahnt den Weg für die genaue Analyse von Strukturdefekten autoritärer Staatsformen und schärft den Blick für die Legitimationsformen und -probleme der Demokratie. Zwei weitere Meilensteine der modernen Demokratietheorie enthält dieses und das folgende Kapitel: Joseph Schumpeters und Anthony Downs' Analysen der Demokratie als Markt, auf dem politische Unternehmer um Wähler werben und auf dem Wählerunterstützung gegen Angebote der Politik, die von Problemlösungen über Patronage bis zu symbolischer Politik reichen können, getauscht werden. Schumpeter setzt bei der Politischen Ökonomie, bei Elitetheorien und der Massenpsychologie an und baut auf Max Webers Beiträge (Schumpeter 1950, 1996a). Und Anthony Downs, der Autor der *Ökonomischen Theorie der Demokratie*, errichtet sein Werk ausdrücklich auf Schumpeter. Gewiss: Downs und Schumpeters Ansatz ist einiges gemeinsam. Deshalb kommt in Betracht, sie als Vertreter einer Theoriefamilie zu betrachten, wie in der 1. und 2. Auflage des vorliegenden Buches. Schumpeter und Downs wenden Methoden und Theorieelemente der Wirtschaftswissenschaft auf das Feld der Demokratie an. Und beide bestehen darauf, dass die Analyse der Regierungstätigkeit in der Demokratie das Wirtschaftliche *und* das Politische erfassen muss (Schumpeter 1950, Downs 1957b).

Allerdings gibt es zwischen Schumpeters und Downs' Ansatz beträchtliche Unterschiede des Grades und der Qualität. Downs wendet die Wirtschaftswissenschaft viel stärker als Schumpeter an und fügt im Vergleich zu Schumpeter aus benachbarten Disziplinen nur kleinere Portionen hinzu. Schumpeter verwendet ebenfalls wirtschaftswissenschaftliches Instrumentarium. Aber er reichert es stärker mit soziologischen, politikwissenschaftlichen und sozialpsychologischen Komponenten an. Downs deutet die Demokratie mit Hilfe des methodologischen Individualismus und der Theorie rationaler Wahl als einen Prozess, in dem individuelle Akteure, wie die Wähler, und Kollektivakteure, beispielsweise politische Parteien und Regierungen, ihre Wahlen vor allem nach der Maximierung ihres erwarteten Eigennutzens treffen. Schumpeter wendet vor allem das Marktmodell, den Kampf von Unternehmern um Marktanteile und die Unterscheidung zwischen Gebrauchs- und Tauschwert auf die Politik an. Allerdings – und das ist ein weiterer Hauptunterschied zu Downs – geht Schumpeter von einer geringen Rationalität der Wähler aus, während Downs den Bürgern die Befähigung zur rationalen Wahl zwischen Entscheidungsalternativen unterstellt. Downs' Wähler sind grundsätzlich kompetente Nutzenmaximierer. Schumpeters Wähler hingegen sind dazu nicht befähigt. Mehr noch: In der Politik neigen sie zur Regression.

# Die Demokratietheorie in Schumpeters „Kapitalismus, Sozialismus und Demokratie"

Seine demokratietheoretischen Ausführungen entfaltet Joseph Alois Schumpeter (1883-1950) in *Kapitalismus, Sozialismus und Demokratie*. Dieses Buch wurde in den Jahren von 1938 bis 1941 geschrieben. Es erschien erstmals 1942. Eigentlich sollte es eine kleinere allgemein verständliche Ergänzung zu Schumpeters wirtschaftswissenschaftlichen Werk *Business Cycles* (1939) werden, die dort hintangestellte Institutionenanalyse nachliefern und Schumpeters Sozialismusstudien weiterführen. Diese sind geprägt vom Vormarsch des stalinistischen Sozialismus in der Sowjetunion, aber auch von der Auffassung, dass der „Marsch in den Sozialismus" – im Sinne der Verlagerung der ökonomischen Angelegenheiten von der privaten in die öffentlich-staatliche Sphäre (Schumpeter 1996b [1949]: 421) – auch in den westlichen Ländern voranschreite, dort allerdings auf sanften Pfoten. In *Business Cycles* hatte Schumpeter die heroische Annahme vertreten, die Institutionen des Kapitalismus seien in der von ihm untersuchten Periode – 1787 bis 1938 – im Wesentlichen konstant geblieben. Von dieser Annahme geht er in *Kapitalismus, Sozialismus und Demokratie* zugunsten der These ab, der Kapitalismus habe sich fundamental gewandelt und sich selbst unterminiert, und zwar aufgrund seiner Effizienz. Überdies vertritt Schumpeter die Auffassung, dass im Zuge dieser Transformation die Unternehmerfunktion veralte, die schützenden Gesellschaftsschichten des Kapitalismus zerstört werden und der institutionelle Rahmen der Marktwirtschaft erodiere. Hinzu komme die wachsende Feindseligkeit der Intellektuellen gegen die kapitalistisch verfasste Wirtschaftsordnung. Und zudem werde die Demokratie einer der selbst erzeugten Totengräber des Kapitalismus.

Die demokratietheoretischen Ausführungen stehen im vierten Teil von *Kapitalismus, Sozialismus und Demokratie*. Sie versteht besser, wer die übrigen Teile der Schrift im Blickfeld hat. Im ersten Teil seines Buches erörtert Schumpeter Marx' Theorie der Entwicklung des Kapitalismus. Dort interpretiert er Marx als Vertreter einer Prophetie und einer wissenschaftlichen Analyse. Bei letzterem habe man zwischen Marx als Soziologen und Marx als Nationalökonomen zu unterscheiden. Obwohl Marx' Theorie und Beweisführung irrig seien, habe er richtig geahnt, dass die Entwicklung des Kapitalismus die Grundlagen der kapitalistischen Gesellschaft zerstöre. Warum dies so ist, wird im zweiten Teil des Buches untersucht. Die Frage, ob der Kapitalismus weiterleben könne, sei aus rein wirtschaftlichen Gründen zu bejahen. Allerdings unterminiere der Kapitalismus seine eigenen Institutionen und forme sich damit zu einer Wirtschaftsordnung, von der Schumpeter überhaupt nichts hält, nämlich zum Sozialismus. Diesem Thema ist der dritte Teil des Buches gewidmet. Hier steht unter anderem diese Frage an: Kann der Sozialismus funktionieren? Auch dies bejaht Schumpeter. Vom Sozialismus könne man sogar ein höheres Maß makroökonomischer Effizienz erwarten, weil er die Konjunkturschwankungen und Depressionen der kapitalistischen Marktwirtschaft vermeide. Im vierten Teil des Buches kommt Schumpeter auf das Verhältnis von Sozialismus und Demokratie zu sprechen. Erneut entwickelt er eine spektakuläre These, nämlich die von der Verträglichkeit von Sozialismus und Demokratie. Der Sozialismus sei insoweit politisch-kulturell indeterminiert.

Das überrascht, denn Schumpeter war nicht Sozialist (Schumpeter 1996a: 409f., 413). Sein Biograph Richard Swedberg beschrieb Schumpeters politischen Standort vielmehr wie folgt: Während des Ersten Weltkrieges definierte Schumpeter sich als Konservativer, als Nationalist, als Parteigänger Britanniens und als Royalist, der auf seiten der österreichisch-ungarischen Monarchie stand. Sein ganzes Leben hindurch identifizierte sich Schumpeter mit einer konservativen Position. Bisweilen wagte er sich weit in nationale Richtung vor. Allerdings hielt der Vorwurf, er sei Faschist und Parteigänger des Nationalsozialismus gewesen, den Überprüfungen nicht stand. Stark geprägt blieb Schumpeter von den politischen Traditionen der Donaumonarchie vor dem Ersten Weltkrieg. Die Nachkriegswelt, vor allem die Kommerzialisierung vieler Lebensbereiche im Westen, war ihm offensichtlich ein Gräuel. „A world had crashed. A Jazz civilization emerged and this was so everywhere", so wird er bei Swedberg zitiert (1991: 146). Von Roosevelts Innen- und Außenpolitik hält er herzlich wenig und kritisiert sie vehement. Sie führe in den Niedergang und züchte mit der Unterstützung Stalins ein noch schlimmeres Regime als das von Hitler heran. Das führt zur sozialen Isolierung Schumpeters und dazu, dass er vom FBI beobachtet und – fälschlicherweise – als Anhänger Hitlers verdächtigt wird. Auch der Osten bietet ihm wenig Tröstliches. Den Sozialismus verabscheut er zeitlebens. Und Lenin gilt ihm als „blutbeschmierter mongolischer Despot", die Sowjetunion wertet er als Beispiel „orientalischen Despotismus" (Swedberg 1991) und Stalin ist für ihn nicht weniger furchtbar wie Hitler (Swedberg 1996: XIIIf.).

Schumpeter wird im vorliegenden Buch unter der Kapitelüberschrift „Demokratie als Methode" vorgestellt, doch könnte sein Werk fast ebensogut als „Elitistische Demokratietheorie" oder „Theorie der wettbewerblichen Führerdemokratie" angekündigt werden. Denn wie Max Weber rückt Schumpeter das politische Führungspersonal ins Zentrum seiner Betrachtungen. Auf diese Führungsschicht setzt er, wenn es darum geht, die Demokratie zu bewahren und ihre Stärken zu nutzen. Den Wettbewerb um Führungspositionen allerdings betont Schumpeter weit stärker als Weber. Vor allem definiert er Demokratie letztlich als eine politische Methode und nicht als Ziel oder als Wert an sich. Seine berühmte Demokratiedefinition lautet: „Die demokratische Methode ist diejenige Ordnung der Institutionen zur Erreichung politischer Entscheidungen, bei welcher einzelne die Entscheidungsbefugnis vermittels eines Konkurrenzkampfs um die Stimmen des Volkes erwerben" (Schumpeter 1950: 428). Genau genommen ist diese Übersetzung zu schwach. Im englischen Original heißt es nämlich „power to decide", und das ist stärker als „Entscheidungsbefugnis".

Auf den Schultern welcher Theoretiker ruht Schumpeters Demokratiedefinition? Sie beleuchtet die Demokratie vorrangig als „Methode", nicht als normative Ziel- oder Sollgröße oder als Wert an sich. Damit folgt Schumpeter der weberschen Sichtweise. Eine „Ordnung der Institutionen" ist die Demokratie, so heißt es in der zitierten Stelle. Das macht die institutionenkundliche Tradition der schumpeterianischen Demokratielehre sichtbar. Zum Hervorbringen politischer Entscheidungen dient diese Institutionenordnung, so liest man weiter in Schumpeters Demokratiedefinition. Sie dient also zur Produktion von Entscheidungen mit Anspruch auf gesamtgesellschaftliche Verbindlichkeit. Das ist das entscheidungstheoretische und zugleich das souveränitätstheoretische Fundament Schumpeters. Überdies betont seine Demokratiedefinition den Wettbewerb von Kandidaten oder politischen Führern um Machtpositionen. Auch hier folgt Schumpeter Max Weber. Doch infolge der ökonomietheoretischen Ausrichtung betont er das Wettbewerbsprinzip im Unterschied zu Weber stärker. Schlussendlich stellt Schumpeters Demokratiedefinition auf die Mobilisierung – ja: auf den Erwerb – von Stimmen des Volkes ab, also nicht vorrangig auf Legitimität wie Weber. Hier knüpft Schumpeter erkennbar an wirtschaftswissenschaftliche Lehren der Produktion, des Konsums und des Tauschs an.

Mit seiner Demokratiedefinition errichtet Schumpeter den Grundpfeiler für eine „realistische" Demokratielehre oder – wie manche Beobachter sagen – für eine „revisionistische Demokratietheorie" (Neal 1995: 1248). Diese Lehre grenzt Schumpeter nachdrücklich von der normativen, am Gemeinwohl ausgerichteten Begriffsbestimmung ab, die er die „klassische Lehre der Demokratie" des 18. Jahrhunderts nennt. Der „klassischen" Lehre zufolge ist die Demokratie „jene institutionelle Ordnung zur Erzielung politischer Entscheide, die das Gemeinwohl dadurch verwirklicht, daß sie das Volk selbst die Streitfragen entscheiden läßt und zwar durch die Wahl von Personen, die zusammenzutreten haben, um seinen Willen auszuführen" (Schumpeter 1950: 397).

Schumpeters Behauptung, seine Definition erfasse die Philosophie der Demokratie im 18. Jahrhundert, ist allerdings maßlos übertrieben. Man hat sie zurecht als einen „Mythos" bezeichnet (Pateman 1970). Für Schumpeters methodenorientierte Demokratiedefinition ist seine Behauptung jedoch von dramaturgischem Vorteil. Schumpeter zufolge ruht die „klassische Lehre der Demokratie" auf zerbrechlichen Pfeilern. Einer dieser Pfeiler ist die Vorstellung vom Gemeinwohl. Ihr hält Schumpeter entgegen, es gebe „kein solches Ding wie ein eindeutig bestimmtes Gemeinwohl, über das sich das ganze Volk kraft rationaler Argumente einig wäre oder zur Einigkeit gebracht werden könnte" (Schumpeter 1950: 399), denn zu unterschiedlich seien die Vorstellungen der Individuen und Gruppen vom allgemeinen Wohl. Folglich müsse die Annahme aufgegeben werden, Regierungen strebten nach dem Gemeinwohl. Sie strebten vielmehr primär nach selbstsüchtigeren Dingen, nach Machterwerb und Machterhalt vor allem. Ein Zweites gibt Schumpeter zu bedenken: Selbst wenn es ein hinreichend bestimmtes Gemeinwohl gäbe, beispielsweise das Maximum wirtschaftlicher Bedürfnisbefriedigung, und wenn alle darin übereinstimmten, könnte man dennoch über die Mittel, die zu dem allseits anerkannten Ziel führten, in heftigsten Streit geraten (ebd.: 400). Daraus folge – drittens –, dass sich ein besonderer Begriff des Volkswillens oder der volonté générale verflüchtige, denn dieser setze ein eindeutig bestimmtes und von allen anerkanntes Gemeinwohl voraus. Viertens: Schumpeter zufolge kann man auch nicht die Annahme der „klassischen Demokratielehre" und des Liberalismus retten, dass die Individuen zu großer Rationalität begabt und politisch ausreichend informiert seien.

Es gebe keine universal gültige Rationalität. Was als vernünftig angesehen werde, unterscheide sich von Epoche zu Epoche und von Ort zu Ort. Vor allem passe die Annahme rationalitätsorientierten Handelns nicht zu den die Politik typisierenden Problemen. Relativ vernünftig handelten Wähler in jenen Angelegenheiten, die unmittelbare persönliche materielle Vor- oder Nachteile beträfen. Doch bei vielen politischen Streitfragen erwiesen sich die Wähler als schlechte oder gar als korrumpierte Richter, nicht selten sogar „als schlechte Kenner ihrer eigenen langfristigen Interessen" (ebd.: 414). Hohn und Spott gießt Schumpeter ferner über die Lehre vom mündigen Bürger. Handele es sich um politische Materien fernab von privaten Belangen, beobachte man beim Bürger häufig verminderten Wirklichkeitssinn, reduziertes Verantwortungsgefühl und inkohärente Willensäußerungen. Der normale Bürger, behauptet Schumpeter, fällt „auf eine tiefere Stufe der gedanklichen Leistung, sobald er das politische Gebiet betritt. Er argumentiert und analysiert auf eine Art und Weise, die er innerhalb der Sphäre seiner wirklichen Interessen bereitwillig als infantil anerkennen würde. Er wird wieder zum Primitiven. Sein Denken wird assoziativ und affektmäßig" (ebd.: 416f.). Aus diesem Denken ergeben sich irrationale Vorurteile und Handlungsimpulse.

Noch gewichtiger ist dies: Im Feld der Politik ist der Bürger hochgradig beeinflussbar. Das ist von allergrößter Bedeutung für das rechte Verständnis des politischen Willens. Schumpeter zufolge ist für die „klassische Demokratielehre" der Wille des Volkes eine eigenständige, unabhängige Größe. Von der Vorstellung, der Volkswillen sei eine eigenständige, unabhängige Größe, hält Schumpeter überhaupt nichts. Der Wille des Volkes oder der Wille der Mehrheit ist für ihn vielmehr die abhängige Variable des politischen Prozesses, nicht dessen von vornherein feststehende unabhängige Bestimmungsgröße. Der Wille des Volkes entpuppe sich als „das Erzeugnis und nicht die Triebkraft des politischen Prozesses" (ebd.: 418). Schumpeter zufolge ist der Wille der Einzelnen oder der Kollektivwille somit nicht exogenes, sondern endogenes Produkt des politischen Prozesses. Der Kollektivwille ist demnach eine hergestellte Größe, und nicht eine Größe, die schon zu Beginn des Willensbildungsprozesses feststeht.

Die These vom endogenen Volkswillen ist ein besonders wichtiger Beitrag Schumpeters zur Demokratietheorie. Gleichwohl ist der Grundgedanke nicht neu. Schon in den altgriechischen Demokratietheorien war die Auffassung verbreitet, die Institutionenordnung präge den Menschen (Hansen 1991: 320) und die Institutionen bestimmten die individuellen Präferenzen. Der „demokratische Mensch" beispielsweise, den Platon so vehement kritisierte, ist auch deshalb ein Mängelwesen, weil die Institutionen der Demokratie voller Unordnung sind (vgl. Kapitel 1.1).

Zurück zu Schumpeters *Kapitalismus, Sozialismus und Demokratie*. Was spricht für Schumpeters Definition der Demokratie als Methode zur Erzielung politischer Entscheidungen durch den Konkurrenzkampf um politische Führungspositionen? Zunächst dies: Schumpeters Demokratiebegriff ist minimalistisch, aber er ist klarer konturiert als beispielsweise der von Max Weber. Obendrein nimmt Schumpeters Demokratiebegriff die drei Komponenten des Politischen zielsicher ins Visier: die der Form (oder Institutionenordnung), die des Prozesses (bei Schumpeter vor allem Kampf bzw. Konkurrenz) und die der verbindlichen politischen Entscheidungen der Stimmbürgerschaft und der von dieser gewählten politischen Führung. Zudem erörtert Schumpeter einige Funktionsvoraussetzungen und Konsequenzen von Demokratien. Somit geht er auch in dieser Hinsicht über Weber hinaus.

Schumpeter nennt Gründe für seinen methodenzentrierten Demokratiebegriff. Dieser liefere – erstens – brauchbares Werkzeug dafür, demokratische von nichtdemokratischen Regierungsformen eindeutig zu unterscheiden. Zweitens berücksichtige die Definition der Demokratie als eine Methode die überragende Rolle der Führungsstäbe in der Politik, wohingegen die klassische Demokratietheorie die Führungsstäbe ignoriere. Drittens würden die Willensäußerungen der Wähler nun wirklichkeitsnah gedeutet. Überdies werde bedacht, dass viele Willensäußerungen verpufften und erst unter bestimmten Bedingungen von politischen Führern in wirkungsvolle

Faktoren verwandelt würden. Viertens beleuchte das neue Demokratieverständnis die Beziehung zwischen Demokratie und individueller Freiheit genauer. Zwar bringe die Auswahl des Führungspersonals nicht unbedingt mehr Freiheit, doch gewährleiste sie im Vorfeld der Auswahl vermittels des Konkurrenzkampfs um Wählerstimmen ein hohes Maß an „Diskussionsfreiheit für alle" (Schumpeter 1950: 432). Fünftens werde das Ausmaß, zu dem die politische Führung von der Wählerschaft kontrolliert wird, nunmehr realistisch eingeschätzt, nämlich als begrenzt. Kontrolle erfolge nur in Ausnahmefällen, beispielsweise im Falle der Wiederwahl oder Abwahl von Amtsinhabern. Sechstens sei der aus dem Konkurrenzkampf resultierende Wille eben nur der Wille der Mehrheit und nicht der Wille des Volkes. Auch das stelle die neue Demokratiedefinition klar. Und siebtens, so fügten Kritiker Schumpeters hinzu, habe die Definition der Demokratie als Methode insgeheim den Vorteil, die Politik nicht vorrangig den Massen zu überlassen, die von Schumpeter als ungebildet, wankelmütig, stupide – wenn nicht gar gefährlich – eingestuft würden (Medearis 1997: 829).

**Voraussetzungen und Konsequenzen der Demokratie**

Schumpeter weiß um die problematischen Folgen des Konkurrenzkampfes um politische Ämter. Unter Umständen verselbständigt sich das Mittel, also die Wählerstimmenwerbung, zu Lasten des Zwecks, nämlich der politischen Entscheidung und Gestaltung. Im ungünstigsten Fall wird Politik auf Psychotechniken des Parteienmanagements und der Parteienwerbung, auf stupide Wahlkampfslogans und Aufmärsche verkürzt. Sodann gehörten „Verschwendung von Regierungsenergie" zu den Kosten des Wettbewerbs um politische Ämter. Ferner veranlasse die Konkurrenz die Regierung, hauptsächlich nur politisch verwertbare Projekte in Angriff zu nehmen. Überdies verleite der Konkurrenzkampf die verantwortlichen Akteure zu kurzfristiger Politik. Obendrein erschwere der Konkurrenzkampf die Berücksichtigung langfristiger Interessen der Nation und die beständige Arbeit für fern liegende Ziele (Schumpeter 1950: 456).
    Eine weitere Schwierigkeit sei mit der Demokratie verbunden. Qualifiziertes Führungspersonal zu gewinnen sei auch in ihr ein gro-

ßes Problem, zumal Präsidenten oder Kanzler in ihr keine sonderlich gute Figur abgäben. In einer Demokratie gleiche der Regierungschef „einem Reiter, der durch den Versuch, sich im Sattel zu halten, so völlig in Anspruch genommen wird, daß er keinen Plan für seinen Ritt aufstellen kann, oder ( ... ) einem General, der vollauf damit beschäftigt ist, sich zu vergewissern, daß seine Armee seinen Befehlen gehorcht, daß er die Strategie sich selbst überlassen muß" (Schumpeter 1950: 456f.). Das ist, wie Schumpeter weiß, ein beträchtlicher Preis für den Primat des Stimmenhandels in der Demokratie.

Zu den Gefahren, die von der Demokratie ausgehen können, zählt Schumpeter ihr Potenzial als Waffe für die Transformation der Gesellschafts- und Wirtschaftsordnung. Eine Gefahr sieht er vor allem in der Neigung der Demokratie, ihr Herrschaftsprinzip in die Wirtschaft zu exportieren, dort eine „industrielle" oder „wirtschaftliche Demokratie" einzurichten und die Gesellschaftsordnung insgesamt zum demokratischen Sozialismus zu transformieren (Schumpeter 1950: 476, Medearis 1997: 821, 825ff.). Das bringt den „Marsch in den Sozialismus" noch weiter voran, den Schumpeter auch in den westlichen Ländern in dem Sinne unterwegs sieht, dass der Radius der Staatstätigkeit dort absolut und relativ zum Sozialprodukt größer als je zuvor in Friedenszeiten ist (Schumpeter 1996b). Doch aus dem weiteren Anwachsen des Sozialismus entstünde letztlich, sofern die sozialistische Wirtschaft effizient geleitet werden soll, nicht die Diktatur durch das Proletariat, sondern die Diktatur „über das Proletariat" (Schumpeter 1950: 480, Swedberg 1996: XVIII).

Insoweit sind die Voraussetzungen und Konsequenzen moderner Demokratie problematisch. Andererseits tröstet Schumpeter die Anhänger der Demokratie. Ein „tieferes Niveau der Regierungsleistung" beispielsweise bringe Vorteile mit sich. Über eine besonders schwache Regierung könne man nur froh sein. Funktioniere sie schlecht, sei auch ihre diktatorische Leistung miserabel, und das sei wesentlich besser als eine gut funktionierende Regierung, die letztlich auch diktatorische Kapazitäten voll ausspiele.

Nicht immer ist Schumpeter so zynisch wie hier. Die Sache der Demokratie könne bei Abwägung aller Alternativen letztlich nur gewinnen (ebd.: 459). Gleichwohl sei ihre Funktionsfähigkeit an bestimmte Voraussetzungen gebunden. Schumpeter nennt deren sechs: 1) qualifizierte Parteiarbeiter, Parlamentarier und Minister, 2) die Zügelung der Staatsintervention in Gesellschaft und Wirtschaft, 3) die Existenz einer qualifizierten Bürokratie mit hoher Reputation, Tradition, Pflichtgefühl und Korpsgeist, 4) ein hohes intellektuelles und moralisches Niveau auf seiten der Wählerschaft und des Parlaments, 5) Delegation von öffentlichen Aufgaben an expertokratische Einrichtungen, und – doch hier wird die Argumentation zirkulär, weil sie das zu Erklärende mit sich selbst erklärt – 6) ein hohes Maß demokratischer Selbstkontrolle und Zurückhaltung, sowie 7) die Bereitschaft der großen Mehrheit in jeder Gesellschaftsklasse, die Regeln des „demokratischen Spiels" einzuhalten (ebd.: 478).

Schumpeter ist bei der Nationalökonomie, bei Karl Marx, der Massenpsychologie Gustave Le Bons und bei Max Weber in die Schule gegangen. Von der Nationalökonomie stammen das wettbewerbstheoretische Element und die Kosten-Nutzen-Überlegungen sowie der Zweifel an der Konsumentensouveränität, den Schumpeter in Gestalt einer neoklassischen Theorie des Preiswettbewerbs auf die Politik überträgt. Die pessimistische Lehre vom Wähler entstammt zeitgenössischen massenpsychologischen Lehren. Von Weber übernimmt Schumpeter die Lehre von der Bedeutung der Organisation, der Bürokratie und der politischen Führung. Auf Marx lässt sich die Vorstellung von der zerstörerischen Dynamik der bürgerlichen Gesellschaft zurückführen. Dies alles verknüpft Schumpeter in seinen demokratietheoretischen Ausführungen. Die Demokratie (im Sinne der Konkurrenz um politische Führung) habe den Vorsitz geführt „über den Prozeß der politischen und institutionellen Wandlung, durch den die Bourgeoisie die soziale und politische Struktur, die ihrer Machtergreifung voranging, umformte und von ihrem eigenen Standpunkt aus rationalisierte: die demokratische Methode war das politische Werkzeug dieser Rekonstruktion". Zwar könne die demokratische Methode in gewissen nichtkapitalistischen Gesellschaften funktionieren, doch letztlich sei sie „ein Produkt des kapitalistischen Prozesses" (Schumpeter 1950: 471).

Hiervon müsse man allerdings die Frage trennen, wie gut die Unternehmerschaft und der Kapitalismus insgesamt mit der von ihnen entwickelten demokratischen Methode zurechtkommen. Schumpeters Antwort hierauf ist voller Skepsis. Der politische Prozess sei in ständiger Gefahr, vom Kampf zwischen den Interessengruppen überwuchert zu werden. Auf politischen Märkten sei die Tendenz der Marktvermachtung allgegenwärtig. Noch schwerer wiege die selbstzerstörerische Dynamik der bürgerlichen Gesellschaft. Sie untergrabe eine Funktionsvoraussetzung der demokratischen Methode, indem nämlich die Bourgeoisie Individuen hervorbringe, „die als politische Führer dadurch erfolgreich waren, daß sie in eine politische Klasse nichtbürgerlichen Ursprungs übertraten; aber sie brachte nicht eine eigene erfolgreiche politische Schicht hervor..." (ebd.: 474). Die Bourgeoisie erzeuge mithin ihre politischen Totengräber: Gemeint sind vor allem die sozialistischen Theoretiker und Praktiker und deren Parteien und Organisationen.

Schumpeters *Kapitalismus, Sozialismus und Demokratie* ist – wie alle Demokratietheorien – von den zeitgenössischen Erfahrungen mit demokratischen und nichtdemokratischen Staatsverfassungen mitgeprägt. Sein demokratietheoretischer Beitrag ist zutiefst von Negativerfahrungen mit der Demokratie beeinflusst. Ganz vorne steht dabei die Erfahrung des Demokratiezerfalls in den zwanziger und dreißiger Jahren des 20. Jahrhunderts in Ländern wie Deutschland, Österreich, Italien, Portugal, Spanien, Polen und der Tschechoslowakischen Republik und sodann in den demokratisch verfassten Staaten, die von dem kriegslüsternen nationalsozialistischen Deutschland im Zweiten Weltkrieg besetzt wurden: Belgien, Holland, Frankreich, Norwegen und Dänemark. Viele intakte Demokratien sind nicht übrig geblieben als Schumpeter seine Demokratieschrift abschließt. Die USA und Großbritannien – überhaupt die englischsprachigen Demokratien – zählen hierzu, ferner Schweden, Finnland, Island, die Schweiz und Costa Rica. Doch damit ist schon das Ende der Liste der demokratischen Staaten des Jahres 1941 erreicht, also des Jahres, in dem Schumpeter das Manuskript zu *Kapitalismus, Sozialismus und Demokratie* beendet. Nur eine Minderheit der souveränen Staaten ist 1941 demokratisch verfasst. Die große Mehrheit wird autoritär regiert oder steht gar unter der Geißel des Totalitarismus (Jaggers/Gurr 1996). Und selbst dort, wo die Demokratie Fuß gefasst hat, wie in den Vereinigten Staaten von Amerika, sind die Verhältnisse keineswegs über alle Zweifel erhaben. So spiegelt Schumpeters skeptische Demokratielehre den Schock wider, den der Vormarsch des autoritären Staates in Europa und die kommerzialisierte Kultur sowie die kaum minder kommerzialisierte Politik in den Vereinigten Staaten von Amerika für ihn sind.

In wissenschaftlicher Hinsicht knüpft Schumpeter mit seinem Demokratiebegriff bei Max Webers Analysen der Bürokratisierung, Parlamentarisierung und Demokratisierung an und ergänzt sie um institutionentheoretische, wettbewerbstheoretische und massenpsychologische Dimensionen. Auch fügt er der Demokratietheorie einen Kerngedanken der späteren Ökonomischen Theorie der Politik hinzu: die Auffassung von Politik als einen Markt, auf dem Gebrauchswerte zum Zweck der Vermehrung abstrakter Tauschwerte, wie Machterwerb und -erhalt seitens der Politiker und Vorteilserlangung seitens der Wähler, gehandelt werden. Nach Schumpeter erfüllt der Konkurrenzkampf um Macht und Amt unbestreitbar nützliche gesellschaftliche Funktion, wie die Hervorbringung von Gesetzen oder Verordnungen. Doch das geschehe nebenher, als Nebenprodukt, „im gleichen Sinn wie die Produktion eine Nebenerscheinung beim Erzielen von Profiten ist" (ebd.: 448). „What businessmen do not understand is that exactly as they are dealing in oil so I am dealing in votes", so zitiert Schumpeter einen Spruch, der einem erfolgreichen politischen Unternehmer zugedacht war (Schumpeter 1996a: 285). So ist eben die neue Ordnung, die „Jazz civilization". Schumpeter setzt ihr gewissermaßen die Krone auf. In der Demokratie der „Jazz civilization" geht es nicht vorrangig um Selbstbestimmung, Machtteilhabe, Streben nach Gemeinwohl oder Repräsentation, sondern darum, politische Produkte im Tausch gegen Stimmen zu verkaufen: „democracy is not fundamentally about representation; it is about selling a product – governmental output – in exchange for votes" (Shapiro/Hacker-Cordòn 1999c: 4).

**Würdigung von Schumpeters Demokratielehre**

Schumpeters Demokratietheorie laboriert wie Max Webers Demokratielehre an einem mageren, auf die Führungsauswahl zugeschnittenen Demokratiebegriff. Gemeinsam ist beiden zudem die Vernachlässigung der Vermittlungsinstanzen zwischen Demos und politischen Führungsstäben, wie Parteien, Verbände, Kirchen und Bürgervereinigungen. Wie Max Weber vernachlässigt Schumpeter überdies politisch-rechtliche Sicherungen gegen die Legislative und die Exekutive. Gar keine Rolle spielen normative Überlegungen, wie beispielsweise die Verbindungen von Demokratie und Gerechtigkeit (Shapiro 1996: 79ff.), und auch sonstige Fragen des politischen Leistungsprofils der Demokratie treten hinter Schumpeters Minimalismus zurück. Übel nahmen manche Schumpeters These, die Willensäußerungen der Wähler und der Gemeinwille insgesamt seien abhängige Variablen, nicht unabhängige Größen. Er übersehe dabei die erzieherischen Funktionen der Demokratie: diese sei Markt *und* Forum (Elster 1986). Ferner hielt man Schumpeter vor, auf die Ableitung der Demokratie aus Prinzipien der klassischen Sozialphilosophie zu verzichten und somit „den objektiven Sinn der Institutionen durch ihre abstrakten Bestimmungen" (Habermas u.a. 1969: 13) zu ersetzen. Auch habe er anstelle der Deduktion der Demokratie vom Grundsatz der Rechtsstaatlichkeit und der Volkssouveränität die Demokratie nur durch „ihren tatsächlichen Apparat" definiert (ebd.: 13f.). Doch das überzeugt nicht ganz, weil Rechtsstaatlichkeit mit halbierter und Viertels-Demokratie koexistieren kann und weil Volksherrschaft – jenseits direktdemokratisch organisierbarer kleinster Gemeinwesen – eben eines „institutionellen Apparates" bedarf.

Überzeugender ist der Hinweis auf ein „schumpeterianisches Dilemma" (Santoro 1993: 130). Warum sollten Wähler mit minimaler Rationalität befähigt sein, die richtigen Führer zu wählen? Diese Zwickmühle wird in Schumpeters Werk nicht überzeugend aufgelöst, auch wenn er mit seinem minimalistischen Demokratiekonzept die Rationalität der Wähler nicht überstrapaziert und für möglichst einfache Bildung und Aggregierung von Wählerpräferenzen sorgen will. Dennoch bleibt das Dilemma ungelöst: Wenn schon die große Masse der Bevölkerung im Feld der Politik so infantil sein sollte, wie Schumpeter meint, wer garantiert dann, dass diese tumbe Masse eine leistungsfähige politische Führung wählt? Muss man nicht größte Fehlleistungen befürchten, die in der Inkompetenz und Wankelmütigkeit der Wählerschaft liegen? Und wird die Wahrscheinlichkeit eines schlechten Ergebnisses nicht noch dadurch vergrößert, dass zusätzlich zur Inkompetenz und zur Wankelmütigkeit der Bürger gar noch die Probleme der Mehrheitsregel kommen, wie „wandernde" instabile Mehrheiten (vgl. Kapitel 2.7)?

Allerdings trifft auch der Einwand, Schumpeter differenziere nicht sorgfältig nach unterschiedlichen Ressourcen und Kompetenzen von Wählergruppen. Ferner ist im Licht der heutigen Partizipationsforschung seine pauschale These der Inkompetenz der Wählerschaft nicht länger haltbar. Sodann hat Schumpeter – ähnlich wie Weber – vor allem die Mehrheitsdemokratie der angelsächsischen Länder im Auge. Hiermit übersieht er die potenzielle Vielfalt demokratischer Ordnungen, wie die unterschiedlichen Strukturen, Prozesse, Leistungsprofile und Störanfälligkeit von Konkurrenz- und Konkordanzdemokratien. Aber auch hier gelten mildernde Umstände. Wer hätte 1939 oder 1941 ahnen können, dass einige Jahrzehnte später die Konkurrenz- und die Konkordanzdemokratie gedeihen und „Bildungsrevolution" zusammen mit „Wertewandel" die Beteiligungsfähigkeit eines beträchtlichen Teils der Wählerschaft kräftigen würden?

Ungefilterte Kritik verdient allerdings Schumpeters Annahme, wonach die Politik primär oder gar ausschließlich vom Streben nach Machterwerb oder Machterhalt gesteuert werde. Kein Zweifel: Machterwerb und Machterhalt sind im politischen Geschäft zentrale Ziele. Beide erreicht man allerdings auf demokratischer Grundlage auf Dauer nicht ohne politische Gestaltung und nicht ohne erfolgreiche – legitimitätsbasierte und legitimitätsstiftende – „Werbung von Bundesgenossen und Gefolgschaft", um mit Max Weber zu sprechen. Insoweit sind Machterwerb und politische Gestaltung mindestens als gleichrangige Größen zu betrachten (Budge/Keman 1990). In diesem Punkt war schon Max Webers Parteientheorie derjenigen Schumpeters um Längen voraus. Politische Parteien sind Weber zufolge freiwillig geschaffene und auf freie Werbung von Gefolgschaft ausgehende Organisationen mit dem Ziel der „Stimmenwerbung für Wahlen zu politischen Stellungen oder in eine Abstimmungskörperschaft" und zum Zwecke des Kampfes um „Ämterpatronage", aber auch um „sachliche Ziele" (Weber 1984a, 1984b, 1992).

Schlussendlich ist ein Fragezeichen hinter die Behauptung zu setzen, Schumpeters Demokratietheorie sei „realistische Demokratietheorie", im Unterschied zur rein normativen Lehre. Man hat den Spieß umgedreht und Schumpeters Theorie mangelnden Realismus vorgehalten, weil sie nur den Markt im Blick habe. Ihr entgehe, dass Demokratie Markt und Forum ist. Dort werden folglich Güter und Argumente gehandelt. Somit trete der Wähler in der Demokratie mindestens in zwei Rollen auf: in der des nutzenmaximierenden homo oeconomicus und der des Bürgers, der kommunikativ handelt, verständigungsorientiert und am intrinsischen Wert der Beteiligung interessiert ist (Brennan/Lomasky 1993).

Das alles sind gute Gründe zur kritischen Durchleuchtung von Schumpeters Demokratietheorie, die ökonomisch, elitistisch, skeptisch, ja: mitunter „zynisch" ist (Swedberg 1996: XIX). Aber Hand aufs Herz: Bestand Ende der 30er und Anfang der 40er Jahre wirklich Anlass zu einer wesentlich optimistischeren Demokratietheorie?

## Kapitel 2.3
## Ökonomische Theorie der Demokratie: Anthony Downs

Max Weber und Joseph Schumpeter sind die Köpfe einer Schule, die der Demokratietheorie den Markt hinzufügt. Der Markt und das in ihm waltende Konkurrenzprinzip sind nach dem übereinstimmenden Urteil beider Theoretiker in der Politik im Prinzip segensreich – sofern mögliche Defekte kontrolliert werden. Weber zufolge fördert die Konkurrenz die Auslese und Schulung kompetenter politischer Führer. Und nach Schumpeter gewährleistet der Konkurrenzkampf um die Wählerstimmen das funktional Erforderliche, nämlich die Aus- bzw. Abwahl von Amtsinhabern, welche die Macht erlangen um mit Anspruch auf gesamtgesellschaftliche Verbindlichkeit über öffentliche Angelegenheiten zu entscheiden.

Allerdings ist es keineswegs selbstverständlich, den Markt und die Konkurrenz in der Demokratie als segensreiche Einrichtungen einzustufen. Vor allem die moderne Ökonomische Theorie der Politik wird den Nachweis beisteuern, dass das Verhältnis von Demokratie und Markt in der Politik grundsätzlich instabil ist (Riker 1982). Das wird bei der Vorstellung der kritischen Theorien der Demokratie ausführlicher zu erörtern sein (Kapitel 2.7). Auf dem Weg dahin empfiehlt es sich allerdings, Zwischenstation zu machen. Vor allem Anthony Downs' *An Economic Theory of Democracy* (1957) kommt hierfür in Frage, die *Ökonomische Theorie der Demokratie*, so der Titel der 1968 veröffentlichten deutschen Übersetzung. Im Unterschied zu den kritischen Theorien der Demokratie ist Downs' *Ökonomische Theorie der Demokratie* kaum kritisch, weithin sogar affirmativ. Webers und Schumpeters Theorie des Zusammenwirkens von Konkurrenz und Demokratie weiterführend, zeigt Downs, dass die Kandidaten für politische Führungspositionen nur dann Aussicht auf Erfolg haben, wenn ihr Angebot der Verteilung der Präferenzen der Wählerschaft entspricht und zugleich das Angebot der Konkurrenz übertrifft. Anthony Downs, Jahrgang 1930, ist mit seinem Demokratiebuch ein Mitbegründer der „Ökonomischen Theorie der Politik" geworden. Deren Markenzeichen ist die Übertragung der Vorstellung vom Kosten und Nutzen abwägenden egoistisch-rationalen Akteur auf die Welt der Politik (Grofman 1995a, Braun 1998).

**Downs und Schumpeter**

Ähnlich wie Schumpeter rückt Downs den Zusammenhang von Parteienwettbewerb, Wahlen und Präferenzen der Wähler ins Zentrum der Demokratiebetrachtung. Allerdings fügt Downs dem Wissensstand eine genauere Demokratiedefinition und eine exaktere Analyse der Angebots- und Nachfrageseite des demokratischen Marktes hinzu. Wie bei Schumpeter, so gelten auch ihm Wettbewerb und Wahlen als konstitutive Elemente von Demokratie. Ein Regierungssystem ist für Downs allerdings erst dann demokratisch, wenn es folgende Bedingungen erfüllt: 1) einen voll entwickelten Parteienwettbewerb und die Vergabe politischer Führungspositionen auf der Grundlage allgemeiner Wahlen, 2) in periodischen Abständen stattfindende Wahlen, deren Zeitpunkte nicht allein durch die Regierungspartei festgelegt sein dürfen, 3) ein allgemeines Wahlrecht der erwachsenen Bevölkerung (wobei man jedoch Abstriche im Hinblick auf eingeschränktes Wahlrecht von Frauen und von im Inland wohnhaften Bürgern ausländischer Staatsangehörigkeit machen müsse), sodann gleiches Wahlrecht und insbesondere gleiches Stimmrecht und 4) die Akzeptanz der Wahlergebnisse sowie der Verzicht auf illegale und gewaltförmige Mittel seitens der Gewinner und der Verlierer der Wahl (Downs 1957a: 23f.).

Downs knüpft mit seiner Theorie der Demokratie explizit bei Schumpeter an. Schumpeters *Kapitalismus, Sozialismus und Demokratie* habe ihm die „Inspiration" und die „Grundlage" gegeben (Downs 1957a: 28, 284f., 1995). Das ist, wie zuvor schon erwähnt, übertrieben, denn Schumpeters Wähler sind im Unterschied zu denen der Downsschen Welt eben nicht kompetente Nutzenmaxierer. Wie Schumpeter aber hat Downs für die normative Demokratielehre nur Spott übrig. Vom Gemeinwohl sprächen bei der Politikanalyse ausgerechnet diejenigen, die ansonsten die Annahme zugrunde legten, die Individuen maximierten hauptsächlich ihren Eigennutzen. Gegen die Vorstellung, die Regierenden und die Regierten handelten aus gemeinwohlorientierten Motiven, erhebt Downs seine Stimme. Wie Schumpeter plädiert er für eine „zynischere Sicht der Ding" (Downs 1995: 197): Man solle tunlichst bei der Analyse des Politischen von hauptsächlich eigeninteressierten Handeln ausgehen. Dort würden gesamtgesellschaftliche Belange normalerweise nur als Nebenprodukte von Handeln, das auf private Ambitionen, wie Macht- oder Vorteilserwerb, gerichtet ist, gewahrt werden. Downs überträgt in seiner Theorie der Demokratie die Vorstellungswelt der Wirtschaftswissenschaften, insbesondere das Konzept des rational handelnden (eigennutzmaximierenden) Konsumenten und Produktanbieters, auf den Parteienwettbewerb und die Beziehungen zwischen Regierungen, Parteien und Wählern. Politik wird folglich als „ein komplexes Tauschsystem" (Lehner 1981: 21) betrachtet, als ein politischer Markt, auf dem eigennutzmaximierende Unternehmen (vor allem Parteien) und Käufer (vor allem Wähler) kommunizieren.

**Demokratie als Markt für Nutzenmaximierer**

Dies ist eine Modellvorstellung, eine gedankliche Konstruktion, mit welcher Downs grundlegende Strukturen und Vorgänge der Politik genauer herausarbeiten will. Innerhalb dieser Modellwelt handeln die Akteure ausschließlich auf Basis rationalen Abwägens von Entscheidungsalternativen unter besonderer Berücksichtigung ihrer jeweiligen egoistischen Kosten-Nutzen-Bilanz. Dabei unterstellt Downs der Einfachheit halber, dass die Handelnden – vor allem Wähler, Parteien und Regierung – nahezu vollständig über Entscheidungsalternativen und deren Konsequenzen informiert seien. Ferner wird die Annahme zugrunde gelegt, dass ein Akteur diejenige Verhaltensalternative wähle, deren Nutzen die Kosten am weitesten übertreffe. Zur Vereinfachung geht Downs ferner überwiegend von einem Zweiparteiensystem aus, überdies von einem Mehrheitswahlrecht in einem Einerwahlkreis, sodann davon, dass die Politiken der Parteien auf einer Links-rechts-Achse angeordnet und bewertet werden können, sowie davon, dass sich die Wähler nur um die nächste Wahl kümmern und die Kandidaten nur um Machterwerb oder Machterhalt. Überdies legt er die Annahme zugrunde, dass die Positionen der um die Macht Kandidierenden hinlänglich klar sind und von den Wählern gewogen würden. Schlussendlich liegt Downs' Demokratieschrift eine auf Kosten-Nutzen-Betrachtung beruhende Sicht politischer Beteiligung zugrunde. Zur Wahl schritten nur jene Wahlberechtigte, bei denen der erwarteten Nutzen der Mitwirkung die Kosten der politischen Beteiligung, beispielsweise die Kosten zuverlässiger Information über das Angebot, übersteige.

Im Lichte des Rationalitätsprinzips bekommen Demokratie, Parteienwettbewerb, Wählerverhalten und die Beziehungen zwischen Wählern und Regierungen neue Konturen. Downs hat seinen Ansatz wie folgt auf den Punkt gebracht: „Unsere Hauptthese ist, daß Parteien in demokratischen politischen Systemen analog zu Unternehmern in einer profitorientierten Wirtschaftsordnung sind" (Downs 1957a: 295). Ihre Politik richte sich nach dem jeweils günstigsten Nutzen-Kosten-Verhältnis von Politikalternativen. Maßgebend für sie sei der Wahlsieg bzw. der Machterhalt. Deshalb setze man auf Stimmenmaximierung. Politische Parteien wollten nicht Wahlen gewinnen, um Politik zu machen; sie formulierten vielmehr Programme und Lösungsvorschläge, um Wahlen zu gewinnen. Mithin verhielten politische Parteien sich anders als es ihre Selbstdarstellung oder Gemeinwohltheorien nahelegten. Politische Parteien seien Unternehmen, die Produkte als Mittel zur Erzielung von politischem Gewinn herstellten, nicht um der Produkte willen. Wie in Marx' Kapitalismuskritik kommt es in Downs' Politikanalyse nicht primär auf den Gebrauchswert an, sondern auf den Tauschwert. Konkrete politische Maßnahmen und Programme, Rechtfertigungen und dergleichen mehr sind dem abstrakten Tauschwert – Stimmenmaximierung zum Zweck von Machtgewinn oder Machterhalt – untergeordnet.

Aus der Hypothese der stimmenmaximierenden Parteien leitet Downs eine Reihe von zu überprüfenden Aussagen („propositions") ab. Der ersten Hauptaussage zufolge ist die Motivation von Parteimitgliedern vor allem darauf gerichtet, den im Ämtererwerb und Machterhalt liegenden Nutzen zu erlangen („to obtain the intrinsic rewards of holding office", Downs 1957a: 296). Deshalb formulierten sie ihre Politik als Mittel zum Zweck des Ämtererwerbs und Machterhalts und nicht als Instrument, um bestimmte politische Projekte zu verwirklichen. Hier ist sie: die These vom

Primat des Amtserwerbs und des Machterhalts und von der untergeordneten Rolle der inhaltlichen Politikgestaltung. Als der ehemalige Bundespräsident Richard von Weizsäcker die politischen Parteien als machtversessen und machtvergessen kritisierte (von Weizsäcker 1992, Hofmann und Perger 1992), hätte er sich unmittelbar auf diese Hypothese von Downs berufen können.

Die zweite These von Downs lautet: In einem Zweiparteiensystem konvergieren die Politikpositionen der Parteien in all den Streitfragen, die von einer Mehrheit der Bürger favorisiert werden. Hier ist sie: die These von der weitreichenden Politikkonvergenz der Parteien. Auf diese These hätte sich z.B. Johannes Agnoli berufen können, als er die These vertrat, die Volksparteien des modernen Verfassungsstaates bildeten „die plurale Fassung einer Einheitspartei" (Agnoli 1968: 40).

Die dritte Aussage, die Downs aus der Stimmenmaximierungsthese ableitet, besagt Folgendes: In einem Zweiparteiensystem ist die Politik (im Sinn von Policy) der Parteien erheblich diffuser als in einem Vielparteiensystem, überdies der Politik konkurrierender Parteien ähnlicher und weniger direkt mit einer politischen Ideologie verknüpft als in einem Vielparteiensystem. Hier haben wir sie: die These der Entideologisierung im Zweiparteiensystem und der Kontinuität von Ideologisierung in Vielparteiensystemen.

Der vierten Hypothese zufolge ist die Politik einer Regierung, die aus einer Koalition besteht und in einem Vielparteiensystem agiert, weniger integriert und weniger konsistent als die der Regierung in einem Zweiparteiensystem. Ferner unternehme eine solche Regierung weniger Anstrengungen, grundlegende gesellschaftliche Probleme zu lösen. Hier feiert sie wieder fröhliche Urstände: die These von der besseren Problemlösungsfähigkeit der Zweiparteiensysteme. Die alte Frontstellung zwischen – angeblich stabiler und leistungsfähiger – angloamerikanischer Zweiparteiensystem-Demokratie und – angeblich instabiler – Vielparteiensystem-Demokratie nach Weimarer Art lässt grüßen.

Die fünfte Proposition enthält eine Hypothese zum Emporkommen neuer Parteien. Downs zufolge entstehen neue Parteien, wenn eine von drei Bedingungen gegeben ist: 1) eine größere Veränderung im Wahlrecht, 2) ein plötzlicher Wandel in der Stimmung der Wählerschaft, typischerweise infolge von großen Umwälzungen wie Krieg, Revolution, Hyperinflation oder schwerer Depression oder 3) in einem Zweiparteiensystem, in dem eine Partei einen gemäßigten Standpunkt in einer wichtigen Streitfrage einnimmt und Teile ihrer Mitgliederschaft eine Splitterpartei formen, um die Mutterpartei zur Annahme eines extremeren Standpunktes zu zwingen.

Schlussendlich sind zwei weitere Hypothesen zum Zusammenhang von Parteien und Staatstätigkeit erwähnenswert. Die erste These besagt, dass in der Demokratie die Regierungen viel stärker zur Umverteilung von den Reichen zu den Armen neigten. Die zweite Aussage behauptet, die demokratischen Regierungen förderten in ihrem Tun und Lassen die Produzenten stärker als die Konsumenten.

**Von rationalen Bürgern und rationalen politischen Parteien**

Das sind die wichtigsten Ableitungen aus der These der Stimmenmaximierung der Parteien. Diese ist aber nur eine Hauptthese in Downs' Werk. Die zweite Hauptthese – gelegentlich zutreffender als Prämisse bezeichnet – besagt, dass sich die Bürger auch in der Politik im Sinne des homo oeconomicus rational verhalten. Hieraus leitet Downs ebenfalls Propositionen ab. Um den Rahmen des Kapitels nicht zu sprengen, soll an dieser Stelle nur der allerwichtigste Gedankengang angesprochen werden. Ihm zufolge spielen die Bürger in Wirtschaft und Politik nur eine Rolle, nämlich die des rational abwägenden, Kosten und Nutzen bedenkenden Handelnden. So eigennutzorientiert wie in Fragen des Konsums oder der Produktion seien die Bürger auch in der Politik. Und so wie sie ihre Kauf- oder Konsumentscheidungen auf Kosten-Nutzen-Abwägungen gründeten, handelten sie in der Politik. Das wirft die Frage auf, wie das Abwägen erfolgt. Sie wird auf der Basis der oben erwähnten Annahmen wie Zweiparteiensystem und vollständige Information der Wähler beantwortet. Die Abwägung der Entscheidungsalternativen seitens der Wähler, der Vergleich und die Bewertung der zur Wahl stehenden Kandidaten und Parteien basierten auf dem erwarteten Parteiendifferential („expected party differential"). Das erwartete Parteiendifferential ist definiert als die Differenz zwischen dem Nutzen, den der Wähler vom Sieg der Partei A und dem, den er vom Sieg der Partei B zu erwarten hat. Kann er von A mehr Nutzen als von B erwarten, gibt er seine Stimme der Partei A; hat er von B mehr als von A zu erwarten, erhält B seine Stimme. Ist das erwartete Parteiendifferential gleich null, ist der Wähler indifferent. Bleibt alles Sonstige gleich, wird er sich der Wahl enthalten.

Wie berechnet ein Wähler sein erwartetes Parteiendifferential? Downs zufolge sind hier drei Größen zu bedenken: erstens das derzeitige Parteiendifferential („current party differential"), zweitens ein Trendfaktor und drittens der Vergleich des Ist-Zustandes mit dem Zustand, der durch eine für den Wähler ideale Regierungspartei gegeben wäre. Die wichtigste Größe unter diesen Einflussfaktoren ist das derzeitige Parteiendifferential. Es ist definiert als Differenz zwischen dem Nutzen, den der Wähler gegenwärtig aus der Tätigkeit der Regierungspartei zieht, und dem, den er durch die Regierungstätigkeit der derzeitigen Oppositionspartei voraussichtlich erlangen würde. Hinzu kommt – modifizierend – der Trendfaktor. Dieser berücksichtigt wichtige Ereignisse innerhalb einer Wahlperiode, so beispielsweise den Bonus, den ein Wähler einer neu ins Amt kommenden Regierung für Fehler zu Beginn der Amtsperiode gibt. Der dritte Faktor basiert auf einem Leistungsvergleich, bei dem der Wähler den Nutzen, den er von seiner idealen Regierungspartei erwartet, mit dem vergleicht, den er aus der Regierungspartei oder einer anderen Partei erzielen würde.

Bis hierher wird von Downs die Existenz eines Zweiparteiensystems und vollständige Information der Akteure unterstellt. Komplizierter sind die Verhältnisse in einem Mehrparteiensystem und dort, wo die Wählerschaft schlechter informiert und demnach mit mehr Ungewissheit und Irrtumswahrscheinlichkeit konfrontiert ist. Überdies müssen im Mehrparteiensystem zusätzlich die Erfolgschancen der von den Wählern bevorzugten Partei und der anderen Parteien berücksichtigt werden. Bei Koalitionsregierungen kommt eine weitere Komplikation hinzu, weil nun die Koalitionschancen der jeweils präferierten Parteien, ihr Gewicht in der Koalition und die Folgen, die all dies für die Politik der Koalitionsregierung hat, abzuwägen sind. Noch unübersichtlicher wird die Lage, wenn die Informationsbasis sehr schmal und die Ungewissheit besonders groß ist. Beides kann nur hilfsweise überbrückt werden, beispielsweise durch Orientierung an Propaganda und Werbung einer Partei, an Wahlempfehlungen seitens einzelner Ratgeber oder öffentlicher Instanzen oder durch Orientierung an den politischen Ideologien der Parteien.

Was müssen Parteien tun, wenn sie rational im Sinne von Downs handeln wollen? Wovon hängt der Erfolg der Stimmenmaximierungspolitik ab? Downs zufolge kommt es vor allem auf die Verteilung der Wählerpräferenzen sowie einige andere Faktoren an. Wie schon erwähnt, bedient er sich hierbei einer vereinfachenden Annahme: Die Präferenzen der Wähler ließen sich auf einer einzigen Dimension des politischen Raumes abbilden, nämlich einer Links-rechts-Skala. In Wirklichkeit ist der politische Raum komplexer, doch erleichtert die Annahme der Eindimensionalität die Analyse. Gleiches gilt für die Ausklammerung politisch-institutioneller Bedingungen des Willensbildungs- und Entscheidungsprozesses. Im Rahmen dieser Vorgaben muss vor allem nach der Verteilung der Präferenzen der Wählerschaft zwischen ein- und zweigipfliger Verteilung unterschieden werden. Eine eingipflige Verteilung ist beispielsweise gegeben, wenn die große Mehrheit der Wählerschaft sich in der Mitte der Links-rechts-Skala einstuft und jeweils kleiner werdende Wählergruppen zum rechten oder linken Extrempol der Skala neigen. In diesem Fall ergibt sich bei graphischer Darstellung näherungsweise eine glockenförmige Verteilungskurve, wenn man die Links-rechts-Skala auf der Waagerechten abträgt und die Häufigkeit, in der die jeweiligen Positionen auf dieser Achse in der Wählerschaft anzutreffen sind, auf der Senkrechten: Die meisten Wähler finden sich in der Mitte des politisch-ideologischen Spektrums, nach links und rechts nehmen die Häufigkeiten ab und nähern sich an den Extrempolen jeweils asymptotisch der Waagerechten. Bei eingipfliger Verteilung der Präferenzen veranlasst die Konkurrenz zwischen zwei Parteien beide dazu, in ihrer Politik (im Sinne von Policy) auf der Linksrechts-Skala eine Position möglichst nahe unter dem Gipfelpunkt der Verteilung anstreben, weil nur in diesem Bereich optimale Chancen zur Stimmenmaximierung gegeben sind. Praktisch heißt das: Die Parteien nähern sich programmatisch und ideologisch einander an – bis zum Extremfall ihrer Deckungsgleichheit. Dann hat man perfekte „Allerweltsparteien" im Sinne von Otto Kirchheimer (1965) vor sich: kongruente Parteien, die identische Güter anbieten – vielleicht noch in unterschiedlicher Verpackung.

In der Praxis ist die eingipflige Verteilung von Wählerpräferenzen am ehesten ein Merkmal einer modernen Industriegesellschaft mit einem dicken Mittelstandsbauch. Eine zweigipflige Verteilung hingegen kommt beispielsweise in einer zerklüfteten bipolaren Klassengesellschaft zustande. In diesem Fall ist die Verteilungskurve nicht glockenförmig; vielmehr hat sie zwei Gipfelpunkte, beispielsweise einen links und einen rechts von der Mitte. In dieser Verteilung und bei Zugrundelegung eines Zweiparteiensystems markiert einer der beiden Gipfelpunkte jeweils die bestmögliche Position für die Stimmenmaximierungsstrategie der konkurrierenden Parteien, denn dort sind jeweils die meisten Stimmen zu gewinnen. Bleibt alles Übrige gleich, werden die Parteien bestrebt sein, sich mit ihren Programmen und ihrer Politik auf der Links-rechts-Achse möglichst nahe an einem dieser Gipfelpunkte zu platzieren. Unter diesen Bedingungen ist die politisch-ideologische Differenz zwischen den Parteien sehr groß, im Gegensatz zur eingipfligen Verteilung, in der Politikkonvergenz vorherrscht.

Was tun politische Parteien, wenn sie Regierungsmacht erworben haben und erhalten wollen? Um diese Frage beantworten zu können, muss man Downs' Parteiendefinition kennen. Sie ist ausschließlich auf Ämtererwerb und Ämtererhalt zugeschnitten: „a political party is a team of men seeking to control the governing apparatus by gaining office in a duly constituted election" (Downs 1957a: 25) – eine politische Partei ist eine Vereinigung von Personen, die danach strebt, durch den Machterwerb in verfassungsgemäß abgehaltenen Wahlen den Regierungsapparat unter Kontrolle zu bringen. Downs zufolge setze die Regierung diejenigen Vorhaben um, die bei Berücksichtigung von Stimmenzugewinn und -verlust besser als die Alternativvorhaben abschneiden. In der Regel führe dies dazu, die Einkommen eher von den Reichen zu den Armen umzuverteilen als in entgegengesetzter Richtung (Downs 1957a: Kapitel 10). Andererseits berücksichtigten demokratische Regierungen die organisationskräftigen, stimmenmächtigen und konfliktfähigen Produzenteninteressen eher als die schwächeren Konsumenteninteressen (ebd.: Kapitel 13). Hinzu komme, dass die Wähler aus ärmeren Schichten meist vor den hohen Kosten der Informationsbeschaffung über das Tun und Lassen der Parteien zurückschreckten und deshalb häufig nicht wählten. Doch hierdurch verminderten sie ihre Bedeutung für das Kalkül der konkurrierenden Parteien und der Regierung (ebd.: Kapitel 10).

## Würdigung von Downs' Ökonomischer Theorie der Demokratie

In vielerlei Hinsicht ist Downs' Theorie radikal. Schonungslos durchleuchtet sie die demokratische Politik. Ohne zu zögern, setzt Downs sich über wohlklingende Selbstdarstellungen und Rechtfertigungen der Demokratie hinweg. Besonderes Interesse verdient sodann sein Bestreben, im Rahmen einer allgemeineren Theorie gesellschaftlichen Handelns die Analyse des Wirtschaftlichen mit der des Politischen zu verbinden. Überdies ist Downs' Theorie keineswegs nur deduktiv, auch wenn der Autor bisweilen damit kokettiert, so z.B. in seinen „Bekenntnissen", in denen er behauptet, dass die *Ökonomische Theorie der Demokratie* „größtenteils auf extensiven logischen Deduktionen aus einigen einfachen Prämissen wirtschaftswissenschaftlichen Denkens beruht" (Downs 1998: ix). Tatsächlich aber sind Downs' Prämissen Theoriekonstrukte, mit denen Alltagserfahrungen verallgemeinert werden, so z.B. die des rational ignoranten (weil Informationsbeschaffungskosten einsparenden) Wählers (ebd.). Nicht nur deduktiv, sondern auch induktiv ist Downs' Theorie. Ihre erfahrungswissenschaftliche Komponente ist sogar kräftig ausgeprägt, wie vor allem die prinzipiell überprüfbaren Ableitungen aus der Theorie verdeutlichen, so die These, die ideologische Distanz zwischen Parteien sei im Zweiparteiensystem geringer als in Vielparteiensystemen. Ein Weiteres kommt der Ökonomischen Theorie der Demokratie zugute. Sie ist eine sparsame Theorie, d.h. ein Gedankengebäude, das mit vergleichsweise wenigen Begriffen, Hypothesen und sonstigem Aufwand einen beträchtlichen Ertrag an Einsichten, Beschreibungen und Erklärungen liefert.

Die Ökonomische Theorie der Demokratie geht vom methodologischen Individualismus aus, also von dem Erkenntnisprinzip, wonach gesellschaftliche Strukturen und Prozesse mit Hilfe von Aussagen über individuelle Motivationen und Handlungen zu erklären sind, im Unterschied zu Alternativtheorien, z.B. der marxistischen Politischen Ökonomie, in denen Aussagen über soziale Strukturen nicht auf individuelles Verhalten, sondern auf Eigenschaften dieser Strukturen und der gesellschaftlichen Organisation zurückgeführt werden („methodologischer Holismus"). Im methodologischen Individualismus haben viele Beobachter einen Vorteil der Ökonomischen Demokratietheorie gesehen.

Gleichviel, ob man dem methodologischen Individualismus anhängt oder nicht, unbestritten ist Downs' *Ökonomische Theorie der Demokratie* ein großer Wurf (Grofman 1995b, Heinemann 1999). Einer ihrer Förderer, Charles Lindblom, der drei renommierte Verlage dazu bewegen konnte, dem noch gänzlich unbekannten Downs für *An Economic Theory of Democracy* einen Vertrag anzubieten, obwohl diese Schrift von ihrem Verfasser nur als Entwurf seiner Dissertation gedacht war, behielt mit seiner Voraussage Recht, es handele sich um einen Meilenstein der Forschung (Almond 1995, Downs 1995). Downs' Demokratieschrift hat interessante und fruchtbare Hypothesen zur weiteren Erforschung demokratisch verfasster Politik zur Welt gebracht. Hinzuzufügen ist, dass Downs seine Demokratietheorie mit drei zusätzlichen Hypothesen abschließt, die aus dem Zusammenwirken der beiden Grundhypothesen – Stimmenmaximierung der Parteien und rationales Wahlverhalten der Wähler – resultieren. Die beiden wichtigsten dieser Hypothesen sollen der Vollständigkeit halber und aufgrund ihrer Bedeutung für die Parteien- und Staatstätigkeitsforschung erwähnt werden. Die erste dieser Thesen besagt, die stimmenmaximierenden Parteien tendierten im Fall der Konfrontation mit rational handelnden Wählern dazu, nach ihrem Wahlerfolg so viele der Wahlversprechen oder Programme zu verwirklichen, wie sie nur können. Das ist die Grundform der Mandatetheorie, die viele Jahre nach Downs' Demokratieschrift den Test vergleichender Analysen bestand (Klingemann u.a. 1994), und deren Hauptbotschaft zufolge die Parteien nach der Wahl weitgehend die Versprechen einhalten, die sie vor der Wahl den Wählern gegeben haben. Erwähnung verdient sodann die zweite Hypothese, die Downs als Proposition Nr. 24 vorträgt. Ihr zufolge neigen politische Parteien dazu, ideologische Positionen beizubehalten – sofern sie nicht drastische Niederlagen erfahren. Im letzteren Fall passen sie ihre Ideologie derjenigen Partei an, die ihnen diese Niederlage zufügte. Eine hübsche Hypothese! Sie könnte sich beispielsweise zur Beschreibung und Erklärung des Wegs der SPD zum Godesberger Programm von 1959 eignen, oder dafür, die Anpassung der britischen Labour Party unter Tony Blair an Positionen der Mitte und der Konservativen zu erklären.

Doch nicht nur Lob wurde Downs' Demokratietheorie zuteil, sondern auch Kritik (Dreier 1993: Teil III, Grofman 1995a, Braun

1998). Manche Experten haben sie sogar vehement kritisiert. Das Menschenbild der Theorie sei nicht in Ordnung, so wurde geklagt. Vor allem sei es unverträglich mit den Funktionsvoraussetzungen einer Demokratie, die doch den sozialverträglichen homo politicus erfordere. Andere warfen Downs vor, man könne die Politik nicht in Analogie zum Markt begreifen, so beispielsweise Iring Fetscher (1984: 198f.). Die Politik sei ein oligopolistischer Markt, auf dem sich wenige Parteien tummelten, die obendrein nicht weiter aufschnürbare Pakete von Programmen oder politischen Konzeptionen feilhielten (ebd.). Überdies fehle die Analyse des Konsensus über die Spielregeln ohne die es keine funktionsfähige Konkurrenzdemokratie gebe (ebd.: 198f.). Das trifft ins Schwarze! In der Tat ist ein Basiskonsens erforderlich, sonst hält sich niemand an die Spielregeln. Trifft Letzteres zu, funktioniert eine Demokratie nach Downs' Modell nicht länger (Habermas 1992a). Der Hinweis auf den oligopolistischen Markt hingegen kann nicht so recht überzeugen. Oligopolisierung ist kein Fremdwort für Downs' Demokratietheorie; sie beschädigt sein Modell nicht.

Andere Kritiker setzten noch grundsätzlicher an. Downs' Ansatz sei von Grund auf falsch und basiere auf weit hergeholten Axiomen. Besser sei es, induktiv vorzugehen und von dort aus zu verallgemeinern. So lautet der Kernsatz eines Kritikers, der Parteienforschung primär aus institutionalistischer und kulturalistischer Tradition betreibt (Rogers 1959). Downs hielt Rogers entgegen, er hantiere nicht mit Axiomen, sondern mit Hypothesen im Rahmen von Modellen. Selbst wenn man Downs' Verteidigung akzeptiert, bleiben modellimmanente Widersprüche und Erklärungsdefizite der Hypothesen, die aus der Ökonomischen Theorie der Demokratie abgeleitet werden (Lehner 1981: 36f., McLean 1987: Kp. 3). Ihrem egozentrischen Entscheidungsmodell (Habermas 1992b: 404) entgehen institutionelle und kulturelle Bedingungen von Politik (Lehmbruch 1975: 250ff., Grofman 1995b).

Die These vom rationalen Wähler beispielsweise ist eine heroische Vereinfachung. Mehr noch: Sie führt in einem von Land zu Land unterschiedlichen Ausmaß irre. Am unschädlichsten ist sie dort, wo der politische Markt relativ flüssig ist und die Bindungen der Wähler an sozialmoralische Milieus schwach sind. Das ist in den USA weit mehr als in Europa gegeben. Insoweit ist es nicht zufällig, dass *An Economic Theory of Democracy* in den

Vereinigten Staaten von Amerika entstand. Die These vom rationalen, vorwiegend an kurzfristigen Streitfragen und Themen orientierten Wähler passt aber in dem Maße um so schlechter, je stärker die Wählerbindung an sozialmoralische Milieus klassengebundener, konfessioneller oder sprachgruppenbezogener Art ist. Zudem überschätzt Downs' Theorie das Streben nach Machterwerb und Machterhalt. Vor allem ist der angebliche Vorrang des Wahlsiegziels vor der Durchsetzung politischer Programme nicht voll überzeugend. Zahlreichen Analysen zufolge sind Wahlgewinner an Fragen politischer Gestaltung interessiert und bewerten dies mitunter höher als Machterhalts- oder Machterwerbsfragen (Budge/Keman 1990). Außerdem haben Regierungen unterschiedlicher parteipolitischer Zusammensetzung höchst unterschiedliche Politiken in Gang gesetzt (Castles 1982) – auch auf die Gefahr hin, Wählerstimmen nicht in ausreichendem Maße zu gewinnen oder Stimmen zu verlieren. Überdies hat man Downs' Auffassung von politischen Parteien und vom Parteiensystem kritisiert. Wichtiger als die gesamte Wählerschaft jeder Partei sei der jeweilige Kern aus „politischen Investoren" im Sinne derjenigen Kernwählerschaften, die ihre Partei auf ein Handeln verpflichten können, das nur einen eng begrenzten Satz von – für ihre Investorinteressen möglichst optimalen – Politikresultaten zulässt (Ferguson 1995).

Gemessen am Stand der Forschung zum Wählerverhalten und zu den politischen Parteien, ist Downs' Analyse des Verhältnisses von Wählern und Parteien nicht komplex genug (McLean 1987, Grofman 1995a). Ihr fehlt die angemessene Berücksichtigung des Ineinandergreifens von vier Bestimmungsfaktoren des Wählerverhaltens: der Orientierung der Wähler an Streitfragen, der den Parteien zugeschriebenen Problemlösungskompetenz, der Wertschätzung der Kandidaten der Parteien seitens der Wähler und der langfristigen Wirkung sozialstrukturell begründeter Bindungen der Wählerschaft. Spätestens an dieser Stelle erweist sich das Rationalitätsprinzip als Erkenntnissperre auf dem Weg zur empirisch exakten Analyse des Wählerverhaltens. Überdies wird man dem löblichen Vorsatz von Downs, die Analyse der Ökonomie und der Politik in einer allgemeinen Theorie zu verbinden, entgegenhalten müssen, dass dieses Gedankengebäude in normativer Hinsicht verkürzt ist: Rationale Akteure im Sinn von Downs haben streng genommen keine hinreichenden Gründe, die demokratischen Spielregeln einzuhalten (Habermas 1992b: 358).

Ferner vereinfacht die Politikanalyse der *Ökonomischen Theorie der Demokratie* zu sehr. Downs' Modellwelt des Politischen ist dünn besiedelt. In ihr tummeln sich Wähler, Parteien und Regierungen. Am Rande kommt noch das Wahlrecht ins Spiel. Gewiss spiegelt diese Auswahl eine gewollte Vereinfachung wider. Aber sie bleibt eine heroische Vereinfachung. Zum Opfer fällt ihr beispielsweise die Analyse all derjenigen politischen Institutionen und Vorgänge, die zwischen Regierungen und Wählern, neben den Regierungen und im Vorfeld der Wahlhandlungen von Parteien und Wählern wirken (Grofman 1995b).

Aber selbst bei theorieimmanenter Betrachtung ist Downs' Theorie nicht gegen Kritik gefeit. Zwei Einwände verdienen besondere Beachtung. Der erste betrifft die unaufgelöste Spannung zwischen der wettbewerbs- und der oligopoltheoretischen Fundierung von Downs' Theorie. Wenn Parteien Oligopolisten sind, kommt der Nutzen des Wettbewerbs, auf den Downs setzt, wahrscheinlich nicht zustande, weil oligopolistische Märkte den Anbietern die Vernachlässigung von Konsumenteninteressen ermöglichen (Strom 1992). Den zweiten zentralen Einwand gegen Downs' Modell kann man mit Brennan und Lomasky (1993) so formulieren: Der Kosten und Nutzen abwägende Akteur, der homo oeconomicus, ist ein vernünftiges Modell für Entscheidungen über den persönlichen Konsum, aber unzulänglich für die Beschreibung und Erklärung von Wahlhandlungen in öffentlichen Angelegenheiten, wie in der Politik. Auch beruft sich Downs an einer entscheidenden Stelle zu Unrecht auf Schumpeter. Schumpeter hatte individuelle Präferenzen nicht als exogene Größen betrachtet, sondern als endogene Produkte des politischen Prozesses. Hinter diese Einsicht fällt Downs zurück (Przeworski 1990: 25). Er betrachtet nämlich individuelle Präferenzen als exogene Größen. Individuelle Präferenzen sind demnach fixiert. Das Gegenargument hierzu lautet wie folgt: Präferenzen werden im politischen Prozess geformt und können in eigenständigen Lernprozessen verändert werden.

Problematisch ist zudem Downs' Annahme, dass Politiker hauptsächlich um politische Unterstützung konkurrierten. Hierdurch werden autonome Ambitionen von Machthabern vernachlässigt, wie ideologie- oder programmorientiertes Handeln. Ferner werden andere Handlungsorientierungen außer Acht gelassen, beispielsweise Affekt oder Tradition, absolut gesetzte Werte oder systematische Abwägung von Zwecken und Mitteln sowie von Zwecken gegen die Mittel (Weber 1976). Vor allem die Koalitionsforschung hat gezeigt, dass es keine überzeugenden Beweise für die Richtigkeit der von Downs zugrunde gelegten Annahme gibt, wonach Politiker vorrangig um Unterstützung im Wettstreit stehen (Laver/Schofield 1990). Eine weitere Annahme ist problematisch, nämlich die Unterstellung, die Stimmberechtigten im demokratischen Prozess seien in allen entscheidenden Belangen und entscheidenden Institutionen repräsentiert. Doch viele wichtige Entscheidungen von gesamtgesellschaftlicher Bedeutung werden nicht im Parteien- oder im Regierungssystem getroffen, sondern außerhalb des vom Wahlmechanismus erfassten Bereichs, beispielsweise im Zusammenspiel von Verbänden und Staat, in den Entscheidungsgremien einer Zentralbank oder in den Gremien einer autonomen Verfassungsgerichtsbarkeit. Schlussendlich ist die Annahme problematisch, wonach eine gewählte Regierung die mehr oder minder perfekte Agentur ihrer Wählerschaft sei. Diese Annahme unterstellt, es gebe keine Autonomie des Politischen gegenüber der Gesellschaft und der Wirtschaft. Doch das trifft nicht zu. Insoweit ist die Ökonomische Theorie der Demokratie – obgleich aufregend und innovativ – nicht überall auf festem Grund gebaut, sondern zum Teil auf sandigem Boden.

**Kapitel 2.4**
**Die Demokratietheorie der Pluralisten**

In die *Ökonomische Theorie der Demokratie* von Downs sind vor allem die Erfahrungen moderner Massendemokratie nach US-amerikanischer Art sowie der Wiederaufstieg und die Ausbreitung der Demokratie nach dem Ende des Zweiten Weltkrieges eingegangen. Immerhin waren im Jahr der Publikation von Downs' Demokratieschrift (1957) schon mehr als ein Viertel aller selbständigen Staaten Demokratien (Jaggers/Gurr 1996), viel mehr als 1941, dem Jahr, in dem Schumpeter sein Manuskript *Kapitalismus, Sozialismus und Demokratie* abgeschlossen hatte. Zum Kreis der Demokratien zählten nun alle westeuropäischen Länder, auch Westdeutschland, Österreich und Italien, sowie Japan. Diese Erfahrungsbasis teilt die pluralistische Demokratietheorie mit der Ökonomischen Theorie der Demokratie. Die Demokratietheorie der Pluralisten basiert aber auch auf der allgemeinen Pluralismustheorie. Ihren ersten Auftritt hatte die pluralistische Demokratietheorie in Gestalt des Gruppenpluralismus-Konzeptes, das vor allem von Arthur F. Bentley (1908) und David B. Truman (1951) in Studien über die Politik in den Vereinigten Staaten von Amerika entwickelt worden war. Dem Gruppenpluralismus zufolge lassen sich Ablauf und Inhalt von Politik hauptsächlich auf Kooperation, Konflikt und Machtverteilung zwischen organisierten Interessen zurückführen. Dieser Theorie liegt die Annahme zugrunde, prinzipiell alle Interessen könnten artikuliert und organisiert werden, und deshalb könne grundsätzlich ein Gleichgewicht zwischen allen Interessen herbeigeführt werden. Vor allem in den Beiträgen von Robert Dahl (1971, 1997a, 1997b) und Ernst Fraenkel (1991) wurde die ältere angloamerikanische Gruppenpluralismustheorie zu einer empirischen und normativen Theorie weiterentwickelt, in die die Erfahrungen der politischen Geschichte der angloamerikanischen und der kontinentaleuropäischen Länder des 20. Jahrhunderts eingingen.

**Pluralismus**

Der Schlüsselbegriff dieser Theorie – Pluralismus – meint allgemein Vielgliedrigkeit, im Gegensatz zum Monismus und zum Dualismus. In der Soziologie ist Pluralismus der Fachausdruck für die Struktur moderner Gesellschaften, in denen – auf der Basis hochgradiger sozialer Differenzierung, zahlreicher (sich teils überlappender, teils überkreuzender) Konflikte und vielfältiger Lebensstile – die Bürger ihre Interessen in einer Vielzahl autonomer Bewegungen, Vereine, Parteien und Verbände organisieren, die um Einfluss in Gesellschaft, Wirtschaft und Politik ringen. In der Politikwissenschaft und der pluralistischen Demokratietheorie dient Pluralismus vorrangig als empirischer und normativer Begriff für vielgliedrig organisierte, nichtmonistische Willensbildungsformen und politische Ordnungen. Der Gegensatz hierzu sind monistisch gefügte Ordnungen, wie autoritäre oder totalitäre politische Systeme, und dualistische Herrschaftsformen, beispielsweise rigide Klassengesellschaften. In pluralistischen politischen Systemen werden die Machthaber durch Recht, institutionelle Kontrollen der öffentlichen Gewalten und besondere institutionelle Gegengewichte zur Legislative und Exekutive gezähmt. Und in ihnen haben die Bürger und die organisierten Interessen ein relativ hohes Maß an Autonomie.

Pluralismustheoretiker grenzen sich nicht nur von der klassisch-liberalen Theorie ab, insbesondere von der gedanklich konstruierten Entgegensetzung von Staat und einer Gesellschaft, die aus atomisierten Individuen zusammengesetzt gedacht wird. Die Pluralisten betonen demgegenüber die Vielgliedrigkeit von Staat und Gesellschaft sowie der intermediären – zwischen Staat und Gesellschaft vermittelnden – Institutionen. Überdies heben sie die Freiheit der Meinungsbildung und Willensäußerung und des organisatorischen Zusammenschlusses zu Interessenvertretungsorganisationen hervor. Streuung der Machtressourcen in Staat, Gesellschaft und Wirtschaft – an Stelle von Machtkonzentration – ist eines ihrer heiligen Güter (Vanhanen 1997). Ferner wenden sich die Pluralisten gegen jegliche monistische Ordnungen und gegen Philosophien, die diesen zugeneigt sind. In der frühen Pluralismustheorie galt der Stachel der Kritik vor allem den Souveränitätsansprüchen des Staates, insbesondere eines nichtdemokratischen Staates. Zum Anti-Liberalismus und Anti-Etatismus kam später die Frontstellung gegen Marktvermachtung und – seit den 30er Jahren – gegen den autoritären Staat und den Totalitarismus kommunistischer und nationalsozialistischer Prägung hinzu. Zum Gegner haben die Pluralisten insoweit nicht nur die ältere absolutistische Herrschaft, die in dem Satz „Ich bin der Staat" von Ludwig XIV. ihren bündigen Ausdruck fand, sondern auch moderne autoritäre und totalitäre Systeme.

**Leitmotive und Ziele pluralistischer Demokratietheorien**

Die aus der allgemeinen Pluralismustheorie hervorgehende pluralistische Demokratietheorie hat mit der klassisch-liberalen Theorie repräsentativer Demokratie zwei Hauptziele gemeinsam. Sie will totalitäre Herrschaft verhindern und die demokratisch gewählte Exekutive zügeln. Das bringt sie in schärfsten Gegensatz zu den

Demokratielehren, die auf die Bildung und Durchsetzung des Mehrheits- oder des Volkswillens besonderen Wert legen, wie die Ökonomische Theorie der Demokratie, Rousseaus Volkssouveränitätslehre oder hierauf gegründete radikale Demokratie-, Partei- und Staatstheorien.

An zwei weiteren Fronten kämpfen die Anhänger der pluralistischen Demokratietheorie. Nachdrücklich befürworten sie die Repräsentativverfassung. Nicht minder nachdrücklich wenden sie sich gegen die identitäre Demokratie nach Art der Volksversammlungsherrschaft sowie gegen majoritäre populistische Demokratie. Ihr Leitmodell ist „die Repräsentation der Wähler durch verantwortliche Repräsentanten" (Neumann 1986b: 133), und nicht Identität von Herrschern und Beherrschten. Demokratie ist für sie, so schrieb der eben zitierte Franz Neumann an anderer Stelle, „nicht direkte Volksherrschaft, sondern verantwortliche Parlaments- und Regierungsherrschaft". Sie steht zugleich in Gegnerschaft zur Theorie und Praxis „der Unverantwortlichkeit einer auf dem Führerprinzip beruhenden politischen Macht", so Neumanns Spitze gegen Webers Lehre der Führerdemokratie (Neumann 1986c: 259). Schlussendlich kritisieren die Pluralisten die Lehre, wonach eine bestimmte soziale Klasse, wie das Bürgertum oder die Arbeiterbewegung, die eigentliche Demokratiegarantie sei. Entscheidend für Wohl und Wehe der Demokratie ist nach Ansicht der Pluralismustheoretiker nicht die Frage, welche soziale Schicht herrsche. Die maßgebliche Größe sind für sie vielmehr die pluralistische Gliederung der Sozialstruktur eines Landes und der Politik sowie die Freiheitlichkeit und der Wettbewerbscharakter der politischen Willensbildung und Entscheidungsfindung (Dahl 1997a, 1997b). Damit steht die Pluralismustheorie in scharfem Gegensatz sowohl zu Barrington Moores Theorie des Zusammenhangs von Demokratieentstehung und Klassenstruktur wie auch zu den hiervon abgeleiteten konflikttheoretischen Demokratiebeiträgen, wie Rueschemeyer u.a. (1992).

**Gesellschafts- und staatszentrierte Theorien pluralistischer Demokratie**

Hier aber endet der Großteil der Gemeinsamkeiten der verschiedenen Theorien pluralistischer Demokratie. Diese können vereinfachend in zwei große Theoriefamilien aufgeteilt werden. Die erste Familie argumentiert gesellschaftszentriert und legt Distanz zum Staatlichen an den Tage. Diese Theoriefamilie ist vor allem im angloamerikanischen Sprachraum beheimatet. Die zweite Theoriefamilie ist stärker staatszentriert und staatsfreundlich, sofern dieser bestimmte Gütekriterien erfüllt, vor allem Verfassungsstaatlichkeit. Ein eindrucksvolles Beispiel für diese Theorierichtung entstammt der Feder von Ernst Fraenkel (1898-1975). Fraenkcl gilt mittlerweile als Klassiker des Neopluralismus (Buchstein 1998). Das war nicht immer so, hatte Fraenkel sich doch vom Theoretiker eines „formal-pluralistischen Klassenparteienstaates" (Erdman 1998: 236) nach 1945 zu einem Anhänger der Lehre von der parteienstaatlichen „parlamentarisch-pluralistischen Demokratie" gewandelt (Erdmann 1998: 235, Steffani 1997). Fraenkels Demokratietheorie hat aufgrund ihrer Gesellschafts- und Staatsorientierung ein höheres Maß an Komplexität als die Beiträge der angloamerikanischen Pluralismustheoriefamilie. Deshalb soll sie im Folgenden als Exempel für die pluralistische Demokratielehre dienen.

Fraenkel begreift die Demokratie als Staatsverfassung oder „Staatsgebilde" (Fraenkel 1991d: 326). Dieses Staatsgebilde zeichnet sich von anderen Staatsformen nicht nur durch Pluralität aus, sondern auch durch die Legitimierungsweise der Herrschaft, die Struktur der Gesellschaft und des Regierungssystems sowie die Vorrangstellung des Rechtsstaates. Fraenkels positiver Bezugspunkt ist der Idealtypus „des autonom legitimierten, heterogen strukturierten, pluralistisch organisierten Rechtsstaates" (Fraenkel 1991d: 326). Dessen Gegenpol ist die Diktatur. Deren Idealtyp ist bestimmt durch heteronome Legitimität, homogene Strukturierung, monistische Ordnung und eine Rechtsordnung, die dem Vorbehalt des Politischen untersteht.

Fraenkel konkretisierte den Demokratie-Diktatur-Vergleich an der Gegenüberstellung der Deutschen Demokratischen Republik und der Bundesrepublik Deutschland. Die politische Ordnung der Bundesrepublik ist Fraenkel zufolge autonom legitimiert. Sie erfüllt damit eines von Fraenkels Gütekriterien einer guten politischen Ordnung: „Im Gegensatz zu einer heteronom legitimierten Demokratie, die sich befähigt erachtet und berufen fühlt, ein Gemeinwohl zu verwirklichen, von dem unterstellt wird, daß es vorgegeben, absolut gültig und objektiv erkennbar sei (a-priori-Gemeinwohl), begnügt sich die autonom legitimierte Demokratie mit dem Anspruch, im Rahmen und unter Beachtung der allgemein gültigen abstrakten Prinzipien der Gerechtigkeit und der Billigkeit durch Verhandlungen, Diskussionen und Kompromisse zur Förderung des Gemeinwohls durch Lösung konkreter Probleme beizutragen, die, wenn auch keineswegs ausschließlich, doch maßgeblich durch pragmatische Erwägungen bestimmt werden (a-posteriori-Gemeinwohl)" (Fraenkel 1991d: 330). Ferner zeichnet sich die Gesellschaft der Bundesrepublik nach Fraenkel durch heterogene Strukturierung aus, und zwar deshalb, weil hierzulande ein vielgliedriges Staatsvolk einer pluralistischen Gesellschaft vorhanden ist. Diktaturen, wie die DDR, streben demgegenüber dem Leitbild eines homogenen Staatsvolkes nach. Überdies ist der Unterschied zwischen Monismus und Pluralismus der Herrschaftsorganisation wichtig. Die Herrschaftsordnung der Bundesrepublik ist pluralistisch. Sie basiert auf Vielgliedrigkeit in Staat, Gesellschaft und im intermediären Bereich – im Unterschied zur vollständig oder tendenziell monistischen Struktur des Politischen in der Diktatur. Ein Rechtsstaat schließlich – Fraenkels viertes Kriterium – kennzeichnet ebenfalls die Bundesrepublik, weil in ihr dem Selbstverständnis nach das Recht und somit der Rechtswegestaat Vorrang haben, im Gegensatz zu einer politisierten Gesellschaft wie jener der DDR, in der das Recht unter dem Vorbehalt des Politischen steht.

Die pluralistische Demokratietheorie unterscheidet sich von alternativen Demokratieansätzen unter anderem dadurch, dass sie die Vielgliedrigkeit in Staat und Gesellschaft hervorhebt und mit dem Verfassungsstaatsgedanken verbindet. Ebenso deutlich setzen die Pluralisten ihre Akzente beim Demos-Begriff, bei der Sichtweise der Interessengruppen und der Bestimmung der Rolle des Staates.

Mit dem Begriff Demos, dem an der Herrschaftsordnung vollberechtigt beteiligten Volk, wird Verschiedenes verstanden. Fraenkel hat zwischen vier Demos-Begriffen unterschieden: dem konservativen, dem liberalen, dem faschistischen und dem pluralistischen Demos. Der Konservatismus begreift den Demos als „eine historisch gewachsene, organische Einheit", als eine „transpersonalistische ‚Gestalt' mit einem eigenen einheitlichen Willen, in dem sich entweder der durch seine Einmaligkeit ausgezeichnete ‚Volksgeist' manifestiert oder eine volonté générale zur Entstehung gelangt" (Fraenkel 1991d: 344). Die liberale Staats- und Gesellschaftstheorie hingegen sieht im Demos „die Summe der zwar in einem einheitlichen Staate lebenden, im übrigen aber weitgehend isolierten Individuen, die bestrebt sind, in niemals abbrechenden, rationale Argumente verwertenden Auseinandersetzungen und Diskussionen zu einer einheitlichen Meinung über alle öffentlichen Angelegenheiten zu gelangen" (ebd.: 344). In der faschistischen Staats- und Gesellschaftsverfassung kommt ein Demos-Begriff zum Vorschein, der abstellt auf „eine amorphe Masse von Angehörigen eines politischen Verbands, in dem mittels einer manipulierten, die moderne Reklametechnik verwertenden Massenbeeinflussung ein durch den Konformismus den Lebensgewohnheiten und Denkweisen gekennzeichneter consensus omnium (Konsens aller – der Verf.) hergestellt wird, dessen charakteristische politische Ausdrucksform die acclamatio ist" (ebd.: 344f.). Der pluralismustheoretische Demos-Begriff hingegen betont die „Angehörigen der in den verschiedenartigsten Körperschaften, Parteien, Gruppen, Organisationen und Verbänden zusammengefaßten Mitglieder einer differenzierten Gesellschaft, von denen erwartet wird, daß sie sich jeweils mit Erfolg bemühen, auf kollektiver Ebene zu dem Abschluß entweder stillschweigender Übereinkünfte oder ausdrücklicher Vereinbarungen zu gelangen, d.h. aber mittels Kompromissen zu regieren" (Fraenkel 1991d: 345).

**Der Einbau der Interessenverbände in die Demokratietheorie**

Zum Erbe der pluralistischen Demokratietheorie gehört der Tatbestand, dass sie die Interessenverbände systematisch berücksichtigt und neu bewertet. Die Interessenorganisationen würdigt sie in der Regel sogar positiv. Damit steht die pluralistische Demokratietheorie in Opposition zur Phalanx der Kritiker an den Interessenverbänden seitens der Verfasser der *Federalist Papers*, Rousseaus Lehre, der marxistischen Theorie, des Liberalismus und der älteren und neueren konservativen Staatslehre. Zwar feiern die Pluralisten die Verbände nicht. Dazu kennen sie deren Egozentrik zu gut. Ferner ist ihnen die Warnung vor der „Herrschaft der Verbände" (Eschenburg 1956) zu Lasten des Gemeinwohls geläufig. Doch im Gegensatz zu den Verbändekritikern erörtert die Pluralismustheorie, vor allem die des späten Fraenkel, auch die stabilisierenden

Funktionen autonomer Interessengruppen und Parteien, wohingegen der Fraenkel der 30er Jahre – marxistisch inspiriert – Interessenverbände und Parteien weitgehend unter klassensoziologischen und klassenkämpferischen Aspekten gedeutet hatte (Erdmann 1998: 235f.). Nur autonome Verbände und Parteien aber bieten dem späten Fraenkel zufolge wirksamen Schutz gegen zwei Gefahren der pluralistischen Demokratie, nämlich Herausbildung despotischer Verhältnisse in Gestalt eines Neo-Faschismus und – durch politische Lethargie und Apathie begründete – Erstarrung in einem „wohlwollenden Despotismus" (Fraenkel 1991d: 352f.). Voraussetzung für solche Stabilisierungs- und Schutzfunktionen der Interessengruppen und Parteien sei freilich die Bereitschaft dieser Organisationen, nicht nur Sonderinteressen zu vertreten, sondern auch allgemeine Interessen zu berücksichtigen.

**Kampfparität als staatliche Aufgabe**

Eine weitere Voraussetzung der Stabilisierungs- und Schutzfunktion von Verbänden verortet Fraenkel in der „Waffengleichheit" der verschiedenen Gesellschaftsgruppen (ebd.: 358). Für die Herstellung solcher Kampfparität hat der Staat Sorge zu tragen. Ihm kommt es zu, als Hüter gemeinsamer Interessen zu wirken und dem „übermäßigen Einfluß oligopolistischer, wenn nicht gar monopolistischer Träger sozio-ökonomischer Macht" entgegenzutreten (ebd.: 358). Überdies hat der Staat dafür Sorge zu tragen, „daß der Einfluß all der Bevölkerungskreise nicht zu kurz kommt, die außerstande sind, zwecks Wahrung ihrer Interessen ausreichend machtvolle Verbände zu bilden und funktionsfähig zu erhalten" (ebd.: 358). An dieser Stelle wird Fraenkels Distanz zur gesellschaftszentrierten und staatsdistanzierten angloamerikanischen Pluralismustheorie besonders deutlich – ebenso wie seine Nähe zu den demokratietheoretischen Ausführungen seines Kollegen und Mitstreiters Franz Neumann (Buchstein 1992b). Neumann hatte schon in den frühen 50er Jahren die Auffassung vertreten, dass die moderne Demokratie die „Pluralität von freien Sozialverbänden auf allen Gebieten des gesellschaftlichen Lebens" voraussetzt, auf denen der Produktion, der Distribution, der Kultur und des Sports. Von einem real existierenden Pluralismus kann man aber erst sprechen, so Neumann schon 1949, wenn eine ungefähre Balance, ein „Gleichgewicht der sozialen Kräfte" gegeben ist (Neumann 1986a: 181). Verwirklichbar ist dieses Gleichgewicht letztlich nur durch sozialpolitische Interventionen zur Förderung der Interessen der unteren Gesellschaftsschichten und zur Überwindung des Klassenkampfs, so Neumann weiter. Hierfür benötigt man, so Neumann und später auch Fraenkel, unabhängige und autonome Sozial- und Wirtschaftsverbände sowie einen in sozial- und wirtschaftspolitischen Angelegenheiten gestaltungsmächtigen Staat.

Damit der Staat diese Aufgabe übernehmen kann, ist sein Wandel vom liberalen Rechtsstaat (der im Wesentlichen auf Ordnungspolitik beschränkt ist) zum sozialen Rechtsstaat (der über den liberalen Rechtsstaat hinaus auch Aufgaben in den Bereichen Arbeit, Soziales und Wirtschaft übernimmt) notwendig. Der liberale Rechtsstaat beschränkt sich auf die Offenhaltung der Rechtswege und die Gewährung von Rechtsschutz gegen Beeinträchtigungen der Freiheitssphäre seiner Mitglieder. Der soziale Rechtsstaat hingegen hat weit größere Aufgaben. Er hat „prophylaktisch die Entstehung politischer, wirtschaftlicher und insbesondere sozialer Bedingungen zu verhüten, aus denen eine Gefährdung rechtsstaatlicher Prinzipien zu erwachsen vermag" (Fraenkel 1991d: 359).

Fraenkels Theorie der pluralistischen Demokratie geht über die klassischen, die führerzentrierten und die Ökonomischen Demokratielehren hinaus. Sie erörtert nicht nur die Massendemokratie in großen Flächenstaaten, sondern auch den Wettbewerb der Parteien um Wähler, sodann die bedeutende Rolle der Interessenverbände und die zunehmende – grundsätzlich positiv bewertete – Einschaltung des Staates in wirtschaftliche und gesellschaftliche Bereiche. Insoweit gerät diese Theorie – jedenfalls in der von Fraenkel vertretenen Variante – in die Nähe der Theorien der „sozialen Demokratie", die im nächsten Kapitel erörtert werden. Überdies hat sie eine starke kulturtheoretische Komponente. Die Demokratie funktioniert nur dann richtig, wenn die politischen Eliten den „Tugendappell" (Buchstein 1998: 476) befolgen und wenn die kulturellen Gemeinsamkeiten groß genug sind, um einen belastungsfähigen „nicht-kontroversen Sektor" zustande zu bringen. So lautet die Diagnose der Pluralisten zu den Funktionsvoraussetzungen der Demokratie.

## Demokratievoraussetzungen: „Kontroverser" und „nicht-kontroverser Sektor"

Die Pluralismustheorie Fraenkels fügt den älteren Demokratielehren die Beobachtung hinzu, dass eine stabile Demokratie Konflikt und Konsens voraussetzt. Die Kombination beider Komponenten gilt ihr als entscheidend. Fraenkel hat das mit Hilfe des Begriffspaars „kontroverser Sektor" und „nicht-kontroverser Sektor" beschrieben. Der nicht-kontroverse Sektor ist der Sockel an generellem Konsens, der zur Stabilität einer demokratischen Ordnung unverzichtbar ist. Er beruht auf einem als gültig anerkannten, mehr oder weniger abstrakten Wertkodex, auf „diffuser Unterstützung" für das politische System, so die Terminologie der politischen Systemanalyse David Eastons (Easton 1965: 124f., Easton/Dennis 1969: 62f., 68f., Fuchs 1989). Zugleich hat aber jede offene politische Ordnung auch einen kontroversen Sektor. Er ist das Schlachtfeld, auf dem die unterschiedlichen Interessen ihre Konflikte austragen, der „Schauplatz ..., auf dem im Zusammenprall und im Zusammenwirken der Partikularwillen um die bestmögliche Regelung einer künftigen Staats- und Gesellschaftsordnung gerungen wird" (Fraenkel 1991e: 248).

Die Grenzlinie zwischen beiden Sektoren ist nicht konstant, sondern variabel. Sie ist Verschiebungen unterworfen, die ihrerseits Veränderungen der politischen Kultur eines Landes widerspiegeln. Gleichwohl kann man näherungsweise die Größenordnung beider Sektoren bestimmen, die für die Stabilität des Gesamten erforderlich ist. Der Konsenssektor muss der weitaus größere Sektor sein, sofern es sich um eine funktionierende pluralistische Demokratie handeln soll (ebd.: 248f.).

## Würdigung der pluralistischen Demokratietheorie

Die Pluralismustheorie der Fraenkel-Richtung hat Stärken, wie den geschärften Blick für die potenziell stabilisierenden Funktionen von Interessenorganisationen und Staat. Sie hat aber auch eigentümliche Schwächen. Zu den Schwächen zählt allerdings nur bedingt ihre Neigung, in der Analyse den Kollektivakteuren, wie beispielsweise den Verbänden, mehr Gewicht als dem einzelnen Bürger zu geben, was ihr so manche Kritik von radikalrepublikanischer Seite eingetragen hat (Habermas 1992b: 401f.). Gewichtiger ist, dass die Pluralismustheorien, gleichviel ob kontinentaleuropäischer oder angloamerikanischer Herkunft, den erheblichen Spannungen zwischen der Macht der Verbände und der Ohnmacht des einzelnen Bürgers zu wenig Aufmerksamkeit schenken – und damit die ungleich verteilten Kapazitäten zur Ungleichheitserzeugung, der Amoralität, der Immortalität und des Informationsvorsprunges vernachlässigen (Schmitter 1995b: 50f.). Nicht weniger wichtig ist ein dritter Faktor. Vor allem die von Fraenkel geschaffene Variante der pluralistischen Demokratietheorie ist von der Erfahrung mit dem Totalitarismus kommunistischer und nationalsozialistischer Art geprägt (Steffani 1997). Diesen Regimen stellt sie den Ist-Zustand und den Soll-Zustand der westlichen Verfassungsstaaten gegenüber. Dabei gewinnt die Neigung zum Dichotomisieren (Steffani 1997: 1271) und bisweilen die Normativität Oberhand über die nüchterne vergleichende Bilanzierung von Unterschieden und Ist-Zuständen. In nicht wenigen Passagen von Fraenkels Werk gründet sich die Lobrede auf die politische Struktur westlicher Länder vor allem auf die Wertschätzung ihrer Verfassungsnormen und ihres Selbstverständnisses, während die Realanalyse der Demokratie zu kurz kommt. Von diesem Einwand wird man auch Fraenkels ansonsten wegweisende Schrift über das amerikanische Regierungssystem nicht ganz ausnehmen können (Fraenkel 1960). Auch Fraenkels Bundesrepublik-DDR-Vergleich ist zum Teil ungleichgewichtig: er fußt hauptsächlich auf der Gegenüberstellung der überwiegend idealtypisierend portraitierten Bundesrepublik und der hauptsächlich realanalytisch beschriebenen DDR.

Ein weiteres Problem liegt im Konzept des „Waffengleichgewichts" zwischen den Gesellschaftsgruppen. So plausibel die These ist, dass die Demokratie ein Gleichgewicht zwischen den Interessen voraussetzt, so unscharf bleibt der Begriff des „Waffengleichgewichts" bei Fraenkel. Die Operationalisierung dieses Begriffs sucht man in Fraenkels Werk vergeblich. Das ist Teil einer allgemeineren Schwäche dieser Richtung der pluralistischen Demokratielehre: Ihre empirische Untermauerung lässt zu wünschen übrig – was übrigens in Gegensatz zu der breiter vergleichend angelegten angloamerikanischen und nordeuropäischen pluralistischen Demokratietheorie steht (z.B. Dahl 1971, Vanhanen 1997).

Probleme des Empirischen und der Operationalisierung (d.h. der Messbarmachung und Messung von Begriffen) werden jedenfalls in der Pluralismustheorie von Fraenkel überlagert von der prägenden politischen Erfahrung des Zusammenbruchs der Weimarer Demokratie auf der einen Seite und der Lebensfähigkeit angloamerikanischer Demokratien in der Zwischenkriegs- und der Kriegszeit andererseits. Diese gehören ebenso zur Erfahrungsbasis der Pluralismustheorie Fraenkels wie die Strukturen freiheitlicher Arbeitsbeziehungen nach Art der Weimarer Republik bis Ende der 20 Jahre, der Kalte Krieg zwischen Ost und West und die Spaltung Deutschlands in einen westlichen liberaldemokratisch verfassten und einen östlichen autoritär-sozialistisch regierten Teil. Auf diese Erfahrungen ist Fraenkels Begriffsbildung hauptsächlich geeicht.

Allerdings ist diese Begriffsbildung nicht differenziert genug, um die verschiedenen Demokratievarianten in vergleichbaren Staaten, wie in anderen großen Flächenstaaten und in kleineren europäischen Ländern, zureichend zu erfassen und unter Berücksichtigung ihrer Stärken und Schwächen in die Theorie der Demokratie einzubauen. Insoweit ist Fraenkels Pluralismustheorie zu sehr fixiert auf die fundamentale ordnungspolitische Differenz zwischen dem demokratischen Verfassungsstaat und dem autoritären und totalitären Staat (Steffani 1997). Zum Preis dieser Fixierung gehört die Vernachlässigung demokratieinterner Störanfälligkeiten und Destabilisierungspotenziale, wie jene, die in den kritischen Demokratietheorien erörtert werden (Kapitel 2.7), aber auch jene, die zu einem normalen pluralistischen Politikprozess gehören können, beispielsweise Blockaden des politischen Entscheidungsprozesses infolge unversöhnlicher Gegensätze zwischen Regierung und Opposition, zwischen erster und zweiter Kammer des Parlaments oder zwischen Parlament und Bundesrat.

Die Pluralismustheorien, einschließlich Fraenkels Lehre, wurden bisweilen heftig kritisiert. Ihrer Vernachlässigung von Defiziten der Demokratie galt ein Teil der Kritik. Mitunter reagierten die Kritisierten hilflos. Dem vor allem von Mancur Olson (1965) und Claus Offe (1972) erbrachten Nachweis, dass die Chancen der Interessendurchsetzung aufgrund unterschiedlicher Organisations- und Konfliktfähigkeit höchst unterschiedlich verteilt sind, begegneten viele Pluralisten häufig nur mit dem Hinweis, der empirische Einwand beschädige nicht die Pluralismustheorie als normative

Theorie. Andererseits wird man die Pluralismustheoretiker gegen ihre Kritiker in Schutz nehmen müssen, weil die Architektonik ihrer Theorie eine erfahrungswissenschaftliche Revision im Prinzip zulässt – wenngleich die pluralistische Demokratie dann nicht mehr so unbefleckt erscheint wie in Fraenkels Theorie. Überdies können sich die Pluralisten zugute halten, dass sich pluralistische Strukturen als offener erwiesen haben, als es die Kritiker vermuten. In der Kritik spielte bekanntlich lange Zeit das folgende Argument eine große Rolle: Sonderinteressen seien organisationsfähig und besäßen eine beachtliche Konfliktfähigkeit. Deshalb hätten sie überdurchschnittlich große Chancen, ihre Anliegen durchzusetzen. Im Gegensatz dazu hätten nichtspezialisierte, allgemeine Interessen, wie das Interesse an öffentlichen Gütern, beispielsweise an einer sauberen Umwelt, weit größere Organisationsprobleme und insgesamt beträchtlich geringere Konfliktfähigkeit. Entsprechend gering sei die Durchsetzungschance allgemeiner Interessen.

Gerade am Beispiel der Äußerung und Organisation von Umweltschutzinteressen lässt sich allerdings zeigen, dass die pluralistische Demokratie für solche allgemeinen Interessen offen sein kann. Das Emporkommen ökologischer Bewegungen und Parteien, die Ausbreitung des Umweltschutzgedankens bis weit in die etablierten Parteien hinein, und der somit verstärkte Aufstieg von ökologischen Streitfragen im Parteienwettbewerb sind hierfür schlagende Beispiele (Czada/Lehmbruch 1990, Müller-Rommel 1993). Obendrein ist die Pluralismustheorie grundsätzlich offen für eine Analyse der Vielgliedrigkeit der Gesellschaftsstrukturen, auf deren Basis Politik stattfindet. Von dieser Theorie aus wurden Erkundungen der Niederungen des Parteien- und Verbändewesens und der Lebenswelt der Wählerschaft gestartet. Alsbald erwiesen sich diese als komplexer als diejenigen der führerzentrierten und der Ökonomischen Theorie der Demokratie. Nicht um einfache Kosten-Nutzen-Maximierer handelt es sich beispielsweise bei den Wählern, sondern um Individuen, die im wirtschaftlichen Bereich als homo oeconomicus und im politischen eher als homo politicus agieren, die beispielsweise in sich überkreuzende soziale Kreise eingebunden sind, die nicht nur eine eindimensionale Präferenzstruktur, sondern eine Vielzahl von Präferenzen haben und sich bei der Wahlentscheidung in der Regel an fünf Größen orientieren: 1) der Lagerung in der Sozialstruktur und in den maßgeblichen Konfliktlinien, d.h. den dauerhaft ins Politische übersetzten sozialen Konflikten, 2) der Bewertung der Position von Parteien hinsichtlich wichtiger Streitfragen, 3) der vergleichenden Bewertung der Spitzenkandidaten der Parteien, 4) der Problemlösungskompetenz, die den konkurrierenden Kandidaten zugeschrieben wird, und 5) den Gesichtspunkten expressiven Wählerverhaltens (Brennan/Lomasky 1993).

Von der Pluralismustheorie inspirierte Analysen haben im Übrigen Gehaltvolles zu den Funktionsvoraussetzungen der Demokratie beigetragen. Hierfür wichtig sind Lipsets Theorie der sozioökonomischen Funktionsvoraussetzungen der Demokratie (Lipset 1960, Lipset u.a. 1993), die Polyarchie-Theorie von Dahl (1971) und die von ihr inspirierte Forschung über soziale, politische und ökonomische Funktionsvoraussetzungen der Demokratie, sowie die Lehre von der MDP-Gesellschaft, der zufolge eine moderne, dynamische, pluralistische Gesellschaft mit hoher horizontaler und vertikaler Mobilität zu den begünstigenden Bedingungen der Demokratie gehört (Dahl 1989). Diese Theorien werden im Kapitel 3.8 des vorliegenden Buches ausführlicher erörtert. Doch sei so viel an dieser Stelle vorweggenommen: die Bestandsvoraussetzungen der Demokratie sind dem Urteil der Pluralismustheorie zufolge erheblich komplexer und anspruchsvoller, als nach Sicht der bis dahin üblichen Demokratietheorien zu erwarten war. Nicht nur der relativ hohe Grad sozialer Differenzierung und politischer Vielgliedrigkeit ist hierbei wichtig, sondern auch die These, dass die Demokratie erst dann näherungsweise im Gleichgewicht ist, wenn sich sowohl die Gesellschaft und die staatlichen Institutionen als auch die beide Sphären vermittelnden („intermediären") Institutionen in einer Gleichgewichtslage befinden. Mangelt es der Gesellschaft und dem Staate an solchem Gleichgewicht, sind die Chancen der Demokratie ungünstig. Mangelt es den intermediären Instanzen am erforderlichen Gleichgewicht, so gibt es der Pluralismustheorie zufolge eine weitere Chance: dann muss der Staat für Gleichgewicht sorgen, vor allem durch Herstellung von „Kampfparität" zwischen den organisierten Interessen. Aber was geschieht, wenn der Staat die Waffengleichheit nicht herstellen kann oder nicht herstellen will? Dann gerät die Demokratie, so muss man wohl die Fraenkel-Richtung interpretieren, auf abschüssige Bahn. Die angloamerikanische pluralistische Demokratietheorie ist an dieser Stelle optimistischer, sofern die politische Willensbildung wettbewerblich und freiheitlich ist. Sind diese Bedingungen gegeben, kann die Demokratie auch dann überleben, wenn die Schlachtordnungen in ihr schief sind und die organisations- und konfliktfähigen Interessen die Oberhand gewonnen haben.

## Kapitel 2.5
## Theorie der Sozialen Demokratie

Zweierlei unterscheidet die Theorie der Sozialen Demokratie von den bislang vorgestellten Theorien. Erstens pflegt sie ein aktivistisches, expansionistisches Demokratieverständnis. Demokratie ist ihr „die einzige Staatsform, welche sich von ihrer Idee her nicht statisch, sondern dynamisch versteht", so die Worte Martin Greiffenhagens (1973b: 11). Zweitens betont die Theorie der Sozialen Demokratie den politischen „Output", das Produktionsergebnis des politischen Prozesses. Sie misst die Demokratie nicht nur an den Beteiligungschancen und an der Kontrolle der Regierenden durch die Regierten, sondern auch an den materiellen Ergebnissen, vor allem für die Schwächeren einer Gesellschaft. Der Theorie der Sozialen Demokratie zufolge gehört zur Volksherrschaft insbesondere der Auftrag, Staat, Gesellschaft und Wirtschaft in sozialstaatsfreundliche Richtung zu gestalten, die politische Demokratie zur gesellschaftlichen zu erweitern und Verteilungs- und Machtstrukturen mit dem Ziel zu steuern, soziale Ungleichheit zu verringern oder zumindest ihre Auswirkungen zu lindern und „die tyrannische Bedrohung der Lebensführung des einzelnen, die der Konzentration von Macht erwächst, zu vermeiden" (Gutmann 1993: 416). Mit Rechten und Freiheiten im Rahmen öffentlicher Institutionen geben sich die Vertreter dieser Theorie nicht zufrieden. Das wäre „nur" politische Demokratie. Man will mehr. Man begnügt sich auch nicht mit dem Hinzutreten von Bürgerrechten des liberalen Rechts- und Verfassungsstaates. Man will zudem Sozial- und Wirtschaftsdemokratie, und zwar durch Erweiterung der politischen Rechte und Pflichten auf gesellschaftliche und wirtschaftliche Einrichtungen und Vorgänge. Man will ferner sozialstaatliche Demokratie durch Auf- und Ausbau von Rechtsansprüchen auf Sozialleistungen, also soziale

Rechte. Und man strebt überdies nach autonomer demokratischer Interessenorganisation in Gesellschaft und Wirtschaft. Nur wenn all dies gewährleistet ist, so behaupten die Vertreter der Theorie der Sozialen Demokratie, kann der potenziellen Despotie gesellschaftlicher und wirtschaftlicher Mächte über das Leben von wirtschaftlich und gesellschaftlich schwächeren Bürgern wirksam Einhalt geboten werden (Bernstein 1899, Marshall 1996, Hartwich 1970, Hirst 1994).

**Begriffsgeschichte der „Sozialen Demokratie"**

Der „Sozialen Demokratie" liegt ein aktivistischer Politikbegriff zugrunde. Er deckt sich mit dem dritten Begriff der Politik-Typologie Dolf Sternbergers. Dort wird Politik definiert „als Vorgang der gesellschaftlichen Veränderung und als diejenige Art Tätigkeit, welche diesen Vorgang auslöst, fördert und antreibt", im Unterschied zur ersten Bedeutung von Politik „als das Staatliche, Öffentliche, Gemeinsame, als bürgerliche Verfassung, als geordneter Zustand", und zur zweiten, in der „Politik als subjektiver Kalkül, als kluge Ausübung von Führung und Herrschaft, als schlaue Planung der Mittel zum vorteilhaften Zweck des Handelns" verstanden wird (Sternberger 1984: 383).

Der Begriff „Soziale Demokratie" wurde im deutschen Sprachgebrauch zuerst in Arbeiter-Gesellen-Vereinen in der ersten Hälfte des 19. Jahrhunderts entwickelt. Nach der Revolution von 1848 bezeichnete Lorenz von Stein mit ihm die reformpolitische Kombination konstitutioneller Monarchie und sozialer Staatsverwaltung auf der Basis einer Koalition von konstitutioneller und sozialer, dem Anliegen Schwächerer verpflichteten Bewegung (von Stein 1972: 10). In der zweiten Hälfte des 19. Jahrhunderts wurde „Soziale Demokratie" mehr und mehr zum Kennzeichen einer bestimmten politischen Parteirichtung, vor allem für die Bestrebungen, die auf eine Koalition von Arbeiterbewegung und (bürgerlicher) Demokratie setzten, sowie – spezieller – für die Theorie, Praxis und Organisation der Sozialdemokratie (Meier u.a. 1972: 886ff., Rosenberg 1972). In progressiven Demokratietheorien des 20. Jahrhunderts behielt man in der Regel das sozialreformerische Anliegen der „Sozialen Demokratie" bei, allerdings meist ohne ausdrückliche Bindung an die

Partei der Sozialdemokraten. Beispiele sind die Beiträge von C.B. Macpherson (1973 und 1977) und David Held (1996). Beide Autoren meinten im Wesentlichen eine Soziale Demokratie, als sie von der „developmental democracy" sprachen. Gemeint ist eine Institutionenordnung, die auf Entwicklung der Humanressourcen und umfassende Verteilung und Umverteilung abzielt. Zur Theorie der Sozialen Demokratie zählen auch die neueren – vor allem in der angloamerikanischen Demokratiediskussion verbreiteten – Theorien der „assoziativen Demokratie" (Hirst 1994, Cohen/Rogers 1992). Ihnen geht es, in Weiterführung älterer Genossenschafts- und Selbstverwaltungslehren, vor allem darum, die mittlere Ebene zwischen Staat und Gesellschaft zu demokratisieren, insbesondere durch Selbstverwaltung, Dezentralisierung sowie betriebliche und überbetriebliche Mitbestimmung.

**Radikal-etatistische und moderate reformpolitische Theoriefamilien der Sozialen Demokratie**

Sieht man von den genossenschaftlichen Formen ab, umfasst die Theorie der Sozialen Demokratie seit jeher nicht nur eine beteiligungsorientierte Variante, sondern auch eine etatistische. Ihr Etatismus kann mit unterschiedlichen Bewegungen koalieren, mit radikalen ebenso wie mit reformistischen. Insoweit kann man die Theorie der Sozialen Demokratie in radikal etatistische und in moderat reformpolitische Lehrgebäude unterteilen. Zu den radikalen Varianten gehören die auf Umwälzung bürgerlicher Verhältnisse geeichten marxistischen Demokratievorstellungen, wie Marx' Lehre von der revolutionären Direktdemokratie (Kapitel 1.8). Zur reformpolitischen Theorie der Sozialen Demokratie hingegen zählen vor allem die Programmatik und die Praxis der sozialdemokratischen Parteien Westeuropas (Castles 1992), die Staats- und vor allem die Sozialstaatslehre der katholischen Arbeiterbewegung und der christdemokratischen Parteien in Europa (Roebroek 1993, van Kersbergen 1995), sowie in der Verfassungspolitik und Staatsrechtslehre die Theorie des sozialen Rechtsstaates (Heller 1971a, 1971b, Kempen 1976, Forsthoff 1968), einschließlich ihrer politikwissenschaftlichen Weiterführung in neueren Sozialstaatstheorien (Hartwich 1970, 1998). In den verfassungsstaatlichen Demokratien wurde die gemäßigt reformerische Variante der Theorie sozialer Demokratie besonders einflussreich. Auf sie soll im Folgenden ausführlicher eingegangen werden.

Im Unterschied zur radikal-etatistischen Variante wird der Etatismus in der reformpolitischen Theorie mit verfassungsstaatlichen und föderalistischen Gegenkräften gezügelt (Meyer 1991). Das engt den Spielraum der Staatsgewalten und der Regierungspolitik beträchtlich ein. Doch hierdurch wird dem Bürger und den Interessenorganisationen Schutz vor dem Zugriff der Legislative und der Exekutive zuteil. Dem gemäßigt-reformerischen Ansatz ist somit ein Demokratieverständnis eigen, das neben dem Gedanken des Schutzes vor Wirkungen übermäßiger wirtschaftlicher und sozialer Macht Grundideen der älteren Gewaltenteilungslehre und der liberalen Theorie aufgreift. Besonders deutlich zeigt dies die Theorie und Praxis der reformpolitischen Flügel der sozialdemokratischen Parteien im ausgehenden 19. und im 20. Jahrhundert. Repräsentativ für sie ist Eduard Bernsteins Schrift *Die Voraussetzungen des Sozialismus und die Aufgaben der Sozialdemokratie* (1899). Demokratie ist für Bernstein zugleich Mittel und Zweck: „Sie ist Mittel zur Erkämpfung des Sozialismus, und sie ist die Form der Verwirklichung des Sozialismus" (1899: 178). Im Unterschied zu den radikalen Theoretikern des Sozialismus und zum späteren Marxismus-Leninismus begründet Bernstein – und mit ihm auch Kautsky – die Demokratie als Mittel und Ziel sozialistischer Politik nicht primär aus strategischem Kalkül, sondern aus dem Postulat, die sozialistische Bewegung habe den Universalitätsanspruch demokratischer Bürgerrechte einzulösen (ebd.: 170f., Euchner 1992: 222). Hierdurch wird der Demokratie eine Doppelfunktion zugeschrieben. Sie wurde von Otto Kallscheuer in einem Kommentar zu Bernstein besonders klar herausgearbeitet: „Demokratie ist ( ... ) für Bernstein nicht nur eine bestimmte Regierungsform, sondern eine Leitidee gesellschaftlicher Organisation, bezogen auf den Maßstab gleichberechtigter Teilhaberschaft. Als solche impliziert sie die Forderungen nach beständiger Demokratisierung, und zwar im doppelten Sinne: als Ausweitung demokratischer Gleichberechtigung auf immer mehr Subjekte sowie als Ausweitung demokratischer Entscheidungsverfahren auf immer mehr gesellschaftliche Funktionsbereiche" (Kallscheuer 1986: 552f.). Insoweit macht nach Bernstein die uneingeschränkte Anwendung von Demokratie auf Politik, Wirtschaft und Kultur das Wesen des Sozialismus aus.

Wie groß die Differenz zwischen dieser Demokratieauffassung und der Demokratielehre von Marx und Engels ist, um von den „Volksdemokratien" des 20. Jahrhunderts ganz zu schweigen, zeigt auch Bernsteins Staatstheorie. Im Unterschied zu Marx und Engels setzt Bernstein nicht auf das „Absterben des Staates" in der sozialistischen Gesellschaft, und im Gegensatz zum Leninismus zielt er nicht auf die „Zerschlagung des Staates". Auch teilt er nicht den Glauben, die Zentralisierung der Verwaltung und die Planung der gesamten Wirtschaft seien herrschaftsfreie Verwaltung von Sachen. Für Bernstein ist die staatliche Organisation moderner Gesellschaften ein zu minimierendes notwendiges Übel. Die Zentralisierung der Staatsfunktionen müsse man durch lokale, kommunale und „gewerbliche Demokratie" eindämmen (Bernstein 1899: 192f.; Kallscheuer 1986: 554). Entsprechend eng sind die Grenzen für die Staatsgewalt und die Demokratie. Ihre harten Grenzen finden beide in den Rechten des freien Individuums.

Für Bernstein heißt Demokratisierung nicht notwendigerweise Ausweitung staatlicher Kompetenzen, sondern Schaffung der materiellen und rechtlichen Voraussetzungen freier Erörterung von zur Entscheidung anstehenden Themen durch die Bürger. Hierfür sieht seine Theorie den Einbau des Föderalismus und des Gemeindesozialismus als Gegengewichte zur zentralstaatlichen Bürokratie und zur Wirtschaftsplanung vor. Auch an dieser Stelle werden Parallelen zur liberalen Gestaltung des Verhältnisses von Staat und Gesellschaft sichtbar. Nicht minder deutlich tritt der Gegensatz zur radikal-etatistischen Staats- und Demokratieauffassung des Marxismus und des Neomarxismus hervor.

**Formwandel vom liberalen zum sozialen Rechtsstaat**

Eine einflussreiche Variante der Theorie der Sozialen Demokratie entstand im 20. Jahrhundert in Deutschland in der Debatte über den „liberalen" und den „sozialen Rechtsstaat". Als „liberalen Rechtsstaat" bezeichnet man einen Staatstypus, dessen Politik, Recht und Verwaltung im Wesentlichen auf Ordnungsfunktionen im Inneren und Verteidigung nach außen beschränkt bleiben. Der

„soziale Rechtsstaat" hingegen ist ein Staatstypus, in dem die Sozialordnung – im Gegensatz zum liberalen Rechts-, zum Obrigkeits- und zum Versorgungsstaat – nach bestimmten Zielen (insbesondere dem der sozialen Gleichheit) mit interventionsstaatlichen Mitteln im Rahmen rechtsstaatlicher Verfassung gestaltet wird (Forsthoff 1968, Heller 1971a, Kempen 1976). Die Differenz zwischen dem liberalen und dem sozialen Rechtsstaat ist quantitativer und qualitativer Art. Ernst Fraenkel hat sie einmal wie folgt charakterisiert. Im Gegensatz zum Rechtsstaatsdenken der Vergangenheit, das sich damit begnügt habe, Rechtsschutz gegen bereits erfolgte Beeinträchtigungen der individuellen Freiheitssphäre zu gewähren, „setzt sich das Rechtsstaatsdenken der Gegenwart die zusätzliche Aufgabe, prophylaktisch die Entstehung politischer, wirtschaftlicher und insbesondere sozialer Bedingungen zu verhüten, aus denen ein Gefährdung rechtsstaatlicher Prinzipien zu erwachsen vermag" (Fraenkel 1991d: 359). Fraenkel begründete die Erweiterung der Demokratie zur sozialen Demokratie auch damit, dass zwischen den Gesellschaftsgruppen Kampfparität herzustellen sei. Wer die Soziale Frage einer Lösung näher bringen wolle, müsse zwischen den verschiedenen Gesellschaftsgruppen für „Waffengleichheit" sorgen (ebd.: 358) (siehe Kapitel 2.5).

Auch die Anhänger des sozialen Rechtsstaates neigen zu einem aktivistischen Verständnis von Politik. Vor allem die gesellschaftskritische Schule der Verfassungspolitik, wie Wolfgang Abendroth (1967) und Hans-Hermann Hartwich (1970, 1998), will dem Sozialstaat verfassungsrechtlich Vorrang geben und ihn zur aktiv-reformerischen Gestaltung der Sozial- und Wirtschaftsordnung verpflichten. Das unterscheidet sie von der konservativen Staatslehre, die dem Sozialstaat Rang und Geltung nur unterhalb des Verfassungsrechtes zuspricht und ihn am kürzeren Zügel führen will, so beispielsweise Ernst Forsthoff (1968, 1971). Die gesellschaftskritische Schule der Sozialstaatstheorie hingegen befürwortet, in Weiterführung von Hellers Staatstheorie (Heller 1971a, 1971b), die Entwicklung der politischen zur sozialen Demokratie. Sie will die „Ausdehnung des materiellen Rechtsstaatsgedankens auf die Arbeits- und Güterordnung" (Heller 1971a: 451). Sie tritt dafür ein, den reinen Rechtsstaat zum demokratisch-sozialen Wohlfahrtsstaat dadurch umzuwandeln, dass sie die ungezügelte Marktwirtschaft durch eine wettbewerbspolitisch und vor allem sozialpolitisch flankierte Ordnung der Wirtschaft ersetzt. Hierin sieht sie die wichtigste Voraussetzung der Freiheit und der vollen Verwirklichung staatsbürgerlicher Gleichheit und somit der politischen Demokratie. Freiheit heißt hier nicht nur Freiheit gegenüber dem Staat. Vielmehr wird Freiheit „durch staatliche Aktivität und Planung überhaupt erst effektiv". Auf diese Formel brachte Martin Greiffenhagen (1973b: 37) das aktivistische Sozialstaatsverständnis, das – wie alsbald gezeigt wird – konservative und liberale Staatstheoretiker schaudern lässt.

**Debatten um die Theorie der Sozialen Demokratie**

Die Theoretiker der Sozialen Demokratie wollen die politische Demokratie zur gesellschaftlichen erweitern, ähnlich wie die Anhänger der partizipatorischen Demokratie (Kapitel 2.6). Dieses Streben entfacht heftigen Streit mit den Befürwortern des Status quo und der zurückhaltend schrittweisen Reform. Zu den Fürsprechern progressiver Veränderung im Sinne der Sozialen Demokratie zählen in den verfassungsstaatlichen Demokratien mittlerweile Links- und Mitte-Links-Parteien, ökologische Parteien, und, vor allem in Fragen rechtlicher Gleichstellung und sozialliberaler Gestaltung, linksliberale Gruppierungen. Liberale Parteien stehen jedoch in Opposition zur sozialen Demokratie, wenn das Demokratieprinzip auch auf die Wirtschaft ausgedehnt und somit der sozial- und arbeitsrechtliche Schutzwall um die Gewerkschaften und die Sozialverbände weiter verstärkt werden soll. Gerade mit dieser Schutzwallverstärkung können sich hingegen die Linksparteien, sozialdemokratische Parteien und die Arbeitnehmerflügel der christdemokratischen Parteien unschwer anfreunden. Andererseits tun sich christdemokratische Parteien schwerer als die Linksparteien und die Liberalen, die Erweiterung des Demokratieprinzips auf die gesamte Gesellschaft zu akzeptieren.

Auch die fachwissenschaftliche Aussprache zur Sozialen Demokratie spiegelt zum Teil die parteipolitischen Fronten der Debatte wider. Doch in parteipolitischer Frontstellung geht der fachwissenschaftliche Streit nicht auf. Die Theorie der Sozialen Demokratie ist auch mit grundsätzlichen stabilisierungspolitischen und herrschaftssoziologischen Überlegungen kritisiert worden. Die

Kerngedanken dieser Kritik lassen sich in fünf Thesen erfassen: (1) Die Soziale Demokratie zersetzt den Kern der Staatlichkeit; (2) sie wirkt ambivalent; (3) sie führt in „schleichenden Sozialismus" und (4) in politisch-soziale Stagnation; 5) sie übertüncht Strukturkonflikte und gaukelt Erfolg vor, wo in Wirklichkeit Erstarrung eingetreten ist.

Die zur Herstellung sozialer Demokratie erforderliche Demokratisierung ist ein Projekt von „ungeheurer Tragweite" (Hennis 1973: 59). Darin stimmen ihre Befürworter und Kritiker überein. Demokratisierung ist „Kampf um die Grenze zwischen dem politischen und nicht-politischen Bereich" (ebd.: 61), vor allem Kampf um die Verschiebung der Grenze bis weit in den nicht-politischen Sozialbereich hinein. Das aber bedeutet „Politisierung, ... die Unterwerfung dieses Bereiches unter jene Prinzipien, die im Bereich der Politik die maßgeblichen sind", und ferner, da zur Demokratie die Gleichheit gehört, „die tunlichste Herstellung einer Gleichheit aller in diesem Sozialbereich Tätigen" (ebd.: 59).

Die Bewertung dieses Vorgangs und seiner Ergebnisse allerdings trennt die Befürworter der Sozialen Demokratie von den Kritikern. Die erste These der Kritiker – „Zerfall der Staatlichkeit" – entstammt hauptsächlich der konservativen Staatsrechtslehre, wenngleich sie auch Eingang in modernere Theorien gefunden hat, so in Luhmanns Systemtheorie (Luhmann 1988). Maßgebende Beiträge zur Deutung der Staatszerfaserung stammen unter anderem von Ernst Forsthoff nach 1945 (1968, 1971), während der frühe Forsthoff sich noch an der Lehre vom totalen Staat ergötzt hatte (Forsthoff 1933). Forsthoff hat auch die weltanschaulichen Positionen pointiert gekennzeichnet, die in der Debatte um den Sozialstaat und der zugehörigen Demokratiemodelle aufeinanderprallen: „Der Sozialist wird den Sozialstaat bejahen, um ihn zu behalten, der Liberale wird ihn hinnehmen in der Hoffnung, daß das freie Spiel der Kräfte ihn absorbieren werde, der Konservative wird ihn bejahen mit dem Willen, ihn zu überwinden" (Forsthoff 1976: 64).

Forsthoff ist Kritiker der Sozialstaatlichkeit und Kritiker der Theorie sozialer Demokratie. Sozialstaatlichkeit und Rechtsstaatlichkeit dürften nicht gleichrangig werden. Dem Rechtsstaat gebühre Vorrang. Dieser Vorrang werde jedoch durch einen starken und weiterhin expandierenden Sozialstaat untergraben. Das bedeute potenzielle Einschränkung von Freiheiten der Bürger. Auch der Handlungsspielraum des Staates werde hierdurch drastisch verringert. In einer entwickelten Industriegesellschaft mit ausgebauter Sozialpolitik und starken Verbänden werde der Staat zum „Staat der Industriegesellschaft", so der Titel von Forsthoffs Buch aus dem Jahr 1971. Ihn muss man so verstehen: Der Staat ist nur noch die abhängige Variable der Industriegesellschaft, ihr aller Eigenständigkeit und Gestaltungsfähigkeit beraubter Knecht. Aus dem Blickwinkel dieser Theorie ist der Staat mithin nicht länger autonome Steuerungs-, Schutzgewährungs- und Ordnungsstiftungsinstanz, sondern ein Ausbund an Schwäche, wenn nicht gar Beuteobjekt von Sonderinteressen.

Andere Akzente setzt Ernst-Wolfgang Böckenfördes kritische Würdigung des Programms der Sozialen Demokratie. Böckenförde betont die „Ambivalenz" des Begriffs Demokratisierung (Böckenförde 1976: 413) und entfaltet hiermit den zweiten grundsätzlichen Einwand gegen die Theorie der Sozialen Demokratie. Demokratisierung kann Böckenförde zufolge eine sinnvolle Forderung sein, sofern sie auf Verbesserung der demokratischen Struktur der staatlichen Entscheidungsgewalt und darauf zielt, gesellschaftliche Machtpositionen, welche die Freiheit anderer oder den demokratischen Staat selbst gefährden, unter demokratische Kontrolle zu stellen. Bedeute Demokratisierung hingegen, „daß alle Bereiche gesellschaftlicher Freiheit einer ‚demokratischen' Bestimmungsgewalt partieller Kollektive unterstellt werden müssen, um so die Gesellschaft einerseits vom Staat ‚frei' zu machen und andererseits in sich zu demokratisieren, so ist sie eine Wegmarke zum Totalitarismus. Sie löst dann eben jene Konzentrierung der politischen Entscheidungsgewalt bei der staatlichen Organisation auf, die eine notwendige Bedingung zur Sicherung individueller Freiheit ist, gerade um sie gegenüber den Lenkungs- und Vereinheitlichungsansprüchen partieller gesellschaftlicher Kollektive zu gewährleisten" (ebd.: 413f.).

Zur Kritik an der Sozialen Demokratie gehört – drittens – eine hauptsächlich aus liberaler Position vorgetragene Meinung. Die Soziale Demokratie führe auf Schleichwegen in den Sozialismus (Schumpeter 1996b). Sie vermindere die Effizienz der Wirtschaft (Olson 1982) und bedrohe die Freiheit (Leisner 1998: 114ff.). Anhänger dieser Sichtweise betonen im Besonderen beabsichtigte oder unbeabsichtigte wirtschaftliche Folgen zunehmender Demokratisierung. Sie vertreten beispielsweise die These, die Soziale

Demokratie gewähre keineswegs nur schwächeren Gruppen Schutz, sondern auch – und vor allem – den organisations- und konfliktfähigen Interessen. Ja, sie vergrößere mit zunehmendem Alter einer politischen Ordnung sogar die Zahl und Stärke von Sonderinteressen, die ihren Eigennutz auf Kosten des Allgemeinwohls maximierten, nur nach Verteilung strebten und sich um die Produktion nicht kümmerten („Verteilungskoalitionen", Olson 1982). Hieraus und aus Parallelentwicklungen, wie höheren Steuern oder Sozialabgaben, resultierten abnehmende Innovations- und Leistungsfähigkeit der Wirtschaft (Olson 1982, Weede 1990).

Eine ältere, auf Max Weber zurückzuführende Kritik an der Sozialen Demokratie betont ebenfalls stagnative Auswirkungen der Demokratisierung. Das ist die vierte grundsätzliche Kritik der Sozialen Demokratie. Weber hat dabei Vorschläge zur Wirtschaftsdemokratie vor Augen, insbesondere diejenige Lage, in der durch die Staatsbürokratie legitimierte und vorgeblich kontrollierte Interessenverbände „aktiv die Träger der Syndikats-Selbstverwaltung und passiv Träger der staatlichen Lasten" sind. Nicht die Ausschaltung privatwirtschaftlichen Unternehmertums müsse man hierbei befürchten, sondern politisch reglementierte und monopolistisch garantierte Erwerbschancen für Groß- und Kleinkapitalisten, Besitzlose, Kleinproduzenten und Lohnarbeiter. Sozialismus, setzte Weber hinzu, „wäre das etwa im gleichen Sinn, wie es der Staat des altägyptischen ‚Neuen Reiches' war. ‚Demokratie' wäre es nur dann, wenn Sorge getragen würde, daß für die Art der Leitung dieser syndizierten Wirtschaft der Wille der Masse ausschlaggebend ist" (Weber 1984b: 541f.). Ohne eine mächtige Volksvertretung in Form eines Parlaments wäre jedoch von der syndizierten Wirtschaft „die Entwicklung zu einer zünftigen Politik der gesicherten Nahrung, also: zur stationären Wirtschaft und zur Ausschaltung des ökonomischen Rationalisierungsinteresses" zu erwarten (ebd.: 542). Vom sozialistischen und demokratischen Zukunftsideal bliebe folglich nicht viel – außer zünftig organisierter „Nahrungsgarantie für die kapitallosen und kapitalschwachen Erwerbsinteressenten" (ebd.: 542, ohne Hervorhebung im Original).

Auch Marxisten kritisieren die Lehre der Sozialen Demokratie heftig. Sie verhülle Strukturkonflikte; sie setze demokratische Institutionen nur als Mittel ein, nicht um zwei Extreme, vor allem Kapital und Arbeit, aufzuheben, „sondern um ihren Gegensatz abzuschwächen und in Harmonie zu verwandeln" (Marx 1960: 141). Im Übrigen wird die Theorie der Sozialen Demokratie nicht nur von ihren Gegnern kritisiert, sondern mitunter auch von ihren Parteigängern. Manche von ihnen streben nach besserer Balance zwischen dem Grundgedanken der Sozialen Demokratie und liberalen Werten. Zu ihnen zählen Anhänger des „Dritten Weges" im Sinne von Anthony Giddens (1999) und kontinentaleuropäische Fürsprecher des „aktivierenden Staates" (Blanke/Schridde 1999) an Stelle des passivierenden Wohlfahrtsstaates. Beide treten ein für ein besser austariertes Gleichgewicht zwischen Bürgerrechten, politischen Rechten und sozialen Rechten einerseits und Übernahme von Verantwortung und Pflichten andererseits.

Nicht zum „Dritten Weg", sondern zu althergebrachten Ufern strebt demgegenüber eine andere Gruppierung unter den Anhängern der Sozialen Demokratie. Sie eint die Auffassung, das Programm der Sozialen Demokratie sei längst nicht vollendet. Sie bemängeln nach wie vor bestehende sozialen Ungleichheit. Und ihnen zufolge sind die Mitwirkungs- und Mitbestimmungsmöglichkeiten in Politik, Gesellschaft, Wirtschaft und Recht unzureichend. Die Zähmung der Staatsgewalt durch Verfassungsgerichtsbarkeit, Verwaltungsgerichtsbarkeit, Rechtsstaat und Delegation von öffentlicher Gewalt an expertokratische Gremien wie im Falle einer autonomen Zentralbank sind in dieser Perspektive machtvolle Gegenkräfte und Gegengewichte. Als demokratietheoretisch problematisch gilt jedoch, dass die hiermit gegebenen Kontroll-, Korrektur- und Mitwirkungsfunktionen nicht vom Souverän – dem Volk – oder von dessen Repräsentanten ausgeübt werden, sondern von Experten (Maus 1991, 1992a).

Der expansionistischen Deutung der Theorie Sozialer Demokratie liegen zwei folgenreiche Voraussetzungen zugrunde. Da ist – erstens – die Annahme, dass der Ausbau der politischen Demokratie zur Sozialen Demokratie ohne größere systemische Störungen und Selbstgefährdungen abliefe. Hinzu kommt – zweitens – die Annahme, Funktionsstörungen der Demokratie, sofern sie in klassengespaltener Gesellschaft vorkommen, bewiesen nur, dass die echte Demokratie die klassenlose Gesellschaft voraussetze, so beispielsweise der frühe, noch radikale Ernst Fraenkel. Diese Annahme immunisiert jedoch jede auf sie gegründete These gegen Widerlegungsversuche. Und die erste Annahme ist weltfremd, und zwar aus zwei Gründen. Erstens aufgrund der Radikalität des Vorgangs der Sozialdemokratisierung, und zweitens weil zur Demokratie strukturimmanente Widersprüche, Störanfälligkeit und Selbstgefährdungen gehören, beispielsweise Paradoxien bei der Umformung individueller Präferenzen in Kollektiventscheidungen, die mit zunehmendem Demokratisierungsgrad größer werden. Deren Analyse erfolgt an anderer Stelle, insbesondere in der Würdigung der partizipatorischen Demokratietheorie und der kritischen Demokratietheorien im nächsten und übernächsten Kapitel, und ferner im abschließenden Teil IV des vorliegenden Buches.

## Kapitel 2.6
## Partizipatorische Demokratietheorie

Demokratietheorien kann man unter anderem nach der Reichweite des Demokratieprinzips unterscheiden. In einer Theoriengruppe legt man Wert auf einen eng definierten Begriff von Demokratie und auf die Balancierung von unmittelbarer oder mittelbarer Volksherrschaft einerseits und Zielen wie Rechte- und Freiheitssicherung, Pluralismus und Regierbarkeit andererseits. Dieses Verständnis kennzeichnet vor allem Demokratietheorien konservativer, liberaler oder zentristischer Standortgebundenheit. Im Gegensatz hierzu heißt das Schlüsselwort einer zweiten Theoriengruppe politische Beteiligung möglichst vieler über möglichst vieles, und zwar im Sinne von Teilnehmen, Teilhaben und seinen-Teil-Geben einerseits und innerer Anteilnahme am Geschehen und Schicksal des Gemeinwesens andererseits. Die Theoriebezeichnungen spiegeln dies mit je spezifischem Akzent wider. „Partizipatorische Demokratietheorie" (Pateman 1970, Bachrach 1970, Bachrach/ Botwiniek 1992), „expansive Demokratie" (Warren 1992: 8f.), „starke Demokratie" (Barber 1994), „assoziative Demokratie" (Hirst 1994), „dialogische Demokratie" (Giddens 1997: 159) oder „deliberative Demokratie" (Fishkin 1991, Habermas 1992b, 1999b) sind besonders häufig verwendete Etikettierungen.

Den Eigenwert politischer Beteiligung preist diese Familie der Demokratietheorie, die erzieherischen Funktionen der Demokratie lobt sie, ferner die öffentliche Willensbildung und zugleich die

Staatsbürgerbildung. Nach Maximierung von Partizipationschancen streben Vertreter dieser Theorierichtung und nach Demokratisierung jener gesellschaftlichen und wirtschaftlichen Sphären, die noch nicht demokratischer Verfassung unterstehen, wie weite Bereiche der Arbeitswelt, des Ausbildungssektors und auch der Privatsphäre, Letzteres vor allem die neuere „feministische Demokratietheorie" (Phillips 1995, Holland-Cunz 1998, Schwan 1997). „If democracy is a good thing ..., then more democracy should presumably be an even better thing" (Dryzek 1996b: 475) – „wenn die Demokratie etwas Gutes ist, dann ist mehr Demokratie wohl noch besser". Getragen von dieser Überzeugung betrachten die Fürsprecher der partizipatorischen Theorie die Demokratie nicht vorrangig als Staatsform oder als Markt, sondern als eine „Lebensform" (Barber 1994: 99ff.) oder „Seinsweise" (Benhabib 1996), und zwar als eine Lebensform und Seinsweise, die möglichst weit zu verallgemeinern sei. Es ist, als ob man zum Konzept der altgriechischen Demokratie als Lebensform zurückkehren wollte (vgl. Teil I)! Im weiteren Unterschied zu alternativen Demokratielehren rückt die partizipatorische Demokratietheorie die tätige Mitwirkung der Bürger, die diskursive Konfliktregelung und das Gespräch ins Zentrum. Regieren durch Mitwirkung und Regieren durch Diskussion lauten die Stichworte, und nicht: Konfliktregelung durch Befehl, Kampf oder legitime Herrschaft (wie bei Max Weber), durch Markt und Mehrheit (wie in der Ökonomischen Theorie) oder durch Aushandeln, wie in den Spielarten der Verhandlungsdemokratie, die im Teil III dieses Buches erörtert werden.

**Schulen der partizipatorischen Demokratietheorie**

Die partizipatorische Demokratietheorie gliedert sich in verschiedene Schulen. Zu ihnen zählen beispielsweise nichtreflexive Lehren und reflexive Theorien, also Lehrmeinungen, denen zufolge die Entscheidung über das anzuwendende Entscheidungsverfahren nicht vorab feststehen, sondern ihrerseits dem demokratischen Prozess überantwortet werden (Schmalz-Bruns 1995). Zu den partizipatorischen Demokratietheorien gehören ferner instrumentelle Lehren, denen Beteiligung als Mittel für andere Zwecke gilt (beispielsweise sozialistische Rätedemokratielehren), und Lehrgebäude, die vor allem nach Deliberation, nach verständigungsorientierter Kommunikation streben (Habermas 1992b, 1999b). Ergiebig ist ferner die Unterscheidung zwischen empirisch-analytischen und überwiegend normativen Theorien. Die empirisch-analytische Richtung kümmert sich vor allem um wertfreie Beschreibung und Erklärung politischer Beteiligung. Die alternative Richtung interessiert sich mehr für programmatisch-konzeptionelle Beiträge zur Beteiligungsforschung und dafür, das Partizipationsanliegen normativ (aber durchaus auch auf erfahrungswissenschaftlicher Grundlage) zu begründen und zu bewerten. Diese Schule – im Folgenden wird sie abkürzend als normative Schule bezeichnet – hat den Großteil der Beiträge zur partizipatorischen Demokratielehre beigesteuert. Deshalb steht sie im Mittelpunkt dieses Kapitels, ohne die empirisch-analytische Richtung zu kurz kommen zu lassen.

In der normativen Lehre der partizipatorischen Demokratie werden als erstrebenswert angesehene Beteiligungsziele auf Form, Voraussetzungen und Konsequenzen überprüft und an ihnen die Wirklichkeit gemessen und bewertet. Zu den Beteiligungszielen gehören vor allem die authentische Beteiligung möglichst vieler an möglichst vielen öffentlichen Angelegenheiten und die politische Partizipation als Weg zur Interessenfindung und Interessenäußerung, zum Interessenausgleich, zur Kommunikation, Verständigung und wechselseitigen Bildung sowie als Mittel zur Einigung unter den Abstimmungsberechtigten.

**Das Anliegen der partizipatorischen Demokratietheorie**

Die partizipatorische Demokratietheorie drängt mehr als jede andere Demokratietheorie auf einen möglichst großen Kreis der Stimmberechtigten und darauf, die Beteiligung der Stimmbürgerschaft an der Aussprache, der Willensbildung und der Entscheidung über öffentliche Angelegenheiten zu vertiefen und zu intensivieren. Dieses Anliegen hat verschiedene Begründungen erfahren. Die Leitvorstellung weitestmöglicher politischer und sozialer Gleichheit aller spielt eine tragende Rolle. Sie gründet auf der Auffassung, dass alle dieser Gleichheit gleichermaßen würdig seien. Hinzukommt die – der Theorie der Sozialen Demokratie verwandte – Auffassung, dass die politischen Teilhaberechte der Bürger tunlichst durch Bürgerrechte sowie soziale Rechte ergänzt werden müssten. Ferner ist da die Überzeugung, dass die Präferenzen der Wähler nicht exogen seien, sondern vielmehr endogene Größen des politischen Prozesses verkörperten, also Konstrukte, die durch den Vorgang der öffentlichen Aussprache und Willensbildung und der dabei erfolgenden Aufklärungsprozesse hervorgebracht, geformt und verändert werden. Mit der Annahme der endogenen Präferenzen folgt die partizipatorische Demokratietheorie der wegweisenden These, der zufolge der politische Wille jedes Bürgers und der Gesamtheit der Abstimmungsberechtigten nicht dem Willensbildungs- und Entscheidungsprozess vorgelagert, sondern hauptsächlich Produkt desselben sei (Schumpeter 1950, Hansen 1991: 320). Aus diesem Grund, so gibt die partizipatorische Demokratietheorie zu bedenken, solle die Prägung der Präferenzen in der öffentlichen Aussprache und Willensbildung klug organisiert werden, und zwar tunlichst so, dass ein Höchstmaß an authentischer Beteiligung und Verständigung über anerkennungswürdige Verfahren und Entscheidungsinhalte erreicht werde.

Dieses Anliegen überlappt sich mit einem zweiten Bestreben der partizipatorischen Demokratietheorie. Sie will verallgemeinerungsfähige Interessen aufdecken und mobilisieren, also Interessen, mit deren Befriedigung gemeinschaftliche Belange möglichst sachangemessen und verfahrenskonform geregelt werden. Manche Vertreter der partizipatorischen Demokratietheorie fügen dem noch weiterreichende Ziele hinzu, so Benjamin Barber (1994), der, wie Rousseau, die These vertritt, dass Repräsentation Partizipation zerstöre und somit die Grundlagen von Demokratie unterminiere. Dieser Auffassung zufolge ist die althergebrachte liberale Repräsentativdemokratie im Wesentlichen nur kümmerliche Demokratie, die notwendigerweise mit Teilnahmslosigkeit und Entfremdung der Bürger einhergeht und sich von innen her zerstört, sofern ihr nicht durch Auf- und Ausbau partizipatorischer Demokratie Paroli geboten wird.

Barber ist einer der engagiertesten Partizipationstheoretiker (siehe auch Barber 1998, 1999). Man braucht aber nicht so weit wie Barber und vor ihm Rousseau zu gehen, um das Anliegen der partizipatorischen Demokratie zu begründen. So hat beispielsweise Robert Dahl die partizipatorische Demokratie allein damit gerechtfertigt, dass sie das Gegengewicht gegen die undemokratische Verfassungslage bilde, die durch die zunehmende Internationalisierung und Globalisierung von Politik und Wirtschaft hervorgerufen werde (Dahl 1994, 1998). Internationale oder supranationale Organisationen beispielsweise seien weithin unverzichtbar zur Regelung globaler Probleme. Doch aufgrund ihres Demokratiedefizits konfligierten sie mit der nationalstaatlich verankerten Demokratie. Das Dilemma von effektiver Problemlösung auf inter- oder supranationaler Ebene und reduzierter Bürgerbeteiligung könne nur gelöst werden, wenn das Demokratiedefizit der inter- und supranationalen Organisationen durch Erweiterung der Diskussions-, Beteiligungs- und Mitentscheidungsmöglichkeiten auf nationalstaatlicher oder subnationaler Ebene ausgeglichen werde. Eine realistischere Position als die der – weit ins Utopische ragenden – Befürwortung einer „kosmopolitischen Demokratie" (Archibugi/Held 1995)!

Nicht nur die Differenz zwischen normativer und empirisch-analytischer Orientierung unterscheidet die Theorien der partizipatorischen Demokratie, sondern auch die Stärke des jeweils befürworteten Politisierungsschubs. Gemäßigte Vertreter der partizipatorischen Demokratielehre streben nach dosierter Erweiterung der Beteiligungschancen in der Gesellschaft und gegebenenfalls in der Wirtschaft, beispielsweise die Fürsprecher der „workplace democracy", der politischen Beteiligung in der Arbeitswelt, unter ihnen Robert Dahl (1997a). Umfassende Politisierung favorisieren demgegenüber radikale Vertreter der partizipatorischen Theorie. Sie streben nach „Totalpolitisierung", so die treffende Wortwahl Bernd Guggenbergers (1995: 87). Ihnen zufolge gibt es keine unpolitischen privaten oder gesellschaftlichen Räume. Ihnen ist alles politisch. Zugrunde liegt ein äußerst „expansionistischer Politikbegriff" (Guggenberger 1995: 87). Mitunter fordert man in diesen Kreisen fast die „Demokratisierung des Himmels", um eine politische Formel im revolutionären Italien zwischen 1796 und 1800 in Erinnerung zu rufen (Maier 1985: 200). Der zugehörige Demokratiebegriff ist institutioneller und vor allem prozessualer Art und wird zum reinen „Tendenz- und. Bewegungsbegriff" (Meier u.a. 1972: 861). Demokratie ist „gesamtgesellschaftlicher Prozeß", heißt es paradigmatisch in Fritz Vilmars Abhandlung der Demokratisierungsstrategien und -potenziale in westlichen Ländern (Vilmar 1973: 21). Folgt man diesem Werk, so steht die Einlösung des Programms „einer universellen Demokratisierung" (ebd.: 99) auf der Tagesordnung. Begründet wird dieses Anliegen mit dem

Wunsch, überflüssige Herrschaft und nichtlegitime Herrschaftsformen zu minimieren (ebd.: 22). Der zugrunde liegende Demokratisierungsbegriff betont das Aktivistische und Expansionistische, ähnlich wie später die sogenannte Rekonstruktive Demokratietheorie (Dryzek/Berejikian 1993): Demokratie wird dort definiert als „Inbegriff aller Aktivitäten, deren Ziel es ist, autoritäre Herrschaftsstrukturen zu ersetzen durch Formen der Herrschaftskontrolle von ‚unten', der gesellschaftlichen Mitbestimmung, Kooperation und – wo immer möglich – durch freie Selbstbestimmung" (Vilmar 1973: 21). Dieser Lehre zufolge ist der Zielbereich der Demokratisierung schier unbegrenzt. Für Demokratisierung der Familie und der Erziehung tritt sie ein, für Demokratisierung der Schulen und Hochschulen, der Massenmedien und der Kunst, der Wirtschaft und der Gewerkschaften, der Kirchen und natürlich auch der Krankenhäuser und des Strafvollzugs (Vilmar 1973).

Gewiss ist dies nicht die einzige Variante partizipatorischer Demokratietheorie. Andere Spielarten geben sich mit kleineren Politisierungsschüben zufrieden und streben hauptsächlich danach, die Willensäußerung, die Aussprache und die Willensbildung zu kultivieren und zu intensivieren, so beispielsweise Carole Pateman (1970, 1989), Claus Offe und Ulrich K. Preuß (1991), Jürgen Habermas (1992b, 1999a, 1999b) und Claus Offe (1992, 1997, 1998b). Trotz aller Unterschiede zwischen den verschiedenen partizipatorischen Demokratietheorien trennt diese ein tiefer Graben von anderen Demokratielehren. Besonders auffällig ist die Differenz zur Führerdemokratie von Max Weber und zu Downs' Lehre von der Demokratie als Markt. Versteht diese die Demokratie als politische Methode der Führerauswahl, der legitimen Herrschaft und des Wettbewerbs, so gilt jener die Demokratie als „politische Methode und ethisches Ziel" (Bachrach 1970: 118); hat diese vor allem Interesse am Endergebnis, so ist jener hauptsächlich am Prozess gelegen; betont die eine die Chancengleichheit, so kümmert sich die andere vor allem um das „Machtgleichgewicht" (ebd.: 118); und während die führerdemokratische Lehre und die Ökonomische Theorie der Demokratie mit einem engen Politikbegriff arbeiten, hantiert die partizipatorische Demokratietheorie mit einem expansionistischen Politikkonzept; ist für jene die Elite-Masse-Gliederung moderner Gesellschaften im Wesentlichen unveränderbar, so hält diese sie für reformierbar; und während Weber und

Schumpeter auf politische Führer als Garanten von Systemstabilität setzen, gründet die partizipatorische Theorie ihr Vertrauen in Stabilität und Lebensfähigkeit der Demokratie „auf Ausweitung und Vertiefung des demokratischen Prozesses" (ebd.: 118).

**Bilder vom Bürger in der partizipatorischen Demokratietheorie**

Die partizipatorische Demokratietheorie hat ein Bild von den Eigenschaften und politischen Kompetenzen des Bürgers, das sich von dem der führerzentrierten und der Ökonomischen Theorie der Demokratie grundlegend unterscheidet. Der führerzentrierten und der Ökonomischen Theorie der Demokratie zufolge ist der Staatsbürger hauptsächlich durch vorpolitische Interessen definiert, die entweder fest verankerte Präferenzen widerspiegeln oder durch gesellschaftliche Institutionen außerhalb des politischen Bereichs geformt wurden, beispielsweise durch milieuspezifische Sozialisation oder Klasseninteressen. Dieser Sichtweise zufolge ist Demokratie vor allem ein Mechanismus, der die vorpolitisch geformten Interessen zu entscheidungsfähigen Alternativen bündelt. Dessen Reichweite sollte begrenzt werden, weil er ein Instrument, ein Mittel ist, aber nicht ein Ziel und somit nicht ein zu maximierendes Gut (Warren 1992). Das Staatsbürgermodell der partizipatorischen Demokratietheorie hingegen betont entweder, dass der durchschnittliche Bürger zu mehr und besserer Beteiligung befähigt sei, oder dass er hierfür durch entsprechende Organisation des Willensbildungsprozesses befähigt werden könnte. Die erste Variante – die des schon qualifizierten Bürgers – liegt Barbers Demokratiekonzept zugrunde. In seinem Buch *The Conquest of Politics* (1988) definiert Barber die Demokratie als eine Ordnung, deren Bürger Eingeweihte oder Meister der Partizipation in öffentlichen Angelegenheiten seien, die in der Kunst der sozialen Interaktion geschult und befähigt seien, die Erfordernisse des „Wir"-Denkstils vom „Ich"-Denkstil zu unterscheiden (Barber 1988: 210). Nicht alle Partizipationstheoretiker sind davon überzeugt, dass der Bürger bereits solche Kompetenzen besitzt. Diejenigen, die diese Ansicht nicht teilen, neigen jedoch zur Annahme, solche Befähigung könne alsbald gebildet werden, nämlich durch Lern- und Aufklärungsprozesse, durch welche die Bürger mehr Wissen und mehr Sensibilität für die eigenen Interessen wie auch für die anderer erlangten, wodurch sie Bürgergeist und somit Verantwortung für die Belange des Gemeinwesens entwickelten.

Man hat diese Denkrichtung als die These der „self-transformation" bezeichnet (Warren 1992: 11, 1993: 209). Frei übersetzt ist das die These der Selbstverwirklichung, der Transformation des Bürgers im Vorgang der Beteiligung, Aussprache und öffentlichen Willensbildung zum verantwortungsbewussten Staatsbürger. Zu dieser Transformation kann mit Warren vor allem Viererlei gezählt werden. Da ist – erstens – die Vorstellung, dass die Interessen und politischen Fähigkeiten der Staatsbürger nicht oder nicht hauptsächlich durch präpolitische Faktoren bestimmt seien, sondern auch – oder vorrangig – durch die Möglichkeiten und die Zwänge politischer Institutionen. Diesem Blickwinkel zufolge sind Wählermerkmale, die gemeinhin als demokratieabträglich gelten, wie extreme Selbstbezogenheit, Apathie und Entfremdung, das Produkt begrenzter Mitwirkungschancen im politischen Diskurs und zugleich Mängel, die durch mehr Demokratie beseitigt werden könnten. Der zweite Pfeiler der Transformation liegt in der Auffassung begründet, die eigentliche Rechtfertigung der Demokratie sei die Maximierung von Selbstentfaltungs- und Selbstbestimmungschancen und nicht – wie in der liberalen Sichtweise – die Aggregierung präpolitisch geformter Bedürfnisse oder Präferenzen. „Demokratie arbeitet an der Selbstbestimmung der Menschheit," so heißt es in der von Jürgen Habermas verfassten Einleitung zu der berühmten Studie *Student und Politik*, „und erst wenn diese wirklich ist, ist jene wahr. Politische Beteiligung wird dann mit Selbstbestimmung identisch sein" (Habermas u.a. 1969: 15). Der dritte Stützpfeiler der Transformationsthese besteht aus der Lehre vom Doppelcharakter der Demokratie. Ihr wird ein instrumenteller und ein intrinsischer Wert zugeschrieben. Sie vermittle nicht nur individuelle Willensäußerung, sie produziere vielmehr individuellen und öffentlichen Willen als Ergebnis von Lern- und Aufklärungsprozessen, in denen Willensäußerungen ausgetauscht, erörtert und im Idealfall aufeinander abgestimmt werden. Zur Transformationsthese gehört – viertens – das Argument, dass mehr Demokratie die Regierbarkeit eines Gemeinwesens erleichtere. Zunehmende Partizipation vergrößere die Chancen verständigungsorientierter Konfliktaustragung und bringe die Beteiligten zu gemeinwohlverträglichem Handeln.

**Funktionsvoraussetzungen partizipatorischer Demokratie**

Welche Voraussetzungen hat eine funktionierende Demokratie im Sinne der partizipatorischen Lehre? Zu ihnen gehören durchweg anspruchsvolle Prozeduren der Beratung und Beschlussfassung und die Befähigung der Beteiligten, sich auf diese einzulassen (Offe 1995, 1997). Diese Prozeduren umfassen – was die meisten älteren Partizipationstheorien vernachlässigt hatten – nicht nur die Regeln der Kommunikation in kleinen überschaubaren Gruppen. Zu ihnen zählen auch das Regelwerk für Assoziationen mit innerverbandlicher oder innerparteilicher Demokratie, für bürgergesellschaftliche Kompetenzen („Sozialkapital") (Putnam 1993) und Institutionen des Verfassungsstaates, so vor allem gesicherte Bürgerrechte. Wegweisende Einsichten hierzu steuerte unter anderen Jürgen Habermas bei, zuerst in dem zuvor zitierten Beitrag über politische Beteiligung als Wert an sich (Habermas u.a. 1969), später vor allem in der *Theorie des kommunikativen Handelns* (Habermas 1981) und sodann in den Ausführungen zur „deliberativen Politik" (Habermas 1992a, 1992b, 1999b). Deliberative Politik ist eine Form der Willensbildung und Verständigung über öffentliche Angelegenheiten, die ihre legitimierende Kraft aus jener Meinungs- und Willensbildung gewinnt, die die Erwartung aller Beteiligten erfüllen kann, dass ihr Ergebnis vernünftig ist. Dieser Auffassung zufolge liegt die Pointe eines demokratischen Verfahrens, wie des Mehrheitsprinzips, nicht nur darin, dass die Mehrheit herrscht, sondern vielmehr im Vorgang der Meinungsbekundung, Erörterung, Aussprache und dem Bemühen, andere zu überzeugen. Deshalb bildet für Habermas das Niveau des Diskurses in der öffentlichen Aussprache die wichtigste Variable der „prozeduralistischen Demokratietheorie", also jener Auffassung von Demokratie, die besonderen Wert auf faire und präzise einzuhaltende Verfahren legt.

Die „prozeduralistische Demokratie" und der zu ihr gehörende Begriff deliberativer Politik sind in der Vorstellung einer idealen Prozedur der Beratung und Beschlussfassung verankert. Zu deren wichtigsten Eigenschaften gehören 1) die argumentative Form des

Austauschs von Informationen und Begründungen, 2) die öffentliche und alle Beteiligungsberechtigte einschließende Beratung, zumindest die gleiche Chance des Zugangs und der Teilnahme an der Beratung, 3) das Fehlen externer und interner Zwänge bei der Beratung („ideale Sprechsituation"), 4) die Maxime, dass die Beratungen grundsätzlich unbegrenzt fortgesetzt oder – im Falle einer Unterbrechung – jederzeit wieder aufgenommen werden können, 5) der Grundsatz, dass die Erörterungen sich auf alle Materien erstrecken können, die im Interesse aller zu regeln sind, 6) die Chance, auch über die Interpretation von Bedürfnissen sowie über vorpolitische Einstellungen und Präferenzen zu beraten, 7) den Diskurs unterstützende verfassungspolitische Weichenstellungen und 8) das Zusammenwirken von Aussprache und Willensbildung in der Öffentlichkeit – außerhalb der politischen Institutionen im engeren Sinn – einerseits und Beratung in den Institutionen der verfassten Willensbildung und Entscheidungsfindung, vor allem im Parlament, andererseits.

Die zentrale Funktionsvoraussetzung einer prozeduralistischen Demokratie liegt nach Habermas im Zusammenspiel zweier Sphären. Die erste ist eine authentische nichtvermachtete Öffentlichkeit, die sich auf eine funktionierende bürgerliche Gesellschaft gründet, insbesondere auf freiwillig eingegangene nichtgouvernementale und nichtwirtschaftliche Zusammenschlüsse und Assoziationen in der Sphäre der „Zivilgesellschaft", in der ein Gemeinsamkeitsglaube im Sinne einer Erfahrungs-, Erinnerungs- und Kommunikationsgemeinschaft besteht (Kielmansegg 1996b). Die zweite Sphäre ist die rechtsstaatlich institutionalisierte freiheitliche Meinungs- und Willensbildung im Parlament und in den Gerichten (Habermas 1992b). Insoweit ist der Kern der prozeduralistischen Demokratie im Zusammenwirken zweier Formen der Volkssouveränität zu sehen: der rechtlich institutionalisierten Volkssouveränität und der nichtinstitutionalisierten (Maus 1992a, 1992b). Hier liegt nach Meinung der Theoretiker der prozeduralistischen Demokratie auch der „Schlüssel zur demokratischen Genese des Rechts" (Habermas 1992b: 532). Der Nährboden für die Verwirklichung des Systems demokratisch begründeten Rechts seien „die Kommunikationsströme und publizistischen Einflüsse, die aus Zivilgesellschaft und politischer Öffentlichkeit hervorgehen und über demokratische Verfahren in kommunikative Macht umgesetzt werden" (ebd.: 532f.). Voraussetzung hierfür sind die Wahrung autonomer Öffentlichkeit, erweiterte Mitwirkungs- und Mitsprachemöglichkeiten der Bürger, Zähmung von Medienmacht, ferner Staatsbürger, die befähigt sind, zugleich als „Autoren und Adressaten des Rechts" zu wirken (Schaal/Strecker 1999: 80), sowie „die Vermittlungsfunktion nichtverstaatlichter politischer Parteien" (Habermas 1992b: 533). Das Zusammenwirken von informeller Meinungsbildung und verfasster Willensbildung bzw. die Kooperation von parlamentarischen Verständigungsprozessen und authentischen Verständigungsprozessen im außerparlamentarischen nichtstaatlichen Bereich, mündet dieser Auffassung zufolge in Beratungen und Beschlussfassungen, einschließlich Wahlentscheidungen und Gesetzgebungsbeschlüssen, durch welche die kommunikativ erzeugte Macht in administrativ verwendbare Macht transformiert wird (Habermas 1992b).

**Würdigung der partizipatorischen Demokratietheorie**

Die partizipatorische Demokratietheorie ist strittig. Engagierte Parteigänger hat sie zuhauf. Aber gegen sie wurden auch kritische Stimmen laut. Kritisch äußern sich beispielsweise Lehmbruch (1975), Lindner (1990), Fraenkel (1991) und Sartori (1992), eher zustimmend beispielsweise Habermas u.a. (1969), Habermas (1992b, 1999b) sowie Warren (1992, 1993), und neutral Linder (1994).

Zur Standardkritik der partizipatorischen Demokratietheorie zählen vor allem sechs Argumente. Die Stichworte lauten: 1) Primat des Normativen, 2) unrealistisches Menschenbild, 3) Tocquevilles Problem, 4) Destabilisierung durch Übermobilisierung, 5) Eindimensionalität und 6) Überschätzung der Bürgerkompetenzen.

Nicht selten ist die Theorie partizipatorischer Demokratie zu normativ und zu wenig erfahrungswissenschaftlich abgesichert. Oftmals steckt sie die Soll-Werte sehr hoch, mitunter unrealistisch hoch. Bisweilen lebt sie von luftigen Annahmen. Typisch ist Peter Bachrachs Behauptung: „Die Mehrheit der Individuen kann nur durch eine aktivere Partizipation an bedeutsamen Entscheidungen des Gemeinwesens Selbstbewußtsein gewinnen und ihre Fähigkeiten besser entfalten. Das Volk hat daher im allgemeinen ein doppeltes politisches Interesse – Interesse an den Endresultaten und Interesse am Prozeß der Partizipation" (Bachrach 1970: 119f). Doch keine der Behauptungen ist von Bachrach oder von anderen empirisch überzeugend abgesichert worden. Was Bachrach als allgemeingültig unterstellt, mag für manche Gruppen richtig sein, beispielsweise für gut ausgebildete jüngere Bürger mit postmaterieller Wertorientierung (Inglehart 1990), doch müssten die Bedingungen genau benannt werden, unter denen diese Aussagen gelten, und der Nachweis erbracht werden, dass sie zutreffen (Offe 1997). Obendrein müsste man die Kosten-Nutzen-Matrix der Partizipation nach Gruppen unterscheiden. Das Plädoyer für die Sache der politischen Beteiligung übersieht, dass Belohnung und Anreiz für politische Partizipation in der Gesellschaft höchst unterschiedlich verteilt sind (Elster 1986, Sartori 1992: 118). Das ist der erste Kritikpunkt.

Zweitens wird der partizipatorischen Theorie Tocquevilles Problem entgegengehalten. Umfassende Demokratisierung steigere die Gefahr des Minderheits- oder Mehrheitsdespotismus. Im Extremfall bringe sie den Despotismus einer selbsternannten Avantgarde der Bürgerschaft oder einer Gesellschaftsklasse hervor, z.B. in Gestalt einer radikalen politischen Partei, die beansprucht, Hüter der aufgeklärten langfristigen Interessen einer Gesellschaftsklasse, wenn nicht der gesamten Gesellschaft, zu sein.

Einer dritten Kritikposition zufolge erzeugt eine expansive Demokratie einen Überschuss an Beteiligung und Ansprüchen gegenüber dem politischen System, der die erforderliche Balance zwischen Konflikt und Konsens sowie zwischen Aktivismus und Apathie unterminiert. Übermäßige Beteiligung bringe nicht Bürgertugenden hervor, vielmehr destabilisiere sie die politische Ordnung.

Viertens wird der partizipatorischen Demokratietheorie Eindimensionalität angelastet, vor allem Vernachlässigung von Effizienz und Ignoranz gegenüber Zielkonflikten. Dieser Theorie geht es erklärtermaßen um Maximierung politischer Beteiligung. Doch Qualität und Folgeprobleme politischer Entscheidungen, die in diesem Prozess erzeugt werden, bleiben weitgehend vernachlässigt. Insoweit handelt es sich um ein reines „Zielmodell" der Demokratietheorie von geringer Komplexität und ohne Berücksichtigung anderer Zielgrößen (zur Kritik dieser Modelle Naschold 1968, 1969a, 1969b, 1971).

Fünftens wird die partizipatorische Theorie für ihr viel zu optimistisches Menschenbild gescholten. Sie übersehe, dass der Bürger ein Maximierer individuellen Eigennutzens und nur unter speziellen Bedingungen zu gemeinwohlorientierter Kooperation willens und fähig sei (Elster 1986). Ferner überschätze sie die politischen Kompetenzen und Ressourcen des durchschnittlichen Bürgers bei weitem. In Wirklichkeit sei aber der Informationsstand zu politischen Sachverhalten und Entscheidungsalternativen niedrig. Das Zeitbudget und auch das Interesse an politischen Fragen seien meist so begrenzt, dass es der Beteiligung an möglichst vielen wichtigen Abstimmungen über öffentliche Angelegenheiten entgegenstehe. Downs' rational ignoranter Wähler kommt hier ins Spiel (Downs 1957a): Die Beschaffung von Informationen über Entscheidungsalternativen ist kostspielig und steht mitunter in keinem vernünftigen Verhältnis zum Nutzen politischer Beteiligung, sofern die Kosten vom Wähler nicht als „Demokratieobulus" verbucht werden (Behncke 1999: 324). Zudem sei eine essentielle Voraussetzung der beteiligungsorientierten Demokratietheorie ein knappes Gut: „political listening" (Bickford 1996), die Kunst des Zuhörens, auch wenn der andere nicht Familienmitglied oder Freund ist. Das allerdings habe Folgen für die Struktur der Öffentlichkeit. Diese entspreche nicht der lebendigen Willensbildung und Entscheidungsfindung, die Habermas und andere Theoretiker nichtvermachteter Öffentlichkeit unterstellten (Bermbach 1995). Daraus erwachse das „demokratische Dilemma" (Lupia/McCubbins 1998: 1). Die Zwickmühle bestehe darin, dass die Stimmbürger, die vernünftige Wahlen treffen sollen, hierfür womöglich nicht befähigt sind. Doch das „demokratische Dilemma" könne gemildert werden, so Lupia/McCubbins weiter, z.B. durch Einholung klugen Rates anstelle von umfassender Information, und durch Gestaltung der politischen Institutionen in einer Weise, welche die Kosten des Wissenserwerbs vermindert und die Täuschung und Selbsttäuschung erschwert.

Zur Standardkritik kommen speziellere Kritiken hinzu. Die dialogischen oder diskurszentrierten Spielarten der partizipatorischen Demokratietheorie beispielsweise neigen dazu, die konsensstiftende Kraft der Sprache und der Kommunikation zu überschätzen. Das Ideal der diskursiven Demokratie basiert vor allem auf hoher Bewertung der kognitiven Fähigkeiten und weniger auf den affektiven Aspekten. Man hat den Vertretern der diskursiven Demokratie deshalb vorgehalten, sie überschätzten die motivationale Kraft der Vernunft, auch im Falle einer idealen herrschaftsfreien Sprechsituation (Warren 1993: 221). Noch härter trifft ein auf Hobbes zurückzuführendes Argument: Sprache ist keineswegs nur ein Vermögen, das die Gemeinschaftsbildung ermöglicht und diese fördert. Die Sprache kann vielmehr auch als „Trompete des Krieges und Aufruhrs" dienen (Hobbes, *Vom Bürger*: 127) und zum Beschleunigungsfaktor des Bürgerkrieges werden (Münkler 1993).

Auch ist nicht sicher, dass Individuen im herrschaftsfreien Diskurs danach streben, Konflikte auf dem Weg demokratieverträglicher Verständigung zu regeln. Was ist, wenn alle Beteiligten an einer solchen idealen Sprechsituation übereinstimmend beschlössen, Konflikte nicht diskursiv, sondern auf diktatorische Weise zu lösen? Und was wäre, wenn die Beteiligten in einer idealen Sprechsituation nach reiflicher Überlegung einstimmig beschlössen, nicht länger zu reden, sondern hinfort zu schweigen?

Überdies kann der partizipatorischen Demokratietheorie der Vorwurf nicht erspart werden, hartnäckig den Tatbestand zu ignorieren, dass schon geringfügige Variationen der Abstimmungs- und Stimmenverrechnungsregeln höchst unterschiedliche Ergebnisse hervorrufen und nicht selten über Sieg und Niederlage entscheiden (hierzu Kapitel 2.7). Nicht verwunderlich wäre, wenn solch extreme Pfadabhängigkeit der Ergebnisse den Kommunikations- und Aufklärungsprozess, den die partizipatorische Demokratietheorie so betont und von dem sie so viel Gutes erhofft, nachhaltig störte.

Schlussendlich hat die partizipatorische Demokratietheorie eine zentrale Frage offen gelassen. Dieser Theorie zufolge können politische Beteiligung und Diskurse zu besseren oder gar zu besten Lösungen führen. Aber sie sagt herzlich wenig über die realgesellschaftlichen, politischen und wirtschaftlichen Voraussetzungen, unter denen solche Diskurse überhaupt zustande kommen, aufrechterhalten und in entscheidungsfähige Alternativen gegossen werden können (Chambers 1996).

Die meisten Kritiken der partizipatorischen Demokratietheorie sind Treffer – nicht immer Volltreffer, aber doch Teiltreffer. Allerdings sind sie zusammen mit den Stärken der partizipatorischen Demokratietheorie zu würdigen. Eindrücklicher als die meisten anderen Demokratietheorien erforscht die partizipatorische Theorie die Lücke zwischen dem Ist-Zustand der politischen Beteiligung und dem als besser gedeuteten Ideal und sucht nach Mitteln und Wegen, mit denen diese Lücke verringert werden kann, beispielsweise durch Ausbau dauerhafter oder temporärer direktdemokratischer Beteiligungsformen (Feindt 1997) oder durch Nutzung neuer Kommunikationssysteme wie das Internet (Siegele 1996, Gellner/von Korff 1998). Und genauer und nachdrücklicher als alternative Theorien erkundet die beteiligungsorientierte Demokratietheorie das Gemeinschaftsbildungs- und Verständigungspotenzial der Demokratie mitsamt seinen Funktionsvoraussetzungen (Habermas 1992b, 1999). Überdies zeigt diese Theorie zumindest einige Bedingungen an, unter denen die Partizipation die Umformung öffentlicher Konfrontation in Argumentation ermöglichen kann, so beispielsweise im Fall der Mediation, also des Einbaus von Vermittlungsverfahren in die Planung und Durchführung öffentlicher Aufgaben. Ferner kann ein hohes Maß an Beteiligung, wie es die partizipatorische Lehre empfiehlt, lösungsbedürftige Probleme frühzeitig anzeigen und somit als „Frühwarnsystem" wirken.

Die Theoretiker der partizipatorischen Demokratietheorie haben dem Bürger und dem Demos insgesamt durchaus Anspruchsvolles zu bieten. Allerdings verlangen sie von beiden nicht gerade wenig. Die Anforderungen sind sogar so hoch gesteckt, dass viele Bürger – vor allem die weniger gut ausgebildeten und die weniger eloquenten unter ihnen – sie womöglich nie erreichen.

**Empirische Spielarten der partizipatorischen Demokratietheorie**

Die weiter oben dargelegte Kritik an der partizipatorischen Demokratietheorie zielt vor allem auf deren normative Spielarten. Neben diesen besteht eine empirisch-analytische Variante der partizipatorischen Demokratietheorie, die allerdings von vielen Vertretern der normativen Theorie nur unzureichend zur Kenntnis genommen wird. Löbliche Ausnahmen schließen Habermas u.a. (1969) ein. Die empirische Spielart der partizipatorischen Theorie ist mehr oder minder explizit in Studien zur politischen Beteiligung enthalten, so beispielsweise bei Max Kaase (1992a, 1999) und in Untersuchungen zur ehrenamtlichen Tätigkeit (Gaskin/Smith/Paulwitz 1996). Zu deren wichtigsten Ergebnissen zählt der Nachweis, dass es in westlichen Ländern eine große Nachfrage nach politischen Beteiligungschancen gibt, und dass in bestimmten Gruppen der Wahlberechtigten die Nachfrage nach Beteiligungsmöglichkeiten das Angebot an institutionalisierten Beteiligungschancen übersteigt. Das ist vor allem in der jüngeren, besser ausgebildeten und postmateriell orientierten Bürgerschaft der Fall und bei denjenigen, die sich auf Links-rechts-Skalen in der Mitte und links der Mitte des politischen Spektrums einstufen.

Die Erforschung konventioneller und unkonventioneller politischer Beteiligung hat hierfür wichtige Erkenntnisse zutage gefördert. Sowohl die konventionellen – legalen und legitimen – Formen der Partizipation erfreuen sich erheblicher Wertschätzung als auch, vor allem seit Ende der 60er Jahre, die unkonventionellen Formen, d.h. in der Regel legale, aber nicht durchweg legitime Beteiligungsformen, wie Demonstrationen und Sit-ins (Barnes/Kaase 1979, Kaase 1992a, 1992b). Die wachsende Nachfrage nach Chancen politischer Mitwirkung zeigt auch das Standardmodell der politischen Beteiligung an (Dalton 1988: 50f.). Das Standardmodell soll Unterschiede der Partizipationsbereitschaft von Bürgern erklären und begründen, warum manche Bürger sich eifrig und intensiv an der Politik beteiligen, während andere in Apathie verharren. Diesen Unterschied erklärt das Standardmodell der Partizipationsforschung vor allem mit der „Ressourcenausstattung" der Bürger, der Stärke positiver Einstellungen gegenüber dem politischen System und der Überzeugung, politisch wirksam sein zu können. Diesem Modell zufolge basiert ein hohes Niveau politischer Beteiligung vor allem auf Dreierlei: (1) Zugrunde liegt ein hohes Niveau der Ausstattung mit sozioökonomischen Ressourcen, das durch die Höhe der formalen Qualifikation, das Berufsprestige und die Höhe des Einkommens gemessen wird: je höher das Qualifikationsniveau, je höher die berufliche Position und je höher das Einkommen, desto höher die Ressourcenausstattung. 2) Je besser diese Ressourcenausstattung, desto tendenziell stärker sind die positiven Einstellungen der Bürger zur Politik und desto fester ist 3) die Überzeugung, durch individuelle Beteiligung politisch etwas bewirken zu können („political efficacy"). Alle drei Faktoren zusammengenommen – Ressourcenausstattung, Einstellungen zur Politik und Glaube an die Wirksamkeit des eigenen Handelns – erzeugen ein tendenziell höheres Maß politischer Partizipation. Ist die Ressourcenausstattung hingegen schwach, werden insgesamt auch die Einstellungen gegenüber der Politik weniger positiv ausfallen, und alles in allem wird die Überzeugung, politisch wirksam zu sein, schwach und die politische Beteiligung gering sein. Man kann das Standardmodell der politischen Beteiligung erweitern und umbauen (Verba/Schlozman/Brady 1995, Lau/Redlawsky 1997). Alter, Geschlecht, ethnische Zugehörigkeit und Stärke der Parteiidentifikation beispielsweise beeinflussen ebenfalls die Beteiligungsbereitschaft. Hinzu kommen institutionelle Bedingungen einschließlich der Wahlpflicht (Lijphart 1997b). So nimmt die Partizipationsbereitschaft bis zu einer Altersstufe von 30 bis 35 Jahren in der Regel stark zu, anschließend bleibt sie für rund drei Dekaden einigermaßen stabil und fällt dann stark ab. Zentral für die partizipatorische Demokratietheorie ist die Beobachtung, dass die Ressourcenausstattung der Bürger in den westlichen Ländern vor allem seit den 60er Jahren erheblich verbessert wurde, vor allem aufgrund der Öffnung des Bildungssystems für Kinder aus Schichten, die zuvor von höherer Ausbildung ausgeschlossen waren, und aufgrund der verlängerten Schul- und Ausbildungszeit. Die hiermit einhergehende Erhöhung des formalen Qualifikationsniveaus und die Aufstockung der kognitiven Ressourcen stärken die Nachfrage nach Beteiligungschancen. Ein spektakulärer Ausdruck hiervon waren die Studentenproteste der 60er und 70er Jahre, ein weiterer die zunehmende Zahl von Bürgerinitiativen in den 70er Jahren. Nicht zu vergessen ist die Zunahme konventioneller und unkonventioneller Beteiligung beispielsweise im Rahmen von Antiatomkraft-, Friedens- und Ökologiebewegungen der 80er Jahre. Besonders stark wuchs die Partizipationsnachfrage seitens der jüngeren, besser ausgebildeten, religiös ungebundenen und postmateriell orientierten Altersgruppen. Diese waren und sind die Kerntruppen – die soziale Basis und die Hauptakteure – der partizipatorischen Demokratietheorie.

Das heißt allerdings zugleich, dass nicht wenige Bürger vom Anliegen der partizipatorischen Demokratietheorie überfordert und insoweit von diesen Theorien vernachlässigt werden. Gleichwertige demokratische Beteiligung erfordert, so haben Verba/Schlozman/Brady (1995) in ihrer großen Beteiligungsstudie über die USA geschrieben, dass die Stimmen der Bürger in der Politik klar, laut und gleich sein müssten. „Klar", so dass die Politiker wissen, was die Bürger wollen und brauchen; „laut", so dass die Politik überhaupt auf sie hört; und „gleich", so dass das Ideal gleicher Responsivität erreicht wird. Wie die Beteiligungsstudie allerdings zeigt, sind diese Bedingungen nur teilweise erfüllt: „the public's voice is often loud, sometimes clear, but rarely equal" (ebd.: 509) – „die Stimmen der Bürger in der Politik sind meist laut, manchmal klar, aber selten gleich".

## Kapitel 2.7
## Kritische Theorien der Demokratie

„Kritische Demokratietheorien" werden in diesem Kapitel mit kleinem „k" geschrieben. Das und die Pluralform verdeutlichen, dass dieses Kapitel nicht vorrangig von „Kritischer Theorie" im Sinne der gesellschaftstheoretischen Beiträge von Theodor W. Adorno, Max Horkheimer, Herbert Marcuse und anderen Vertretern der „Frankfurter Schule" handelt. Die Bedeutung der „Frankfurter Schule" mindert nicht, wer, wie Michael Greven (1994, 1999b), feststellt, dass aus ihr keine zusammenhängende Demokratietheorie hervorgegangen ist – außer vereinzelten Bausteinen einer kapitalismuskritischen Demokratieauffassung, der zufolge die wahre Demokratie erst im Nachkapitalismus beginne, weil erst dort wahrhafte soziale Homogenität gegeben sei, so Jürgen Habermas (1969) und zuvor schon Otto Kirchheimer (1981) sowie Franz Neumann (Intelmann 1996: 95f.). „Kritische Demokratietheorien" ist im vorliegenden Buch die Sammelbezeichnung für jene Beiträge zur modernen Demokratietheorie, denen Dreierlei gemeinsam ist: Erstens die besondere Sensibilität für Strukturdefekte der Demokratie, die die volle Einlösung des selbstgesetzten Anspruchs einer auf Selbstbestimmung angelegten Regierungsform aus dem Volk, durch das Volk und für das Volk durchkreuzen; zweitens die begründete Furcht vor der „Tyrannis der Vielen" (Höffe 1995), und drittens die schonungslose Ausleuchtung der Differenz zwischen Anspruch und Wirklichkeit demokratischer Normen.

Bei der Transformation individueller Präferenzen in Kollektiventscheidungen kann viel passieren. Dabei ist nicht nur an Sartoris Sicht der „Achillesferse" der Repräsentativdemokratie gedacht, der hervorhebt, dass der, der Macht an Repräsentanten delegiert, diese verlieren kann und dass Wahlen „nicht notwendig frei und Repräsentation ... nicht unbedingt echt" ist (Sartori 1992: 40). Noch wichtiger ist die Sensibilität dafür, dass auch in der Demokratie die Ergebnisse pfadabhängig sind, also abhängig von den Spielregeln für Stimmenäußerung und -auswertung. Folglich können schon geringfügige Änderungen der Spielregeln ein anderes Resultat als zuvor hervorbringen.

Die kritischen Demokratietheorien stützen sich hauptsächlich auf zwei Pfeiler. Der erste besteht aus Beiträgen zur Erkundung der Transformation individueller Präferenzen in Kollektiventscheidungen. Maßgebendes kam hierfür von der Ökonomischen Theorie der Politik (Olson 1965, Riker 1982), der Ökonomischen Theorie der Entscheidungsprozesse (Buchanan/Tullock 1962) und von politikwissenschaftlichen Studien zur Gestalt und Wirkung von Wahlsystemen (Nohlen 1978, 1990, Lijphart 1994c). Der zweite Pfeiler der kritischen Demokratietheorien entstammt der kapitalismus- und demokratiekritischen Politiktheorie und Verfassungssoziologie. Bahnbrechend hierfür wurden vor allem die von Claus Offe verfassten oder in Ko-Autorschaft geschriebenen Beiträge (Offe 1972, 1985, 1992, Guggenberger/Offe 1984).

**Der erste Pfeiler der kritischen Demokratietheorien:**
**Probleme der Transformation von Individualpräferenzen in Kollektiventscheidungen**

Die Beiträge zur Transformation individueller Präferenzen in Kollektiventscheidungen gehen vor allem der Frage nach, ob – und gegebenenfalls wie – individuelle Präferenzen beispielsweise der Wählerschaft verfälschungsfrei zu Gruppen- oder Kollektiventscheidungen, wie das Ergebnis einer Präsidentschaftswahl, umgeformt werden können. Die meisten Vertreter der älteren und der modernen Demokratietheorien hatten diese Frage bejaht, sofern sie überhaupt als Problem wahrgenommen wurde. Nur die scharfsichtigsten Theoretiker wussten um die Unbeständigkeit der Zahl, also die Inkonstanz, die bei großer Zahl von Stimmberechtigten entstehen kann, so Aristoteles in der Kritik der Demagogenherrschaft und Thomas Hobbes, der die Auffassung vertrat, dass die Willensbildung und Entscheidungsfindung in einer demokratischen Versammlung der Unbeständigkeit der Natur gar noch die der Zahl hinzufügen würden (*Leviathan*, 149).

Noch skeptischer als Aristoteles oder Hobbes sind die Experten der Ökonomischen Theorie der Politik bei der Beurteilung der Umsetzung individueller Präferenzen in Kollektiventscheidungen. Wie die Ökonomische Theorie der Entscheidungsprozesse zeigt, kann das Ziel, den Willen oder die Präferenzen der Kollektivmitglieder in demokratischen Entscheidungsverfahren zu repräsentieren und zugleich die Verteilung der individuellen Präferenzen näherungsweise verfälschungsfrei abzubilden, kaum verwirklicht werden (Riker 1982, McLean 1987, Mueller 1996). Der Nachweis, dass es schwierig ist, kollektive Entscheidungen und Entscheidungsverfahren zu finden, die minimalen Anforderungen an demokratische Verfahren näherungsweise genügen und gleichzeitig widerspruchsfrei sind, legt die Hypothese nahe, dass selbst in der Demokratie die Chance gering ist, stabile Mehrheiten zu bilden und aufrechtzuerhalten sowie sachlich konsistente politische Programme zu entwickeln und durchzusetzen. Der Ökonomischen Theorie der Entscheidungen zufolge, ist diese Chance überdies um so geringer, je größer die gesellschaftliche Differenzierung und je heterogener die Stimmbürgerschaft ist.

**„Out-of-equlibrium majorities"**

Zur Veranschaulichung dieser folgenreichen These soll die Kritik eines weit verbreiteten Lobes der Demokratie dienen. Häufig wird die Demokratie dafür gepriesen, dass sie den Willen des Volkes wirkungsvoll zum Ausdruck bringe und ins Recht setze. Doch das ehrenwerte Argument erweist sich bei näherem Hinsehen als brüchig. Vom „Willen des Volkes" kann spätestens seit Schumpeter (1950) unbefangen nicht länger die Rede sein (siehe Kapitel 2.2). In aller Regel handelt es sich vielmehr um – meist labile – Mehrheiten und Minderheiten, die aus unterschiedlichsten Motiven gespeist werden, die ihrerseits von den Institutionen der Willensbildung und Entscheidungsfindung geprägt werden. Umsichtigere Lobredner begnügen sich deshalb damit, die Demokratie ob ihrer Fähigkeit, zumindest dem Mehrheitswillen verfälschungsfreien Ausdruck zu verleihen, zu preisen. Doch selbst dieses Lob halten die kritischen Demokratietheorien für unpassend: Die Mehrheit oder der Mehrheitswille ist „fiktiv, fehlbar und verführbar", so halten sie dagegen (Offe 1992: 127). Wie die Theorie der rationalen Wahl zudem zeigt, verletzen demokratische Verfahren und Abstimmungen selbst die Grundsätze der verfälschungsfreien und konsistenten Hervorbringung eines Mehrheitswillens.

Noch schärfer hat William Riker den Sachverhalt auf den Begriff gebracht: Gesellschaftlich bindende Entscheidungen auf der Basis der Mehrheitsregel „können in der Regel nicht als logisch kohärent oder als das Ergebnis einer ... Größe wie der ‚Gesellschaft' oder ‚des Volkes' begriffen werden" (Riker 1980b: 456). Mehrheitsentscheidungen laborierten an einem prinzipiellen Ungleichgewichtszustand. Alle Mehrheiten seien „out-of-equilibrium-majorities" (Weale 1995: 381), also labile oder ungleichgewichtige Mehrheiten, die nur durch institutionelle Konventionen, Kontingenz und das Unvermögen der Bürger, alle machbaren Alternativen zum Status quo der Mehrheitsentscheidung durchzudenken, gestützt würden (Riker 1980a, 1980b, 1982, Weale 1999: 124 ff.). Schon unter geringfügig variierten Bedingungen hätten andere Alternativen Gegenstand der Abstimmung sein und die Zustimmung einer Mehrheit erhalten können. Insgesamt erweise sich, „daß die Produkte der Mehrheitsentscheidung vermutlich selten als konsistent oder als – im Vergleich zu den Entscheidungspräferenzen – wahre Abstimmungen des Wahlkörpers begriffen werden können" (Riker 1980b: 456). Und das sei, so Riker weiter, nur ein Beispiel für ein allgemeineres Problem, nämlich dafür, dass alle Prozeduren für Manipulation und Ausbeutung anfällig seien und arbiträre Ergebnisse hervorbrächten, und zwar solange, bis durch verfassungsstaatliche Regelungen die Wahrscheinlichkeit der „out-of-equilibrium-majorities" vermindert würde (Riker 1982, Weale 1995: 383).

Diese Kritik trifft auch auf die demokratischen Prozeduren zu. Auch sie sind nicht gegen Manipulation, Ausbeutung und arbiträre Ergebnisse gefeit. Das Hauptproblem für die Demokratie, so Riker, „ist nicht die Inkonsistenz, sondern die Manipulierbarkeit der Ergebnisse von Mehrheitsentscheidungen" (Riker 1980b: 457) in dem Sinne, dass schon geringfügige Variationen der Struktur, des Ablaufs und des Kontextes des Entscheidungsprozesses unterschiedliche Ergebnisse zustande bringen. Deshalb ist es wahrscheinlich, dass den Ergebnissen von Mehrheitsentscheidungen kein stabiler konsistenter Sinn zugeschrieben werden kann (Riker 1980b: 457). Das bedeutet nicht, dass die Demokratie ohne Wert ist. Doch der Wert der Demokratie liegt woanders, nämlich im Schutz von Rechten mittels Vetos, welche die Abstimmungsberechtigten den Amtsinhabern auferlegen können (Riker 1982).

**Wandernde Mehrheiten**

Die in Abstimmungsergebnissen zutage tretenden Mehrheiten sind insoweit grundsätzlich ungleichgewichtig. Mitunter entstehen so genannte wandernde oder zyklische Mehrheiten. Man nehme als Beispiel eine aus drei Wahlberechtigten bestehende Stimmbürgerschaft, die über die Alternativen A, B und C abstimmen solle. A, B und C sollen für unterschiedliche politische Programme stehen, A beispielsweise für den Ausbau der Energieversorgung aus regenerierbaren Quellen, B für die erweiterte Energieversorgung aus einheimischer Stein- und Braunkohle und C für den Ausbau von Atomkraftwerken. Die Präferenzordnungen der Abstimmungsberechtigten seien wie folgt beschaffen. Der erste Abstimmungsberechtigte setze A an die erste Stelle, B an die zweite und C an die dritte Position. Vereinfachend schreibt man seine Präferenzordnung so: A>B>C. Für den zweiten Abstimmungsberechtigten habe C Vorrang vor A und an dritter Stelle komme für ihn B (C>A>B). Der dritte im Bunde favorisiere B vor C und C vor A (B>C>A).

Welche Variante der Energiepolitik erhält die Mehrheit? Das Ergebnis steht und fällt mit dem jeweiligen Abstimmungspaar! Stehen A und B zur Abstimmung, gewinnt A mit 2:1. Bei der hierauf folgenden Abstimmung über A und C verliert allerdings A, und C gewinnt mit 2:1. Wer nun meint, C sei der Gesamtsieger und das energiepolitische Programm, das den Willen der Mehrheit am besten und eindeutig repräsentiere, irrt. Wird nämlich über C und B abgestimmt, verliert C und B gewinnt. Zuvor hatte jedoch B gegen A verloren und A in der Abstimmung mit C den Kürzeren gezogen. Es sind zyklische Mehrheiten entstanden, instabile Mehrheiten – je nach dem Paar der Abstimmungsalternativen. Einmal ist der regenerierbare Energieträger der Sieger, dann die einheimische Kohle und im dritten Fall die Kernenergie. Und alles ging mit rechten Dingen zu! Allerdings „wanderten" die Mehrheiten. Keines der Abstimmungsergebnisse kann als konsistenter und verfälschungsfreier Wille der Mehrheit angesehen werden. Mithin wird systematisch dasjenige verfehlt, was eigentlich erreicht werden soll: verfälschungsfreie und konsistente Abbildung individueller Präferenzen in den Kollektiventscheidungen. Auch kommt man hier nicht mit der – beliebten, aber falschen – Annahme weiter, man könne dem Ergebnis einen vorab feststehenden Volkswillen ablesen. Und der für die Energiepolitik zuständige Minister? Er wird ob der wandernden Mehrheiten verzweifeln: Heute Politik nur für Windmühlen, morgen nur noch für heimische Kohle und übermorgen ausschließlich für Atomkraft – das hält der wendigste Politiker nicht aus!

**Tyrannei der Mehrheit und wahlsystembedingte Herrschaft der Minderheit**

Die Mehrheitsregel kann weitere unliebsame Probleme hervorbringen. Zu den bedrohlichsten zählt die „Tyrannei der Mehrheit", die von alters her Gegner wie Parteigänger der Demokratie beschäftigt. Unter bestimmten Bedingungen kann die Demokratie allerdings auch zur Tyrannei der Minderheit über die Mehrheit führen. Ein Beispiel: Es sei ein direktdemokratisch verfasstes Gemeinwesen gegeben, in dem die Volksvertreter nach Mehrheitswahl in fünf Einerwahlkreisen mit jeweils fünf Abstimmungsberechtigten und der nachfolgenden Verteilung der Wählerpräferenzen gewählt werden. In den ersten drei Wahlkreisen votieren jeweils drei Wähler für die Kandidaten der Partei A und zwei für die Bewerber der Partei B. Im vierten und fünften Wahlkreis erhält A nur eine Stimme, B jedoch 4 Stimmen. Zählt man die Stimmen für A und für B im gesamten Wahlgebiet, entfallen auf B 14 Stimmen und auf A nur 11. Man könnte meinen, B wäre der Sieger. Doch das ist nur dann der Fall, wenn die Stimmenverrechnung ausschließlich auf der Ebene des gesamten Wahlgebietes erfolgt. Tatsächlich gewinnt bei Mehrheitswahl in den einzelnen Wahlkreisen jedoch A die Wahl! Die ersten drei Wahlkreise gehen an A, und B gewinnt nur den vierten und den fünften Wahlkreis. Somit siegt A gegen B mit 3 zu 2! Es ist alles mit rechten Dingen zugegangen. Allerdings hat die angewendete Methode der Aggregierung der Individualpräferenzen zu Kollektiventscheidungen, vor allem die Wahlkreiseinteilung und das Verfahren der Stimmenverrechnung (Mehrheitsregel) in den einzelnen Wahlkreisen, ein überraschendes Ergebnis zustande gebracht: Sie macht die Minderheit im gesamten Wahlgebiet zum Gewinner der Wahl und zum Herrscher über die Mehrheit. Eine andere Methode der Aggregierung, vor allem Stimmenverrechnung im gesamten Wahlgebiet, hätte ein anderes Ergebnis zustande gebracht.

Die Ergebnisse von Abstimmungen können mithin höchst unterschiedlich sein, auch wenn die zugrunde liegenden Präferenzen der Abstimmungsberechtigten konstant geblieben sind. Das Ideal einer Bündelung individueller Präferenzen, die verfälschungsfrei ist und die individuellen Vorlieben gleichermaßen und gleichgewichtig transformiert, wurde offensichtlich verfehlt.

## „Externe Kosten", „Entscheidungskosten" und „Interdependenzkosten"

Dieses Ideal könnte einer verbreiteten Sichtweise der Ökonomischen Theorie demokratischer Entscheidungen zufolge ohnehin nur mit dem Einstimmigkeitsprinzip erreicht werden. Denn nur dieses Prinzip setzt die ausdrückliche Zustimmung aller Mitglieder eines Kollektivs zur Gruppenentscheidung voraus und räumt somit jedem Mitglied eine absolute Vetoposition ein (Buchanan/Tullock 1962). Dieser Theorie zufolge sichert das Einstimmigkeitsprinzip den Kollektivmitgliedern den höchstmöglichen Nutzen. Jedes vom Einstimmigkeitsprinzip abweichende Verfahren hingegen erzeugt sogenannte „externe Kosten" für einen mehr oder minder großen Teil der Kollektivmitglieder. „Externe" Kosten sind Nachteile, die denjenigen Mitgliedern eines Kollektivs entstehen, die nicht oder nicht in gleichem Umfang von den Vorteilen einer Kollektiventscheidung profitieren wie die übrigen Kollektivmitglieder. Sie haben in gleichem Umfang wie alle anderen Mitglieder die Kosten der Kollektiventscheidung zu tragen, können aber ihre Präferenzen in der Entscheidung nicht in einem Maß geltend machen, das ihren Kosten entspricht. Der Theorie nach werden die in einem Kollektiv (z.B. den Wahlberechtigten eines Landes) anfallenden externen Kosten um so größer, je weiter vom Einstimmigkeitsprinzip abgewichen wird. Am größten sind diese Kosten, wenn nur ein Kollektivmitglied die Kollektiventscheidungen diktiert, also in der Einerherrschaft.

Allerdings ist mit jeder Entscheidungsprozedur eine zweite Kostenart verbunden: die „Entscheidungskosten". Vorbereitung und Durchführung von Entscheidungen erfordern Zeit und Verzicht auf anderweitige nutzenstiftende Aktivitäten. Den Zeitkosten sind demnach die Kosten für den entgangenen Nutzen alternativer Tätigkeiten, die sogenannten Opportunitätskosten, hinzuzurechnen. Die Entscheidungskosten unterliegen allerdings einer anderen Dynamik als die externen Kosten. Sie sind um so höher, je größer die Zahl der Mitglieder eines zur Entscheidung aufgerufenen Kollektivs ist. Am größten sind die Entscheidungskosten im Falle des Einstimmigkeitsprinzips, weil in diesem Fall der Aufwand für die Konsensbildung, der Zeitaufwand sowie der entgangene Nutzen besonders hoch sind.

Der Ökonomischen Entscheidungstheorie zufolge ist eine dritte Kostenart zu beachten: die „Interdependenzkosten". Sie sind definiert als Summe der externen Kosten und der Entscheidungskosten. Die Interdependenzkosten geben ein Kriterium für optimale Entscheidungsregelungen zur Hand. Das Optimum ist dort gegeben, wo die Interdependenzkosten ein Minimum erreichen, d.h. dort, wo die Summe der externen Kosten und der Entscheidungskosten niedriger ist als die jeder anderen Kombination.

Aufgabe der empirischen Forschung ist es, herauszufinden, welches die optimale Entscheidungsregel ist und wo systematische Abweichungen vom Minimum der Interdependenzkosten entstehen. Die Einstimmigkeitsregel beispielsweise erzeugt auf Dauer unerträglich hohe Entscheidungskosten. Nicht selten endet sie in der Blockade des Entscheidungsprozesses. Doch auch die klassische Mehrheitsregel, insbesondere die einfache Mehrheit, ist eine Entscheidungsregel, die das Optimum oft weit verfehlt.

**Probleme der Übersetzung von Stimmen in Mandate**

Das ist von größter praktisch-politischer Bedeutung, wie die Zusammenhänge von Stimmenverteilung, Wahlsystem und Mandatsverteilung zeigen (Katz 1997: 119ff.). Wie stark das Wahlsystem die Umsetzung der Wählerstimmen in Mandate prägt, soll anhand eines weiteren Beispiels gezeigt werden. Es sei ein aus 20 Abgeordneten bestehendes Parlament in einem Wahlgebiet zu wählen, das in 20 gleich große Wahlkreise mit jeweils 100 Stimmberechtigten geteilt ist. In jedem Wahlkreis kandidiere je ein Vertreter der Parteien A, B, C, D und E. Ferner sei eine Verteilung der Stimmen wie in der Tabelle 1 gegeben (siehe Tabelle 1).

*Tabelle 1:* Wirkungen des Wahlsystems (I): Hypothetische Stimmenverteilung auf fünf Parteien

| Wahlkreis/Parteien | A | B | C | D | E |
|---|---|---|---|---|---|
| 1 | 52 | 37 | 8 | 2 | 1 |
| 2 | 48 | 49 | 2 | 1 | 0 |
| 3 | 33 | 35 | 20 | 8 | 4 |
| 4 | 29 | 30 | 36 | 4 | 1 |
| 5 | 38 | 31 | 12 | 10 | 9 |
| 6 | 57 | 37 | 5 | 1 | 0 |
| 7 | 41 | 42 | 10 | 6 | 1 |
| 8 | 40 | 41 | 10 | 8 | 1 |
| 9 | 36 | 24 | 37 | 2 | 1 |
| 10 | 32 | 33 | 20 | 7 | 8 |
| 11 | 36 | 37 | 11 | 12 | 4 |
| 12 | 40 | 43 | 8 | 8 | 1 |
| 13 | 51 | 40 | 7 | 2 | 0 |
| 14 | 23 | 24 | 23 | 7 | 23 |
| 15 | 28 | 31 | 30 | 8 | 3 |
| 16 | 47 | 48 | 3 | 0 | 2 |
| 17 | 52 | 39 | 8 | 1 | 0 |
| 18 | 46 | 47 | 6 | 1 | 0 |
| 19 | 43 | 45 | 10 | 1 | 1 |
| 20 | 12 | 17 | 9 | 32 | 30 |
| Stimmenanteil | 39,2% | 36,5% | 13,8% | 6,0% | 4,5% |

*Anmerkung:* Nach Lehner (1981: 57) mit geringfügigen Änderungen.

Was ergibt sich, wenn die in Tabelle 1 beschriebene Stimmenverteilung in Abgeordnetensitze umgerechnet wird? Die Antwort lautet: die Ergebnisse sind von Wahlsystem zu Wahlsystem verschieden! Um dies zu verdeutlichen, wird im Folgenden mit den Daten der Tabelle 1 ermittelt, wie in fünf verschiedenen Wahlsystemen Stimmen in Parlamentssitze verrechnet oder Individualstimmen in Kollektiventscheidungen transformiert werden. Bei den Wahlsystemen handelt es sich um Verhältniswahl nach Hare und Niemeyer, Verhältniswahl nach d'Hondt, Verhältniswahl mit einer 10%-Sperrklausel, einfache Mehrheitswahl in Einerwahlkreisen und absolute Mehrheitswahl in Einerwahlkreisen. Zur Vereinfachung wird im Folgenden unterstellt, dass die Verrechnung der Stimmen in Mandate nach der Verhältniswahl ausschließlich auf der Grundlage der Stimmenverteilung im gesamten Wahlgebiet erfolge.

Der reinen Verhältniswahl gemäß dem System der mathematischen Proportionen nach Hare und Niemeyer zufolge, wird für jede Partei die Zahl der auf sie entfallenden gültigen Stimmen durch die Gesamtzahl der abgegebenen Stimmen dividiert und mit der Zahl der zu vergebenden Mandate vervielfacht. Die hierdurch ermittelten Ganzzahlen bestimmen die erste Runde der Verteilung der Mandate auf die Parteien: Die Zahl der auf die Parteien entfallenden Sitze bemisst sich nach der Größe der jeweiligen Ganzzahl. Sodann werden die Restmandate nach der Höhe der Zahlenbruchteile hinter dem Komma verteilt. Die Partei A im Beispiel der Tabelle 2 erhält folglich zunächst 7 Mandate (Proportion der Stimmen für A und der Gesamtzahl der Stimmen, vervielfacht mit der Zahl der zu vergebenden Mandate: 0,392*20 = 7,84) und in der zweiten Verteilungsrunde auf Basis der Zahlenbruchteile hinter dem Komma ein weiteres Mandat.

Im Fall der Verhältniswahl mit Auszählung nach d'Hondt werden die Parlamentssitze nach dem Höchstzählverfahren verteilt. Die von den Parteien gewonnenen Stimmen werden durch die Divisorenreihe 1, 2, 3, 4, 5 usw. geteilt. Auf dieser Grundlage werden die Parlamentssitze der Reihe nach der jeweils höchsten verbleibenden Zahl zugeordnet.

Bei einer Verhältniswahl mit einer 10%-Sperrklausel für das gesamte Wahlgebiet werden nur die Parteien bei der Verteilung der Parlamentssitze berücksichtigt, welche den Mindestanteil von 10% auf sich vereinigen.

Der einfachen Mehrheitswahl in Einerwahlkreisen zufolge erhält jeder Wahlkreis einen Parlamentssitz. Er fällt der Partei zu, die im Wahlkreis mehr Stimmen als jede andere Partei erhält. Erringen beispielsweise A, B und C jeweils 24% der Stimmen und D 28%, so ist nach einfacher Mehrheitsregel D der Gewinner.

Im Fall der absoluten Mehrheitswahl in Einerwahlkreisen gilt diejenige Alternative als gewählt, die mehr als die Hälfte der Stimmen der Abstimmenden auf sich vereinigt. Zur Vereinfachung wird im Folgenden unterstellt, dass die Parteien schon im ersten

Wahlgang in Koalitionsformationen – B und C auf der einen und A, D und E auf der anderen Seite – kandidieren.

Das Politikum der Transformation von Stimmen in Sitze ist dies: Je nach Wahlsystem kommen höchst unterschiedliche Sitzverteilungen im Parlament zustande. Mehr noch: Die Chance, Regierungspartei oder Oppositionspartei zu werden, hängt sehr stark vom Wahlsystem ab. Über die genaue Wirkung des Wahlsystems – bei konstant gehaltener Stimmenverteilung gemäß Tabelle 1 – informiert die Tabelle 2. Diese Tabelle zeigt die zentrale Bedeutung des Wahlsystems für die Umsetzung von Stimmen in Mandate. Man betrachte zunächst das Minimum und das Maximum der Mandate, die auf die einzelnen Parteien entfallen. Die Zahl der Mandate für die Partei A schwankt je nach Wahlverfahren zwischen fünf und neun. Ebenso groß ist die Spannweite im Fall von Partei B. Im ungünstigsten Fall (reine Verhältniswahl) erhält sie sieben Sitze, im günstigsten Fall (einfache und absolute Mehrheitswahl) elf. Auch bei den kleineren Parteien kommt es zu gewichtigen Unterschieden. Die Partei C erringt drei Sitze – mit Ausnahme der absoluten Mehrheitswahl. Im Fall der Kleinparteien D und E entscheidet das Wahlverfahren ebenfalls über den Einzug ins Parlament. Gilt die 10%-Sperrklausel, zieht keine der kleinen Parteien ins Parlament ein. Enthält das Wahlsystem keine Sperrklausel, steigen die Chancen der kleinen Parteien, einen Parlamentssitz zu erringen.

Instruktives steuert die Tabelle 2 zudem zur Beantwortung der Frage bei, welches Wahlverfahren die nach Mandaten stärkste Partei kürt. Zur stärksten Partei wird die Partei A im Falle einer Verhältniswahl nach Hare/Niemeyer und einer Verhältniswahl mit 10%-Sperrklausel. Demgegenüber ist B die stärkste Partei, wenn nach einfacher oder absoluter Mehrheitswahl gewählt wird. Gleichauf liegen A und B bei reiner Verhältniswahl nach dem d'Hondtschen Höchstzahlverfahren.

*Tabelle 2:* Wirkungen des Wahlsystems (II): Stimmen- und Mandateverteilungen nach Wahlsystemen

| Wahlsystem | Partei A 39,3% | Partei B 36,5% | Partei C 13,8% | Partei D 6,0% | Partei E 4,5% | Nach Mandaten stärkste Partei | Regierungsbildung durch: |
|---|---|---|---|---|---|---|---|
| Reine Verhältniswahl: Mandateverteilung nach Hare / Niemeyer | 8 | 7 | 3 | 1 | 1 | A | A + C |
| Verhältniswahl: Mandateverteilung nach d'Hondt | 8 | 8 | 3 | 1 | – | A + B | A + C oder B + C |
| Verhältniswahl mit Zehn-Prozent-Sperrklausel | 9 | 8 | 3 | – | – | A | B + C |
| Einfache Mehrheitswahl | 5 | 11 | 3 | 1 | – | B | B |
| Absolute Mehrheitswahl mit Koalitionen A D E / B C | 9 | 11 | – | – | – | B | B |
| Differenz zwischen günstigstem und ungünstigstem Wahlsystem | 4 | 4 | 3 | 1 | 1 | – | – |

*Anmerkung*: Auswertung auf der Grundlage der Stimmenverteilungen in Tabelle 1. Regierungsbildung: Alleinregierung der Partei mit der absoluten Mehrheit oder Koalitionsregierung nach dem Kriterium der kleinstmöglichen Koalition und dem der absoluten Mehrheit der Mandate.

Noch wichtiger ist die Frage der Regierungsbildung. Legt man einen Mindestsitzanteil von größer als 50% zugrunde und verbindet man hiermit das Kriterium der kleinstmöglichen Koalition oberhalb der 50%-Grenze sowie die Annahme der Allgemeinkoalitionsfähigkeit, lassen sich der Tabelle 2 folgende Ergebnisse ablesen: Der Gewinner der Wahl (im Sinne der Partei oder Koalition, die die Regierung bildet) ist bei reiner Verhältniswahl eine Koalition aus den Parteien A und C. Erfolgt die Auszählung nach dem d'Hondtschen Höchstzahlverfahren, kommt entweder wieder die Koalition von A und C zum Zuge oder die von B und C. Wird nach Verhältniswahlsystem mit 10%-Sperrklausel ausgezählt, werden B und C die Regierung übernehmen. Gilt die einfache Mehrheitswahl, ist B die allein regierende Partei. A und C haben in diesem Fall – im Unterschied zu den bislang erörterten Verfahren –

auch nicht eine rechnerische Chance, die Regierung zu übernehmen. Im Fall der absoluten Mehrheitswahl mit Koalitionen wird B die dominierende Regierungspartei. Unschwer ist zu erkennen, dass bei Geltung des Mehrheitswahlsystems (und auf Basis der Stimmenverteilung nach Tabelle 1) B der eindeutige Sieger der Wahl ist. Gilt hingegen die Verhältniswahl (ohne 10%-Sperrklausel), wird A die dominierende Partei. In diesem Fall zieht B in die Opposition. Herrscht das Mehrheitswahlsystem, fällt die Opposition der Partei A zu.

Das Wahlsystem kann somit den Ausschlag dafür geben, welche Partei die Regierung übernimmt und welche in die Opposition verbannt wird. Das Wahlsystem macht demnach einen großen Unterschied! Anders formuliert: Alle oben erörterten Verfahren der Aggregierung individueller Präferenzen und die Entscheidungsregeln, die den Kollektiventscheidungen zugrunde liegen, sind fair und legitim. Allerdings bringen sie höchst unterschiedliche Ergebnisse zustande. Im einen Fall wird A zur Regierungspartei, im anderen Partei B, im einen Fall beispielsweise eine Linkspartei, im anderen eine Rechtspartei. Jedes der zur Anwendung kommenden Verfahren ist fair, und bei jedem dieser Verfahren geht alles mit rechten Dingen zu. Die durch das Verfahren erzeugten Entscheidungsinhalte sind jedoch krass unterschiedlich. Hierin ist ein folgenschwerer, unter Legitimationsgesichtspunkten außerordentlich problematischer Aspekt zu sehen: Schon geringfügige Variationen der Verfahren, welche die Transformation individueller Präferenzen in kollektive Entscheidungen regeln, können höchst unterschiedliche Konsequenzen haben. Die bei einem Verfahren Unterlegenen könnten sich insofern mit guten Gründen darauf berufen, dass ihre externen Kosten im Sinne von Buchanan/Tullock (1962: 45f.) unter Legitimationsgesichtspunkten problematisch sind. Käme ein anderes Verfahren zum Zuge, könnten die Unterlegenen die Gewinner sein.

Das ist im Übrigen ein fatales Ergebnis für die verschiedenen Varianten der partizipatorischen Demokratietheorie, setzen diese doch auf die edukativen und kommunikativen Funktionen gemeinschaftlicher Aussprache und Beschlussfassung. Das für diese Theorie schwer verdauliche Problem ist dies: Auch bei gelingender Verständigung können schon geringfügige Änderungen der Institutionen, die zwischen Individualpräferenzen und Gruppenentscheidungen vermitteln, höchst unterschiedliche Ergebnisse hervorrufen und über Sieg oder Niederlage entscheiden. Es wäre nicht verwunderlich, wenn dies sowohl die Aussprache als auch die Beschlussfassung zumindest in der nachfolgenden Runde außerordentlich stören würde.

## Therapien zur Linderung von Problemen der Bündelung von Individualpräferenzen zu Kollektiventscheidungen

Was die Ökonomische Entscheidungstheorie zum Verständnis der Leistungen und Grenzen demokratischer Verfahren beiträgt, ist beunruhigend. Die Ergebnisse des demokratischen Prozesses sind – um Rikers Diagnose in Erinnerung zu rufen – weder notwendigerweise faire und echte Bündelungen der Präferenzen der Abstimmungsberechtigten noch können die Abstimmungsergebnisse immer als bedeutungsvoll und sinnmachend interpretiert werden (Riker 1980a, 1982). Ferner können zyklische Mehrheiten entstehen. Und mitunter kommt die Herrschaft der Minderheit über die Mehrheit zustande. Was ist angesichts solcher Variabilität zu tun? Nichtstun wäre gewagt. Verzicht auf demokratische Abstimmung hieße, das Kind mit dem Bade auszuschütten. Es gibt allerdings mittlere Wege, beispielsweise die Ergänzung des Mehrheitsprinzips durch verhandlungsdemokratische oder konkordanzdemokratische Konfliktregelungen (Kapitel 3.2 und 3.3) oder die Anwendung neuer Abstimmungsverfahren, wie der Rangsummenregel, die es den Stimmberechtigten erlaubt, die Intensität ihrer Präferenz zu äußern, von Zufallsauswahlen, Abstimmungen mittels Veto oder Abstimmungen mittels einer Steuer ganz zu schweigen (Frey/Kirchgässner 1994: 158ff.). Die Ökonomische Theorie rationaler Wahl empfiehlt überdies – abgesehen von dem auf Dauer kaum durchhaltbaren Einstimmigkeitsprinzip – vor allem liberale Tugenden und Institutionen. Zu diesen gehören 1) die Beschränkung der Reichweite von Kollektiventscheidungen, beispielsweise die enge Begrenzung der Reichweite der Regierung und der Einbau von Sicherungen und Gegenkräften gegen die jeweils gewählte Entscheidungsalternative oder gegen die Legislative und Exekutive, 2) die Beschränkung der Staatstätigkeit auf einen kleinen Aufgabenkreis, 3) das Recht der Bürger auf Entschädigung für Nachteile, die ihnen durch das Tun und Lassen von demokratisch gewählten Repräsentanten entstanden sind, 4) die Garantie unveränderbarer Grundrechte, 5) die Dezentralisierung des Staates beispielsweise in Gestalt des Föderalismus, 6) die Verleihung des Rechtes auf Gesetzesinitiative an den Bürger oder an Bürgergruppen, 7) zusätzlich zur Parlamentsabstimmung die Volksabstimmung über alle oder über einige Gesetze und 8) das Offenhalten ungehinderter Auswanderung (vgl. Bernholz/Breyer 1994, Riker 1982).

Diese Therapievorschläge entstammen überwiegend liberalen oder konservativen Positionen. Sie finden allerdings wenig Anklang bei den Demokratietheoretikern, die zwar die Ökonomische Theorie der Entscheidung ein Stück Weges begleitet haben, dann aber in progressivere Gegenden abwanderten, so vor allem Claus Offe, der seine staatstheoretischen und verfassungssoziologischen Analysen in Weiterführung der Ökonomischen Theorie der Politik und sozialkritischer Arbeiten aus dem Umfeld der Frankfurter Schule entwickelt hat. Hauptsächlich von seinen Beiträgen handelt das folgende Unterkapitel.


**Selektivität demokratischer Willensbildungs- und Entscheidungsprozesse – Claus Offes Weiterführung der Kritischen Theorie der Politik**

Die Ökonomische Theorie der Politik hat den gesellschafts- und politikkritischen Ansätzen zahlreiche Impulse gegeben. Beispielsweise ging sie in die Analysen ein, die Claus Offe in Weiterführung von Studien aus dem Umkreis der Frankfurter Schule und der modernen angloamerikanischen Politikwissenschaft und Soziologie entwickelt hat (Offe 1972, 1984, 1986, 1991, 1992). Die Hauptthesen der kritischen Demokratietheorie, die in Offes Politikanalysen vor allem der 70er Jahre enthalten sind, lassen sich so zusammenfassen: Die Demokratie beseitigt die Koppelung politischer Rechte an den sozialen Status, die für die ständische Privilegienordnung charakteristisch ist. Von der Klassengebundenheit des Wahlrechtes ist bei ihr ebensowenig mehr die Rede wie von der Erblichkeit oder Käuflichkeit politischer Ämter. Allerdings wirken im Prozess demokratischer Willensbildung nach wie vor Disziplinierungs- und Ausgrenzungsmechanismen, beispielsweise Kartellbildung im Parteiensystem, Abflachung des politisch-ideologischen Profils von Parteien und Ausrichtung ihrer Politik am Wählerstimmenmarkt, insbesondere an ad hoc hochgespielten aktuellen Streitfragen, und eine innerparteiliche Struktur, die Minoritäten wenig Chancen bietet.

Gefiltert wird auch der Willensbildungsprozess im Verbändesystem und in den einzelnen Verbänden. Im Gegensatz zur Annahme der Gruppenpluralismustheorie, wonach alle Interessen organisierbar und potentiell gleichwertig sind, sind die Organisations- und Konfliktfähigkeit von Interessenverband zu Interessenverband verschieden. Die höhere Organisations- und Konfliktfähigkeit spezialisierter und für die individuelle Lebensführung wichtiger Interessen beispielsweise ist dafür mitverantwortlich, dass relativ große und homogene Statusgruppen wie Bauern, Arbeiter, Angestellte, Beamte und Mittelstand in der Politik besser vertreten sind als allgemeine Interessen. Schwerer oder überhaupt nicht zu organisieren sind diejenigen Bedürfnisse, „die nicht klar abgrenzbaren Status- oder Funktionsgruppen, sondern der Gesamtheit der Individuen zuzuordnen sind", wie diejenigen, welche „die physischen, moralischen und ästhetischen Bedingungen des gesellschaftlichen Zusammenlebens außerhalb der Markt- und Verteilungssphäre betreffen" (Offe 1972: 146). Filter wirken auch im parlamentarischen Willensbildungsprozess, nicht zuletzt aufgrund der starken Übereinstimmung der Parteien und Fraktionen in Grundsatzfragen und ritualhafter Versuche, das Profil von Parteien durch „Oberflächen-Differenzierung und Schein-Polemik" zu betonen (Offe 1972: 151, ohne Hervorhebungen).

Wie wirken die „Filtersysteme" (ebd.: 151), die in die politische Willensbildung eingelagert sind? Offe zufolge sperren sie eine bestimmte Klasse von Interessen von vornherein aus dem pluralistischen System organisierter Interessen aus. Das gilt insbesondere für die „Bedürfnisartikulationen die allgemein und nicht an Statusgruppen gebunden sind; die konfliktunfähig, weil ohne funktionelle Bedeutung für den Verwertungsprozeß von Kapital und Arbeitskraft sind; und die als utopische die historischen Systemgrenzen transzendieren, insofern sie sich nicht ohne weiteres an die Regeln pragmatischer Verhandlungsklugheit halten" (Offe 1972: 148).

Der Befund, den die kritische Theorie der Politik aus all dem ableitet, ist alarmierend. Die Institutionen der politischen Willensbildung des demokratischen Verfassungsstaates gewährleisten nicht die prinzipiell uneingeschränkte Transmission politischer Motive. Vielmehr wird in den Institutionen der Willensbildung bestimmten Bedürfniskategorien die Chance politischer Artikulation entzogen. Das betrifft Offe zufolge vor allem diejenigen Interessen, „die nur in Institutionen solidarischer Willensbildung und kollektiver Reflexion zur Sprache kommen könnten" (ebd.: 151, ohne Hervorhebungen). Die Art der im Willensbildungsprozess unterdrückten Bedürfniskategorien wird von Offe so umschrieben: „Es handelt sich um diejenigen praktischen Normen, deren Formulierung deshalb neue Formen der sozialen Interaktion und neue Formen der Bedürfnisbefriedigung, kurz: historischen Fortschritt herbeiführen könnte, weil sie nicht an die herkömmlichen Dimensionen der Tausch- und Leistungsgerechtigkeit und traditionalistischer Statusansprüche gebunden sind" (ebd.: 152).

Die kritische Demokratietheorie hat aber nicht nur die Inputoder Eingabeseite des Politischen im Blickfeld, sondern auch die Ausgabe- oder Output-Dimension. Demokratie bemisst sich ihrem Urteil zufolge nicht nur nach den Beteiligungschancen der erwachsenen Bevölkerung und der Qualität der Interessenartikulation und -aggregation, sondern auch nach der wirksamen Zügelung öffentlich nichtlegitimierter Herrschaft sowie der Versorgung mit sozial- und interventionsstaatlichen Gütern (Offe 1986). Der These der älteren Politischen Systemanalyse, wonach der Output eines politischen Systems vom politischen Input und von seinen Binnenstrukturen geprägt wird, folgt auch Offes Demokratietheorie. Doch fügt sie diesem Lehrsatz ein weiteres Theorem hinzu: Mängel der Institutionenordnung ziehen Mängel in der Staatstätigkeit nach sich. Die in den Willensbildungsprozess eingebauten Filtersysteme haben Folgen für die Staatstätigkeit. Diese berücksichtigt vorrangig die Interessen und Bedürfnisse, welche die zuvor geschilderten Filtersysteme des politischen Willensbildungsprozesses durchlaufen haben. Obendrein ist die Staatstätigkeit nach eigenen stabilisierungspolitischen Regeln ausgerichtet. Sie konzentriert sich auf aktuelle und absehbare stabilitätsrelevante Risiken, vor allem auf solche, die das Eigeninteresse staatlicher Institutionen tangieren (Offe 1975). Zu diesen gehören die Komplexe des wirtschaftlichen Wachstums, der Außenpolitik, der Außenwirtschaftspolitik und der Militärpolitik sowie der Beschaffung und Sicherung von Massenloyalität. Dabei liegt der Staatstätigkeit ein eigentümliches konzentrisches Prioritätenschema zugrunde, so die Theorie von Offe. Die Staatstätigkeit reagiert hauptsächlich nur auf die Themen, die ein Stabilitätsproblem oder mehrere risikoreiche Stabilitätsprobleme betreffen und zugleich das „Interesse des Staates an sich selbst" wachrufen (Offe 1975). Mit diesem Prioritätenschema erzeugt die Regierungspolitik ein horizontales System der Ungleichheit, eine Disparität von Lebensbereichen, d.h. ein großes Gefälle zwischen Lebensbereichen, die stabilitätsrelevant sind (und deshalb von der Staatstätigkeit bevorzugt behandelt werden, wie Politikfelder mit starker Markt-, Organisations- und Wählerstimmenmacht) und solchen, die im Sinne politischer oder politisch-ökonomischer Stabilitätsprobleme von geringem Gewicht sind und deshalb von der staatlichen Politik vernachlässigt werden, wie Bereiche und Probleme mit geringer Markt-, Organisations- und Wählerstimmenmacht. Und hiermit könne man erklären, so Offe mit Blick auf die in den sechziger Jahren noch verbreiteten Lehren vom „privaten Reichtum und öffentlicher Armut", warum viele wichtigen öffentlichen Belange von der staatlichen Politik vernachlässigt würden, so beispielsweise lange der Umweltschutz oder die soziale Lage von Randgruppen.

**Kritische Theorie der Mehrheitsregel**

Zu den kritischen Theorien der Demokratie zählt überdies die Kritik der Mehrheitsregel, die in den 80er Jahren von Bernd Guggenberger und Claus Offe (1984) in Weiterführung einer älteren Debatte vorgetragen wurde. Doch bevor diese Kritik erörtert wird, ist eine Erläuterung zur Mehrheitsregel angebracht. Der Mehrheitsregel zufolge gewinnt bei einer Abstimmung diejenige Alternative, die den zahlenmäßig größeren Teil der Stimmen auf sich vereint. Man unterscheidet zwischen der Mehrheit der bei einer Abstimmung Teilnehmenden (Teilnehmermehrheit), der Mehrheit der bei einer Entscheidung Anwesenden (Anwesendenmehrheit) und der Mehrheit der Abstimmungsberechtigten (Stimmberechtigtenmehrheit), so beispielsweise die Mehrheit, die im Deutschen Bundestag zur Wahl des Bundeskanzlers erforderlich ist. Man differenziert ferner zwischen absoluter Mehrheit, der zufolge gewinnt, wer mehr als 50% der Stimmen erhält, relativer Mehrheit, bei der die nach Stimmenzahl stärkste Alternative siegt, und qualifizierter Mehrheit, bei der, je nach Konsenshürden, zum Abstimmungssieg eine genauer spezifizierte Mehrheit, beispielsweise die Zweidrittelmehrheit, erforderlich ist. Grundsätzliche Alternativen zur Konfliktregelung nach dem Mehrheitsprinzip sind das Konsens- oder das Konkordanzprinzip und der Befehl.

Das Mehrheitsprinzip ist eine weit verbreitete Basisinstitution zur Herstellung von Kollektiventscheidungen. Manche meinen sogar, es kennzeichne die Demokratie, und glauben, dass diese durch das Prinzip der Mehrheitsherrschaft hinlänglich definiert sei, so stillschweigend Schumpeter (1950) und ausdrücklich James Bryce (1921). Doch das trifft nicht zu. Es gibt nicht nur Mehrheitsdemokratien, sondern auch nichtmajoritäre Demokratien (Kapitel 3.2 und 3.3). Unbestritten spielt allerdings das Mehrheitsprinzip in allen Demokratien eine wichtige Rolle.

Der Mehrheitsentscheid, worunter meist die absolute oder relative Mehrheit von Abstimmungsberechtigten verstanden wird, ist nach verbreiteter Auffassung ein besonders leistungsfähiges Entscheidungsprinzip. Gründe für die hohe Wertschätzung des Mehrheitsentscheids gibt es genug (Palzer-Rollinger 1995, Weale 1999: 129ff.). Unter dem Aspekt staatsbürgerlicher Gleichheit schneidet er im Vergleich zu alternativen Entscheidungsregeln – wie Befehl, Los, Orakel, qualifizierte Minderheit oder Expertenvotum – bemerkenswert gut ab. Auch kommt der Mehrheitsregel der Vorteil zu, „jederzeit, kurzfristig und zuverlässig Entscheidungen produzieren zu können" (Offe 1984: 152). Ferner sind Mehrheitsentscheide „leicht verständlich" (Frey/Kirchgässner 1994: 146). Überdies verknüpft die Mehrheitsregel „ein Maximum an Gewissheit darüber, daß überhaupt eine Entscheidung getroffen wird, mit relativ geringen Entscheidungskosten" (Offe 1984: 152). Als Stärke des Mehrheitsprinzips zählt zudem seine Fähigkeit, unterschiedliche Gütekriterien berücksichtigen zu können, selbst wenn diese nicht in eine hierarchische Ordnung gepresst werden können. Anthony Downs hat die Einfachmehrheit auch damit verteidigt, dass nur dieses Prinzip alle Stimmen gleich werte – alle anderen Entscheidungsregeln würden die Stimmen der Minderheit stärker gewichten (Downs 1961: 192). Ferner spricht für die Mehrheitsregel ihre hohe Legitimationskraft, weil sie – bei gleichem und geheimem Wahlrecht – „die indirekte Wirkung von Abhängigkeits- und Beeinflussungsverhältnissen neutralisiert", „die Gesamtheit der Entscheidungsbetroffenen in unverfälschter Weise auch zu Entscheidungsbeteiligten macht" und obendrein der Minderheit die Chance offen hält, zukünftig den Wahlsieg zu erringen (Offe 1984: 153). Überdies wird die Mehrheitsregel dafür gelobt, dass sie die einzige Abstimmungsregel ist, die universal, anonym, streitfragenneutral und positiv responsiv ist (May 1952, Weale 1998: 129ff.). Universal ist die Mehrheitsregel, weil sie mit allen Präferenzordnungen zurechtkommt. Positiv responsiv ist sie, weil sie auf Präferenzverschiebungen zugunsten einer Alternative dadurch reagiert, dass die Wahl dieser Alternative wahrscheinlicher wird. Streitfragenneutralität meint, dass keine Auffassung vom Guten mehr wiegt als eine andere und das Abstimmungsergebnis unabhängig davon, um welche Streitfrage es sich handelt, ermittelt wird. Anonymität schließlich ist gegeben, wenn die Präferenz jedes Individuums gleich viel gilt, unabhängig davon, ob der eine arm und der andere reich, alt oder jung, klug oder dumm ist.

Die Mehrheitsregel wird gerühmt, aber sie wurde auch schon von Geburt an kritisiert (Zippelius 1987, Riker 1982, Weale 1999: 124ff.). Wer staatsbürgerliche und gesellschaftliche Gleichheit ablehnt, wird wahrscheinlich die Mehrheitsregel als Entscheidungsverfahren ebenfalls ablehnen. „Was ist Mehrheit? Mehrheit ist der Unsinn, Verstand ist stets bei wenigen nur gewesen" (Schiller, Demetrius, I 1, Vers 461ff.), ist ein literarisches Beispiel dieser Kritik. Zweifel an der Vernünftigkeit und Gerechtigkeit der Mehrheit hatte auch Johann Wolfgang von Goethe in den *Maximen und Reflexionen* geäußert: „Nichts ist widerwärtiger als die Majorität; denn sie besteht aus wenigen kräftigen Vorgängern, aus Schelmen, die sich akkomodieren, aus Schwachen, die sich assimilieren, und der Masse, die nachtrollt, ohne nur im mindesten zu wissen, was sie will." Hiervon grundverschieden ist der Ansatzpunkt der kritischen Theorie der Mehrheitsregel. Ihr Bezugspunkt ist nicht eine elitär interpretierte Gesellschaftsordnung, sondern ein kritisch gewendeter Funktionalismus. Die Theorie und Praxis der Mehrheitsregel werden vor allem daraufhin untersucht, ob – und wenn ja, in welcher Weise – sie den selbst gesetzten egalitären Anspruch durchkreuzen und unterminieren. Just solche Durchkreuzung und Unterminierung des eigenen Anspruchs ist das Problem der Mehrheitsregel, so lautet die Zentralthese ihrer Kritiker. Die kritische Theorie der Mehrheitsregel, vor allem in Gestalt der Beiträge von Offe (1984) und Guggenberger (1984), stellt auf zweierlei ab. Sie fußt auf der These, dass die Mehrheitsregel und die auf ihrer Basis errichtete politische Ordnung in erheblichem Ausmaß Anhänger und Unterstützung verloren hätten: „Wir haben ... längst zwei Gesellschaften, die miteinander immer weniger zu tun haben, vielfach nicht mehr dieselbe Sprache sprechen, die die Wirklichkeit an jeweils anderen Maßstäben bemessen und in jeweils andere Kategorien auslegen, die von gänzlich unvereinbaren Sehnsüchten, Erwartungen und Aspirationen umgetrieben werden", so urteilte Guggenberger (1984: 184), dem das Emporkommen der Anti-Atomkraft- und der Friedensbewegung in der Bundesrepublik der 70er und 80er Jahre vor Augen stand. Neben der abnehmenden Akzeptanz der Mehrheitsregel betonen die Kritiker vor allem die inneren Probleme der Mehrheitsregel und diejenigen, die sich aus ihrem Zusammenwirken mit ausgebauter Staatstätigkeit in der „Risikogesellschaft" (Beck 1986) ergeben.

In der kritischen Theorie der Mehrheitsregel wird schweres Geschütz aufgefahren. Aus der einschlägigen Literatur ragen die folgenden sieben Thesen hervor:

1. Die Dignität der Mehrheitsregel sei zweifelhaft, weil die Mehrheit – fehlbar und verführbar wie der Volkswille (Offe 1992) – wie ein Rohr im Winde schwanke. Häufig erweise sich die Mehrheit als ein nichtauthentisches Produkt einer Willensbildung, die weitgehend oligopolisiert, von Eliten beherrscht und von Entscheidungszwangslagen deformiert werde, so schon Schumpeters These vom „hergestellten" Volks- oder Mehrheitswillen (Schumpeter 1996a: 263). Obendrein hänge dem Mehrheitsentscheid der Makel an, dass schon geringfügige Variationen der Spielregeln unterschiedliche Abstimmungsergebnisse hervorrufen könnten.
2. Die Mehrheitsregel pflege die Fiktion abstrakter Teilhabegleichheit. Sie zähle Stimmen, ohne sie nach ihrer Wertigkeit zu wägen. In ihr gelte Stimmengleichheit: „one man, one vote". Doch die gründe sich auf die fiktive Vorstellung, dass jede Stimme gleich viel wiege und jeder ein näherungsweise gleiches Maß an Sachkenntnis, Engagement und Verantwortlichkeit

zukomme. Für die Kritiker der Mehrheitsregel ist dies ein „frommer Wunsch" (Guggenberger 1984: 191). Doch damit nicht genug: Der „fromme Wunsch" werde umso problematischer, je mehr der Staat in gesellschaftliche und wirtschaftliche Bereiche hineinrücke. Je mehr der Staat und die Politik zuständig für Wirtschaft und Gesellschaft würden, um so häufiger treffe man auf das Gefälle zwischen engagierten, sachkundigen und hochgradig betroffenen Minderheiten einerseits und apathischen, schlecht informierten und mangels persönlicher Betroffenheit desinteressierten Mehrheiten andererseits: „So bleiben auf dem Schlachtfeld politischer Entscheidungen, die mit dem ‚Sieg' schlecht oder desinformierter, meinungspolitisch eher indifferenter, meist den Weg des geringsten Widerstands und der kurzfristigen Interessenorientierung beschreitender Mehrheiten verbunden sind, massiv betroffene Minderheiten zurück, die der Mehrheit in den Bereichen ihres erstrangigen Interesses den Gehorsam verweigern" (Guggenberger 1984: 191). Erkennbar werden auffällige Parallelen zwischen modernen kritischen Theorien der Demokratie einerseits und liberalaristokratischer Kritik der Egalität andererseits (siehe Teil I).
3. Die dritte These bemängelt die Verwischung der Grenzen zwischen öffentlichem und privatem Bereich. Eine klare Grenzziehung zwischen dem öffentlichen und dem privaten Bereich sei eine Voraussetzung des neuzeitlichen Verfassungsstaates und der Geltung der Mehrheitsregel in der Demokratie im Besonderen. Die Mehrheitsregel sei Entscheidungsregel für den öffentlichen, nicht aber für den privaten Bereich. Freilich passe diese Unterscheidung nicht mehr zur Struktur und Entwicklungsdynamik moderner Wohlfahrts- und Interventionsstaaten. In ihnen gebe es vielmehr „einen breiten Überschneidungsbereich" (Offe 1984: 159) zwischen der öffentlichen und der privaten Sphäre, wie an der gesetzlichen Regelung der Abtreibung, Beschlüssen für oder gegen eine Industrieansiedlung oder Entscheidungen über Abriss oder Sanierung städtischer Wohngebiete ablesbar sei.
4. Hinzu komme das Problem extremer Zeitpunktverhaftetheit. Das Mehrheitsprinzip eigne sich für rasche, zuverlässige Produktion von Entscheidungen. Der hierfür zu entrichtende Preis ist den Kritikern zufolge allerdings hoch. Er bestehe aus einer „extremen Zeitpunkt-Bezogenheit der Entscheidung" (Offe

1984: 165). Diese spiegele vor allem zeitpunktspezifische Ereignisse, Stimmungen, Wahrnehmungen und Kalküle wider, die nun ungerechtfertigterweise zur Grundlage langfristig wirkender Weichenstellungen würden.
5. „Verletzung des Grundsatzes revidierbarer, reversibler und korrigierbarer Entscheidungen" ist die fünfte These der Kritik der Mehrheitsregel. Sie rührt an den Nerv jener demokratischen Willensbildungs- und Entscheidungsprozesse, die unverrückbare Langfristwirkungen haben. Als ein Wesenszug der Demokratie gilt für viele, dass in ihr nichts ein für allemal entschieden sei (Przeworski 1991b). Die kritische Theorie der Mehrheitsregel jedoch meint, dass der Grundsatz revidierbarer, reversibler und korrigierbarer Entscheidung mittlerweile schwerwiegend verletzt würde, insbesondere durch hochriskante Entscheidungen über Großtechnologie, wie in der Atomenergie- und der Militärpolitik. Diese Entscheidungen erzeugten unumstößliche, in ihren Risiken und Bedrohungen nichtrevidierbare Tatsachen, welche die Entscheidungsspielräume und den Problemhaushalt der nachfolgenden Generationen außerordentlich belasteten. Die Zukunftsinteressen opfere man den Gegenwartsinteressen. Die Kritiker der Mehrheitsregel schlagen deshalb vor, Kants kategorischen Imperativ um die Zukunftsdimension zu erweitern: „Eine Generation darf den nachfolgenden nicht mehr an irreversiblen Festlegungen hinterlassen, als sie selbst vorgefunden hat" (Guggenberger 1984: 190).
6. „Wachsende Diskrepanz zwischen Beteiligten und Betroffenen sowie zwischen Entscheidungszuständigkeit und Entscheidungsreichweite" ist der Kernsatz der sechsten These. Sie betont die Diskrepanz zwischen dem Kreis der an öffentlichen Entscheidungen Beteiligten und den von ihnen Betroffenen sowie die Differenz zwischen Entscheidungszuständigkeit und Entscheidungsreichweite. Die Lücke zwischen beiden Kreisen und die Zuständigkeits-Reichweite-Lücke seien durch die Staatstätigkeit und infolge zunehmender internationaler Abhängigkeiten größer geworden. Besonders gewichtig sei die Differenz zwischen nationalstaatlich organisierter politischer Herrschaft und politischer Beteiligung einerseits und der Entscheidungszuständigkeit beispielsweise der Vereinten Nationen oder der Europäischen Union andererseits. Nicht wenige Angelegenheiten

von größter Wichtigkeit für die Lebensführung würden mittlerweile auf inter- und supranationaler Ebene entschieden – u.a. auf der Ebene der Europäischen Union, unter Mitwirkung von Vertretern der Regierungen der Mitgliedstaaten, doch unter Ausschaltung von direkter demokratischer Legitimation durch die Bevölkerung der EU-Mitgliedstaaten. Damit breche eine weitere Grundlage der Rechtfertigung von Mehrheitsregeln zusammen: die Fiktion einer nationalen Schicksalsgemeinschaft. Sie würde in den modernen Demokratien „zunehmend unterhöhlt" (Offe 1984: 170).

7. Auf die Spannung zwischen privater Politik und öffentlicher Politik nimmt die siebte kritische These zur Mehrheitsregel Bezug. Mit ihr gerate die „wichtigste und problematischste Geltungsvoraussetzung für Mehrheitsentscheidungen" ins Visier (ebd.: 171). Dieser Voraussetzung zufolge hätten die Mehrheitsentscheidungen nur dann verpflichtende Kraft, „wenn sie sich ausschließlich auf öffentliche Angelegenheiten, aber gleichzeitig auch auf ausnahmslos alle öffentlichen Angelegenheiten und auf diese Angelegenheiten in ihrem vollen Umfang erstrekken" (Offe 1984: 171). Ebensowenig wie Mehrheitsentscheidungen in die Privatsphäre eingreifen dürften, könne die Präjudizierung öffentlicher Entscheidungen durch private gesellschaftliche Machtpositionen hingenommen werden. Mehrheitsentscheidungen verpflichteten nur dann zu Gehorsam, wenn die Mehrheitsregel auf alle öffentlichen Angelegenheiten angewandt und wenn private Machthaber daran gehindert würden, öffentliche Entscheidungen „anders als durch den egalitären Kampf um Mehrheiten zu beeinflussen" (ebd.: 171). Just dies ist den Kritiker zufolge nicht gegeben – und zwar um so weniger, je stärker der Staat in die Gesellschaft eingreife und je mehr man die unterschiedlichen Machtressourcen in der Gesellschaft berücksichtige.

Insgesamt erweise sich die Mehrheitsregel als ein vielfach wirkungsvolles, effizientes und legitimationsfähiges Entscheidungsverfahren. Auch spreche für dieses Verfahren, dass überhaupt entschieden werde, und zwar schnell und im Prinzip fair. Allerdings decke die genauere Analyse die begrenzte Eignung der Mehrheitsregel auf, so der Tenor der Kritik. Relativ gut passe sie für Perioden mit hohem Basiskonsens und für Entscheidungen über Materien, die durch Geld, Macht, Einfluss und Privilegien leicht gesteuert werden können. Handele es sich jedoch um „Wertkonflikte und meinungspolarisierende Richtungsentscheidungen von historischer Tragweite" (Guggenberger 1984: 185), würde ein auf dem Mehrheitsprinzip basierendes Parteien- und Regierungssystem überlastet. Gleiches gelte für ein Gemeinwesen, das beispielsweise in konfessioneller, ethnischer und klassenstruktureller Hinsicht tief gespalten ist, wie im Fall der Konkordanzdemokratien, die im Kapitel 3.2 dieses Buches analysiert werden. In diesem Fall sei die Mehrheitsregel nicht einmal „eine Verlegenheitslösung" (Luhmann 1969: 196), sondern eine Konfliktregelung, die von den Unterlegenen voraussichtlich als illegitim angesehen würde, und nicht als Friedensschlichtungsformel, sondern als Instrument der Konfliktschürung gewertet würde (Lijphart 1977, 1985).

Was ist in solcher Lage zu tun? Die Kritiker der Mehrheitsregel aus dem Umkreis der Frankfurter Schule sind darüber uneins. Manche wollen das Prinzip mehrheitlicher Entscheidungsfindung ausdrücklich nicht ausschalten. Es gebe „nichts Besseres" und unter den gegenwärtigen Bedingungen sei „keine akzeptablere und effektivere Methode der Entscheidungsfindung" als der Mehrheitsentscheid in Sicht, so gab Bernd Guggenberger zu bedenken (1984:187). Andere hingegen erörtern Erweiterungen oder Einschränkungen des Mehrheitsprinzips (Offe 1984, Weale 1999). Das Mehrheitsprinzip könnte durch alternative Entscheidungsverfahren eingeschränkt werden, so durch föderale Staatsstrukturen, Dezentralisierung, Verhältniswahlrecht, Befestigung des Minderheitenschutzes, Grundrechte, Stärkung der Autonomie und Entscheidungskompetenz von Wählern und Abgeordneten, sowie durch Minderung des Einflusses privater Macht auf die Politik. Auch erwägt man die gezielte Erweiterung des Mehrheitsprinzips, beispielsweise durch Anwendung des Mehrheitsprinzips auf sich selbst, also durch reflexives Mehrheitsprinzip, so dass die Abstimmungsberechtigten auch darüber entscheiden könnten, ob, wann und wie nach dem Mehrheitsprinzip entschieden werden soll (Offe 1984). Neoliberale Kritiker hingegen empfehlen andere Therapien zur Linderung von Problemen der Mehrheitsherrschaft, vor allem den Rückbau der Staatstätigkeit, um den Einwirkungskreis für die Mehrheit zu vermindern, und gesicherte und faire Auswanderungsoption.

Die Kritik der Mehrheitsdemokratie geht an die Wurzeln einer Basisinstitution der Demokratie. Auch deshalb rief sie heftige Gegenkritik hervor (Kielmansegg 1988a, Sartori 1992: 38ff.). Der Anti-Kritik zufolge hat die kritische Theorie der Mehrheitsregel keine anerkennbaren und praktikablen Alternativen benannt. Doch das steckt die Anforderungen zu hoch. Kritische Theorien der älteren und neueren Bauart strebten schon immer vorrangig nach Kritik, nicht nach Praxis. Deshalb setzt zu flach an, wer den Kritikern der Mehrheitsregel vorwirft, ihre Theorie unterminiere die Führung einer verantwortlichen Militär- und Energiepolitik.

Besser steht die empirische Anti-Kritik da. Denn nicht alles, was die Kritik der Mehrheitsregel behauptet, trifft empirisch zu. Von allgemeiner Erosion des gemeinsamen Überzeugungsminimums kann selbst in der Periode der Bundesrepublik, von der die Kritik hauptsächlich handelt, nicht die Rede sein, wie die Befragungsergebnisse in Fuchs (1989) und Gabriel verdeutlichen (1986, 1987, 1994). Auch die These der Vermachtung politischer Märkte unterschätzt die Offenheit der Parteiensysteme westlicher Länder für neue Themen und neue Organisationen (Czada/Lehmbruch 1990, Müller-Rommel 1993). Hinzu kommen begriffliche Unschärfen. Die Kritik der Mehrheitsregel unterscheidet nicht genau zwischen den Hauptformen der Mehrheitsregel – relative, absolute und qualifizierte Mehrheit. Vor allem trifft die Kritik um so weniger, je mehr die Entscheidungsregel der qualifizierten Mehrheit nahe kommt und je höher die Qualifizierungshürden liegen. Liegt die Mehrheitsschwelle beispielsweise bei zwei Dritteln der Abstimmungsberechtigten, so entfällt ein Gutteil der Einwände der Mehrheitsregelkritiker. Und wenn die Bundesrepublik Deutschland „Zweidrittelmehrheitsdemokratie" (Leicht 1992) und „Staat der Großen Koalition" (Schmidt 1996b) ist, dann lässt sich ihre politische Struktur weder mit der Lehre der Mehrheitsdemokratie angemessen erfassen, noch mit der jener Kritiker der Mehrheitsregel.

Verletzt die Mehrheitsregel Zukunftsinteressen? Diese These ist problematisch. Vor allem bei Hochrisiko-Projekten plädieren die Kritiker der Mehrheitsregel für Unentscheidbarkeit und Unantastbarkeit. Doch Unentscheidbarkeit ist „Entschiedenes" (Böckenförde 1987: 925), nämlich Nichtentscheidung zugunsten des Status quo. Voll ins Schwarze trifft zudem die These, dass die unmittelbare

Anwendung der Mehrheitsregelkritik auf die Bundesrepublik irreleite. Das Grundgesetz der Bundesrepublik Deutschland ist eindeutig „keine mehrheitsfreundliche Verfassung" (Kielmansegg 1988b: 105). In ihr wird das Recht der Mehrheit, für alle verbindlich zu entscheiden, „vielfältig eingeschränkt und relativiert" (ebd.: 107f.), unter anderem durch die Verfassungsgerichtsbarkeit als „Grenzwächter" (ebd.: 107). Diese These landet einen Volltreffer bei jenen, die die Kritik der Mehrheitsregel unbesehen zur Kritik der Demokratie insgesamt dehnen. Freilich trifft sie nicht die Kritik der Mehrheitsregel, die am Idealtypus dieser Regel entwickelt wurde.

Allerdings wollen die Kritiker der Mehrheitsregel nicht nur Idealtypen konstruieren, sondern auch konkrete politische Systeme untersuchen. Doch dies setzt einen Schritt voraus, den die Kritik der Mehrheitsregel bislang ebenso wenig getan hat wie die Ökonomische Theorie der Politik: den systematischen Vergleich von Gemeinsamkeiten und Differenzen demokratischer Ordnungen, sowie die Erkundung des Ausmaßes, in dem in einem politischen System alternative Entscheidungsverfahren – wie gütliches Einvernehmen, Hierarchie und Einstimmigkeit – und das Mehrheitsprinzip koexistieren. Für eine derartige Analyse ist vergleichende Demokratieforschung vonnöten. Der Vergleich aber wurde in der Demokratietheorie insgesamt und in den kritischen Demokratietheorien im Besonderen bislang vernachlässigt.

## Kapitel 2.8
## Komplexe Demokratietheorie

„Komplexe Demokratietheorie" ist die Überschrift des vierten Kapitels von Fritz Scharpfs 1970 veröffentlichter Schrift *Demokratietheorie – Zwischen Utopie und Anpassung*, der überarbeiteten Fassung seiner 1969 gehaltenen Antrittsvorlesung an der neu gegründeten Universität in Konstanz am Bodensee. Die komplexe Demokratietheorie zielt auf eine anspruchsvolle Verknüpfung von empirischer und normativer Theorie. Ferner will sie sowohl die Eingabeseite des politischen Prozesses, den „Input", analysieren, wie auch seine Produktionsseite, den „Output". Die Untersuchung des Inputs soll über die Vorgänge und die Wertigkeit der Willensbildung und Entscheidungsfindung in der Demokratie informieren. Und die Analyse des Outputs dient dazu, die Qualität des Regierens oder der politischen Steuerung zu bestimmen. Mit ihrem Interesse am politischen Output knüpft die komplexe Demokratietheorie an Vorarbeiten an, die sich in älteren und neueren Theorien finden, so in Teilen der Aristotelischen Demokratietheorie, ferner in neuzeitlichen Gewaltenverteilungslehren und in Lehren, die nach Ausschluss tyrannischer Minderheits- oder Mehrheitsherrschaft streben, oder auch in liberalen Theorien, beispielsweise John Stuart Mills' Beitrag zur Repräsentativverfassung. Letztere strebten im Gegensatz zu den älteren outputorientierten Theorien nicht nur danach, eine bestimmte Klasse von Entscheidungen auszuschließen, beispielsweise Freiheitsgefährdung, Eingriff ins Eigentum oder tyranneiträchtige Beschlüsse, sondern auch nach einer Ordnung der politischen Institutionen, die möglichst viel Rationalität ermöglicht, beispielsweise die ungehinderte Konkurrenz der Meinungen und das freie Spiel der politischen Kräfte.

Des Weiteren zielt die komplexe Demokratie – zunächst vor allem in Weiterführung des Ansatzes von Frieder Naschold (1968, 1969a und 1969b) – auf eine besonders anspruchsvolle empirische und normative Theorie. Ihre Binnenstrukturen sollten – erstens – hinreichend komplex sein, um eine vielschichtige Wirklichkeit vereinfachend, aber hinreichend wirklichkeitsgetreu, nachzubilden. Die komplexe Demokratietheorie sollte – zweitens – für mehrere normative Anliegen sensibel sein (Scharpf 1970, S. 66ff.): für das Postulat der politischen Beteiligung und das zugrunde liegende Axiom des Eigenwerts individueller Selbstentfaltung und Selbstbestimmung, sodann für die Mäßigung von Macht, den Minderheitenschutz, die institutionalisierte Suche nach Konsens, auch für „bessere Vertretung der Unterschichtinteressen in den Entscheidungsprozessen" (ebenda S. 71) und schlussendlich für Stabilisierung durch eine vitale demokratische politische Kultur. In der Erweiterung der komplexen Demokratietheorie, die Fritz Scharpf vor allem in den neunziger Jahren im Zeichen von zunehmender wirtschaftlicher und politischer Internationalisierung verfasste, rückten zusätzlich die kollektive Wohlfahrt und Verteilungsgerechtigkeit ins Zentrum (Scharpf 1993a, 1993b, 1998).

## Die ältere Variante der komplexen Demokratietheorie

In der komplexen Demokratietheorie von 1970 plädiert Scharpf für ein dosiertes Mehr an politischer Beteiligung und für intelligentere politisch-administrative Steuerung. Auf möglichst optimale Mischung von politischer Beteiligung, Legitimation und Effektivität der Problemlösung durch politisches Handeln zielt der Autor der komplexen Demokratietheorie – und nicht nur darauf, die Mitwirkung und Mitentscheidung in möglichst vielen Angelegenheiten zu fördern, wie zuvor die Vertreter der partizipatorischen Demokratietheorie. Das Plädoyer der komplexen Demokratietheorie für die Sache der politischen Beteiligung ist durch outputorientierte und durch empirische Demokratietheorie diszipliniert und ergänzt worden. Nicht um Maximierung politischer Beteiligung geht es ihr, sondern darum, in der Demokratietheorie eine Balance zwischen „Utopie und Anpassung", so der Untertitel von Scharpfs Schrift von 1970, herbeizuführen. Mit „Utopie" war der Teil der Theorie gemeint, der den Ist-Zustand demokratischer Willensbildung und Entscheidungsfindung in den westlichen Ländern überschreiten sollte, und mit „Anpassung" der Wirklichkeitsbezug der Theorie, ihre historisch-empirische Verankerung in der genauen Erkundung von Fortdauer und Wandel der Verfassungswirklichkeit demokratischer Systeme.

Mit der empirischen Demokratietheorie teilt die komplexe Demokratielehre die Auffassung, das Streben nach unbedingtem Ausbau der politischen Beteiligung gründe sich auf weithin unrealistische Voraussetzungen. Zu diesen gehörten kleine überschaubare politische Gemeinwesen, eine geringe Zahl politisch zu entscheidender Angelegenheiten und die Annahme, das Zeitbudget der Bürger sei prinzipiell sehr groß. In Wirklichkeit sei all dies nicht gegeben. Kleinräumige Gemeinwesen seien unter den Demokratien mittlerweile die Ausnahme. Ferner stünden meist viele Fragen auf der Tagesordnung der Politik; nicht selten sei diese sogar überfüllt. Überdies sei das Zeitbudget des Einzelnen knapp und verlange sparsamen Umgang mit der Zeit, die zur Erörterung öffentlicher Angelegenheiten aufgewendet wird. Allein deshalb könne man vom Bürger nicht die Motivation für umfassende politische Beteiligung erwarten. Deshalb spreche wenig für Vorhaben, welche die politischen Entscheidungen partout auf die gleichermaßen engagierte Mitwirkung aller Bürger gründen wollen (Scharpf 1970: 63). Freilich entwerte dies nicht grundsätzlich das Anliegen, die politische Beteiligung in den westlichen Demokratien zu intensivieren. Die pluralistischen Demokratien der westlichen Länder vertragen, der komplexen Demokratietheorie zufolge, durchaus mehr Partizipation. Überdies sei die Intensivierung der Demokratie nachdrücklich als Mittel zur politisch-kulturellen Stabilisierung demokratischer Staatsverfassungen zu empfehlen. Und so ging es dem Verfasser der komplexen Demokratietheorie der frühen 70er Jahre auch darum, das Gewicht der Wahlentscheidung im politischen Prozess zu erhöhen, die Chancen politischer Beteiligung für jene zu vergrößern, die fähig und bereit zum aktiven Engagement sind, und die Demokratisierungschancen in prinzipiell demokratisierbaren Bereichen auszuschöpfen (Scharpf 1970: 66).

Allerdings zielt die komplexe Demokratietheorie – wie erwähnt – nicht nur auf den Input des politischen Prozesses, sondern zugleich auf die Steuerungsleistungen des politischen Systems. Ferner favorisiert sie eine politische Ordnung, die nicht nur pluralistisch gegliedert ist und ihre Bürger beteiligt, sondern auch Neuerungen und Reformen zustande bringt. Das allerdings setze zweierlei voraus: Erstens müsse sichergestellt sein, dass politische Entscheidungen relativ unabhängig von dem Verlangen organisierter Interessengruppen und ihren Alliierten in den politischen Institutionen beschlossen und durchgesetzt werden könnten. Zweitens müsse die Politik gerade auf jene Bedürfnisse, Interessen, Probleme und Konflikte reagieren können, „die innerhalb der pluralistischen Entscheidungsstrukturen nicht ausreichend berücksichtigt werden" (Scharpf 1970: 75). Mit anderen Worten: Nicht nur der politischen Beteiligung sei Rechnung zu tragen, sondern auch der relativen Autonomie von Regierung und Verwaltung und vor allem deren Befähigung, eine „aktive Politik" (Mayntz/Scharpf 1973) zu betreiben, also eine Politik, die kurzfristig reagieren, langfristig planen und gestalten, sowie beherzt verteilen und umverteilen kann. Insgesamt strebt die komplexe Demokratietheorie demnach ein politisches System an, das „zugleich eine höhere Entscheidungsfähigkeit und ein höheres Wertberücksichtigungspotential" als ein rein pluralistisches Demokratiemodell hat (Scharpf 1970: 75).

Wo und unter welchen Bedingungen sind solche ehrgeizigen Ziele am ehesten einzulösen? Lange glaubte man, hierfür käme am ehesten entweder das Westminster-Modell in Frage oder eine Staatsverfassung nach Vorbild der Vereinigten Staaten von Amerika. Doch das überzeugt die komplexe Demokratietheorie nicht. Vor allem in ihren späteren Varianten neigt sie zur kritischeren Bewertung der Mehrheitsdemokratie (Scharpf 1993a). Unter Umständen könne zwar ein Zweiparteiensystem nach Westminster-Modell höhere Entscheidungsfähigkeit und größere Wertberücksichtigung zustande bringen, doch sei die Mehrheitsdemokratie nach britischer Art einer Verhandlungsdemokratie in der Regel nicht überlegen (Scharpf 1970: 76ff., 1993a, 1997). Vor allem drohe der Mehrheitsdemokratie aufgrund der hochgradigen Zentralisierung ihres Willensbildungs- und Entscheidungsprozesses die Gefahr, dass die politische Führung des Zentralstaates zum Engpass des politischen Prozesses werden könne. Deshalb setzt die komplexe Demokratietheorie auf stärkere Delegation der Problemverarbeitung und Entscheidungsfindung an Einrichtungen, die dem Zentralstaat nachgeordnet sind, beispielsweise an Länder, Regionen und Kommunen oder selbständige Sonderbehörden. Überdies plädiert die komplexe Demokratietheorie dafür, die Kapazität des Zentralstaats zur Informationsaufnahme und Informationsverarbeitung zu stärken, um so Sonderinteressen Paroli bieten zu können. Dies erfolge, so Scharpf im Zuge des planungsoptimistischen Zeitgeistes der frühen siebziger Jahre, vor allem durch Auf- und Ausbau von Datenbanken und zentralen Informationssystemen für Regierung und Verwaltung, ferner durch Errichtung zentraler Planungs-, Koordinations- und Kontrollsysteme und die Weiterentwicklung mittel- und langfristig orientierter politischer Planung (Mayntz/Scharpf 1973, Scharpf 1973).

Von Beginn an teilte die komplexe Demokratietheorie manche Auffassungen mit den kritischen Demokratietheorien. Verbessere man beispielsweise die Informations- und Entscheidungsgrundlagen von Regierung und Verwaltung, so nehme die Chance des Missbrauchs zu, die verbesserten Steuerungsmöglichkeiten nicht zur Deckung gesellschaftlichen Bedarfs, sondern für manipulative Strategien der Konfliktvermeidung und -verdrängung einzusetzen (Scharpf 1970: 85). Dagegen setzt die komplexe Demokratietheorie von 1970 vor allem auf aktive Öffentlichkeit (und folgt insoweit der partizipatorischen Lehre), ferner auf Erleichterung des personellen Austausches zwischen Wissenschaft, Wirtschaft und Staatsverwaltung und darauf, Beratergruppen, Planungsstäbe und Untersuchungskommissionen zur Vorbereitung von Entscheidungen über öffentliche Angelegenheiten auf- und auszubauen.

Die Bestrebungen allerdings, die darauf gerichtet waren, die Vorhaben der komplexen Demokratietheorie zu verwirklichen, stießen auf beträchtliche Schwierigkeiten. Das ist mittlerweile gut bekannt – auch aufgrund einschlägiger Analysen ihres Hauptgründers zu den Grenzen politischer Planung und den Komplikationen koordinierter Arbeitsmarkt- und Wirtschaftspolitik (Scharpf 1973, 1987, 1994, 1999). Wie Studien über Hindernisse intelligenter staatlicher Planung und ehrgeiziger Demokratisierungsvorhaben zeigten, liegen die Hindernisse nicht nur in zeitlichen, sachlichen und sozialen Schranken anspruchsvoller politischer Beteiligung, sondern auch in ökonomischen und politischen Barrieren aktiver Politik. Diese Barrieren reichen von informationellen Begrenzungen über finanzpolitische Hindernisse bis zu rechtlichen und politisch-institutionellen Handlungsgrenzen der Regierung und der sie stützenden Parlamentsmehrheit (Mayntz/Scharpf 1973, Scharpf 1987, Lehmbruch 1998). Insoweit kann man im Rückblick der komplexen Demokratietheorie in der Variante von 1970 entgegenhalten, dass sie im Angesicht „der doppelten Herausforderung der Demokratietheorie" in Gestalt „des Wirklichkeitsbezuges und der normativen Komplexität" (Scharpf 1970: 93) den Normen zu viel und der empirisch-historischen Verankerung zunächst zu wenig Gewicht beigemessen hatte.

**Die erweiterte Variante der komplexen Demokratietheorie**

Allerdings verharrte die komplexe Demokratietheorie nicht in der Variante von 1970. Obendrein hat ihr Verfasser die komplexe Demokratietheorie von 1970 ausdrücklich als einen korrektur- und erweiterungsfähigen „Versuch" eingestuft (Scharpf 1970: 93). Ferner hat ihr Autor die vielschichtige und überaus anspruchsvolle Architektonik des Ansatzes von 1970 – empirisch und normativ, am Input und Output orientiert sowie viele Ziele anstelle nur eines Zieles analysierend – im Grundsatz beibehalten und später fortentwickelt. Das geschah zunächst im Rahmen der Theorie der Politikverflechtung (Scharpf u.a. 1976, Scharpf 1985), später in Studien zum politisch-ökonomischen Krisenmanagement (Scharpf 1987), überdies in der Theorie der Verhandlungssysteme sowie in der Europaforschung (Scharpf 1997, 1998, 1999a, 1999b). In diesen Werken baute Fritz Scharpf die komplexe Demokratietheorie vor allem in den neunziger Jahren weiter aus, geprägt durch die Sensibilität für die Möglichkeiten und die Grenzen politischer Steuerung, gehärtet durch die Erfahrungen des wissenschaftlichen Streits mit der Systemtheorie Niklas Luhmanns und alarmiert durch die Gefährdungen der Demokratie infolge zunehmender transnationaler Politik und Wirtschaft. Im Unterschied zur Schrift von 1970 wird nun die Begrenzung der Demokratie, ja: ihre Bedrohung hervorgehoben, und der Gedanke der erweiterten politischen Beteiligung, der 1970 noch großes Gewicht hatte, wird hintangestellt.

In die neue Variante der komplexen Demokratietheorie sind vor allem Theorien zunehmender sozialer Differenzierung (Schimanck 1996) eingegangen, ferner Theorien geringerer Steuerungsbefähigung der Politik und geringerer Steuerbarkeit von Wirtschaft und Gesellschaft (Luhmann 1986, 1988), sowie die Internationalisierung der Wirtschaft und der Bedeutungszuwachs transnationaler Politik (Höffe 1999), so vor allem in Gestalt der europäischen Staatengemeinschaft (Scharpf 1999a). Zunehmende soziale Differenzierung, Globalisierung und die zunehmende Europäisierung der öffentlichen Angelegenheiten bedrohen mehr und mehr die althergebrachte demokratische Legitimation auf nationalstaatlicher Ebene. Die Gefahr sei nicht mehr von der Hand zu weisen, dass dem Nationalstaat die Kontrolle über das kollektive Schicksal seiner Bürger „mehr und mehr" entgleite (Scharpf 1993b: 165). Noch skeptischer ist der Ton, der 1998 angeschlagen wird. In diesem Jahr ist ausdrücklich davon die Rede, die westlichen Demokratien befänden sich in einer „Malaise" (Scharpf 1998: 150). Der tiefste Grund hierfür sei die oben schon erwähnte zunehmende transnationale Integration der Wirtschaft. Die habe die Fähigkeit der nationalen Politik zur „demokratischen Domestizierung des Kapitalismus" wieder „beseitigt" (ebd.: 150). Das bedeute: Ende der Vollbeschäftigungspolitik, Vorrang für Wirtschaftsstandortpflege, Schonung und Förderung von Kapitaleinkommen und von Unternehmen sowie „Einschränkung sozialstaatlicher Leistungen und ... Abbau sozialer Sicherungssysteme" (ebd.: 150). Zur Krise gehöre die tief greifende Verunsicherung der mittleren Arbeitnehmerschicht, vor allem der qualifizierten Facharbeiter und Angestellten. Diese sorgten sich zu Recht um die Sicherheit eines Arbeitsplatzes, die Sicherheit der Renten, und hätten überdies bei insgesamt stagnierenden Reallöhnen eine steigende Abgabenlast zu tragen. Daraus erwachse der Demokratie vor allem in den westeuropäischen Ländern ein schwerwiegendes Problem, weil diese Entwicklung „nicht nur die Interessen der breiten Mehrheit verletzt, sondern auch das moralische Selbstverständnis von Gesellschaften in Frage stellt, die sich selbst am Anspruch der sozialen Gerechtigkeit zu messen gelernt hatten" (Scharpf 1998: 152).

Die erweiterte komplexe Demokratietheorie der neunziger Jahre ist nicht deterministisch. Auch lehrt sie nicht den unausweichlichen Niedergang der Demokratie, sondern besteht darauf, dass umsichtiges Politikmanagement und anspruchsvolle Politikkonzertierung von Regierungen, Parteien, Verbänden und Wissenschaft grundsätzlich Probleme durch beherzte Reformpolitik meistern könnten (Scharpf 1999a, 1999b). Allerdings sind die Gestaltungsspielräume enger und der Zwang, die Politik mit der Internationalisierung der Finanz- und Produktmärkte und der neuen Transnationalität verträglich zu halten, größer geworden. Unüberhörbar schwingt weit mehr Skepsis als in der ersten Variante der komplexen Demokratietheorie mit. Viele Probleme, die beispielsweise durch Differenzierung zustande gekommen sind, können nur mit Verhandlungssystemen befriedigend geregelt werden. Doch Verhandlungssysteme sind bei allen Vorteilen auch mit Strukturschwächen behaftet (Kapitel 3.2). Für rasche Reaktionen auf akute Krisen oder Problemveränderungen eignen sie sich wenig. Und wenn sich die Beteiligten in fundamentale Konflikte verstricken, ist die Verhandlungsdemokratie mit ihrem Einstimmigkeitsprinzip oder zumindest ihren hohen Konsensbildungsschwellen machtlos. Probleme entstehen auch dort, wo die Politik danach strebt, nationalgrenzenübergreifende Probleme auf internationaler oder transnationaler Ebene zu bewältigen, wie beispielsweise im Staatenverbund der Europäischen Union. Das Problem besteht darin, so die komplexe Demokratietheorie, dass auf der einen Seite die demokratische Selbstbestimmung als die tragfähigste Legitimationsbasis der Politik gilt, während andererseits aber „auf absehbare Zeit demokratische Legitimität oberhalb der Ebene des Nationalstaats (noch) nicht erwartet werden kann" (Scharpf 1993b: 165, 1998), so die realistische Gegenthese zur Hoffnung, die Globalisierung finde ihr demokratieverträgliches Gegenstück in „kosmopolitischer Demokratie" (Archibugi/Held 1995) oder in der „globalen Demokratie" und der ihr komplementären subsidiären und föderalen „Weltrepublik" (Höffe 1999: 10). Doch wie utopisch die „globale Demokratie" ist, zeigen allein schon die Demokratiedefizite regional begrenzter Staatenverbünde wie der Europäischen Union (Kapitel 3.7). Gewiss: EU-interne Verhandlungssysteme besitzen ihre eigene Legitimität, vor allem wenn sie grenzüberschreitende Probleme, für die einseitige Lösungen nicht möglich sind, konsensual und einigermaßen sachgerecht lösen. Doch fundamental-demokratische Legitimation ist damit nicht zu erzeugen. Und ferner bleiben die Problemlösungsdefizite der Verhandlungssysteme groß.

Aus all dem ergibt sich für die komplexe Demokratietheorie ein fundamentaler Widerspruch: Einerseits ist im Zuge der internationalen Interdependenz die Problemlösung in der Politik zunehmend ober- und außerhalb des Nationalstaates zu suchen, andererseits ist demokratische Legitimation unverzichtbar. Doch Legitimation wird oberhalb- und außerhalb des Nationalstaats nicht in einem ausreichenden Maße hergestellt, auch wenn sie zum Teil durch die Legitimation von Verhandlungssystemen nach Art der EU ersetzt werden kann. Insoweit läuft die Diagnose auf ein schwer auflösbares Spannungsverhältnis hinaus, auf ein Effektivität-Legitimation-Dilemma, das mit zunehmender „komplexer Interdependenz" (Keohane/Nye 1989) größer wird. Diesem Dilemma zufolge besteht ein tendenziell negativer Zusammenhang zwischen der Effektivität von inter- und transnationalen Problemlösungen einerseits und Autonomie nationaler und subnationaler Entscheidungen sowie demokratischer Legitimation andererseits. Die komplexe Demokratietheorie hat dieses Dilemma sogar als ein besonders hartes eingestuft: „Die zunehmende Intensität transnationaler Koordination schadet der nationalstaatlichen Demokratie, und die zunehmende Virulenz demokratischer Partizipations- und Rechtfertigungsforderungen beeinträchtigt die Chancen transnationaler Problemlösung" (Scharpf 1993b: 176). In dem einen Fall entstehen Kosten in Form von Demokratiedefiziten, im anderen Fall handelt es sich um externe Koordinationsdefizite, wodurch der grundsätzlich erreichbare Kollektivnutzen aller Beteiligten nicht erlangt wird. Der wesentliche Grund liegt darin, dass das Effektivität-Legitimation-Dilemma häufig vor allem bei komplexeren Konfliktstrukturen in Nichtkooperation mündet (Scharpf 1993b, 1997). Nichtkooperation allerdings führt meist weit vom Wohlfahrtsoptimum weg und unterminiert die Möglichkeiten, nach Verteilungsgerechtigkeit zu streben. Im ungünstigsten Fall kann die Nichtkooperation brandgefährlich sein, zum Beispiel im Angesicht von Herausforderungen, die wirksame schnelle Abwehr seitens aller Beteiligten verlangen.

In der komplexen Demokratietheorie ist die These des Effektivität-Legitimation-Dilemmas allerdings nicht als Gesetz, sondern als statistische Tendenz gedeutet worden. Zu einer statistischen Tendenz gehören mehr oder minder große Abweichungen vom Trend – im Gegensatz zum rein naturwissenschaftlichen Gesetz. Just bei diesen Abweichungen setzt das Bestreben der komplexen Demokratietheorie ein, trotz alledem nach demokratieverträglichen Koordinationsformen zu suchen. Auf diesem Weg wurden „Faustregeln" zur Ermittlung autonomieschonender und gemeinschaftsverträglicher Koordination entwickelt (Scharpf 1993b: 177). Zu ihnen gehört die Empfehlung, im Rahmen der Beziehungen zwischen vertikal integrierten Entscheidungseinheiten, beispielsweise zwischen Bund und Ländern und zwischen Europäischer Union, Mitgliedstaaten, Bundesregierung und Ländern, alle Möglichkeiten der Entflechtung vernetzter Entscheidungsstrukturen auszuschöpfen und Verantwortlichkeiten somit wieder den einzelnen Ebenen der Staatsorganisation zuzuordnen. Das ist ein Plädoyer gegen übermäßige Politikverflechtung nach Art des bundesdeutschen Föderalismus und für Entflechtung nach Art des Wettbewerbsföderalismus. Und das ist zugleich das Plädoyer für eine autonomieschonendere Politik der europäischen Integration anstelle überstürzter Integrationspolitik. Als demokratieverträgliche Koordination wird ferner die horizontale Beziehung zwischen gleichgeordneten Entscheidungseinheiten und zwischen unabhängigen Staaten empfohlen – beispielsweise eher bilaterale als multilaterale Verhandlungen. Überdies wird eher auf freiwillige Verhandlungssysteme und Ausstiegsklauseln gesetzt als auf Zwangsverhandlungssysteme. Sodann empfiehlt die komplexe Demokratietheorie, die Chancen gemeinsamer Problemlösung in der Europäischen Union auszuloten und zumindest Problemlösungen auch auf der Ebene von Ländern mit etwa näherungsweise hohem wirtschaftlichen Produktivitätsniveau zu suchen, wenn schon nicht Lösungen für alle Mitgliedstaaten erreichbar sind.

Ferner hebt die komplexe Demokratietheorie hervor, dass auch nach Vollendung des Europäischen Binnenmarktes und trotz Globalisierung der Finanzmärkte die Handlungsfähigkeit der nationalstaatlichen Politik keineswegs vollständig eingeschränkt ist. Egalitäre und solidarische Politik könnten weiterhin mit ausreichender demokratischer Legitimation angestrebt werden, sofern die Reformpolitik den Sozialstaat wetterfest für die neue – durch Internationalisierung und Europäisierung gesetzte – Problemlagen mache, beispielsweise durch Umsteuerung der Steuer- und Lohnpolitik, durch Umbau der Altersversorgung von der Umlagefinanzierung zum Kapitaldeckungsprinzip, und durch zunehmende Ersetzung der Finanzierungsgrundlagen der Sozialpolitik durch Steuern anstelle der globalisierungsverletzlichen Beitragsfinanzierung. Insoweit ist trotz Effektivität-Legitimation-Dilemma von der komplexen Demokratietheorie gedämpfter Optimismus zu hören. Allerdings ist es ein Optimismus mit pessimistischer Grundlage. Werde die allseits praktizierte Verflechtung nicht auf das absolut unerlässliche Maß vermindert, so hieß es 1993, so laufe man Gefahr, „daß die Demokratie ... entweder an der weltweit zunehmenden Interdependenz der Probleme scheitert, oder in einem immer dichteren Gestrüpp von interorganisatorischen, föderalen und transnationalen Verflechtungen erstickt wird" (Scharpf 1993b: 181).

**Würdigung der komplexen Demokratietheorie**

Die komplexe Demokratietheorie hat konkurrierenden Angeboten manches voraus. Sie strebt nach Kombination von empirischer und normativer Analyse. Sie setzt in Weiterführung von Frieder Nascholds Beiträgen auf komplexere Systemziel- oder Systemüberlebensmodelle anstelle einfacher Ziel- oder Maximierungsmodelle. Überdies ist ihr Blick sowohl für den Input wie auch für den Output des politischen Prozesses geschärft. Einleuchtend ist zudem ihre kritische Erörterung der Kosten der zunehmenden Transnationalisierung von Ökonomie und Politik und des Spannungsverhältnisses zwischen Transnationalisierung und demokratischer Legitimation. Eine besondere Stärke liegt sodann darin, dass die komplexe Demokratietheorie besser als die meisten anderen Demokratielehren einen klaren Blick für die Gefährdung der volksherrschaftlichen Ordnung beibehalten hat, auch für Gefährdungen, die auf leisen Sohlen daherkommen. Überdies hat sich die komplexe Demokratietheorie als lernfähig erwiesen. In den 70er Jahren noch hatte sie die politische Steuerung insgesamt als zu positiv eingestuft. Gleiches gilt für ihre Einschätzung der Chancen zunehmender politischer Beteiligung, trotz aller Prägung durch realistische Demokratietheorie. Anfang der 90er Jahre noch neigte die Theorie dazu, nun im Zeichen von stark zunehmender Globalisierung und transnationaler Politik die Grenzen demokratisch legitimierter Willensbildung und Entscheidungsfindung überzubetonen und den Handlungsspielraum des Nationalstaates zu gering zu veranschlagen (so auch Beck 1998). Davon ist auch heutzutage noch viel sichtbar, so beispielsweise in der – empirisch zu weit gehenden – These, die transnationale Integration der Wirtschaft habe die Fähigkeit der Nationalstaaten zur Domestizierung des Kapitalismus beseitigt (Scharpf 1998: 150).

Dem ist entgegenzuhalten, dass die politischen Institutionen und politischen Prozesse auf nationalstaatlicher Ebene auf große Veränderungen, wie Internationalisierung und zunehmende Transnationalisierung der Politik, keineswegs nur passiv reagieren. Genau dies wird in den neuesten Beiträgen der komplexen Demokratietheorie deutlicher als zuvor gesehen (Scharpf 1999a, 1999b). Passive Akzeptanz von extern vorgegebenen Veränderungen ist nur eine Möglichkeit unter anderen. Neben ihr existieren vier weitere Optionen: Ausnutzen externer Schocks durch Trittbrettfahren, Gegenwehr, zum Beispiel in Form der Errichtung protektionistischer Schutzwälle, aggressive Strategien auf internationalen Märkten auf der Grundlage nationalstaatlichen Mitteleinsatzes, und konstruktive Elastizität, bei der neue Herausforderungen als Gelegenheit zur Reform genutzt werden (Cooper 1986: 9-12). Alle fünf Reaktionsformen stehen grundsätzlich zur Wahl, im Gegensatz zur Unterstellung, es gäbe nur die passive Akzeptanz. Dass sie weiter sondiert werden, gehört zu den Verdiensten der neuesten Varianten der komplexen Demokratietheorie (Scharpf 1999a, 1999b). Und so könnte sie auch eine Lücke in ihrer Argumentationslinie schließen. Diese Lücke besteht darin, dass weder die Studien zu den Funktionsvoraussetzungen und Stabilitätsbedingungen der Demokratie noch die international und historisch vergleichende Demokratieforschung von der komplexen Demokratietheorie bislang in dem erforderlichen Umfang berücksichtigt wurden. Solche Berücksichtigung setzt genaueren Demokratievergleich voraus. Von diesem Vergleich handelt der diesem Kapitel folgende dritte Teil des vorliegenden Buches.

Der internationale Vergleich relativiert im Übrigen die Reichweite der Globalisierungs- und Europäisierungsthese. Die These der Einschränkung nationalstaatlicher Handlungsspielräume durch Globalisierung und Europäisierung ist nämlich mit einer gegenläufigen Tendenz aufzurechnen: Der von der Politik beherrschbare Raum ist in den demokratischen Industriestaaten in der zweiten Hälfte des 20. Jahrhunderts beträchtlich vergrößert worden – und zwar vor allem durch den Ausbau des Wohlfahrtsstaates, des Steuerstaates und des regulierenden Staates in den nordeuropäischen und den kontinentaleuropäischen Staaten zumindest bis Mitte der 90er Jahre. Der Wandel der Arbeitsteilung zwischen Staat und Markt verlief in den meisten reichen Demokratien bis in die 80er und 90er Jahre zu Gunsten des Staates, wie sich unter anderem am Anstieg der Staatsquote ablesen lässt (OECD 1998). In den meisten wirtschaftlich entwickelten Demokratien war deshalb der Nettohandlungsspielraum der Politik im ausgehenden 20. Jahrhundert – trotz Internationalisierung und Europäisierung – wahrscheinlich größer als Mitte des Jahrhunderts und sicherlich viel größer als zu seinem Beginn.

# Teil III
# Vergleichende Demokratieforschung: empirisch-analytische Demokratietheorien

Es gibt nicht eine Demokratietheorie, sondern viele Demokratietheorien. Zu ihnen zählen normative und empirische Theorien, vergleichende und auf Fallstudien gegründete, statische und dynamische, demokratiefreundliche und -feindliche sowie input- und outputorientierte. Dazu kommen Ansätze, die Demokratie nur als Direktdemokratie oder als Repräsentativverfassung buchstabieren. So vielfältig wie die Theorien sind auch die demokratischen Staatsverfassungen. Diese Vielfalt wird jedoch in den meisten Demokratietheorien nicht ausreichend berücksichtigt. Vielen von ihnen mangelt es an Sensibilität für die – von Land zu Land unterschiedlichen – Verfassungen der Demokratie. Zudem vernachlässigen die meisten Demokratietheorien den historischen Vergleich. Und das, obwohl für den historischen wie für den internationalen Vergleich die ältere Institutionenkunde, beispielsweise Bryce (1921) und Loewenstein (1975), und neuere vergleichende Studien mannigfache Anknüpfungsmöglichkeiten bieten, so Lehmbruch (1967), Dahl (1971), Lijphart (1977 und 1999) und Seiler (1998). Dem Mangel an vergleichender Demokratieforschung vermögen am ehesten diejenigen Typologien und empirisch-analytischen oder „realistischen" Demokratietheorien Abhilfe zu schaffen, die im dritten Teil des vorliegenden Buches vorgestellt werden. Doch dieser dient nicht nur dem institutionenkundlichen Demokratievergleich. Er soll auch Brücken zwischen der institutionenkundlichen Demokratieforschung und der vergleichenden Staatstätigkeitsforschung schlagen. Was leisten die verschiedenen Demokratien zur Regelung und Bewältigung gesellschaftlicher Probleme und wovor versagen sie? Diesen Fragen und anderen, die ebenfalls der Erfassung der Leistungsfähigkeit politischer Systeme dienen, wird in diesem und im folgenden Teil des Buches nachgegangen.

In der älteren institutionenkundlichen Lehre hatte man die Demokratien der westlichen Länder, also die verfassungsstaatlichen oder „konstitutionellen Demokratien" (Friedrich 1953 und 1966), mit Hilfe verschiedener Typologien der Verfassung und der Verfassungswirklichkeit geordnet. Karl Loewenstein beispielsweise unterschied in seiner *Verfassungslehre* sechs Demokratietypen: 1) unmittelbare Demokratie, in der die Wählerschaft der Machtträger ist, 2) Versammlungsregierung, in der das Parlament die führende Position innehat, 3) Parlamentarismus, 4) Kabinettsregierung, 5) Präsidentialismus und 6) Direktorialdemokratie auf Basis einer Kollegialregierung, wie in der Schweiz (Loewenstein 1975: 69). Die Begriffe der älteren Institutionenkunde können auch heute noch gewinnbringend verwendet werden. Jedoch sollte man sie durch Konzepte ergänzen, die der neueren vergleichenden Politikwissenschaft entstammen. Ergiebig für den internationalen Vergleich politischer Systeme ist neben der älteren Unterscheidung der Direkt- von der Repräsentativdemokratie und des präsidentiellen vom parlamentarischen Regierungssystem (Steffani 1981, 1992) vor allem die Differenzierung zwischen Konkurrenz- und Konkordanzdemokratie (Lehmbruch 1967, 1992) sowie von Mehrheits- und Konsensusdemokratie im Sinne von Lijphart (1984, 1999). Ferner belehren Studien zum Bedeutungsaufschwung politischer Parteien, dass „parteienstaatliche Demokratien" emporgekommen sind, die sich nach Machtverteilung und Staatstätigkeit markant voneinander unterscheiden. Sodann wird die Politik in den etablierten Demokratien nur zureichend verstehen können, wer eine Vorstellung davon gewinnt, in welchem Maße zentralstaatliche Regierungen von institutionellen Begrenzern der Mehrheitsherrschaft in Schach gehalten werden. Nicht zuletzt spielt in der vergleichenden Demokratieforschung die „Polyarchie" eine herausragende Rolle, so Robert Dahls Begriff für eine Demokratie nach Art der westeuropäischen und nordamerikanischen Demokratien des 20. Jahrhunderts (Dahl 1971).

Der Einstieg in die vergleichende Demokratieforschung in Teil III dieses Buches führt zur präsidentiellen und zur parlamentarischen Demokratie. Deren Analyse schließt die Erkundung der Problemlösungskraft und -mängel beider Demokratieformen ein. Dies ist auch das Programm für die vier folgenden Kapitel. Sie handeln vom Unterschied zwischen Konkurrenz- und Konkordanzdemokratie, Konsensus- und Mehrheitsdemokratie, Direkt- und Repräsentativdemokratie und dem Zusammenhang zwischen parteienstaatlicher Demokratie und „Sozialer Demokratie". Hierauf folgt ein Überblick über den neuesten Stand der Messungen des Demokratiegehalts souveräner Staaten. Anschließend wird geprüft, ob die Europäische Union demokratisch verfasst ist, oder ob sie an einem strukturellen Demokratiedefizit laboriert. Sodann werden die sozioökonomischen und soziokulturellen Funktionsvoraussetzungen der Demokratie erörtert. Von dort aus wird erforscht, welche Übergänge vom autoritären Staat zur Demokratie führen.

**Kapitel 3.1**
**Parlamentarische und präsidentielle Demokratie**

Zu den grundlegenden Unterscheidungen der vergleichenden Institutionenkunde gehört die zwischen präsidentieller und parlamentarischer Demokratie. Beide Typen sind Grundformen des im weiteren Sinne definierten Parlamentarismus, also des Regierungssystems, in dem das Parlament der Gesetzgeber ist und das Staatsbudget kontrolliert und in dem das Volk oder von ihm gewählte Repräsentanten über Wahl und gegebenenfalls Abwahl der Regierungen entscheiden.

**Hauptunterscheidungsmerkmale**

Das Hauptunterscheidungsmerkmal der parlamentarischen Demokratie und der Präsidialform ist die Abberufbarkeit im Unterschied zur Nichtabberufbarkeit der Regierung oder des Regierungschefs durch die Legislative (Steffani 1981 und 1992). In der parlamentarischen Demokratie sind Amtsdauer und Amtsführung der Regierung grundsätzlich vom Vertrauen der Parlamentsmehrheit abhängig. In ihr hat die Parlamentsmehrheit das Recht, die Regierung abzuberufen. In der parlamentarischen Demokratie bestehen normalerweise enge Verbindungen zwischen der Parlamentsmehrheit und der Regierung. Die Regierung geht aus dem Parlament – meist aus dessen Mehrheit – hervor, und die Fraktionen der Parlamentsmehrheit tragen in der Regel im eigenen Interesse Sorge für die Stabilität und das politische Überleben der Regierung.

Im präsidentiellen System hingegen sind Regierung und Parlament voneinander relativ unabhängig. Die Amtsdauer der Regierung ist in der Regel verfassungsrechtlich bindend festgelegt. Die Parlamentsmehrheit kann die Regierung aus politischen Gründen nicht abberufen, es sei denn, es handelt sich um schwerwiegenden Missbrauch des Amtes. Von dieser Ausnahme abgesehen, kann das Parlament den Präsidenten während seiner Amtszeit nicht stürzen, ungeachtet der Mehrheitsverhältnisse im Parlament. Unter Umständen hat der Präsident ein Parlament gegen sich, in dem die Oppositionspartei die Mehrheit der Abgeordneten hinter sich weiß. Faktisch kennzeichnete diese Lage die meisten Präsidentschaften in den USA nach dem Ende des Zweiten Weltkrieges, ein Zustand, der mitunter als „divided government" – wortwörtlich: „aufgeteilte" oder „gespaltene Regierung" – bezeichnet wurde.

Paradebeispiel der präsidentiellen Demokratie sind die Vereinigten Staaten von Amerika. Dort findet man die Merkmale der idealtypischen Präsidialform der Demokratie weitgehend verwirklicht: weitgehende Trennung von Legislative und Exekutive, monistische Exekutive, in der Regierung und Staatsoberhaupt in einer Person vereint sind, Direktwahl des Präsidenten durch das Volk oder indirekte Wahl durch ein Wahlmännergremium, Nichtabberufbarkeit der Exekutive während der Amtsperiode (mit Ausnahme der Amtsenthebungsklage), kein Recht zur Parlamentsauflösung seitens des Präsidenten sowie schwache Fraktionsdisziplin und vergleichsweise locker gefügte Parteien (Steffani 1981, von Beyme 1986).

Kennzeichen der parlamentarischen Form der Demokratie sind demgegenüber die Spielregeln, die sich Ende des 18. und zu Beginn des 19. Jahrhunderts in England herausgebildet hatten. Zu ihnen gehört die „Schicksalsgemeinschaft" von Regierung und Opposition (Steffani 1992), vor allem die Abberufbarkeit der Regierung und die Herausbildung einer parlamentarischen Opposition, die als offizieller innerparlamentarischer Gegenspieler der Regierungsmehrheit handelt. In der parlamentarischen Demokratie stehen sich nicht Parlament und Regierung gegenüber, sondern die parlamentarische Opposition auf der einen und die Parlamentsmehrheit sowie die von ihr gestützte Regierung auf der anderen Seite – sieht man von Minderheitsregierungen ab. In der parlamentarischen Demokratie spielt der Oppositionsführer naturgemäß eine herausragende Rolle, wie insbesondere der britische Fall zeigt. Ganz anders verhält es sich im Präsidentialsystem. Bezeichnenderweise gibt es dort den Oppositionsführer im britischen Sinne nicht.

Parlamentarische Demokratie und Präsidialform sind Grundformen, die in Untertypen gegliedert werden können. Eine durchdachte Typologie hat Winfried Steffani vorgelegt. Sie dient als Ordnungsprinzip der Tabelle 3, in der die etablierten Demokratien der zweiten Hälfte des 20. Jahrhunderts und ausgewählte neue Demokratien in präsidentielle und parlamentarische Systeme eingeteilt werden. Steffani legt der Unterscheidung zwischen parlamentarischer und präsidentieller Demokratie die Abberufbarkeit der Regierung oder des Regierungschefs sowie die Konstellation zwischen Regierungschef und Staatsoberhaupt zugrunde. Untrügliches Kennzeichen des parlamentarischen Regierungssystems sind die Abberufbarkeit der Regierung und die doppelte Exekutive. Die Exekutive besteht aus dem Regierungschef, beispielsweise dem Kanzler oder dem Ministerpräsidenten, und dem Staatsoberhaupt, beispielsweise dem Präsidenten eines Staates. Im reinen Präsidentialismus hingegen ist die Regierung nicht abberufbar und die Exekutive ist geschlossen: Funktion und Amt des Regierungschefs und des Staatsoberhaupts sind im Präsidenten vereint.

**Typen parlamentarischer und präsidentieller Systeme**

Von beiden Grundformen kann man verschiedene Typen ableiten. Die Präsidialform beispielsweise kennt nicht nur die Bündelung von Macht im Amt des Präsidenten, sondern auch abgeschwächtere Konstruktionen, wie die des Präsidenten im Ministerrat, die der Präsidialgewalt Schranken setzt. In diesem Fall ist der Präsident der Regierungschef. Auch steht ihm die Richtlinienkompetenz zu, doch hat er sich mit einem Minister- oder Staatsrat ins Benehmen zu setzen. Dieses System ist in vielen lateinamerikanischen Ländern gang und gäbe. Argentinien, Brasilien, Chile und Mexiko sind Beispiele.

Zum präsidentiellen Regierungssystem zählt Steffani aufgrund der geschlossenen Exekutive das Kollegialsystem, das die Bundesregierung der Schweizer Eidgenossenschaft charakterisiert und das andere Forscher als Zwischenform einstufen, so beispielsweise Lijphart (1992c und 1994b). Die Schweizer Regierung, also der Bundesrat, vereint in sich die Funktionen des Staatsoberhauptes, des Regierungschefs und der Regierung. Im jährlichen Turnus übernimmt eines der sieben Ratsmitglieder die Aufgabe des Bundespräsidenten und des Vorsitzenden des Bundesrates. Die Bundesräte werden von der Bundesversammlung gewählt, sie können aber von ihr nicht abberufen werden. (Die Bundesversammlung setzt sich aus zwei Kammern zusammen, dem 200 Mitglieder umfassenden Nationalrat und dem aus 46 Kantonsvertretern gebildeten Ständerat). Die Nichtabberufbarkeit des Bundesrates macht Steffanis Typologie zufolge den quasi-präsidentiellen Charakter des Schweizer Regierungssystems aus (Tabelle 3).

Die Schweiz und die zuvor erwähnten Präsidialsysteme sind präsidentielle Demokratien der republikanischen Form. Von ihnen sind die monarchischen Formen zu unterscheiden. Diese werden von den konstitutionellen Monarchien verkörpert, wie dem Deutschen Reich von 1871. Auch die parlamentarische Demokratie kennt die Unterscheidung zwischen republikanischer und monarchischer Form. Die monarchische Form findet sich dort, wo der Premier oder Kanzler dominiert und die Repräsentation des Staates hauptsächlich der Krone obliegt. Beispiele sind Großbritannien, die Niederlande und Schweden.

Man untergliedert die republikanischen Formen der parlamentarischen Demokratie nach der Kompetenzverteilung zwischen Staatsoberhaupt und Regierung bzw. Regierungschef in vier Untertypen: 1) die Exekutivkooperation, die sich durch Kompetenzbalance zwischen Staatsoberhaupt und Regierung auszeichnet, wie in Italien und in der III. und IV. Republik Frankreichs, 2) die Kompetenzverlagerung zugunsten des Regierungschefs mit dem Ergebnis der Kanzlerdominanz, wie in der Bundesrepublik Deutschland („Kanzlerdemokratie"), 3) die Präsidialdominanz oder Präsidialhegemonie, d.h. die Kompetenzverlagerung zugunsten des Staatspräsidenten, wie in der V. Republik Frankreichs, in Finnland, Griechenland und der Weimarer Republik, und 4) die Versammlungsdominanz oder Versammlungshegemonie, d.h. die Verteilung der Kompetenzen zugunsten des Parlaments, wie in der Konventsverfassung 1793 in Frankreich oder in einer Rätedemokratie.

**Semipräsidentialismus**

Steffanis Typologie präsidentieller und parlamentarischer Regierungssysteme eignet sich vorzüglich zur Klassifikation demokratisch verfasster Gemeinwesen. Sie ist umsichtig konzipiert und erlaubt trennscharfe Zuordnungen. Doch unumstritten ist selbst sie nicht. Nicht alle Staatsverfassungen fügen sich ihr gleich gut. Frankreich beispielsweise zählt in Steffanis Typologie als parlamentarisches Regierungssystem, weil dessen verfassungsrechtliche Hauptmerkmale – Abberufbarkeit der Regierung und doppelte Exekutive – gegeben sind. Die Exekutive besteht aus dem Präsidenten und dem Regierungschef. Lange dominierte der Präsident die Exekutive. Mittlerweile ist ihm jedoch die *cohabitation*, die französische Spielart der deutschen „Großen Koalition", mitunter in die Quere gekommen. Die *cohabitation* entsteht, wenn der Regierungschef und der Präsident verschiedenen Parteien angehören. Das war 1986-88 und von der Wahl zur Nationalversammlung 1993 bis zur Präsidentschaftswahl 1995 der Fall, als der Staatspräsident der Linken – François Mitterand – einer parlamentarischen Mehrheit und einem Regierungschef der Mitte und der Rechten gegenüberstand. Zur *cohabitation* kam es auch mit der vom gaullistischen Staatspräsidenten vorzeitig anberaumten Parlamentswahl vom 25. Mai und 1. Juni 1997, welche die Opposition gewann und Lionel Jospin von der Sozialistischen Partei in das Amt des Regierungschefs brachte. Ohne *cohabitation* hat Frankreichs Präsident eine außerordentlich starke Position. Sie äußert sich unter anderem darin, dass er direkt gewählt wird, den Regierungschef ernennt, die Außenpolitik einschließlich der Militärpolitik als Präsidialdomäne führt und weit in andere Politikfelder hineinregieren kann. Seine Position ist so stark, dass wiederholt bezweifelt worden ist, ob Frankreich wirklich dem Typus der parlamentarischen Demokratie zuzuordnen sei. Manche haben Frankreichs Regierungssystem nicht als parlamentarische, sondern rundweg als präsidentielle Demokratie eingestuft, beispielsweise Bingham Powell (1982) und Franz Lehner (1989: 77f.). Andere betonen den Mischcharakter des französischen Regierungssystems. Es sei ein „parlamentarisch-präsidentielles Zwittergebilde", so urteilte Klaus von Beyme (1970: 381f. und 1999: 57ff.), das andere als „semipräsidentielles Regierungssystem" (Duverger 1980, 1990), „premier-präsidentielles System" (Shugart 1994) oder als „Zwischenform" (Lijphart 1992b) bezeichnet haben. Frankreich steht mit dieser „Zwischenform" nicht alleine: Finnland gehört ebenfalls dazu, Duverger zufolge auch Irland, Island, Österreich und Portugal (Duverger 1985: 522) sowie – um nur einige der halb autokratischen, halb demokratischen Länder mit ausgebautem „premier-präsidentiellen" Charakter zu nennen – Kroatien, die Ukraine, Weißrussland und Russlands „dreiviertel-präsidentielles System" (von Beyme 1999a: 539).

**Der Fall Bundesrepublik Deutschland**

Im Unterschied zu den semipräsidentiellen Ländern, wie Frankreich, Finnland, die Weimarer Republik und Polen in den 90er Jahren, ist die Einstufung der Bundesrepublik Deutschland in der Typologie präsidentieller und parlamentarischer Demokratien unstrittig. Die Bundesrepublik Deutschland hat eine doppelte Exekutive mit Kanzlerdominanz und schwachem Präsidenten. Das ist das Ergebnis einer verfassungspolitischen Weichenstellung, die von der Negativerfahrung mit der Weimarer Reichsverfassung und der gezielten Abgrenzung von ihr geprägt wurde. „Die Liebe des Verfassungsgebers", so sagte Thomas Ellwein einmal über das Grundgesetz, gehöre der Regierung, „die Sorge aber dem Parlament und das große Mißtrauen dem Staatsoberhaupt" – eine Formulierung, die dann auch Eingang in das gemeinsam von Thomas Ellwein und Jens-Jochim Hesse verfasste Werk zum Regierungssystem der Bundesrepublik fand (Ellwein/Hesse 1987: 332). Die Stabilität der Regierung und ihre Handlungsfähigkeit waren dem Verfassungsgeber tatsächlich ein besonders hoher Wert. Dafür wurde die Position des Kanzlers gestärkt, während die Kompetenzen des Bundespräsidenten im Vergleich zum Reichspräsidenten der Weimarer Republik drastisch beschnitten und die des Parlaments beträchtlich aufgewertet wurden. Nur unter außergewöhnlichen Bedingungen rückt der Bundespräsident in eine einflussreiche Stellung, beispielsweise wenn die Mehrheit der Bundestagsmitglieder sich nicht auf die Wahl eines Kanzlers einigen kann oder wenn Legislative und Exekutive nicht auf die verfassungsmäßig vorgesehene normale Weise funktionieren, so im Falle des Gesetzgebungsnotstandes nach Artikel 81 Grundgesetz. Ansonsten ist die Bundesrepublik ein parlamentarisches Regierungssystem mit Kanzlerdominanz, wenn nicht gar Kanzlerhegemonie. Deshalb gilt sie manchen auch als „Kanzlerdemokratie" (Niclauß 1988).

Tabelle 3: Präsidentielle und parlamentarische Demokratie im internationalen Vergleich

| Staat | Steffanis Typologie | Form | Semi-präsidentialismus | Lijpharts Typologie |
|---|---|---|---|---|
| **1. Alte Demokratien** | | | | |
| Australien | Parlamentarisch | Monarchie | | Reiner Parlamentarismus |
| Belgien | Parlamentarisch | Monarchie | | Reiner Parlamentarismus |
| Bundesrepublik Deutschland | Parlamentarisch | Republik | | Reiner Parlamentarismus |
| Costa Rica | Präsidentiell | Republik | | Präsidentialismus |
| Dänemark | Parlamentarisch | Monarchie | | Reiner Parlamentarismus |
| Finnland | Parlamentarisch mit Präsidialdominanz | Republik | | Parlamentarismus mit semipräsidentiellen Merkmalen |
| Frankreich | Parlamentarisch mit Präsidialdominanz | Republik | Ja | Semipräsidentiell (1958-86, 1988-93,1995-97) Parlamentarisch (1986-88, 1993-95, 1997-) |
| Großbritannien | Parlamentarisch | Monarchie | Ja | Reiner Parlamentarismus |
| Indien | Parlamentarisch | Republik | | Reiner Parlamentarismus |
| Irland | Parlamentarisch | Republik | Ja | Parlamentarismus mit semipräsidentiellen Merkmalen |
| Island | Parlamentarisch | Republik | Ja | Parlamentarismus mit semipräsidentiellen Merkmalen |
| Israel | Parlamentarisch | Republik | | Parlamentarismus, seit 1996 (Direktwahl des Premiers 1996) präsidentiell |
| Italien | Parlamentarisch | Republik | | Reiner Parlamentarismus |
| Japan | Parlamentarisch | Monarchie | | Reiner Parlamentarismus |
| Kanada | Parlamentarisch | Monarchie | | Reiner Parlamentarismus |
| Luxemburg | Parlamentarisch | Monarchie | | Reiner Parlamentarismus |
| Niederlande | Parlamentarisch | Monarchie | | Reiner Parlamentarismus |
| Neuseeland | Parlamentarisch | Monarchie | | Reiner Parlamentarismus |
| Norwegen | Parlamentarisch | Monarchie | | Reiner Parlamentarismus |
| Österreich | Parlamentarisch | Republik | Ja | Parlamentarismus mit semipräsidentiellen Merkmalen |
| Schweden | Parlamentarisch | Monarchie | | Reiner Parlamentarismus |
| Schweiz | Präsidentiell | Republik | | Weder parlamentarisch noch präsidentiell |
| USA | Präsidentiell | Republik | | Reiner Präsidentialismus |

*2. Ausgewählte neue Demokratien*

| | | | | |
|---|---|---|---|---|
| Estland | Parlamentarisch | Republik | | – |
| Griechenland | Parlamentarisch mit Präsidialdominanz | Republik | | Reiner Parlamentarismus |
| Polen | Parlamentarisch mit Präsidialdominanz | Republik | Ja | |
| Portugal | Parlamentarisch | Republik | Ja | Parlamentarismus mit semipräsidentiellen Merkmalen |
| Slowenien | Parlamentarisch | Republik | | – |
| Spanien | Parlamentarisch | Monarchie | | Reiner Parlamentarismus |
| Tsch. Republik | Parlamentarisch | Republik | | – |
| Ungarn | Parlamentarisch | Republik | | – |

*Anmerkungen:*

*Spalte 1:* Ländername. Aufgenommen wurden alle Staaten, die von 1950 bis 1998 durchgängig (oder fast durchgängig, so Indien) gemäß den Demokratie- und Autokratiemessungen von Jaggers/Gurr (1995) demokratisch verfasst waren und gemäß den political rights-Skalen von Freedom House seit 1972 zu den „freien Staaten" zählen (vgl. hierzu Kapitel 3.6), einschließlich ausgewählter neuer Demokratien: Griechenland, Portugal und Spanien seit der Demokratisierung Mitte der 70er Jahre und die Beitrittskandidaten der EU Estland, Polen, Slowenien, Tschechische Republik und Ungarn.

*Spalte 2:* „Präsidentiell": Präsidentielles Regierungssystem nach Steffani 1992. „Parlamentarische Regierungssysteme" gemäß den Kriterien von Steffani 1992. Im Schrifttum wird Costa Rica in der Regel als „presidential government" klassifiziert, so z.B. von Ranney (1995) und Lijphart (1999), doch handelt es sich hier – auch im Vergleich mit anderen lateinamerikanischen Staaten – um einen relativ schwachen Präsidenten (Banks u.a. 1997: 192ff.).

*Spalte 3:* Monarchische oder republikanische Staatsform.

*Spalte 4:* Überwiegend nach Duverger (1985: 522) und von Beyme (1999: 58).

*Spalte 5:* Regimetypen nach Lijphart (1999: 119ff.). Lijpharts Typologie liegt die Unterscheidung zwischen Kollegialexekutive und Einpersonenexekutive (mit den weiteren Untergliederungen nach a) Abhängigkeit bzw. Unabhängigkeit vom Vertrauen des Parlaments und b) Wahl der Exekutive durch die Legislative oder die Wähler) zugrunde.

## Politischer Prozess und Staatstätigkeit in der präsidentiellen und parlamentarischen Demokratie

Der Unterschied zwischen Präsidentialdemokratie und parlamentarischer Demokratie markiert mehr als eine Differenz des Verhältnisses von Exekutive und Legislative. Parlamentarischen und präsidentiellen Demokratien sind auch unterschiedliche politische Abläufe und verschiedenartige Profile der Regierungstätigkeit eigen (Lijphart 1992b, Linz/Valenzuela 1994, Thibaut 1996, einschränkend Riescher 1994). Hinsichtlich der politischen Abläufe fällt vor allem die unterschiedliche Wertigkeit von Parteien in der Präsidialdemokratie und der parlamentarischen Demokratie auf. Im parlamentarischen Regierungssystem sind relativ gut organisierte Parteien und disziplinierte Parteifraktionen im Parlament unerlässlich für das Funktionieren des Systems. In ihm stützt sich die Regierung meist auf die Parlamentsmehrheit oder – vor allem in Nordeuropa – auf eine parlamentarische Minderheit (Strom 1990). Beides aber setzt in der Regel eine relativ geschlossene Fraktion der Regierungspartei oder Regierungsparteien voraus. Auch die Opposition tritt unter den Bedingungen des parlamentarischen Regierungssystems eher geschlossen auf. Im parlamentarischen System kommt es deshalb meist zur Konfrontation von Regierungs- und Oppositionsparteien, sofern nicht andere Tendenzen dem entgegenwirken, beispielsweise konkordanzdemokratische und föderalistische Aushandlungszwänge (Lehmbruch 1998). Insgesamt neigen parlamentarische Systeme stärker zum „Parteienstaat", in dem die Parteien Schlüsselpositionen in der öffentlichen Willensbildung, der Regierungsbildung, der Regierungsausübung und der Besetzung öffentlicher Ämter einnehmen (Linz 1994). Man mag die Machtstellung von Parteien im „Parteienstaat" befürworten oder bedauern: Sie ist eine notwendige Folge des parlamentarischen Regierungssystems im Zeitalter der Massendemokratie (Leibholz 1958 und 1975, Budge/Keman 1990).

Im Präsidentialismus hingegen sind der Parteienstaatscharakter und die Geschlossenheit der Parteien meist schwächer. Präsidentielle Systeme, allen voran die USA, können sich locker gefügte Parteien und letztlich ein geringeres Maß an dauerhaft hartem Parteienwettbewerb leisten. Größere Beweglichkeit im Parteiensystem und im Wählerverhalten gehören dort zum System. Parteiendisziplin und Fraktionsdisziplin sind nicht in dem Maße erforderlich wie in parlamentarischen Systemen. Nicht zuletzt deshalb besteht das Parteiensystem in den USA aus locker strukturierten, schwach organisierten und ideologisch recht heterogenen Parteien mit insgesamt flachem Ideologieprofil, im Unterschied zu den kontinentaleuropäischen Parteiensystemen und Parteien, die mehr Zusammenhalt, Disziplin und Organisationsfähigkeit sowie stärkere Bindungen von Wählern an Milieus und Parteien aufweisen. Das US-amerikanische Regierungs- und Parteiensystem hingegen basiert auf einem größeren Anteil von Wählern, die nicht an bestimmte Milieus und Parteilager gebunden sind. Hierin liegt ein Grund sowohl für das relativ hohe Maß an streitfragenorientierter Stimmabgabe wie auch für die niedrigere Wahlbeteiligung in den USA.

Parlamentarische und präsidentielle Demokratien unterscheiden sich zudem hinsichtlich der politischen Führung und der Regierungspraxis, wenngleich hierbei zahlreiche andere institutionelle und prozessuale Faktoren zu berücksichtigen sind (Nohlen/Fernandez 1991, Nohlen 1991, Beichelt 1999). Carl Joachim Friedrich hatte in seiner Schrift *Demokratie als Herrschafts- und Lebensform* die Auffassung vertreten, die Präsidialform der Demokratie würde vor allem von ihrer „Tendenz zur Diktatur" gefährdet (1966: 30f.). Die Hauptgefahr der „Kabinettsform" hingegen verortete er in der Diskontinuität, die der „Parlamentsform" in der Anarchie und die Achillesferse der „Ratsform" nach Schweizer Art in der Bürokratisierung (ebd.: 30ff.). Freilich war Friedrichs These, die Hauptgefährdung der Präsidialform liege in ihrer Neigung zur Diktatur, zu sehr vom Zusammenbruch der Weimarer Republik und der Instabilität lateinamerikanischer Präsidentialsysteme geprägt worden.

Die Präsidialform kann dem Amtsinhaber große Macht verleihen. Deshalb ist mit einigem Recht behauptet worden, dass das Präsidialsystem der USA im Vergleich zum parlamentarischen System der Bundesrepublik Deutschland in Ausnahmesituationen „handlungs- und reaktionsfähiger" sei, und zwar deshalb, weil „der Präsident über weit mehr Initiativfreiheiten verfügt als ein bundesdeutscher Regierungschef, der in den Willensbildungsprozeß einer Partei und einer Parteienkoalition eingebunden ist" (Horst 1996: 425). Und Frankreichs Präsident Charles de Gaulle, um einen Blick auf den Semipräsidentialismus zu werfen, hat seinen Machtanspruch sogar durch die Sitzordnung bei seinen Pressekonferenzen unterstrichen: Bei ihnen saßen der Informationsminister und der Regierungschef zu Füßen des Präsidenten (Schwarz 1999: 215).

Allerdings gibt es auch Präsidialdemokratien mit schwachem Präsidenten und eng begrenztem Spielraum. Überdies kann der Staatschef unter anderen institutionellen Rahmenbedingungen ebenfalls eine dominante Stellung erlangen, so im parlamentarischen System mit Präsidialdominanz, wie in Frankreich außerhalb der *Cohabitation*, oder in der „Kanzlerdemokratie", dem parlamentarischen Regierungssystem mit Kanzlerdominanz. Außerdem ist die Macht des Präsidenten in der Regel durch Sicherungen und Gegenkräfte verfassungsrechtlicher und verfassungsrealer Art begrenzt. So muss der Präsident der USA mit zahlreichen formellen und informellen Geboten, Verboten und Handlungssperren zurechtkommen. Er sitzt einer fragmentierten Exekutive vor und muss mit einem politisch-administrativen Apparat kooperieren, den ein tiefer Graben zwischen der Bürokratie des Präsidenten und der eigentlichen Ministerialbürokratie behindern kann. Andererseits steht dem Präsidenten eine sehr starke Legislative gegenüber, die sich regelmäßig nicht nach Parteifraktionen organisiert, sondern ihre Entschlüsse häufig auf der Basis wechselnder Koalitionen über Parteigrenzen hinweg fällt. Nicht selten kann der Kongress seine Stärke bis zur Blockierung der Staatstätigkeit unter Beweis stellen (Lösche 1989a, 1989b: 106ff.). Politikstau – „gridlock" – ist in diesem System kein Zufall. Der Politikstau wird sogar in dem Maße wahrscheinlicher, wie die Bedeutung repräsentativer, integrierender Institutionen, die für stabile Mehrheiten sorgen könnten, zurückgeht, je mehr die Politik der Dauerbeobachtung und -kontrolle der Medien untersteht, je vielfältiger die Eingriffsmöglichkeiten für wohl organisierte, oftmals destruktive Sonderinteressen und je fragmentierter die Strukturen des Kongresses und der Verwaltung sind. Wird all dies nicht durch eine charismatische Führerpersönlichkeit mit Befähigung zu zielgerichteter Politik überbrückt, kommt am Ende kaum mehr zustande als der Fall der „sich durchwurstelnden, mehr schlecht als recht verwaltenden, immer wackligen Koalitionsregierung" (Gellner 1996: 10). Nicht nur Wahlkampfrhetorik hatte den damaligen Präsidenten George Bush dazu veranlasst, im Frühjahr 1992 den Kongress der Vereinigten Staaten von Amerika mit folgenden Worten zu attackieren: „Der Kongreß ist eine Institution der politischen Geldspenden, der Privilegien und Vergünstigungen, der Parteilichkeit und der totalen Lähmung" (FAZ vom 23.3.1992: 15).

Formell ist der US-amerikanische Präsident der Führer seiner Partei. Diese ist allerdings im Parlament und in der Politikformulierung insgesamt eine schwache Kraft. Die Loyalität der Kongressabgeordneten gilt meistens Sonderinteressen auf regionaler oder auf lokaler Ebene, von denen die Abgeordneten politisch und finanziell zu einem Gutteil abhängig sind. Deshalb muss der Präsident bei jeder größeren zustimmungsbedürftigen Entscheidung Koalitionen wechselnder Gestalt zusammenschmieden – meist über Parteigrenzen hinweg. Somit wird er in das Korsett einer unaufhörlichen Koalitionsbildung gezwungen, die seine mächtigen politischen Waffen – das Veto gegen ein Gesetz des Kongresses, den Oberbefehl über die Streitkräfte, die Befugnis der Kriegserklärung – schwächen oder neutralisieren können. So ist das präsidentielle Veto gegen ein Gesetz des Kongresses einerseits durchschlagskräftig, weil es vom Kongress nur mit Zweidrittelmehrheit in beiden Häusern überstimmt werden kann. Andererseits ist das präsidentielle Veto häufig stumpf, weil es nur gegen das gesamte Gesetz eingelegt werden kann, nicht gegen einzelne Teile. Das ermöglicht dem Kongress Gegenwaffen einzusetzen, vor allem sogenannte „riders": Strittige Gesetzesteile werden als Zusatz solchen Gesetzen aufgepackt, die der Präsident nicht mit seinem Veto belegen will oder kann. Aus dem wird ersichtlich, dass der Kampf um Mehrheiten in einem Präsidentialismus nach US-amerikanischer Art die Hürden der Konsensfindung hochlegt und die Kosten der Konsensbildung hoch treibt. Das wird aber meist die Staatstätigkeit aus einem Guss eher behindern als befördern.

Handlungszwänge eines präsidentiellen Systems nach US-amerikanischer Bauart münden in der Regel in eine eigentümliche Regierungspraxis. Ihre Kennzeichen sind relativ kurzatmige, ad hoc entworfene Programme, populistisch orientierte Maßnahmen und ein hohes Maß an Politisierung. Das ergibt sich auch aus den institutionellen Bedingungen, die dem Präsidenten den Einsatz vor allem von drei Instrumenten zum Zweck der Politikgestaltung lohnend erscheinen lassen. Das erste ist der öffentlichkeitswirksame Appell und die auf Werbung abzielende Darstellung, mithin die Inszenierung von Politik als Leitlinie des Regierens. Nicht selten kann sich hierbei das Mittel zum Zweck verkehren. Dann gewinnen die Mobilisierung von Unterstützung und der Kampf um die Popularität des Präsidenten womöglich Vorrang vor der Sachangemessenheit politischer Lösungen. Angesichts der Konfrontation mit einer fragmentierten Exekutive wird der Präsident viel daran setzen, die Macht ressortmäßig im Büro des Präsidenten zu konzentrieren und von dort aus Einfluss auf die eigentliche Ministerialverwaltung und die Interessenverbände zu gewinnen. Das ist das zweite Instrument. Das dritte ist die Ämterpatronage bei der Besetzung der Regierungs- und Verwaltungsämter, um die Verwaltung auf Kurs zu halten. Letzteres erzeugt freilich ein Folgeproblem, nämlich eine hochgradig politisierte Verwaltung, die der Qualität des Regierens und des Verwaltens abträglich ist.

Präsidentielle Systeme der US-amerikanischen Art enthalten somit eine Struktur, die eine längerfristig konzipierte Politik ebenso behindert wie die Koordination verschiedener Politikbereiche. Hieraus ergibt sich eine Regierungspraxis, die zur Unstetigkeit neigt, die eher überhastete Problemtherapie als klug durchdachte längerfristige Problemlösungen favorisiert und die eher Überraschungsvorstöße unternimmt, als für das beharrliche Bohren dicker Bretter zu sorgen. Insoweit ergeben sich Parallelen zur Mehrheitsherrschaft, vor allem zur Herrschaft „wandernder", instabiler und ständig wechselnder Mehrheiten (siehe Kapitel 2.7).

Eine solche Regierungspraxis ist problematisch. Ihr Destabilisierungspotenzial ist groß. Handelt es sich um einen Kleinstaat, sind die Auswirkungen unstetiger und unberechenbarer Regierungspraxis in der Regel gering. Schlimmstenfalls betreffen sie einen begrenzten Kreis kleiner Nachbarstaaten. Ist Unstetigkeit jedoch Programm der Regierungspraxis eines großen, wirtschaftlich und politisch einflussreichen Staates, wie der USA, ist der Sachverhalt bedenklicher, denn nun wird die Unstetigkeit im Innern nicht nur zum Problem der Innenpolitik, sondern auch zum Problem der internationalen Beziehungen.

Die These der mangelhaften Leistungskraft des Präsidentialismus wird den überraschen, der im Anschluss an eine ältere Lehrmeinung im Präsidentialsystem die Garantie für starke, geschlossene Führung und für durchsetzungsfähige, gut geplante Politik sieht. Politik aus einem Guss ist jedoch eher Ausnahme als Regel – auch im Präsidentialismus. Wie ferner Juan Linz und andere gezeigt haben, plagen den Präsidentialismus weitere Probleme. An erster Stelle zu erwähnen sind die Legitimitätskonflikte, die daraus erwachsen können, dass Präsident und Regierungschef auf verschiedenen Wegen legitimiert werden, und das Fehlen eines wirkungsvollen Vermittlungsmechanismus. Hinzu kommen die hohe Wahrscheinlichkeit konfliktbeladener Beziehungen in der Exekutive sowie zwischen Exekutive und Legislative: Erwähnenswert sind ferner das Fehlen von Mechanismen, die derartige Konflikte zuverlässig regeln könnten, sodann der Nullsummenspielcharakter von Präsidentschaftswahlen, überdies die Mehrheitsherrschaft (die im Extremfall dazu führen kann, dass fast die Hälfte der Wähler ohne angemessene Repräsentation bleibt) und zudem die potenzielle Polarisation und die Rigidität, die durch die fest fixierte Amtszeit und die Begrenzung der Wiederwahl zustande kommen. Überdies gilt der Präsidentialismus in der vergleichenden Transitionsforschung vielfach als ein System, das aufgrund seiner institutionellen Rigidität und seines Nullsummenspielcharakters die Chancen der Konsolidierung der Demokratie beeinträchtigt (Linz/Valenzuela 1994, Hadenius 1994, siehe Kapitel 3.9).

Nicht nur bei Juan Linz, sondern auch in den Studien von Lijphart fällt die Bilanz eher gegen als für den Präsidentialismus aus. Lijphart hat in einem Vergleich der Regierungspraxis präsidentieller und parlamentarischer Demokratien die Auffassung vertreten, dass die parlamentarischen Systeme insgesamt bessere Noten in Repräsentation, Protektion von Minderheiten, Wählerbeteiligung und Bekämpfung von Wirtschaftsproblemen erzielten (Lijphart 1991, 1992c, 1994b, siehe Linz 1990a). Besonders gut schnitten Lijphart zufolge die parlamentarischen Demokratien mit moderatem Verhältniswahlrecht und einer überschaubaren Anzahl von Parteien ab, vor allem die Bundesrepublik Deutschland und Schweden.

Das relativ kritische Urteil des Industrieländervergleichs über den Präsidentialismus, das die Werke von Lijphart und Linz enthalten, wird durch Powells vergleichende Studien gestützt. Auch Powell zufolge verdienen die präsidentiellen Regime mehr Kritik als Lob (Powell 1982, ähnlich Huber/Powell 1994). Zwar erzeugten sie in der Regel ein hinreichend hohes Maß an Regierungsstabilität und ermöglichten regelmäßige Machtwechsel; andererseits manipulierten die Regierungen präsidentieller Systeme die Wirtschaftspolitik mit Blick auf den Wahlterminkalender häufiger als die anderer Demokratien. Hierdurch entstünden „Politische Konjunkturzyklen", also wahlterminorientierte Wirtschafts- und Finanzpolitikzyklen mit destabilisierenden Wirkungen auf die Wirtschaft in der nachfolgenden Periode.

Überdies macht sich im Präsidentialismus die systembedingte Trennung von Exekutive und Legislative als Hemmschuh spürbar. Hierdurch wird die Gesetzgebung spürbar erschwert, wenn nicht blockiert. Der permanente Kampf zwischen dem ersten Präsidenten Russlands nach dem Fall des Eisernen Vorhangs, Boris Jelzin, und der Duma veranschaulicht das. Ein weiteres Strukturproblem der präsidentiellen Systeme ist darin zu sehen, dass ein Teil ihrer Funktionsvoraussetzungen nur schwach entwickelt ist und durch das Funktionieren des Präsidentialismus eher geschwächt als gestärkt wird: Toleranz und Anpassungsbereitschaft auf seiten von Regierenden hinsichtlich der Spielregeln sowie Folge- und Kooperationsbereitschaft der Opposition. Die Politik in Präsidentialsystemen zielt jedoch in der Regel nicht auf Kooperation und Positivsummenspiele, sondern auf Konflikt, scharfen Wettbewerb zwischen wechselnden Koalitionen und Nullsummenspiele (Przeworski 1990, Linz 1994). Bei Nullsummenspielen stehen Entscheidungen an, in denen der Gewinn der einen Partei der Verlust der anderen ist. Unter diesen Bedingungen lohnt sich Kooperation nicht. Anders ist der Sachverhalt im Falle von Positivsummenspielen. In ihnen ist Kooperation für alle Beteiligten lohnend, weil sie mehr Gesamtnutzen als Alternativstrategien erzeugen kann.

Damit ist der Zusammenhang von Entscheidungsregeln und Entscheidungskosten angesprochen. Wichtig ist dieser auch für die im Folgenden erörterten Demokratietypen: die Konkurrenz- und Konkordanzdemokratie sowie die Mehrheits- und die Konsensusdemokratie. Spätestens deren Analyse legt dar, dass auch die parlamentarischen Demokratien nicht aller Probleme los und ledig sind. Schwächen haben auch sie. Die für sie typische Vorrangstellung von Parteien beispielsweise kann in allgegenwärtige Parteienmacht (von Arnim 1993) und Krämerseelen-Klüngel ausarten (Scheuch/Scheuch 1992), in schamlose Patronage, üppige Parteienfinanzierung (Landfried 1994) und parteipolitisch gedeckte großflächige Korruption. Doch zwangsläufig ist dies nicht. Die Befähigung, Probleme zu lösen, zu schaffen oder zu verschlimmern, hängt von zahlreichen Bedingungen jenseits der Unterscheidung von parlamentarischen und präsidentiellen Demokratien ab (Sturm 1989). Dabei spielen der Konkurrenz- bzw. Konkordanzgrad sowie die Stärke des Majorz- und Konsensusprinzips eine Rolle (Döring 1995, Lijphart 1999), wie auch das nächste und das übernächste Kapitel zeigen.

Insgesamt spricht einiges für die Hypothese, dass die präsidentiellen Systeme nach Struktur und Fähigkeit zur Problemlösung schwächer als die parlamentarischen Regierungsweisen sind. Dieser Hypothese entsprechen die meisten Befunde der Studien von Linz (1990a, 1990b) und Linz/Valenzuela (1994). Beide werden allerdings dafür kritisiert, dass sie den Präsidentialismus zu pauschal und zu negativ beurteilten, insbesondere seine Stabilität und sonstigen Leistungen unterschätzten und die der parlamentarischen Systeme überbewerteten (Nohlen/Fernandez 1991, Thibaut 1996, Mainwaring/Shugart 1997).

Tatsächlich können weder die parlamentarischen noch die präsidentiellen Systeme über einen Kamm geschoren werden (Thibaut 1998, von Beyme 1999a). Besonders prekär sind die Wirkungen des Präsidentialismus nur unter bestimmten Bedingungen, beispielsweise im Zusammenwirken mit einem polarisierten Parteiensystem aus vielen Parteien und zahlreichen tiefen Konfliktlinien, sowie im Fall der geringen konstitutionellen Begrenzungen der Präsidentenmacht (Valenzuela 1993, Mainwaring/Shugart 1997: 463f.). Andererseits schneiden nicht alle präsidentiellen und semipräsidentiellen Systeme schlechter ab. Ist das Parteiensystem instabil und die Interessenvertretung diffus, kann ein semipräsidentielles System am ehesten Gemeinwohlbelange gegen die schwankenden Sonderinteressen vertreten (Döring 1997). Schlussendlich ist vor zu enger Koppelung von Leistungsprofil einerseits und Parlamentarismus-Präsidentialismus andererseits zu warnen: Der Unterschied zwischen dem parlamentarischen und dem semi- oder vollpräsidentiellen Regierungssystem ist nur eine Variable unter vielen Faktoren, unter ihnen das Verhalten der politischen Elite und die Strukturen des Parteiensystems, die das politische Leistungsprofil eines Landes prägen (Thibaut 1998, Kitschelt/Mansfeldova u.a. 1999: 1ff.). Überdies ist der Effekt des Präsidentialismus und des parlamentarischen Systems in den vorliegenden Studien nicht immer zweifelsfrei isoliert und mit der Wirkung anderer Einflussfaktoren abgewogen worden.

# Kapitel 3.2
# Konkurrenz- und Konkordanzdemokratie

Vor allem in der Politikwissenschaft der englischsprachigen Länderfamilie war lange die Auffassung verbreitet, zum „Rom der Demokratie" (Lehmbruch 1987: 3) führe nur der Weg der angloamerikanischen Staaten, insbesondere derjenige Großbritanniens und der USA. Dort war nach verbreiteter Sichtweise der Vormarsch der Demokratie friedlich verlaufen und hatte frühzeitig faire Regeln für den Kampf um Wählerstimmen und die Umsetzung von Stimmen in Abgeordnetenmandate hervorgebracht. Ferner waren in diesen Ländern verschiedene Machtwechsel zustande gebracht worden, so dass der Verlierer einer Wahl sich mit der Chance, eine der nächsten Wahlen zu gewinnen, trösten konnte. Vor allem aber überlebten die angloamerikanischen Demokratien die kritische Zeit zwischen den beiden Weltkriegen, in der die Demokratie in vielen europäischen Ländern zusammenbrach, beispielsweise in Italien, Deutschland und Österreich. Aber nicht nur Stabilität wurde den angloamerikanischen Demokratien bescheinigt, sondern auch Leistungsfähigkeit, nicht nur im Sinne reeller Machterwerbschancen der Opposition, sondern auch in dem des Schutzes von Minoritäten und der Integration zuvor ausgeschlossener Gruppen.

**Der angloamerikanische Weg zum „Rom der Demokratie"**

Der wohlwollende Blick auf die angloamerikanischen Demokratien prägte lange den einflussreichen Zweig der vergleichenden Demokratieforschung, der sich aus der politischen Systemanalyse im Anschluss an die strukturfunktionalistische Soziologie von Talcott Parsons, die soziologische Modernisierungstheorie und die nordamerikanische Pluralismustheorie entwickelt hatte (beispielsweise Almond/Powell 1966 und 1996). Dieser Denkrichtung zufolge waren die Demokratien vor allem dort stabil und leistungsfähig, wo eine relativ homogene säkularisierte politische Kultur bestand. Das war vor allem in den angloamerikanischen Demokratien der Fall, so lautete Almond und Verbas Hauptbefund der Erforschung der politischen Kultur (Almond/Verba 1963). Die politische Instabilität kontinentaleuropäischer Länder in der Zwischenkriegszeit – beispielsweise Deutschlands, Österreichs und Italiens – erklärte diese Theorie mit der Fragmentierung der politischen Kultur in verfeindete weltanschauliche „Lager" und mit Institutionendefekten, wie der durch das Verhältniswahlrecht in das Parlament transportierten und dadurch verfestigten Zersplitterung des Parteiensystems.

Mit ihrem Mehrheitswahlsystem (mit Ausnahme Neuseelands seit 1993) schienen die angloamerikanischen Länder überdies effizienter und effektiver in der Wahrung von Oppositions-, Machtwechsel- und Innovationschancen in der Politik zu sein. Ferner hat man die Struktur ihres Parteiensystems – Zweiparteiensysteme anstelle der kontinentaleuropäischen Vielparteiensysteme – als Quelle politischer Stabilität interpretiert. Somit schienen die Mehrheitswahl und die Konkurrenzdemokratie Großbritanniens und der USA, aber auch Neuseelands und Australiens, eine vitale, leistungsstarke Demokratie zu garantieren. Die Auffassung, die reine Konkurrenz- oder Wettbewerbsdemokratie und das zugehörige Mehrheitswahlrecht seien die beste Demokratieform, fand auch bei liberalen Denkern auf dem Kontinent Anklang, beispielsweise bei Ralf Dahrendorf (1968a, 1983: 64, 1992a).

Wer genauer zuhörte, merkte, dass manche das Loblied auf die angloamerikanischen Demokratien zu laut und mitunter falsch sangen. Immerhin war dort der Demokratisierungsprozess von heftigen innenpolitischen Auseinandersetzungen, in den USA gar von einem Bürgerkrieg, begleitet worden. In den sich allmählich demokratisierenden britischen Siedlerkolonien hatte der Aufbau einer neuen Gesellschaft zudem die Gemeinwesen der Ureinwohner zerstört. Überdies kennzeichnete die Staatsverfassung der Vereinigten Staaten von Amerika lange Zeit ein höchst exklusives Wahlrecht, das sich vor allem zu Lasten der farbigen Bevölkerung niederschlug. Noch Ende der 60er Jahre des 20. Jahrhunderts stufte Dahl die USA als eine defekte polyarchische Demokratie ein (Dahl 1971: 197f., siehe Kapitel 3.6). Wie vor allem die vergleichende Politikforschung der 60er und 70er Jahre zeigte, beruhte das Lob der Konkurrenzdemokratie zudem auf einäugiger Beobachtung. Vergleichende Studien kontinentaleuropäischer Politikwissenschaftler hatten aufgedeckt, dass die Gütemerkmale, die der angloamerikanischen Konkurrenzdemokratie zugeschrieben wurden – politische Stabilität, Überlebensfähigkeit und Leistungsfähigkeit – auch von einem anderen Demokratietypus erfüllt werden konnte. Vor allem die Konkordanzdemokratie, oder – so der meist deckungsgleich gebrauchte englische Begriff, die „consociational democracy" – erwies sich der Mehrheitsdemokratie als ebenbürtig. Den Nachweis hierfür führten vor allem die Beiträge von Gerhard Lehmbruch (1967, 1969, 1987, 1992) und Arend Lijphart (1968, 1984, 1985), der später die Konkordanzdemokratie als einen Unterfall der „consensus democracy" einstufte (Lijphart 1984 und 1999) (siehe Kapitel 3.3).

**Konkordanzdemokratie**

Der Begriff „Konkordanz" entstammt dem lateinischen „concordantia". Das bedeutet Übereinstimmung. Konkordanzdemokratie hieße demnach wörtlich „Übereinstimmungsdemokratie". Sinngemäß ist jedoch eine Verhandlungsdemokratie gemeint, in der – an Stelle des Mehrheitsprinzips – auf dem Wege der Verhandlung bestimmte Kompromisstechniken zur Herbeiführung eines Konsenses über strittige Angelegenheiten angewandt werden. Der englische Begriff für Konkordanzdemokratie – „consociational democracy" – hat andere Wortwurzeln. Er ist dem lateinischen „consociatio" nachgebildet, der Bezeichnung für eine enge, feststehende Verbindung, beispielsweise für eine belastungsfähige Verbindung zwischen Gefährten oder den Mitgliedern einer Genossenschaft. Im modernen politikwissenschaftlichen Sprachgebrauch meint „consociationalism" oder Konsoziation vor allem ein politisches Gemeinwesen einer tief zerklüfteten Gesellschaft, das durch Viererlei gekennzeichnet ist: a) Machtteilung, insbesondere gemeinschaftliche Willensbildungs- und Entscheidungsprozesse in Angelegenheiten allgemeiner Bedeutung, und zwar mit gesicherter Beteiligung der Repräsentanten aller wichtigen Segmente der Gesellschaft, wie im Falle der Regierung einer Großen Koalition, b) Autonomie für jedes einzelne Segment in allen anderen Belangen, c) ferner – als supplementäre Merkmale – Proportionalität der politischen Repräsentation, der Ernennung von Beamten und der Allokation von Fonds sowie d) gesicherte Vetorechte für die Mitglieder der Konsoziation in allen Belangen von vitalem Interesse.

Es ist hauptsächlich der vorherrschende Typ der Konfliktregelung, welcher die Konkordanzdemokratie oder „consociational democracy" von der Konkurrenzdemokratie unterscheidet. Die Konkurrenzdemokratie bewältigt Konflikte im Wesentlichen mit Hilfe des Mehrheitsprinzips. Die Konkordanzdemokratie hingegen regelt Konflikte weder nach dem Mehrheitsprinzip noch durch Befehl. Sie wendet vielmehr hauptsächlich Entscheidungsmaximen des gütlichen Einvernehmens an, die an die Kompromisstechniken der deutschen und schweizerischen Religionsfriedensschlüsse des 17. und 18. Jahrhunderts erinnern (Lehmbruch 1967 und 1992). In der Konkordanzdemokratie werden Minderheiten an den Entscheidungsprozessen mit gesicherten Teilhabe- und Vetorechten beteiligt, beispielsweise durch Einbindung oppositioneller Parteien in die Regierung einer großen Koalition oder einer Allparteien-Koalition. Im Geltungsbereich konkordanzdemokratischer Entscheidungsregeln besitzen Minderheiten somit mehr oder minder weit reichende Vetorechte. Im Extremfall verleiht das Einstimmigkeitsprinzip jedem Abstimmungsberechtigten ein absolutes Veto. Kennzeichen der Konkordanzdemokratie ist ferner die Absicherung der Kompromissverfahren durch formelle Proporz- oder Paritätsregeln bei der Besetzung öffentlicher Ämter ("Proporzdemokratie") und Patronage im öffentlichen Dienst sowie in staatlich kontrollierten Bereichen der Wirtschaft. Nicht selten schließen Parität und Proporz die Teilhabe an staatlichen Zuwendungen und Zugang zu Massenkommunikationsmitteln ein (Lehmbruch 1967, Müller 1988, Dachs u.a. 1991).

Die Konkordanzdemokratie hat sich vor allem in kleineren, gesellschaftlich lange zerklüfteten kontinentaleuropäischen Ländern entwickelt. Vor allem die Schweiz und die Niederlande hat man diesem Typ zugeordnet. Zudem galten Österreich und Belgien lange als Paradebeispiele konkordanzdemokratischer Praxis. Allerdings mehren sich die Hinweise darauf, dass der konkordanzdemokratische Charakter Belgiens aufgrund des Sprachenstreits, derjenige Österreichs aufgrund der Abkehr von der Praxis großer Koalitionen in den Jahren von 1965-83 und seit 1999 sowie infolge abschmelzender Lagermentalitäten und derjenige der Niederlande aufgrund der Entsäulung seit Mitte der 60er Jahre sehr geschwächt wurde (Luther/Müller 1992).

Konkordanzdemokratische Elemente kennzeichneten außerdem einige außereuropäische Länder, insbesondere den Libanon vor dem Bürgerkrieg. Strukturen des „konsoziativen Staates" findet man ferner in der Europäischen Union (Schmidt 1999a). Im politischen System der Bundesrepublik spielen konkordanzdemokratische Strukturen ebenfalls eine Rolle. Zu denken ist dabei an die Praktiken des gütlichen Einvernehmens in der Selbstkoordination der Bundesländer, wie in weiten Bereichen des Bildungswesens, an das Beziehungsgeflecht zwischen Bund und Ländern (Lehmbruch 1998), an die Besetzung oberster Bundesgerichte, an verfassungsändernde Gesetzgebung, die bekanntlich Zweidrittelmehrheit der Abstimmungsberechtigten im Bundestag und Zweidrittelmehrheit der Stimmen im Bundesrat voraussetzt, an zustimmungsbedürftige Gesetzgebung und an die Patronagepraxis in den öffentlich-rechtlichen Rundfunkanstalten. Als Konkordanzdemokratie wird ein politisches System jedoch in der Regel nur bezeichnet, wenn „wichtige Entscheidungsprozesse auf der Ebene der Zentralregierung formal oder durch informelle Prozeduren außerparlamentarischer Verständigung von der Maxime des gütlichen Einvernehmens beherrscht sind" (Lehmbruch 1992: 208). Insoweit wird man die Bundesrepublik Deutschland auf der Achse, die von der Konkurrenz- zur Konkordanzdemokratie reicht, als Mischform (Abromeit 1993), als ein von Mehrheits- und Konkordanzdemokratieelementen geprägtes politisches System einstufen können. Und insoweit qualifizieren sich im ausgehenden 20. Jahrhundert nur noch die Schweiz und Luxemburg als dominant konkordanzdemokratische Gemeinwesen (Lijphart 1997a). Alle anderen etablierten Demokratien sind entweder dem konkurrenzdemokratischen Typus zuzuordnen oder – im Falle stärkerer konkordanzdemokratischer Komponenten – der Mischform (Tabelle 4).

*Tabelle 4:* Konkurrenzdemokratie, Konkordanzdemokratie und Mischformen in alten und neuen Demokratien

| Land | Typ |
|---|---|
| *1. Alte Demokratien* | |
| Australien | Konkurrenzdemokratie |
| Belgien | Vor 1970 Konkordanzdemokratie, seither Mischform |
| Bundesrep. Deutschland | Mischform |
| Costa Rica | Konkurrenzdemokratie |
| Dänemark | Konkurrenzdemokratie |
| Finnland | Mischform |
| Frankreich | Konkurrenzdemokratie |
| Großbritannien | Konkurrenzdemokratie |
| Indien | Mischform |
| Irland | Konkurrenzdemokratie |
| Island | Konkurrenzdemokratie |
| Israel | Konkurrenzdemokratie |
| Italien | Mischform |
| Japan | Konkurrenzdemokratie |
| Kanada | Konkurrenzdemokratie |
| Luxemburg | Konkordanzdemokratie |
| Neuseeland | Konkurrenzdemokratie |
| Niederlande | Mischform mit starker konkordanzdemokratischer Tradition |
| Norwegen | Konkurrenzdemokratie |
| Österreich | Mischform mit starker konkordanzdemokratischer Tradition |
| Schweden | Konkurrenzdemokratie |
| Schweiz | Konkordanzdemokratie |
| USA | Konkurrenzdemokratie |
| *2. Ausgewählte neue Demokratien* | |
| Estland | Konkurrenzdemokratie |
| Griechenland | Konkurrenzdemokratie |
| Portugal | Konkurrenzdemokratie |
| Polen | Konkurrenzdemokratie |
| Slowenien | Konkurrenzdemokratie |
| Spanien | Konkurrenzdemokratie |
| Tschechische Republik | Konkurrenzdemokratie |
| Ungarn | Konkurrenzdemokratie |

*Anmerkung:* Die Eintragungen basieren auf dem Hauptmerkmal der konkordanz- bzw. konkurrenzdemokratischen Strukturen im Zeitraum vom Beginn der 50er bis Mitte der 90er Jahre. Aufgenommen wurden alle Staaten, die von 1950 bis 1998 durchgängig (oder fast durchgängig, so Indien) gemäß den Demokratie- und Autokratiemessungen von Jaggers/Gurr (1995) demokratisch verfasst waren und gemäß den political rights-Skalen von Freedom House seit 1972 zu den „freien Staaten" zählen (vgl. hierzu Kapitel 3.6). Im Fall der ausgewählten „neuen Demokratien" – Griechenland, Portugal, Spanien und die mitteleuropäischen EU-Beitrittskandidaten – beziehen sich die Eintragungen auf die Zeit seit der Demokratisierung dieser Länder in den 70er bzw. 90er Jahren.

# Von den Vorzügen und Nachteilen der Konkordanzdemokratie

Zu den Leistungen der Konkordanzdemokratie zählt man die Autonomieschonung und Gemeinschaftsverträglichkeit. Auch lobt man sie für die Befähigung, unterschiedliche gesellschaftliche Gruppierungen zu integrieren. Sogar bei einer fragmentierten politischen Kultur können Konkordanzdemokratien stabil bleiben, sofern die Eliten der jeweiligen gesellschaftlichen „Lager" kooperieren. Konkordanzdemokratien haben normalerweise überdies mehr Kapazität als Mehrheitsdemokratien dafür, tief verwurzelte Konflikte zwischen gesellschaftlichen Gruppen zu regeln (Luthardt 1997). Und für besonders tief gespaltene und in verfeindete Segmente differenzierte Gemeinwesen kommt – sofern eine demokratische Konfliktregelung überhaupt angestrebt wird – nur eine konkordanzdemokratische Brücke in Frage; die Mehrheitsregel würde unter diesen Umständen als Sprengsatz wirken.

Das wirft die Frage auf, unter welchen Bedingungen das konkordanzdemokratische Konfliktmanagement gelingt oder fehlschlägt, und unter welchen Voraussetzungen die Eliten der verschiedenen „Lager" einer Gesellschaft kooperieren. Die Forschung hält hierfür drei Hauptargumente parat. Das erste Argument stammt von Arend Lijphart. Ihm zufolge entstehen Konkordanzdemokratien, wenn die Eliten der rivalisierenden Lager die bis dahin intensiven und stabilitätsbedrohenden Konflikte mittels Kompromisstechniken zu überbrücken beginnen. Lijphart hat die Niederlande im Sinn, insbesondere die Ereignisse von 1917, die sogenannte *Pacificatie*, aber sein Blick ruht auch auf dem Konfliktmanagement in anderen gesellschaftlich stark zerklüfteten Ländern, wie der Südafrikanischen Republik (Lijphart 1985, 1999). Im Fall der *Pacificatie* trafen die Führer der großen niederländischen Parteien eine Absprache zur Regelung der Konflikte, welche die niederländische Politik beherrschten, vor allem Konflikte über das Schulsystem und die Wahlrechtsfrage. Man vereinbarte eine Paketlösung. Diese umschloss ein allgemeines Verhältniswahlsystem und eine Schulpolitik, welche die staatliche Finanzierung der öffentlichen Schulen wie auch der konfessionellen Privatschulen vorsah. Grundlage dieser Konfliktregelung war ein sozialtechnologisches Management, das durch die Nutzung von Handlungsspielraum auf seiten verantwortlicher Eliten zustande kam. Begünstigt werden konkordanzdemokratische Konfliktschlichtungen des Weiteren durch das Fehlen eines majoritären Segments, durch näherungsweise gleiche Größe und überschaubare Anzahl der Segmente, durch eine kleinere Bevölkerung, geographische Konzentration der Segmente, mäßige Ungleichheit (oder Kompensation derselben durch beherzte Umverteilungspolitik) und schlussendlich das Zusammenschweißen im Inneren eines Landes, das regelmäßig aus einer Bedrohung von außen entsteht.

Eine zweite Schule führt das Emporkommen konkordanzdemokratischer Konfliktregelung vor allem auf historisch gewachsene Traditionen zurück. Ihr zufolge kam die Konkordanzdemokratie nur dort zum Zuge, wo Techniken der Kompromissfindung schon seit längerem praktiziert wurden, wie im Fall der Kooperation von Eliten in Städtebünden (Lehmbruch 1993).

Eine dritte Hypothese erklärt konkordanzdemokratische Elitenkooperation – ergänzend zum entwicklungsgeschichtlichen Ansatz der zweiten Schule – mit dem Erlernen eines Repertoires von Spielregeln und Techniken der Situationsdeutung und mit Kosten-Nutzen-Abwägung der beteiligten Akteure. Gerhard Lehmbruch hat diesen Ansatz maßgeblich entwickelt (Lehmbruch 1987, 1992, 1996). Der entscheidende Passus sei im Wortlaut zitiert: „In jener Entwicklungsphase kulturell-fragmentierter Gesellschaften, die durch die Ausbildung vertikal integrierter ‚Lager' (oder ‚Säulen') charakterisiert ist, entstehen Konkordanzdemokratien aus einem strategischen Kalkül von Organisationseliten der rivalisierenden politischen Lager, die von Mehrheitsstrategien keine sicher kalkulierbaren Gewinne erwarten. Dies kann dadurch bedingt sein, daß in einer gegebenen politischen Tradition keine Erfahrungen mit längerfristig funktionsfähiger Konkurrenzdemokratie vorliegen (Österreich 1945) oder daß potentielle Oppositionsgruppen über institutionelle Instrumente verfügen, um Mehrheitsentscheidungen der Zentralregierung zu konterkarieren (Schweiz). Insbesondere wird dies aber in versäulten Gesellschaften der Fall sein, weil hier die Bindungen der Wähler an die politischen Lager hochgradig stabil und wegen des geringen Potentials an Wechselwählern Strategien der Stimmenmaximierung wenig aussichtsreich sind (...). Dies kann mit der Hypothese verknüpft werden, daß die Entstehung von ‚versäulten' Organisationsnetzen selbst eine Strategie zur institutionellen Absicherung der Position ihrer Elitegruppen gegen gesellschaftlichen Wandel darstellt" (Lehmbruch 1992: 210).

Die Forschung hat auch einen Zusammenhang zwischen Konkordanzdemokratie und neokorporatistischer Interessenvermittlung nachgewiesen. In ihrem Rahmen kooperieren der Staat und mächtige Produzenteninteressen, vor allem Gewerkschaften und Unternehmerverbände, in der Politikformulierung und -durchsetzung. Je stärker die konkordanzdemokratischen Strukturen ausgebaut sind, desto tendenziell stärker ist der Neokorporatismus, also die Kooperation zwischen Staat und Verbänden über mehrere Politiksektoren hinweg, beispielsweise durch Koordination von Lohnpolitik, Geldpolitik der Zentralbank und Finanzpolitik der Zentralregierung (Schmitter/Lehmbruch 1979, Lehmbruch/Schmitter 1982, Lijphart/ Crepaz 1991, Lane/Ersson 1997).

Die verhandlungsdemokratischen Strategierepertoires der Konkordanzdemokratie und der neokorporatistischen Interessenvermittlung haben sich vor allem in Westmitteleuropa (Schweiz, Österreich, Deutschland, Belgien und Niederlande) entwickelt. Diese Strategierepertoires der heutigen Konkordanzdemokratien haben sich in diesen Ländern in je eigentümlichen Entwicklungspfaden moderner Staatlichkeit herausgebildet. Sie knüpfen an institutionelle Anknüpfungspunkte für korporative Repräsentation an, die sich in diesen Ländern seit der Auflösung des „Heiligen Römischen Reiches" erhalten haben und selbst nach Strukturbrüchen wie jenen des nationalsozialistischen Staates wieder auflebten (Lehmbruch 1996).

Zu den Vorzügen der Konkordanzdemokratie zählt man den Minderheitenschutz. Auch wird ihr Potenzial für Bündelung und Vermittlung von Interessen höher eingeschätzt als das der Konkurrenzdemokratien, die den Interessen der Mehrheit Vorfahrt geben, oder das der präsidentiellen Regime, die – wie gezeigt – meist auf konflikthafte Politik programmiert sind. Überdies kommt der Konkordanzdemokratie zugute, dass in ihr in der Regel nicht Nullsummenspiele praktiziert werden – Entscheidungssituationen, in denen nur Sieg oder Niederlage zählt und wo Kooperation nicht lohnt, sondern Nicht-Nullsummenspiele, in denen die Beteiligten durch Kooperation höheren Nutzen erzielen. Ferner ist der Konkordanzdemokratie zugute zu halten, dass die Kosten, die nach gefasster Entscheidung in der Phase des Vollzugs anfallen, in der Regel viel geringer als bei Konfliktregelung durch Majorz oder Hierarchie sind.

Allerdings sind der Konkordanzdemokratie auch erhebliche Nachteile eigen (Lijphart 1977: 50-53). Aufgrund der hohen Mehrheitsschwellen oder des Einstimmigkeitsprinzips sind die bei der Entscheidungsfindung anfallenden Entscheidungskosten hoch. Folgt man der Ökonomischen Theorie der Entscheidungsprozesse (siehe Kapitel 2.7), schrumpfen zwar die „externen Kosten" mit zunehmender Nähe zum Einstimmigkeitsprinzip, doch die Konsensbildungskosten nehmen zu. In Buchanans und Tullocks Terminologie sind demnach die Entscheidungskosten beträchtlich. Allerdings ist zu bedenken, dass Buchanan und Tullock die preisgünstigere Implementation in der Konkordanzdemokratie übersehen. Ein unbestreitbarer Mangel der Konkordanzdemokratie liegt freilich in der nicht unerheblichen Wahrscheinlichkeit der Nichteinigung und somit der Entscheidungsblockade. Um Entscheidungen überhaupt zustande zu bringen, greift man in der Konkordanzdemokratie zu Kompromisstechniken. Zu ihnen gehören Verlängerung des Entscheidungsprozesses, Verminderung umstrittener Verteilungs- oder Umverteilungsprojekte, zeitliche Streckung der Umsetzung von Maßnahmen, Entscheidungsvertagung, Tausch und Paketentscheidungen, mit denen Zugeständnisse in einer Angelegenheit und Gewinne in einer anderen zusammengeschnürt werden. Doch das kann die Problemlösungsfähigkeit der Politik beträchtlich vermindern, wie vor allem die Politikverflechtungstheorie an ähnlichen Untersuchungsgegenständen gezeigt hat (Scharpf u.a. 1976 und Scharpf 1985).

Ferner haben Konkordanzdemokratien eigentümliche Defizite. Ihr Zeitaufwand für Willensbildung und Entscheidungsfindung ist groß. Häufig wird in der Konkordanzdemokratie nur mit erheblichen Verzögerungen über Probleme entschieden, zu deren Bewältigung sie dienen sollte. Nicht zufällig spricht man in der Schweiz von der „üblichen helvetischen Verzögerung" der Reaktion staatlicher Politik auf gesellschaftliche Problemlagen (Kriesi 1980, Abromeit/Pommerehne 1992, Abromeit 1995). Das kann Vorteile mit sich bringen, beispielsweise das Vermeiden von Fehlern, die Frühstarter gemacht haben, aber auch Nachteile, zum Beispiel eine verspätete Reaktion oder gar ein unwiderrufliches Versäumnis.

Aufgrund der hohen Konsensbildungsschwellen kann der Willensbildungs- und Entscheidungsprozess in der Konkordanzdemokratie durch kooperationsunwillige Gruppen sogar besonders einfach und wirksam blockiert werden. Insoweit findet sich die Konkordanzdemokratie einem Problem gegenüber, das der „Tyrannei der Mehrheit" der Majorzdemokratie ähnelt, nämlich dem der Tyrannei der Minderheit durch kalkulierte Kooperationsverweigerung oder Blockade von „Vetospielern", so der politikwissenschaftliche Fachausdruck für die korporativen Akteure, die ein aufschiebendes oder absolutes Veto im politischen Prozess einlegen können (Tsebelis 1995: 301). Welche Schwierigkeiten sich die Konkordanzdemokratie hierdurch einhandelt, zeigt das Vetospielertheorem. Ihm zufolge schrumpft das reformpolitische Potenzial der Regierung um so mehr, je größer die Zahl der Vetospieler, je unähnlicher deren Politikpositionen, je kürzer die Amtszeit einer Regierung, je geringer die Distanz zwischen der jetzigen und der letzten Regierung wächst und je kongruenter die Politikpositionen der Gefolgschaft jedes Vetospielers sind. Umgekehrt gilt: Das Potenzial für Politikänderungen ist um so größer, je kleiner die Zahl der Vetospieler, je ähnlicher deren Politikpositionen, je länger die Amtszeit einer Regierung, je größer die Distanz zwischen der jetzigen und der letzten Regierung ist und je inkongruenter die Positionen der Gefolgschaft jedes Vetospielers sind (Tsebelis 1995 und 1999).

Insoweit erweist sich die Konkordanzdemokratie – unter sonst gleichen Bedingungen – als ein System mit ambivalentem Leistungsprofil. Schwer tut sie sich mit Herausforderungen, die rasche Anpassung, Innovation und größere Kurswechsel auch in kurzer Frist verlangen. Dieses Defizit kann Anpassungs- und Modernisierungsprobleme und somit auf Dauer erhebliche Entwicklungsrisiken nach sich ziehen (Kriesi 1980, Lehner 1989: 93f.). Auch unter demokratietheoretischen Gesichtspunkten muss die Konkordanzdemokratie Kritik einstecken. Viele sehen in ihr einen von Eliten dominierten Prozess, der weithin hinter verschlossenen Türen abläuft, obendrein noch medienfern und wenig geeignet für „Politik als Erlebnis". Für manche ist die Konkordanzdemokratie gar „Demokratie ohne das Volk" (Germann 1976: 438).

Das Leistungsprofil der Konkordanzdemokratie ist ambivalent. Allerdings schneidet sie damit nicht schlechter als die Mehrheitsdemokratien oder andere nichtmajoritäre Demokratien ab. Ferner sind ihre Stärken nicht zu vergessen. Die Integrationskräfte der nichtmajoritären Demokratien, auch der Konkordanzdemokratie, sind beachtlich. Sie können sogar verfeindete Gruppen an einen

Tisch und schlussendlich zur friedlichen Koexistenz bringen. Im günstigsten Fall entsprechen ihre Problemlösungsstrukturen denen einer „umfassenden Organisation" im Sinne von Mancur Olsons *Rise and Decline of Nations* (1982), die sich im ureigenen Interesse nicht mit egoistisch-parochialen Lösungen begnügen kann und – bei rationaler Wahl – Gesamtwohlbelange berücksichtigt. In diesem Fall kann die Konkordanzdemokratie sogar gesellschaftlich breit abgestimmte und zugleich innovative Lösungen finden. So hat Herbert Obingers Studie über die Sozialpolitik in der Schweiz gezeigt, dass die Konkordanz- und die Direktdemokratie einerseits als Bremse der Sozialpolitik wirken und andererseits als ein Rahmen, in dem lang währende Willensbildung und die Verknüpfung verschiedenartigster Interessen langfristig problemadäquate Lösungen hervorbringen können (Obinger 1998: 238f.)

**Vorzüge und Nachteile der Konkurrenzdemokratie**

Die Konkordanzdemokratie wartet beim Leistungstest mit Erfolgen und Misserfolgen auf. Ihre Stärken und Schwächen sind mit denen des alternativen konkurrenzdemokratischen Modells abzuwägen. Zu dessen Vorzügen zählt die zuverlässige Lösung klassischer Probleme der Repräsentativdemokratie. Normalerweise gewährleistet die Konkurrenzdemokratie relativ stabile Regierungen. Ferner ermöglicht sie mit einiger Wahrscheinlichkeit Machtwechsel. Hierdurch schafft sie Voraussetzungen für politische Innovation. Überdies sorgt sie für die eindeutige, übersichtliche und effiziente Übersetzung von Individualpräferenzen in Kollektiventscheidungen sowie für offene und für die Wähler gut nachprüfbare Machtverteilung, Zuständigkeit und Rechenschaftspflichtigkeit. Das sind keine geringen Vorzüge.

Freilich sind der Konkurrenzdemokratie auch Nachteile eigen. In ihr verfügt die Mehrheit zwischen den Wahlterminen über einen großen Spielraum. Den kann sie zu gemeinwohldienlichen Zwecken nutzen, aber auch missbrauchen. Hervorzuheben ist die Anfälligkeit der Konkurrenzdemokratie für die Verselbständigung der Mehrheit. Diese kann bis zum Extrem der Tyrannei der Mehrheit reichen. Die Konkurrenzdemokratie und ihre Mehrheitsregel können folglich zum „demokratischen Äquivalent des königlichen Absolutismus" werden (Lijphart 1977: 100). Zu den Schwächen der Wettbewerbsdemokratie wird man ferner die mangelnde Fähigkeit zählen, Verlierer von Kollektiventscheidungen, beispielsweise Verlierer einer Wahl, zu integrieren. Auch tut sich die Konkurrenzdemokratic aufgrund des Mehrheitsprinzips schwer, Minoritäten einzubinden. Überfordert ist sie, wenn es um den Zusammenhalt einer Gesellschaft geht, die in unterschiedliche gesellschaftliche Lager zerfällt, die sich beispielsweise nach der Zugehörigkeit zu sozialen Klassen, Konfessionsgemeinschaften und ethnischen Gruppen unterscheiden (Cohen 1997). Einer solchen Gesellschaft die Konkurrenzdemokratie überzustülpen, hieße Öl ins Feuer gießen. Ferner sind die Kosten beträchtlich, die in einer Konkurrenzdemokratie in der Phase des Entscheidungsvollzugs anfallen. Jetzt rächt sich, dass die Implementierungskosten nicht schon im Willensbildungsprozess gewogen und gegebenenfalls internalisiert worden sind. Nicht zuletzt stärkt die Konkurrenzdemokratie den wettbewerblichen und den konfliktbetonten Charakter der Politik. Das macht Politik unterhaltsamer und fügt sich einem Politikverständnis, das den Kampf betont. „Politik ist: Kampf", sagte Max Weber (1984b: 460, Anm. 2). Doch Kampfeslust kann destabilisieren. Das ist beispielsweise der Fall, wenn der Wettbewerb zu harter Konfrontation, Mehrheitstyrannei und zahlreichen Regierungswechseln führt, die ihrerseits „stop and go"-Politik und somit Unstetigkeit mit langfristiger Destabilisierung hervorrufen.

Vom Loblied auf die Konkurrenzdemokratien bleibt folglich weniger übrig, als nach dem Urteil der älteren vergleichenden Politikwissenschaft zu erwarten war. Im Vergleich mit der Konkurrenzdemokratie erreicht die Konkordanzdemokratie in den vorliegenden Bilanzen zwar nicht glanzvolle, aber zumindest ordentliche Noten und gleichwertige Zeugnisse (siehe auch Abromeit/ Pommerehne 1992, Kleinfeld/Luthardt 1993).

Allerdings sind die vorliegenden Bilanzen punktuell und lückenhaft. Vor allem fehlt eine systematisch vergleichende Analyse der Leistungen und Schwächen aller konkurrenz- und konkordanzdemokratischen Systeme, einschließlich der „gemischten Demokratien" (siehe Tabelle 4). Zwischenergebnisse von Studien des Verfassers dieses Buches stützen die – noch zu prüfende – These, dass die Konkordanzdemokratien im Vergleich mit Konkurrenzdemokratien vergleichsweise gut abschneiden. Zum Beispiel sind in den Konkordanzdemokratien Konflikte zwischen den Arbeitsmarktparteien geringer an Zahl und insgesamt weniger heftig als in den typischen Konkurrenzdemokratien. Überdies haben die Konkordanzdemokratien höhere Barrieren gegen die Mehrheitsherrschaft errichtet als die Wettbewerbsdemokratien. Auffällig ist zudem, dass die Konkordanzdemokratien sozialstaatlich meist stärker engagiert sind als die konkurrenzdemokratisch regierten Länder (Schmidt 1999b).

Doch dafür ist ein Preis zu zahlen. Zum Teil wird die starke Sozialpolitik durch höhere Produktivität ermöglicht, aber auch durch höhere Arbeitslosigkeit erkauft. Diese Zusammenhänge legen die These nahe, dass in Konkordanzdemokratien der Zielkonflikt zwischen Effizienz und Gleichheit (Okun 1975) anders als in Konkurrenzdemokratien bewältigt wird: Verteilungsgerechtigkeit (für die unter anderem die Sozialleistungsquote ein Maßstab ist) wird höher bewertet und auf etatistischerem Weg verfolgt. In den meisten Konkurrenzdemokratien hingegen legen die Regierungen das Schwergewicht auf wirtschaftspolitische Effizienz (gemessen durch gesamtwirtschaftliche Indikatoren wie Wirtschaftswachstum) unter Hintanstellung staatlich zustande gebrachter Verteilungsgerechtigkeit, was jedoch der größere beschäftigungspolitische Erfolg teilweise wettmacht.

**Kapitel 3.3**
**Mehrheits- und Konsensusdemokratie**

In der vergleichenden Demokratieforschung kommen verschiedene Vorgehensweisen zum Zuge. Am häufigsten werden qualitative Auswertungsverfahren zur Untersuchung ausgewählter Staaten oder eines Landes angewandt. Hiervon sind die quantifizierenden Ansätze zu unterscheiden. Sie bedienen sich standardisierter Beobachtungsverfahren und statistischer Auswertungen und streben nach der Analyse einer möglichst repräsentativen Stichprobe aller Demokratien oder einer Gesamterhebung. Der qualitative Ansatz kam häufig in den Studien zur Konkordanzdemokratie zum Zuge, die im vorangehenden Kapitel erörtert wurden. Der quantitative Ansatz hingegen wurde bislang vor allem in Beiträgen der englischsprachigen Forschung verwendet, so in Bingham Powells *Contemporary Democra-*

*cies* (1982) und in dem bahnbrechenden Vergleich verfassungsstaatlicher Demokratien, den Arend Lijphart 1984 unter dem Titel *Democracies* publiziert und 1999 in *Patterns of Democracy* weitergeführt hat. *Democracies* und *Patterns of Democracy* sind der ehrgeizige Versuch, die Strukturen der Demokratie in den westlichen Staaten systematisch vergleichend zu erfassen. Die Vorgehensweise und die wichtigsten Ergebnisse dieser Studien werden in diesem Kapitel unter vorrangiger Berücksichtigung der neuesten Arbeiten von Lijphart vorgestellt und kritisch gewürdigt.

**Lijpharts Mehrheits- und Konsensusdemokratietypen**

Lijphart startet von der Gegenüberstellung zweier Idealtypen der Demokratie, des Modells der „Westminster"- oder „Mehrheitsdemokratie" und des „Konsensusdemokratie"-Modells. Lijpharts neuestem Werk zufolge kennzeichnen zehn Hauptmerkmale die reine Mehrheitsdemokratie:

1. Konzentration der Exekutivmacht in den Händen einer alleinregierenden Mehrheitspartei,
2. Dominanz der Exekutive über die Legislative,
3. Zweiparteiensystem oder ein nach der Zahl der wichtigen Parteien ihm nahe stehender Typus,
4. Mehrheitswahlsystem mit disproportionaler Stimmen- und Sitzverteilung,
5. pluralistisches Interessengruppensystem,
6. unitarischer und zentralisierter Staat,
7. Einkammersystem,
8. eine mit einfachen Mehrheiten veränderbare Verfassung oder Fehlen einer geschriebenen Verfassung,
9. Letztentscheidungsrecht der Legislative über die Konstitutionalität der Gesetzgebung und
10. eine von der Exekutive abhängige Zentralbank.

Das Gegenstück zur Mehrheitsdemokratie ist die „Konsensusdemokratie" (*consensus democracy*) oder „Verhandlungsdemokratie" (*bargaining democracy*) (Lijphart 1999: 2, Stenelo/Jerneck 1996). Zehn Merkmale kennzeichnen den Idealtypus der Konsensusdemokratie:

1. Aufteilung der Exekutivmacht auf eine Vielparteienkoalition,
2. formelles und informelles Kräftegleichgewicht zwischen Exekutive und Legislative,
3. Vielparteiensystem,
4. Verhältniswahlrecht,
5. koordinierte und korporatistische Interessengruppensysteme,
6. föderalistischer und dezentralisierter Staatsaufbau,
7. Zweikammersystem mit gleich starken und unterschiedlich konstituierten Kammern,
8. eine nur schwer zu verändernde geschriebene Verfassung, deren Änderung die Zustimmung sehr großer Mehrheiten voraussetzt,
9. ausgebaute richterliche Nachprüfung der Gesetzgebung und
10. eine autonome Zentralbank.

Der Unterschied zwischen Lijpharts Mehrheitsdemokratie und Konsensusdemokratie ist groß. Die Mehrheitsdemokratie konzentriert die politische Macht; sie verschafft der Parlamentsmehrheit und der aus ihr hervorgehenden Exekutive in der Politikgestaltung weitgehend freie Bahn. Die Konsensusdemokratie hingegen zielt auf Machtauftteilung, auf Sicherungen und Gegenkräfte gegen die Mehrheit in der Legislative und gegen die vollziehende Staatsgewalt. Die Konsensusdemokratie will zudem der Minderheit gesicherte Chancen der Machtteilhabe geben, beispielsweise durch ein suspensives oder absolutes Veto und durch hohe Zustimmungsschwellen wie qualifizierte Mehrheiten. Und somit begrenzt die Konsensusdemokratie den Spielraum der Mehrheit im Parlament und den der Exekutive nachhaltig.

Der Vollständigkeit halber ist anzumerken, dass die Konsensusdemokratie nicht identisch ist mit der im letzten Kapitel erörterten Konkordanzdemokratie. Lijphart erörterte den Unterschied zwischen beiden wie folgt: Die Konsensusdemokratie strebe nach Machtteilung, die Konkordanzdemokratie hingegen erfordere sie und schreibe vor, dass hierbei alle wichtigen Gruppen berücksichtigt werden. Ferner begünstige die Konsensusdemokratie die Autonomie von Gesellschaftssegmenten, die Konkordanzdemokratie hingegen setze solche Autonomie voraus (Lijphart 1989b: 41).

*Tabelle 5:* Operationalisierung der theoretischen Konzepte von Lijpharts Mehrheits- und Konsensusdemokratie

| Konzept | Indikator |
|---|---|
| 1. Grad der Konzentration oder Aufteilung der Exekutivmacht | Mittelwert der Regierungsdauer (in Prozent des gesamten Untersuchungszeitraumes) der jeweils kleinstmöglichen Koalition (minimal-winning cabinets) und der Regierungsdauer eines Einparteienkabinetts (Lijphart 1999: 109ff.) |
| 2. Kräfteverhältnis zwischen Exekutive u. Legislative/Dominanz der Exekutive | Durchschnittliche Lebensdauer von Kabinetten in Monaten (Lijphart 1999: 116ff.). |
| 3. Fragmentierungsgrad des Parteiensystems | Laakso-Taagepera-Indikator der Anzahl der wichtigsten Parteien der zentralstaatlichen Legislative (1. Kammer) (N=1/ $\Sigma s^2$, $s^2$= quadrierter Sitzanteil jeder Partei im Parlament) (Lijphart 1999: 68ff.) |
| 4. Ausmaß der wahlrechtsbedingten Disproportionalität von Stimmen- und Parlamentssitzverteilung | Gallagher-Index (Wurzel aus der durch 2 dividierten Summe der quadrierten Stimmenanteil- und Parlamentssitzanteildifferenz aller (größeren) Parteien der zentralstaatlichen Legislative) (Lijphart 1999: 158ff.) |
| 5. Pluralistisches oder korporatistisches System der Interessenverbände/ Pluralismusgrad | Interessengruppenpluralismus-Korporatismus-Index in den 60er und 70er Jahren nach Siaroff mit Ergänzungen (Lijphart 1999: 176ff.) |
| 6. Machtaufteilungsgrad der Staatsstruktur (Dezentralisierter Föderalismus oder zentralisierter Einheitsstaat) | Föderalismus- und Dezentralisationsgrad Skala von 1 (unitarisch und zentralisiert) bis 5 (föderal und dezentralisiert) (Lijphart 1999: 188ff.) |
| 7. Konzentrations- bzw. Aufteilungsgrad der Legislativmacht (Einkammer- bzw. Zweikammersystem) | Skala der Legislativmachtkonzentration 4er-Skala von 1 (Unikameralismus) bis 4 (starker Bikameralismus) (Lijphart 1999: 211ff.) |
| 8. Schwierigkeitsgrad der Verfassungsänderung | 4er-Skala der zur Verfassungsänderung erforderlichen Mehrheit: 1 = einfache Mehrheiten, 4 = mehr als Zweidrittelmehrheit („Supermehrheiten") (Lijphart 1999: 218 ff.) |
| 9. Letztentscheidungsrecht über Gesetzgebung (Parlament oder Verfassungsgerichtsbarkeit) | 4er-Skala der Stärke der verfassungsrichterlichen Überprüfbarkeit der Gesetze: 1 = keine Überprüfung, 4 = stark ausgeprägte Überprüfung (Lijphart 1999: 225ff.) |
| 10. Grad der Zentralbankautonomie | Mittelwert aus verschiedenen Indizes der Zentralbankautonomie nach Cukiermann u.a., Grilli u.a. und Francis u.a. (Lijphart 1999: 235ff.) |

Anmerkungen: Zusammenstellung auf der Grundlage von Lijphart 1999.

*Tabelle 6:* Strukturen der Demokratie nach Lijphart: Exekutive-Parteien-Dimension und Föderalismus-Unitarismus-Dimension in 36 Staaten

| Land | Exekutive-Parteien-Dimension | Föderalismus-Unitarismus-Dimension |
|---|---|---|
| Australien | -0,78 | 1,71 |
| Bahamas | -1,53 | -0,16 |
| Barbados | -1,39 | -0,44 |
| Belgien | 1,08 | 0,01 |
| Botsuana | -1,26 | -0,50 |
| Bundesrepublik Deutschland | 0,67 | 2,52 |
| Costa Rica | -0,34 | -0,44 |
| Dänemark | 1,25 | -0,31 |
| Finnland | 1,53 | -0,84 |
| Frankreich V. Republik | -1,00 | -0,39 |
| Griechenland | -0,73 | -0,75 |
| Großbritannien | -1,21 | -1,12 |
| Indien | 0,29 | 1,22 |
| Irland | 0,01 | -0,42 |
| Island | 0,52 | -1,03 |
| Israel | 1,47 | -0,98 |
| Italien | 1,07 | -0,21 |
| Jamaika | -1,64 | -0,28 |
| Japan | 0,70 | 0,21 |
| Kanada | -1,12 | 1,78 |
| Kolumbien | -0,06 | -0,46 |
| Luxemburg | 0,43 | -0,90 |
| Malta | -0,89 | -0,40 |
| Mauritius | 0,29 | -0,04 |
| Neuseeland | -1,00 | -1,78 |
| Niederlande | 1,23 | 0,33 |
| Norwegen | 0,63 | -0,66 |
| Österreich | 0,33 | 1,12 |
| Papua-Neuguinea | 1,09 | 0,29 |
| Portugal | 0,36 | -0,70 |
| Schweden | 0,82 | -0,67 |
| Schweiz | 1,77 | 1,52 |
| Spanien | -0,59 | 0,41 |
| Trinidad und Tobago | -1,41 | -0,15 |
| USA | -0,54 | 2,36 |
| Venezuela | -0,05 | 0,16 |

*Quelle:* Lijphart 1999: 312. Lijpharts Daten sind Durchschnittswerte der Nachkriegsperiode (bzw. der Periode ab Beginn der jeweiligen Demokratiephase) bis 1996. Exekutive-Parteien-Dimension: niedrige Werte (negative Vorzeichen) kennzeichnen eine ausgeprägte Mehrheitsdemokratiestruktur (z.B. Großbritannien), hohe Werte (positive Vorzeichen) zeigen starke Konsensusdemokratiestrukturen an (Beispiel: Schweiz). Föderalismus-Unitarismus-Dimension: niedrige Werte (negative Vorzeichen) zeigen eine hohe Konzentration politischer Macht (zentralisierter Einheitsstaat) an, und hohe Werte (positive Vorzeichen) indizieren eine Machtaufteilung (wie im Falle eines dezentralisierten Föderalismus, z.B. USA, Schweiz, Deutschland und Kanada). Die Daten sind standardisierte (z-transformierte) Durchschnittswerte der standardisierten (z-transformierten) Originalmesswerte. Die Exekutive-Parteien-Dimension basiert auf den ersten fünf Merkmalen der Tabelle 5 und die Föderalismus-Unitarismus-Dimension auf den Merkmalen 6 bis 10 der Tabelle 5.

Zurück zum Unterschied zwischen Mehrheits- und Konsensusdemokratie. In welchem Ausmaß kommen die westlichen Länder diesen Idealtypen nahe? Die Beantwortung der Frage setzt genaue Messungen voraus. Das erfordert die Übersetzung von Begriffen in beobachtbare und messbare Größen. In der Wissenschaft bezeichnet man dies als Operationalisierung. Das ist ein Fachausdruck der Methodenlehre für die Messbarmachung eines Begriffs, die entweder durch die Angabe der Arbeitsschritte (Operationen) erfolgt, die auszuführen sind, um einen durch den Begriff bezeichneten Sachverhalt zu erfassen, oder durch Benennung jener Ereignisse, die das Vorliegen dieses Sachverhaltes anzeigen. Zur Operationalisierung benötigt man Indikatoren, also „Anzeiger" für die Begriffe. Über die Operationalisierung der Mehrheits- und Konsensusdemokratiestrukturen nach Lijphart (1999) unterrichtet Tabelle 5. So wird beispielsweise der Grad der Konzentration oder Aufteilung der Exekutivmacht durch den Mittelwert der Regierungsdauer (in Prozent des gesamten Untersuchungszeitraums) der jeweils kleinstmöglichen Koalition (minimal-winning cabinets) und der Regierungsdauer eines Einparteienkabinetts gemessen (Lijphart 1999: 109ff.).

Mit diesen Variablen erkundet Lijphart die Strukturen der Demokratien. Wer ihm dabei folgen will, wird den Blick in das Herzstück von Lijpharts Demokratievergleich besonders hilfreich finden. Tabelle 6 enthält die hierfür erforderlichen Zahlen. Diese informieren über die zwei wichtigsten Dimensionen, die den – anhand der Indikatoren von Tabelle 5 erfassten – Demokratiestrukturen zugrunde liegen. Das sind die „Exekutive-Parteien-Dimension" und die „Föderalismus-Unitarismus-Dimension", so Lijpharts Bezeichnung für den ersten und den zweiten statistischen Faktor (im Sinne eines per Faktorenanalyse aufgedeckten Faktors) der Messungen der Demokratiestruktur. Der Exekutive-Parteien-Faktor ist ein standardisierter Durchschnittswert der jeweils ebenfalls standardisierten Originalwerte der ersten fünf Indikatoren von Tabelle 5 (Konzentration der

Exekutivmacht, Dominanz der Exekutive, Fragmentierung des Parteiensystems, wahlrechtsbedingte Disproportionalität und Interessengruppenpluralismus). Der Faktor Föderalismus-Unitarismus ist der standardisierte Durchschnittswert der ebenfalls standardisierten Originalwerte der restlichen fünf Variablen der Tabelle 5: Föderalismus- und Dezentralisierungsgrad, Ein- bzw. Zweikammersystem, Schwierigkeitsgrad der Verfassungsänderung, Ausmaß der richterlichen Gesetzesüberprüfung und Zentralbankautonomie. Die Standardisierung der Daten erfolgt durch z-Transformation. Mit ihr können verschiedenartige Messwertreihen standardisiert und hierdurch vergleichbar gemacht werden. Technisch geschieht dies durch Umwandlung (Transformation) der Originalzahlen einer Messwertreihe in ihre Abweichung vom Mittelwert und Division der Abweichung durch die Standardabweichung der Messwertreihe. (Die Standardabweichung ist die Quadratwurzel der durch die Zahl der Messwerte dividierten Summe der quadrierten Abweichung jedes Messwertes vom arithmetischen Mittel der Messwertreihe). Die hieraus resultierenden z- Werte geben Aufschluss über die relative Lage eines Messwertes in einer (nunmehr standardisierten) normalverteilten Population von Messwerten (siehe Tabelle 6).

**Demokratiestrukturen in 36 Staaten**

Mit diesen Instrumenten erkundet Lijphart die Strukturen der Demokratie in 36 demokratisch verfassten Staaten. Von den vielen Ergebnissen dieser Studie sind unter anderem die folgenden vier besonders interessant.

Erstens: Es gibt nicht nur eine Demokratieform, sondern vielmehr verschiedene Demokratien mit höchst unterschiedlichen Strukturen.

Zweitens: Besondere Erwähnung verdient die Unterscheidung zwischen Mehrheits- und Konsensusdemokratien. Manche Staaten sind überwiegend mehrheitsdemokratisch verfasst, beispielsweise Großbritannien, andere überwiegend konsensusdemokratisch, so die Schweiz. Eine dritte Gruppe besteht aus Mischformen, so beispielsweise die Bundesrepublik Deutschland.

Drittens: Nicht nur der Unterschied zwischen Mehrheits- und Konsensusdemokratie ist wichtig, sondern auch der zwischen dezentralisierten, föderalistischen und zentralisierten, einheitsstaatlichen demokratischen Staaten. Lijpharts Studien decken vier Haupttypen auf: a) einheitsstaatliche Mehrheitsdemokratie (Beispiel: Großbritannien), b) föderale Mehrheitsdemokratie (USA), c) einheitsstaatliche Konsensusdemokratie (beispielsweise die nordischen Staaten und die Benelux-Länder) und d) föderalistische Konsensusdemokratien, unter ihnen Deutschland, Österreich und die Schweiz.

Viertens: Die verschiedenen Demokratietypen machen auch einen Unterschied in der Staatstätigkeit. Vor allem schneidet die Mehrheitsdemokratie, die lange als die bessere Demokratiespielart galt, in Fragen politisch-ökonomischer Steuerung und innerstaatlicher Friedenssicherung nicht besser als die Konsensusdemokratien ab (Lijphart 1999: 258ff.). Urteilt man nach der Demokratiequalität, beispielsweise nach Wahlbeteiligung, politischer Repräsentation von Frauen und Demokratiezufriedenheit, so übertreffen die Konsensusdemokratien sogar die Mehrheitsdemokratien. Gleiches gilt für sozialpolitische Felder. In den Konsensusdemokratien wird eher als in den Mehrheitsdemokratien eine Politik zugunsten einer „freundlicheren und sanfteren Gesellschaft" praktiziert, zum Beispiel durch höheren sozialpolitischen Aufwand (Lijphart 1999: 275ff.). Überdies waren die Regierungen und Notenbanken in den Konsensusdemokratien bei der Inflationsbekämpfung erfolgreicher als die meisten Mehrheitsdemokratien und legten somit zugleich den Grund für eine auch außenwirtschaftlich starke Währung (Freitag 1999: 112, 204).

Lijpharts *Patterns of Democracies* dient nicht nur dazu, Strukturen der modernen Massendemokratie zu beschreiben. Seine Studie steuert auch Antworten zur Frage bei, welches Demokratiemodell sich am besten für bestimmte Gesellschaftssysteme eignet. Die Mehrheitsdemokratie beispielsweise passt besonders gut für Länder mit vergleichsweise homogener Gesellschaft, d.h. für Staaten, die nicht in voneinander scharf abgegrenzte Subkulturen oder „Lager" zerfallen, wie eine von tiefen Klassengegensätzen oder konfessionellen Spaltungen geformte Gesellschaft. Für Gesellschaften mit mehreren Subkulturen oder „Lagern" eignet sich die Konsensusdemokratie im Prinzip besser zur Integration sowie zur politischen Willensbildung und Entscheidungsfindung – vorausgesetzt, die Bedingungen sind weitgehend erfüllt, die in der Theorie der Konkordanzdemokratie erörtert wurden (siehe Kapitel 3.2). Vielparteiensysteme sind entgegen einer weit verbreiteten Meinung, beispielsweise der von Ferdinand Hermens (1931), nicht notwendigerweise instabil. Auch das zeigen Lijpharts Studien. Ob die Vielparteiensysteme stabil oder instabil sind, hängt nicht notwendigerweise von der Zahl der Parteien ab, sondern von zahlreichen anderen institutionellen und kulturellen Faktoren, nicht zuletzt auch vom Tun und Lassen der politischen Eliten (Powell 1982, Berg-Schlosser/De Meur 1994, 1996).

### Kritische Würdigung der Lijphart-Studie von 1999

Das ist eine interessante These, ebenso interessant wie jene der größeren Leistungskraft der Konsensusdemokratien. Doch letztere These bedarf einer Einschränkung und einiger Differenzierungen.

Erstens: Die Unterschiede zwischen den Konsensus- und den Mehrheitsdemokratien sind Gruppenunterschiede. Folglich verdekken sie gruppeninterne Unterschiede. Doch diese sind beträchtlich. In Deutschlands konsensusdemokratischen Strukturen beispielsweise sind mehr Friedenssicherung und weitaus höhere sozialstaatliche Leistungen zustande gebracht worden als in Indien, Israel und Papua-Neuguinea. Und auch in Mehrheitsdemokratien wurde mitunter die Sozialpolitik weit ausgebaut und dadurch, so Lijpharts These, eine „freundlichere und sanftere Gesellschaft" geschaffen. Frankreich ist hierfür eine Paradefall.

Zweitens: Manche der Zwischen-Gruppen-Unterschiede sind vergleichsweise klein.

Drittens: Ohne nähere Prüfung anderer Bestimmungsfaktoren ist keineswegs ausgemacht, dass die unterschiedlichen Leistungsprofile ihre Ursachen in der Konsensus- bzw. der Mehrheitsdemokratie haben. Davon unberührt bleibt die Vermutung, dass in den Konsensusdemokratien nicht wenige Probleme besser als in den Majorzdemokratien geregelt werden. Die Betonung liegt auf „in"; diese Formulierung lässt allerdings die Frage nach Ursache und Wirkung offen.

Viertens: Es ist nicht immer klar, auf welchen Wechselwirkungen die aufgedeckten statistischen Korrelationen zwischen Demokratiestrukturen und politischer Performanz in Wirklichkeit beruhen. Gewiss: Lijpharts Auswertungen weisen einen statistischen Zusammenhang beispielsweise zwischen der Kluft, die Arm von Reich trennt, und der „Exekutive-Parteien-Dimension" nach. Aber wie ist das inhaltlich zu verstehen? Auf welche Weise und über welche Instrumente sollte denn die Verteilung zwischen Arm und Reich beispielsweise von der wahlsystembedingten Disproportionalität von Stimmen und Sitzverteilungen beeinflusst sein? Die Wirkungsketten müssten genauer benannt und möglichst direkt gemessen werden. Ferner: Lijpharts Föderalismus-Unitarismus-Indikator variiert mit der Inflationsrate. Je höher die Werte des Föderalismus-Unitarismus-Indikators, desto niedriger die Inflationsrate. So weit so gut. Doch woran liegt das? Gewiss spielen dabei die Zentralbankautonomie eine hervorragende und der Föderalismus eine wichtige Rolle (Busch 1995). Aber was ist mit zwei der verfassungsrechtlichen Indikatoren, die ebenfalls in die Messung der Föderalismus-Unitarismus-Dimension eingehen? Soll die Inflationsrate wirklich kausal mit der richterlichen Nachprüfbarkeit von Gesetzen und den Schwierigkeiten der Verfassungsrevision zusammenhängen? Es ist wenig in Sicht, was dies belegen könnte.

Fünftens: Manche Auswertungen lassen Fragen offen. Lijpharts „Exekutive-Parteien"-Faktor beispielsweise kovariiert direkt mit der Höhe der Sozialleistungsquote, also mit dem Anteil der öffentlichen Sozialausgaben am Sozialprodukt. Je höher der eine Faktor, desto höher der andere. Aber: Lijpharts zweite Demokratiedimension, der Föderalismus-Unitarismus-Faktor, variiert nicht direkt, sondern invers mit der Sozialleistungsquote. Doch das wird in Lijpharts Bilanz nicht berücksichtigt und wird dort von der These vom besseren Leistungsprofil der Konsensusdemokratien überdeckt. Hier würde eine Auswertung weiterführen, die das Leistungsprofil getrennt nach den vier Demokratietypen (föderalistische Mehrheitsdemokratie, einheitsstaatliche Mehrheitsdemokratie, bundesstaatliche Konsensusdemokratie und unitarische Konsensusdemokratie) untersucht und dafür offen ist, dass ein bestimmter Konsensusdemokratietypus – nämlich der föderalistische – die Sozialstaatstätigkeit beispielsweise eher bremst als ausbaut.

Sechstens: Politikresultate kann man nicht direkt aus Demokratiestrukturen erklären. Vielmehr bedürfen die Demokratiestrukturen der Umsetzung in das Tun und Lassen von Individual- oder Kollektivakteuren wie Regierungsparteien. Doch diesen Analyseschritt unterlässt Lijphart, der gesellschaftliche Tatbestände vorzugsweise aus Strukturen und Funktionen erklärt. Unternimmt man den Schritt zur handlungstheoretischen Untermauerung, so werden Ergebnisse zutage gefördert, die Lijpharts These zugleich härten und differenzieren. Einen besonders großen pro-sozialstaatlichen Effekt hat die Konsensusdemokratie beispielsweise erst dort, wo zweierlei gegeben ist: ein relativ hohes wirtschaftliches Entwicklungsniveau und somit der Bedarf wie auch die erforderlichen Ressourcen für aufwendige Sozialpolitik, sowie die Regierungsbeteiligung von sozialstaatsfreundlichen Parteien, allen voran sozialdemokratischen und christdemokratischen Parteien (Schmidt 1999b).

Siebtens: Nicht alle Demokratiestrukturen hat Lijphart gleich gut gemessen. Der Interessenpluralismus-Korporatismus-Indikator beispielsweise ist pseudoexakt. Ist Griechenlands Interessengruppenpluralismus wirklich genau 3,5-mal so groß wie jener der Schweiz? Liegt der Korporatismusgrad Papua-Neuguineas tatsächlich genau um 0,58 Punkte unter dem des österreichischen Korporatismus?

Achtens: In seiner neuesten Studie hat Lijphart sehr reiche und arme Demokratien zusammengewürfelt. Die Mehrzahl der ärmeren Demokratien aber liegt näher bei den Mehrheits- als bei den Konsensusdemokratien. Weil ärmere Länder aber meist ein geringeres politisches Leistungsprofil als reichere Staaten haben, schlägt ihr Entwicklungsstand zum Nachteil der Mehrheitsdemokratien zu Buche. Aber das könnte sich mit zunehmender wirtschaftlicher Reifung ändern und könnte somit einen Teil des – infolge der Untersuchungsfälle teilweise verzerrten – Leistungsvorsprungs der Konsensusdemokratien schmälern.

Verknüpft man Lijpharts Analyse der westlichen Demokratien mit Befunden der Staatstätigkeitsforschung zu den Folgen von Machtwechseln (Schmidt 1991), so liegt eine Hypothese nahe, die über Lijpharts Erkundung der Leistungsprofile der Demokratie hinausgeht. Die Mehrheitsdemokratien sind Staaten, in denen die politische Macht der Mehrheit in der Legislative und der Exekutive besonders hoch konzentriert und nur lose gezügelt wird. In solchen Staaten kann ein Machtwechsel zwischen Regierung und Opposition besonders große Richtungswechsel in der Staatstätigkeit herbeiführen. Hier haben die Mehrheiten nämlich wenige Gegenkräfte, Kontrollinstanzen, „Mitregenten" oder „Nebenregierungen" gegen sich. Folglich ist ihr Handlungsspielraum in institutioneller Hinsicht groß. Je nach politischem Willen und Geschick kann er genutzt werden. Wie die Regierungspolitik der britischen Labour

Party und die der britischen Conservative Party verdeutlichen, geschieht dies auch (Moon 1995). In die gleiche Richtung wies zuvor die Politik der nordeuropäischen Sozialdemokratie zumindest bis Ende der 80er Jahre: Politik zum Schutz gegen Marktabhängigkeit war ihre Losung (Esping-Andersen 1985 und 1990).

Viel geringer ist meist der Spielraum für radikale Kurswechsel in einer dezentralisierten Konsensusdemokratie als in der zentralisierten Mehrheitsdemokratie. Dort ist die politische Macht nicht konzentriert, sondern aufgeteilt und somit gezähmt oder zumindest gezügelt. Unter diesen Bedingungen führen selbst größere Regierungswechsel häufig keine grundlegenden Richtungswechsel der Staatstätigkeit herbei, es sei denn, offene oder verdeckte Große Koalitionen einigten sich auf Planung und Durchführung einer Politikwende. Das erklärt, warum in Ländern mit starker konsensusdemokratischer Struktur, wie in der Schweiz und in Ländern mit gemischter konsensus- und mehrheitsdemokratischer Institutionenordnung, wie der Bundesrepublik Deutschland, radikale Kurswechsel nach rechts oder links selten sind oder gar nicht vorkommen. Das trägt auch zur Erklärung dafür bei, warum sich die sozial-liberale Koalition aus SPD und FDP in den 70er Jahren mit ihrer „Politik der Inneren Reformen" ähnlich schwer tat wie später die CDU/CSU/ FDP-Regierung mit dem Programm einer konservativ-liberalen „Wende" und die rot-grüne Koalitionsregierung nach 1998 (Schmidt 1978, Lehmbruch 1989). Konsensusdemokratische Schranken schließen die Fähigkeit zu Kurswechseln in der Regierungspolitik allerdings nicht aus. Auch das zeigt die Geschichte der Bundesrepublik Deutschland. Soweit diese Kurswechsel Verfassungsänderungen oder zustimmungspflichtige Gesetze erfordern, setzen sie indes die Bildung einer formellen oder informellen Großen Koalition aus Bundestagsmehrheit und Bundesratsmehrheit sowie aus Bundesregierung und Opposition voraus (Schmidt 1996b).

Lijpharts *Pattern of Democracies* ist ein bahnbrechendes Werk, das die Strukturen der Demokratie in mehr Ländern als je zuvor und genauer als bislang erforscht hat. Auch verdienen die Übersichtlichkeit und Nachprüfbarkeit der Argumentation Anerkennung. Weil es so gut nachprüfbar ist, erleichtert das Buch allerdings der Kritik das Geschäft. Lijphart legt einen Demokratiebegriff zugrunde, der einerseits sehr weit gefasst und andererseits bei essentiellen Komponenten der Demokratie zurückhaltend ist, wie hinsichtlich der Entscheidung der Wähler über Wahl und Abwahl der Regierenden oder der Reichweite des Wahlrechts. Auch eine direkte Messung der Reichhaltigkeit der Partizipationschancen fehlt, wenngleich die Wahlbeteiligung später als eine von den Demokratiestrukturen abhängige Variable erörtert wird. Erstaunlicherweise wird von Lijphart ein gewichtiger Unterschied der Beteiligungschancen der Staatsbürger in den demokratischen Verfassungsstaaten in *Democracies* erwähnt, aber nicht weiter berücksichtigt und in den späteren Analysen ganz ausgeblendet: die Differenz zwischen Repräsentativ- und Direktdemokratie. Insofern wird der Demokratiegehalt von Ländern mit ausgeprägten direktdemokratischen Beteiligungsrechten in Lijpharts Typologie unterschätzt (Kapitel 3.4). Berücksichtigt man die Direktdemokratie, tritt überdies ein Befund zutage, der Lijphart irritieren müsste: Ihm zufolge kommt die Schweiz dem Idealtyp der Konsensusdemokratie am nächsten. Doch der Schweiz sind ausgeprägt plebiszitärdemokratische Züge eigen. Aber plebiszitärdemokratische Arrangements enthalten besonders scharfe mehrheitsdemokratische Waffen! Das gilt auch dann, wenn die Direktdemokratie – wie im Falle des Referendums in der Schweiz – mittelbar zur Herausbildung konkordanzdemokratischer Strukturen beigetragen hat.

Während die Beteiligungsrechte und ihre Nutzung von Lijphart zu kurz belichtet werden, kommen Strukturelemente des Regierungs-, Parteien- und Wahlsystems sowie des Verfassungsstaates in ausreichendem Umfang zum Zuge. Anfang der 90er Jahre hat Lijphart dem sogar die Messung der Beziehungen zwischen Staat und Verbänden sowie die der Zentralbankautonomie hinzugefügt (Lijphart/Crepaz 1991). Doch in gewisser Weise wird dadurch die Untersuchung der Demokratieformen überfrachtet. Man kann dies schon an Lijpharts Bezeichnungen der beiden Demokratiedimensionen ablesen: Sie passen nicht vollständig zu ihren Komponenten. Die „Exekutive-Parteien"-Dimension enthält mehr als nur vollziehende Gewalt und Parteien; zu ihr gehören auch Staat-Verbände-Strukturen. Und Lijpharts „föderalistisch-unitarische" Demokratiedimension enthält mehr als Bundes- oder Einheitsstaatlichkeit. Zu ihr gehören auch Gradmesser des Verfassungsstaates und der Delegation von Staatsmacht an Expertokratien wie im Falle einer autonomen Zentralbank. Doch beides ist begrifflich von Föderalismus oder Einheitsstaat strikt zu trennen. Gemeinsam ist diesen Indikatoren nicht das Föderale oder Unitarische, sondern vielmehr die Fesselung der Legislative und der Exekutive durch machtaufteilende und gewaltenbalancierende Einrichtungen. Gemeinsam ist diesen Indikatoren mithin die Mäßigung der Demokratie – im Sinne des Wirkens von Gegenkräften gegen die Macht der gewählten Volksvertretung und der aus ihr hervorgehenden Exekutive, oder – im Fall des Präsidentialismus – gegen die Macht des direkt oder über Wahlmänner gewählten Präsidenten. Die Zügelung, ja Fesselung, des Demos und der von ihm Gewählten wird hier gemessen, die Konstitutionalisierung der Demokratie.

**Indikatoren moderner „gemäßigter" Demokratien**

Insofern liegt es nahe, die Indikatoren, mit denen Lijphart die Föderalismus-Unitarismus-Dimension erfassen möchte, als Anzeiger der Zähmung der Mehrheit in der zentralstaatlichen Legislative und der aus ihr hervorgehenden Exekutive zu werten. Mit diesen Indikatoren werden faktisch moderne Spielarten „gemäßigter Demokratie" gemessen, um eine grundlegende Idee älterer Demokratietheorien in Erinnerung zu rufen (siehe Teil I). Die Zügelung der Legislative und Exekutive in den Demokratien ist sehr unterschiedlich. Zum Teil überschneiden sich diese Unterschiede mit jenen, die Lijpharts Unitarismus-Föderalismus-Dimension aufdeckt, zum Teil weichen sie von diesen ab. Allerdings ist die Zügelung der Exekutive und Legislative schon vor Lijphart (1999) – teilweise inspiriert von Lijpharts älteren Arbeiten – erfasst worden. Vier Indizes sind hierfür besonders ergiebig:

– der „constitutional structure"-Index von Evelyn Huber u.a. (1993),
– der Index des „institutionellen Pluralismus" von Josep Colomer (1996),
– der vom Verfasser konstruierte Institutionen-Index, der die politisch-institutionellen Restriktionen der Mehrheit in der zentralstaatlichen Legislative und Exekutive misst (Schmidt 1996a: 172f.),
– sowie der ebenfalls vom Verfasser in Weiterführung der Überlegungen von André Kaiser (1997) neu konstruierte Index der Vetospieler.

*Tabelle 7:* Institutionelle Barrieren der zentralstaatlichen Exekutive in 36 Demokratien am Ende des 20. Jahrhunderts

| Staat | Institutionelle Begrenzer der zentralstaatlichen Legislative und Exekutive (Schmidt 1996a) | Index der Vetospieler | Erweiterter und aktualisierter Index der konstitutionellen Strukturen nach Huber u.a. (1993) | Erweiterter und aktualisierter Index des institutionellen Pluralismus nach Colomer (1996) |
|---|---|---|---|---|
| Australien | 3 | 6 | 4 | 4 |
| Bahamas | 2 | 2 | 3 | 1 |
| Barbados | 1 | 2 | 3 | 1 |
| Belgien | 4 | 7 | 4 | 5 |
| Botsuana | 0 | 0 | 3 | 2 |
| Bundesr. Deutschland | 5 | 8 | 5 | 6 |
| Costa Rica | 1 | 1 | 0 | 1 |
| Dänemark | 3 | 3 | 0 | 2 |
| Finnland | 1 | 4 | 1 | 3 |
| Frankreich | I | 7 | 2 | 3 |
| Griechenland | 1 | 3 | 1 | 0 |
| Großbritannien | 2 | 2 | 3 | 1 |
| Indien | 3 | 6 | 3 | 5 |
| Irland | 2 | 4 | 0 | 2 |
| Island | 1 | 1 | 0 | 2 |
| Israel | 0 | 2 | 1 | 2 |
| Italien | 3 | 7 | 1 | 4 |
| Jamaika | 1 | 1 | 3 | 1 |
| Japan | 2 | 5 | 2 | 2 |
| Kanada | 3 | 3 | 4 | 5 |
| Kolumbien | 1 | 4 | 1 | 3 |
| Luxemburg | 2 | 6 | 0 | 1 |
| Malta | 2 | 1 | 1 | 0 |
| Mauritius | 2 | 3 | 2 | 0 |
| Neuseeland | 1 | 3 | 1 | 1 |
| Niederlande | 2 | 7 | 1 | 2 |
| Norwegen | 1 | 2 | 1 | 1 |
| Österreich | 3 | 9 | 3 | 3 |
| Papua-Neuguinea | 1 | 3 | 3 | 1 |
| Portugal | 1 | 3 | 0 | 1 |
| Schweden | 1 | 2 | 0 | 1 |
| Schweiz | 5 | 8 | 6 | 6 |
| Spanien | 2 | 6 | 1 | 3 |
| Trinidad u. Tobago | 1 | 2 | 3 | 2 |
| USA | 5 | 6 | 7 | 6 |
| Venezuela | 0 | 3 | 0 | 4 |
| Mittelwert | 1,94 | 3,92 | 2,03 | 2,42 |

*Anmerkungen: Spalte 1:* Die Auswahl der Länder basiert zwecks besserer Vergleichbarkeit mit Lijphart (1999) auf den von Lijphart untersuchten 36 Demokratien. *Spalte 2:* Schmidt-Index der institutionellen Begrenzer der zentralstaatlichen Legislative und Exekutive (Schmidt 1996a: 172) am Ende des 20. Jahrhunderts (Stichtag 31.12.1999). Hohe Werte zeigen eine große Anzahl mächtiger Mitregenten oder Nebenregierungen an. Niedrige Werte indizieren eine geringe Zahl von Mitregenten oder Nebenregierungen und somit einen größeren Handlungsspielraum für die Mehrheit der zentralstaatlichen Legislative und Exekutive. Der Index ist ein additiver Index aus sechs Dummyvariablen (1 = Begrenzer, 0 = sonstiges), der hauptsächlich auf Banks u.a. (1997), Fischer Weltalmanach '99, Gallagher, Mair u. Laver (1995), Busch (1995), Lijphart (1984, 1999) und Studien über die berücksichtigten Länder basiert. Zugrunde liegen folgende Messlatten: 1) Barrieren infolge der Politikharmonisierung in der Europäischen Union (EG bzw. EU-Mitgliedschaft = 1, sonst = 0), 2) Grad der Zentralisation der Staatsstruktur (1 = Föderalismus, 0 = Einheitsstaat), 3) starker Bikameralismus (= 1, sonstiges = 0), 4) Schwierigkeitsgrad der Verfassungsrevision (1 = sehr schwierig, 0 = sonstiges) , 5) Zentralbankautonomie nach Busch (1995) mit Erweiterung um das System der Europäischen Zentralbanken (= 1, sonstiges = 0), 6) Referendum (1 = häufig, 0 = selten oder nie). *Spalte 3:* Vom Verfasser in Weiterführung von Kaiser (1997) konstruierter Index. Dieser gibt die Zahl der wichtigsten Vetospieler im politischen Prozess wider (Stand: 31.12.1999, Venezuela ab 1.1.2000). Der Index basiert auf der Addition von zehn Indikatoren, die jeweils mit 1 oder 0 kodiert wurden ("1" signalisiert Vorhandensein eines „Vetospielers", „0" sonstiges): 1) Konkordanzdemokratie (Tabelle 4), 2) Föderalismus (Banks u.a. 1997, Lijphaart 1999), 3) Zentralbankautonomie (primär Busch 1995, sekundär Lijphart 1999: 312ff., tertiär Barro 1997: 107ff.), 4) Lijphart-Index der richterlichen Kontrolle des Gesetzgebers (Lijphart 1999: 314), 5) EU-Mitgliedschaft, 6) ausgeprägter Minderheitenschutz (Kodierung als „0" im Fall weit ausgebauter mehrheitsdemokratischer Strukturen, „1" = Schutz durch verhandlungsdemokratische Arrangements), 7) Zweikammersystem (=1), Einkammersystem (=0), 8) Koalitionsregierung = 1, Alleinregierung = 0), 9) Selbstverwaltungsstrukturen in der Sozialpolitik, gemessen an der sozialversicherungsbasierten Finanzierung der Sozialpolitik (Anteil der Sozialversicherungsbeiträge an den Gesamteinnahmen nach ILO 1999 größer als 50,0%), 10) 1 = ausgebaute direktdemokratische Strukturen (häufiges Gesetzesreferendum), 0 = sonstige. *Spalte 4:* Vom Verfasser um Messungen zahlreicher alter und neuer Demokratien erweiterte und aktualisierte Version des Indexes der Verfassungsstrukturen ("index of constitutional structures") von Huber, Ragin und Stephens 1993: 728 mit Stand vom Ende des Jahres 1999. Der Index ist ein additiver Index aus fünf Indikatoren: 1) Föderalismus (0 = kein Föderalismus, 1 = schwacher Föderalismus, 2 = starker Föderalismus), 2) parlamentarisches Regierungssystem (= 0) versus Präsidentialismus oder Schweizer Typ der Kollegialregierung (= 1), 3) Verhältniswahlsystem (= 0), modifiziertes Verhältniswahlrecht (=1), Mehrheitswahlsystem (= 2), 4) Bikameralismus (1 = schwach, 2 = stark), 5) Referendum (0 = selten oder nie, 1 = häufig). *Spalte 5:* Vom Verfasser um Messungen zahlreicher alter und neuer Demokratien erweiterter und mit Stand vom 31.12.1999 aktualisierter Index des „institutionellen Pluralismus" (Colomer 1996: 13). Minimum: 0, Maximum: 7. Additiver Index aus vier Indikatoren (Kodierung 0, 1 oder 2, beim Präsidenten-Indikator jedoch nur 0 und 1): Zahl der effektiven Parteien, Bikameralismus, gewählter Präsident und Dezentralisierung.

Über die Details dieser Indizes unterrichtet die Tabelle 7. Korreliert man die dort aufgelisteten Messlatten, tritt ein beträchtliches Maß an Übereinstimmung zwischen diesen Indikatoren zutage. Am stärksten ist der Zusammenhang zwischen dem Institutionen-Index des Verfassers und dem Vetospieler-Index: hier beträgt der Rangkorrelationskoeffizient nach Spearman $r_s = 0{,}70$ (N =36), während die Korrelationen der übrigen Indizes niedriger, aber signifikant sind. Die Ausnahme ist Lijpharts Föderalismus-Unitarismus-Indikators, der bei Berücksichtigung aller 36 Demokratien seiner Studie nur mit dem Vetospieler-Index signifikant korreliert ($r_s = 0{,}42$).

Die Tabelle 7 zeigt unter anderem, dass die Legislative und die Exekutive in den USA und vor allem in der Schweiz und der Bundesrepublik Deutschland besonders stark gezügelt werden. Das trifft sich mit der Beobachtung, dass in der Bundesrepublik Deutschland besonders viele Köche am politischen Prozess mitwirken – was manchen Gerichten bekommt, anderen hingegen abträglich ist. Wer die Demokratie als „Versuch" wertet, „die Exklusivität des staatlichen Machtmonopols durch Inklusion der Machtunterworfenen wenn nicht aufzuheben, so doch erträglich zu machen" (Di Fabio 1998: 43), wird hier zu Lande besonders erfreuliche Funde machen können. Die vielen Köche, die „Mitregenten" (Jäger 1987: 51) oder „Vetospieler" (Tsebelis 1995), machen auch besser verständlich, warum in der Bundesrepublik Deutschland größere politische Richtungswechsel meist besonders schwer zu bewerkstelligen sind. Nur schwach gezügelt werden die Exekutive und ihre Legislativmehrheit demgegenüber in den Mehrheitsdemokratien, so in Großbritannien, Neuseeland und Israel, aber auch in Schweden, Irland und Griechenland (Tabelle 7). Es verwundert nicht, wenn in diesen Staaten mitunter kühne politische Kurswechsel geplant und vollzogen werden.

**Vom besonderen Wert der „Patterns of Democracies"**

Zurück zu Lijpharts *Patterns of Democracies*. Die kritischen Kommentare zu diesem Werk sind konstruktiv gedacht, nicht destruktiv. Überdies sind sie mit den Leistungen von *Patterns of Democracies* und denen der Vorstudien zu verrechnen (Lijphart 1984, 1991, 1994a, 1994b). Diese Leistungen sind groß. Im Vergleich zu zahllosen anderen Schriften zur Demokratie besticht Lijpharts Werk durch ungewöhnlich breit angelegte vergleichende, umfassend informierte, genaue und vorbildlich nachprüfbare Analyse der Gemeinsamkeiten und Unterschiede der Mehrheitsdemokratien und der nichtmajoritären Demokratien. Allein damit trägt Lijphart wie kaum ein anderer vor ihm dazu bei, eine Lücke der empirischen Demokratietheorie zu füllen. Sein Werk von 1999 zeigt noch ehrgeizigeres Streben an: Es soll Antworten zur Frage beisteuern, welche Demokratietypen zur Problemlösung besser und welche hierfür schlechter gerüstet sind. Damit schlägt Lijphart eine Brücke zwischen der Demokratieformenlehre einerseits und der Demokratisierungsberatung sowie der Erforschung des Tun und Lassens von Regierungen andererseits. Und somit wirkt er erneut an der vordersten Front der vergleichenden Demokratieforschung mit.

**Kapitel 3.4**
**Direktdemokratie**

In den vormodernen Theorien war Demokratie als unmittelbare Volksherrschaft gedacht. In großen Flächenstaaten ist dieses Demokratiemodell nicht praktikabel. Selbst wenn jeder Bürger zur Beratung und Beschließung einer wichtigen Entscheidung nur zehn Minuten sprechen dürfte, müssten in einem nur 1.000 Vollbürger umfassenden Staatswesen alle 167 Stunden zuhören. Unterstellt man einen Acht-Stunden-Tag, käme man auf mehr als 20 Beratungstage. Und das nur für eine Entscheidung! Will man größere Staaten dennoch demokratisch verfassen, ist der Einbau repräsentativdemokratischer Einrichtungen unabdingbar. Das schließt direktdemokratische Institutionen nicht aus. Ob diese zum Zuge kommen und – wenn ja – in welchem Umfang, hängt von zahlreichen Faktoren ab.

**Direktdemokratische Strukturen in der Bundesrepublik Deutschland**

Die Bundesrepublik Deutschland zählt zu den Ländern, in denen auf Bundesebene das repräsentativdemokratische Element stark und das direktdemokratische schwach ist. Auf Bundesebene ist die direktdemokratische Abstimmung nur im Fall der Neugliederung des Bundesgebietes gemäß Artikel 29 Grundgesetz vorgesehen, während der Artikel 146, der eine Option einer neuen Verfassung, die vom deutschen Volk beschlossen wird, nennt, im Schrifttum überwiegend als ein Artikel angesehen wird, der mit der deutschen Einheit „funktions- und gegenstandslos" (Roellecke 1991: 660) geworden ist. Artikel 29 des Grundgesetzes regelt Voraussetzungen und Rahmen eines Volksentscheids in den Ländern, aus deren Gebieten oder Gebietsteilen ein neues oder neu umgrenztes Land gebildet werden soll, und die Modalitäten der Volksbefragung darüber, ob eine vorgeschlagene Änderung der Landeszugehörigkeit Zustimmung findet. Im Schrifttum wird bisweilen auf eine weitere schwache direktdemokratische Institution auf Bundesebene verwiesen. Das Kollektivpetitionsrecht, das den Bürgern nach Artikel 17 des Grundgesetzes zusteht, wird mitunter als schwache Variante einer Volksinitiative gedeutet (Kriele 1992: 12). Überdies gibt es in der Verfassungswirklichkeit der Bundesrepublik, wie in anderen parlamentarischen und präsidentiellen Demokratien, „plebiszitäre Mechanismen neuer Art" (Niclauß 1992: 14), vor allem eine Bundestagswahl, die zum Sach- oder Personalplebiszit über die Kanzlerkandidaten wird (Niclauß 1992, Jäger 1992). Otto Kirchheimer hatte das schon 1960 gesehen, als er in seiner Besprechung von Friedrich Karl Frommes Studie zum Grundgesetz schrieb, die Bundestagswahl könne zu „einer unmittelbaren Volkswahl des Bundeskanzlers" werden (Kirchheimer 1960: 1103).

Im Unterschied zur Bundesebene haben direktdemokratische Institutionen in den Verfassungen der Bundesländer erheblich mehr Gewicht (Jürgens 1993) und spielen auch auf kommunaler Ebene eine beträchtliche Rolle (Gabriel 2000). Das kommt vor allem den Initiativrechten und Volksabstimmungen über näher eingegrenzte Gesetzesvorlagen zugute. Die Landesverfassung von Baden-Württemberg beispielsweise kennt das Initiativrecht auf Einbringung einer Gesetzesvorlage (Volksbegehren nach Art. 59) und die Volksabstimmung über diese Vorlage, wenn der Landtag der Gesetzesvorlage nicht unverändert zustimmt (Art. 60). Ferner sieht ihr Artikel 43 die vorzeitige Landtagsauflösung aufgrund einer Volksabstimmung vor: „Der Landtag ist vor dem Ablauf der Wahlperiode durch die Regierung aufzulösen, wenn es von einem Sechstel der Wahlberechtigten verlangt wird und bei einer binnen sechs Wochen vorzunehmenden Volksabstimmung die Mehrheit der Wahlberechtigten diesem Verlangen beitritt" (Art. 43). Auch die Bayerische Landesverfassung enthält ein Volksbegehren und einen Volksentscheid über die Schaffung eines Gesetzes (Art. 74), und nach Art. 18 Abs. 3 kann auf Antrag von einer Million wahlberechtigten Staatsbürgern der Landtag abberufen werden. Volksentscheide über den Staatshaushalt sind allerdings untersagt (Art. 73). Volksbegehren und Volksentscheid über Gesetzesentwürfe kennt auch die Verfassung des Landes Hessen (Art. 124). Der Artikel 68 der nordrhein-westfälischen Verfassung, der Volksbegehren und Volksentscheid über Erlass, Änderung oder Aufhebung von Gesetzen regelt, sieht ebenfalls direktdemokratische Bürgerbeteiligung vor.

Ähnliche Bestimmungen finden sich in den Verfassungen fast aller anderen Bundesländer. Von allen sieben Landesverfassungen, die in der ersten Hälfte der 90er Jahre in Kraft traten – neben den neuen Bundesländern war dies in Schleswig-Holstein und Niedersachsen der Fall – wurde der Gedanke der Volksgesetzgebung aufgegriffen. Und drei dieser Verfassungen – in Brandenburg, Mecklenburg-Vorpommern und Thüringen – wurden selbst durch ein Referendum bestätigt. Wie die politischen Eliten in Ostdeutschland (Bürklin u.a. 1997: 398ff.), so betonen auch die Verfassungen der neuen Bundesländer die direktdemokratischen Strukturen sogar stärker als in den meisten alten Bundesländern. Deshalb kann man mit Blick auf die 90er Jahre durchaus von einer „Expansion der Direktdemokratie in Deutschland" (Scarrow 1997: 451) sprechen. So regeln in der Verfassung des Landes Brandenburg die Artikel 76 bis 78 die Volksinitiative, das Volksbegehren und den Volksentscheid. Diese Rechtsinstitutionen sehen auch die Verfassungen von Mecklenburg-Vorpommern (Art. 59 und 60), Sachsen (Art. 80 und 81), Sachsen-Anhalt (Art. 80 und 81) und Thüringen vor (Art. 81 und 82).

Auf kommunaler Ebene ist die unmittelbare Bürgerbeteiligung, vor allem seit dem Siegeszug direktdemokratischer Entscheidungsrechte in Gestalt kommunaler Referenden ebenso wie als Direkt- oder Urwahl des Bürgermeisters sowie des Landrats, weiter verbreitet als auf Landesebene (Wollmann 1999). Besonders weit ausgebaut wurde die lokale Direktdemokratie in Bayern und in Baden-Württemberg. Unmittelbare Bürgerpartizipation über die Direktwahl des Ersten Bürgermeisters ist in der Süddeutschen

Ratsverfassung vorgesehen, und gestärkt wird das direktdemokratische Element durch das Bürgerbegehren und den Bürgerentscheid, die in Baden-Württembergs Kommunalverfassung verankert sind.

## Direktdemokratie im internationalen Vergleich

Der internationale Vergleich allerdings bestätigt den Befund, wonach in Deutschland auf bundesstaatlicher Ebene die Repräsentativdemokratie stark und die Direktdemokratie schwach ist (Luthardt 1994, Grote 1996). Hiermit steht die Bundesrepublik nicht allein. Auch Costa Rica, Indien, Israel, Japan und bis 1999 die Niederlande sowie auf bundesstaatlicher Ebene Kanada und die USA sind Staaten mit nahezu exklusiv repräsentativdemokratischer Verfassung. Allerdings ist die unmittelbare Bürgerbeteiligung vor allem in den USA auf lokaler Ebene und in den Bundesstaaten weit ausgebaut (Billerbeck 1989, Butler/Ranney 1994, Stelzenmüller 1994). Und in den Niederlanden richten sich vor allem die Bestrebungen der linksliberalen Regierungskoalitionspartei D'66 auf die Einrichtung direktdemokratischer Arrangements.

Beträchtlich gewichtiger sind die direktdemokratischen Verfahren auf nationaler Ebene in einer zweiten Ländergruppe. Zu ihr gehören in der zweiten Hälfte des 20. Jahrhunderts vor allem Italien, Neuseeland, Australien, Irland, Dänemark und Frankreich. Italiens Verfassung beispielsweise enthält ein fakultatives Referendum für Gesetzgebung und Verfassungsänderungen sowie die Gesetzesinitiative. Diese ist allerdings nur für die – partielle oder vollständige – Aufhebung eines geltenden Gesetzes bestimmt. Einschränkungen gelten auch in anderer Hinsicht. Die direktdemokratischen Einrichtungen sind in der Regel Initiativ- oder Konsultativverfahren ohne Verbindlichkeit, oder bestehen aus dem Recht eines Verfassungsorgans, das Volk zur Beschlussfassung anzurufen. Doch damit wird die Stimmbürgerschaft nicht zum Souverän, sondern „zu einer Figur im politischen Schachspiel der Akteure der repräsentativen Demokratie" (Kielmansegg 1996: 3). Das deutet darauf hin, dass auch in den Ländern mit häufigeren Volksabstimmungen der repräsentativdemokratische Entscheidungsmodus Vorrang vor dem direktdemokratischen hat.

Unangefochtener Spitzenreiter der Direktdemokratie in den modernen Staaten ist die Schweiz. Kein anderes Land bietet seinen Staatsbürgern so viele Beteiligungsgelegenheiten wie die Eidgenossenschaft. Dort ist die Direktdemokratie in ungewöhnlich starkem Maße ausgebaut, nicht nur auf nationaler Ebene, sondern auch in den Kantonen, dem Schweizer Gegenstück zu den Ländern der Bundesrepublik, und den Gemeinden (Kobach 1994, Linder 1994 und 1999). Wie groß der Abstand zwischen der Direktdemokratie in der Schweiz und der anderer konstitutioneller Demokratien ist, veranschaulicht die Zahl nationaler Referenda beispielsweise im Zeitraum von 1945 bis 1998. In der Schweiz wurden in dieser Periode 311 Referenda abgehalten. Mit weitem Abstand liegt an zweiter Stelle Italien (47). Hierauf folgen Neuseeland (26), Australien (24), Irland (21), Dänemark (15) und Frankreich einschließlich der IV. Republik (12). Spanien mit fünf Volksabstimmungen sowie Schweden und Griechenland mit je vier Referenda nehmen die nächsten Plätze ein – vor Ländern, in denen zwischen 1945 und 1998 nur ein Referendum abgehalten wurde oder zwei Volksabstimmungen stattfanden (Belgien, Finnland, Großbritannien, Luxemburg, Norwegen, Österreich und Portugal). Hieran schließt sich die zuvor schon erwähnte Gruppe der Staaten mit maximaler Repräsentativ- und minimaler Direktdemokratie an. Sie umfasst die Bundesrepublik Deutschland, Island, Israel, Japan, Luxemburg, die Niederlande und – auf nationaler Ebene, jedoch nicht auf Gliedstaatenebene – Kanada und die Vereinigten Staaten von Amerika. Auch Finnland zählte lange zu dieser Gruppe, doch wurde dort 1994 ein Referendum höchster Bedeutung abgehalten, nämlich die Abstimmung über den Beitritt Finnlands zur Europäischen Union (Butler/Ranney 1994, Gallagher/Uleri 1996, Linder 1999, Thibaut 1998).

Wird das Volk häufig zur Urne gerufen, wie in der Schweiz, stimmt es über Wichtiges und weniger Wichtiges ab. Hingegen wird in Staaten, in denen Volksabstimmungen seltener abgehalten werden, meist über brisante Angelegenheiten entschieden. In Italien beispielsweise entschied der Demos über heftig umstrittene Themen wie Scheidungsrecht, Abtreibung, Parteienfinanzierung und Kernenergiepolitik. Scheidungsrecht und Abtreibung waren auch in Irland Themen nationaler Volksabstimmungen (1983 und 1986). Über den Ausstieg aus der Kernenergie stimmten 1980 die Schweden ab,

*Tabelle 8:* Nationale Referenden und Volksinitiativen in den etablierten Demokratien

| Land | vor 1945 | 1945-1969 | 1970-1998 | 1945-1998 |
|---|---|---|---|---|
| Australien (1945-1988) | 21 | 7 | 17 | 24 |
| Belgien | 0 | 1 | 0 | 1 |
| Bundesrepublik Deutschland | 6 | 0 | 0 | 0 |
| Costa Rica | 0 | 0 | 0 | 0 |
| Dänemark | 3 | 8 | 7 | 15 |
| Finnland | 1 | 0 | 1 | 1 |
| Frankreich | 14 | 9 | 3 | 12 |
| Griechenland | 3 | 2 | 2 | 4 |
| Großbritannien | 0 | 0 | 1 | 1 |
| Indien | 0 | 0 | 0 | 0 |
| Irland | 1 | 3 | 18 | 21 |
| Island | 5 | 0 | 0 | 0 |
| Israel | 0 | 0 | 0 | 0 |
| Italien | 2 | 1 | 46 | 47 |
| Japan | 0 | 0 | 0 | 0 |
| Kanada | 2 | 0 | 1 | 1 |
| Luxemburg | 3 | 0 | 0 | 0 |
| Neuseeland | 17 | 13 | 13 | 26 |
| Niederlande | 2 | 0 | 0 | 0 |
| Norwegen | 4 | 0 | 2 | 2 |
| Österreich | 1 | 0 | 2 | 2 |
| Portugal | 1 | 0 | 2 | 2 |
| Schweden | 1 | 2 | 2 | 4 |
| Schweiz | 137 | 81 | 230 | 311 |
| Spanien | 3 | 2 | 3 | 5 |
| USA | 0 | 0 | 0 | 0 |
| Total | 227 | 129 | 350 | 479 |

Anmerkung: Berücksichtigt wurden alle Länder, die in der 2. Hälfte des 20. Jahrhunderts durchgängig demokratisch verfasst waren (gemessen an den Demokratie-Autokratieskalen von Jaggers/Gurr 1995 und der Aktualisierung dieser Daten durch den Verfasser für 1995), einschließlich Griechenlands, Portugals und Spaniens (seit der Demokratisierung Mitte der 70er Jahre) und Indiens. Quelle: Gallagher 1996: 230, Butler/Ranney 1994: 266 ff. (Appendix A), Centre d'études et de documentation sur la démocratie directe (http://c2d.unige.ch/home-page-e.html). Spalte Bundesrepublik Deutschland: Zahlen vor 1949 beziehen sich auf das Deutsche Reich.

und Spaniens Wähler beschlossen 1986 die Mitgliedschaft des Landes in der NATO. Über die Beendigung des Algerienkrieges wurde in Frankreich 1960 im Plebiszit entschieden. Nicht zuletzt standen auch die Mitgliedschaft in der Europäischen Staatengemeinschaft und die Modalitäten der Europäischen Integration im

Mittelpunkt von Volksabstimmungen, so in Norwegen (wo in den 70er Jahren und erneut 1994 eine Mehrheit gegen einen Antrag auf EG- bzw. EU-Mitgliedschaft votierte), Großbritannien, Dänemark (wo die später korrigierte Ablehnung des Vertrages von Maastricht im Juni 1992 für großes Aufsehen sorgte), in Frankreich, dessen Bürger im September 1992 ebenfalls zur Abstimmung über den Maastrichter Vertrag gerufen wurden und ihn mit knapper Mehrheit befürworteten, sowie in Finnland, Österreich und Schweden 1994, wo die Abstimmung im Sinne der EU positiv ausging (Butler/Ranney 1994: 266 ff.).

## Warum in Deutschland die Direktdemokratie auf Bundesebene schwach ist

Warum ist die Direktdemokratie in der Bundesrepublik Deutschland auf Bundesebene so schwach? Ohne den Niedergang der Weimarer Republik und den Aufstieg des Nationalsozialismus ist dies nicht zu verstehen. Dem Grundgesetz gaben die Verfassungsgeber Sicherungen gegen potenzielle Destabilisierungen nach Art des Niedergangs der Weimarer Republik mit. Die Schwächung des Präsidenten gehörte hierzu, ferner die Stärkung des Kanzlers, das konstruktive Misstrauensvotum sowie der Verzicht auf alles, was eine plebiszitäre Führerdemokratie im Weberschen Sinn hätte fördern können (siehe Kapitel 2.1), einschließlich direktdemokratischer Arrangements. Das war zugleich als Abgrenzung gegen Praxis und Theorie des autoritären Staates gedacht, in dem mitunter der Volksentscheid als genuiner „Souveränitätsakt" (Schmitt 1927: 47) gewertet wird, und als Distanzierung von einem Verfahren, das der Akklamation im autoritären Staat prinzipiell nahe steht (Adam 1992: 79). Für die repräsentativdemokratische Verfassung der Bundesrepublik sprach zudem die damals verbreitete Auffassung, die direktdemokratischen Institutionen seien mitverantwortlich für den Zusammenbruch der Weimarer Republik gewesen. Die Destabilisierung der ersten deutschen Republik sei in der Weimarer Reichsverfassung angelegt gewesen, insbesondere in der Kombination von Volkswahl des Präsidenten, fast uneingeschränktem präsidialen Parlamentsauflösungsrecht, präsidialer Befugnis zur Ernennung und Entlassung des Reichskanzlers, und im Volksentscheid und Volksbegehren. Bekräftigt wurde diese Sicht durch die Rückerinnerung an die drei Volksabstimmungen, die im NS-Staat zwecks Mobilisierung und Akklamation abgehalten worden waren: die Volksbefragung über Bestätigung des Austritts aus dem Völkerbund am 12.11.1933, die Befragung zur Übernahme des Reichspräsidentenamtes durch Hitler (am 19.8.1934) und die Volksabstimmung über die Bestätigung des Anschlusses von Österreich am 10.4.1938 (Samples 1998: 26f.). Von solchen plebiszitären Elementen wollten die Verfassungsgeber das Grundgesetz freihalten. Darin sahen sie sich später zusätzlich durch den manipulativen Einsatz von Volksabstimmungen in der Deutschen Demokratischen Republik bestätigt, so im Fall der Plebiszite von 1949 über den Volkskongress, von 1951 über die Remilitarisierung, von 1954 über den Friedensvertrag und von 1968 über die Annahme der neuen DDR-Verfassung (Samples 1998: 35f.).

**Direktdemokratie als „Prämie für Demagogen"?**

Die Auffassung, die Direktdemokratie sei eine „Prämie für Demagogen", so die Worte von Theodor Heuss, dem ersten Bundespräsidenten der Bundesrepublik Deutschland, ist nach wie vor weit verbreitet. Doch der Stand der Forschung zur Direktdemokratie lässt es nicht länger zu, direktdemokratische Verfahren durchweg als Instrumente demagogischer Werbung von Gefolgschaft und Ursache politischer Destabilisierung zu werten (Jung 1994, Luthardt 1994, Gallagher/Uleri 1996, Luthardt/Waschkuhn 1997), wenngleich die Direktdemokratie dazu zweifellos benutzt werden kann, wie der italienische Faschismus und Deutschlands Nationalsozialismus zeigen, und wie im Übrigen auch manche populistische Abstimmungspolitik in der Schweiz zeigt. Insgesamt aber betont die Forschung heutzutage eher die strukturkonservierende oder die integrierende Funktion der Direktdemokratie als die der Akklamation oder die der Strukturreform wie noch Max Weber 1918/19, den das „führerdemokratische Element" der Direktdemokratie fasziniert hatte, nicht recht ahnend, welche Gewalten dieser Herrschaftsmechanismus freisetzen könnte (Weber 1984a, 1984b, 1984d).

Heutzutage sieht man in der Direktdemokratie, sofern sie in überwiegend homöopathischen Dosierungen verabreicht wird, eher ein „Heilmittel mit Nebenwirkungen" (Di Fabio 1998: 127) denn eine Prämie für Volksverführer. Für die Direktdemokratie spricht, dass sie mehr als andere Demokratieformen mit „government by the people" Ernst macht. Für sie spricht außerdem, dass bei fortgeschrittener Kommunikationstechnologie wie dem Internet das Verlangen nach verstärkter Beteiligung des Stimmvolkes besser verwirklicht werden könnte als je zuvor (Budge 1996). Allerdings kann die Direktdemokratie, wie jede reine mehrheitsdemokratische Entscheidung, zu Lasten von Minoritäten gehen. Aber es gibt kein ehernes Gesetz, wonach dies unweigerlich der Fall sein müsste. Besonders eindrucksvoll wurde die Funktion der Strukturbewahrung, der Integration und des Sicherheitsventils der Direktdemokratie in Studien zur Schweizer Politik nachgewiesen (Neidhart 1970, Linder 1999, Trechsel 1999).

Allerdings schließen sich die verschiedenen Sichtweisen der Direktdemokratie nicht aus. Wer Stabilisierungs- oder Destabilisierungsfolgen der Direktdemokratie erkunden will, muss die jeweiligen Kontextbedingungen im Blick behalten. Die Direktdemokratie ist ein scharfes mehrheitsdemokratisches Schwert – und allein deshalb für die Minderheit potenziell brandgefährlich. Bedrohlich kann die Direktdemokratie für die Stabilität werden, wenn die politischen Führer zur Demagogie neigen und das Volk mehrheitlich politisch wenig informiert und zugleich für aufputschende Propaganda anfällig ist. Missbrauch wird mit der Direktdemokratie häufig in ohnehin schon defekten Demokratien getrieben. Doch selbst in einer fest verwurzelten wettbewerblichen Demokratie wie den USA sind die direktdemokratischen Arrangements, die dort in vielen Bundesstaaten eingerichtet wurden, anfällig für Manipulation und für „capture", also Ausbeutung oder Gefangennahme durch Sonderinteressen (Stelzenmüller 1994). „Capture" kann allerdings auch dort zustande kommen, wo die Direktdemokratie Teil eines referendums- und konkordanzdemokratischen Arrangements ist, wie in der Schweiz. Freilich gehen von der Referendumsdemokratie auch gemeinwohlverträgliche Stabilisierungsleistungen aus, wie Einbindung der Bürgerschaft, Entscheidung über besonders strittige Fragen oder die Möglichkeit, anderweitig nicht lösbare „heiße Eisen" vom Stimmvolk schmieden zu lassen.

**Direktdemokratie in der Schweiz**

Besonders instruktiv sind die referendumsdemokratischen Einrichtungen in der Schweiz. Die Direktdemokratie der Schweiz unterwirft die Eingabe- oder Inputseite und die Politikproduktions- oder Outputseite der direkten Volksherrschaft. Dem Stimmbürger der Schweiz stehen allein auf Bundesebene vier direktdemokratische Instrumente zur Verfügung: (1) das fakultative Gesetzesreferendum, (2) die Volksinitiative, (3) das fakultative Staatsvertragsreferendum und (4) das obligatorische Referendum für sogenannte allgemeinverbindliche dringliche Bundesbeschlüsse.

Das fakultative Gesetzesreferendum war die erste direktdemokratische Institution auf Bundesebene. Eingeführt wurde sie 1874. Mit dem fakultativen Gesetzesreferendum können vom Parlament verabschiedete Gesetze und allgemeinverbindliche Bundesbeschlüsse (unbefristete Gesetze auf Bundesebene) dem Volk zur Abstimmung vorgelegt werden, sofern das durch Unterschrift dokumentierte Begehren von 50.000 Stimmbürgern (bis 1977: 30.000) oder von acht Kantonen vorliegt.

Die Volksinitiative kam 1891 zum fakultativen Gesetzesreferendum hinzu. Die Volksinitiative ermöglicht die Volksabstimmung über eine partielle Verfassungsänderung. Voraussetzung ist das durch Unterschrift dokumentierte Begehren von 100.000 Stimmbürgern (bis 1977: 50.000). Kommt eine Volksinitiative zustande, müssen Parlament und Regierung über den Verfassungsänderungsvorschlag beraten, gegebenenfalls einen Gegenvorschlag entwickeln und sodann den Vorschlag (und gegebenenfalls den Gegenvorschlag) dem Volk und den Ständen, also den 26 Kantonen oder Halbkantonen der Eidgenossenschaft, zur Abstimmung vorlegen.

Im 20. Jahrhundert wurde die Schweizer Direktdemokratie weiter ausgebaut. 1921 kam das fakultative Staatsvertragsreferendum hinzu. Volksabstimmung zunächst für unbefristete internationale Verträge war hierdurch vorgesehen. Seit 1977 gilt dies auch für Verträge, die den Beitritt der Schweiz zu internationalen Organisationen regeln oder eine multilaterale Rechtsvereinheitlichung herbeiführen sollen.

Seit 1949 ist überdies das obligatorische Referendum in Kraft. Ihm unterstehen alle Verfassungsänderungen sowie bestimmte, sich nicht auf die Verfassung stützende allgemeinverbindliche dringliche

Bundesbeschlüsse, d.h. notstandsartige gesetzliche Regulierungen des Bundes mit befristeter Dauer, wie die Gesetzgebung im Zuge des Vollmachtenregimes der Schweizer Regierungen während der Wirtschaftskrise in den 30er Jahren. Solche allgemeinverbindliche dringliche Bundesbeschlüsse müssen ein Jahr nach ihrem Inkrafttreten dem Volk und den Ständen zur Abstimmung vorgelegt werden. Werden sie abgelehnt, treten sie außer Kraft.

Die bisweilen angestrebte Gesetzesinitiative auf der Bundesebene in der Eidgenossenschaft ist bislang nicht verwirklicht worden. Das ist der Vollständigkeit halber hinzuzufügen. Andererseits stehen den Schweizer Bürgern in den Kantonen und Gemeinden weitere direktdemokratische Beteiligungsformen offen. In den Kantonen sind die direktdemokratischen Einrichtungen sogar noch weiter ausgebaut als auf der Bundesebene (Linder 1999). Dort gibt es neben der Gesetzesinitiative auch das Finanzreferendum. In der Mehrzahl der Kantone sind Ausgabenbeschlüsse der Regierungen, soweit sie einen bestimmten Betrag übersteigen, dem obligatorischen Referendum unterworfen. Sie sind dem Volk, den Abstimmungsberechtigten des jeweiligen Kantons, automatisch zur Abstimmung vorzulegen. In den übrigen Kantonen gibt es das fakultative Finanzreferendum. Ferner sehen die meisten Kantonsverfassungen das Referendum für den Fall des Abschlusses interkantonaler Verträge vor. Hinzu kommen Abstimmungen in den Gemeinden und der Volksentscheid über Steuervorlagen. Hierin liegt ein Grund, warum die Steuerbelastung in der Schweiz von Kanton zu Kanton und von Gemeinde zu Gemeinde unterschiedlich hoch ist. Somit entscheiden die Schweizer Bürger über zahlreiche Angelegenheiten der öffentlichen Infrastruktur, der öffentlich finanzierten Bauvorhaben und der Finanzierung von Schulen und Krankenhäusern, um nur einige zu erwähnen.

Welche Erfahrungen haben die Bürger und Politiker der Schweizerischen Eidgenossenschaft mit der direkten Demokratie gemacht? Zentral ist dies: Die Direktdemokratie hat die Mitwirkungsgelegenheiten der Bürger weit über das in den meisten modernen Demokratien übliche Maß hinaus erweitert. Sie hat für eine „full democracy" gesorgt, nicht nur für eine „part time democracy" (Beedham 1996), für eine voll entfaltete Demokratie also, nicht nur für eine „Teilzeitdemokratie". Gewiss: Die Chancen, die aus der Öffnung des politischen Marktes resultieren, werden nur von einem Teil der Bürgerschaft genutzt. Und ferner bewegen nur besonders strittige Themen die Mehrheit der stimmberechtigten Bürger zum Urnengang. Doch die Beteiligungsmöglichkeit steht – rechtlich verbrieft – allen offen. Die direktdemokratischen Instrumente haben zudem die Integrationsfähigkeit des politischen Systems verbessert, zugleich die Kontrollchancen vergrößert, die Informationsbasis erweitert, Gegengewichte gegen starke Interessenverbände geschaffen, die Bürger politisch relativ zufrieden gemacht und insgesamt maßgeblich zur Legitimität politischer Entscheidungen beigetragen (Eichenberger 1999). Kein geringes Verdienst!

Auf der anderen Seite der Medaille steht die Verkomplizierung des politischen Entscheidungsprozesses. Bei der Direktdemokratie fallen hohe Konsensbildungskosten an – in zeitlicher, sachlicher und sozialer Hinsicht. Ein Teil der Kosten besteht aus erschwerten und verlängerten Willensbildungs- und Entscheidungsprozessen. Hierin liegt ein Grund der oftmals beklagten „helvetischen Verzögerung" in der Schweizer Politik. Rasche politische Reaktionen der Regierungen sind selten. Bis zur Reifung des Konsenses verstreicht viel Zeit – sofern überhaupt Einvernehmen erzielt wird. Folglich sind die Entscheidungskosten im Sinn von Buchanan und Tullock (1962) in der Direktdemokratie hoch.

Die Direktdemokratie drückt der Staatstätigkeit ihren Stempel auf. Weil sie dem Bürger die Kosten öffentlicher Entscheidungen klarer vor Augen führt, ist die Neigung zu etatistischen Lösungen, die meist hohe Steuern oder Sozialabgaben voraussetzen, geringer als in den meisten Repräsentativdemokratien (Eichenberger 1999). Das legt dem Gesetzgeber steuer- und ausgabenpolitische Daumenschrauben an. Auch bremst die Direktdemokratie den Auf- und Ausbau des Sozialstaates. Sie ist mitursächlich dafür, dass der Schweizer Sozialstaat später als anderswo in Europa ausgebaut wurde (Obinger 1998, Wagschal/Obinger 1999), und sie trug zur konservativen Regelung des Schwangerschaftsabbruchs in der Schweiz bei (Gindulis 1999).

Allerdings sind die Wirkungen der Direktdemokratie von Instrument zu Instrument verschieden. Auch hierfür ist die Schweizer Demokratie lehrreich. Besonders wichtig ist der Unterschied zwischen Referendum und Volksinitiative. Mit Hilfe des Referendums können die Stimmberechtigten nach Abschluss des parlamentarischen Entscheidungsprozesses den Inhalt der Entscheidung angreifen. Das Referendum erhält hierdurch „den Charakter des Vetos"; es bildet „ein Sicherheitsventil, das den Stimmbürgern die Möglichkeit gibt, die Durchsetzung eines Projekts, das ihnen nicht paßt, zu verhindern" (Kriesi 1991: 45). Das Referendum ermöglicht sachfragenspezifische Opposition. Solche direktdemokratisch verwurzelte Opposition kann den Fortschritt hemmen, wie Max Weber meinte (1988a: 290), aber auch den Rückschritt.

Neidhart zufolge hat das Referendum als Sicherheitsventil den politischen Entscheidungsprozess in der Schweiz sogar grundlegend verändert. Mit dem fakultativen Referendum erhalten Interessengruppen, die mit dem voraussichtlichen oder tatsächlichen Ergebnis einer Gesetzgebung nicht einverstanden sind, die Chance, mit einer Volksabstimmung zu drohen und hiermit das gesamte Gesetzgebungsvorhaben zu gefährden. Das Referendum gibt somit allen Nichtregierenden und der Opposition im Besonderen ein Drohinstrument in die Hand. Um ein Gesetzgebungsvorhaben abzusichern, muss der Gesetzgeber das Vorhaben gegenüber den „referendumsfähigen" Organisationen „referendumsfest" machen. Dies geschieht meist durch frühzeitige Einbeziehung referendumsfähiger Interessen in den Gesetzgebungsprozess. Auf diese Weise hat die plebiszitäre Demokratie, so Neidharts These (1970), das Schweizer politische System in eine permanente Verhandlungsdemokratie umgeformt, in der referendumsfeste Kompromisse ausgehandelt werden, die vom Parlament kaum noch modifiziert werden können. Geschichtlich betrachtet hat diese Verhandlungsdemokratie wichtige Integrationsleistungen vollbracht: beispielsweise die Kooptation des katholisch-konservativen Oppositionslagers, die Integration der Bauernopposition, sowie während des Zweiten Weltkrieges und nach seinem Ende die Einbindung der Sozialdemokratie in die Konkordanzdemokratie.

In eine andere Richtung wirkt die Volksinitiative. Sie unterwirft den „Input" des politischen Prozesses der Kontrolle des Stimmvolkes, nicht den „Output". Mit der Volksinitiative können die Bürger der Politik Anstöße geben. Mit ihr können politische Probleme auf die Tagesordnung der etablierten Politik gesetzt und somit kann die politische Führungsschicht gezwungen werden, sich eines Themas anzunehmen. Mit der Volksinitiative erhält das Stimmvolk, oder ein Teil desselben, die Chance der letztendlichen Kontrolle der Tagesordnung. Damit kommt es dem Ideal der Demokratie im Sinne der Polyarchielehre näher als andere Demokratietypen (Dahl 1998).

Obendrein erfordert die Initiative eine verbindliche Stellungnahme der Stimmbürger, und dies sowie der Abstimmungskampf stärken die öffentliche Meinungsbildung. Ob die Volksinitiative die gewünschte Öffnung des politischen Systems herbeiführt und wie weit das erfolgt, wird unterschiedlich beurteilt. Kritiker beklagen hohe Zugangsbarrieren zur Initiative. Die für das Sammeln von 100.000 Unterschriften erforderlichen Ressourcen stellen große Anforderungen an die Organisations- und Finanzkraft der Initiatoren. Noch größer ist der Organisations- und Finanzbedarf zur Bestreitung des Abstimmungskampfes. Häufig werden hierdurch organisationsmächtige und konfliktfähige Interessengruppen bevorteilt.

Allerdings hat die Volksinitiative, ähnlich wie das Referendum, auch eine latente Integrationsfunktion. Wie beispielsweise ihre Wirkung auf die Schweizer Friedensbewegung verdeutlicht, zwingt die Volksinitiative die Opposition, die in der Regel organisatorisch und ideologisch zersplittert ist, zur Bündelung ihres Programms und ihrer Forderungen. Die Volksinitiative verlangt den Oppositionsgruppen Konzessionen ab. Zugleich bindet sie einen beachtlichen Teil der Kräfte der Opposition. Häufig schränkt sie hierdurch deren Handlungsrepertoire ein. Auch wird in diesem Prozess, so insbesondere die These von Epple-Gass (1988), mitunter in die Opposition eine zentralistische und bürokratische Tendenz eingebaut. Insoweit ruft die Direktdemokratie bei manchen Kritikern zwiespältige Gefühle hervor. Sie erweitere die Beteiligungsmöglichkeiten und wirke zugleich „wie ein Schwamm", so Hanspeter Kriesi (1991: 47). Das politische System wird durch die Direktdemokratie zur Absorption unterschiedlicher Forderungen geöffnet, nimmt diese Forderungen zuverlässig auf, ist aber nur begrenzt in der Lage, sie in konkrete Entscheidungen umzusetzen.

Im Übrigen decken Studien über die politische Kompetenz der Eidgenossen Schwachstellen der Schweizer Direktdemokratie auf. Nicht wenige Stimmbürger werden von den abzustimmenden Materien überfordert. Das gilt weniger für Vorlagen, die grundsätzliche weltanschauliche Fragen berühren, wie Abstimmungen über das Stimmrechtsalter, die Abschaffung oder Beibehaltung der Schweizer Armee und die Ausländerpolitik ("Überfremdungsinitiativen"). Bei komplexen interventionsstaatlichen Entscheidungen sind jedoch viele Stimmberechtigte überfordert. Das gilt namentlich für wirtschaftspolitische Fragen. So waren beispielsweise 1978 bei einer

Abstimmung über eine Verfassungsbestimmung, welche die Grundlage für ein Instrumentarium der Konjunkturpolitik bilden sollte, mehr als zwei Drittel der Befragten nicht imstande, den Inhalt des zur Abstimmung stehenden Konjunkturartikels auch nur annäherungsweise zu umschreiben (Kriesi 1991: 52). Insgesamt wird der Anteil der Stimmbürger mit erheblicher politischer Kompetenz auf höchstens 50% geschätzt (Trechsel 1999: 561ff.).

Ob die Überforderung vieler Stimmberechtigter verantwortlich für die rückläufige Beteiligung an direktdemokratischen Abstimmungen ist, wird kontrovers diskutiert. Zweifellos bestehen Wechselbeziehungen zwischen der Komplexität der zur Abstimmung gebrachten Materien und der Beteiligung der Stimmbürger. Negativrekorde bei der Abstimmung wurden bei der ersten Abstimmung über den Konjunkturartikel (1975) mit einer Teilnahmequote von nur 28% erzielt. Höhere Beteiligung kommt bei politisch heftig umstrittenen Themen zustande, insbesondere bei solchen, die weit in die Alltagswelt der Bürger reichen. So haben Abstimmungen über die sogenannten „Überfremdungsinitiativen" und über die Initiative zur Abschaffung der Schweizer Armee vom Herbst 1989 mehr als 70% der Stimmberechtigten mobilisiert.

Die Demokratie der Schweiz ist lehrreich. Man kann von ihr unter anderem lernen, dass eine starke Direktdemokratie auch in modernen Gesellschaftssystemen möglich ist und weder in die Anarchie noch in den Staat der permanenten Reform führen muss. Unbestritten ist ferner, dass die Schweizer Direktdemokratie die politische Macht gründlich verteilt hat (Frey 1992). Dazu gehört die Stärkung der Konkordanzdemokratie. Hierdurch sind allerdings Aushandlungssysteme verstärkt worden, die nur hinter verschlossenen Türen richtig funktionieren und deren Kompromisse nicht selten just auf den Verzicht auf ein Referendum hinauslaufen. Unbestreitbar vermindert die Direktdemokratie nach Schweizer Art die Bedeutung der Wahlen zu nationalen Vertretungskörperschaften und dort, wo die Parteien schon schwach sind, die Wichtigkeit politischer Parteien. Erfreuen wird dies den, der Politik als Erlebnis oder Spektakel goutiert, und bekümmern jene, die, wie die Väter der *Federalist Papers*, befürchten, die Direktdemokratie könne weder die Leidenschaften noch die ökonomischen Eigeninteressen gebührend zügeln. Nicht bestätigt hat die Schweizer Direktdemokratie allerdings die in Deutschland verbreitete These, die Direktdemokratie wirke destabilisierend oder sei vor allem eine „Prämie für Demagogen" (Theodor Heuss). Sie kann das sein. Das liegt auf der Hand. Auch die Schweiz hat wortgewaltige Agitatoren und Volksverführer. Doch diese sind dort nicht strukturbestimmend. Die These, der zufolge die Direktdemokratie eine „Waffe in der Hand der Stimmbürger" ist (Smith 1983: 127), wird man nur als die halbe Wahrheit werten können, denn die Direktdemokratie kann von den Regierenden ebenfalls als Waffe verwendet werden, und zwar als eine, die das Stimmbürgervolk zu Schachfiguren degradiert.

Die Schweizer „Referendumsdemokratie" (Nef 1988) oder „halbdirekte Demokratie" (Neidhart 1992: 35) wirkt in zwei Richtungen. Sie wirkt integrativ – aufgrund größerer Mitsprache und hoher Mehrheitsschwellen und aufgrund des hiermit gegebenen Minderheitenschutzes. Und sie wirkt konservativ-stabilisierend – als Sicherung gegen weitergehende Staatseingriffe und Umverteilungen, durch welche die Kantone vor dem Bund geschützt werden, die romanische Schweiz vor der Majorisierung durch die deutschsprachigen Kantone und ältere Besitzstände vor Umverteilungsgelüsten (Neidhart 1970, 1988a: 51, 1992). In der Schweiz funktioniert die Direktdemokratie nicht als „Prämie für Demagogen", sondern als Prämie für Stabilisatoren, als Instrument des Minoritätenschutzes und als Werkzeug der Integration. Der Haupteffekt der Direktdemokratie sei, so Neidhart, „eher konservativ" und „antietatistisch und antizentralistisch". Aber zugleich wirke sie „sozial und politisch integrativ und damit politisch befriedend" (Neidhart 1992: 32). Das gilt es abzuwägen mit der These, dass direktdemokratische Arrangements hinsichtlich der politischen Steuerung und der durch Politikoutput erzeugten Legitimität nur begrenzt tauglich seien. Direktdemokratische Verfahren taugten „zur Legitimation einfacher Entscheidungen von großem verfassungspolitischen Gewicht, und sparsam eingesetzt, zur Korrektur deutlicher Divergenzen zwischen organisierter Politik und der tatsächlichen Wählermeinung. Für die Bewältigung der Quantität und Komplexität der laufenden Entscheidungsproduktion moderner politischer Systeme sind die Instrumente der direkten Demokratie aber ungeeignet" (Scharpf 1998: 164).

## Schwächen der Direktdemokratie

Gegen die Auffassung, die Direktdemokratie wirke überwiegend progressiv, sprechen nicht nur die Schweizer Erfahrungen, sondern auch Befunde zur weit ausgebauten plebiszitären Demokratie im US-amerikanischen Bundesstaat Kalifornien. Dort geraten die plebiszitären Verfahren vielfach zum Instrument eines antietatistischen Populismus. Nicht selten werden sie als Mittel zur „Ausgrenzung von Mißliebigen und der Abwehr staatlich vermittelter Sozialintegration" eingesetzt (Fijalkowski 1989: 12), so beispielsweise durch Verweigerung vitaler öffentlicher Dienstleistungen an illegal Zugewanderte wie im Fall der Proposition 187 vom November 1994 (Dahl 1997e: 229). Überhaupt deckt jede vorurteilslose Analyse bedenkliche potenzielle Schwächen der Direktdemokratie auf. Wie erwähnt, ist sie ein scharfes mehrheitsdemokratisches Instrument – mit entsprechendem Potenzial zur Tyrannei der Mehrheit. Sie ist ferner verletzbar durch „passions" und „interests", durch Leidenschaften und egoistische Interessen also, so wie das die Autoren der *Federalist Papers* befürchteten. Auch ist sie nicht dagegen gefeit, dass Gruppen mit hoher Organisations- und Konfliktfähigkeit in ihr ähnlich viel oder mehr Einfluss als in Repräsentativdemokratien gewinnen. Zu den Betriebskosten der Direktdemokratie zählt sodann der Startvorteil, den sie Partizipationswilligen und -fähigen verschafft. Das sind in der Regel besser informierte, vielfach lange ausgebildete Bürger und oftmals eher die Habenden als die Nichthabenden.

Wenig vermag die Direktdemokratie dagegen auszurichten, von begabten Demagogen oder politischen Unternehmern ausgenützt zu werden, ohne dass diese politisch zur Rechenschaft gezogen werden können. Man kann zwar Parteien mit dem Stimmzettel bestrafen, basisdemokratische politische Unternehmer dagegen kaum (Offe 1998b: 86). Ein weiteres Argument wird der Direktdemokratie vorgehalten. Sachreferenden begünstigten „die Hervorkehrung des jeweils „schlechteren Ich" des Bürgers, weil sie, ex ante wie ex post, von diskursiven Anforderungen und dem Zwang zur argumentativen Rechtfertigung völlig entlastet sind" (Offe 1998: 87).

Mitunter wird befürwortet, den Repräsentativdemokratien durch kräftige Beimischung direktdemokratischer Elemente Beine zu machen (von Arnim 1993). Nach den Erfahrungen der Schweizer

Direktdemokratie zu urteilen, ist das nicht zum Nulltarif zu haben. Bleibt alles Übrige gleich, so wird eine starke Direktdemokratie voraussichtlich die Rolle des Parteiensystems und des Parteienwettbewerbs dort erheblich schwächen, wo beide schon relativ schwach sind, und dort weiter stärken, wo beide stark sind. Die Direktdemokratie wird unter sonst gleichen Bedingungen zudem den Föderalismus unterhöhlen, sofern nicht – wie in der Schweiz – in oder zwischen den Gliedstaaten und zwischen den Gemeinden ebenfalls plebiszitäre Sicherungen gegen Eingriffe „von oben" oder „von unten" eingebaut sind. Bleibt alles Übrige gleich, wird die Direktdemokratie den Parlamentarismus zurückdrängen und die unmittelbare politische Beteiligung stärken. Voraussichtlich erhöht die Direktdemokratie den Politisierungsgrad. Ferner vergrößert sie mit großer Wahrscheinlichkeit die Zahl der „Vetospieler" und vermindert somit die Beweglichkeit der Politik gegenüber neuen Herausforderungen. Das gilt es ebenso zu berücksichtigen wie die höheren Konsensbildungs- und Entscheidungskosten.

Überdies entstünden größte Spannungen, wenn eine Direktdemokratie nach Schweizer Art mit dem Primat der Verfassung und der Verfassungsgerichtsbarkeit nach deutscher Spielart zusammenstieße und auf diese Weise die „Volkssouveränität" mit der „Verfassungssouveränität" (Abromeit 1995) aneinander geriete. Insoweit bestehen große Spannungen zwischen der Direktdemokratie, insbesondere derjenigen der Schweizer Art, und den politischen Institutionen der Bundesrepublik Deutschland. Ausgebaute Direktdemokratie verträgt sich wenig mit starker Repräsentativdemokratie, funktionsfähigem Parteienwettbewerb und kräftiger Zügelung der Legislative und Exekutive durch ein mächtiges Verfassungsgericht. Größte Spannungen bestehen zudem zwischen einer Direktdemokratie nach Art der Eidgenossenschaft und den politischen Entscheidungsprozessen in einem „Staatenverbund" wie dem der Europäischen Union, so die Begriffsprägung seitens des Bundesverfassungsgerichtes in seinem Maastricht-Urteil (Bundesverfassungsgericht 1993: 156). Doch diese Beobachtung verweist auf einen Gemeinplatz: Politische Institutionen lassen sich nicht problemlos verpflanzen. Wer dies nicht beachtet, riskiert hohe Folgekosten.

## Direktdemokratie und nichtdirektdemokratische Beteiligungsformen im Demokratievergleich

Zweifelsohne aber erweitert die Direktdemokratie den Kreis der politischen Mitwirkungsrechte und vergrößert damit die politischen Beteiligungschancen. Berücksichtigt man dies, wird ein besonders wichtiger Unterschied zwischen den Demokratien klarer markiert als in vielen anderen Demokratietypologien. Das Schweizer Staatsvolk beispielsweise hat ungleich mehr politische Beteiligungsrechte als das britische, das schwedische, das deutsche oder das irgend einer anderen Demokratie (siehe Tabelle 8 und 9). Wer einem Souverän im Sinne der beteiligungsorientierten Demokratietheorie aufspüren will, wird – wenn überhaupt – nur in der Eidgenossenschaft fündig.

Die Beteiligungschancen in den Demokratien unterscheiden sich nicht nur nach Direkt- und Repräsentativdemokratie. Auch die Staatsstruktur prägt die Beteiligungsmöglichkeiten. Föderalistische Staaten bieten ihren Bürgern durch das Wahlrecht bei gesamt- und bei gliedstaatlichen Wahlen mehr Einwirkungschancen als Einheitsstaaten. Und in Ländern mit ausgebauter kommunaler Selbstverwaltung sowie ausgebauter Arbeitnehmermitbestimmung in Betrieben und überbetrieblichen Einrichtungen sind die Partizipationschancen größer als dort, wo die Kommunen faktisch außenbestimmt sind und die Unternehmen autokratisch regiert werden. Noch differenzierter würde das Bild, wenn zusätzlich zu den verfassten Beteiligungschancen die unverfassten berücksichtigt würden, beispielsweise die Mitwirkung von Bürgern in Bürgerinitiativen, sozialen Bewegungen und politischen Vereinen. Solche unverfasste politische Beteiligung scheint vor allem in wirtschaftlich reichen Ländern mit verbreiteten postmaterialistischen Werten, also über Pflicht- und Akzeptanzwerte hinausweisenden Zielen der Teilhabe und der Lebensqualität, besonders weit verbreitet zu sein (Inglehart 1990, 1997).

*Tabelle 9:* Chancen politischer Beteiligung im internationalen Vergleich

| LAND | Demokratische Wahlen auf zentralstaatlicher Ebene | Gliedstaaten mit demokratischen Wahlen | Volkswahl eines Präsidenten zusätzlich zur Wahl des Regierungschefs | Direktdemokratie (stark: 3, mittel: 2, moderat: 1, sonstige: keine Angabe) | Gesetzliche Arbeitnehmermitbestimmung (betrieblich und überbetrieblich) | N |
|---|---|---|---|---|---|---|
| *1. Alte Demokratien* | | | | | | |
| Australien | ja | ja | nein | 1 | nein | 3 |
| Belgien | ja | ja | nein | | ja | 3 |
| BR Deutschland | ja | ja | nein | | ja | 3 |
| Costa Rica | ja | nein | nein | | nein | 1 |
| Dänemark | ja | nein | nein | 1 | ja | 3 |
| Finnland | ja | nein | seit 1991 | | ja | 3 |
| Frankreich | ja | nein | ja | | ja | 3 |
| Großbritannien | ja | nein | nein | | nein | 1 |
| Indien | ja | ja | nein | | nein | 2 |
| Irland | ja | nein | ja | 1 | nein | 3 |
| Island | ja | nein | ja | | nein | 2 |
| Israel | ja | nein | nein | | nein | 1 |
| Italien | ja | nein | nein | 1 | 1 | 3 |
| Japan | ja | nein | nein | | nein | 1 |
| Kanada | ja | ja | nein | | nein | 2 |
| Luxemburg | ja | nein | nein | | nein | 1 |
| Niederlande | ja | nein | nein | | ja | 2 |
| Neuseeland | ja | nein | nein | 1 | nein | 2 |
| Norwegen | ja | nein | nein | | ja | 2 |
| Österreich | ja | ja | ja | | ja | 4 |
| Schweden | ja | nein | nein | | ja | 2 |
| Schweiz | ja | ja | nein | 3 | nein | 5 |
| USA | ja | ja | ja | 1 | nein | 4 |
| *2. Ausgewählte neue Demokratien* | | | | | | |
| Estland | ja | nein | nein | | nein | 1 |
| Griechenland | ja | nein | nein | | ja | 2 |
| Polen | ja | nein | ja | | nein | 2 |
| Portugal | ja | nein | ja | | ja | 3 |
| Slowenien | ja | nein | ja | | nein | 2 |
| Spanien | ja | nein | nein | | ja | 2 |
| Tschech.Republik | ja | nein | nein | | nein | 1 |
| Ungarn | ja | nein | nein | | nein | 1 |

*Anmerkungen:* Berücksichtigt wurden alle Länder, die in der 2. Hälfte des 20. Jahrhunderts durchgängig demokratisch verfasst waren (gemessen an den Demokratie-Autokratieskalen von Jaggers/Gurr 1995), einschließlich ausgewählter neuer Demokratien – Griechenland, Portugal und Spanien (seit der Demokratisierung Mitte der 70er Jahre) sowie der EU-Beitrittskandidaten – und Indien (dessen Demokratie allerdings 1975/76 durch das Notstandsregime Indira Ghandis suspendiert war). Quellen: Banks u.a. 1998 und Tabelle 8. Die Klassifikation nach dem Mitbestimmungsgrad basiert auf Dittrich 1992 und Armingeon 1994: 34-68. Letzte Spalte: N = Gesamtpunktzahl der Zeilenwerte (ungewichtet).

Aber selbst wenn nur die verfassten Beteiligungsformen im engeren Sinne berücksichtigt werden, eröffnen sich interessante Einblicke in die Welt der Demokratien. Die Tabelle 9 beispielsweise enthält einige der besonders wichtigen Indikatoren politischer Beteiligungsrechte. Im Ergebnis zeigt sich erneut die Spitzenstellung der Schweiz. Nach den Partizipationschancen zu urteilen, verdient sie den Platz 1 unter den Demokratien. Recht beteiligungsfreundlich ist mit den USA eine weitere alte Demokratie. Zu den partizipationsfreundlichen Ländern gehören Staaten, die in der öffentlichen Meinung diesen Ruf nicht haben, so vor allem föderalistische Staaten mit ausgebauter Arbeitnehmermitbestimmung, nämlich Österreich und die Bundesrepublik Deutschland. Weniger beteiligungsfreundlich geben sich die meisten Mehrheitsdemokratien. Sind diese überdies einheitsstaatlich verfasst, so haben ihre Bürger weniger Möglichkeiten, bei Beschlüssen über öffentliche Anliegen mitzuwirken, als das Stimmvolk einer nichtmajoritären Demokratie mit bundesstaatlicher Gliederung oder gar mit ausgebauter Direktdemokratie.

## Kapitel 3.5
## Parteienstaatliche Demokratie im internationalen Vergleich

Vom Siegeszug der Demokratie haben viele profitiert. Wahlberechtigte, die zuvor von der politischen Mitwirkung ausgeschlossen waren, sind an vorderer Stelle zu erwähnen. Das schließt sowohl besonders organisations- und konfliktfähige Wähler ein, wie auch die Armen und die Schwachen, die mit dem Stimmrecht erstmals Machtressourcen erhalten haben. Gewinner sind zudem Staatsbürger mit den Qualitäten eines „politischen Unternehmers", denen der demokratische Prozess erstmals Artikulations- und Mitwirkungschancen sowie die Möglichkeit zum Aufstieg in Führungspositionen in Staat, Gesellschaft und Wirtschaft bietet. Und zu den Gewinnern der Demokratie gehören zweifelsohne auch die Interessenverbände und vor allem die politischen Parteien.

Einer verbreiteten Auffassung zufolge sind die politischen Parteien sogar der Hauptgewinner der Demokratisierung, gelangten sie doch nicht nur an die Pfründe der Parteienfinanzierung, sondern, sofern sie Regierungspositionen übernahmen, an die Hebel der Staatsmacht und somit an die Schalthebel, mit denen Ämterpatronage betrieben und sonstige Vergünstigungen zugeteilt oder entzogen werden können, und zwar mit Anspruch auf gesamtgesellschaftliche Verbindlichkeit. Einer einflussreichen Sichtweise zufolge reicht die Macht der Parteien so weit, dass sie staatsstrukturbestimmende Qualität gewonnen und einen neuen Staatstyp geschaffen haben, den „Parteienstaat" oder die „parteienstaatliche Demokratie". Das ist die gemeinsame Diagnose von zwei ansonsten grundverschiedenen Theorien: der hauptsächlich staatsrechtlichen Parteienstaatstheorie (Leibholz 1958) und der aus der vergleichenden Politikwissenschaft stammenden Parteiendifferenzthese oder „Parties-do-matter"-Theorie (Hibbs 1977, 1987a, 1987b, Schmidt 1980, 1982, 1996a).

## „Parteienstaat" aus staatsrechtlicher Sicht

Die staatsrechtliche Variante deutet das Emporkommen des Parteienstaates als Bestandteil eines umfassenden, unumkehrbaren Strukturwandels in der modernen Demokratie vom liberal-repräsentativen parlamentarischen System zur parteienstaatlichen Demokratie. Dieser Strukturwandel habe den politischen Parteien die bestimmende Rolle im Willensbildungs- und Entscheidungsprozess über öffentliche Angelegenheiten verschafft – und weithin sogar in der Staatsverwaltung und der gesamten Personalpolitik im öffentlichen Dienst. Im Besonderen meint „Parteienstaat" eine der modernen westlichen Demokratie eigene Struktur, so vor allem in Schriften von Gerhard Leibholz, Staatsrechtler und ehemaliger Bundesverfassungsrichter. Leibholz zufolge ist der moderne Parteienstaat seinem Wesen wie seiner Form nach eine rationalisierte Erscheinungsform der plebiszitären Demokratie oder ein Ersatzmittel der direkten Demokratie im modernen Flächenstaat (Leibholz 1958). Hierdurch verliere das Parlament den Charakter einer Institution der autonomen Willensbildung und Entscheidungsfindung. Es werde zu einer Stätte, an der sich durch imperatives Mandat gebundene Parteibeauftragte treffen, um anderweitig (in Ausschüssen oder Parteikonferenzen) bereits Entschiedenes zu ratifizieren (Leibholz 1958). Hieraus ergebe sich, so besagt Leibholz' Weiterführung von Schumpeters These des fabrizierten Volks- oder Mehrheitswillens, dass im Parteienstaat der Volks- oder der Gemeinwille wesentlich von den politischen Parteien geprägt werde.

Den Parteien im Parteienstaat hat man mitunter besonders ausgeprägtes Patronagestreben, ja ausgeprägte Selbstbedienungsmentalität und systematische Beutesuche sowie Parteipolitisierung des Beamtentums nachgesagt (Leisner 1998: 104) und den Parteienstaat als „Verfallserscheinung der Republik" und als demokratiewidriges Emporkommen eines nahezu „absolutistischen Caesarismus des oder der Parteiführer" gedeutet (Schachtschneider 1999: 214). Vor allem die weithin als zu üppig empfundene Parteienfinanzierung und die generöse Alterssicherung für Parlamentarier, Politische Beamte und Minister ist vielen ein Dorn im Auge (von Arnim 1992, 1994, 1998). Überdies erwächst aus dem Auf- und Ausbau des Parteienstaates ein Kartell der Parteieliten, eine veritable „politische Klasse", so gibt die politikwissenschaftliche Erkundung des Parteienstaates zu bedenken. Doch diese politische Klasse sei nur noch aus selbstsüchtigen Gründen an der Systemerhaltung interessiert, und zwar vor allem aufgrund ihres Interesses an Privilegienerhalt und aufgrund ihres Bestrebens, weitere Bereiche der Gesellschaft zu kolonisieren (von Beyme 1993). Im Gegensatz hierzu sei es den klassischen politischen Eliten hauptsächlich darum gegangen, ihre Autonomie gegen Interessen anderer gesellschaftlicher Teilsysteme zu wahren und die Steuerungsfähigkeit des gesamten politischen Systems zu sichern. Weil die Bundesrepublik Deutschland im internationalen Vergleich zu den Ländern mit besonders weit ausgebauter Parteienstaatlichkeit zählt (von Beyme 1993), gelten die Begleiterscheinungen des Marsches der Parteien durch die Institutionen des Staates hier zu Lande als besonders bedenklich.

Allerdings kann nicht alles aus der Parteienstaatstheorie für bare Münze genommen werden. Leibholz' Lehre vom Parteienstaat beispielsweise hat man vorgehalten, sie sei eher phänomenologisch denn systematisch-empirisch, mitunter plakativ, insgesamt recht holzschnittartig, und vor allem fehle ihr die erforderliche Differenzierung des – höchst unterschiedlichen – Parteieneinflusses in verschiedenen Ländern, verschiedenen Politikfeldern und verschiedenen Ebenen der Staatsorganisation. Nach öffentlicher Parteienfinanzierung und Alimentierung der Parlamentarier und Minister aus öffentlichen Geldern zu urteilen, haben sich die politischen Parteien in der Bundesrepublik Deutschland komfortabel eingerichtet (von Beyme 1993, Landfried 1994). Das bestätigt der internationale Vergleich. Allerdings gibt es beträchtliche Unterschiede im Grad der Parteienstaatlichkeit. Das über viele Jahrzehnte von Großen Koalitionen dominierte Österreich beispielsweise ist – bestärkt durch eingespielte Patronagepraxis, Koalitionsschacher und hohe Parteimitgliederdichte – zweifellos ein besonders weit ausgebauter Parteienstaat. Er übertrifft den der Bundesrepublik Deutschland um Längen. Das Parteienstaatselement in der Schweiz hingegen ist viel schwächer als in Österreich und in Deutschland – unter anderem aufgrund der geringeren Bedeutung der politischen Parteien in der Schweizer Konkordanz- und Referendumsdemokratie. Auch kann die These bezweifelt werden, dass Deutschlands Parteienstaat besonders weit reiche, und zwar deshalb, weil seine Legislative und Exekutive von zahlreichen Sicherungen und Gegenkräften umstellt sind und auf so viele „Vetospieler" und „Mitregenten" (wie Verfassungsgerichtsbarkeit, autonome Zentralbank, Tarifhoheit und mittelbare Staatsverwaltung in der Sozialpolitik) achten müssen, wie sonst nur in der Schweiz und in den USA (siehe Tabelle 7). Und gäbe allein die Parteimitgliedschaftsdichte, also der Prozentanteil der Parteimitglieder an der Bevölkerung, Auskunft über die Parteienstaatlichkeit, müsste man den stärksten Parteienstaat nicht in Deutschland verorten, sondern in Schweden, Österreich und – sofern die Kollektivmitgliedschaft in Arbeiterparteien berücksichtigt wird – auch in Großbritannien, und die schwächsten Parteienstaatsstrukturen in der Schweiz und den Niederlanden (von Beyme 1984: 223ff., 247, Katz/Mair 1992).

**Parteienstaatliche Demokratie aus der Sicht der Parteiendifferenzthese**

Wichtiger als die Parteimitgliedschaftsdichte ist allerdings die Prägung der Staatstätigkeit durch die Parteien. Wenn es fest verankerte Parteienstaatsstrukturen gibt, so müssten diese tiefe Spuren in der

Regierungspraxis und im Profil der Staatstätigkeit hinterlassen. Hierüber gibt die zweite Richtung der Theorie der parteienstaatlichen Demokratie Auskunft: die Parteiendifferenzthese oder „Partiesdo-matter"-These. Der Grundgedanke der Parteiendifferenzthese ist der Lehre des nachfrageinduzierten Angebots und im Besonderen dem Konzept der Konsumentensouveränität nachgebildet. So wie diese Lehre behauptet, dass die wirtschaftliche Nachfrage das Angebot bestimme und die letztliche Souveränität über das Marktgeschehen bei den Konsumenten liege, so vertritt die ursprüngliche Parteiendifferenzlehre die These, dass die jeweilige Nachfrage der Wählerschaft (bzw. der Wähler der Regierungsparteien) das Tun und Lassen der Regierungsparteien wesentlich bestimme (Hibbs 1977, 1987a, 1987b). Der Souverän oder die aus ihm hervorgehende Mehrheit bestimmt demnach die Politik der von ihm oder ihr gewählten und abwählbaren Regierung – das ist die Kernidee der Parteiendifferenzthese. Ferner besagt diese These, dass die Nachfrage der Wähler je nach Schicht- oder Klassen- und Parteizugehörigkeit signifikant differiert und dass entsprechend die Regierungspolitik je nach Schicht-, Klassen- und Parteienzugehörigkeit der Regierungsparteien unterschiedlich ist. Wähler aus sozial schwächeren Schichten beispielsweise favorisierten eine stärker etatistisch-umverteilende und auf Beschäftigung zielende Politik, wohlhabendere Wähler hingegen verlangten von ihrer Regierung hingegen eher marktschonende Politik und Zurückhaltung bei Verteilungs- und Umverteilungspolitiken zu Gunsten der großen Masse der Bevölkerung. Überdies stützt sich die These von der Parteiendifferenz auf die Beobachtung, dass politische Parteien sich nach der Sozialstruktur ihrer Wähler- und Mitgliederschaft und der Programmatik erkennbar voneinander unterscheiden, z.B. nach ihrer Platzierung auf Rechts-links- oder auf Liberalismus-Konservatismus-Skalen (Laver/Hunt 1992, Falter/Klein/Schumann 1994, Klingemann u.a. 1994). Ferner liegt der Parteiendifferenzthese die These zugrunde, dass politische Parteien nicht nur „Stimmenjägerparteien" (Max Weber) und Organisationen der Ämterpatronage sind, sondern Gruppierungen, die auch nach politischer Gestaltung streben (Budge/Keman 1990). Schlussendlich sind die Anhänger der Parteiendifferenzthese der Auffassung, dass Politik im Wesentlichen einer großen Arena gleiche, einem Austragungsgrund für Kräftemessen mit offenem Ausgang.

Unterschiede der parteipolitischen Zusammensetzung von Regierungen, so die Parteiendifferenzthese, hinterlassen in der Regel markante Spuren in der Regierungspraxis und deren Ergebnis. Laut Parteiendifferenzthese unterscheiden die Programmatik und die Staatstätigkeit beispielsweise die Politik einer säkular-konservativen Regierung (wie einer Regierung der britischen *Conservative Party*) von der einer Linksregierung dadurch, dass die eine auf mehr Markt zielt, die andere hingegen nach mehr staatlichem Aktivismus strebt, gleichviel ob dies traditioneller Sozialpolitik zugute kommt oder sozialinvestiver Steuerung, so der Kurs der auf die „neue Mitte" zielenden Sozialdemokratie nach Art der Labour Party unter ihrem Parteivorsitzenden Anthony Blair.

Die Parteiendifferenzthese wird in zwei Hauptspielarten vertreten. Die eine fußt auf der Annahme, die Regierungsparteien transformierten die Präferenzen ihrer Anhängerschaft unmittelbar in die Regierungspolitik und sicherten sich hierdurch zugleich Wiederwahl und somit Machterhalt. Diese Variante der Parteiendifferenzthese wurde an angloamerikanischen Zweiparteiensystemen entwickelt, vor allem von Douglas Hibbs (1977) und Edward Tufte (1978). Später hat man die These dynamisiert, so vor allem Hibbs (1994): Sowohl die Präferenzen der Wählerschaft wie auch die Politik von regierenden Parteien seien von Erwartungen und Lernvorgängen geprägt und erwiesen sich als anpassungsfähig an veränderte Umfeldbedingungen, einschließlich einer sich internationalisierenden Wirtschaft (Garrett 1998).

Die zweite Variante der Parteiendifferenzthese erörtert hauptsächlich den Zusammenhang von Regierungspolitik einerseits und Wählerpräferenzen sowie parlamentarischer und außerparlamentarischer Verteilung der „Machtressourcen" (Esping-Andersen 1990). Ihr zufolge bringt die Regierungspraxis der Parteien A und B spürbar unterschiedliche Politikergebnisse nur hervor, wenn A und B als Regierungspartei jeweils unter folgenden Rahmenbedingungen handeln: 1) ein ideologisch und organisatorisch geeintes Lager der Regierungsparteien, 2) ein Kräfteverhältnis zwischen den gesellschaftlichen Lagern der Regierungs- und den Oppositionsparteien, das zugunsten der Amtsinhaber geneigt ist und 3) ein substanzieller Vorsprung der Regierungsparteien im Parlament vor der Opposition und mithin beträchtliche Gestaltungsfreiheit in den für die Staatstätigkeit zentralen politischen Arenen.

*Tabelle 10:* Strukturen parteienstaatlicher Demokratie in 23 Ländern: Regierungsbeteiligung konservativer, liberaler, zentristischer und linksorientierter Parteien 1950-1998

| Staat | Säkular-konservative Parteien | Liberale Parteien | Christdemokratische und säkulare Mitteparteien | Sozialdemokratische Parteien | Sonstige |
|---|---|---|---|---|---|
| Australien | 67,5 | 0 | 0 | 32,5 | 0 |
| Belgien | 0 | 16,3 | 51,8 | 29,6 | 2,3 |
| BR Deutschland | 0 | 18,1 | 55,6 | 22,7 | 3,6 |
| Dänemark | 14,4 | 26,3 | 3,7 | 53,5 | 2,1 |
| Finnland | 9,9 | 11,9 | 33,3 | 29,8 | 15,1 |
| Frankreich | 29,0 | 18,8 | 13,6 | 16,5 | 22,1 |
| Griechenland | 44,5 | 10,4 | 0 | 26,5 | 18,6 |
| Großbritannien | 70,8 | 0 | 0 | 29,2 | 0 |
| Irland | 65,8 | 0 | 20,7 | 11,2 | 2,3 |
| Island | 7,9 | 39,9 | 28,6 | 22,6 | 1,0 |
| Italien | 0 | 7,5 | 64,2 | 21,0 | 7,3 |
| Japan | 97,2 | 0 | 0 | 2,0 | 0,8 |
| Kanada | 32,1 | 0 | 67,9 | 0 | 0 |
| Luxemburg | 0 | 20,4 | 49,2 | 30,4 | 0 |
| Neuseeland | 74,0 | 0 | 0 | 25,1 | 0,9 |
| Niederlande | 0 | 21,2 | 56,2 | 20,6 | 2,0 |
| Norwegen | 12,8 | 3,5 | 10,9 | 72,8 | 0 |
| Österreich | 0 | 1,5 | 36,3 | 56,9 | 5,3 |
| Portugal | 0,3 | 23,8 | 2,3 | 10,7 | 62,9 |
| Schweden | 4,1 | 7,1 | 10,3 | 75,9 | 2,6 |
| Schweiz | 14,3 | 31,8 | 30,0 | 23,9 | 0 |
| Spanien | 4,4 | 0 | 11,6 | 25,1 | 58,9 |
| USA | 57,1 | 0 | 42,9 | 0 | 0 |
| Mittelwert | 26,4 | 11,2 | 25,6 | 27,8 | 9,0 |

*Anmerkungen*: Die Zahlen sind Kabinettsitzanteile für den Zeitraum vom 1.1.1950 bis 31.12.1998 auf Tagesbasis. Die Angaben für die neuen Demokratien Griechenland (seit 1974), Portugal (seit 1976) und Spanien (seit 1977) wurden auf den Gesamtzeitraum umgerechnet, und somit wurde die Erblast des autoritären Staates in diesen Ländern entsprechend berücksichtigt (siehe Spalte „Sonstige").

*Spalte 1:* Ländername.

*Spalte 2:* Kabinettsitzanteil säkular-konservativer Parteien (beispielsweise der britischen Conservative Party).

*Spalte 3:* Kabinettsitzanteil liberaler Parteien (Parteien in der Tradition des westeuropäischen politischen und ökonomischen Liberalismus). Die Klassifikation basiert im Wesentlichen auf Kirchner 1988, Anhang, 497-503. Kanadas Liberale Partei, die zwar Mitglied der liberalen Internationale ist, wurde auf der Basis von Klaus von Beyme 1985 und Hunt/Laver 1992, Anhang B, als zentrumsorientierte Partei eingestuft.

*Spalte 4:* Kabinettsitzanteile christdemokratischer oder säkularer Mitteparteien (Mitgliedsparteien des Bundes der Christdemokratischen Parteien in der Europäischen Gemeinschaft sowie allgemein Parteien moderater sozialer Politik in einer Position links von den säkular-konservativen oder konservativ-neoliberalen Parteien) (Veen 1983 ff., Hanley 1994).

*Spalte 5:* Kabinettsitzanteil sozialdemokratischer Parteien (operationalisiert als Parteien mit Mitgliedschaft in der Sozialistischen Internationale).

*Spalte 6:* Sonstige: Kabinettsitzanteil aller übrigen Parteifamilien (kommunistische Parteien, grüne Parteien, sozialistische Parteien, regionale Parteien, parteilose Minister und sonstige Gruppierungen, einschließlich der Jahre nichtdemokratischer Verfassung).

*Quelle:* Datei „Parteipolitische Zusammensetzung der etablierten Demokratien 1945 bis 1998", Forschungsprojekt „Staatstätigkeit", Leitung: Manfred G. Schmidt, Bremen 1999.

Die Parteiendifferenzthese kann präzise operationalisiert und somit exakt überprüft werden. Die parteipolitische Zusammensetzung von Regierungen demokratischer Staaten beispielsweise wird mittlerweile meist anhand von Stimmen-, Mandate- und vor allem Kabinettsitzanteilen von Parteien unterschiedlicher Familienzugehörigkeit gemessen. Ein Beispiel hierfür bietet Tabelle 10, die über die langfristige Regierungsbeteiligung von säkular-konservativen, liberalen, Mitte- und von Linksparteien in 23 etablierten Demokratien der 2. Hälfte des 20. Jahrhunderts informiert. Diese Tabelle zeigt sehr große Unterschiede zwischen den Demokratien an: überwiegend von säkular-konservativen Parteien wurden vor allem die rein englischsprachigen Staaten und Japan regiert. Liberale Parteien regierten in nennenswertem Umfang vor allem in der Schweiz, Island, den Benelux-Staaten, Dänemark, Frankreich und Deutschland mit – aber in keinem Fall erlangten sie hierbei eine Vormachtstellung. Von Mitteparteien dominiert wurden hingegen die Regierungsgeschäfte in Italien, Deutschland, den Benelux-Staaten und Kanada. Überwiegend sozialdemokratisch regiert wurden eine Reihe der kleineren westeuropäischen Staaten, allen voran Schweden und Norwegen, gefolgt von Dänemark und Österreich, aber in keinem Großstaat konnten sich die Linksparteien zu einer dominanten oder gar hegemonialen Regierungskraft aufschwingen.

## Parteien und Staatstätigkeit: Formen „Sozialer Demokratie"

Welche Politikkonsequenzen hat die Regierungsbeteiligung unterschiedlicher Parteien? Die Parteiendifferenzthese besagt, dass Unterschiede der parteipolitischen Zusammensetzung von Regierungen, beispielsweise die starke Regierungsbeteiligung konservativer oder linker Parteien, die Wahl der Politikinstrumente maßgeblich prägt und somit den Inhalt der Regierungspraxis und ihrer Auswirkungen formt, wobei letztere durch Indikatoren von Staatsausgaben, Gesetzgebungsaktivität und Verteilungswirkungen staatlichen Handelns gemessen werden können. Der Gegenthese zufolge ist hingegen kein überzufälliger Zusammenhang zwischen der parteipolitischen Zusammensetzung von Regierungen und Indikatoren der Staatstätigkeit zu erwarten.

Dem Forschungsstand zufolge spricht mittlerweile erheblich mehr für die Parteiendifferenzthese als für die Gegenthese. Lange war es modisch, die Prägung der Staatstätigkeit durch Politiker als gering zu veranschlagen und zu argumentieren, Politik mache keinen großen Unterschied. Mittlerweile jedoch trifft das Gegenteil zu (Gallagher u.a. 1995: 356). Was Gallagher u.a. über die Prägung von Staatstätigkeit durch Politik allgemein behaupten, gilt im Besonderen auch für die Parteieneffekte in der Regierungspolitik. Ein Beispiel: Das Tun und Lassen von Regierungen nach einer Wahl spiegelt in der Regel relativ getreu die Absichten wider, die in Wahlplattformen vor Wahlen zur nationalen Volksvertretung angekündigt werden. Das ist ein Hauptbefund von vergleichenden Studien zum Zusammenhang von zentralstaatlicher Regierungspolitik und wahlkampfbezogener Programmatik (Klingemann u.a. 1994). Nicht ganz so eng sind die Wechselbeziehungen zwischen der Regierungspolitik von Parteien und ihren in Grundsatzerklärungen und Parteiprogrammen niedergeschriebenen Positionen. Allerdings spiegelt die Staatstätigkeit in vielen Politikfeldern die Unterschiede der Programmatik und der Wähler- und Mitgliederschaft von Regierungs- und Oppositionsparteien wider. Mitunter treten dabei sehr große Differenzen zutage, so beispielsweise beim Umgang mit dem Egalität-Effizienz-Zielkonflikt: Linksparteien werten die Gleichheit deutlich höher als konservative Parteien und diese geben der wirtschaftlichen Effizienz Vorfahrt vor der Egalität (Wagschal 1998).

Doch nicht in allen Feldern der Regierungspolitik verläuft die Hauptdifferenz zwischen linken und konservativen Regierungsparteien. Die Arbeitsteilung zwischen Staat und Wirtschaft und ihr Wandel beispielsweise werden vom Unterschied zwischen säkular-konservativen Parteien einerseits und Links- und Mitteparteien, vor allem sozialdemokratischen und christdemokratischen Parteien andererseits geprägt. Der Hauptbefund ist dieser: Sozialdemokratische und christdemokratische Regierungen haben in der zweiten Hälfte des 20. Jahrhunderts insgesamt viel etatistischer gehandelt als konservative Parteien nach Art der britischen *Conservative Party*, und eine viel stärker staatszentrierte Politik als der schweizerische Freisinn und Japans Liberaldemokratische Partei durchgesetzt. Man nehme beispielsweise den Wandel der Arbeitsteilung zwischen Staat und Markt, der vom Wachstum der Staatsquote angezeigt wird. Die Staatsquote, also die mit 100 vervielfachte Verhältniszahl von öffentlichen Ausgaben und Bruttoinlandsprodukt, ist in allen westlichen Ländern trendmäßig gestiegen. Besonders stark nahm sie zwischen 1960 und Mitte der 90er Jahre zu, während sie in den folgenden Jahren in den meisten Ländern stagnierte oder etwas abnahm. Am kräftigsten wuchs die Staatsquote bis Mitte der 90er Jahre in Dänemark und Schweden (wo sie zwischen 1960 bis 1995 von 24,8 auf 61,1% bzw. von 36,2 auf 67,2% stieg) sowie in Griechenland und Finnland (+35 bzw. +33 Prozentpunkte), gefolgt von Portugal (+29 Punkte) und den Niederlanden (+27 Punkte). Am geringsten expandierte die Staatsquote in den USA (+9), in Island (+11) und in Großbritannien (+13 Prozentpunkte). Mit einem Zuwachs von 17 Prozentpunkten liegt die Bundesrepublik Deutschland in dieser Periode übrigens unter dem Durchschnitt des Staatsquotenwachstums in den OECD-Ländern (+21 Punkte). Ihren Höchststand erreicht die Staatsquote in den nordischen Ländern (Schwedens Staatsquote hielt 1993 mit 72,6% den Rekord in Friedenszeiten) und in den Benelux-Staaten (62,4% 1987 in den Niederlanden). Relativ gering ist die Staatsquote traditionell in den USA (1995: 35,8%), Japan (36,4%), Australien (37,8%) und – vorläufigen (vermutlich zu niedrig angesetzten) Angaben zufolge – in der Schweiz (36,7%). Die deutsche Staatsquote liegt 1995 beim Mittelwert der Staatsquote der demokratisch verfassten Industriestaaten (49,0%) (OECD 1997b).

Niveau und Entwicklung der Staatsquote hängen ursächlich mit politisch-institutionellen Konstellationen und politischen Kräfteverhältnissen zusammen. Vergleichende Analysen verdeutlichen, dass unter den zahlreichen Antriebs- und Bremskräften der Staatsquote in der Demokratie die parteipolitische Zusammensetzung von Regierungen eine bedeutende Rolle einnimmt (zum Folgenden Schmidt 1996a, 1998). So wuchs die Staatsquote zwischen 1960 und 1995 in den westlichen Ländern um so höher, je stärker Linksparteien an der Regierung beteiligt waren, was sich sowohl im internationalen Querschnittsvergleich wie auch im Längsschnitt einzelner Länder und in kombinierten Quer- und Längsschnittanalysen nachweisen lässt. Die Staatsquote wuchs allerdings auch mit beträchtlichem Tempo unter Regierungen, die von Mitteparteien, hauptsächlich christdemokratischen Parteien, geführt wurden, wie beispielsweise die Benelux-Staaten und Italien zeigen. Und auch die liberalen Parteien, die in der Regel den Part des kleineren Koalitionspartners einer mitte- oder linksorientierten Sozialstaatspartei spielten, trugen eine Regierungspolitik mit, die auf eine beträchtliche Erhöhung der Staatsquote hinauslief. Langsam nahm der Umfang des Staates hingegen nur dort zu (und mitunter wurde er sogar spürbar verringert), wo marktorientierte konservative Parteien die Regierungsgeschäfte führten, wie die *Conservative Party* Großbritanniens seit den späten 70er Jahren, und einige christdemokratisch geführte Regierungen in den 80er Jahren, so auch in der Bundesrepublik Deutschland. Zusätzlichen Antrieb erhielt die Staatsquote von der zunehmenden Seniorenquote, dem Anteil der mindestens 65-Jährigen an der Bevölkerung, deren Größe und Zunahme besonders die Ausgaben der Alterssicherung, aber auch die des Gesundheits- und Pflegewesens steigen ließen. Kontraktiv auf die Staatsquote wirkten hingegen – neben den Regierungen konservativer Parteien nach Art der britischen *Conservative Party* oder der *Republican Party* der USA – politisch-institutionelle Begrenzungen der zentralstaatlichen Exekutive, wie eine bundesstaatliche Gliederung und eine autonome Zentralbank.

Der größte Teil der Expansion der Staatsausgaben – rund zwei Drittel – wurde für sozialstaatliche Zwecke verwendet. Das gilt im Übrigen für Regierungen unterschiedlicher parteipolitischer Couleur, vor allem aber für sozialdemokratisch und christdemokratisch geführte Regierungen. Beide Parteien haben als Regierungs- und Oppositionsparteien – mit parteispezifischen Begründungen und

Schwerpunktsetzungen – jeweils für eine starke Sozialpolitik, also einen weit ausgebauten Sozialstaat, optiert. Das zeigt der internationale Vergleich ebenso wie der Längsschnittvergleich, beispielsweise in der Bundesrepublik. Auch hierzulande erwiesen sich sowohl die sozialdemokratische wie auch die christdemokratische Partei grundsätzlich als Sozialstaatsparteien (van Kersbergen 1995, Schmidt 1998a).

Abgesehen von den ähnlichen Profilen der Ausgabenpolitik von Mitte- und Linksregierungen, kennzeichnen beträchtliche Unterschiede die Sozialpolitik der verschiedenen Regierungsparteien (Schmidt 1998a, Esping-Andersen 1999, Kitschelt u.a. 1999). In Europa neigten allein regierende Linksparteien zum Auf- und Ausbau eines relativ egalitären Wohlfahrtsstaats nach Art umfassender Staatsbürgerversorgung und setzten beherzter als anderswo auf die Expansion der Beschäftigung im öffentlichen Sektor, so vor allem in Schweden und Norwegen. Hieraus entstand ein neuer Kapitalismus, nämlich die wohlfahrtsstaatlich regulierte Marktwirtschaft. Wirtschaftsliberale oder konservative Regierungsparteien hingegen führten die Sozialpolitik – und in der Regel auch die Beschäftigung im Staatssektor – am kürzeren Zügel, so vor allem in den USA, in Australien, der Schweiz und Japan. Auch unterstützten sie die Marktwirtschaft stärker als andere Regierungen (Esping-Andersen 1990) und legten Wert darauf, die Arbeitsbeziehungen liberal zu gestalten und nicht zum arbeits- und sozialrechtlichen Schutzwall für die Gewerkschaften zu formen. Der hierdurch geschaffene Marktwirtschaftstyp ist der primär marktgesteuerte Kapitalismus mit schlankem Staat, löchriger sozialer Sicherung und größerer Flexibilität in den Arbeitsbeziehungen. Wo Mitteparteien dominierten oder mit sozialdemokratischen Parteien konkurrierten, wie in der Bundesrepublik Deutschland, den Benelux-Staaten und Österreich, wurde ein zentristischer Sozialstaat mit ausgeprägter Sozialversicherungsstruktur aufgebaut. Der zentristische Sozialstaat ist ein tragender Pfeiler der Sozialen Marktwirtschaft der Bundesrepublik Deutschland und des für sie charakteristischen „mittleren Weges" zwischen dem nordisch-wohlfahrtsstaatlichen und dem marktwirtschaftlich gesteuerten Kapitalismus (Schmidt 1999). Zugleich stärkt dieser Sozialstaat den mächtigen Schutzwall, der die Gewerkschaften und die Sozialverbände gegen den Stoß der Wirtschaftsschwankungen abfedert. Er ermöglicht den Gewerkschaften und den Sozialverbänden sogar die Externalisierung der Kosten des eigenen Tuns, etwa derart, dass der Sozialstaat die Folgekosten einer Hochlohnpolitik tragen muss, beispielsweise lohnkosteninduzierte Arbeitslosigkeit und lohnkostenbedingtes Streben nach Frühverrentung. Die Achillesferse dieses „mittleren Weges" ist die Beschäftigung. In seinem Wirkungskreis werden die beschäftigungsdämpfenden Wirkungen eines kostspieligen, hauptsächlich aus Arbeitnehmer- und Arbeitgeberbeiträgen finanzierten Sozialstaates auf den Marktsektor nur zögerlich kompensiert, vor allem durch Räumung des Arbeitsmarktes mit sozialstaatlicher Hilfe, wie durch vorgezogene Altersgrenzen und großzügige Invaliditätsregelungen (Rosenow/Naschold 1994), nicht über die Schaffung zusätzlicher Arbeitsplätze im öffentlichen Dienst wie lange beispielsweise in Schweden. Dies ist ein Grund dafür, dass in der Bundesrepublik die Erwerbsquote sowohl unter CDU- wie unter SPD-geführten Regierungen auf einem nur durchschnittlichen und die Arbeitslosenquote seit Mitte der 70er Jahre auf einem höheren Niveau verharrt.

Aus alldem folgt, dass das Anliegen der „Sozialen Demokratie" in den westlichen Ländern in höchst unterschiedlichem Ausmaß umgesetzt wurde. Nach dem Grad der „Sozialen Demokratie" zu urteilen, formen sich die parteienstaatlichen Demokratien zu vier Gruppen:

1. Relativ schwach ist die „Soziale Demokratie" vor allem in der englischsprachigen Länderfamilie geblieben. Die USA, Großbritannien, Australien und Neuseeland sind die Paradebeispiele. Doch zu dieser Gruppe gehören auch Japan, Portugal und Spanien.
2. Moderate Größe hat die „Soziale Demokratie" in Irland, Kanada, Griechenland und Island.
3. Beträchtliche Ausmaße besitzt sie demgegenüber in Frankreich, Italien und der Schweiz.
4. Und zu den Ländern mit weit ausgebauter „Sozialer Demokratie" (im Sinne eines starken Sozialschutzes, korporatistischer Einbindung der Gewerkschaften und eines massiven sozial- und arbeitsrechtlichen Schutzwalls um die Beschäftigten und die Arbeitnehmerorganisationen) gehören die nordeuropäischen Länder, die Benelux-Staaten, Österreich, und – als einziger Großstaat – die Bundesrepublik Deutschland (Tabelle 11).

*Tabelle 11:* Größenordnung der „Sozialen Demokratie" im internationalen Vergleich

| Staat | Sozialleistungsquote 1995 | Korporatistische Einbindung der Gewerkschaften | Stärke des arbeitsrechtlichen Schutzwalls um Beschäftigte und Gewerkschaften | Größe der „Sozialen Demokratie" |
|---|---|---|---|---|
| Australien | 15,73 | nein | 6 | relativ gering |
| Belgien | 28,78 | ja | 13 | sehr groß |
| BR Deutschland | 29,61 | ja | 16 | sehr groß |
| Dänemark | 32,85 | ja | 8 | sehr groß |
| Finnland | 32,12 | ja | 9 | sehr groß |
| Frankreich | 30,07 | nein | 17 | groß |
| Griechenland | 16,79 | nein | 20 | mittel |
| Großbritannien | 22,79 | nein | 2 | relativ gering |
| Irland | 19,40 | ja | 5 | mittel |
| Island | 19,87 | ja | – | mittel |
| Italien | 23,71 | ja | 19 | groß |
| Japan | 14,06 | nein | 11 | relativ gering |
| Kanada | 18,24 | nein | 4 | mittel |
| Luxemburg | 25,24 | ja | – | sehr groß |
| Neuseeland | 18,80 | nein | 3 | relativ gering |
| Niederlande | 27,99 | ja | 10 | sehr groß |
| Norwegen | 28,48 | ja | 15 | sehr groß |
| Österreich | 27,11 | ja | 12 | sehr groß |
| Portugal | 18,64 | nein | 21 | relativ gering |
| Schweden | 33,38 | ja | 14 | sehr groß |
| Schweiz | 25,22 | ja | 7 | groß |
| Spanien | 21,49 | ja | 18 | relativ gering |
| USA | 16,26 | nein | 1 | relativ gering |
| Mittelwert, Modus, Modalwert | 23,77 | ja | 11 | sehr groß |

*Anmerkungen*: *Spalte 1:* Ländername. *Spalte 2:* OECD 1999b. *Spalte 3:* Neokorporatismus in den 80er und 90er Jahren auf der Grundlage von Höpner (1997): ja = relativ stark oder stark, nein = relativ schwach oder schwach. *Spalte 4:* Rangplatz der Stärke des gesetzlichen Schutzes der Beschäftigung (gewichteter Durchschnitt der Protektion regulärer Beschäftigungsverhältnisse, des Schutzes zeitweiliger Beschäftigung und der Protektion vor Kollektiventlassungen). Hohe Werte = sehr starker Schutz, niedrige Werte = schwacher Schutz. Basis: OECD 1999b: 66, Tabelle 2.5. *Spalte 5:* Zusammenfassende Einstufung auf der Grundlage der Spalten 2-4.

Diese Ländergruppierung steht in auffälligem Zusammenhang mit der langfristigen parteipolitischen Färbung der zentralstaatlichen Regierungen. Ein ausgebauter Sozialstaat und besonders starke sozial- und arbeitsrechtliche Befestigung der Gewerkschaften sind

Kennzeichen der überwiegend sozialdemokratisch regierten Länder und eingeschränkt auch der hauptsächlich christdemokratisch gelenkten Staaten. Schwächerer Sozialstaat und geringe arbeits- und sozialrechtliche Befestigung der Arbeitnehmerorganisationen charakterisieren indes vor allem jene Länder, in denen säkular-konservative Parteien die Regierungsgeschäfte weitgehend führten, während Linksparteien nur selten regierten.

Hieran zeigt sich, dass die Strukturen der Demokratie nicht durch die Staatsverfassung festgeschrieben, sondern variabel sind. Geprägt werden sie von vielen Größen, auch von der politischen Machtverteilung und – nicht zuletzt – von der parteipolitischen Zusammensetzung der Regierung und deren Einfluss auf die Regierungspraxis. Folglich erweist sich die Parteiendifferenzthese, also die Auffassung, dass Parteien in Regierung und Opposition einen Unterschied für das politische Tun und Lassen machen, als ein nützliches Instrument, das der genaueren Erforschung der Demokratiepraxis und der verschiedenen Demokratieformen dient.

**Kapitel 3.6**
**Messungen demokratischer Staatsverfassungen**

Niemand wird bestreiten, dass die Bundesrepublik Deutschland nach Verfassung und Verfassungswirklichkeit eine Demokratie ist. Auch ist kein begründeter Widerspruch gegen die Auffassung zu erwarten, dass die politische Ordnung des nationalsozialistisch regierten Deutschland der Jahre 1933-45 zutiefst undemokratisch war. Und kein ernst zu nehmender Fachwissenschaftler wird der Feststellung widersprechen, dass die „Volksdemokratien" der vormaligen sozialistischen Staaten Mittel- und Osteuropas, wie die Deutsche Demokratische Republik, die Volksrepublik Polen oder die Union der Sozialistischen Sowjetrepubliken, nur im Aushängeschild die Demokratie gemeinsam mit den westlichen Verfassungsstaaten hatten. Wie diese Beispiele zeigen, können besonders große Unterschiede zwischen demokratischen und nichtdemokratischen Herrschaftsordnungen mit dem bloßen Auge erkannt werden. Doch nicht immer hilft das unbewaffnete Auge weiter. Beim wissenschaftlichen Vergleich von Herrschaftsordnungen soll möglichst zuverlässig, genau und standardisiert gemessen und nicht nur dem Augenschein vertraut werden. Hierzu dient dieses Kapitel. In ihm werden die wichtigsten Messlatten erläutert und erörtert, welche die vergleichende Demokratieforschung anlegt, um den Demokratiegehalt von Staatsverfassungen zu erfassen.

**Das Wahlrecht als Messlatte der Demokratie**

Es ist nicht einfach, die Demokratie exakt zu messen. Ihre Messung ist zwar mittlerweile höher entwickelt als die anderer ähnlich komplexer Phänomene, beispielsweise des Verfassungsstaates, aber weniger weit als beispielsweise die Messung mikro- und makroökonomischer Sachverhalte (Bollen 1995). Doch beim Bestreben, die Demokratie zu messen, helfen Vorarbeiten weiter. Lange begnügte man sich mit einfachen – meist dichotomisierten – Messungen, so beispielsweise James Bryce (1921), der nach der Staatsverfassung zwischen Demokratien und Nicht-Demokratien unterschied, oder Seymour Martin Lipset (1959), der jeweils dichotomische Klassifizierungen für die europäischen und die englischsprachigen Demokratien einerseits und für die lateinamerikanischen Demokratien andererseits verwendete. Später kamen Messungen mit höherem Messniveau – Rang-, Intervall- oder Ratioskalen – dazu, so Daniel Lerners Messung der Demokratie durch Wahlbeteiligungsdaten und Phillip Cutrights Vorschlag, die politische Entwicklung unter anderem durch die parteipolitische Zusammensetzung der Legislative zu erfassen (Lerner 1958, Cutright 1963). Vor allem die Einführung des allgemeinen Wahlrechts und das am Alter des Wahlrechts festgemachte Alter der Demokratie wurden viel benutzte ergiebige Indikatoren.

Beide Größen zeigen beträchtliche Unterschiede und Gemeinsamkeiten zwischen den Staaten an, selbst wenn man nur den Kreis der seit rund 50 Jahren etablierten Demokratien heranzieht. Gemeinsam ist ihnen ein vergleichsweise junges Wahlrecht für nahezu alle erwachsenen Staatsbürger. Das allgemeine Männerwahlrecht beispielsweise ist in den meisten westlichen Industrieländern – blickt man vom Jahr 2000 zurück – im Durchschnitt erst rund 100 Jahre alt. Allerdings unterscheiden die Einführungstermine die Länder voneinander. Relativ früh wurde das allgemeine Männerwahlrecht in Frankreich, der Schweiz, in Deutschland, Spanien, den USA und Neuseeland eingeführt. Bis zum Ersten Weltkrieg folgten Norwegen, Australien, Finnland, Schweden, Österreich und Costa Rica. Während des Krieges und bald nach seinem Ende kamen alle anderen westlichen Industriestaaten dazu. Nach dem Ende des Zweiten Weltkrieges schlossen Israel, Venezuela und das unabhängig gewordene Indien auf. Im Zuge der dritten und der vierten „Demokratisierungswelle" (siehe Tabelle 16) stiegen zudem Länder wie Polen, Südkorea, die Tschechische Republik und Ungarn zum Kreis der Länder auf, in denen Volkswahlen auf der Basis des allgemeinen Männer- und Frauenwahlrechts abgehalten wurden.

Die weibliche Bevölkerung erhielt das aktive und passive Wahlrecht erst mit mehr oder minder großer Verzögerung. Das aktive Frauenwahlrecht wurde zuerst in Neuseeland (1893) eingeführt, das passive Wahlrecht allerdings folgte erst 1919. Zu Beginn des 20. Jahrhunderts war das allgemeine – aktive und passive – Frauenwahlrecht in Australien und Finnland in Kraft, und bis 1918 auch in Norwegen, Island, Österreich und Deutschland. Erst nach dem Zweiten Weltkrieg schlossen Italien, Japan, Belgien, Costa Rica und 1971 die Schweiz zu dieser Gruppe auf (Tabelle 12).

Demokratisiert wurde das Wahlrecht in zwei Wellen. Zunächst wurde das Recht zu wählen von oben nach unten erweitert. Anfangs stand es nur der Oberschicht zu. Später wuchs der Kreis der Wahlberechtigten in der sozialen Schichtungspyramide nach unten. Frauen wurden allerdings in vielen Ländern erst mit erheblicher Verzögerung wahlberechtigt, wie der Vergleich der Einführung des Frauen- und des Männerwahlrechts zeigt (Tabelle 12). Davon unterscheiden sich unter anderen die nordeuropäischen Länder (außer Norwegen), ferner Australien, Kanada, Irland und die Niederlande, sowie die spät demokratisierten Staaten, die das allgemeine Wahlrecht für Männer und Frauen nahezu zeitgleich einführten. In den meisten anderen Ländern verstrichen viele Jahre, bis die Frauen gleiche politische Rechte wie Männer erhielten. In der Schweiz vergingen mehr als 100 Jahre, in Frankreich fast 100 und in den USA 50 Jahre, bevor die Frauen wahlberechtigt wurden. Auch in Deutschland betrug die Verzögerung fast ein halbes Jahrhundert.

*Tabelle 12:* Demokratisierung des Wahlrechts im Staatenvergleich

| Staat | Beginn der ununterbrochenen Serie von Volkswahlen | Erstmalige Einführung des allgemeinen Männerwahlrechts | Erstmalige Einführung des allgemeinen Frauenwahlrechts | Verzögerung des Frauenwahlrechts relativ zum Männerwahlrecht |
|---|---|---|---|---|
| *Etablierte Demokratien* | | | | |
| Australien | 1901 | 1901 | 1902 | 1 |
| Belgien | 1831 | 1920 | 1948 | 28 |
| Costa Rica | 1949 | 1913 | 1949 | 36 |
| Dänemark | 1855 | 1915 | 1915 | 0 |
| Deutschland | 1949 | 1871 | 1918 | 47 |
| Finnland | 1906 | 1906 | 1906 | 0 |
| Frankreich | 1946 | 1848 | 1944 | 96 |
| Großbritannien | 1832 | 1918 | 1928 | 10 |
| *Etablierte Demokratien* | | | | |
| Indien | 1950 | 1950 | 1950 | 0 |
| Irland | 1921 | 1922 | 1928 | 6 |
| Island | 1874 | 1915 | 1915 | 0 |
| Israel | 1949 | 1949 | 1949 | 0 |
| Italien | 1946 | 1919 | 1946 | 27 |
| Japan | 1946 | 1925 | 1946 | 21 |
| Kanada | 1867 | 1920 | 1920 | 0 |
| Luxemburg | 1868 | 1919 | 1919 | 0 |
| Neuseeland | 1852 | 1889 | 1919 | 20 |
| Niederlande | 1848 | 1917 | 1919 | 2 |
| Norwegen | 1814 | 1898 | 1915 | 17 |
| Österreich | 1945 | 1907 | 1918 | 11 |
| Schweden | 1866 | 1909 | 1921 | 12 |
| Schweiz | 1848 | 1848 | 1971 | 123 |
| USA | 1788 | 1870 | 1920 | 50 |
| *2. Ausgewählte neue Demokratien* | | | | |
| Estland | 1992 | 1918 | 1918 | 0 |
| Griechenland | 1977 | 1877 | 1952 | 75 |
| Polen | 1991 | 1918 | 1918 | 0 |
| Portugal | 1976 | 1911 | 1976 | 65 |
| Slowenien | 1992 | 1992 | 1992 | 0 |
| Südkorea | 1988 | 1988 | 1988 | 0 |
| Spanien | 1977 | 1869/1890 | 1931 | 62 |
| Südafrik. Republik | 1994 | 1994 | 1994 | 0 |
| Tschech. Republik | 1990 | 1920 | 1920 | 0 |
| Ungarn | 1990 | 1990 | 1990 | 0 |
| Venezuela | 1946 | 1946 | 1947 | 1 |

*Anmerkungen*: Die Tabelle 11 informiert über die etablierten Demokratien und ausgewählte neue Demokratien seit den 70er Jahren des 20. Jahrhunderts (unter Ausklammerung besatzungsbedingter Demokratiesuspendierung im Zweiten Welt-

krieg). Australien: Wahlrecht für Aborigines 1967. Angaben für Deutschland nach 1949: Bundesrepublik Deutschland, vor 1949 Deutsches Reich. Angaben für Tschechische Republik: vor 1994 Tschechoslowakische Republik. Daten in Spalte 5: zeitlicher Abstand (in Jahren) zwischen der Einführung des allgemeinen Männerwahlrechts (25 Jahre und älter) und der des allgemeinen Frauenwahlrechts.
*Quellen:* Nohlen 1990: 33, 35; Freedom House (verschiedene Jahrgänge), Katz 1997: 216ff., UNDP 1998: 194ff., The Economist 31.12.1999: 30.

## Indikatoren der Polyarchy

Die Einführung des allgemeinen Wahlrechts ist ein ergiebiger Indikator der Demokratisierung eines Landes. Allerdings erfasst er mit dem Recht zur Beteiligung an Wahlen nur eine Dimension der Demokratie. Doch Demokratie ist nicht nur politische Beteiligung. Zu ihr gehören auch andere Institutionen und Verfahren. Diese hatte vor allem Dahls Demokratiemessung in seinem Werk *Polyarchy* genauer erfasst (Dahl 1971, 1997b). „Polyarchie" heißt sinngemäß „Regieren eines Staates oder einer Stadt durch die Vielen". In dieser Bedeutung wurde der Begriff schon lange vor Dahl gebraucht, nämlich von J.H. Alstedius, einem Denker des 17. Jahrhunderts. Der definierte die Polyarchie als eine Ordnung, in der die höchste Macht im Besitze des Volkes ist (Maier 1985: 190). So ging auch Ernest Barker vor, der in seinem Werk *Greek Political Theory* den Polyarchy-Begriff ebenfalls schon vor Dahl u.a. verwendet hatte (Barker 1964, 5. Aufl.). Dahl gab der „Polyarchy" (Dahl/Lindblom 1953: 272ff.) oder „polyarchischen Demokratie" (Dahl 1998: 90) jedoch eine abgewandelte Bedeutung. Mit diesem Begriff bezeichnete er die Repräsentativdemokratien des 20. Jahrhunderts mit allgemeinem Männer- und Frauenwahlrecht (Dahl 1997c: 95). Damit soll der Unterschied sowohl zur älteren Repräsentativdemokratie mit eingeschränktem Wahlrecht hervorgehoben werden wie auch die Differenz zu den älteren, meist kleinstaatlichen Demokratien und Republiken, in denen es im Gegensatz zu den Polyarchien nur relativ geringe Repräsentativstrukturen und keine Parteien und Verbände gab. Der „Polyarchy"-Terminologie ist überdies eine kritisch-aufklärerische Funktion zugedacht. Sie soll signalisieren, dass die verfassungsstaatlichen Demokratien in Nordamerika und Westeuropa nicht identisch mit dem Ideal einer vollständigen Demokratie sind. Dieses Ideal ist nach Dahl fünffach bestimmt: durch 1) wirksame Partizipation, 2) gleiches Wahlrecht, 3) authentische, aufklärerische Willensbildung (im Original „gaining enlightened understanding" [Dahl 1998: 38]), 4) Inklusion aller Erwachsenen und 5) die Erlangung letztendlicher Kontrolle über die Agenda der Politik seitens der Gesamtheit der Stimmberechtigten (Dahl 1997c, 1998: 38f.).

Eine Polyarchie ist ein politisches Regime, das prozedural und institutionell bestimmt ist, insbesondere durch Partizipation und freien Wettstreit. „Partizipation" meint die politische Beteiligung des Großteils der erwachsenen Bevölkerung an der Erörterung öffentlicher Angelegenheiten und vor allem an der Wahl und Abwahl der Inhaber der höchsten Staatsämter. Und „freier Wettstreit" (im Original „contestation") meint die freie wettbewerbliche Organisierung der Interessenartikulation, der Interessenbündelung (beispielsweise in Parteien und Verbänden), der politischen Willensbildung und der Entscheidungsfindung. Die Partizipation der erwachsenen Bevölkerung unterscheidet die Polyarchie von stärker exklusiven Herrschaftssystemen. In diesen sind die Regierung und ihre legale Opposition auf eine kleinere Gruppe von Beteiligten beschränkt, wie die westeuropäischen Länder vor der Einführung des allgemeinen Wahlrechts. Diesen Regimetypus nennt Dahl „kompetitive Oligarchie". Das zweite Merkmal, der „freie Wettstreit", unterscheidet die Polyarchie von Regimen, deren politische Willensbildung und Entscheidungsfindung nicht wettbewerblich organisiert ist, beispielsweise moderne autoritäre Regime. Diese unterteilt Dahl in „geschlossene Hegemonien" ("closed hegemonies") und „inklusive Hegemonien" ("inclusive hegemonies"), je nachdem ob die politischen Beteiligungsrechte nur wenigen zustehen oder vielen.

Wer die „Polyarchy" noch genauer erfassen will, kann dies anhand der sieben Hauptmerkmale tun, die Dahl an anderer Stelle erörtert und mit dichotomisierten oder rangskalierten Indikatoren gemessen hat (Dahl 1971: 238ff., 1998: 86f.). Es sind dies 1) Wahl und Abwahl der Amtsinhaber, 2) regelmäßig stattfindende freie und faire Wahlen, 3) inklusives Wahlrecht in dem Sinne, dass alle oder nahezu alle Erwachsenen bei der Wahl von Amtsinhabern aktiv und passiv wahlberechtigt sind, 4) freie Meinungsäußerung, 5) Informationsfreiheit, 6) Organisations- und Koalitionsfreiheit zur Bildung politischer Parteien und Interessengruppen sowie 7) ein „inklusiver Bürgerschaftsstatus" ["inclusive citizenship"]. Demokratie im Sinne der Polyarchie wird prozedural und institutionell definiert, und nicht über bestimmte Politikresultate. „Government of the people" und „government by the people" spielt für die Polyarchie-Definition mithin die zentrale Rolle, aber nicht das „government for the people", wenngleich ebenso wie im Fall der Theorien der verfassungsstaatlichen Zügelung unterstellt wird, dass „gute" Prozeduren und Institutionen letztendlich auch „gute" (im Sinne von gemeinwohldienliche) Ergebnisse zeitigen. Weiter ist dies festzuhalten: Die Prozeduren und Institutionen der Polyarchie können unterschiedlicher Natur sein, beispielsweise mehrheitsdemokratisch oder konkordanzdemokratisch, direktdemokratisch oder repräsentativdemokratisch, föderalistisch oder einheitsstaatlich (Coppedge 1995). Das Polyarchiekonzept ist mithin demokratietypneutral.

Welche Befunde fördert die Messung der polyarchischen Demokratie zutage? Die Erörterung dieser Frage beginnt man am besten mit Dahls *Polyarchy* (1971). In diesem Buch hatte Dahl Ende der 60er Jahre 26 polyarchische Demokratien, drei Spezialfälle mit größeren wahlpolitischen Einschränkungen und sechs Beinahe-Polyarchien identifiziert. Zu den Polyarchien zählten zu diesem Zeitpunkt vor allem die wirtschaftlich entwickelten westlichen Industrieländer sowie einige andere Staaten. Dabei handelte es sich um Australien, Belgien, die Bundesrepublik Deutschland, Dänemark, Finnland, Frankreich, Großbritannien, Irland, Island, Israel, Italien, Japan, Kanada, Österreich, Luxemburg, Neuseeland, die Niederlande, Norwegen und Schweden. Aus dem Kreis jenseits der europäischen und englischsprachigen Staaten kamen Costa Rica, Indien, Jamaika, der Libanon, die Philippinen, Trinidad und Tobago sowie Uruguay hinzu.

Von den Ländern mit erheblichen wahlpolitischen Einschränkungen nannte Dahl vor allem die Schweiz und die Vereinigten Staaten von Amerika sowie Chile. In der Schweiz wurde das Frauenwahlrecht bei nationalen Wahlen erst 1971 eingeführt, und in den USA wirkten zum Zeitpunkt der Messung (Ende der 60er Jahre) noch wahlpolitische Regelungen zum Nachteil der farbigen Bevölkerung vor allem in den Südstaaten. Schlussendlich gab es Beinahe-Polyarchien, also Staaten mit Verfassungen, die denen der Polyarchien relativ nahe kamen. Kolumbien, die Dominikanische

Republik, Malaysia, die Türkei, Venezuela und Zypern zählte Dahl Ende der 60er Jahre zu dieser Gruppe (Dahl 1971: 238ff., 248). Coppedge und Reinicke haben rund 20 Jahre später die Messungen Dahls weitergeführt. Ihre Polyarchieskala basiert auf viererlei: 1) auf fairen und politisch wirksamen nationalen Wahlen, 2) Meinungsfreiheit, 3) Organisationsfreiheit im Parteien- und Verbändesystem und 4) Verfügbarkeit von – zur Regierungsinformation alternativen – Informationsquellen (Coppedge/Reinicke 1990: 63f.). Der Skala von Coppedge/Reinicke zufolge waren nunmehr erneut die Länder am meisten demokratisch, die schon auf Dahls Skala von 1971 zu den entwickelten Polyarchien zählten, vor allem die reichen westlichen Industriestaaten, aber auch Costa Rica und Uruguay. Allerdings haben sich Veränderungen ergeben. Nicht mehr zur Spitzengruppe gehören Jamaika und der Libanon. Andere Staaten sind in den Klub der polyarchischen Demokratien aufgerückt, so dass dieser in den 90er Jahren erheblich größer als zuvor ist. Im Jahr 1993 beispielsweise wurden 67 Polyarchien unter insgesamt 186 Staaten gezählt. Die westeuropäischen und nordamerikanischen Staaten gehörten dazu, ferner Australien, Neuseeland, Indien, Israel, Japan und Zypern, die baltischen Staaten, Slowenien und die Tschechische Republik, sodann die meisten karibischen und lateinamerikanischen Länder, sechs pazifische Kleinstaaten, überdies Benin, Botsuana, Gambia, Kap Verde, Madagaskar, Malawi, Mauritius, Namibia, Papua-Neuguinea, die Philippinen, Sao Tome und Principe und die Solomen (Coppedge 1995: 977).

Polyarchien sind hauptsächlich ein Phänomen des 20. Jahrhunderts, wenngleich eines mit längerer Vorgeschichte. Drei Wachstumsperioden der polyarchischen Demokratien hat Dahl unterschieden: 1) 1776-1930, von der Amerikanischen und der Französischen Revolution bis zur Zwischenkriegszeit; 2) 1950-1959, insbesondere im Zuge der De-Kolonialisierung und der mit ihr zunächst in Gang gesetzten Demokratisierung (und dieser ist die Re-Demokratisierung autoritärer oder totalitärer Systeme nach dem Zweiten Weltkrieg hinzuzufügen), und 3) die 80er Jahre des 20. Jahrhunderts mit der Re-Demokratisierung in Lateinamerika sowie die 90er Jahre, in denen vor allem die sozialistischen Länder Mittel- und Osteuropas den Übergang zur Marktwirtschaft und zur Demokratie begannen. Auf der Grundlage von Vanhanen (1984) hat Dahl errechnet, dass der Anteil der Demokratien an allen politischen Systemen bis Ende der 80er Jahre höchstens 41% erreichte. Das war zwischen 1950 und 1959 der Fall. Vorher war der Anteil der Polyarchien kleiner. In den 70er Jahren lag er bei 31%, in den 60er Jahren bei 34% und in den 40er Jahren bei 33%, ähnlich hoch wie in der Zwischenkriegszeit (34%). In den Dekaden zuvor waren die Polyarchien eine noch kleinere Minderheit: 1910-19 mit 29%, im Jahrzehnt zuvor mit 17% und in den beiden Dekaden vor der Jahrhundertwende mit 14% bzw. 10% (Dahl 1989: 239-241). Einschränkend ist hinzuzufügen, dass diese Gruppierung auf großzügiger Klassifikation beruht. Sie zählt zur Polyarchie nicht nur entwickelte Demokratien, sondern auch Halb-, Drittel- und Vierteldemokratien, vorausgesetzt, sie erzielen auf Vanhanens Index der Demokratie mindestens den Wert 5,0 (zur Berechnung siehe Tabelle 14).

Dahls *Polyarchy* umfasst weit mehr als die Messung demokratischer politischer Systeme und die Nachzeichnung der Wellen der Demokratisierung. Es steuert auch Antworten auf die Frage nach den Funktionsvoraussetzungen von Demokratien bei (Dahl 1971: 200ff., 1997b: 101f.). Da dieses Thema Gegenstand des nächsten Kapitels ist, soll an dieser Stelle der Hinweis genügen, dass Dahl den sozialökonomischen Voraussetzungen, aber auch politisch-kulturellen Faktoren, eine Schlüsselrolle für die Herausbildung und Aufrechterhaltung stabiler Demokratien zuschrieb und damit den damaligen Diskussionsstand erheblich bereicherte.

Dahls *Polyarchy* hat die historisch und international vergleichende Demokratiemessung befruchtet (Inkeles 1991). Insbesondere in den 80er und 90er Jahren des 20. Jahrhunderts wurden Demokratiemessungen auf historisch und international vergleichender Grundlage entwickelt, die auf den älteren Polyarchiemessungen aufbauten und weit über sie hinausführten. Wegweisend wurden vor allem – in chronologischer Reihenfolge – die Studien von Bollen (1979, 1980), Vanhanen (1984), Bollen (1990), Coppedge/Reinicke (1990), Freedom House (1990ff.), Gurr u.a. (1990), Vanhanen (1990), Inkeles (1991), Hadenius (1992), Bollen (1993), Lipset u.a. (1993), Beetham (1994), Vanhanen/Kimber (1994), Jaggers/Gurr (1995), Alvarez u.a. (1996) und Vanhanen (1997).

Die Demokratiemessungen bieten instruktive Beurteilungsmaßstäbe und Informationen zur Frage, ob ein bestimmtes Land halbwegs, vollständig oder überhaupt nicht demokratisch ist. Von den

Messlatten, die hierüber Auskunft geben, sollen im Folgenden drei besonders instruktive ausführlicher vorgestellt und andere nur skizziert werden: Vanhanens Demokratisierungsindex (Vanhanen 1984, 1989, 1997), sodann die Demokratie- und die Autokratieskala von Jaggers und Gurr (1995) und schließlich die political rights- und civil rights-Skalen von Freedom House (Freedom House 1999).

## Vanhanens Index der Demokratisierung

Unter Rückgriff auf modernisierungstheoretische Überlegungen und Dahls Polyarchietheorie hat Tatu Vanhanen, ein finnischer Sozialwissenschaftler, für mehr als 150 Staaten einen Index der Demokratisierung vom 19. Jahrhundert bis in die 90er Jahre des 20. Jahrhunderts entwickelt (Vanhanen 1984, 1989, 1990, 1997). Grundlage des Vanhanen-Indexes sind die zwei Schlüsseldimensionen der polyarchischen Demokratie nach Dahl: Partizipation und Wettstreit oder Wettbewerbsgrad. Die Partizipation (P) ermittelt Vanhanen anhand des Anteils der an der letzten Wahl (oder einer Serie von Wahlen) teilnehmenden Wähler an der Gesamtbevölkerung. Die Formel für P lautet: $P = Z/P*100$, wobei $Z$ = Zahl der aktiven Wähler und $P$ = Bevölkerungszahl. Der Wettbewerbsgrad (W) wird durch einen Index erfasst, der den Stimmenanteil (S), der bei der – vor der Demokratiemessung – letzten Wahl (oder einer Serie von Wahlen) zur nationalen Volksvertretung auf die stärkste Partei entfällt, von 100 subtrahiert. Die Formel für diesen Index lautet: $W = (100-S)$. P und W sind die Komponenten des Indexes der Demokratisierung. Berechnet wird der Demokratisierungsindex (D) durch Multiplikation des Partizipationsgrades P mit dem Wettbewerbsgrad W und Teilung des Produkts durch 100. Die Formel für D lautet demnach: $D = (P*W)/100$ (Vanhanen 1997: 35f.).

Die Konstruktionslogik dieses Indexes ist unschwer zu erkennen. Er zeigt hohe Zahlenwerte an, wenn „P" und „W" sehr hohe Werte aufweisen. Das ist der Fall, wenn der Großteil der Bevölkerung zur Wahl geht, wenn zugleich viele Parteien mit jeweils nennenswertem Wähleranhang miteinander im Wettstreit liegen und aus diesem keine große dominante Partei hervorgeht. Ist die Wahlbeteiligung gering, zeigt der Demokratisierungsindex niedrige Werte an; gibt es gar kein Wahlrecht, steht er auf Null. Ist der Wettbewerbsgrad im Parteiensystem gering, beispielsweise weil eine Staatspartei das Politikgeschäft oligopolisiert oder monopolisiert, zeigt „W" ebenfalls niedrige Werte oder 0,0 an und entsprechend ist der Demokratisierungsgrad ebenfalls niedrig oder bei 0,0. Kombinationen von formal hoher Wahlbeteiligung, wie bei Akklamationswahlen in Einparteienstaaten, und geringem Wettbewerb oder hochgradiger Vermachtung des Parteiensystems ergeben ebenfalls niedrige Indexwerte. Wahlen in den ehemaligen sozialistischen Staaten beispielsweise gingen immer mit hoher Wahlbeteiligung einher, doch faktisch fanden sie unter den Bedingungen eines Einparteienstaates statt. In diesem Fall zeigen Vanhanens Indikatoren einen hohen Partizipationsgrad an, aber einen Wettbewerbsgrad von 0,0. Die Multiplikation beider Größen zwecks Ermittlung des Demokratisierungsindexes ergibt ebenfalls den Wert 0,0.

Welche Ergebnisse fördert Vanhanens Demokratisierungsindex darüber hinaus zutage? Seine neueste Studie zum Stand der Demokratie in den 90er Jahren zeigt Folgendes: Die höchsten Demokratiewerte erreichen nach wie vor westliche Länder. Die Rangliste der Nationen wurde im Jahr 1993 von Italien (48,3) und Belgien (47,1) angeführt. Auf dem dritten Platz folgt mit der Tschechoslowakischen Republik (40,3) schon die erste der neuen Demokratien. Den vierten Rang teilen sich Dänemark und Uruguay mit einem Index der Demokratisierung von je 39,7 – vor Schweden (39,1) und den Niederlanden (38,4). Deutschland gehört mit 37,3 zur Spitzengruppe. Zu den Ländern mit einem Demokratieindex zwischen 20 und 30 zählen etablierte Demokratien, wie die Schweiz, sowie Südkorea und die vormalig sozialistischen Länder Ungarn, Rumänien, Kroatien und Russland. Russland rangiert laut Vanhanens Index mit 27,0 sogar vor der Schweiz (23,7) und den Vereinigten Staaten von Amerika (20,7). Werte unter 20 entfallen auf Dritte-Welt-Staaten, beispielsweise Indien (17,6), und auf die Türkei (12,2). Demokratisierungswerte unter 10 haben die autoritären Regime, wie Iran (9,3) und Syrien (6,8), die asiatischen GUS- Staaten und die Mehrzahl der afrikanischen Staaten. Am untersten Ende der Skala finden sich die Länder mit einem Demokratieindex von 0,0: Afghanistan, Algerien, Äthiopien, die Volksrepublik China, Kuba, der Irak, Nordkorea, der Sudan, Uganda, Vietnam und Zaire gehören hierzu, um nur einige zu erwähnen (Vanhanen 1997: 86ff, siehe Tabelle 14).

Vieles von dem, was Vanhanens Demokratisierungsindex aufdeckt, ist interessant und einleuchtend. Einsichtig ist, dass die entwickelten Demokratien allesamt auf dem Demokratisierungsindex im oberen Feld und die eindeutig autoritär oder totalitär regierten Länder im Unterfeld liegen. Begreiflicherweise erhalten die westlichen Industrieländer hohe Demokratisierungswerte. Allerdings bringt der Vanhanen-Index auch irritierende Messergebnisse zustande. Dass ausgerechnet Italien, das für seine politische Stabilität nicht sonderlich bekannt ist, die Rangliste der Demokratien anführt und Belgiens krisengeschütteltes Staatswesen ihm dicht auf dem Fuß folgt, wirft Fragen auf. Irritierend sind sodann die Unterschiede zwischen den westlichen Demokratien. Die alten Demokratien erreichen Werte, die weit unter denen der Spitzengruppe liegen. Die Schweiz erzielt 23,7 Punkte, die USA nur 20,7. Gewiss ist für das ungünstige Abschneiden in beiden Ländern die niedrige Wahlbeteiligung mitverantwortlich. Aber ist damit die Demokratie wirklich gut gemessen? Mehr noch: Dem Vanhanen-Index zufolge erhält die 1993 noch existierende Tschechoslowakische Republik mehr als 40 Punkte, als ob sie fast doppelt so demokratisch wie die USA oder die Schweizer Eidgenossenschaft gewesen wäre. Verwirrung stiftet ferner, dass einige der neuen, teilweise noch überaus fragilen Demokratien die USA und die Schweiz übertreffen. Ein Beispiel ist die Einstufung Russlands, einem zwischen Diktatur und Demokratisierung oszillierenden Staatswesen. Dem Vanhanen-Index zufolge liegt Russland vor den alten Demokratien USA und Schweiz! Gleiches gilt für Südkorea.

Doch das macht keinen Sinn, sofern der Index wirklich die Demokratie messen soll. Nach der Vielzahl der Teilhabechancen und der Authentizität der Teilhabe ist unbestreitbar, dass die Referendumsdemokratie der Schweiz den Bürgern ungleich mehr Beteiligungschancen und mehr Demokratie bietet als die meisten anderen Länder. Auch die USA können nach dem Beteiligungsangebot den Vergleich mit vielen Staaten bestens aushalten (siehe Kapitel 3.4 sowie Tabellen 9,12 und 14). Dass ausgerechnet diese Länder nur mit einem relativ niedrigen Demokratiewert abschneiden und einige der neuen Voll- oder Halbdemokratien höhere Demokratisierungswerte erzielen, spricht nicht für den Vanhanen-Index. Und geradezu widersinnig erscheint die Einstufung Jugoslawiens zur Zeit der Präsidentschaft des auf Großserbien und „ethnische Säuberung" bedachten Slobodan Milosevic. 1993 erhält Jugoslawien auf dem Vanhanen-Index 20,7 Punkte – genau so viel wie die USA! Rein rechnerisch ging alles mit rechten Dingen zu. Vanhanen ist hier – wie an anderer Stelle – seiner Formel zur Ermittlung des Demokratisierungsindexes treu geblieben. Überdies ist seine Messung der Demokratie vorbildlich nachprüfbar. Allerdings ist der Index, wie schon die erwähnten irritierenden Beispiele andeuten, nicht aller Probleme ledig (Bollen 1990, 1993, Beetham 1994). Die Auswahl und Messung der Schlüsselgrößen Wahlbeteiligung und Stimmenanteil der stärksten Partei sind nicht über jeden Zweifel erhaben. Diese Variablen erfassen nur einen Teil des freien Wettstreits im Sinne von Dahl. So fehlt die Meinungsfreiheit ebenso wie die Berücksichtigung der Chancen, Interessen frei zu äußern und zu aggregieren sowie Interessenvertretungen zu bilden. Ferner wird die Partizipation anhand der Wahlbeteiligung ermittelt, nicht anhand der Beteiligungsrechte. Dieser Indikator misst nur wahrgenommene Beteiligungsrechte, nicht die Rechte selbst. Überdies kann die Wahlbeteiligung Unterschiedliches widerspiegeln: Wählerapathie oder Wählerzufriedenheit, Wahlpflicht oder freiwillige Wahl, vielleicht sogar das Wetter am Wahltag. Außerdem wird die Qualität der Wahlen nicht berücksichtigt. Ob sie fair oder unfair sind, bleibt im Dunkeln. Überdies ist die Messung kontextblind: Partizipation zählt ihr grundsätzlich gleich, gleichviel, ob es sich um eine Wahl in einer etablierten Demokratie, einer „illiberalen Demokratie" (Zakaria 1997), einer „Fassadendemokratie" oder in einem autoritären Staat handelt. Obendrein wird als Bezugsgröße der Beteiligung die gesamte Bevölkerung verwendet. Doch dies verzerrt aufgrund der unterschiedlichen Altersstruktur der untersuchten Gesellschaften die Wahlbeteiligungsquote. Besser wäre es, die Zahl der Wähler auf die Bevölkerung im wahlberechtigten Alter zu beziehen. Aber auch die Fixierung auf die Wahlen ist verengt. Mit ihr werden diejenigen verfassten oder unverfassten Beteiligungsmöglichkeiten nicht gemessen, die beispielsweise in direktdemokratischen Beteiligungsrechten, in Mitbestimmungs- und in Selbstverwaltungseinrichtungen vorhanden sind, um die Beteiligung in Bürgerinitiativen und Vereinen nur am Rande zu erwähnen.

Zudem wird der Wettbewerbsgrad durch ein Maß ermittelt, das hauptsächlich die Fragmentierung und Konzentration des Parteiensystems widerspiegelt. Damit werden Einparteiensysteme zutreffend als Diktaturen eingestuft. Doch die Messung hat einen Pferdefuß. Vielparteiensysteme erhalten durch sie bessere Noten als Zweiparteiensysteme. Doch das verzerrt den Sachverhalt. Im Rahmen demokratischer Spielregeln kann eine Partei einen sehr großen Stimmenanteil auf legalem und legitimem Wege erreichen, so in den „ungewöhnlichen Demokratien" (Pempel 1990), jenen Staaten also, in denen eine Partei über lange Zeiträume hinweg die Regierungsgeschäfte führte, wie in Japan die Liberaldemokratische Partei, aber auch in Schweden die Sozialdemokratische Partei und in Großbritannien die *Conservative Party*. Vanhanens Index zufolge ergibt eine Partei mit einem großen Wähleranhang jedoch einen geringeren Wettbewerbsgrad und – unter sonst gleichen Bedingungen – einen niedrigeren Demokratisierungsgrad. Weitere Einwände kommen hinzu. Wie alle anderen Demokratieskalen erfasst auch Vanhanens nur die „Eingabe"- oder Inputseite des politischen Prozesses. Die „Ausgabe"- oder Outputseite hingegen wird vernachlässigt. Somit wird die Qualität der in den Demokratien erzeugten Gesetze und Politiken jenseits der Beteiligungsrechte und des Wahlrechts nicht erfasst. Nicht erfasst wird zudem der institutionelle Rahmen der politischen Willensbildung und Entscheidungsfindung. Offensichtlich misst der Index der Demokratisierung von Vanhanen das, was er messen soll, nur zum Teil. Das wirft Zweifel an seiner Validität auf.

**Demokratie- und Autokratieskalen für das 19. und 20. Jahrhundert**

Die Freiheits-, Organisations- und Mitwirkungsrechte unterscheiden die Polyarchieskala von Dahl (1971) und Coppedge/Reinicke (1990) von Vanhanens Demokratisierungsindex. Allerdings klammern auch Dahl sowie Coppedge/Reinicke die institutionellen Fesseln der Exekutive aus. Insoweit mangelt es ihren Indizes an angemessener Berücksichtigung eines Pfeilers der modernen konstitutionellen Demokratie. Vermieden wurde dieses Problem in den Demokratie- und Autokratieskalen von Gurr u.a. (1990), Jaggers/Gurr (1995) und dem daraus hervorgegangenen Datensatz namens „Polity III", der die Demokratie und die Autokratie weltweit vom frühen 19. bis zum Ende des 20. Jahrhunderts erfasst. Jaggers/Gurr zufolge ist für die Demokratie dreierlei zentral: 1) Institutionen und Prozesse, mit denen die Bürger ihre politischen Präferenzen wirksam äußern und zu entscheidungsfähigen Alternativen bündeln können, 2) garantierte Bürger- und Freiheitsrechte für alle Staatsbürger und 3) institutionelle Begrenzungen der Exekutive. Ist all dies erfüllt, handele es sich um eine „institutionalisierte Demokratie" (Jaggers/Gurr 1995).

Jaggers und Gurr messen den Demokratiegehalt eines politischen Systems mit Hilfe einer mehrdimensionalen Skala. Deren Operationalisierung basiert auf folgendem Grundgedanken: „Eine reife und intern kohärente Demokratie ( ... ) kann operationell als ein politisches System definiert werden, in dem (a) die politische Beteiligung in vollem Umfang wettbewerblich organisiert ist, (b) die Rekrutierung der politischen Führung durch freie, offene Wahlen erfolgt und (c) die Exekutive in institutioneller Hinsicht substanziell gezügelt wird" (Gurr u.a. 1990: 84, Übers. d. Verf.). Eine Autokratie hingegen ist definiert durch nicht wettbewerbliche oder unterdrückte politische Beteiligung, undemokratische Rekrutierung der politischen Führung und institutionell gering oder nicht begrenzten Spielraum der Exekutive.

Bei der Messung eines politischen Regimes gehen Gurr und Jaggers zweigleisig vor. Sie messen den Demokratiegrad eines politischen Systems und erfassen in einem eigenen Messvorgang seinen Autokratiegrad. Die Beobachtungswerte werden sodann zu einer jeweils von 0 bis 10 reichenden Demokratieskala und einer Autokratieskala gebündelt. Im Fall der Demokratieskala steht „0" für Fehlen demokratischer Elemente und „10" für eine entwickelte Demokratie. Analoges gilt für die Autokratieskala. Mit beiden Skalen kann gearbeitet werden. Aus ihnen kann aber auch eine dritte Messlatte abgeleitet werden, nämlich durch Subtraktion der Autokratieskala von der Demokratieskala. Das ergibt eine genauere Messung des Regimecharakters. Sie ermöglicht vor allem im Kreis der nichtdemokratischen Länder die exaktere Bestimmung der Unterschiede. Für viele Zwecke allerdings reicht der Demokratie- und der Autokratieindex aus, so auch für den der vorliegenden Abhandlung. Deshalb wird im Folgenden vor allem auf die einfache Demokratie- und die einfache Autokratieskala zurückgegriffen.

*Tabelle 13:* Die Konstruktion der Demokratie- und der Autokratieskala bei Jaggers und Gurr (1995)

| Dimension | Demokratie-skala | Autokratie-skala |
|---|---|---|
| 1. Wettbewerbsgrad der politischen Beteiligung | | |
| - "competitive" | 3 | 0 |
| - "transitional" | 2 | 0 |
| - "factional" | 1 | 0 |
| - "restricted" | 0 | 1 |
| - "suppressed" | 0 | 2 |
| 2. Regulierung der politischen Partizipation | | |
| - "factional" – „restricted" | 0 | 1 |
| - "restricted" | 0 | 2 |
| 3. Wettbewerbsgrad der Rekrutierung zur Exekutive | | |
| - Wahl | 2 | 0 |
| - "transitional" | 1 | 0 |
| - Selektion in der Elite | 0 | 2 |
| 4. Offenheit der Rekrutierung der Exekutive | | |
| - Wahl | 1 | 0 |
| - dual: Erbfolge/Wahl | 1 | 0 |
| - dual: Erbfolge/Designation | 0 | 1 |
| - geschlossen | 0 | 1 |
| 5. Begrenzungen der Regierungsspitze (chief executive) | | |
| - Exekutivparität oder Subordination der Exekutive | 4 | 0 |
| - Zwischenkategorie 1 | 3 | 0 |
| - substanzielle Begrenzung | 2 | 0 |
| - Zwischenkategorie 2 | 1 | 0 |
| - geringe bis moderate Begrenzungen | 0 | 1 |
| - Zwischenkategorie 3 | 0 | 2 |
| - unbegrenzte Macht der Exekutive | 0 | 3 |

*Anmerkung*: Quelle: Jaggers/Gurr 1995. Aus dieser Quelle stammen auch die englischsprachigen Zitate. Die letztendliche Messung des Grades der institutionalisierten Demokratie erfolgt durch Subtraktion der Werte der Autokratieskala von den Werten der Demokratieskala.

Wie die Demokratie und die Autokratie im Einzelnen gemessen werden, zeigen die Tabellen 13 und 14. An dieser Stelle genügt der Hinweis, dass die Messung mit fünf Indikatoren erfolgt. Es sind dies 1) die Wettbewerbsintensität politischer Partizipation (sie wird anhand einer Fünferskala erfasst, die von kompetitiv [Kodierung: 3] bis restringiert oder unterdrückt reicht [Kodierung: 0]), 2) die Regulierung politischer Beteiligung (fragmentiert oder restringiert), 3) der Wettbewerbsgrad der Rekrutierung von Amtsinhabern (Dreierskala von Wahl bis Bestellung durch Erbfolge oder autoritäre Selektion), 4) die Offenheit der Rekrutierung von Amtsinhabern und 5) Begrenzungen der Exekutive (7-Punkte-Skala der Teilung der Exekutivmacht oder Subordination der Spitze der Exekutive unter politisch verantwortlichen Gruppierungen bis zu unbegrenzter Exekutivmacht).

Was ergeben die Demokratie- und die Autokratiemessungen? Bleiben wir zunächst bei den Demokratie- und Autokratieskalen gemäß Tabelle 13 (siehe auch Tabelle 14). Welche Länder qualifizieren sich als Demokratien und welche als Autokratien? 1995 beispielsweise gehören zum Kern der Demokratien vor allem die westeuropäischen und die nordamerikanischen Industriestaaten sowie Japan, Australien und Neuseeland. Doch darin geht der Kreis der Demokratien nicht auf. Hohe Demokratieskalenwerte erreichen 1995 unter anderen auch Botsuana, Costa Rica, Jamaika, Südkorea, Litauen, Slowenien, die Tschechische Republik und Ungarn. Einen Wert von mindestens 8 erzielen mehr als 30 weitere Länder, unter ihnen Chile, Spanien, die Türkei, Argentinien, Frankreich, Indien, Pakistan, Philippinen, Polen und Russland (Basis: Auswertung von Polity III 1996).

Autokratische Regime hingegen kennzeichnen vor allem die politische Struktur des Iraks, Nordkoreas, Myanmars, Saudi-Arabiens, Syriens, Turkmenistans, der Vereinigten Arabischen Emirate und – wenngleich mittlerweile abgeschwächter – der Volksrepublik China. Alle anderen Staaten liegen in der Regel zwischen den Extrempositionen der entwickelten Demokratie und der ausgebauten Autokratie, so beispielsweise Peru mit einem Autokratiewert von 4 und einem Demokratiewert von 2, oder Jugoslawien (6 und 2) und Kroatien (3 und 2).

Wie weit ist die Demokratie verbreitet? Auch hierfür geben die Demokratiemessungen nach Jaggers und Gurr genauere Antworten. 1995 waren gemäß Fortschreibungen des Demokratieindikators von Jaggers/Gurr durch den Verfasser 34 von insgesamt 151 selbständigen Staaten entwickelte Demokratien mit einem Demokratieskalenwert von 10 (oder 22,5% aller Länder). Nimmt man die Länder mit einem Demokratieskalenwert von 9 und 10 zusammen, steigt die Zahl der Demokratien auf 43 oder auf 28,5% aller Staaten. Zählt man auch die Länder mit einem Skalenwert von 8 dazu, nimmt die Zahl der Demokratien auf 72 zu oder auf

47,7% aller souveräner Staaten. Dieser Messung zufolge war fast jeder zweite souveräne Staat im Jahr 1995 eine Demokratie. Ist das viel oder wenig? Im Vergleich zu früher ist es viel. 1900 waren nur 14,5% aller Staaten demokratisch verfasst (im Sinne eines Demokratieskalenwertes von mindestens 8). 1940 waren nur 16,7% aller Länder Demokratien, 1960 aber schon 29% und 1989, also am Vorabend des Falls des Eisernen Vorhangs, immerhin 32,1%. Der Sprung von 1989 auf 1995 ist beeindruckend weit. Der Zuwachs um 15 Prozentpunkte übertrifft alle früheren Demokratisierungsvorgänge bei weitem.

Wie vor allem der Vergleich über lange Zeiträume darlegt, hat die Demokratie an Zahl und relativer Bedeutung unter den Staatsformen gewonnen (Finer 1997). Allerdings wurden die Wachstumsjahre der Demokratie von Stagnation und Schrumpfungsphasen unterbrochen. Beispiele sind in den 20er und 30er Jahren der Siegeszug des Faschismus in Italien, die Pilsudski-Diktatur in Polen 1926 und die Machtergreifung des Militärs in Argentinien 1930. Hinzu kommen in den 30er Jahren der Zusammenbruch der Demokratie in Deutschland, Österreich, Spanien sowie – infolge der Okkupation durch die deutsche Wehrmacht – auch in anderen europäischen Ländern (Loewenstein 1935, Berg-Schlosser/De Meur 1994). Auch in den 40er Jahren erlitt die Demokratie Rückschläge, insbesondere nach dem Ende des Zweiten Weltkrieges, als beispielsweise Polen, Ungarn und die Tschechoslowakei unter sowjetischen Einflussbereich gerieten und zu autoritären Staaten umgeformt wurden. Sodann brachen in den 50er und 60er Jahren nicht wenige Demokratien zusammen, vor allem in der Dritten Welt, beispielsweise Nigeria 1966. Selbst während der „dritten" und „vierten Demokratisierungswelle" seit Beginn der 70er Jahre (Huntington 1991) erlitt so manche demokratische oder halbdemokratische Staatsverfassung Schiffbruch: Beispiele sind Argentinien (1976-83), Chile 1973 bis Ende 1988, Ghana (vor allem zwischen 1981 und 1992), Indien in den Jahren 1975 und 1976, der Libanon seit 1976, Nigeria (nach 1983), Peru (seit 1992), Thailand vor allem von 1971 bis Ende der 80er Jahre und die Türkei in der ersten Hälfte der 80er Jahre (Jaggers/Gurr 1996).

Pionierarbeit leisteten Gurr, Jaggers und andere Konstrukteure der Demokratie- und Autokratieskalen mit ihren Demokratiemessungen, die bis weit ins 19. Jahrhundert reichen. Wie kaum andere zuvor haben sie den Weg für die vergleichende Erkundung der Regimestrukturen, ihrer Voraussetzungen und ihrer Folgen freigemacht. Das ist vor jeder Kritik gesondert zu betonen und zu loben. Doch auch die Demokratie- und Autokratiemessungen von Jaggers und Gurr sind nicht aller Probleme los und ledig. Sie erfassen vor allem den Wettbewerbsgrad der politischen Beteiligung und der politischen Rekrutierung, sowie die in der Verfassung verankerten Politikstrukturen unter besonderer Berücksichtigung der Zügelung der Exekutive. Doch die Indikatoren messen die Verfassungswirklichkeit und die Realisierung politischer Rechte nicht zureichend. Und dort, wo sie die Verfassung messen, haben sie eine Schieflage zugunsten des US-amerikanischen Regierungssystems und zu Lasten eines Semipräsidentialismus nach Art der französischen V. Republik. Solange Frankreich nicht der *cohabitation* unterliegt, der unterschiedlichen parteipolitischen Zugehörigkeit von Regierungschef und Präsident, erhält es mit 7 einen relativ niedrigen Skalenwert auf der Demokratieskala von Jaggers und Gurr. Doch dies stellt Frankreichs Demokratie auf eine Stufe mit politischen Regimen wie Pakistan oder der Südafrikanischen Republik in der Ära der Apartheid, also der strikten Trennung und Ungleichbehandlung von Weißen und Schwarzen. Das leuchtet überhaupt nicht ein. Diese Fehlklassifikation ist der Preis, der für die hohe Gewichtung des fünften Indikators der Regimemessung (siehe Tabelle 13) und die angreifbare Einstufung Frankreichs in die Rubrik „unlimitierte Macht der Exekutive" zu entrichten ist.

Die zugrunde liegende Absicht, die Begrenzungen der Exekutive zu messen, hätte zur Ergänzung eine komplexere Messung verdient, beispielsweise eine nach Art des Indexes der gegenmajoritären Institutionen (siehe Tabelle 7). Dies weist zugleich auf einen weiteren Mangel der Demokratie- und Autokratiemessung von Jaggers und Gurr hin. Ihre Werte werden sehr stark von den Messungen der Exekutivspitze bestimmt. Und viel zu kurz kommen bei ihr die politische Beteiligung und das Ausmaß, zu dem die erwachsene Bevölkerung das Recht der politischen Mitwirkung an der Wahl und Abwahl ihrer Führung hat, sowie das Ausmaß, zu dem sie dieses Recht nutzt (Gleditsch/Ward 1997). Man sieht das allein daran, dass die Demokratieskala nach Gurr u.a. den Vereinigten Staaten von Amerika seit 1810 die Würde einer fast entwickelten Demokratie verleiht: 1810 erreichen die USA erstmals einen Demokratieskalenwert von 9 und ab 1871 bis auf den heutigen Tag den Höchstwert, also 10. Doch was ist das für eine „institutionalisierte Demokratie", wenn in ihr zahllose Erwachsene vom Wahlrecht ausgeschlossen blieben, wenn zu Beginn wohl nicht mehr als jeder fünfte Erwachsene wahlberechtigt war und die Sklaven von der politischen Beteiligung vollständig ausgesperrt blieben?

## Politische Rechte und Bürgerrechte: die Freedom House-Skalen

Der letzte Demokratieindex, der in diesem Kapitel ausführlicher vorgestellt werden soll, entstammt den Schätzungen des Standes der Politischen Rechte (*political rights*) und der Bürgerrechte (*civil rights*) durch das Freedom House in Washington, D.C. Freedom House ist eine Non Profit-Organisation, die sich seit 1971 darum bemüht, den Stand der Demokratie und der Freiheit in allen souveränen Staaten der Gegenwart systematisch und regelmäßig zu erfassen (Gastil 1990, Freedom House 1999). Zum Zweck zusammenfassender Information konstruiert Freedom House 7er-Skalen der Politischen Rechte (*political rights index*) und der Bürgerrechte (*civil rights index*). Mitunter werden beide Indizes getrennt ausgewertet, bisweilen werden sie zu einem Freiheitsindex addiert. Dieser Index reicht von 2 bis 14. „2" bedeutet gesicherte umfassende politische Rechte und Bürgerrechte. Durch sie werden Freedom House zufolge Freiheit und Demokratie im Sinne des demokratischen Verfassungsstaates angezeigt. Die so definierten Freiheits- und Mitwirkungsrechte werden unter anderem in den westeuropäischen und nordamerikanischen Verfassungsstaaten erreicht. Der Wert „14" hingegen zeigt gänzliches Fehlen solcher Rechte und damit vollständige Unfreiheit an, so beispielsweise in Lybien, Nordkorea und Burma im Jahre 1999. Vereinfachend unterscheidet Freedom House mitunter zwischen „free", „partly free" und „not free countries", also zwischen freien, halbfreien und nicht freien Staaten, je nachdem ob die Skalenwerte 2 bis 5, 6 bis 11 oder größer als 11 erreicht werden (Freedom House 1999: 552 mit weiteren Erläuterungen). Im Januar 1999 beispielsweise wurden 88 Staaten als frei eingestuft. Das entsprach 46% aller unabhängigen Länder. Weitere 53 Länder oder 28% aller Staaten wurden zu diesem Zeitpunkt als halbfrei gewertet und 50 oder 26% als nicht frei (Freedom House 1999: 4f., 554f.).

Wie werden die Skalen der Politischen Rechte und der Bürgerrechte definiert und gemessen? Freedom House will die Qualität der politischen Regime und der Rechtsordnungen nicht aus dem Blickwinkel der Staatsstrukturen erfassen, sondern aus dem der Verfassungswirklichkeit, zu der Wirkfaktoren innerhalb und außerhalb des Regierungssystems beigetragen haben, und dabei vor allem die Verfassungswirklichkeit der Beteiligungsrechte und Schutzansprüche des Staatsbürgers berücksichtigen (Freedom House 1999: 546ff.). Demokratie meint dabei im Sinne einer Minimaldefinition „ein politisches System, in dem das Volk seine entscheidungsbefugten Führungen frei aus miteinander konkurrierenden Gruppen und Individuen, die nicht von der Regierung bestimmt wurden, auswählt" (Freedom House 1999: 546). Das ist Schumpeter pur. Aber im Unterschied zu Schumpeter, dem zufolge Demokratie keineswegs notwendig ökonomische Freiheitsrechte einschließt (Schumpeter 1949), kombiniert Freedom House die Demokratie- und die Freiheitsmessung. Das Freiheitsverständnis von Freedom House gründet – vereinfachend gesagt – in der Auffassung, dass Freiheit die Chance sei, in einer Vielzahl von Feldern außerhalb der Reichweite der Regierung und anderer Zentren potenzieller Dominanz autonom zu handeln (Freedom House 1999: 546).

Die Skala der Politischen Rechte wird ebenso wie die der Bürgerrechte durch Fragebatterien erfasst. Die Art der Fragen und der genaue Wortlaut der Prüffragen sind nicht in allen Jahresberichten einheitlich. Im Bericht für 1998-1999 beispielsweise werden die Politischen Rechte nur noch mit acht Fragen erfasst anstelle von neun Prüffragen, wie es bis Mitte der 90er Jahre üblich war. Weggefallen ist die Frage nach der Dezentralisierung politischer Macht, weil diese nicht notwendigerweise mit dem Freiheitsgrad eines Landes zusammenhänge. Zur Checkliste der Politischen Rechte werden – als Beispiel dient der neueste Bericht (Freedom House 1999: 547ff.) – seither die folgenden Fragen verwendet:

1. Geht die Spitze der Exekutive aus freien und fairen Wahlen hervor?
2. Werden die Repräsentanten des Staatsvolkes in der Legislative in freien und fairen Wahlen gewählt?

3. Sind faires Wahlrecht, Wahlkampfchancengleichheit, faire Erfassung der Stimmen und korrekte Auszählung und Ergebnisfeststellung gegeben?
4. Können die Wähler ihre gewählten Repräsentanten mit wirklicher Macht beauftragen?
5. Hat das Volk das Recht, sich in verschiedenen politischen Parteien oder anderen konkurrierenden politischen Gruppierungen seiner Wahl zu organisieren, und ist dieses System offen für Aufstieg und Fall solcher konkurrierenden Parteien oder Gruppierungen?
6. Gibt es einen signifikanten Stimmenanteil der Opposition, eine faktische Oppositionsmacht, und eine realistische Möglichkeit für die Opposition, ihren Wähleranhang zu vergrößern oder die Macht durch Wahlen zu erlangen?
7. Ist das Volk frei von Beherrschung durch das Militär, ausländische Mächte, totalitäre Parteien, religiöse Hierarchien, wirtschaftliche Oligarchien oder andere mächtige Gruppen?
8. Wie ist es um die Minderheiten bestellt? Haben die kulturellen, ethnischen, religiösen oder anderen Minderheiten in nennenswertem Umfang Selbstbestimmungsrechte, Selbstverwaltung, Autonomie, und können sie auf Partizipation durch informellen Konsens im Entscheidungsprozess bauen?

Der Vollständigkeit halber ist hinzuzufügen, dass die Checkliste für die politischen Rechte zwei weitere Fragen für Spezialfälle bereithält. Im Falle einer traditionalen Monarchie ohne Parteien und Wahlen wird danach gefragt, ob das politische System Konsultationen vorsieht, Diskussionen der Regierungspolitik ermutigt und das Recht auf Petition gewährleistet. Ferner wird geprüft, ob die Regierung oder eine Besatzungsmacht gezielt die ethnische Zusammensetzung eines Landes oder eines Territoriums verändern will, um eine Kultur zu zerstören oder die politische Balance zwischen den Ethnien zu Gunsten einer bestimmten Gruppe zu verändern.

Die Erhebungen werden am Ende zu einer 7-Punkte-Skala der Politischen Rechte verdichtet (zur Vorgehensweise im Einzelnen Freedom House 1999: 549f.). „1" bedeutet volle politische Rechte und „7" vollständiges Fehlen solcher Rechte.

Formal ähnlich ist das Verfahren, das der Ermittlung der Bürgerrechte-Skala zugrunde liegt. Im Unterschied zur *political rights*-Skala werden hier 13 Fragen gestellt, und zwar zur Meinungs- und

Glaubensfreiheit, zur Organisationsfreiheit, zum Rechtsstaat und den Menschenrechten, sowie zu Fragen persönlicher Autonomie und wirtschaftlicher Rechte. Im Einzelnen handelt es sich, so der Stand seit dem Survey von 1995-96, um die folgenden Fragen:

1. Gibt es freie und unabhängige Medien, freie und unabhängige Literatur und andere kulturelle Ausdrucksformen?
2. Gibt es offene öffentliche Aussprache und freie private Diskussion?
3. Besteht Versammlungs- und Demonstrationsfreiheit?
4. Existiert die Freiheit zur Bildung politischer oder quasi-politischer Organisationen, worunter politische Parteien, Verbände und ad-hoc-Gruppen verstanden werden?
5. Sind die Bürger vor dem Gesetz gleich, haben sie Zugang zu einer unabhängigen, nicht diskriminierenden Richterschaft, und werden sie von den Sicherheitskräften in ihrer Integrität respektiert?
6. Wird Schutz vor politischem Terror und vor ungerechtfertigtem Freiheitsentzug, Exil und Folter gewährt, gleichviel, ob diese Repressionen durch Gruppen ausgeübt wird, die das System unterstützen oder gegen es opponieren?
7. Existieren freie Gewerkschaften und Bauernorganisationen oder Äquivalente, und gibt es effektive Kollektivverhandlungen?
8. Ist die Freiheit zur Bildung von Berufsorganisationen und anderer privater Organisationen gewährleistet?
9. Gibt es freies Gewerbe und freie Kooperativen?
10. Ist die Freiheit der Konfessionsgemeinschaften und der Religionsausübung im privaten wie im öffentlichen Bereich sichergestellt?
11. Sind die persönlichen Freiheitsrechte (personal social freedoms) gewährleistet, insbesondere Aspekte wie Geschlechtergleichheit, Eigentumsrechte, Freizügigkeit, freie Partnerwahl und freie Bestimmung über die Kinderzahl?
12. Existiert Chancengleichheit, einschließlich des Schutzes vor Ausbeutung und übergroßer Abhängigkeit vom Brotgeber oder von irgend einer anderen Einrichtung, die als Barriere gegen die Teilhabe an wirtschaftlichen Ressourcen wirkt?
13. Existiert Schutz vor extremer Indifferenz des Staates gegenüber den Anliegen seiner Bürger und vor extremer Korruption?

Freedom House verfügt mittlerweile über eine breite Datenbasis zur vergleichenden Erfassung von freien, halbfreien oder unfreien Staatsverfassungen. Soweit der additive Freiheitsindex (im Sinne der Summe der Politische Rechte- und der Bürgerrechte-Skala) als Demokratieindikator gedeutet wird, handelt man sich einen weit gefassten, tief in das Rechts- und Verfassungsstaatliche reichenden Demokratiebegriff ein. Das ist insoweit ein Nachteil, weil das Rechts- und Verfassungsstaatliche einerseits und die Demokratie andererseits weder begrifflich noch empirisch deckungsgleich sind. Nicht jeder Verfassungsstaat ist eine etablierte Demokratie, und nicht jede ausgebaute Demokratie ist ein starker Verfassungsstaat. Indien und Südkorea beispielsweise erzielten auf Demokratieskalen mitunter bessere Werte als auf den Skalen, welche der Erfassung der Bürgerrechte und der Menschenrechte dienten (Humana 1992, Freedom House 1971ff.). Deshalb sollte die demokratische und die bürgerrechtliche Struktur getrennt voneinander gemessen und zur Demokratiemessung im engeren Sinn nur die Skala der Politischen Rechte herangezogen werden. Allerdings ergeben auch Kombinationen beider Skalen aussagekräftige Indikatoren. Die Summe der Politische Rechte- und der Bürgerrechte-Skala ergibt den Indikator des demokratischen Konstitutionalismus: Niedrige Werte zeigen ein hohes Niveau eines liberaldemokratischen Konstitutionalismus an und hohe Werte das Fehlen von Demokratie und Konstitutionalismus. Aber auch die Differenz beider Skalen ist aussagekräftig. Bleibt das Niveau der Bürgerrechte hinter dem Niveau der demokratischen Teilhaberechte zurück, so ist dies ein brauchbarer Anzeiger einer „defekten Demokratie" im Sinne von Merkel (1999b) und Puhle (1999: 341).

Doch selbst bei Differenzierung zwischen politischen und zivilbürgerlichen Freiheiten bleibt ein Problem bestehen, das mit der Messung der Freedom House-Skalen zusammenhängt. Wie anhand der oben erwähnten Checklisten ersichtlich wird und wie führende Vertreter von Freedom House zugeben, basieren die Einstufungen der verschiedenen Länder in der Regel auf solider Information, aber letztlich doch auf einem relativ intuitiven System der Beobachtung, Bewertung und Aufsummierung der Beobachtungswerte zu einer Skala (Gastil 1990). Vor allem vermisst man eindeutige Operationalisierungen der Begriffe, die in den Checklisten der

Skalen der Politischen Rechte und der Bürgerrechte verwendet werden. Ferner sind nicht alle Informationen über die Summierung und Gewichtung der Beobachtungsergebnisse eindeutig und in allen Details nachvollziehbar.

## Vorzüge und Grenzen international vergleichender Demokratiemessungen

Allerdings deutet der Vergleich der Freedom House-Skalen mit anderen Demokratieskalen auf offenbar erstaunlich geringe Fehler hin. Die Demokratieskalen stimmen in einem beträchtlichen Ausmaß überein. Das gilt auch für andere international vergleichende Demokratiemessungen, wie beispielsweise jene von Hadenius (1992, 1994) oder Bollen (1990, 1993), die Spielarten oder Kombinationen der oben erörterten Varianten sind. Auch Demokratiemessungen mit Neuerungen gegenüber den hier vorgestellten Messlatten korrelieren sehr stark mit den traditionelleren Indikatoren. Alvarez u.a. (1996) beispielsweise klassifizierten als Demokratie nur die Länder, die folgende Bedingungen erfüllen: gewählte politische Amtsinhaber, gewählte Legislative und mehr als eine Partei. Hinzu kommt eine weitere Prüffrage. Sie soll dazu dienen, mögliche Fassadendemokratien, die Wahlen nur abhalten, solange die Opposition keine Chancen auf Machtwechsel hat, nicht als echte Demokratie einzustufen. Nicht als Demokratie klassifizieren Alvarez u.a. deshalb sicherheitshalber ein Land, das, wie Botsuana, zwar die ersten drei Bedingungen erfüllt, dessen politische Führung aber kontinuierlich im Amt ist, und zwar entweder aufgrund von Wahlen für mehr als zwei Legislaturperioden oder ohne durch Wahl legitimiert zu sein, und bis heute oder zum Zeitpunkt ihres Sturzes keine Wahl verloren hat (Alvarez u.a. 1996: 14).

Doch selbst diese härtere Messung ändert wenig am Hauptbefund: Die verschiedenen Demokratieskalen stimmen in beträchtlichem Maß überein. Das spricht für sie. Wie weit die Übereinstimmung reicht und wo sie endet, kann die Korrelations- und Regressionsstatistik genauer ermitteln. Die Korrelation aller Demokratieskalen ab dem Jahr 1900 ergibt durchweg hochsignifikante Korrelationskoeffizienten. Fast alle Koeffizienten sind auf dem 0,01-Niveau überzufällig, nur einmal wird nur das 0,05-Niveau erreicht. Besonders eng korreliert die Demokratieskala nach Jaggers/Gurr (1995) mit der Politische Rechte-Skala und der Bürgerrechte-Skala von Freedom House: Für die Messungen von 1995 beispielsweise beträgt der Rangkorrelationskoeffizient nach Spearmans rs = -0,92 bzw. -0,86 (jeweils 150 Fälle). Zu identischen Ergebnissen führt die Korrelation der beiden Freedom House-Skalen mit der Differenz zwischen Demokratie- und Autokratieskalenwert (Tabelle 14). Kaum minder starke Wechselwirkungen bestehen zwischen den Freedom House-Skalen der Politischen Rechte und der Bürgerrechte im Jahr 1993 bzw. 1995 einerseits und der Polyarchie-Skala für 1993, dem Demokratisierungsindex nach Vanhanen für 1993 und dem Regime-Index von Alvarez u.a. für 1995 andererseits. Hier liegen die Rangkorrelationskoeffizienten (Spearmans rs) mit einer Größenordnung zwischen -0,60 und -0,80 ebenfalls auf einem beträchtlichen Niveau. (Das negative Vorzeichen ist kodierungsbedingt. Niedrige Werte der Freedom House-Skalen zeigen ausgebaute politische Rechte oder Bürgerrechte an, während die übrigen Demokratieskalen umgekehrt gepolt sind. Ihre hohen Werte indizieren eine ausgebaute Demokratie). Bemerkenswerterweise korrelieren sogar die Demokratie- und Autokratiemessungen zu Beginn und zur Mitte des 20. Jahrhunderts mit jenen vom Ende dieses Jahrhunderts. Hier liegen die Größenordnungen der Korrelationskoeffizienten immerhin noch zwischen -0,39 und 0,64.

Hochsignifikante Korrelation ist nicht mit vollständiger Übereinstimmung zu verwechseln. Ein Rangkorrelationskoeffizient von -0,92 beispielsweise besagt, dass 85% der Variation der einen Variable mit der einer anderen Variable variiert und somit statistisch erklärt werden kann, während 15% unerklärt bleiben. (Die 85% errechnen sich aus dem mit 100 multiplizierten quadrierten Korrelationskoeffizienten). Trotz überzufälliger Korrelation bestehen folglich erwähnenswerte Unterschiede zwischen den Demokratiemessungen. Das betrifft hauptsächlich die Messungen der halbdemokratischen und halbautoritären Staaten. Hingegen stufen fast alle Demokratieskalen die westeuropäischen und nordamerikanischen Verfassungsstaaten als Kerngruppe der weltweit führenden Demokratien ein. Die einzige Ausnahme hiervon macht die Demokratieskala Vanhanens, die stark auf den Fragmentierungsgrad des Parteiensystems reagiert.

Gewiss haben die Demokratieskalen Schwächen. Sie erfassen nicht die von Land zu Land unterschiedlich gestaffelten Beteiligungschancen. Weder registrieren sie die unterschiedlichen direktdemokratischen Beteiligungschancen (Tabelle 8) noch die erweiterten Beteiligungsmöglichkeiten, die in föderalistischen Staaten und in Ländern mit ausgebauter Selbstverwaltung zusätzlich zu den nationalen Wahlen bestehen (Tabelle 9). Nicht erfasst werden ferner institutionalisierte Beteiligungschancen aufgrund von demokratisierten Betriebsverfassungen und Mitbestimmung in Unternehmen sowie die Beteiligung an Einrichtungen der Selbstverwaltung in Staat und Gesellschaft. Nicht geeicht sind die Demokratieskalen zudem auf die Erfassung von „Domänendemokratien", jene „defekten Demokratien" (Merkel 1999b), in denen größere Sektoren von Staat und Gesellschaft zur Domäne von demokratisch nicht legitimierten Kräften geworden sind, beispielsweise eine vom Militär, der Sicherheitspolizei oder von Guerillabewegungen beherrschte Domäne. Allerdings können die vorliegenden Demokratieskalen die zwei anderen Formen defekter Demokratie erfassen, nämlich die „exklusive Demokratie" (ebd.: 367), die einen substanziellen Teil der Erwachsenen vom Wahlrecht ausschließt (beispielsweise eine auf allgemeines Männerwahlrecht gegründete Herrschaft) und die „illiberale Demokratie" (ebd. 367f.), die sich am Auseinanderdriften von politischen Rechten und Bürgerrechten erkennen lässt.

Die bislang erstellten Demokratieskalen sind auf die prozedurale Dimension des Politischen geeicht. Sie vernachlässigen den Politik-Output und die Politikresultate. Die Architekten der Demokratieskalen neigen ferner stillschweigend zur Auffassung, der Unterschied zwischen der Verfassungswirklichkeit und der Verfassung sei in allen untersuchten Ländern gleich groß. Doch das ist eine verwegene Unterstellung. Vielmehr wird der Abstand zwischen formellen Institutionen und Verfassungswirklichkeit mit zunehmender Fragilität der Demokratie und zunehmendem Autoritarismusgrad der Staatsorganisation größer. Das zeigen Studien des politischen Prozesses in Voll-, Halb- und Vierteldemokratien. Wahlbetrug beispielsweise kommt wahrscheinlich überall vor. Doch die Größenordnung des Wahlbetrugs ist in altehrwürdigen Verfassungsstaaten um ein Vielfaches geringer als in den „fragilen Demokratien" (Casper 1995), ganz zu schweigen von semidemokratischen und zugleich semiautoritären Regimen. Nicht zufällig hat eine philippinische Zeitung kurz vor den Senats- und Kongresswahlen auf den Philippinen am 8. Mai 1995 40 Möglichkeiten des Wahlbetrugs erörtert. Erstaunlich wäre, wenn dies nicht annäherungsweise die Verfassungswirklichkeit widerspiegelte. Der Wahlbetrug reiche „vom Stimmenkauf bis zur Bestechung der Inspektoren in den Wahllokalen; vom Diebstahl ganzer Wahlurnen bis zu ihrer Auffüllung mit gefälschten Stimmzetteln; von der Stimmabgabe im Namen längst Verstorbener bis zur Entführung von Wählern, die als Sympathisanten des politischen Gegners bekannt sind; dafür wie für Schüsse auf widerspenstige Wahlbeamte oder Bombenanschläge auf Wahllokale werden Gangster angeheuert, die auch andere Geschäfte besorgen und etwa Wahlberechtigten, die nicht abstimmen sollen, den Stempel mit der wasserunlöslichen Farbe und vor Betreten des Wahllokals auf den Finger drücken" (Haubold 1995: 8).

Trotz ihrer Schwächen vermitteln die Demokratieskalen aufschlussreiche Einsichten. Diese Skalen erfassen den Demokratiegehalt von Staaten gründlicher und auf breiterer Grundlage als früher entwickelte Indikatoren. Den Messungen kann man um so mehr Vertrauen schenken, je mehr die Messergebnisse mit denen anderer Demokratiemessungen konvergieren, was tendenziell gegeben ist. Damit vertiefen die Demokratieskalen das Wissen über die Verbreitung und die Verwurzelung demokratischer Institutionen.

Die Erkundung des Demokratiegehalts politischer Systeme hat eine weitere nützliche Funktion: Sie schützt vor Illusionen über die Verbreitung der Demokratie. Alle Demokratieskalen zeigen übereinstimmend, dass vor und nach der Zeitenwende von 1989/90 nur eine Minderheit der Erdbevölkerung in entwickelten und seit längerem verwurzelten Demokratien lebt. In entwickelten Demokratien (im Sinne eines Polyarchieskalenwertes von 0 oder 1 auf der Coppedge-Reinicke-Skala von 1990) waren Mitte der 80er Jahre rund eine Milliarde Menschen wohnhaft, in den halbdemokratisch oder gänzlich undemokratischen Ländern hingegen rund vier Milliarden, wie Auswertungen des Verfassers auf der Basis von Inkeles (1991) und Daten zur Weltbevölkerung zeigen. Nach dem Zusammenbruch des Kommunismus in Mittel- und Osteuropa hat sich die Waage weiter zur Demokratie geneigt, vor allem von den autoritären zu den halbdemokratischen oder halbfreien Systemen, aber auch von den halbdemokratischen Regimen zu entfalteten Demokratien. In den demokratischen oder freien Ländern im Sinne von Freedom House zum Beispiel lebten zu Beginn des Jahres 1999 2,354 Milliarden Menschen, oder 39,8% der Erdbevölkerung, davon fast eine Milliarde in Indien. Doch das gilt es mit den 33,6% zu verrechnen, die in gänzlich undemokratischen Ländern zu Hause sind und den 26,6%, die unter halbfreien Bedingungen hausen. Der Vergleich mit den Jahren vor 1999 deckt interessante Trends auf. Die Zahl der freien Staaten und ihr Anteil an allen Staaten nehmen im Vergleich zu den 80er Jahren insgesamt zu, und zwar von 33,5% 1986 auf 46% 1998 (Freedom House 1999). Doch der Bevölkerungsanteil der freien Länder schwankt beträchtlich. In den 90er Jahren war er sogar teilweise geringer als in den 80er Jahren. 1981 lag er bei 35,9%, im Januar 1994 jedoch nur noch bei 19,0%, 1999 allerdings fast bei 40%! Der größte Teil der Schwankungen geht auf das Konto der Einstufung Indiens, der bevölkerungsreichsten Demokratie, die von Freedom House zwischen 1992 und 1998 als eine „halbfreie Demokratie" klassifiziert wurde, bis sie wieder zum Kreis der „freien" Staaten aufrückte.

Doch unabhängig davon, ob Indiens Verfassung als demokratisch oder teils liberal, teils illiberal eingestuft wird, bleibt ein besonders wichtiger Befund stabil: Die entwickelte Demokratie ist zwar kein Luxusartikel nur für reiche Länder, aber doch ein Gut, an dessen Herstellung und Konsum selbst im ausgehenden 20. Jahrhundert nur eine Minderheit der Menschheit beteiligt ist. Die Mehrheit lebt in nichtdemokratischen oder bestenfalls halbdemokratischen Verhältnissen.

Berücksichtigt man gar die gesamte Geschichte der Staatsverfassungen, so tritt noch klarer zutage, dass die Demokratie – nach Regimejahren gerechnet – ein seltenes Gewächs ist (Finer 1997, Robinson 1997). In der ersten Hälfte des 20. Jahrhunderts war die Minderheit jener, die in Demokratien lebten, noch kleiner. Und im Jahre 1850 konnten sich gerade zwei Staaten als Demokratie (im Sinne der Jaggers/Gurr-Skala) qualifizieren – die Vereinigten Staaten von Amerika und die Schweiz, eine Einstufung der Vereinigten Staaten, die aus den im Abschnitt 3.6.4 erörterten Gründen fragwürdig ist. Auch an der Wende zum 19. Jahrhundert waren gerade acht Staaten Demokratien (im Sinne eines Demokratieskalenwertes nach Jaggers/Gurr von mindestens

8): die USA, Kanada, Frankreich, die Schweiz, Griechenland, Norwegen, Neuseeland und Costa Rica. Und bei etwas laxerer Definition gehörten damals auch Großbritannien, Belgien und Luxemburg zum Kreis der institutionalisierten Demokratien. Das – und vieles mehr – zeigt die Tabelle 14 am Ende dieses Kapitels im Detail. Diese Tabelle präsentiert auszugsweise Messergebnisse der wichtigsten Demokratieskalen für die Staatenwelt des ausgehenden 20. Jahrhunderts. Sie ergänzt dies mit Informationen, die bis tief ins 19. Jahrhundert reichen. Die Demokratieskalen verdeutlichen, wie unterschiedlich der Demokratiegehalt der Staatsverfassungen ist. Zugleich informieren sie über Gemeinsamkeiten und Unterschiede der verschiedenen Bestrebungen, Demokratie zu messen und zu wägen. Überdies tragen sie dazu bei, eine besonders hohe Hürde auf dem Weg zur genaueren Erforschung der Regimeeffekte von Demokratien und Nichtdemokratien beiseite zu räumen. Was immer man an den Demokratiemessungen kritisieren mag: Sie erfüllen besser als alle bislang vorgeschlagenen Verfahren eine Voraussetzung für die Beantwortung weiterführender Fragen der Demokratieforschung, beispielsweise der nach den Entstehungs- und Bestandsvoraussetzungen demokratischer Systeme, der nach ihren Konsequenzen und der nach den Wegen, die vom autoritären Staat zur Demokratie führen. Diesen Fragen werden die beiden folgenden Kapitel und der vierte Abschnitt dieses Buches nachgehen.

*Tabelle 14:* Demokratieskalen für souveräne Staaten im 19. und 20. Jahrhundert

| | Demokratie- minus Autokratieskala | | | | Demo-kratie-skala | Poly-archie-skala | Van-hanen-Index | Regime-Index Alvarez | Politi-sche Rechte | Bür-ger-rechte |
|---|---|---|---|---|---|---|---|---|---|---|
| | 1875 | 1900 | 1950 | 1995 | 1995 | 1993 | 1993 | 1995 | 1999 | 1999 |
| Afghanistan | -6 | -6 | -10 | | | 0 | 0,0 | | 7 | 7 |
| Ägypten | -10 | | 1 | -5 | 0 | 0 | 2,4 | 2 | 6 | 6 |
| Albanien | | | -9 | 7 | 8 | 0 | 7,7 | | 4 | 5 |
| Algerien | | | | -3 | 1 | 0 | | 2 | 6 | 5 |
| Andorra | | | | | | 0 | | | 1 | 1 |
| Angola | | | | -1 | 2 | 0 | 4,1 | | 6 | 6 |
| Antigua u. Barbuda | | | | | | 0 | | | 4 | 3 |
| Äquatorialguinea | | | | | | 0 | 0,0 | | 7 | 7 |
| Argentinien | -3 | 1 | -9 | 8 | 8 | 0 | 27,0 | 4 | 3 | 3 |
| Armenien | | | | 7 | 7 | 0 | 18,4 | | 4 | 4 |

| | Demokratie- minus Autokratieskala | | | | Demo-kratie-skala 1995 | Poly-archie-skala 1993 | Van-hanen-Index 1993 | Regime-Index Alvarez 1995 | Politische Rechte 1999 | Bürgerrechte 1999 |
|---|---|---|---|---|---|---|---|---|---|---|
| | 1875 | 1900 | 1950 | 1995 | | | | | | |
| Aserbaidschan | | | | -8 | 0 | 0 | 3,1 | | 6 | 4 |
| Äthiopien | 4 | 4 | -9 | 4 | 5 | 0 | 0,0 | 2 | 4 | 4 |
| Australien | | | 10 | 10 | 10 | 1 | 32,4 | 3 | 1 | 1 |
| Bahamas | | | | | | 1 | 19,3 | 3 | 1 | 2 |
| Bahrain | | | | -9 | 0 | 0 | 0,0 | 1 | 7 | 6 |
| Bangladesch | | | | 9 | 9 | 0 | 13,7 | 4 | 2 | 4 |
| Barbados | | | | | | 1 | 23,5 | 3 | 1 | 1 |
| Belgien | 6 | 6 | 10 | 10 | 10 | 1 | 47,1 | 3 | 1 | 2 |
| Belize | | | | | | 1 | 14,4 | | 1 | 2 |
| Benin | | | | 8 | 8 | 1 | 12,3 | 4 | 2 | 2 |
| Bhutan | | | -6 | -5 | 0 | 0 | 0,0 | | 7 | 6 |
| Bolivien | -3 | 2 | -5 | 6 | 7 | 1 | 10,5 | 4 | 1 | 3 |
| Bosnien-Herzegowina | | | | | 0 | | | | 5 | 5 |
| Botsuana | | | | 10 | 10 | 1 | 7,0 | 2 | 2 | 2 |
| Brasilien | -6 | -3 | 5 | 10 | 10 | 0 | 20,5 | 4 | 3 | 4 |
| Brunei Darussalam | | | | | 0 | 0 | 0,0 | | 7 | 5 |
| Bulgarien | | | -9 | -7 | 8 | 8 | 0 | 35,4 | 3 | 2 | 3 |
| Burkina-Faso | | | | -4 | 0 | 0 | 3,6 | 2 | 5 | 4 |
| Burundi | | | | -7 | 0 | 0 | 2,2 | 1 | 7 | 6 |
| Chile | 3 | 3 | 2 | 9 | 9 | 1 | 20,2 | 4 | 3 | 2 |
| China (VR) | -6 | -6 | -8 | -7 | 0 | 0 | 0,0 | 2 | 7 | 6 |
| Costa Rica | 6 | 10 | 10 | 10 | 10 | 1 | 21,6 | 4 | 1 | 2 |
| Dänemark | -3 | -3 | 10 | 10 | 10 | 1 | 39,7 | 3 | 1 | 1 |
| Deutschland | -4 | 1 | 10 | 10 | 10 | 1 | 37,2 | 3 | 1 | 2 |
| DDR (1949-1990) | | | | -8 | | | | | | |
| Dominika | | | | | | 1 | | | 1 | 1 |
| Dominikan. Repbl. | -3 | -3 | -9 | 6 | 6 | 0 | 16,6 | 4 | 2 | 3 |
| Dschibouti | | | | | | 0 | 2,8 | 2 | 5 | 6 |
| Ecuador | -1 | -1 | 2 | 9 | 9 | 1 | 21,1 | 4 | 2 | 3 |
| Elfenbeinküste | | | | -6 | 0 | 0 | 2,3 | 2 | 6 | 4 |
| El Salvador | -1 | -1 | -6 | 8 | 8 | 0 | 10,2 | 4 | 2 | 3 |
| Eritrea | | | | | | 0 | | | 6 | 4 |
| Estland | | | | 9 | 9 | 1 | 17,7 | 4 | 1 | 2 |
| Fidschi | | | | 4 | 6 | 0 | 18,2 | 3 | 4 | 3 |
| Finnland | | | 10 | 10 | 10 | 1 | 36,5 | 4 | 1 | 1 |
| Frankreich | | 8 | 10 | 8 | 8 | 1 | 30,9 | 4 | 1 | 2 |
| Gabun | | | | 2 | 4 | 0 | 16,2 | 2 | 5 | 4 |
| Gambia | | | | -7 | 0 | 0 | 9,0 | 2 | 7 | 5 |
| Georgien | | | | 6 | 6 | 0 | 19,8 | | 3 | 4 |
| Ghana | | | | -2 | 1 | 0 | 4,6 | 1 | 3 | 3 |
| Grenada | | | | | | 1 | | 3 | 1 | 2 |
| Griechenland | 9 | 10 | 4 | 10 | 10 | 1 | 35,0 | 3 | 1 | 3 |
| Großbritannien | 3 | 7 | 10 | 10 | 10 | 1 | 33,6 | 3 | 1 | 2 |

| | Demokratie- minus Autokratieskala | | | | Demo-kratie-skala 1995 | Poly-archie-skala 1993 | Van-hanen-Index 1993 | Regime-Index Alvarez 1995 | Politi-sche Rechte 1999 | Bür-ger-rechte 1999 |
|---|---|---|---|---|---|---|---|---|---|---|
| | 1875 | 1900 | 1950 | 1995 | | | | | | |
| Guatemala | -1 | -9 | 2 | 7 | 7 | 0 | 3,7 | 4 | 3 | 4 |
| Guinea | | | | -3 | 2 | 0 | 4,1 | 1 | 6 | 5 |
| Guinea-Bissau | | | | 6 | 6 | 0 | 0,0 | 4 | 3 | 5 |
| Guyana | | | | 6 | 6 | 0 | 17,9 | 4 | 2 | 2 |
| Haiti | -3 | -3 | -5 | 8 | 8 | 0 | 0,0 | 4 | 5 | 5 |
| Honduras | -3 | 5 | -3 | 6 | 6 | 0 | 14,1 | 4 | 2 | 3 |
| Indien | | | 9 | 8 | 8 | 1 | 17,6 | 3 | 2 | 3 |
| Indonesien | | | 0 | -7 | 0 | 0 | 4,0 | 2 | 6 | 4 |
| Irak | | | | -4 | -9 | 0 | 0 | 0,0 | 2 | 7 | 7 |
| Iran | -10 | -10 | -1 | -7 | 0 | 0 | 9,3 | 1 | 6 | 6 |
| Irland | | | 8 | 10 | 10 | 1 | 30,0 | 3 | 1 | 1 |
| Island | | | 10 | 10 | 10 | 1 | 37,2 | 4 | 1 | 1 |
| Israel | | | 10 | 9 | 9 | 1 | 34,4 | 3 | 1 | 3 |
| Italien | -4 | -1 | 10 | 10 | 10 | 1 | 48,3 | 3 | 1 | 2 |
| Jamaika | | | 10 | 10 | 10 | 1 | 10,4 | 4 | 2 | 2 |
| Japan | 1 | 1 | | 10 | 10 | 1 | 25,5 | 3 | 1 | 2 |
| Jemen | | | | -6 | -5 | 0 | 0 | | 2 | 5 | 6 |
| Jordanien | | | | -10 | 3 | 4 | 0 | 2,0 | 2 | 4 | 5 |
| Jugoslawien | | | | -7 | -6 | 0 | 0 | 20,7 | 2 | 6 | 6 |
| Kambodscha | | | | -7 | 1 | 3 | 0 | | | 6 | 6 |
| Kamerun | | | | -6 | 0 | 0 | 11,5 | 2 | 7 | 5 |
| Kanada | 4 | 9 | 10 | 10 | 10 | 1 | 28,3 | 3 | 1 | 1 |
| Kap Verde | | | | | | 1 | 8,4 | 4 | 1 | 2 |
| Kasachstan | | | | -1 | 2 | 0 | 1,5 | | 6 | 5 |
| Katar | | | | | | 0 | | 1 | 7 | 6 |
| Kenia | | | | -5 | 0 | 0 | 11,5 | 2 | 6 | 5 |
| Kirgistan | | | | 6 | 6 | 0 | 2,4 | | 5 | 5 |
| Kiribati | | | | | | 1 | | | 1 | 1 |
| Kolumbien | 8 | 0 | -5 | 9 | 9 | 0 | 7,8 | 4 | 3 | 4 |
| Komoren | | | | -1 | 2 | 0 | 9,7 | 2 | 5 | 4 |
| Kongo | | | | 4 | 5 | 0 | 15,4 | 2 | 7 | 5 |
| Korea (Nordkorea) | 1 | 1 | -7 | -8 | 0 | 0 | 0,0 | 1 | 7 | 7 |
| Korea (Südkorea) | 1 | 1 | -6 | 10 | 10 | 0 | 30,0 | 4 | 2 | 2 |
| Kroatien | -5 | -5 | | -1 | 2 | 0 | 26,5 | 3 | 4 | 4 |
| Kuba | | | 3 | -7 | 0 | 0 | 0,0 | 1 | 7 | 7 |
| Kuwait | | | | -7 | 0 | 0 | 0,4 | 1 | 5 | 4 |
| Laos | | | | -7 | 0 | 0 | 0,0 | 1 | 7 | 6 |
| Lesotho | | | | 8 | 8 | 0 | 1,7 | 2 | 4 | 4 |
| Lettland | | | | 8 | 8 | 1 | 10,5 | 4 | 1 | 2 |
| Libanon | | | 2 | -1 | 2 | 0 | 11,7 | 2 | 6 | 5 |
| Liberia | 4 | -4 | -6 | | | 0 | 0,0 | 1 | 4 | 5 |
| Libyen | | | | -7 | 0 | 0 | 0,0 | 1 | 7 | 7 |
| Liechtenstein | | | | | | 1 | | | 1 | 1 |
| Litauen | | | | 10 | 10 | 1 | 23,5 | 4 | 1 | 2 |

| | Demokratie- minus Autokratieskala | | | | Demo-kratie-skala | Poly-archie-skala | Van-hanen-Index | Regime-Index Alvarez | Politi-sche Rechte | Bür-ger-rechte |
|---|---|---|---|---|---|---|---|---|---|---|
| | 1875 | 1900 | 1950 | 1995 | 1995 | 1993 | 1993 | 1995 | 1999 | 1999 |
| Luxemburg | -3 | 7 | 10 | 10 | 10 | 1 | 37,4 | 3 | 1 | 1 |
| Madagaskar | | | | 8 | 8 | 1 | 11,0 | 4 | 2 | 4 |
| Makedonien | | | | 8 | 8 | 0 | 12,2 | 4 | 3 | 3 |
| Malawi | | | | 8 | 8 | 1 | 0,0 | 4 | 2 | 3 |
| Malaysia | | | | 7 | 8 | 0 | 14,9 | 2 | 5 | 5 |
| Malediven | | | | | 0 | | 2,2 | | 6 | 5 |
| Mali | | | | 8 | 8 | 0 | 3,0 | 4 | 3 | 3 |
| Malta | | | | | | 1 | 33,1 | 3 | 1 | 1 |
| Marokko | -6 | -6 | | -4 | 1 | 0 | 4,3 | 2 | 5 | 4 |
| Marshall-inseln | | | | | | 1 | | | 1 | 4 |
| Mauretanien | | | | -6 | 0 | 0 | 6,0 | 1 | 6 | 5 |
| Mauritius | | | | 10 | 10 | 1 | 27,6 | 3 | 1 | 2 |
| Mexiko | -5 | -9 | -6 | -3 | 1 | 0 | 10,6 | 2 | 3 | 4 |
| Mikronesien | | | | | | 1 | | | 1 | 2 |
| Moldau | | | | 2 | 3 | 0 | 8,0 | | 2 | 4 |
| Monaco | | | | | | 0 | | | 2 | 1 |
| Mongolei | | | -9 | 8 | 8 | 0 | 20,6 | 2 | 2 | 3 |
| Mosambik | | | | 6 | 6 | 0 | 0,0 | 4 | 3 | 4 |
| Myanmar | | | 8 | -9 | 0 | 0 | 0,0 | 2 | 7 | 7 |
| Namibia | | | | 9 | 9 | 1 | 5,0 | 4 | 2 | 3 |
| Nauru | | | | | | 1 | | | 1 | 3 |
| Nepal | -3 | -3 | -5 | 8 | 8 | 0 | 12,0 | 3 | 3 | 4 |
| Neuseeland | 10 | 10 | 10 | 10 | 10 | 1 | 37,0 | 3 | 1 | 1 |
| Nicaragua | -5 | -5 | -8 | 7 | 7 | 0 | 16,6 | 4 | 2 | 3 |
| Niederlande | -3 | -2 | 10 | 10 | 10 | 1 | 38,4 | 3 | 1 | 1 |
| Niger | | | | 8 | 8 | 0 | 11,6 | 4 | 7 | 5 |
| Nigeria | | | | -7 | 0 | 0 | 0,0 | 1 | 6 | 4 |
| Norwegen | -4 | 10 | 10 | 10 | 10 | 1 | 35,9 | 3 | 1 | 1 |
| Oman | -1 | -1 | -6 | -9 | 0 | 0 | 0,0 | 1 | 6 | 6 |
| Österreich | -4 | -4 | 10 | 10 | 10 | 1 | 35,4 | 3 | 1 | 1 |
| Pakistan | | | 4 | 8 | 8 | 0 | 6,8 | 3 | 4 | 5 |
| Palau | | | | | | 1 | | | 1 | 2 |
| Panama | | | | -1 | 7 | 8 | 1 | 21,6 | 4 | 2 | 3 |
| Papua-Neuguinea | | | | | 10 | 10 | 1 | 31,2 | 3 | 2 | 3 |
| Paraguay | -3 | -4 | -5 | 7 | 7 | 0 | 13,7 | 2 | 4 | 3 |
| Peru | -1 | 2 | 4 | -2 | 2 | 0 | 16,4 | 2 | 5 | 4 |
| Philippinen | | | 5 | 8 | 8 | 1 | 23,4 | 4 | 2 | 3 |
| Polen | | | -7 | 8 | 8 | 0 | 19,6 | 4 | 1 | 2 |
| Portugal | -7 | -3 | -9 | 10 | 10 | 1 | 20,7 | 4 | 1 | 1 |
| Ruanda | | | | | | 0 | 0,0 | 2 | 7 | 6 |
| Rumänien | -7 | -6 | -7 | 4 | 5 | 0 | 27,5 | | 2 | 2 |
| Russland | -10 | -10 | -9 | 8 | 8 | 0 | 27,0 | 4 | 4 | 4 |
| Sahara | | | | | | 0 | | | 4 | 4 |

| | Demokratie- minus Autokratieskala | | | | Demo-kratie-skala 1995 | Poly-archie-skala 1993 | Van-hanen-Index 1993 | Regime-Index Alvarez 1995 | Politi-sche Rechte 1999 | Bür-ger-rechte 1999 |
|---|---|---|---|---|---|---|---|---|---|---|
| | 1875 | 1900 | 1950 | 1995 | | | | | | |
| Salomonen | | | | | 1 | | 18,1 | | 1 | 2 |
| Sambia | | | | 6 | 6 | 0 | 3,7 | 4 | 5 | 4 |
| Samoa | | | | | | 0 | 12,6 | 2 | 2 | 3 |
| San Marino | | | | | 1 | | | | 1 | 1 |
| Sao Tome u. Principe | | | | | 1 | | 9,3 | | 1 | 2 |
| Saudi-Arabien | | | -10 | -10 | 0 | 0 | 0,0 | 1 | 7 | 7 |
| Schweden | -4 | -4 | 10 | 10 | 10 | 1 | 39,1 | 3 | 1 | 1 |
| Schweiz | 10 | 10 | 10 | 10 | 10 | 1 | 23,7 | 4 | 1 | 1 |
| Senegal | | | | 3 | 4 | 0 | 6,3 | 2 | 4 | 4 |
| Seychellen | | | | | 0 | | | 2 | 3 | 3 |
| Sierra Leone | | | | -6 | 0 | 0 | 0,0 | 2 | 3 | 5 |
| Simbabwe | | | 4 | -6 | 0 | 0 | 3,2 | 2 | 5 | 5 |
| Singapur | | | | -2 | 2 | 0 | 10,9 | 2 | 5 | 5 |
| Slowakei | | | | 8 | 8 | 0 | | 3 | 2 | 2 |
| Slowenien | | | | 10 | 10 | 1 | 33,0 | 3 | 1 | 2 |
| Somalia | | | | | 0 | 0 | 0,0 | 2 | 7 | 7 |
| Sowjetunion | | | | | 0 | | | | | |
| Spanien | | 6 | -7 | 9 | 9 | 1 | 36,6 | 3 | 1 | 2 |
| Sri Lanka | | | 7 | 7 | 7 | 0 | 15,7 | 2 | 3 | 4 |
| St. Kitts und Nevis | | | | | 1 | | | | 1 | 2 |
| St. Lucia | | | | | 1 | | 18,5 | | 1 | 2 |
| St. Vincent u. Gren. | | | | | 0 | | 13,6 | | 2 | 1 |
| Südafrika | -1 | -1 | 4 | 8 | 8 | 0 | 3,1 | 4 | 1 | 2 |
| Sudan | | | | -7 | 0 | 0 | 0,0 | 1 | 7 | 7 |
| Suriname | | | | | 0 | | | 2 | 3 | 3 |
| Swasiland | | | | -9 | 0 | 0 | 0,0 | 2 | 6 | 4 |
| Syrien | | | 2 | -9 | 0 | 0 | 6,8 | 2 | 7 | 7 |
| Tadschikistan | | | | -5 | 0 | 0 | 3,0 | 2 | 6 | 6 |
| Taiwan | | | | -8 | 6 | 6 | 0 | 4,6 | 2 | 2 | 2 |
| Tansania | | | | 3 | 4 | 0 | 0,4 | 2 | 5 | 4 |
| Thailand | -10 | -10 | -3 | 7 | 7 | 0 | 6,2 | | 2 | 3 |
| Togo | | | | -5 | 0 | 0 | 0,6 | 2 | 6 | 5 |
| Tonga | | | | | 0 | | | | 5 | 3 |
| Trinidad und Tobago | | | | 8 | 8 | 1 | 22,5 | 3 | 1 | 2 |
| Tschad | | | | -6 | 0 | 0 | 0,0 | 1 | 6 | 4 |
| Tschech. Republik | | | (-7) | 10 | 10 | 1 | 40,3 | 4 | 1 | 2 |
| Tunesien | | | | -3 | 1 | 0 | 2,6 | 2 | 6 | 5 |
| Türkei | -10 | -10 | 10 | 9 | 9 | 0 | 12,2 | 4 | 4 | 5 |
| Turkmenistan | | | | -9 | 0 | 0 | 2,5 | 1 | 7 | 7 |
| Tuvalu | | | | | 1 | | | | 1 | 1 |
| Uganda | | | | -4 | 0 | 0 | 0,0 | 1 | 4 | 4 |
| Ukraine | | | | 8 | 8 | 0 | 21,7 | | 3 | 4 |

|  | Demokratie- minus Autokratieskala | | | | Demo-kratie-skala | Poly-archie-skala | Van-hanen-Index | Regime-Index Alvarez | Politi-sche Rechte | Bür-ger-rechte |
|---|---|---|---|---|---|---|---|---|---|---|
|  | 1875 | 1900 | 1950 | 1995 | 1995 | 1993 | 1993 | 1995 | 1999 | 1999 |
| Ungarn | -4 | -4 | -7 | 10 | 10 | 0 | 27,4 | 3 | 1 | 2 |
| Uruguay | -3 | -3 | 0 | 10 | 10 | 1 | 39,7 | 4 | 1 | 2 |
| USA | 10 | 10 | 10 | 10 | 10 | 1 | 20,7 | 4 | 1 | 1 |
| Usbekistan |  |  |  | -8 | 0 | 0 | 4,5 | 1 | 7 | 6 |
| Vanatu |  |  |  |  | 0 | 21,8 | 3 | 1 | 3 |
| Venezuela | -5 | -3 | -3 | 8 | 8 | 1 | 19,2 | 4 | 2 | 3 |
| Ver. Arab. Emirate |  |  |  | -10 | 0 | 0 | 0,0 | 1 | 6 | 5 |
| Vietnam |  |  |  | -7 | 0 | 0 | 0,0 | 1 | 7 | 7 |
| Weißrussland |  |  |  | 5 | 5 | 0 |  | 2 | 6 | 6 |
| Zaire/ DVR Kongo |  |  |  |  | 0 | 0,0 | 2 | 7 | 7 |
| Zentralafr.Republik |  |  |  | 8 | 8 | 0 | 12,2 | 4 | 3 | 4 |
| Zypern (griech.) |  |  |  | 10 | 10 | 1 | 27,4 | 4 | 1 | 1 |
| Mittelwert | -1,72 | -0,51 | 0,20 | 3,24 | 5,46 | 0,34 | 13.86 | 2,71 | 3,62 | 3,73 |

*Anmerkungen*:
Deutschland: Zahlen ab 1949 für die Bundesrepublik Deutschland; Korea (Nord) und Korea (Süd): Zahlen vor 1949 für Korea; Tschechische Republik: Zahlen vor 1994 für Tschechoslowakische Republik. Myanmar: bis 1989 Burma. Zaire: ab 1997 DVR Kongo.

*Spalte 1-4:* Differenz zwischen der Demokratie- und der Autokratieskala nach Jaggers/Gurr (1995 und 1996) für die Jahre 1875, 1900, 1950 und 1995. Die Messung für 1995 wurde vom Verfasser anhand der operationellen Regeln von Jaggers/Gurr (1995) erstellt. Maximum: 10 (voll entwickelte Demokratie), Minimum: -10 (Höchstmaß an Autokratie).

*Spalte 5:* Demokratieskala nach Jaggers/Gurr (1996) für 1995 (Eigenerhebung des Verfassers). Maximum: 10 (Höchstmaß institutionalisierter Demokratie), Minimum: 0 (keine Demokratie).

*Spalte 6:* Polyarchieskala nach Dahl für 1993. Quelle: Coppedge 1995: 977. Minimum: 0 (keine Polyarchie), Maximum: 1 (Polyarchie).

*Spalte 7:* Vanhanens Index der Demokratisierung für 1993 (Vanhanen 1997: 86 f.). Indexwert = Partizipation mal Wettbewerb dividiert durch 100. Minimum: 0 (keine Demokratie), Maximum: 100 (entwickelte Wettbewerbsdemokratie).

*Spalte 8:* Regime-Index nach Alvarez u.a. für 1995 (Eigenerhebung des Verfassers gemäß der Operationalisierung des Indexes). 4 = Demokratie (Präsidentialismus), 3 = Demokratie (Parlamentarismus), 2 = Diktatur ("Bürokratie"), 1 = Diktatur ("Autokratie"). Quelle: Alvarez u.a. 1996.

*Spalte 9:* Index der Politischen Rechte des Freedom House 1999 (Stand 1.1.1999). Skala von 1 (hoch entwickelte Politische Rechte bzw. Demokratie) bis 7 (keine Politischen Rechte bzw. entfalteter autoritärer Staat). Quelle: Freedom House 1999: 554f..

*Spalte 10:* Freedom House-Freiheitsindex Stand: 1.1.1999, Skala von 1 (ausgebaute Bürgerrechte) bis 7 (keine Bürgerrechte). Quelle: Freedom House 1999: 554f.

# Kapitel 3.7
# Hat die Europäische Union ein „Demokratiedefizit"?

Die Bundesrepublik Deutschland ist zweifelsohne eine Demokratie. Kann man Gleiches auch den Europäischen Gemeinschaften bescheinigen? Diese Frage führt an eine der wichtigsten Veränderungen der Staatlichkeit im Westeuropa der zweiten Hälfte des 20. Jahrhunderts: den Auf- und Ausbau der Europäischen Staatengemeinschaft. Die vertragsrechtlichen Stationen zur Entwicklung dieser Gemeinschaft sind bekannt. Den Auftakt gab die Bildung der Europäischen Gemeinschaft für Kohle und Stahl mit dem Vertrag vom 18. April 1951. Es folgte der EWG-Vertrag vom 25. März 1957, der mit Wirkung ab 1. Januar 1958 einen wirtschaftlichen und politischen Zusammenschluss von zunächst sechs westeuropäischen Staaten festschrieb. Spätere Beitritte ließen die Zahl der Mitgliedstaaten bis Ende des 20. Jahrhunderts auf 15 anwachsen. Mit dem Vertrag über die Europäische Union (Maastrichter Vertrag) wurde mit Wirkung ab dem 1. November 1993 die Gemeinschaft der Europäischen Staaten zu einem auf drei Säulen ruhenden Dach der europäischen Integration zusammengeführt: den bisherigen Europäischen Gemeinschaften, der Gemeinsamen Außen- und Sicherheitspolitik und der neuen Zusammenarbeit in einzelnen Bereichen der Justiz und Innenpolitik. Zusätzliche Befestigungen zog der Amsterdamer Vertrag von 1997 in den europäischen Staatenverbund ein.

Bewertet wird der Auf- und Ausbau der Europäischen Union (EU), so die im Folgenden verwendete Kurzbezeichnung für die Europäische Staatengemeinschaft, recht unterschiedlich. Für manches erhält die EU gute Noten, für anderes schlechte. Zu ihren herausragenden Leistungen gehört der Beitrag zur Friedenssicherung im Kreis der Mitgliedstaaten. Ins Gewicht fiel auch ihre Mitwirkung bei der Demokratisierung und der Demokratiekonsolidierung Griechenlands, Portugals und Spaniens. Demokratiefördernd wirkte die europäische Staatengemeinschaft nach dem Fall des Eisernen Vorhangs zudem in den mittel- und osteuropäischen Reformstaaten. Beträchtlich ist der Schutz, den die EU neuen Mitgliedstaaten an der Grenze zu Osteuropa gegen die Unwägbarkeiten der „Finnlandisierung" gibt, also gegen die übermächtige Abhängigkeit von einer benachbarten Großmacht. Hinzu kommen die Erfolge bei der Zusammenführung der Volkswirtschaften der Mitgliedstaaten. Große Fortschritte sind vor allem bei der wirtschaftlichen Integration im Sinne des Auf- und Ausbaus einer marktwirtschaftlichen Liberalisierungsgemeinschaft erreicht worden. Die Politik der Marktöffnung und Herstellung von Wettbewerbsgleichheit, die sogenannte „negative Integration", war und ist weithin erfolgreich. Auch hat die EU die Konsumentenrechte gestärkt. Die marktkorrigierende oder marktergänzende „positive Integration" allerdings kam in der Regel nur im Schneckenposttempo voran, sofern sie überhaupt von der Stelle kam. Und besonders schwer tat sich die EU bislang in der Außenpolitik, wo die erforderliche hohe Elastizität und schnelle Reaktionsfähigkeit nicht erreicht wird, weil in diesem Feld besonders weit auseinander strebende Interessen der Mitgliedstaaten und das Einstimmigkeitsprinzip einer gemeinsamen Politik in die Quere kommen.

Das alles ist im Großen und Ganzen nicht strittig. Kontrovers wird aber die Demokratiequalität der EU erörtert (Jachtenfuchs/ Kohler-Koch 1996, Drexl u.a. 1999). Dabei prallen zwei grundverschiedene Meinungen aufeinander. Der einen Sichtweise zufolge ist die EU hinreichend demokratisch legitimiert. Diese Auffassung wird im Folgenden abkürzend als „Demokratiethese" bezeichnet. Vertreter der Gegenthese behaupten jedoch, dass die EU an einem strukturellen Demokratiedefizit laboriere. Diese These wird im Folgenden „Demokratiedefizitthese" benannt.


**Die These der hinreichenden demokratischen Legitimierung der Europäischen Staatengemeinschaft**

Der „Demokratiethese" zufolge ist die EU insgesamt und unter Berücksichtigung der demokratischen Qualität der Mitgliedstaaten als „Herren der Verträge" zu Europa, hinreichend legitimiert, so das Bundesverfassungsgericht (1993) in seinem Urteil zum Maastrichter Vertrag und Di Fabio (1998, 1999), oder auf dem besten Wege, verbleibende Mängel der Anerkennungswürdigkeit und der faktischen Anerkennung, beispielsweise Kompetenzlücken des Europäischen Parlaments, allmählich zu füllen, so der Tendenz nach Gustavsson (1998), Leiße (1998: 213ff.), Nass (1999) und Landfried (1999), um nur einige Vertreter dieser These zu nennen. Diese These basiert im Einzelnen auf unterschiedlichen Begründungen. Zu ihnen zählen insbesondere die folgenden Argumente. Die Europäische Staatengemeinschaft ist aus Verträgen hervorgegangen, die von Vertretern demokratisch legitimierter Regierungen auf rechtmäßige Weise ausgehandelt und durch die Zustimmung der nationalen Parlamente der Mitgliedstaaten volksherrschaftlich legitimiert wurden. Mehr noch: Im Zuge der Intensivierung und der Erweiterung der EU hat der Demokratiegehalt der Europäischen Staatengemeinschaft an Substanz hinzugewonnen. Besonders wichtige Anhaltspunkte hierfür sieht die Demokratiethese in der seit 1979 erfolgenden Direktwahl des Europäischen Parlaments, der Aufwertung des Parlaments durch die Vertragsrevisionen der Einheitlichen Europäischen Akte (1986), des Maastrichter Vertrags (1992) und des Amsterdamer Vertrags (1997) (Schmitt/ Weßels 1999). Bei wichtigen Funktionen, wie denen der Ernennung und Kontrolle der Kommission, ist das Europäische Parlament sogar den nationalen Parlamenten „mindestens gleichwertig" geworden (Leiße 1998: 216). Zugute kommt dem Europäischen Parlament dabei die höhere Professionalisierung der Abgeordneten. Überdies kann sich die EU laut Demokratiethese der Kontrolle und der Transparenz hoheitlicher Macht rühmen: Kontrolle und Transparenz stehen denen der Mitgliedstaaten nicht nach (Nass 1999). Ferner wertet die Demokratiethese die Legitimierung des „zwischen festem Bundesstaat und lockerem Staatenbund" (Di Fabio 1998: 140) verharrenden Staatenverbundes der EU als vollgültig: „Der Staatenverbund besitzt ... zwei Legitimationsstränge demokratischer Willensbildung", so erläuterte Udo Di Fabio (1999: 11) in enger Anlehnung an das Maastricht-Urteil des Bundesverfassungsgerichtes von 1993, und zwar „den aus den Mitgliedstaaten über nationale Parlamente und Exekutivspitzen sowie den neuen eigenen für das Europäische Parlament" (ebd.: 11).

Legitimiert sind der Demokratiethese zufolge auch einzelne Institutionen der EU, so der Rat der EU. Seine Legitimierung erhält er laut Demokratiethese von den nationalstaatlichen Regierungen, die in ihm repräsentiert sind, in den meisten der wichtigen Fragen ein Vetorecht besitzen und ihrerseits von den jeweiligen nationalen Parlamenten gewählt worden sind. Auch der Europäischen Kommission wird eine ausreichende mittelbare Legitimierung zugesprochen, insofern sie vom Rat gewählt und vom Europäischen

Parlament bestätigt wird, dem Parlament auskunftspflichtig ist und mittlerweile unter dem Damoklesschwert des Misstrauensvotums des Europäischen Parlaments gegenüber der Kommission als Kollektiv steht. Die Demokratiethese betont ferner die Qualität der politischen Willensbildungsprozesse in der Europäischen Staatengemeinschaft. Die Einführung des Kommunalwahlrechts und Wahlrechts zum Europäischen Parlament für ausländische Unionsbürger gilt ihr als Ausweis eines Demokratisierungsschubs. Und Debatten wie die vor und anlässlich des Rücktritts der Europäischen Kommission im März 1999 sind für sie Zeugnisse einer lebendigen europäischen Öffentlichkeit (Landfried 1999). In den Willensbildungsprozessen der EU werden in mittlerweile großem Umfang zahlreiche Verbände und Experten, unter ihnen Interessenorganisationen und Fachleute von nationalstaatlich lange vernachlässigten Gruppen, wie den Konsumenten, in erheblichem Umfang berücksichtigt (Weale/Nentwich 1998). Besonders intensiv geschieht dies in der Initiativ- und der Vorbereitungsphase der EU-Entscheidungsverfahren. Hierauf haben Vertreter der Demokratiethese die weitergehende These gegründet, dass der EU mittlerweile insgesamt schon der Charakter einer Polyarchie im Dahlschen Sinn zukomme, also eines politischen Gemeinwesens, das zwar nicht einer perfekten Demokratie entspreche, aber dem Ideal doch leidlich nahe komme (Eichener 1998).

Unterstützt wird die Demokratiethese von der Lehre des regulierenden, also vorrangig nur mit Geboten und Verboten handelnden Staates, sowie von der Theorie des delegierenden Staates, der einen beträchtlichen Teil der Entscheidungsbefugnis an expertokratische Einrichtungen bis auf Widerruf durch den Gesetzgeber abgibt, um komplexe Politikmaterien aus den Wirren des Kampfes zwischen Regierung und Opposition herauszuhalten und für sachgerechtere Lösungen zu sorgen (Majone 1997).

Schlussendlich wird für die Demokratiethese ins Feld geführt, dass der derzeitige Stand der politischen Integration in der EU von den Mitgliedstaaten so gewollt ist und – da diese Herren der europäischen Verträge seien, so beispielsweise die Auffassung des Bundesverfassungsgerichtes (1993) – grundsätzlich rückrufbar oder in andere Richtung veränderbar sein. Der unbestreitbare Vorrang für wirtschaftliche Integration und die insgesamt hinterherhinkende politische Integration der EU sind demnach als Ausdruck einer demokratisch legitimierten Entscheidung bzw. Nichtentscheidung, die Integration so und nicht anders herbeizuführen, zu werten. Und wenn es dennoch ein Demokratiedefizit geben sollte, so fügen die Anhänger der Demokratiethese mit Blick auf diesen Zusammenhang hinzu, dann ist es ein demokratisch legitimiertes Demokratiedefizit.

Auch Kritiker der Demokratiethese stimmen dieser Sicht zumindest teilweise zu. Dem Argument, dass die EU mittlerweile ein beträchtliches Maß Legitimität auf ihrer Seite hat, widersprechen auch Vertreter der Demokratiedefizitthese nicht. So hat Fritz W. Scharpf der europäischen Politik bescheinigt, dass sie – ungeachtet aller Handlungsbeschränkungen – mit einer legitimen Expertokratie (insbesondere bei der Förderung der Marktintegration) aufwarten kann, ferner mit vielfältigen pluralistischen Politiknetzwerken von jeweils beachtlich hoher Interessenberücksichtigung, sowie mit intergouvernementalen Verhandlungen, an denen die Vertreter demokratisch gewählter Regierungen jeweils mit Vetomacht teilnehmen. Dies alles verbürgt sowohl im Hinblick auf die Input- wie auf die Outputseite des politischen Prozesses grundsätzlich anerkennungswürdige und faktisch größtenteils anerkannte Leistungen, also Legitimität (Scharpf 1999b).

Auch die genauere Ausleuchtung der Architektonik des politischen Systems der EU zeigt demokratietheoretisch vorzeigbare Befunde. So hat man die EU als eine „Konsoziation" eingestuft, wie sie in Lijpharts Theorie des „consociationalism" beschrieben wurde (Lijphart 1993). „Consociationalism", auf deutsch „Konsoziation", ist eine Regierungsform, die in einer in verschiedene Segmente tief gespaltenen Gesellschaft eine zugleich gemeinschaftsverträgliche und autonomieschonende Regelung der öffentlichen Angelegenheiten gewährleistet, und zwar durch 1) Machtteilung, insbesondere gemeinschaftliche Willensbildungs- und Entscheidungsprozesse in Angelegenheiten allgemeiner Bedeutung, und zwar mit gesicherter Beteiligung der Repräsentanten aller wichtigen Segmente, wie im Falle der Regierung einer Großen Koalition; 2) Autonomie für jedes einzelne Segment in allen anderen Belangen; ferner, als ergänzende Merkmale, 3) Proportionalität der politischen Repräsentation, der Ernennung von Beamten und der Allokation von Finanzmitteln sowie 4) gesicherte Vetorechte für die

Mitglieder der Konsoziation in allen Belangen von vitalem Interesse.

Die europäische Staatengemeinschaft ist eine Konsoziation (Schmidt 1999a). Sie ist sogar mehr als nur eine „konföderale Konsoziation" (Chryssochoou 1998: 217ff.), weil ihre Staatlichkeit über das Niveau einer bloßen Konföderation hinaus reicht. Dafür sprechen die folgenden Gründe. Erstens: Der gesellschaftliche Unterbau der EU entspricht der Theorie des „consociationalism". Er ist in verschiedene Segmente aufgeteilt. Man kann ihm sogar eine besonders tiefe Spaltung bescheinigen. Denn der gesellschaftliche Unterbau der EU gliedert sich in viele Segmente, die allesamt nationalstaatlich verfasst sind, beträchtliche Autonomie besitzen und höchst unterschiedliche politische Systeme ihr eigen nennen. Überdies ist die Segmentierung sprachlich-kulturell untermauert: Die meisten Bürger der EU-Mitgliedstaaten können sich nur in ihrer Landessprache verständigen. Zweitens: Die tiefe Spaltung in zahlreiche Segmente wird in der EU politisch überbrückt. Dies erfolgt durch Machtteilung in vergemeinschafteten Entscheidungsprozessen, an denen Repräsentanten aller Segmente, also aller Mitgliedstaaten, mit gesicherten Mitwirkungsrechten und im Großen und Ganzen mit gesicherten Vetopositionen teilnehmen. Drittens: In den nicht vergemeinschafteten Feldern haben die Segmente ein beachtliches Maß an Autonomie und an Souveränität behalten, trotz der im Trend zunehmenden Europäisierung der öffentlichen Aufgaben, so dass sich die Europäische Union auch bei dieser Messlatte als konsoziativ qualifiziert. Viertens: Zudem erfüllt die Europäische Union größtenteils die supplementären Merkmale einer Konsoziation. Proportionalität ist in der politischen Repräsentation in Maßen gegeben, wenngleich in den Institutionen der EU vor allem die kleineren Staaten überrepräsentiert sind, so bei der Besetzung der Europäischen Kommission, bei der Vertretung im Europäischen Parlament und bei den Verfahren der qualifizierten Mehrheitsabstimmung. Proportionalität prägt im Grundsatz auch die Besetzung der Spitzenpositionen im Regierungs- und Verwaltungsapparat der EU. Ebenso werden bei der Allokation der Fonds der EU Proportionalitätsprinzipien beachtet, wenngleich in geringem Umfang, weil Umverteilungsziele und Kompensationszahlungen für wirtschaftlich schwächere Staaten hinzukommen. Fünftens schließlich umfassen die EU-Institutionen zahlreiche

Vetopositionen. Faktisch wird über den Großteil der besonders wichtigen öffentlichen Entscheidungen nach wie vor nach dem Einstimmigkeitsprinzip oder auf der Grundlage sehr hoher Zustimmungsschwellen entschieden. Insoweit ist die Europäische Union mehr als alle anderen politischen Systeme ein Regime der besonders vielen und besonders einflussreichen Vetospieler.

Gemessen an den Kriterien der Lehre des *consociationalism*, handelt es sich bei der EU des ausgehenden 20. Jahrhunderts um eine Konsoziation. Gemessen an ihrer Fähigkeit zur autoritativen Verteilung begehrter Güter, hat sie die Qualität eines politischen Systems. Insoweit kann ihr ein Maß an Staatlichkeit zugesprochen werden, das über eine Konföderation hinausgeht. Allerdings fehlt dieser Staatlichkeit noch einiges: ein nennenswerter unionseigener „Steuerstaat" beispielsweise, eine unionseigene Armee und das Monopol legitimer physischer Gewaltsamkeit oder auch nur die Teilhabe an ihr.

## Die These des strukturellen Demokratiedefizits der EU

Das Demokratiedefizit der EU ist allerdings nach wie vor groß – gemessen an den Kriterien der meisten Demokratietheorien und der meisten Demokratiemessungen (Kapitel 3.6). Weder spielt das für alle parlamentarische Demokratien konstitutive binäre Schema Regierung versus Opposition in der EU eine Rolle, noch entscheiden die EU-Bürger mittelbar oder direkt über Wahl und Abwahl des Präsidenten der Europäischen Kommission, noch sind die politische Willensbildung und Entscheidungsfindung in der Union europäisiert. Können wenigstens die Wähler ihre gewählten Repräsentanten mit wirklicher Macht beauftragen? Nein, denn die Regelungsgewalt des Europäischen Parlaments ist beschränkt. Weder hat es volle Budgethoheit, noch determiniert es die Bestellung, die Wahl und die Abwahl der Regierung, wenngleich das Europäische Parlament seit dem Amsterdamer Vertrag von 1997 der Nominierung des Kommissionspräsidenten und der Ernennung der Kommission als Kollegialorgan zustimmen muss und die Kommission als Kollegium durch ein Misstrauensvotum zum Rücktritt zwingen kann, wie 1999 geschehen. Trotz aller Kompetenzzuwächse ist das Europäische Parlament jedoch immer noch erheblich schwächer als ein Parlament eines demokratischen Nationalstaats. Ferner sind nicht wenige Legitimationsketten zwischen den zentralen Institutionen der EU und dem Volk der Mitgliedstaaten außerordentlich lang, intransparent und oft brüchig. Überdies bemängeln Kritiker zu Recht, dass die Besetzung von Spitzenpositionen in der Exekutive und der Judikative der EU in wenig transparenten Aushandlungsprozessen weitab vom Demos zustande kommt. Ferner sehen Kritiker eine potenzielle Verletzbarkeit in der Lücke zwischen großem Gestaltungsanspruch, wie im Falle der gemeinsamen Geldpolitik der Europäischen Zentralbank, und der fehlenden Chance für den Demos oder dessen Repräsentanten, die Gestalter rechenschaftspflichtig zu machen. Diese Lücke wird umso größer, je weniger die EU-Mitgliedstaaten eine echte Veto- oder Ausstiegschance haben (Katz/Wessels 1999: 232ff.). Vor allem aber, und das ist entscheidend, hat sich bis auf den heutigen Tag kein europäischer Willensbildungsprozess mit europaweiten Parteien, Verbänden und Massenmedien herausgebildet (Kielmansegg 1996).

Insoweit führt die Behauptung irre, „alle vier Elemente demokratischer Verfassungen – Legitimation, Kontrolle und Transparenz hoheitlicher Macht sowie die Partizipation der Völker – sind in der EU/EG verwirklicht" (Nass 1999: 15). Robert Dahl hat vom Demokratiedefizit der EU sogar behauptet, es sei „gigantisch" (Dahl 1998: 115). Das aber ist ebenfalls überzogen, weil die EU, wie oben erörtert, zumindest bereichsweise Legitimität beanspruchen kann. Allerdings mangelt es ihr nach wie vor an der festen, engen demokratischen Koppelung zwischen Regierenden und Regierten (Richter 1999), ganz zu schweigen davon, dass die Möglichkeiten der demokratisch legitimierten politischen Steuerung der Wirtschaft mit der Bildung der Europäischen Wirtschafts- und Währungsunion weiter eingeschränkt wurden (Kuper 1998: 150).

An Stellen wie diesen setzen die Anhänger der These vom Demokratiedefizit der EU, also der Gegenthese zur Demokratiethese, den Stachel der Kritik an (Kielmansegg 1996b, Offe 1998, Scharpf 1999a). Der These des strukturellen Demokratiedefizits der EU liegt die Diagnose eines Inkongruenzproblems zugrunde. Im Hoheitsgebiet der EU ist die Kluft zwischen Herrschaftsausübenden und Herrschaftsbetroffenen groß. Diese Kluft ist mittlerweile – an der Wende zum 21. Jahrhundert – sogar größer als zuvor. Zu den Hauptgründen zählt ein hoher und weiter zunehmender Grad der

Internationalisierung von Wirtschaft und Politik sowie die europäische Integration, die bislang mit einem „Prozeß der ungleichen Europäisierung" (Jachtenfuchs 1999: 263) einherging: Weit vorangeschritten sind die wirtschaftliche und die rechtliche Integration, während die politische Integration mit großem Abstand hinterherhinkt (Dinan 1998, Weiler 1999). Hierdurch ist der Regelungsbereich der öffentlichen Gewalten der EU substanziell erweitert worden, während der Regelungsbereich, über den demokratisch entschieden wird, konstant geblieben, oder wegen Abgabe von Souveränität an die EU geschrumpft ist (Scharpf 1999a). Allerdings ist auf supranationaler Ebene, so die scharfe These von Maurizio Bach „ein weitgehend demokratiefernes und demokratieresistentes Herrschaftsgebilde" (Bach 1999b: 1) entstanden. Dem entspricht, so Bach weiter, in den EU-Mitgliedsländern eine markante „Tendenz zur endogenen Devolution demokratischer Strukturen und Verfahren" (ebd.: 1), welche strukturelle Pathologien und Mängel der Demokratie verstärke, beispielsweise das Fortbestehen von Oligarchien, die Mitregentschaft unsichtbarer Mächte, der wachsende Experteneinfluss, die Bürokratisierung und die Tendenz der Informalisierung und Entparlamentarisierung des Willensbildungs- und Entscheidungsprozesses (Bach 1999a, 1999b). Bedürfte es eines weiteren empirischen Indizes für die Existenz eines Demokratiedefizits der EU, so läge es nahe, die niedrige Wahlbeteiligung bei Wahlen zum Europäischen Parlament heranzuziehen.

Lange Zeit glaubte man, das Demokratiedefizit der europäischen Staatengemeinschaft durch Aufwertung des Europäischen Parlaments beseitigen zu können. Institutionenpolitisch lief das auf die Empfehlung hinaus, dem Europäischen Parlament volle Kontrolle über den politischen Prozess zu geben, einschließlich eines vollwertigen Budgetrechts und des Rechts, die Europäische Kommission und ihren Präsidenten zu wählen und abzuwählen. Der Rat der Europäischen Gemeinschaft erschien aus dieser Perspektive als eine zweite Kammer, als eine Staatenkammer. Und von der Stärkung des Parlamentseinflusses erhoffte man sich zugleich die festere Einbindung der Bürger der Mitgliedstaaten und hierdurch faktische Anerkennung.

Gegen diese Sicht ist allerdings Einspruch erhoben worden. Nicht die Aufwertung des Europäischen Parlaments sei die Hauptaufgabe. Das eigentliche Problem liege in einem strukturellen Demokratiedefizit, das durch Aufwertung des Europäischen Parlaments nicht beseitigt werden könne. Das Demokratiedefizit der EU betrifft dieser These zufolge vor allem die zwei Hauptdimensionen der Demokratie im Sinne von Dahls Polyarchietheorie: die politische Beteiligung aller erwachsenen Bürger ebenso wie die Freiheitlichkeit und den Wettbewerbsgrad der politischen Willensbildung und Entscheidungsfindung. Das Demokratiedefizit der EU hat dieser Sicht zufolge viele Wurzeln. Eine von ihnen liegt darin, dass die Exekutive der EU nicht von der EU-Bürgerschaft oder von deren gewählten EU-Vertretern auf der Grundlage eines unionsweiten Willensbildungsprozesses ausgewählt, sondern von den Regierungen der Mitgliedstaaten in einem komplexen, meist wenig transparenten Aushandlungsprozess unter Mitwirkung des Europäischen Parlaments benannt wird. Das Demokratiedefizit wurzelt zweitens in einem Parlamentarismus, der trotz Kompetenzzuwachses das Europäische Parlament nicht mit besonders wirksamen Kontrollfunktionen gegen die Exekutive und deren Haushaltsgebaren ausgestattet hat. Drittens ist das Demokratiedefizit darin zu sehen, dass es bislang kein vitales europäisiertes System intermediärer Institutionen gibt, weder bei den Parteien noch bei den Verbänden und den Medien. Eine wahrhaft europäische Willensbildung findet somit bislang nicht statt. Nicht aufgewogen wird dieser Mangel durch die Beteiligung von Experten und Verbänden an den Initiativ- und Vorbereitungsphasen der EU-Entscheidungsverfahren. Das Demokratiedefizit hat viertens mit einem eigentümlichen Institutionengefüge zu tun, in dem Vorschlags- und Beschlusskompetenzen im Gesetzgebungsprozess getrennt und auf zwei konkurrierende Institutionen verteilt sind: auf den indirekt demokratisch konstituierten Ministerrat, der die Beschlusskompetenz inne hat, und die Vorschlags-, Kontroll- und Sanktionskompetenz besitzende Kommission, in der sich die Leitidee der Supranationalität „als extrabürokratische Initiative und Koordination institutionalisiert" (Bach 1999b: 5). Das Demokratiedefizit der EU hat fünftens mit beträchtlichen Steuerungsmängeln der europäischen Politik zu tun. Diese ist zwar bei negativer Integration, wie oben erläutert, relativ handlungsfähig, erreicht aber bei positiver Integration, also bei marktregulierenden und marktkorrigierenden Vorhaben, oftmals nur geringe Handlungs- und Reformfähigkeit. Sechstens und am wichtigsten: Die Europäische Union hat noch keinen seinen Namen verdienenden Demos und nur rudimentär eine europäische Öffentlichkeit (Neidhardt/Koopmans/Pfetsch 1999). Ihre Bürgerschaft ist bislang nur in Expertenzirkeln eine unionsweite „Kommunikationsgemeinschaft" (Kielmannsegg 1996: 55), also eine Gemeinschaft, die in der Lage ist, in einer Sprache (oder in mehreren gemeinsamen Sprachen) und in europäisierten intermediären Institutionen die gemeinsamen öffentlichen Belange zu erörtern, zu entscheidungsfähigen Alternativen zu bündeln und hierüber direkt oder indirekt zu befinden. Der größte Teil der EU-Bürger hat dieses Vermögen nicht.

Das wird nicht dadurch kompensiert, dass ein (allerdings noch geringer) Teil der EU-Bürger, vor allem die höher qualifizierten, zweisprachig oder mehrsprachig ist, und dass Strukturen und Prozesse einer europäischen Gesellschaft im Entstehen begriffen sind (Kaelble 1994). Und nicht aufgewogen wird der relative Demokratiemangel der EU dadurch, dass Europa Elemente einer „Erfahrungsgemeinschaft" und „Erinnerungsgemeinschaft" (Kielmansegg 1996: 55) besitzt, die aus kulturell-religiösen Gemeinsamkeiten, Kriegserfahrungen, Wohlstandsgemeinschaft, Reisen, Austausch von Auszubildenden und Berufstätigen gespeist werden. Selbst die Aufwertung des Europäischen Parlaments zu einem vollwertigen Parlament, so folgt aus dieser These, würde an dem eigentlichen Demokratiedefizit der EU nichts Entscheidendes ändern: das Fehlen einer kollektiven Identität und das Fehlen eines wahrhaft europäisierten politischen Diskurses.

Somit herrschen in der EU – jedenfalls mit Stand des ausgehenden 20. Jahrhunderts – letztinstanzlich überwiegend nicht die Unionsbürger oder von deren Repräsentanten in einem unionsweiten authentischen Willensbildungsprozess gewählte und abwählbare Regierende. Die Europäische Union gründet sich politisch vielmehr hauptsächlich auf die Herrschaft von Räten, die sich aus Vertretern der Exekutive der Mitgliedstaaten und der EU zusammensetzen. Insoweit ist sie bundesrätlicher als der deutsche Bundesrat und nicht weniger „exekutivlastig" als dieser (Abromeit 1998 : 24). Ihre Herrschaftsform weist die EU als legitime Bürokratie oder Beamtenherrschaft im weberschen Sinn aus, für die obendrein in der Regel eine beträchtliche Lücke zwischen integrationsfreundlichen Eliten und einem mehrheitlich weniger integrationsbegeisterten Publikum charakteristisch ist (Schmitt 1999). Die Konsoziation der EU ist nicht demokratischer, sondern bürokratischer Art (Schmidt 1999a). Allerdings verkörpert sie eine Bürokratie eigener Art. Erstens gründet sie sich auf eine im weberschen Sinne legitime Herrschaft, die sich auf Anerkennungswürdigkeit kraft unpersönlicher Satzung und der durch rational geschaffene Regeln begründeten sachlichen Kompetenz beruft, also auf legale Herrschaft, nicht auf traditionale oder charismatische. Zweitens – und im Unterschied zu der Beamtenherrschaft, die Max Weber (1994a, 1994b) in Deutschland von 1871 bis zum Ende des Ersten Weltkrieges am Werk sah –, findet Herrschaft in der EU im Gewande des konsoziativen Staates mit ausgeprägter Konsultation von Interessenvertretern und Experten der Mitgliedstaaten und zunehmender Einschaltung des direkt gewählten Europäischen Parlaments statt. Drittens: Diese Herrschaft wird über demokratisch verfasste Mitgliedstaaten ausgeübt und ist von diesen und von deren Zusammenwirken in intergouvernementalen Politikfeldern der EU mittelbar legitimiert.

**Kann das Demokratiedefizit der EU behoben werden?**

Insgesamt spricht viel mehr für die Demokratiedefizitthese als für die Demokratiethese. Die Vertreter der Defizitthese haben genauer beobachtet und ihre Befunde demokratietheoretisch sachkundiger verortet als die Anhänger der Demokratiethese. Doch das wirft eine weitere Frage auf: Was kann getan werden, um das strukturelle Demokratiedefizit der EU einzudämmen oder vollständig zu beseitigen? Die volle Aufwertung des Europäischen Parlaments würde, wie erwähnt, nur begrenzt weiterführen und das eigentliche Problem nicht zureichend in den Griff bekommen. Auch die Empfehlung, Kompetenzen von der europäischen Ebene auf die der Nationalstaaten rückzuverlagern, greift zu kurz. Rückverlagerung von Kompetenzen wäre nur vertretbar, wenn sie Probleme beträfe, die innerhalb nationalstaatlicher Grenzen gleich gut oder besser als auf EU-Ebene bewältigt werden können. Im Falle grenzüberschreitender Problemlagen, und das ist zunehmend der Fall, wäre allerdings der Rückzug auf die nationalstaatliche Regelung kein angemessenes Rezept. Man könnte dann demokratisch darüber entscheiden, dass man nichts oder nur wenig bewegen kann – wahrlich keine attraktive Alternative.

Führen Wege aus der Zwickmühle zwischen europäischer Bürokratie ohne zureichende demokratische Verankerung einerseits und nationalstaatlicher Demokratie ohne zureichende Regelungs- und Steuerungskapazität andererseits? Einen Königsweg hat noch keiner entdeckt. Aber begehbare Pfade sind aufgezeigt worden. Legitimationszugewinn durch verbesserte technokratische Problemlösung empfehlen die einen (Offe 1998: 115f.). Das allerdings halbiert die Legitimitätsfrage: die „Input-Legitimität" bleibt ausgeklammert. Ausweitung der Praxis qualifizierter Mehrheitsentscheidung geben andere zu bedenken. Dadurch besteht allerdings die Gefahr der strukturellen Überstimmung von Minderheiten weiter. Für Ausbau der funktionalen Repräsentation durch zwischenverbandliche Verhandlungen oder durch Beleihung von Verbänden mit politischen Repräsentationsfunktionen plädiert eine dritte Gruppe. Doch dies setzt ein System quasi-korporatistischer repräsentativer Interessenvermittlung auf EU-Ebene voraus. Davon aber ist kaum etwas in Sicht. Auch Überlegungen, die auf die Stärkung föderalistischer Strukturen setzen, führen nicht weiter. Gleiches gilt für die Befürwortung, eine weitere Kammer, beispielsweise der Regionen, einzurichten.

Auf Verminderung des EU-Demokratiedefizits zielt auch die Empfehlung, einen europäisierten politischen Prozess in Gang zu setzen. Hierfür wurden beispielsweise europaweite Abstimmungen vorgeschlagen (Zürn 1996), ferner europaweite Direktwahl des Präsidenten der Europäischen Kommission und demokratische Anreicherung von Änderungen des EU-Primärrechts, oder, so Heidrun Abromeits Vorschlag, die Einrichtung eines Referendums für quasi-konstitutionelle Änderungen, eines Petitionsrechtes, eines Vetorechtes für die Regionen und eines politiksektorspezifischen Vetos (Abromeit 1998, 1999). Davon erhofft man sich Autonomieschonung sowie gemeinschaftszuträgliche Aktivierung der politischen Meinungsbildung und Interessenartikulation auf europäischer Ebene – wenngleich beiden die Sprachbarrieren und das Fehlen europaweiter intermediärer Institutionen entgegenstehen. Überdies droht im Falle mehrheitsdemokratischer Abstimmungen, wie bei einem europaweiten Referendum, erneut die Majorisierung von Minderheiten, sofern nicht gegenmajoritäre Sicherungen eingebaut werden.

Andere Beobachter votieren für Auf- und Ausbau „grenzüberschreitender Teilöffentlichkeiten" (Jachtenfuchs 1999: 277) beispielsweise unter Interessengruppen, Nichtregierungsorganisationen und Medienvertretern als Teil einer Strategie zur Schaffung europaweiter Öffentlichkeit. Auch wurden Wege zur Beseitigung des Demokratiedefizits erwähnt, die näher an den etablierten Institutionen liegen. Joerges und Neyer zufolge bestehen Chancen, vom intergouvernementalen Verhandeln zu deliberativer Politik überzugehen (Joerges/Neyer 1998). Und Fritz W. Scharpf hat im Anschluss an Habermas' Diskurstheorie (Habermas 1992) und die Lehre der „Einbeziehung des Anderen" (Habermas 1999) die Auffassung vertreten, dass die Demokratieprobleme der EU derzeit auf der europäischen Ebene nicht überwunden, aber in der nationalstaatlichen Politik bewältigt werden könnten. Die Demokratieprobleme ließen sich beheben, „wenn nicht nur die demokratietheoretische Diskussion, sondern auch die praktischen politischen Diskurse die Tatsache der wechselseitigen Verflochtenheit der nationalen Demokratien als selbstverständliche Rahmenbedingung reflektieren" (Scharpf 1999: 691). Doch dies setzt nach Habermas, auf den Scharpf sich ausdrücklich beruft, zweierlei voraus: funktionierende Diskurse im Parlament und in der Öffentlichkeit. Doch die Öffentlichkeit ist nach wie vor nicht europäisiert, sondern nationalstaatlich segmentiert, überwiegend auf nationale Interessen geeicht und kaum willens und fähig, den Anderen gebührend einzubeziehen. Daran vermag der bloße Appell, dies dennoch zu tun, wohl wenig ändern.

Sonderlich rosig sind somit die Hoffnungen auf zügigen Abbau des Demokratiedefizits der EU nicht. Für ihn ist ein besonders langer Atem nötig. Dabei wird Sprachpolitik vonnöten sein, vor allem Ausbildung eines größtmöglichen Teils der EU-Bürgerschaft in einer Amtssprache oder mehreren Amtssprachen. Das setzt unionsweit massive Förderung des Fremdspracherwerbs voraus, verlangt also Ergänzung der Wirtschafts- und Währungsunion durch Förderung der Kultur- und Sprachunion. In diesem Feld war die EU bislang fast vollständig passiv, auch wenn man ihr zugute halten muss, dass die Mitgliedstaaten über ihre bildungspolitischen Domänen wachen. Von der Schweiz kann man lernen, dass die Förderung einer Kultur- und Sprachunion kein aussichtsloses Unterfangen ist. Und von der Schweizerischen Eidgenossenschaft kann man überdies abschauen, dass nicht unbedingt alle Bürger alle gemeinschaftlichen Anliegen in einer Sprache erörtern müssen, um in einem mehrsprachigen Gemeinwesen eine funktionsfähige Demokratie zustande zu bringen.

Einsprachig sind in der Schweiz nämlich 65% der Deutschschweizer, 43% der Romands, 27% der Tessiner und 20% der Rätoromanen. Laut einer Umfrage aus dem Jahre 1994 sprechen von den Deutschschweizern nur 36% französisch und 35% englisch, nur 30% der Tessiner sind deutsch- und 34% französischsprachig, und nur 20% der Romands parlieren deutsch und 16% englisch (Bundesamt für Statistik 1996: 356; Kriesi u.a. 1996: 15, 84ff.). Die öffentliche Aussprache in der Schweiz erfolgt somit größtenteils in den Sprachgruppen, und zwar abgeschottet voneinander, wenngleich begleitet von sprachsegmentübergreifender Kommunikation und Kooperation der Eliten. Das könnte ein realistischeres Ziel für die EU sein als eine entwickelte Kommunikations-, Erinnerungs- und Erfahrungsgemeinschaft für alle.

**Kapitel 3.8**
**Funktionsvoraussetzungen der Demokratie**

Welches sind die Funktionsvoraussetzungen stabiler Demokratien und unter welchen Bedingungen brechen sie zusammen? Diese Fragen beschäftigten die Demokratietheoretiker seit alters her. Aristoteles wertete die überschaubare Größe eines Gemeinwesens, die Homogenität der Gesellschaft und die relative Stärke der Mittelschichten als wichtigste Funktionsvoraussetzungen der Demokratie. Diese Auffassung spielte auch später eine große Rolle. Ein überschaubares Gemeinwesen und die Homogenität der Bürgerschaft gehörten für Montesquieu mit Einschränkungen und für Rousseau ohne Einschränkung zu den Grundlagen der Demokratie. Erst in den Theorien über moderne Demokratien trennt man sich von der Vorstellung, Demokratie sei nur in kleinen Gemeinwesen zu verwirklichen und nur dort, wo Kargheit herrsche, so die Sicht in den *Federalist Papers*. Aber bis auf den heutigen Tag teilt die neuere Lehrmeinung mit der älteren die Auffassung, dass die Demokratie bestimmte sozialstrukturelle Voraussetzungen habe. Im Gegensatz zur aristotelischen Lehre zählen jedoch die modernen Theorien in der Regel auch ein Mindestniveau wirtschaftlicher Entwicklung – als Gradmesser fortgeschrittener gesellschaftlicher Differenzierung – zu den Voraussetzungen einer stabilen Demokratie.

# Wirtschaftlicher Entwicklungsstand und Demokratie

„Man kann sein Stimmrecht nicht essen!" Diese Worte entstammen dem Munde de Klerks, dem ehemaligen Präsidenten der Südafrikanischen Republik (Die Zeit Nr. 33, 1993, S. 2). Sie sollten vor übergroßen Hoffnungen warnen, die viele nach der Abschaffung der Apartheid in das Funktionieren und die Früchte der Demokratie setzten und brachten zugleich die Sorge zum Ausdruck, die Demokratie könne nur auf der Basis eines beachtlichen wirtschaftlichen Entwicklungsniveaus und gefüllter Bäuche überleben. Stimmt das oder ist dieser Zusammenhang eine Scheinkorrelation? Allgemeiner gefragt: Welches sind die materiellen Voraussetzungen der Aufrechterhaltung und des Gedeihens von Demokratien?

Um die Beantwortung solcher Fragen hat sich vor allem die vergleichende Demokratieforschung verdient gemacht. Deren Basis ist die Theorie sozioökonomischer Funktionsvoraussetzungen der Demokratie. Entwickelt hat sie vor allem Seymour Martin Lipset (1959, 1960, 1981), und zwar im Anschluss an angloamerikanische Modernisierungstheorien, insbesondere Daniel Lerners *The Passing of Traditional Society* (1958) (weiterführend Lipset u.a. 1993). Der Unterschied dieser Theorie zur älteren Lehrmeinung, beispielsweise Rousseaus Lehre der Funktionsvoraussetzungen, könnte nicht größer sein. Rousseau hat im *Contrat Social* die Auffassung vertreten, die Demokratie eigne sich nur für kleine und arme Staaten und die Monarchie passe nur für wohlhabende Länder (*Gesellschaftsvertrag* III, 8). Die Autoren der *Federalist Papers* und Tocqueville hingegen wussten schon von der Verträglichkeit von Demokratie und Wohlstand. Den Faden dieser frühen „Wohlstandstheorie der Demokratie" nimmt Lipset auf. Ihm zufolge sind die zentralen Funktionsvoraussetzungen der Demokratie (im Sinne von Bedingungen, durch welche ihre Aufrechterhaltung begünstigt wird) in einem relativ hohen Stand sozioökonomischer Entwicklung und offenen Sozialstrukturen zu suchen. Seine Hauptthese lautete: „The more well-to-do a nation, the greater the chances that it will sustain democracy" (Lipset 1960: 48f.) – je wohlhabender ein Volk, desto größer die Chance, dass es die Demokratie aufrechterhält.

Im dritten Kapitel der Erstausgabe des *Political Man* (1960) hatte Lipset die Hauptthese erweitert. Die Stabilität einer Demokratie hänge nicht nur vom wirtschaftlichen Entwicklungsstand ab, sondern auch von der Effektivität (effectiveness) und der Legitimität des politischen Systems (Lipset 1960: 77). Die Effektivität bemesse sich nach dem politischen Leistungsprofil, insbesondere danach, ob die grundlegenden Funktionen des Regierungssystems in einer Weise erfüllt werden, die den Erwartungen der Bevölkerungsmehrheit und mächtiger Interessengruppen entspreche. Die Legitimität hingegen hänge größtenteils von der Bewältigung von Strukturkonflikten ab, welche die jeweiligen Gesellschaftssysteme spalten, beispielsweise religiöse und klassenbezogene Konfliktlinien und die politische Integration der mittleren und unteren Gesellschaftsschichten.

Nicht alle diese Thesen hat Lipset getestet. Vielmehr konzentrierte er die Überprüfung auf Indikatoren, die aus modernisierungstheoretischer Sicht als besonders begünstigende Bedingungen der Demokratie in Frage kamen. Zu ihnen gehörten vor allem 1) ein relativ hohes Niveau sozioökonomischer Entwicklung in einer kapitalistischen Marktökonomie (gemessen durch Indikatoren wirtschaftlicher Entwicklung, der Massenkommunikation, des Industrialisierungsgrades und des Verstädterungsgrades), 2) eine große und wachsende Mittelklasse sowie eine Unterschicht, die auf ein hohes Maß gesellschaftlicher und wirtschaftlicher Sicherheit zählen kann, 3) eine relativ offene Klassenstruktur mit mannigfachen Aufstiegschancen (vertikale Mobilität), 4) hoch entwickelte Beteiligung der Bürger in Verbänden und Vereinen, 5) ein relativ hoher Ausbildungsstand der Bevölkerung und 6) ein relativ egalitäres System von Werten. Ist all dies gegeben, herrschten günstige Voraussetzungen für die Aufrechterhaltung einer funktionsfähigen Demokratie. Diese stabilisiere ihrerseits die zugrunde liegenden Voraussetzungen, und somit entstehe ein sich selbst verstärkender Kreislauf (Lipset 1960: 51ff., 1981).

Die zuvor schon von Lerner postulierte positive Korrelation von sozioökonomischer Modernisierung und Demokratisierung (Lerner 1958: 63) ist in Lipsets Analysen, die zunächst vor allem auf dem Querschnittsvergleich demokratischer und nichtdemokratischer Staaten basierten (Lipset 1960: 51 ff), und in zahlreichen Studien bestätigt worden. Ein Beispiel ist das Hauptergebnis von Bollen und Jackman (1989), wonach der ökonomische Entwicklungsstand (gemessen durch das Bruttosozialprodukt pro Kopf) die wichtigste erklärende Variable des Demokratisierungsgrades oder auch der Demokratie-Diktatur-Differenz in den Staaten der Welt war. Auch die neuesten vergleichenden Untersuchungen der Wechselbeziehungen von wirtschaftlicher Entwicklung und Demokratie stützen diese Hypothese. Bis auf den heutigen Tag deckt jeder Vergleich von reichen und armen Ländern hochgradig signifikante Wechselbeziehungen zwischen Demokratie und sozioökonomischem Entwicklungsstand auf: Je wirtschaftlich reicher ein Land, desto geringer ist die Wahrscheinlichkeit, dass dort eine Diktatur entsteht oder aufrechterhalten wird (Welzel 1994, Welzel/Inglehart 1999). Und je reicher ein Land, desto höher ist die Wahrscheinlichkeit, dass die Staatsverfassung demokratisch ist oder demokratisch wird (Lipset u.a. 1993, Burkhart/Lewis-Beck 1994, Ersson/Lane 1997). Beispiele für andere sind die durchweg signifikanten Korrelationen zwischen den einschlägigen Demokratieskalen (Tabelle 14) und dem Pro-Kopf-Sozialprodukt im Jahr der Demokratiemessung oder vor diesem Zeitpunkt. So beträgt beispielsweise die Korrelation des Pro-Kopf-Sozialproduktes 1995 mit dem Demokratieindex nach Jaggers/Gurr für 1995 $r_s$ = 0,52 (150 Fälle), mit dem Politische Rechte-Index 1995 $r_s$ = -0,49 (183 Fälle) und mit dem Bürgerrechte-Index 1995 $r_s$ = -0,55 (182 Fälle) (Berechnet aus Fischer Weltalmanach '97, Freedom House 1996 und Tabelle 14). Mindestens ebenso hohe Koeffizienten kommen zustande, wenn der jeweilige wirtschaftliche Entwicklungsstand mit den übrigen Demokratieskalen der Tabelle 14, einschließlich der Messungen für 1950 und frühere Jahre, korreliert wird (Basis: Tabelle 14 und Maddison 1995: 193ff.). Gleiches gilt für verwandte Indikatoren des sozialökonomischen Entwicklungsstandes, beispielsweise die Größe des Agrarsektors und die nichtlandwirtschaftliche Arbeitnehmerquote (Tabelle 14 und UNDP 1998).

Lipsets sozioökonomische Theorie, die moderne „Wohlstandstheorie der Demokratie" (Pourgerami 1991), und ihre Weiterentwicklung beispielsweise bei Cutright (1963), Dahl (1971), Vanhanen (1984, 1990, 1997), Lipset (1994) sowie Lipset u.a. (1993) sind unverzichtbar für jede seriöse Erkundung der Demokratievoraussetzungen (Diamond 1992). Allerdings ist dabei mehrerlei zu beachten. Es handelt sich bei der „Wohlstandstheorie der Demokratie" um eine hochgradig signifikante Tendenz, aber nicht um einen deterministischen Zusammenhang. Demgemäß gibt es größere Ausnahmen von dieser Tendenz – Indiens politische Entwicklung beweist, das sich auch wirtschaftlich insgesamt arme Länder demokratisieren können (Mitra 1996). Das ist nicht verwunderlich. Denn ins Blickfeld der „Wohlstandstheorie" geraten nur Strukturen und Funktionen, aber nicht Akteure. Und die können unter bestimmten Bedingungen Berge versetzen. Das haben auch die großen Demokratisierungswellen der 80er und vor allem der 90er Jahre des 20. Jahrhunderts klargemacht, die etliche Staaten mit geringerem Stand wirtschaftlicher Entwicklung erfassten und zum Kreis der Demokratien trugen.

Allerdings ist der Theorie sozioökonomischer Voraussetzungen der Demokratie zugute zu halten, dass ihre Kernaussage mittlerweile sogar noch besser als zuvor bestätigt wird. „The more well-to-do a nation, the greater the chances that it will sustain democracy": Lipsets Schlüsselthese (Lipset 1960: 48f.) hatte als Maßstab den Stand der sozioökonomischen Modernisierung der Demokratien in den ausgehenden 50er Jahren verwendet! Dieser Stand ist mittlerweile von vielen zuvor nichtdemokratisch verfassten Ländern erreicht oder überschritten worden, wie beispielsweise die Messungen des wirtschaftlichen Wohlstands der Nationen in Angus Maddisions monumentalem Werk zeigen (Maddison 1995: 193ff.). Und wie Lipsets Theorie vorhersagte, sind nicht wenige dieser Staaten nunmehr zu Demokratien geworden. Spanien, Portugal und Griechenland sind Beispiele, sodann ehemalige sozialistische Staaten in Mittel- und Osteuropa, ferner Südkorea und viele andere (siehe Kapitel 3.9).

**Streuung gesellschaftlicher Machtressourcen und Demokratie**

Die Theorie sozioökonomischer Voraussetzungen der Demokratie ist also besser als ihr Ruf unter den Kritikern der älteren Modernisierungstheorie. Allerdings wird diese Lehre nicht mehr in ihrer ursprünglichen Variante aus dem Jahr 1959 oder 1960 verwendet. Sofern man auf sie zurückgreift und nicht auf die akteurs- und institutionentheoretisch ausgerichtete Transitionsforschung (Kapitel 3.9), geschieht dies hauptsächlich entweder in der erweiterten Fassung von Lipset u.a. (1993), die den sozioökonomischen Entwicklungsstand mit anderen strukturellen Faktoren und der Kolonialgeschichte, in Verbindung bringt, oder in der um soziokulturelle Faktoren angereicherten Variante (Welzel/Inglehart 1999), oder in Gestalt von Vanhanens Theorie der Machtressourcenstreuung (Vanhanen 1989 und 1997).

Vanhanen zufolge ist für den Demokratiegrad einer Staatsverfassung die Streuung der „Machtressourcen" in Gesellschaft und Wirtschaft ausschlaggebend. Je weiter die Machtressourcen gestreut sind, je geringer also die Macht konzentriert ist, die aus der Verfügungsgewalt über materielle Ressourcen wie Landbesitz, Kapital oder Wissen resultiert, desto tendenziell höher ist der Demokratisierungsgrad eines Landes, so lautet seine Hauptthese. Das ist eine begründete Fortführung einer Leitidee der Polyarchietheorie von Dahl (1971). Zur empirischen Erfassung der Machtressourcenverteilung hat Vanhanen den Machtressourcenindex entwickelt und für Vergangenheit und Gegenwart der meisten souveränen Staaten des 19. und des 20. Jahrhunderts berechnet. Der Machtressourcenindex basiert auf der Kombination dreier Indizes, welche die Verteilung wirtschaftlicher und wissensmäßiger Ressourcen sowie die berufliche Diversifikation erfassen (Vanhanen 1989, 1997: 55ff.). Der Index der beruflichen Diversifikation wird durch eine Kombination des Verstädterungsgrades und der Aufteilung der Bevölkerung auf den Agrar- und den Nicht-Agrarsektor gemessen. Die Verteilung der Wissensressourcen wird durch den Mittelwert des Alphabetisierungsgrades und der Verhältniszahl der Universitätsstudierenden zur Gesamtbevölkerung erfasst. Der Index der wirtschaftlichen Machtressourcenstreuung basiert auf einer – nach der Größe der Landbevölkerung gewichteten – Kombination von Aufteilung des Landbesitzes und dem Grad der Dezentralisierung nichtagrarischer ökonomischer Ressourcen. Schlussendlich werden die drei Hauptindizes durch Multiplikation zusammengefügt. Das ergibt den eigentlichen Index der Machtressourcenverteilung. Dieser hat ein Minimum von 0 und ein Maximum von 100. Die meisten westlichen Verfassungsstaaten erzielen auf diesem Index Werte zwischen rund 30 und rund 50. Die USA beispielsweise erreichen auf ihm 51,5 Punkte, Schweden 45,7 und die Bundesrepublik Deutschland 42,4 (Stand 1993). Viel geringer war die Dispersion der Machtressourcen in den ehemaligen staatssozialistischen Ländern. Das spiegelt den handgreiflichen Sachverhalt wider, dass dort Macht hochgradig konzentriert war. Russland erzielt auf dem Machtressourcenindex nur einen Wert von 4,6 (ein Anzeiger für sehr hohe Konzentration), Polen hingegen immerhin 17,5 (Vanhanen 1997: 86ff.). Allerdings bestehen in den postsozialistischen Ländern große Unterschiede zwischen der hochgradigen Konzentration der Machtressourcen in der Ökonomie und der breiten Streuung der Wissensressourcen. In diesem „strukturellen Ungleichgewicht" haben Vanhanen und Kimber (1994: 72) ex post eine Hauptursache für den Zusammenbruch der sozialistischen Länder verortet.

*Tabelle 15:* Zusammenhänge zwischen Demokratisierungsgrad, Machtressourcenverteilung, Religion und ethnischer Homogenität

| Abhängige Variable | Korrelation mit Vanhanens Index der Streuung der Machtressourcen (in Klammern Fallzahl) | Korrelation mit dem Grad ethnischer Homogenität (in Klammern Fallzahl) | Korrelation mit Religion (Katholiken und Protestanten% Bevölkerung) (in Klammern Fallzahl) | Korrelation mit Bürgerrechte-Skala nach Freedom House (in Klammern Fallzahl) |
|---|---|---|---|---|
| Politische Rechte-Index 1985 | $r_s$ = -0,75** (N=147) | $r_s$ = -0,27** (N=155) | $r_s$ = -0,46** (N=159) | $r_s$ = 0,93** (N=165) |
| Bürgerrechte-Index für 1985 | $r_s$ = -0,77** (N=147) | $r_s$ = -0,24** (N=155) | $r_s$ = -0,50** (N=159) | $r_s$ = 1,00** (N=165) |
| Demokratieindex Vanhanen 1993 | r = 0,77** (N=167) | r = 0,41** (N=165) | $r_s$ = 0,43** (N=166) | $r_s$ = -0,78** (N=166) |
| Demokratieindex Jaggers/Gurr 1995 | $r_s$ = 0,61** (N=146) | $r_s$ = 0,36** (N=150) | $r_s$ = 0,44** (N=150) | $r_s$ = -0,86** (N=150) |
| Demokratieindex minus Autokratieindex 1995 | $r_s$ = 0,59** (N=146) | $r_s$ = 0,33** (N=150) | $r_s$ = 0,45** (N=150) | $r_s$ = -0,86** (N=150) |
| Polyarchie-Index 1995 | r = 0,62** (N=168) | $r_s$ = 0,26** (N=189) | r = 0,50** (N=192) | $r_s$ = -0,69** (N=190) |
| Politische Rechte-Index 1999 | $r_s$ = -0,62** (N=167) | $r_s$ = -0,35** (N=186) | $r_s$ = -0,56** (N=191) | $r_s$ = 0,91** (N=192) |
| Bürgerrechte-Index 1999 | $r_s$ = -0,64** (N=168) | $r_s$ = -0,28** (N=186) | $r_s$ = -0,59** (N=191) | $r_s$ = 1,00** (N=190) |
| Regime-Index nach Alvarez u.a. (1996) für 1995 (1 = Demokratie, 0 = andere) | r = 0,46** (N=146) | $r_s$ = 0,22* (N=152) | $r_s$ = 0,46** (N=153) | $r_s$ = -0,72** (N=153) |

*Anmerkungen zu Tabelle 15:*
Auswertung auf der Basis aller souveräner Staaten.
\*\* = signifikant auf dem 0,01-Niveau (zweiseitiger Test). Korrelationskoeffizienten: Pearson's r für die intervallskalierten Variablenpaare und Spearmans Rangkorrelationskoeffizient für die übrigen Paare. In Klammern Zahl der Fälle. Die unterschiedliche Fallzahl kommt durch unterschiedliche Verfügbarkeit der Daten zustande. Zur Messung der abhängigen Variablen siehe Tabelle 14. Negative Vorzeichen sind kodierungsbedingt. Alle Korrelationskoeffizienten zeigen an, dass ein

hoher (niedriger) Demokratisierungsgrad signifikant mit breiter (geringer) Streuung der Machtressourcen kovariiert. Die Zusammenhänge zwischen Demokratiegrad einerseits und religiöser Struktur und ethnischer Homogenität zeigen ebenfalls in die erwartete Richtung: Je höher der Anteil der christlichen Religionen, desto tendenziell höher der Demokratisierungsgrad, und je ethnisch homogener ein Land, desto tendenziell höher sein Demokratisierungsgrad.

*Spalte 2:* Die Koeffizienten entstammen bivariaten Korrelationsanalysen mit Vanhanens Index der Streuung der Machtressourcen (Vanhanen 1989, 1997). Für Messzeitpunkte der abhängigen Variablen vor 1990 wurde der Index der Machtressourcenverteilung der ersten Hälfte der 80er Jahre verwendet (Vanhanen 1989), für die abhängigen Variablen der Jahre ab 1993 der Index für 1993 (Vanhanen 1997: 86-89).

*Spalte 3:* Bevölkerungsanteil der größten Volksgruppe 1980 (für abhängige Variablen vor 1990), 1992 oder 1998 (für abhängige Variablen 1998) bzw. im nächstliegenden Jahr, für das Daten verfügbar waren (Basis: Fischer Weltalmanach, verschiedene Ausgaben).

*Spalte 4:* Messzeitpunkt Anfang der 1980 (für abhängige Variablen vor 1990), 1995 oder 1998 (für abhängige Variablen 1998) bzw. im nächstliegenden Jahr, für das Daten verfügbar waren (Basis: Fischer Weltalmanach, verschiedene Ausgaben).

*Spalte 5:* Bürgerrechte-Skala nach Freedom House (siehe Tabelle 14).

Vanhanens Machtressourcenindex eignet sich zur statistisch untermauerten Erklärung des Demokratisierungsgrades von Staatsverfassungen mindestens so gut wie traditionelle Anzeiger wirtschaftlicher Entwicklung wie das Bruttosozialprodukt pro Kopf, Arbeitnehmerquoten oder die Größe des Agrarsektors. Der Machtressourcenindex ist begründet und seine Messung ist insgesamt gut nachvollziehbar. Ferner sind die Korrelationen des Machtressourcenindexes mit den verschiedenen Demokratieskalen durchweg hochgradig signifikant: Je weniger konzentriert die Machtressourcen sind, desto höher der Demokratisierungsgrad, und je mehr die Machtressourcen konzentriert sind, desto niedriger ist der Demokratisierungsgrad oder desto geringer die Wahrscheinlichkeit einer demokratischen Staatsverfassung. So lautet der Hauptbefund (Vanhanen 1989, 1997). Das gilt nicht nur hinsichtlich Vanhanens Index der Demokratie, sondern auch für alle anderen Demokratieskalen der Tabelle 14. Wie stark die Verteilung der Machtressourcen mit den verschiedenen Demokratiemessungen zusammenhängt, zeigen die signifikanten Korrelationskoeffizienten in Tabelle 15.

## Sozialkulturelle, verfassungspolitische und außenpolitische Bedingungen der Demokratie

In empirisch-statistischer Hinsicht kann sich die Theorie sozioökonomischer Funktionsvoraussetzungen der Demokratie mitsamt ihren Weiterentwicklungen sehen lassen. Allerdings mussten ihre Gründer und ihre Anhänger geharnischte Kritik einstecken. Sozioökonomischen Determinismus hielt man ihnen vor, so beispielsweise Neubauer (1967) und Rustow (1970). Ferner warf man ihnen vor, statistische Zusammenhänge zwischen sozioökonomischer Entwicklung und Demokratie irrtümlich als stabile Ursache-Folge-Ketten zu deuten. Tatsächlich sei die Beziehung zwischen wirtschaftlicher Entwicklung und Demokratie oder Diktatur nicht nur von Epoche zu Epoche verschieden, sondern ebenso innerhalb einzelner Ländergruppen und sogar innerhalb einzelner Länder (Arat 1988). Aus dem Blickwinkel der politischen Geschichte Deutschlands leuchtet dieser Hinweis ein. Erst auf relativ hohem Niveau sozioökonomischer Entwicklung und auf der Grundlage weit gestreuter Machtressourcen wurde in Deutschland 1918/1919 die Demokratie eingeführt. Nach 15 Jahren brach sie zusammen – allerdings auf noch höherem sozialökonomischen Entwicklungsstand. Auch die 40-jährige Geschichte der Deutschen Demokratischen Republik spricht nicht für die klassische sozioökonomische Theorie der Demokratie. Rein wirtschaftlich betrachtet, gehörte die DDR zu den wohlhabenderen Ländern, politisch aber zählte sie zum Klub der harten autoritären Regime. Erst die Auflösung der DDR im Jahre 1990 schuf die Lage, die der sozioökonomischen Theorie zufolge längst überfällig war.

Manche Beobachter ergänzten die sozioökonomische Theorie der Demokratie durch Präzisierung der Lipset-These zum Zusammenhang von Wohlstand und Demokratie: „The more well-to-do the people of a country, on average, the more likely they will favor, achieve, and maintain a democratic system for their country" – so lautet, Larry Diamond zufolge, eine korrektere Formulierung (Diamond 1992: 109). Man hat ferner die sozioökonomische Theorie durch Einbau zusätzlicher Variablen zu stärken versucht, beispielsweise Dahl (1971), der ihr politisch-kulturelle Faktoren hinzufügte, und Rueschemeyer u.a. (1992) oder Huber u.a. (1997), die vor allem auf Kräfteverhältnisse zwischen demokratiefreundlichen und demokratiefeindlichen Klassen, auf Staat-Gesellschaft-Beziehungen und internationale Abhängigkeit aufmerksam machten. Andere hantierten mit sozialgeschichtlichen Erklärungen, so Barrington Moore in *Soziale Ursprünge von Demokratie und Diktatur* (Moore 1966). „No bourgeoisie, no democracy!". Das war – zusammengefasst – Moores Hauptthese. Ohne selbständige Bourgeoisie entstünde keine Demokratie, sondern eine Diktatur. Auch dieser Ansatz gilt mittlerweile als überholt. Allerdings gab er den Anstoß für eine interessante Weiterentwicklung des klassensoziologischen Ansatzes, vor allem für die Studie von Rueschemeyer u.a. (1992), der zufolge die wichtigsten Funktionsvoraussetzungen von Demokratie in einer selbständigen, einflussreichen Arbeiterbewegung sowie einer weitreichenden Agrarreform zu suchen sind.

Doch selbst diese Weiterentwicklung des klassensoziologischen Ansatzes der Demokratieforschung ist dem Denken in sozioökonomischen Kategorien zu stark verhaftet. Kaum weniger wichtig als sozialökonomische Größen sind Staatsbildung und soziokulturelle Vorbedingungen, wie Identitätsbildung und ein Mindestmaß an Wertekonsens (Berg-Schlosser 1998). Zudem bestehen überzufällige Zusammenhänge zwischen der Staatsform einerseits und der ethnischen und religiösen Zusammensetzung eines Landes andererseits. Ein Beispiel: Von den ethnisch relativ homogenen Staaten (im Sinne eines Bevölkerungsanteils der stärksten Volksgruppe von mehr als 75%) waren 1998 58% freie Staaten (im Sinne eines Wertes von höchstens 5 auf der Summe der Politische Rechte- und der Bürgerrechte-Skala des Freedom House 1999), weitere 19% waren halbfreie und 23% nichtfreie Länder. Viel geringer ist der Prozentsatz der freien Staatsverfassungen hingegen in ethnisch heterogenen Staaten, also dort, wo der Bevölkerungsanteil der stärksten Ethnie weniger als 75% betrug. In dieser Staatengruppe belief sich der Anteil der freien Länder auf nur 29%. 40% der Staaten dieser Gruppe waren nicht halbfrei und 31% unfrei (Karatnycky 1999: 118). Der Befund ist verallgemeinerbar: Die Wahrscheinlichkeit einer demokratischen Staatsverfassung ist in ethnisch relativ homogenen Staaten beträchtlich höher als in multiethnischen Gemeinwesen. Das bestätigen im Grundsatz auch die Korrelationen zwischen den Demokratieskalen und Messlatten ethnischer Homogenität in Tabelle 15. In multiethnischen Gemeinwesen erschwert die meist hohe Spannung zwischen den

Volksgruppen eine liberaldemokratische Konfliktregelung außerordentlich (Diamond/Plattner 1994).

Auch die Religion steht in auffälligem Zusammenhang mit der Staatsverfassung. Man erkennt den Zusammenhang zwischen Religion und Demokratie allein daran, dass die übergroße Mehrheit der Demokratien christlicher Glaubenszugehörigkeit ist. Von den 88 Staaten, die Freedom House Anfang 1999 als „frei" einstufte, waren allein 79 mehrheitlich christlich. Und nur elf der 67 Staaten mit nicht freiheitlichen politischen Regimen gehörten zum Kreis der christlich geprägten Nationen (Karatnycky 1999: 121). Von den verbleibenden sieben freien Staaten entstammte einer der judäo-christlichen Tradition (Israel), einer überwiegend dem Hinduismus (Indien), einer überwiegend dem muslimischen Glauben (Mali), zwei hauptsächlich dem Buddhismus (Mongolien und Thailand) und einer einem Kulturkreis, der vom Schintoismus und Buddhismus geprägt wird (Japan). Nicht minder deutlich tritt der Zusammenhang zwischen Religion und Demokratie in den Korrelationen der Tabelle 15 zutage. Sie zeigen, dass der Unterschied zwischen Demokratie und Nichtdemokratie mit dem Anteil der Katholiken und Protestanten variiert: Die Demokratie wurzelt vor allem – jedoch nicht ausschließlich – in Ländern, die kulturell vom Christentum geprägt sind und von dort Leitvorstellungen übernommen und weiterentwickelt haben. Zu diesen Leitvorstellungen gehören die Wertschätzung des Individuums und zugleich die der Gemeinschaft der Gläubigen. Zu den Leitvorstellungen gehören ferner die Freiheit, vor allem die individuelle Freiheit von allen irdischen Mächten, sodann die Vorstellung der Gleichheit vor Gott, überdies die gezügelte Staatsmacht als Ausdruck der Überzeugung, dass alle menschlichen Geschäfte und Einrichtungen mängelbehaftet sind, und schließlich der Glaube an die Macht des Wortes und somit die Bedeutung von Überzeugung, Rhetorik, Diskussion und Predigt, die allesamt auch Werkzeuge der demokratischen Kommunikation sind (Maddox 1996).

Ferner zählen internationale Bedingungen zu den Funktionsvoraussetzungen der Demokratie (Starr 1991, Robinson 1996, Whitehead 1996). Ein demokratiefreundliches internationales Umfeld ist der Entstehung und der Aufrechterhaltung der Demokratie begreiflicherweise dienlicher als eine demokratiefeindliche Umwelt. Zu Zeiten des Stalinismus in der Sowjetunion war die Demokratisierung Polens unmöglich; in der Ära Gorbatschow und vor allem seit dem Fall der Berliner Mauer wurde sie zur Möglichkeit, und alsbald war sie Wirklichkeit geworden. Und der rasche und sanfte Übergang zur Demokratie, der sich in Griechenland, Portugal und Spanien in den 70er Jahren vollzog, wäre ohne die Mithilfe der Mitgliedstaaten der Europäischen Gemeinschaft und ohne Inaussichtstellung baldiger Aufnahme in die Europäische Staatengemeinschaft nur schwer vorstellbar gewesen. Zu den günstigen Funktionsbedingungen der Demokratie zählen auch die Autonomie gegenüber demokratiefeindlichen Mächten, Bündnisse mit einer mächtigen Demokratie und Abhängigkeit von einem regional- oder weltpolitisch bestimmenden demokratischen Staat. Beispiele finden sich vor allem in der politischen Geschichte der Verlierer des Zweiten Weltkrieges, insbesondere in der Re-Demokratisierung Deutschlands, Österreichs, Italiens und Japans, wenngleich der Beitrag der westlichen Besatzungsmächte zum erfolgreichen Abschluss der Demokratisierung oftmals sträflich überschätzt wird, so von Huntington (1991: 40) und von Linz (1990c: 148). Zu den internationalen Bestimmungsfaktoren von Wohl oder Wehe der Demokratie wird man die demokratieabträgliche Wirkung peripherer oder semiperipherer Weltmarktposition sowie kolonialgeschichtliche Traditionen zählen können (Bollen 1983). Auf Letzteres haben unter anderen Lipset u.a. (1993) und Barro (1996: 20) aufmerksam gemacht: Wer früher britischer Kolonialherrschaft unterstand, habe später relativ gute Chancen, eine demokratische Staatsverfassung zu entwickeln und aufrechtzuerhalten; und wo der französische Kolonialismus wirkte, bestünde bis auf den heutigen Tag kein guter Nährboden für Demokratien.

Nicht zuletzt kommen der Demokratie vorgelagerte „Freiheitsansprüche" (Welzel/Inglehart 1999) und liberal-konstitutionelle Grundlagen zugute. Besonders gut gedeiht sie, wenn sie konstitutionell am kurzen Zügel geführt wird. Doch das setzt starke konstitutionelle Traditionen voraus. Der sehr enge statistische Zusammenhang zwischen den Demokratiemesslatten und der Bürgerrechte-Skala von Freedom House, den die Tabelle 15 anzeigt, spiegelt nicht nur die Koexistenz von Demokratie und Konstitutionalismus vor allem in westeuropäischen und englischsprachigen Demokratien wider, sondern auch den Nutzen, den die Demokratie aus tief verankerten Traditionen des liberalen Konstitutionalismus zieht. Michael Stolleis hat den Zusammenhang mit folgenden Worten erläutert: „Ohne die zur Selbstverständlichkeit gewordene ‚Rechtsbindung der Obrigkeit' wäre die Verfassungsbewegung des 18. und 19. Jahrhunderts gar nicht denkbar gewesen. Ohne die Lehre von der ‚res publica mixta' und ohne die Einübung des Satzes ‚rex regnat, sed non gubernat' seit dem 16. Jahrhundert wäre die Trennung von Regierung und Verwaltung, und damit auch die moderne Gewaltenteilungsdoktrin nicht akzeptiert worden. Ohne die jahrhundertelange Einübung genossenschaftlicher Selbstverwaltung und ohne die Grundidee des Gesellschaftsvertrags gäbe es keine moderne Demokratie" (Stolleis 1995: 153 f.).

Schlussendlich entscheiden politische Konstellationen über Stabilität oder Instabilität der Demokratie. Sie muss sowohl wetterfest gegen „mass defection" wie auch gegen „elite subversion" sein, so Claus Offe und Philippe Schmitter (1995: 512), sie muss also gegen massenweise Abwanderung der Wähler geschützt sein, wie auch gegen subversives Tun und Lassen der politischen Führer. Dazu gehört, die Hegemonialposition einer Partei und Dauerregieren dieser Partei zu verhindern. Zu den Überlebensbedingungen der Demokratie zählen ferner eine hinreichend breite Streuung der Stimmen- und Sitzanteile, so dass keine Partei auf Dauer mehr als zwei Drittel der Parlamentssitze innehat, sowie einigermaßen regelmäßig und in nicht zu großen Abständen erfolgende Regierungswechsel, so dass nicht eine Partei zur Staatspartei wird (Przeworski 1999: 49f.)

**Standarderklärungsmodell der Demokratievoraussetzungen**

Die verschiedenen Untersuchungsergebnisse können zu einem Standarderklärungsmodell der Demokratievoraussetzungen gebündelt werden, das bei Anwendung auf einzelne Länder um regionale oder landesspezifische Besonderheiten ergänzt werden kann. Dem Standarderklärungsmodell zufolge ist die Wahrscheinlichkeit einer funktionsfähigen Demokratie besonders groß, wenn acht Bedingungen erfüllt sind und in dem Maße geringer, in dem eine oder mehrere davon verfehlt werden:

1. Aufteilung bzw. Neutralisierung staatlicher Exekutivgewalt, vor allem die wirksame zivile Kontrolle polizeilicher und militärischer Gewalt,
2. eine „MDP-Gesellschaft" (Dahl 1989: 251) im Sinne einer modernen, also wirtschaftlich einigermaßen entwickelten, dynamischen, pluralistisch gegliederten Gesellschaft, in der die „Machtressourcen" im Sinne von Vanhanen (1997) weit gestreut sind,
3. die kulturell tief verankerte Wertschätzung individueller Autonomie und Freiheit, wie im Falle einer vom christlichen oder judäo-christlichen Glauben geprägten Religion,
4. eine ethnisch relativ homogene Bevölkerung oder – im Falle ethnischer Heterogenität – die friedliche Regelung von Konflikten zwischen verschiedenen Volksgruppen,
5. völkerrechtliche Unabhängigkeit, unstrittige Grenzen und ein der Demokratie förderliches internationales Umfeld,
6. tief verwurzelte liberal-konstitutionelle Traditionen,
7. Barrieren gegen Einparteiendominanz, insbesondere ein Parlamentssitzanteil der stärksten Partei von dauerhaft weniger als zwei Drittel aller Abgeordnetensitze sowie
8. mit einiger Regelmäßigkeit erfolgende Regierungswechsel.

Przeworski u.a. (1996) zufolge sind drei weitere Faktoren wichtig: hoher wirtschaftlicher Entwicklungsstand, Wirtschaftswachstum mit moderater Inflation und abnehmende Ungleichheit. Dazu passt die seit langem gehegte Vermutung, dass zu den Funktionsvoraussetzungen der Demokratie eine nicht zu große Spannung zwischen politischer Gleichheit und sozialer Ungleichheit gehöre (z.B. Shklar 1998). Hierzu zählt auch die These, eine ausgebaute „Soziale Demokratie" mit liberalem Korporatismus „sei der Demokratie am meisten förderlich" (Dryzek 1996a). Doch zwingend sind diese Zusammenhänge nicht, wie das leidliche Funktionieren der Demokratie in Ländern mit niedrigerem Wohlstandsniveau und geringer entwickelter Sozialpolitik ebenso zeigt wie der Fall von demokratischen Staaten mit schwächerem Wachstum und konstanter oder mitunter zunehmender Ungleichheit. Zweifellos würde aber eine lang anhaltende Stagnation der Wirtschaft auch eine demokratische Staatsverfassung schwer belasten und womöglich ihren Zusammenbruch einläuten.

Bisweilen hat man die Funktionsvoraussetzungen der Demokratie zudem an der Verbreitung des „Democratic Man", eines der Demokratie möglichst zuträglichen Bürgers, festmachen wollen. Diesen Bemühungen war wechselhafter Erfolg beschieden. Generalisierte und spezifische Unterstützung durch die Mehrheit der Bürger ist zweifellos eine besonders wichtige Stütze der Demokratie (Lipset 1960, Gabriel 1999). Diese Stabilität sei in der Regel um so größer, je stärker die generalisierte und die spezifische Unterstützung sind, so heißt es (Westle 1989, Fuchs 1989). Andere haben jedoch gerade in gedrosselter aktiver Unterstützung und gebremster politischer Beteiligung ein Funktionserfordernis der Demokratie gesehen. Zu dieser Denkrichtung zählt die These der „stabilisierenden Apathie", so Klaus von Beymes treffsichere Bezeichnung (1992a: 185): Zu viel Partizipationsbegehren der Bürger ist dieser These zufolge ebenso schädlich wie zu wenig Beteiligungsbereitschaft. Über das rechte Maß beider ist die Forschung allerdings uneins. Doch unbestritten sind die Demokratien beteiligungselastisch. Sie können mit hoher Wahlbeteiligung ebenso zurechtkommen wie mit relativ niedriger Wahlbeteiligung, wie beispielsweise in den USA. Allerdings würden sie im Falle einer sehr niedrigen und weiter abnehmenden Wahlbeteiligung leer laufen und ihren Sinn verlieren.

Die Standardtheorie der Demokratievoraussetzungen wartet mit ansehnlicher Erklärungskraft auf. Ihre besondere Stärke liegt darin, dass sie das Funktionieren der Demokratie in den meisten wirtschaftlich entwickelten Staaten und die geringere Wahrscheinlichkeit der Demokratie in ärmeren Ländern, vor allem in Ländern mit geringer Streuung der Machtressourcen, erklären kann. Eine weitere Leistung ist darin zu sehen, dass sie günstige und ungünstige soziokulturelle Voraussetzungen der Demokratie benennt. Günstig sind relative ethnische Homogenität und ein Kulturkreis, der von einer zur Freiheit und zur Individualität hin offenen Religion geprägt wurde. Demokratieförderlich wirkt zudem ein demokratiefreundliches internationales Umfeld. Wer die Mängel dieser Theorie benennt, schmälert ihre Leistung nicht. Die Zusammenhänge zwischen den verschiedenen sozioökonomischen und sozialkulturellen Konstellationen einerseits und der Demokratie andererseits sind statistische Tendenzen, keine Naturgesetze. Es gibt beispielsweise sehr reiche Länder, wie die Erdöl exportierenden Nationen im Nahen Osten (Kuwait, Katar, Saudi Arabien und die Vereinigten Arabischen Emirate), die nicht demokratisch regiert werden, sondern autokratisch (Tabelle 14). Gleiches gilt für den Zusammenhang von Demokratie und „MDP-Gesellschaft". Zuweilen ist die Demokratie auch in Ländern mit geringerem Entwicklungsstand und schwächeren „MDP-Gesellschafts"-Strukturen entstanden, beispielsweise in Indien und Costa Rica. Vor allem aber gibt es reichere „MDP"-Länder, in denen die Demokratie zusammenbrach, wie die politische Geschichte Europas in der Zwischenkriegsperiode und diejenige Lateinamerikas veranschaulichen (Linz 1978, Berg-Schlosser 1999: Kp. 3). Der Kollaps der Weimarer Demokratie und anderer Demokratien im Europa der Zwischenkriegszeit, zum Beispiel in Italien und in Österreich 1933-34, widerspricht nicht nur der „Wohlstandstheorie der Demokratie" und dem Standardmodell der Funktionsvoraussetzungen von Demokratien. Er widerspricht auch der um soziokulturelle Größen, ethnische Homogenität, Religion, internationales Umfeld und verfassungsstaatliche Traditionen erweiterten Fassung der Lehre von den demokratischen Funktionsvoraussetzungen.

Der Zusammenbruch der Weimarer Republik hat auch andere Theorien in Bedrängnis gebracht. Zu ihnen zählt die Auffassung, nur die demokratische Staatsform passe auf lange Sicht zum modernen Kapitalismus (Hermens 1931: Vorwort). In Wirklichkeit sind die Zusammenhänge zwischen sozioökonomischer Entwicklung und Wirtschaftsverfassung einerseits und funktionsfähiger Demokratie andererseits komplexer (Beetham 1994). Eine Marktwirtschaft kann auch mit halbdemokratischen Regimen koexistieren und zur Not auch mit aufgeklärt autokratischen Herrschaftsordnungen. Die wirtschaftspolitische Entwicklung ostasiatischer Länder wie Singapur, Hongkong, Malaysia und Thailand verdeutlicht dies (Barro/Sala-i-Martin 1995: 438f.).

Mehr als nur ein Pfad führt zum demokratischen Staat, und mehrere Wege führen zum autoritären Regime. Lineare, stetige Entwicklung der Demokratie als Teil einer Modernisierung wie bei Lipset (1960) und Vanhanen (1997) ist nur ein Modell unter mehreren Varianten. Ein zweites Modell ist das Alternieren von demokratischer und autoritärer Ordnung, ein drittes ein Regimewechsel, der über den Zusammenbruch von Demokratien zur autoritären Herrschaft führt und später zur Re-Demokratisierung, wie in

Deutschland, Italien, Japan und Österreich im 20. Jahrhundert. Ferner sind N-kurvenartige Zusammenhänge zwischen ökonomischer Entwicklung und Demokratie nachweisbar (Lipset u.a. 1993: 162ff.): Ein anfänglich enger positiver Zusammenhang zwischen wirtschaftlicher Entwicklung und Demokratie kann ab einer bestimmten Industrialisierungsstufe einem autoritären Schub Platz machen, der zu einem späteren Zeitpunkt von einer Re-Demokratisierung abgelöst wird, wobei allerdings ab einem bestimmten ökonomischen Entwicklungsstand die weitere wirtschaftliche Entwicklung nicht länger ein Mehr an politischer Demokratie hervorbringt, sondern ein gegebenes Demokratisierungsniveau stabilisiert. Lipset u.a. (1993) zufolge ist der N-kurvenartige Zusammenhang charakteristisch für die Entwicklung der Demokratie in der zweiten Hälfte der 90er Jahre. Gleiches könnte man für die Machtressourcentheorie von Vanhanen reklamieren.

Welcher Weg auf einer bestimmten Stufe sozioökonomischer Entwicklung zur Demokratie oder zur Autokratie eingeschlagen wird, hängt von vielgliedrigen Ursachenketten ab. Diese sind in der Regel komplexer als diejenigen, die in der klassischen sozioökonomischen Theorie und in der Standardtheorie der Demokratievoraussetzungen erörtert wurden. Der Forschungsstand hierzu lässt derzeit nur wenige Verallgemeinerungen zu. Zu ihnen gehören die Beobachtungen, dass der Zusammenbruch einer demokratischen Staatsverfassung eher in jungen als in alten Demokratien erfolgt (Dahl 1985, Dix 1994), eher in Gesellschaften mit scharfen Spaltungen nach sozialer Klasse, Religion oder Ethnie und eher in peripheren und sozioökonomisch schwächeren Ländern als in Zentrumsstaaten mit höherem Entwicklungsstand (Horowitz 1993, Diamond/Plattner 1994). Zu den Verallgemeinerungen gehört auch die Hypothese, dass Konkordanzdemokratien gegen Zusammenbruchstendenzen aufgrund ihrer hohen Integrationsleistung besser geschützt sind als Mehrheitsdemokratien (Linz 1978), sowie die These, dass parlamentarische Regierungssysteme unter sonst gleichen sozioökonomischen Bedingungen stabiler sind als präsidentielle Demokratien (Hadenius 1992, Przeworski u.a. 1996: 39), was allerdings Fachleute der Lateinamerikaforschung bestreiten (Nohlen/Thibaut 1994, Thibaut 1996).

Allerdings lassen sich nicht alle Einflussfaktoren so gut wie die zuvor erwähnten verallgemeinern. Funktionieren oder Zusammenbruch von Demokratien hängt überdies ab vom – nur schwer generalisierbaren – strategischen Handeln mächtiger Kollektivakteure, ihren Situationsdeutungen, langfristigen Zielsetzungen und der Wahl kurz- und mittelfristig einzusetzender Mittel (Linz 1978, Berg-Schlosser 1999, Merkel/Puhle 1999). Dieses Handeln, die hierzu gehörenden Interessenkonflikte und der institutionelle Rahmen der Wahlhandlungen kommen in den sozioökonomischen, sozialkulturellen oder internationalen Theorien der Funktionsvoraussetzungen der Demokratie zu kurz. Vor allem die Ergebnisse der Forschung zu den Ursachen des Zusammenbruchs von Demokratien zwischen dem Ersten und dem Zweiten Weltkrieg passen mehr schlecht als recht zu den Standarderklärungsmodellen der Demokratievoraussetzungen (z.B. Linz 1978, Lepsius 1978). So haben Berg-Schlosser und De Meur (1994, 1996) gezeigt, dass die Alternative von Weiterbestehen oder Zusammenbruch der Demokratien in der Zwischenkriegszeit letztendlich nicht von strukturellen politischen oder sozioökonomischen Strukturen abhing, sondern vom Handeln der politischen Eliten. Was war dafür verantwortlich, dass in den Jahren zwischen dem Ersten und dem Zweiten Weltkrieg die Demokratie in einer Ländergruppe zusammenbrach – beispielsweise in Deutschland, Estland, Griechenland, Österreich, Rumänien und Spanien –, während sie in einer anderen Ländergruppe überlebte, zu der neben den angloamerikanischen Demokratien und den nordischen Ländern Belgien, Frankreich, die Niederlande und die Tschechoslowakei gehören? Berg-Schlosser und De Meur zufolge lässt sich dieser Unterschied nicht hinreichend durch sozioökonomische Unterschiede erklären, sondern durch eine Kombination von Faktoren sozialökonomischer Modernisierung mit Umwälzungen infolge schwerer Wirtschaftskrisen, politischen Institutionen, Kräfteverhältnissen einschließlich der Stärke der Anti-System-Parteien sowie dem Tun und Lassen der Regierungen und anderer zentraler Kollektivakteure, wie dem Militär.

Der Zusammenbruch der Weimarer Demokratie ist ein Beispiel. Zu seinen Ursachen zählen das Zusammenwirken von schweren Belastungen der neu gegründeten Demokratie durch den innenpolitisch destabilisierenden imperialistischen Friedens des Versailler Vertrags und die Reparationszahlungen Deutschlands. Hinzu kamen die durch unkluges Krisenmanagement verstärkte Schwäche des ohnehin labilen Demokratiepotenzials der Weimarer Republik, sodann die tendenzielle Verselbständigung des Reichspräsidenten, der mit Notverordnungsregimen nach Artikel 48 der Weimarer Reichsverfassung, wiederholter Parlamentsauflösung und Ausschreibung von Neuwahlen in besonders kritischen Perioden zur Destabilisierung der Republik beitrug, weiterhin die gegenseitige Blockierung der demokratischen Parteien bei gleichzeitigem Wachstum von Anti-System-Oppositionsparteien auf der Rechten und der Linken, insbesondere dem Emporkommen der Kampfpartei NSDAP und der Mobilisierungskraft ihres charismatischen Parteiführers Adolf Hitler, sowie die tiefe Wirtschaftskrise der frühen 30er Jahre (Bracher 1957, 1974, Lepsius 1978, 1993).

Hier erweist sich die Begrenztheit der Lehren, welche die Standardtheorie der Demokratievoraussetzungen für Demokratisierungschancen und Fehlschläge der Demokratisierung bereithält. Die Erklärungskraft der Standardtheorie ist beachtlich, aber nicht umfassend. Wer sie anwendet, muss überdies länder- und regionenspezifische Sonderbedingungen berücksichtigen. Mit diesen Einschränkungen können begründete Vermutungen aus der Standardtheorie der Funktionserfordernisse der Demokratie abgeleitet werden. Wie groß sind beispielsweise die Chancen einer funktionsfähigen Demokratie in den mittel- und osteuropäischen Reformstaaten in den 90er Jahren des 20. Jahrhunderts? Die Antwort hierauf verheißt den osteuropäischen Ländern keine sonderlich optimistische Perspektive, wohingegen den mitteleuropäischen Ländern Polen, Slowakei, Slowenien, Tschechische Republik und Ungarn günstigere Aussichten attestiert werden können, vor allem aufgrund eines höheren wirtschaftlichen Entwicklungsstandes als in Dritte-Welt-Staaten, relativer ethnischer Homogenität und der religiösen Traditionen dieser Länder. In Osteuropa, vor allem in den Nachfolgestaaten der Sowjetunion, sind aller Voraussicht nach die Altlasten des alten Regimes drückend und die Zahl der Faktoren, die als günstige Bedingungen der Demokratie zu zählen sind, vergleichsweise gering. Ob dort die Macht der bewaffneten Arme der Staatsgewalt – Polizei und Militär – wirkungsvoll zivil kontrolliert werden kann, ist ungewiss. Sicher ist, dass die meisten osteuropäischen Länder von einer „MDP- Gesellschaft" noch weit entfernt sind. Allerdings gibt es berichtenswerte Unterschiede. Ostdeutschland erhielt durch den Institutionentransfer aus Westdeutschland die erforderliche Streuung der Machtressourcen, hat aber immer noch einen langen Weg bis zur festen Verwurzelung der Demokratie vor sich (Rohrschneider 1999). Und die Tschechoslowakei sowie ihre Nachfolgestaaten Tschechische Republik und Slowakische Republik zählten schon seit langem zu den entwicklungsstärksten osteuropäischen Ländern. In Polen hatte sich seit den frühen 80er Jahren eine starke politische Opposition entwickelt und Ungarn war schon zu Lebzeiten des Staatssozialismus das Land mit dem größten Pluralismusgrad in Mittel- und Osteuropa.

Ungünstiger ist die Ausgangslage in den osteuropäischen Staaten, die aus der ehemaligen Sowjetunion hervorgingen. In vielen von ihnen sind pluralistische Sozialstrukturen relativ schwach und in ein Sozialgefüge eingebettet, das von einem autoritären Regime, einem relativ geringen Grad struktureller Differenzierung und einem hohen Politisierungsgrad des alten Regimes noch tief geprägt ist. Erbittert ausgefochtene Verteilungs- und Herrschaftskonflikte, gegenseitige Abschottung subkultureller Segmente und das Fehlen von konkordanzdemokratischen Strukturen stützen überdies die pessimistische Prognose. Allerdings haben diese Länder der Standardtheorie zufolge ein gewichtiges Plus auf ihrer Seite: Ihr internationales Umfeld im Westen ist demokratiefreundlich. Doch diese Funktionsvoraussetzung ist nur eine von zahlreichen anderen, die erfüllt sein müssen, wenn die Demokratie überlebensfähig bleiben soll.

Auch die von Vanhanen entwickelte Machtressourcentheorie legt eine skeptische Deutung der Demokratisierungschancen Osteuropas und eine etwas optimistischere hinsichtlich der mitteleuropäischen Reformstaaten nahe. Vanhanen zufolge steht der Demokratiegehalt einer Staatsverfassung in überzufälligem Zusammenhang mit der Verteilung der Machtressourcen in Gesellschaft und Wirtschaft. Die meisten westlichen Verfassungsstaaten erzielen auf dem Index der Machtressourcenverteilung im Jahr 1993 beispielsweise Werte zwischen etwa 35 und mehr als 50. (Hohe Werte zeigen Streuung der Machtressourcen und niedrige deren Konzentration an). Viel stärker konzentriert sind die Machtressourcen in den sozialistischen Ländern, so vor allem in Kuba (4,4), der Volksrepublik China (3,5) und den Nachfolgestaaten der Sowjetunion, beispielsweise Russland (4,6) und die Ukraine (4,0). Etwas höher sind die Werte der baltischen Staaten: 10,4 für Estland sowie Lettland und 10,5 für Litauen. Besser steht Ungarn mit 12,4

Punkten da. Polen erreicht unter den ehemaligen sozialistischen Staaten mit 17,5 vor Slowenien (16,7) den höchsten Wert auf der Skala der Machtressourcen (Vanhanen 1997, alle Angaben für 1993).

Vanhanens Studien zufolge ist der Demokratisierungsgrad eines Landes im Wesentlichen abhängig von der Verteilung der Machtressourcen: Je weiter die Machtressourcen gestreut sind, desto größer der Demokratisierungsgrad – und desto größer die Wahrscheinlichkeit einer stabilen Demokratie, so ist Vanhanen zu ergänzen. Und je konzentrierter die Machtressourcen, desto niedriger der Demokratisierungsgrad. Vanhanen zufolge können 61% der Variation des Demokratisierungsgrades in den untersuchten Ländern mit dem Machtressourcenindex erklärt werden (Tabelle 15). (61% ergibt sich aus dem mit 100 vervielfachten quadrierten Korrelationskoeffizienten von 0,78). Dies ist ein außerordentlich beachtlicher Treffer. Er wird allerdings durch deutlich geringere Korrelationen bei den übrigen Demokratieskalen relativiert (Tabelle 15).

Ferner erfasst der Machtressourcenindex das Ausmaß der Über- bzw. Unterdemokratisierung der Staaten mit Stand 1993 – relativ zu dem in der bisherigen Demokratisierungsgeschichte gültigen Zusammenhang von Machtressourcen und Demokratie. Hierfür hat Vanhanen eine besondere statistische Auswertung vorgenommen. Auf der Basis der gegebenen Verteilung der Machtressourcen und mit Hilfe des Trends ermittelte er den theoretisch zu erwartenden Demokratisierungswert jedes Landes und verglich ihn mit dem tatsächlichen Demokratisierungsstand. Liegt das Demokratisierungsniveau eines Landes weit oberhalb des Demokratisierungsstandes, der gemäß seiner Machtressourcenverteilung zu erwarten wäre, zeigt dies eine fragile Demokratie an, nämlich eine, die sich auf relativ hoch konzentrierte Machtressourcen gründet. Wo ist das der Fall? Vanhanen zufolge trifft dies 1993 vor allem auf die ehemaligen sozialistischen Staaten in Mitteleuropa zu, ferner auf Russland und Papua-Neuguinea, aber auch auf Italien, Uruguay und – wenngleich in geringerem Umfang – auf Indien.

Teils übereinstimmende, teils abweichende Befunde können der Alternativprognose auf der Grundlage von Jaggers und Gurrs Demokratie- und Autokratiemessungen entnommen werden (Jaggers/Gurr 1995). Ihnen zufolge sind jene Demokratien oder Halbdemokratien am meisten gefährdet, die sich durch besonders inkohärente Institutionen auszeichnen, vor allem durch die Koexistenz von Semidemokratie und mittlerem Autokratiegrad. Jaggers und Gurrs Daten zufolge umfasste die Liste der Staaten, in denen die Gefahr des Demokratiezusammenbruchs und der Wiederkehr autoritärer Regierungsformen mit Stand von 1994 besonders groß war, die folgenden Länder: 1) im ehemaligen sowjetischen Machtbereich Armenien, Georgien, Kasachstan, Kirgistan, Moldau, Rumänien, Russland und Weißrussland, 2) Kroatien, 3) in Lateinamerika die Dominikanische Republik, Guatemala, Guayana, Honduras, Mexiko, Nicaragua, Paraguay und Peru, 4) in Asien Singapur, Sri Lanka, Taiwan und Thailand, 5) in Afrika die Komoren, Kongo, Madagaskar, Senegal und Sambia, 6) im Mittleren Osten Marokko, Libanon und Jordanien und 7) in Ozeanien Fiji. Anzumerken ist allerdings, dass manche Länder dieser Gruppe sich im Spiegel anderer Demokratieskalen noch nicht einmal als Semidemokratie qualifizieren, so vor allem Jordanien, Singapur und Mexiko (Tabelle 14).

Überdies bedürfen die Prognosen von Vanhanen und Jaggers/Gurr der Korrektur und Ergänzung durch sozialkulturelle, internationale und konstitutionelle Faktoren. Wie das oben erläuterte Standarderklärungsmodell zeigt, hängt die Wahrscheinlichkeit einer Demokratie auch von der ethnischen Homogenität ab, von der Religion und der Demokratiefreundlichkeit oder -feindlichkeit der internationalen Umwelt, um nur einige Bedingungen in Erinnerung zu rufen.

Wo Licht ist, gibt es Schatten. Das ist bei den Demokratiemessungen und den Theorien der Funktionsvoraussetzungen der Demokratie nicht anders. Deren Aufmerksamkeit richtet sich, selbst wenn sie um sozialkulturelle Größen erweitert werden, hauptsächlich auf Strukturen und Funktionen. Vernachlässigt werden politische Institutionen, Kräfte- und Spannungsverhältnisse wie auch demokratieförderliche oder -abträgliche Altlasten. Auch werden die sozialkulturellen Voraussetzungen von Demokratien in ihnen unterbelichtet. Die Stabilität von Demokratin allerdings wird man ohne begünstigende bürgerschaftliche Traditionen und demokratieförderliche Institutionen und Abläufe nicht zureichend erklären können. Darauf haben die von Alexis de Tocqueville inspirierten Forschungen zur Politischen Kultur aufmerksam gemacht, allen voran die „Klassiker" Almond und Verba (1963, 1980), ferner die Weiterführung dieses Ansatzes in Robert Putnams Erkundung bürgerschaftlicher Traditionen in Italien (Putnam 1993, 1995, 1997) und neuere vergleichende Bestandsaufnahmen der Politischen Kultur in alten und neuen Demokratien (Inglehart 1990, Klingemann/Fuchs 1995, Gabriel 1999, Norris 1999).

Allgemein gesagt vernachlässigen die sozialökonomischen, sozialstrukturellen und internationalen Theorien der Funktionsvoraussetzungen von Demokratien das Tun und Lassen von Individual- und Kollektivakteuren, einschließlich der institutionellen Rahmenbedingungen ihres Handelns. Akteure und Wahlhandlungen werden jedoch in der Forschung ausgiebig berücksichtigt, die sich den Übergängen vom autoritären Staat zur Demokratie widmet (O'Donnell u.a. 1986, Huntington 1991, Merkel/Puhle 1999). Der Kernthese dieser Forschungsrichtung zufolge sind die Schlüsselvariablen des erfolgreichen Übergangs zur Demokratie und der Verwurzelung demokratischer Systeme maßgeblich bei den Akteuren und deren Wahlhandlungen zu suchen, sowie bei den strategischen Interaktionen, die zustande kommen, wenn das alte Regime auseinander bricht und eine neue Staatsverfassung entsteht. Diese Theorie – die Akteurstheorie der Demokratievoraussetzungen, im Unterschied zu den in diesem Kapitel erörterten strukturfixierten Theorien – wird im nächsten Kapitel erörtert.

## Kapitel 3.9
## Übergänge vom autoritären Staat zur Demokratie

Funktionsvoraussetzungen der Demokratie sind vor allem an den westlichen Verfassungsstaaten untersucht worden, und zwar unter besonderer Berücksichtigung der Bedingungen stabiler demokratischer Staatsverfassungen (Powell 1982). Vernachlässigt wurden allerdings die Bestimmungsfaktoren der Destabilisierung und des Niedergangs von Demokratien – sieht man ab von Studien über den Zusammenbruch von Demokratien in der Zwischenkriegszeit, wie Linz (1978) und Berg-Schlosser/De Meur (1994 und 1996). Und so hoch der Beitrag der Forschung zu den sozioökonomischen und soziokulturellen Bedingungen der Demokratie einzustufen ist (siehe Kapitel 3.8), so fehlt doch bislang eine systematisch vergleichende

Analyse der Bedingungen, unter denen Übergänge vom autoritären Staat zur Demokratie – und in umgekehrter Richtung – erfolgen. Die Ausnahmen, wie die Studien von Starr (1991) und Bratton/van de Walle (1997), bestätigen die Regel. Besser entwickelt ist die Forschung zu einem Teil der Entstehungsbedingungen der Demokratie, insbesondere der Wahlrechtserweiterung, ferner zu den „Demokratisierungswellen" (Huntington 1991) und den Pfaden zur erstmaligen Demokratisierung oder zur Re-Demokratisierung autoritärer Regime. Das zeigen beispielsweise die Untersuchungen von Guillermo O'Donnell u.a. (1986), Samuel Huntington (1991), Adam Przeworski (1991b), Klaus von Beyme (1994), Wolfgang Merkel (1994, 1999), Merkel/Puhle (1999) und Timm Beichelt (1999).

**Erweiterung des Wahlrechts**

Zunächst galt die Aufmerksamkeit der Forschung über die Entstehung der Demokratie vor allem der Erweiterung des Wahlrechts (Nohlen 1992, Katz 1997). Die Erweiterung des allgemeinen Wahlrechts wird gewöhnlich mit folgendem Schema beschrieben: Voraussetzung der Demokratisierung des Wahlrechts ist meist ein relativ hohes Niveau wirtschaftlicher Entwicklung. In reicheren Ländern sind mithin die Chancen der Herausbildung eines demokratischen Wahlrechts beträchtlich größer als in weniger entwickelten Nationen; als besonders gering sind die Demokratisierungschancen armer Länder zu veranschlagen. Mit dem wirtschaftlichen Entwicklungsstand hängt ein zweiter Faktor zusammen: das Niveau politischer Mobilisierung, d.h. das Ausmaß, zu dem Interessen von sozialen Gruppen oder Klassen überlokal organisiert und gebündelt werden. In diesem Zusammenhang ist vor allem die politische Mobilisierung der Arbeiterbewegung wichtig, die das Wahlrecht als Schlüssel zur Teilhabe an Politik, Wirtschaft und Gesellschaft ansah. Ein relativ hohes Niveau der politischen Mobilisierung der Arbeiterschaft und ihre Koalition mit potenziellen Bündnispartnern, wie liberalen Fraktionen des Mittelstandes und der Oberschicht, zählen in der Regel ebenfalls zu den Voraussetzungen der Demokratisierung des Wahlrechts. Das ist der dritte Faktor. Allerdings – so der vierte Faktor des Standarderklärungsmodells – verlief der Kampf um die Wahlrechtsdemokratisierung erfolglos, wenn es den Eliten an Flexibilität und

Bereitschaft zur politischen Einbindung breiterer Bevölkerungskreise mangelte. Nicht selten akzeptierten die politischen Eliten die Demokratisierung des Wahlrechts erst in Notlagen, beispielsweise zur Abwehr innerer oder von außen kommender Bedrohung. So ist es kein Zufall, dass die Demokratisierung des Wahlrechts in vielen Ländern im Gefolge von Kriegen zustande kam. Die politische Geschichte Deutschlands kann als Beispiel dienen: Die erste deutsche Republik, die Weimarer Republik, entstand in sachlich und zeitlich engstem Zusammenhang mit der Endphase des Ersten Weltkrieges. Und die Wiedereinsetzung der Demokratie in Westdeutschland nach dem Zweiten Weltkrieg wäre nicht vorstellbar ohne den Sieg der Alliierten über den Nationalsozialismus und ohne die Demokratisierungspolitik der Besatzungsmächte, vor allem der Amerikaner.

Der Quantensprung der Wahlrechtsausdehnung erfolgte im ersten Viertel des 20. Jahrhunderts (Flora 1983: Kap. 3, Nohlen 1992). In dieser Periode erreichte der Grad der politischen Partizipation in den westlichen Industrieländern ein relativ hohes Niveau und nahm nach einer Phase der Stagnation bzw. des Rückgangs nach dem Ende des Zweiten Weltkrieges erneut zu. Ende des 19. Jahrhunderts stand das Wahlrecht nur relativ wenigen zu. Selbst in den Ländern, in denen das Wahlrecht schon relativ weit ausgedehnt war, wie in England und Frankreich, war dort weniger als die Hälfte der erwachsenen Bevölkerung wahlberechtigt. Nach 1918, vor allem seit der zweiten Hälfte des 20. Jahrhunderts, kam der Prozess der Wahlrechtserweiterung jedoch in beachtlichem Tempo voran.

Das Standardmodell zur Erklärung der Wahlrechtsausdehnung liefert ein Grundgerüst, das durch zusätzliche – teils länderübergreifende, teils länderspezifische – Bedingungen zu ergänzen ist (Therborn 1977, Nohlen 1992). Diese wurden in Länderstudien und in der neueren Generation der vergleichenden Demokratisierungsforschung aufgedeckt. Im Anschluss an die Lehre von den sozioökonomischen Funktionsvoraussetzungen der Demokratie (Kapitel 3.8) hatte man zunächst die Einführung der Demokratie mit Schwellenwerten sozioökonomischer Entwicklung und der Verteilung von Machtressourcen in Verbindung zu bringen versucht. Gewiss war den einschlägigen Bemühungen beachtlicher Erfolg beschieden, doch andererseits gibt es keine gesetzmäßige Entsprechung von wirtschaftlicher Entwicklung und Staatsform. Das ist nicht weiter verwunderlich, weil die sozioökonomische Entwicklung nicht automatisch demokratische Ordnungen hervorbringt. Vielmehr setzt deren Entstehen vielerlei voraus – nicht nur die Schwäche des alten Regimes, sondern auch Institutionenbildung, mithin Handeln von Individual- und Kollektivakteuren. Ob all dies in demokratiefreundliche oder demokratiegegnerische Richtung wirkt, hängt – wie im letzten Kapitel gezeigt wurde – auch von soziokulturellen Größen, ethnischer Homogenität, verfassungsstaatlichen Traditionen und einem demokratiefreundlichen Umfeld ab, wird aber von diesen Einflussfaktoren nicht determiniert.

Exakte Schwellenwerte festzumachen, ab denen die Demokratisierung des Wahlrechts wahrscheinlich wird, fällt auch aus diesem Grund schwer. Gleiches gilt für die Erfassung der „Transitionszone" im Sinne von Huntington (1984: 202), d.h. der Übergangszone, in der aufgrund bestimmter Konstellationen der Handlungsspielraum für politische Gestaltung so weit geöffnet wird, dass über die politische Struktur eines Landes neu entschieden werden kann. Ob solche Entscheidungen getroffen werden und inwieweit sie den Spielraum der Transitionszone ausschöpfen, hängt freilich wesentlich von Unwägbarkeiten wie dem Tun und Lassen der politischen Eliten des alten Regimes und der Opposition ab. Die Transitionszone eröffnet Huntington zufolge nur die Chance des Aufbaus demokratischer Strukturen; sie garantiert aber nicht die Etablierung und Stabilisierung einer Demokratie. Wie vor allem die Theorie des bürokratischen Autoritarismus zeigt (O'Donnell 1979), kann die sozioökonomische Entwicklung eines Landes auch mit einer autoritären politischen Struktur einhergehen. Beispiele finden sich sowohl in lateinamerikanischen Staaten in der zweiten Hälfte des 20. Jahrhunderts als auch in den sozialistischen Ländern Osteuropas in der Periode nach dem Zweiten Weltkrieg bis Ende der 80er Jahre. Zu ihnen gehörten immerhin für damalige Verhältnisse hoch entwickelte Industriestaaten wie die Tschechoslowakei und die Deutsche Demokratische Republik.

### Demokratisierungswellen

Die vergleichende Analyse von Demokratisierungswellen und Pfaden, die vom autoritären Staat zur Demokratie führen, hat seit den 70er Jahren einen beachtlichen Aufschwung genommen. Nicht zufällig fällt dieser Aufschwung mit der in den 70er Jahren beginnenden dritten Demokratisierungswelle zusammen (Huntington 1991). Die erste Demokratisierungswelle begann in Amerika im frühen 19. Jahrhundert. An ihrem Ende standen rund 30 mehr oder minder entwickelte demokratische Regime. Die zweite Welle setzte mit der Demokratisierungspolitik der Alliierten nach dem Zweiten Weltkrieg in den besiegten Staaten Deutschland, Italien und Japan ein. Weitere Schubkraft verlieh ihr die Dekolonialisierung der 50er und 60er Jahre. Die dritte Demokratisierungswelle kam Mitte der 70er Jahre. Auf ihr bewegten sich viele autoritäre oder halbautoritäre Regime in Südeuropa, Lateinamerika und Ostasien zur Demokratie. Zu den herausragenden Beispielen gehören die Demokratisierung Griechenlands, Portugals und Spaniens in den 70er Jahren und die Re-Demokratisierung lateinamerikanischer Länder Ende der 70er und in den 80er Jahren, z.B. Ecuador 1979, Peru 1980, Argentinien 1983, Uruguay 1984, Brasilien 1985 sowie die Rückkehr Chiles zur Demokratie Ende der 80er Jahre (Nohlen/Solari 1988, Angell 1993). Hinzu kam am Ende der 80er und zu Beginn der 90er Jahre die „vierte Demokratisierungswelle" (von Beyme 1994). Sie erfasste unter anderem die mittel- und osteuropäischen Staaten, die nach dem Zerfall des „Ostblocks" und der Sowjetunion ebenfalls den Übergang zur Demokratie wagten, so beispielsweise Ungarn, Polen, die DDR, die Tschechoslowakei einschließlich ihrer Nachfolgestaaten Tschechische Republik und Slowakei, sowie die baltischen Staaten (Ekiert 1991, von Beyme 1994, Beichelt 1999).

Jede Demokratisierungswelle hatte einen charakteristischen Ursprung, und jede nahm einen eigentümlichen Verlauf (Huntington 1991: 39f., von Beyme 1994, Potter u.a. 1997). Vorangetrieben wurde die erste Welle von Prozessen ökonomischer und sozialer Entwicklung, dem Export britischer Politikstrukturen in die Kolonien des englischen Weltreichs und später durch den Sieg der Westmächte im Ersten Weltkrieg und dem Zusammenbruch der alten kontinentaleuropäischen Mächte. Im Unterschied hierzu waren für die zweite Demokratisierungswelle nach dem Ende des Zweiten Weltkrieges und in den 50er und 60er Jahren vor allem politische und militärische Faktoren verantwortlich, allen voran die Demokratisierungspolitik der westlichen Alliierten in den besiegten Staaten der sogenannten „Achsenmächte". Hinzu kam die Dekolonialisierung.

Die dritte Welle machte zwischen 1973 und 1988 insgesamt 22 Länder demokratisch (Tabelle 16), unter ihnen überwiegend wirtschaftlich relativ weit entwickelte Staaten, Spanien und Argentinien beispielsweise. Aus dieser Welle ragen die Demokratisierung der südeuropäischen Staaten Griechenland, Portugal und Spanien sowie die Re-Demokratisierungen verschiedener lateinamerikanischer Länder heraus. Im Vergleich zum Werdegang der heutigen etablierten Demokratien hatte sich ein Teil der Länder der dritten Demokratisierungswelle sogar erst auf einem relativ hohen sozioökonomischen Entwicklungsstand vom autoritären Staat zur Demokratie fortbewegt. Hierüber informieren die beiden letzten Spalten der Tabelle 15. Man nehme beispielsweise den sozialökonomischen Entwicklungsstand Westdeutschlands zu Beginn seiner Demokratisierung als Maßstab. 1950 betrug das volkswirtschaftliche Wohlstandsniveau in Westdeutschland nach Summers und Heston – in vergleichbaren Sozialproduktgrößen ausgedrückt – 1880 Währungseinheiten pro Kopf. Westdeutschlands damaliger Entwicklungsstand war somit erheblich niedriger als derjenige der Demokratisierung Griechenlands 1974, Portugals 1975 und Spaniens Mitte der 70er Jahre, um nur einige Beispiele zu erwähnen (Tabelle 16).

Schwerer fällt es, die vierte Demokratisierungswelle auf einen Nenner oder wenige Faktoren zurückzuführen. Spektakulär an ihr war der Übergang zur Demokratie, den der Fall des „Eisernen Vorhangs" und der Zerfall der Sowjetunion in Mittel- und Osteuropa ermöglichten. Aber darauf beschränkte sich die vierte Demokratisierungswelle nicht. Sie erfasste auch außereuropäische Staaten, Bangladesch beispielsweise und die Südafrikanische Republik. Ferner hat die vierte Demokratisierungswelle auch eine größere Zahl armer Länder mitgerissen. Benin und erneut Bangladesch sind Beispiele für besonders auffällige Abweichungen von dem, was die sozioökonomische Theorie der Demokratie vorhersagt. Doch deutet die vierte Demokratisierungswelle fehl, wer sie nur als Demokratisierung armer oder weniger wohlhabender Länder einstuft. In Wirklichkeit erfasste diese Welle sowohl arme wie auch vergleichsweise begüterte Staaten, beispielsweise Polen, Ungarn und die Deutsche Demokratische Republik.

Wie bei der ersten und zweiten Demokratisierungswelle kam dem internationalen Umfeld auch bei der dritten und vierten Welle eine herausragende Rolle zu. Das ist kein Zufall, sondern Teil eines Trends. Samuel Huntington hat ihn aus der Perspektive der 80er Jahre mit folgenden Worten beschrieben: „In 33 von insgesamt 52 Ländern, die von dem US-amerikanischen Freedom House 1984 als freie Länder beschrieben wurden, waren die demokratischen Institutionen im Wesentlichen auf den britischen oder amerikanischen Einfluss zurückzuführen, der sich über Kolonialherrschaft, Besatzung oder Besiedlung Bahn brach. Und auch die Ausbreitung der Demokratie in die nichtwestliche Welt war bislang im Wesentlichen das Produkt angloamerikanischer Bestrebungen" (1984: 206, Übersetzung des Verf.). Huntington hatte allerdings nur die ausländischen Demokratisierer betrachtet, anstatt die Verbindung von externen und innergesellschaftlichen Akteuren zu erörtern. Unter dieser Einschränkung wird man seine Hypothese jedoch annehmen und sogar erweitern können: Die Verbreitung der Demokratie hat einiges mit Militärmacht und politisch-wirtschaftlicher Stärke demokratisch verfasster Staaten zu tun. Das stützt die weitere These von Huntington, wonach der Aufstieg und Niedergang von Demokratien zu einem erheblichen Teil „Funktionen des Aufstiegs und Niedergangs des jeweils mächtigsten demokratischen Staates" waren: „Die Ausbreitung der Demokratie im 19. Jahrhundert ging Hand in Hand mit der Pax Britannica. Die Ausdehnung der Demokratie nach dem Zweiten Weltkrieg spiegelt die Weltmachtposition der Vereinigten Staaten von Amerika wider. Der Niedergang der Demokratie in Ostasien und Lateinamerika in den 70er Jahren lässt sich teilweise auf den abnehmenden Einfluss Amerikas zurückführen" (ebd.: 206).

Die beiden letzten Aussagen überzeichnen freilich den Einfluss der USA. Überdies greift Huntingtons These beim größten Teil der vierten Demokratisierungswelle, die Osteuropa in den späten 80er und frühen 90er Jahren erfasste, zu kurz. Diese Welle wird man ohne einen weiteren internationalen Faktor nicht verstehen können, nämlich die Abkehr der sowjetischen Außenpolitik der Gorbatschow-Ära von der Breschnew-Doktrin, der zufolge sich die Sowjetunion mitsamt ihrer Bündnispartner die Militärintervention in politisch abtrünnige Staaten des Warschauer Paktes vorbehielt.

*Tabelle 16:* Die dritte und die vierte Demokratisierungswelle (1973-1999)

| Ländername | Die dritte Welle: Demokratisierungsbeginn zwischen 1973 und 1988 und Demokratiebestand (bis Ende 1999) | Die vierte Welle: Demokratisierungsbeginn seit 1989 und Demokratiebestand (bis Ende 1999) | Wirtschaftskraft (BIP pro Kopf) im Jahr der ersten Demokratisierung | Standardisierter sozio-ökonomischer Entwicklungsstand im Jahr der ersten Demokratisierung |
|---|---|---|---|---|
| Albanien | | 1993 | 340 | 5% |
| Argentinien | 1984-97 | | 3486 | 47% |
| Bangladesch | | 1991-95, 1997- | 700 | 9% |
| Benin | | 1991- | 952 | 13% |
| Bolivien | 1982- | | 1114 | 15% |
| Botsuana | 1973- | | 993 | 13% |
| Brasilien | 1986-92 | 1994-97 | 3282 | 44% |
| Bulgarien | | 1991- | 5113 | 68% |
| Chile | | 1989-97 | 4099 | 55% |
| DDR | | 1990-3.10.1990 | 8740 | 117% |
| Dominik. Republ. | 1978-92 | 1995-96, 1998 | 1487 | 20% |
| Ecuador | 1979- | | 1504 | 20% |
| Estland | | 1991, 1996- | 2760 | 37% |
| Gambia | | 1989-93 | 526 | 7% |
| Ghana | 1980-81 | | 1041 | 14% |
| Grenada | 1985- | | 2619 | 35% |
| Griechenland | 1974- | | 3224 | 43% |
| Guayana | | 1993- | 353 | 5% |
| Honduras | 1982, 1984-92 | 1998 | 911 | 12% |
| Kapverd. Inseln | | 1991 | 925 | 12% |
| Kolumbien | | 1991-93 | 3568 | 48% |
| Lettland | | 1991, 1996- | 1905 | 26% |
| Litauen | | 1991- | 1310 | 18% |
| Madagaskar | | 1993- | 710 | 10% |
| Malawi | | 1994- | 210 | 3% |
| Mali | | 1992-97 | 474 | 6% |
| Marshall-Inseln | | 1991 | 7560 (1980) | 101% |
| Mauritius | 1976- | | 736 | 10% |
| Mikronesien | | 1991- | 980 | 13% |
| Moldau | | 1998- | 416 | 55% |
| Mongolei | | 1991, 1993- | 660 | 9% |
| Namibia | | 1991- | 1610 | 22% |
| Nepal | | 1991-92 | 729 | 10% |
| Nicaragua | | 1998- | 1050 | 14% |
| Nigeria | 1979-83 | | 1490 | 18% |
| Panama | | 1994- | 2420 | 32% |
| Papua-Neuginea | 1976 | | 1000 | 13% |
| Peru | 1980-89 | | 1746 | 23% |
| Philippinen | 1987-89 | 1995- | 1947 | 26% |
| Polen | | 1990- | 4086 | 55% |

| Ländername | Die dritte Welle: Demokratisierungsbeginn zwischen 1973 und 1988 und Demokratiebestand (bis Ende 1999) | Die vierte Welle: Demokratisierungsbeginn seit 1989 und Demokratiebestand (bis Ende 1999) | Wirtschaftskraft (BIP pro Kopf) im Jahr der ersten Demokratisierung | Standardisierter sozio-ökonomischer Entwicklungsstand im Jahr der ersten Demokratisierung |
|---|---|---|---|---|
| Portugal | 1975- | | 2397 | 32% |
| Rumänien | | 1997- | 1457 | 19% |
| Salomonen | 1976- | | 310 | 4% |
| Sambia | | 1991-92 | 1010 | 13% |
| Samoa (West-S.) | | 1989 | 1839 | 25% |
| Sao Tome u. Princ. | | 1991 | 400 | 5% |
| Slowakei | | 1994- | 1930 | 26% |
| Slowenien | | 1991- | 6540 | 87% |
| Spanien | 1977- | | 4159 | 56% |
| Südkorea | 1988- | | 3056 | 41% |
| Südafr.Republ. | | 1994 | 4431 | 59% |
| Thailand | | 1989-90, 1998 | 2879 | 39% |
| Tschech. Republ. | | 1993 | 2450 | 32% |
| Tschechoslowakei | | 1990-1992 | 7424 | 99% |
| Türkei | 1973-79, 1988 | 1990-92 | 1586 | 21% |
| Ungarn | | 1990- | 5530 | 74% |
| Uruguay | 1985- | | 3462 | 46% |
| Vanuatu | 1980- | | 320 | 4% |

*Spalte 1:* Ländername.

*Spalte 2 und 3:* Beginn der Demokratisierung im Sinne des Politische Rechte-Index des Freedom House (Tabelle 14) bzw. Anfang und Ende der Demokratisierungsperiode im Falle abgebrochener Demokratisierung. Als „Demokratisierer" wurden die Länder eingestuft, die im Untersuchungszeitraum ihre Position auf der 7er-Skala der Politischen Rechte erstmals oder erneut höchstens den Wert „2" oder „1" erreichten (1 = Höchstmaß an Politischen Rechten, 7 = keine Politischen Rechte, siehe Tabelle 14). Diese strenge Messung führt dazu, dass Halbdemokratisierungen (im Sinne von Übergängen von der Autokratie zur Semidemokratie wie in Russland) oder Staaten mit einem Politische Rechte-Wert von „3", „4" oder „5" nicht als echte Demokratie klassifiziert werden, so beispielsweise Albanien, Nepal nach 1993 sowie Kolumbien vor 1991 und nach 1996. Die Klassifikation der in der Tabelle 16 aufgeführten Länder wird durch Jaggers/Gurr (1996) und Alvarez u.a. (1996) im Großen und Ganzen bestätigt (Tabelle 14).

*Spalte 4:* Standardisierte Schätzungen des Bruttoinlandsprodukts pro Kopf in international vergleichbaren Größen. Die Zahlen dieser Spalte informieren darüber, dass die dritte Demokratisierungswelle zu Demokratisierungen auf höchst unterschiedlichem sozioökonomischen Entwicklungsniveau erfolgte. Daten für die Jahre bis 1982 aus Summers/Heston 1984 (in Preisen von 1975), für 1983-86 Summers/ Heston 1988 (Messzeitpunkt: 1985, in Preisen von 1980), außer Grenada (Daten nur für 1988 zugänglich), für die Jahre von 1987 bis heute auf der Basis von Summers/Heston 1991

(Messzeitpunkt: 1988, in Preisen von 1985), mit Ausnahme von Bulgarien, der DDR und der Tschechoslowakei, die anhand der letztverfügbaren Summers-Heston-Daten für 1985 in Preisen von 1980 gemessen wurden (Quelle Summers/Heston 1988: 22). Vermutlich überschätzen die Daten für diese drei Länder das BIP pro Kopf beträchtlich. Die Zahlen für Madagaskar, Sambia, Sao Tome und West-Samoa entstammen dem Human Development Report 1994 (UNDP 1994) und die für Estland, Lettland, Litauen, Namibia, Panama, Slowakei, Slowenien und Tschechische Republik dem Fischer Weltalmanach '95. Für Kapverdische Inseln, Salomonen und Vanuatu Schätzungen auf Basis von Fischer Weltalmanach '95. Zum Vergleich: in den USA betrug das Bruttoinlandsprodukt pro Kopf nach Summers/Heston 1950: 4550 (Bundesrepublik Deutschland 1950: 1888 [40%] und Schweiz 1950: 3116 [67%]), 1973 7480, 1980 8089 und 1988 18339 Währungseinheiten.

*Spalte 5:* Spalte 4 in Prozent des Bruttoinlandsproduktes (BIP) pro Kopf in den USA zu Beginn der dritten Demokratisierungswelle (1973) ermittelt auf der Basis von Summers/Heston 1984, 1988 und 1991. Die Zahlen dieser Spalte informieren darüber, dass die dritte und die vierte Demokratisierungswelle zu Demokratisierungen auf höchst unterschiedlichem sozioökonomischen Entwicklungsniveau führte – was von den Vorhersagen der klassischen sozioökonomischen Schule der Demokratievoraussetzungen weit abweicht. Erfasst wird das Entwicklungsniveau in einer Variante, die auf den Stand der US-Ökonomie im Jahre 1973, dem Beginn der dritten Demokratisierungswelle, geeicht ist.

Es gibt ein weiteres Bindeglied zwischen der Demokratie auf nationalstaatlicher Ebene und den zwischenstaatlichen Machtrelationen. Nicht jede Demokratisierung beginnt auf den Bajonetten einer demokratisch verfassten Siegermacht. In der dritten und der vierten Welle der Demokratisierung beispielsweise halfen vorwiegend Zivilisten bei der Geburt der neuen Demokratien. Neben den Reformen der Gorbatschow-Ära ist die Demokratisierungspolitik der Europäischen Staatengemeinschaft und der Attraktionswert Europas für Reformer in den sich demokratisierenden Staaten Mittel- und Osteuropas erwähnenswert. Die Europäische Gemeinschaft stützte hierdurch den Übergang vom autoritären zum demokratischen Staat, auch wenn sie selbst an einem Demokratiedefizit laboriert (Chryssochoou 1998).

## Pfade von der Diktatur zur Demokratie und Bedingungen erfolgreicher Übergänge

Nicht nur ein Weg führt vom autoritären Staat zur Demokratie, sondern mehrere Pfade lenken die Schritte dorthin (Huntington

1991, Schmitter/Karl 1992, Linz/Stepan 1996, Bratton/van de Walle 1997, Merkel/Puhle 1999):

1. Der erste Pfad besteht aus der primär von außen angestoßenen Re-Demokratisierung von Staaten, deren Demokratie durch eine Besatzungsmacht aufgelöst worden war. Beispiele sind die Befreiung der Niederlande, Belgiens, Norwegens und Dänemarks von der Wehrmacht.
2. Der zweite Pfad ist jener der Wiedereinführung demokratischer Spielregeln durch eine Besatzungsmacht nach dem militärischen Sieg über ein autoritäres oder totalitäres Regime, wie in Westdeutschland, Japan, Österreich und Italien nach dem Zweiten Weltkrieg.
3. Der dritte Typ ist jene Transition zur Demokratie, die von zivilen und militärischen Gruppen des alten Regimes initiiert oder in Form eines Paktes zwischen maßgebenden Gruppierungen des alten Regimes und der Opposition geschmiedet wird, der zugleich den Grund für ein demokratisches Nachfolgeregime legt. Dies ist der Fall der regime-induzierten Demokratisierung. Zu ihm zählen die Demokratisierung Griechenlands, Portugals und Spaniens in den 70er Jahren.
4. Im Gegensatz zur regime-induzierten Reform, die unter maßgeblicher Beteiligung von Teilen des herrschenden Blocks erfolgt, wird auf dem vierten Pfad der Demokratisierung das alte Regime von Reformern der alten Ordnung unter maßgeblicher Beteiligung der Opposition weitreichend verändert. Dieser Pfad führte beispielsweise Uruguay, Südkorea, Polen und die ehemalige Tschechoslowakei in die Demokratie.
5. Während man vom dritten Pfad zur Demokratie als „Transformation" (Huntington 1992) oder „reforma" (Linz 1978) und vom vierten Weg als Mischform aus Transformation und Strukturbruch spricht, haben sich für den fünften Pfad der Demokratisierung oder Re-Demokratisierung, die Bezeichnungen „Zusammenbruch", „Kollaps", „replacement" oder „ruptura" eingebürgert (Linz 1978, Huntington 1992, Colomer 1991). „Ruptura" meint Bruch oder Strukturbruch. In der Ruptura-Transition übernehmen die Oppositionsgruppen die Führungsrolle bei der Demokratisierung; das alte autoritäre Regime kollabiert oder es wird umgestürzt. Beispiele für Ruptura-Demokratisierungen sind die

Demokratisierung der DDR bzw. Ostdeutschlands 1989/1990, in den 70er Jahren Portugal und Griechenland und in den 80er Jahren Argentinien (Glaeßner 1991, Huntington 1992: 582, Joas/ Kohli 1993).
6. Schlussendlich kann Demokratisierung auf dem Wege der revolutionären Veränderung stattfinden. Für sie ist allerdings charakteristisch, dass sie alsbald in die Etablierung eines autokratischen Einparteiensystems führt.

Der Transitionsforschung zufolge besteht ein überzufälliger Zusammenhang zwischen Transitionsweg und Erfolg oder Misserfolg der Demokratisierung. Mit einer Typologie, die der soeben erwähnten ähnelt, haben Philippe Schmitter und Terry Karl (1992) hierfür folgende Hypothesen entworfen. Ein „revolutionärer Übergang" führe unweigerlich in den offenen oder verdeckten Einparteienstaat. Die „paktierte Transition" hingegen erzeuge ein relativ stabiles demokratisches System mit beträchtlichem etatistischen und korporatistischen Gehalt. Die „Transition qua Auferzwingung" ende in einer populistischen Demokratie oder bestenfalls in einer Staatsverfassung, die zwischen populistischer und konsoziativer Demokratie (consociational democracy) schwanke. „Ambivalente Transitionen" schließlich, für die Elitenkontinuität und Massenmobilisierung sowie Gewalt und nur zögerliche Akzeptanz von Kompromissen charakteristisch sind, brächten wahrscheinlich eine nichtkonsolidierte Demokratie hervor und endeten günstigstenfalls in der Zwischenzone zwischen „populistischer" und „elektoralistischer Demokratie" (ebd.: 61).

Wie der Stand der Transitionsforschung am Ende des 20. Jahrhunderts allerdings zeigt, ist mit Schmitter und Karls instruktivem Beitrag nur ein Anfang gemacht worden (Rose/Mishler/Haerpfer 1998). Wolfgang Merkel und Hans-Jürgen Puhle (1999) kommt das Verdienst zu, die Erfolgsbedingungen des Weges von der Diktatur zur Demokratie auf der Basis der Fachliteratur und eigener Analysen mit geschultem Blick für Verallgemeinerung und Generalisierungsgrenzen vergleichend gewürdigt zu haben (Merkel/Sandschneider/Segert 1996, Merkel/Sandschneider 1997, Merkel 1999). Merkel und Puhle gliedern die Ergebnisse der vergleichenden Transitionsforschung nach drei abhängigen Variablen: den Bedingungen erfolgreicher Ablösung nichtdemokratischer Regime, den Voraussetzungen der Institutionalisierung der Demokratie und den begünstigenden Bedingungen der Demokratiekonsolidierung. Dabei treten erstaunlich große Übereinstimmungen mit den Befunden der Forschung zu den Funktionsvoraussetzungen der Demokratie zutage (Kapitel 3.8). Merkel und Puhles Hauptergebnisse können in folgenden Aussagen zusammengefasst werden:

1. Welches sind die begünstigenden Bedingungen der Ablösung nichtdemokratischer Regime? Eine moderne leistungsfähige Marktwirtschaft in guter Konjunkturverfassung gehört dazu, eine differenzierte Gesellschaftsstruktur mit einem leistungsfähigen Bildungswesen und einer lebensfähigen demokratischen Kultur, einer pluralistischen, möglichst autonomen Zivilgesellschaft mit funktionstüchtigen Eliten und nichtexplosiven Konfliktlinien religiöser, ethnischer oder schichtungsstruktureller Art. Außerdem ist ein hinreichend starker und unabhängiger Staat erforderlich, der seine politische Ordnung selbst bestimmen kann und nicht zur Beute von Partikularinteressen wird. Das Negativbeispiel ist der von Korruption, Repression und Ausbeutung gekennzeichnete neo-patrimoniale Staat in manchen afrikanischen Ländern (Tetzlaff 1995). Erforderlich für Ablösung nichtdemokratischer Regime sind außerdem Akzeptanz und aktive Befürwortung des Demokratiegedankens seitens wesentlicher Teile der Bevölkerung. Auch demokratiefreundliche oder demokratiegegnerische Strukturen des alten Regimes sind von Belang. Der Modernisierungsweg und mögliche Diskrepanz zwischen politischer Modernisierung einerseits und ökonomischer und gesellschaftlicher Modernität andererseits zählen hierzu. Gleichwohl reichen selbst solche günstigen Bedingungskonstellationen nicht aus, um ein nichtdemokratisches Regime abzulösen. Zusätzlich ist erforderlich, dass die wichtigsten politisch Handelnden nicht nur das alte Regime nicht mehr wollen, sondern auch nach Demokratie streben. Voraussetzung dafür ist in aller Regel die gründliche Diskreditierung und Delegitimierung des alten Regimes. Das kann aus Funktionsschwäche resultieren, beispielsweise daraus, dass der alte Staat nicht mehr diejenigen Werte und Güter liefert, die von ihm erwartet werden. Es kann aber auch aus Funktionsstärke resultieren, beispielsweise daraus, dass das alte Regime durch Modernisierung seine eigenen Legitimationsgrundlagen untergräbt und zu-

nehmend als unzeitgemäß empfunden wird (Merkel/Puhle 1999: 102f.) – eine Variante des Tocqueville-Paradoxons also, das darin besteht, dass die gesellschaftliche Ungleichheit politisch dann besonders brisant ist, wenn die Herrschenden daran gehen, die Ungleichheit zu mindern (Tocqueville 1978).
2. Regimeübergänge und Institutionalisierung der Demokratie: Mit der Ablösung des nichtdemokratischen Regimes ist die neue Ordnung, die demokratische Verfassung, noch keineswegs in Kraft oder gar zur Verfassungswirklichkeit geworden. Welche Konstellationen befördern die Institutionalisierung der Demokratie? Mit Einschränkungen haben die parlamentarischen Regime hierbei gewisse Vorteile gegenüber präsidentiellen und semipräsidentiellen Regierungssystemen. Das gilt allerdings nur unter bestimmten Voraussetzungen, beispielsweise nur dann, wenn die Parlamente vergleichsweise stark sind und die politische Führung tatkräftig ist. Der Institutionalisierung der Demokratie förderlich sind sodann ein Wahlrecht und Wahlsystem, das auf Ausgleich, Integration und angemessene Vertretung gerichtet ist. Vorteile liegen insoweit eher bei einem Verhältniswahlsystem, weniger beim Mehrheitswahlsystem. Vorteilhaft ist zudem ein breiter Konsens über die Verfassung sowie die eindeutige Verankerung der Parlamentarier und der politischen Parteien im Geflecht der gesellschaftlichen Assoziationen und in den gesellschaftlichen Milieus. Ein Plus vor allem für größere Staaten mit heterogenerer Bevölkerung ist, wie schon in den *Federalist Papers* argumentiert wurde, eine föderalistische Ordnung. Ein Plus ist zudem die Selbstverwaltung auf allen Ebenen der Staatsorganisation, womöglich nach dem Subsidiaritätsprinzip, weil dies die Autonomie der Zivilgesellschaft stärkt. Starke Rechtsstaatlichkeit gehört ebenfalls zu den günstigen Voraussetzungen, ebenso die Zurückdrängung der Befugnisse nicht vom Volk gewählter staatlicher Einrichtungen sowie die Ausweitung der Verantwortlichkeit gewählter Repräsentanten. Günstig für erfolgreiche Institutionalisierung ist überdies „eine Zurückdrängung staatlicher Entscheidungsbefugnisse insgesamt aus der wirtschaftlichen, sozialen, kulturellen und religiösen Sphäre" (Merkel/Puhle 1999: 132 f.).
3. Konsolidierung der Demokratie: Institutionalisierung der Demokratie ist freilich noch nicht mit fester Verwurzelung oder

Konsolidierung der Demokratie gleichzusetzen. Ob es zur Konsolidierung kommt, hängt wiederum von zahlreichen Faktoren ab. Der Schlüssel liegt, so Merkel und Puhle (1999) in Weiterführung von Lipset (1960) und neueren Studien, in einer tief verankerten Legitimität der Demokratie. Tief verankert ist diese erst, wenn die Bürgerschaft insgesamt oder ein beträchtlicher Teil derselben der Überzeugung ist, dass die demokratische Herrschaftsform anerkennungswürdig und nach Inhalt und Verfahren besser als jede andere alternative Staatsverfassung ist (Merkel/Puhle 1999: 176). Doch unter welchen Bedingungen kommt solche Legitimität zustande? Die Erfolgsbedingungen liegen in einer mehrfach gestuften Konsolidierung (Merkel 1998). „Faktoren der wirtschaftlichen Stabilität und sozialen Entwicklung" gehören hierzu (Merkel/Puhle 1999: 180). Hinzu kommt „die Existenz demokratischer oder demokratiegeneigter gesellschaftlicher und politischer Eliten" (ebd.: 180), und zwar konflikt- und kompromissfähiger Eliten. „Problem- und Kontextangemessenheit der politischen und wirtschaftlichen Entscheidungen sowie ihre wechselseitige Kompatibilität" spielen überdies eine bedeutende Rolle und stabilisieren um so stärker, je mehr und je sichtbarer sie wichtige Aufgaben lösen. Wird hierdurch der wirtschaftliche Wohlstand vermehrt, kann ein sich selbst tragender Aufschwung zugunsten von Wachstumsdynamik, Verteilungsgerechtigkeit und Legitimität entstehen.

4. Allerdings lauern Gefahren auf dem Weg zur Konsolidierung. Gefährdungen ergeben sich vor allem, so Merkel und Puhle, „aus wirtschaftlicher und sozialer Unterentwicklung, einer wenig differenzierten und schwachen Zivilgesellschaft, virulenten ethnischen, religiösen oder sozialen Konflikten und einer unterentwickelten ‚Staatlichkeit' ... Insbesondere letzteres, d.h. unsichere territoriale Grenzen und mangelnde staatliche Institutionalisierung nach innen, verhindert die mit Sanktion bewehrte Verbindlichkeit staatlicher Entscheidungen ... Wo Räuberbanden, ethnische Säuberungskommandos, Anarchie oder die Mafia herrschen, steht nicht die Frage der Konsolidierung der Demokratie an oberster Stelle auf der Tagesordnung, sondern zunächst einmal das Hobbessche Problem der Herstellung des staatlichen Gewaltmonopols" (ebd.: 181).

5. Das Ergebnis des Systemwechsels, so geben Merkel und Puhle schließlich zu bedenken, ist allerdings nicht determiniert. Trotz relativ günstiger Konstellationen ist bei politischem Ungeschick und mangelndem Willen vorstellbar, dass der Übergang zur Demokratie fehlschlägt. Doch zugleich besteht Hoffnung, trotz ungünstiger Bedingungen durch kluges Handeln und durch politischen Willen und Geschick der wichtigsten Akteure den Übergang vom autoritären Staat zur Demokratie besser zu bewerkstelligen.

**Fall- und Länderstudien zur Transition**

Das sind die wichtigsten Befunde der vergleichenden Forschung zum Übergang von der Diktatur zur Demokratie vor allem während der dritten und der vierten Demokratisierungswelle. Hierdurch ist der Forschungsstand beträchtlich vertieft worden. Gewiss: Manche Hypothese der Transitionsforschung bedarf noch der Präzisierung und der genaueren Operationalisierung ihrer Leitbegriffe. Ferner sind nicht wenige der Regelmäßigkeiten beim Übergang von der Diktatur zur Demokratie nur schwache Tendenzen. Einzelne Länder weichen von den Erklärungsmustern mitunter weit ab, nicht zuletzt aus dem Grund, dass länderspezifische Bedingungskonstellationen von der vergleichenden Transitionsforschung nur mit Mühe und unvollständig erfasst wurden. Ferner gibt es periodenspezifische Chancen (Gasiorowski 1995, Robinson 1996) und regionenspezifische Gelegenheiten (Potter u.a. 1997). Die Demokratisierungschancen in Afrika und in islamischen Ländern waren bislang geringer als anderswo. Hinzu kommt, dass die Übergänge zur Demokratie oftmals unstrukturiert sind, offen, voller wechselnder Optionen und mit nicht weniger häufig wechselnden Präferenzen, und voller Ungewissheit für Beteiligte. Obendrein sind sie eigendynamisch und oftmals sprunghaft. Was sich in der Ablösungsphase des alten Regimes als vorteilhaft erweist, beispielsweise hohe politische Mobilisierung, kann in der Institutionalisierungs- und Konsolidierungsphase nachteilig sein (Bratton/van de Walle 1997: 278). Häufig basieren Schlüsselentscheidungen der wichtigsten Akteure auf unzulänglicher Informationsbasis und kommen unter hochgradigem Entscheidungsdruck zustande (Kraus 1990, Liebert 1995, Linz/Stepan 1996). Wer sollte all dies vorhersagen oder nachträglich systematisch erklären können? Deshalb ist trotz aller Regelmäßigkeiten der Transition zur Demokratie ein beträchtlicher Spielraum in den konkreten Fällen der Ablösung der Demokratie durch die Diktatur gegeben. Allein aus diesem Grund verdienen auch in diesem Forschungsgebiet Fallstudien bzw. Länderanalysen besonderes Interesse.

Bei den Fall- und Länderanalysen liegt tatsächlich ein weiterer ergiebiger Schwerpunkt der Transitionsforschung (Pickel/Pickel/ Jacobs 1997). Besonders instruktiv ist beispielsweise die Demokratisierung Westdeutschlands nach 1945. Sie verlief überraschend erfolgreich. Amerikanische Deutschlandexperten wie Russell Dalton (1989) und David Conradt (1993) haben die politische Entwicklung der Bundesrepublik Deutschland einschließlich ihrer Demokratisierung als „Erfolgsstory" bezeichnet (Dalton 1989: 4). Manche erblickten in ihr gar „das demokratische Wunder" (von Sternburg 1999: 357). Wodurch der Erfolg zustande kam, ist mittlerweile klar geworden: Zahlreiche Umstände begünstigten sowohl die Einsetzung wie auch die Konsolidierung der Demokratie in der Bundesrepublik (Schwarz 1981, 1983, Rupieper 1993, Merritt 1995, Liebert 1995) und brachten eine „lernende Demokratie" zustande (Kaase/Schmid 1999). Zu den begünstigenden Umständen zählt nicht nur die vollständige Diskreditierung des NS-Regimes. Zu ihnen gehörten auch der Flankenschutz, den die westlichen Besatzungsmächte der Demokratie gaben. Hinzu kamen günstige innenpolitische Besonderheiten sowie das rapide Wirtschaftswachstum der 50er und 60er Jahre. Unter den politischen Bedingungen ragen die von Linz erörterten institutionellen Formen der Demokratie heraus (Linz 1990c: 153): vor allem 1) der auf Nicht-Nullsummenspiele geeichte Charakter des politischen Systems der Bundesrepublik, der auch der Bundestagsoppositionspartei in den Ländern und im Bundesrat eine faire Mitregierungschance gab, 2) der Basiskonsens zwischen dem Führungspersonal der demokratischen Parteien, 3) die Stärke des demokratischen Lagers im Vergleich zu den Gruppierungen, die in fundamentaler Opposition zur neuen Herrschaft standen, 4) die scharfe, aber gleichwohl systemimmanente und loyale Opposition der SPD in den 50er Jahren, 5) zudem der mäßigende Effekt, der von den Institutionen des Interessenausgleichs im Föderalismus und in den Arbeitsbeziehungen ausging, 6) sodann die Entlastung der Konfliktstruktur Westdeutschlands, die im Unterschied zu Weimar mildere regionale Konflikte, schwächere Klassenkonfliktstrukturen und gedämpftere Spannungen zwischen den Konfessionen aufwies, und 7) eine umfassende interventions- und wohlfahrtsstaatliche Politik des „Sozialen Kapitalismus" (Hartwich 1970). Der „Soziale Kapitalismus", so die Ausdrucksweise auf der linken Seite des politischen Spektrums, oder die „Soziale Marktwirtschaft", so der in der Mitte und auf liberaler Seite bevorzugte Begriff, brachte auf der Basis einer rasch wachsenden Volkswirtschaft für nahezu alle Gesellschaftsschichten wachsenden Lebensstandard, bessere Daseinsvorsorge und höhere soziale Sicherung (Alber 1989, Lepsius 1990a, 1990b). „Wohlstand für alle" war nicht nur politische Werbung der führenden Regierungspartei der 50er Jahre, sondern zugleich Erfahrungstatbestand für die breite Masse der Bevölkerung. Das und die vollständige moralische Diskreditierung des Nationalsozialismus, das abschreckende Beispiel des DDR-Sozialismus und die demographische Veränderung, die den politischen Generationenaufbau der Bundesrepublik langsam aber sicher demokratieverträglicher gestaltete, gehören zu den zentralen Faktoren, die das zu Erklärende erhellen können: die erfolgreiche Inauguration und Konsolidierung der Demokratie in Deutschlands Zweiter Republik.

**Risiken des Übergangs von der Diktatur zur Demokratie und erfolgreiche Transitionen**

Auf dem Weg zur Demokratie lauern Gefahren. Adam Przeworski hat sie knapp und bündig so benannt: Wie gelangt man zur Demokratie, ohne von denen, die Waffen haben, umgebracht und von denen, die über die produktiven Ressourcen verfügen, ausgehungert zu werden (1991b: 51)? Doch selbst wenn man diese Gefahren überwindet, stellen sich noch immer fünf besonders schwierige Probleme.
 Zu den Schwierigkeiten des Übergangs vom autoritären zum demokratischen Staat zählt – erstens – die Aufgabenüberlastung seiner Architekten. Diese müssen oftmals in kürzester Zeit über eine Fülle hochbrisanter, komplexer Materien entscheiden, wie die Spielregeln für den Übergang und die Struktur der neuen politi-

schen Ordnung, den Umgang mit Vertretern und Gefolgschaft des alten Regimes, Verhandlungen über Pakte zwischen Reformern und Vertretern des alten Regimes und Vollzug der Pakte, die zwischen der Opposition und Hardlinern oder Reformern des alten Machtblocks geschmiedet werden müssen. Besonders groß ist die Aufgabenüberlastung im Fall einer doppelten Transformation, also einer Umwälzung, die sowohl den politischen Institutionenapparat wie auch die Wirtschaft erfasst, so im Falle des Übergangs zur Demokratic und zur Marktökonomie in den mittel- und osteuropäischen Reformstaaten (Offe 1994).

Zu den großen Herausforderungen beim Übergang zur Demokratie gehört – zweitens – die Frage, wie mit den Institutionen und dem Führungspersonal des alten Regimes verfahren werden soll. Sollen sie übernommen oder ersetzt werden? Werden sie in die neue Herrschaftsordnung eingebunden oder von ihr ausgeschlossen? Wird derjenige, der Unrecht begangen hat, für seine Untaten bestraft, oder soll ihm Gnade vor Recht zuteil werden? Soll man der alten Führungsschicht „Exit-Garantien" (Huntington 1992: 584) anbieten oder verweigern? Von der Entscheidung über diese Fragen seitens der Opposition und der neuen Machthaber wird nicht zuletzt die Reaktion – vielleicht sogar der bewaffnete Widerstand – der alten Machthaber und ihrer Sicherheits- und Militärapparate abhängen.

Die meisten Übergänge vom autoritären zum demokratischen Staat werden mit größeren Wirtschaftskrisen einhergehen. Das ist das dritte Hauptproblem. Besonders groß sind die Wirtschaftsprobleme rasch verlaufender Übergänge, wie im Fall der mittel- und osteuropäischen Reformstaaten. Und ein katastrophales Ausmaß nehmen die Wirtschaftsprobleme dort an, wo einer Gesellschaft mit hochkonzentrierten Machtressourcen (im Sinne von Vanhanen 1997) ein Crash-Kurs in Sachen Marktwirtschaft verpasst wird. Sofern ein „Big-bang"-Ansatz zur Transition nicht durch aufwendige Subventionen und Sozialhilfeleistungen abgefedert werden kann, wie im Fall der Demokratisierung Ostdeutschlands, werden sich aufgrund der transitionsbedingten Wirtschaftsprobleme die Verteilungskonflikte verschärfen. Erschwerend kommt hinzu, dass die Transition das Erwartungsniveau der Bevölkerung erhöht. Nicht nur von der neuen Ordnung, sondern schon vom Übergang zu ihr erhofft man sich alsbald bessere Versorgung mit Gütern und Dienstleistungen, vergrößerte Mitwirkungs- und Teilhabechancen und mehr Sicherheit der Lebensführung. Allerdings wachsen die Erwartungen ausgerechnet zeitgleich mit der Schrumpfung der wirtschaftlichen Ressourcenbasis und der abnehmenden Handlungsfähigkeit der Staatsverwaltung, die ihrerseits durch den Übergangsprozess großen Veränderungen in Organisation, personeller Zusammensetzung und Leistungsfähigkeit unterliegt. Besonders heikel wird das Problem der Transitionsphase, wenn sie hohe Erwartungen weckt, zugleich die Bevölkerung politisch mobilisiert, die Wirtschaftstätigkeit dämpft und von der Masse der Erwerbspersonen und der Sozialrentner Zurückhaltung bei den Einkommenserwartungen verlangt, um die Profitabilität und die langfristige Überlebenskraft der Wirtschaft nicht zu gefährden (Przeworski 1991b). Geradezu explosiv wird die Transition, wenn durch sie ethnische, religiöse und klassenstrukturelle Konflikte revitalisiert werden und diese sich wechselseitig verstärken (Offe 1994).

Aus politischen und sozialen Gründen wäre für die Transitionsphase eine Wirtschafts- und Sozialpolitik wünschenswert, welche die Lage des größten Teils der Bevölkerung alsbald spürbar verbessert. Machbar hingegen ist in den meisten Transitionsfällen fast nichts von alledem – abgesehen von Sonderkonstellationen, wie dem Übergang der neuen Bundesländer zum Markt und zur Demokratie, bei dem nach eigenem Zeugnis eine Mehrheit zu den Gewinnern des Übergangs oder zumindest zu denen gehört, denen es nun nicht schlechter als zuvor ergeht. In allen anderen Fällen wird von der Wahlbevölkerung viel verlangt. Przeworski hat dies mit folgenden Worten kommentiert: „Offenbar ist nahezu vollständige Lammfrommheit und hundertprozentige Geduld auf seiten der organisierten Arbeitnehmer für den erfolgreichen Abschluss der demokratischen Transformation erforderlich" (1986: 63, Übersetzung des Verfassers). Auch komme eine erfolgreiche politische Transition um die Beibehaltung überlieferter Wirtschaftsverfassungen und alter Privilegien nicht herum.

Das war auf Demokratisierungsprozesse westlicher Länder gemünzt. Przeworski hatte insbesondere die erfolgreiche Demokratisierung Spaniens im Blick. In den mittel- und osteuropäischen Reformstaaten der 90er Jahre war die Lage jedoch ungünstiger als zuvor in Spanien. In Mittel- und Osteuropa erfolgte der Übergang zur Demokratie zeitgleich mit dem von der Plan- zur Marktwirtschaft. Daraus erwuchs jedoch die Gefahr der wechselseitigen Blockierung beider Transformationen. Angesichts dieser Ausgangslage kam die Transitionsforschung vor allem bis Mitte der 90er Jahre verständlicherweise zu relativ pessimistischen Aussagen über die Machbarkeit und die Qualität der Demokratisierung der mittel- und osteuropäischen Länder. Dies deckte sich mit den Vorhersagen, die sich aus den Theorien der sozioökonomischen Funktionserfordernisse der Demokratie ableiten lassen (siehe Kapitel 3.8). Allerdings werden in diesem Zweig der Transitionsforschung häufig Faktoren vernachlässigt, die den ungünstigen Demokratisierungsbedingungen entgegenwirken, beispielsweise die Hilfe von außen, die für einen Teil der Transitionskosten aufkommen kann, ferner auf seiten der Bürger der Kosten-Nutzen-Vergleich zwischen dem alten Regime, dem Übergangsprozess und den für die Zukunft zu erwartenden Gewinnen und Lasten, und schließlich die Lernfähigkeit politischer Akteure und der beachtlich große Gestaltungsspielraum der Politik.

Dass der Gestaltungsspielraum allerdings auch von politisch-strategisch denkenden Analytikern unterschätzt werden kann, verdeutlicht eine Prognose von Huntington aus dem Jahre 1984. Ihr zufolge waren die Demokratisierungschancen in den Ländern des „bürokratischen Autoritarismus" (O'Donnell 1979) in Südamerika am größten. Die Wahrscheinlichkeit der Demokratisierung der ostasiatischen Schwellenländer stufte Huntington demgegenüber als erheblich geringer ein, obgleich die wirtschaftlichen Voraussetzungen günstiger als in anderen Teilen der Welt waren. Minimale Demokratisierungschancen gab Huntington den islamischen Staaten, insbesondere denen des Mittleren Ostens. Und aufgrund der wirtschaftlichen Unterentwicklung und der gewaltförmigen Austragung gesellschaftlicher und politischer Konflikte, hielt er die Demokratisierung der meisten afrikanischen Länder für unvorstellbar. Mindestens in einem Punkt hat sich Huntington bei seiner Prognose gründlich geirrt: „Die Wahrscheinlichkeit demokratischer Entwicklung in Osteuropa ist buchstäblich gleich Null", schrieb er rund fünf Jahre vor dem Zusammenbruch des Sozialismus in Osteuropa und vor dem Übergang zur Demokratie, der in einigen der mittel- und osteuropäischen Länder gewagt wurde. Die Begründung dieser These ist aufschlussreich. Die Bedingungen, die Huntington in seiner These formuliert, sind zutreffend. Der

Fehler liegt darin, dass er, wie fast alle anderen Beobachter, unterstellte, dass diese Bedingungen in der Wirklichkeit nicht erfüllt werden könnten: „Demokratisierung könnte in diesen Gesellschaftssystemen nur erfolgen, wenn entweder die Sowjetunion aufgrund von Krieg, innenpolitischem Aufruhr oder ökonomischem Kollaps drastisch geschwächt würde (doch keine dieser Entwicklungen scheint wahrscheinlich), oder wenn sie dazu käme, Osteuropas Demokratisierung als für ihre Interessen nicht bedrohlich anzusehen (was gleichermaßen unwahrscheinlich ist)" (Huntington 1984: 217 – Übersetzung d. Verf.).

Aufschlussreiche Einsichten in die Nutzung und Dehnung von Handlungsspielräumen haben überdies diejenigen Transitionsstudien vermittelt, die das Tun und Lassen besonders wichtiger Akteure des alten Regimes und der Opposition untersuchten. Besonders instruktiv hierfür sind Josep Colomers Studie über Spaniens Übergang zur Demokratie und Huntingtons Rezeptbuch für Demokratisierer (Colomer 1991, Huntington 1991).

Folgt man der Transitionsforschung der 90er Jahre, so hängen Erfolg oder Misserfolg des Übergangs vom autoritären zum demokratischen Staat unter anderem von der Größe des Sprungs ab (Starr 1991): Je weiter der Sprung, desto größer das Risiko des Fehlschlags. Zentral sind ferner die Größe, die Präferenzen und die Koalitionsbildung der Opposition und der wichtigsten Gruppierungen im herrschenden Block. Als nützlich erweist sich die Unterscheidung zwischen zwei Oppositions- und vier Machtblockgruppierungen (Colomer 1991). Die Opposition ist in der Regel gespalten. Eine ihrer Fraktionen umfasst die revolutionären Maximalisten. Für diese hat die „ruptura" Vorrang, d.h. der Bruch mit dem alten Regime und zwar unter Führung der Opposition. Den revolutionären Maximalisten gilt die Reform als schlechteste aller denkbaren Lösungen. Lieber verharrt man in der Kontinuität des alten Regimes und hält sich so die Option auf die „ruptura"-Strategie für einen späteren Zeitpunkt offen. Die zweite Oppositionsgruppe – die reformistischen „rupturistas" – favorisiert ebenfalls den Bruch. Doch kommt bei ihr an zweiter Stelle die Reform – unter Beteiligung des herrschenden Blocks -, während die Kontinuität des alten Regimes für sie der schlechteste Fall ist. Der herrschende Block zerfällt in die „Soft"- und die „Hardliner". Die reformorientierten Softliner favorisieren die Reform. Unter dem

Druck der Verhältnisse würden sie sogar einen Bruch akzeptieren. Die zweite Softliner-Gruppierung hingegen, die „Öffnungspolitiker" (aperturistas) akzeptieren nur Reform oder Status quo. Unter den Hardlinern des herrschenden Machtblocks setzt die „Kontinuitäts-Fraktion" auf Beibehaltung des Regimes und notfalls auf Reformen, sofern die Beteiligung des herrschenden Blocks gesichert ist. Die vierte Gruppe umfasst die maximalistischen Hardliner, diejenigen, die in Spanien „el bunker" genannt wurden. Sie favorisieren die Kontinuität oder – gleichsam als Auftakt zur Entscheidungsschlacht – die „ruptura" in der Hoffnung, dass diese die Chance zur Konterrevolution eröffne.

Mitentscheidend für Gelingen oder Fehlschlag der Transition sind, dieser Theorie zufolge, das Kräfteverhältnis und die Koalitionsmöglichkeiten zwischen den Gruppierungen der Opposition und denjenigen des herrschenden Blocks. Die ungünstigste Bedingung für die Demokratisierung ist gegeben, wenn die revolutionären Maximalisten die Opposition und die maximalistischen Hardliner die Politik im herrschenden Block dominieren und ansehnliche Gefolgschaften hinter sich wissen. Hierfür ist keineswegs eine Majorität erforderlich, vielmehr reicht eine schlagkräftige Minderheit aus. Besonders günstig sind die Bedingungen für eine erfolgreiche Transition zur Demokratie hingegen im folgenden Fall: wenn die gemäßigten Oppositionsgruppen zusammen mit den Softlinern und der Kontinuitäts-Fraktion des herrschenden Blocks eine Koalition eingehen, wenn die Maximalisten der Opposition und des herrschenden Blocks ihrerseits nicht in dominierender Position sind, und wenn die Reformkoalition sich auf maßgebende Mitregenten stützen kann, wie in Spanien auf die demokratisierungsfreundliche Politik des Königs Juan Carlos. Die Struktur des politischen Konflikts, die Kräfteverteilung und die Koalitionschancen sind somit notwendige – wenngleich keineswegs hinreichende – Determinanten des Erfolgs oder Misserfolgs der Demokratisierung. So jedenfalls lauteten einige der wichtigsten Lehren, die Colomer aus der Analyse des viel beachteten Falles der Demokratisierung Spaniens in den 70er und 80er Jahren zog.

# Huntingtons Rezeptbuch für Demokratisierer

Dass die Gestaltungschancen der Demokratisierung auch unter widrigen Bedingungen beachtlich groß sind, haben Studien zu Spaniens, Italiens und Westdeutschlands Übergang zur Demokratie gezeigt, so beispielsweise Ulrike Lieberts Habilitationsschrift (Liebert 1995). Kaum jemand hat die Gestaltbarkeit pointierter dargestellt als Huntington in seinem Buch über die dritte Demokratisierungswelle (Huntington 1991). In ihm unterbreitet Huntington kochbuchartige Rezepte für Demokratisierer. Diese Rezepte unterscheiden sich je nach Problemfall und Adressatenkreis. Soll beispielsweise ein autoritäres Regime zur Demokratie umgeformt werden – unter maßgeblicher Beteiligung führender politischer und militärischer Eliten des alten Systems –, sind für die Demokratisierer nach Huntington die folgenden Handlungsanweisungen besonders wichtig. Erstens kommt es darauf an, die politische Basis dadurch zu sichern, dass Demokratieanhänger möglichst rasch in Schlüsselpositionen in Regierung, Partei und Militär platziert werden. Zweitens sollten Regimeveränderungen, wenn möglich, im Rahmen von etablierten Prozeduren des alten Regimes vollzogen und den Hardlinern des herrschenden Blocks zumindest symbolische Konzessionen gemacht werden. Drittens ist den Oppositionskräften zu raten, ihre soziale Basis alsbald zu erweitern, so dass die Abhängigkeit von veränderungsfreundlichen Regierungsgruppen vermindert wird. Viertens müssen Oppositions- und Demokratisierungspolitiker auf der Hut und auf extreme Maßnahmen seitens der Hardliner des herrschenden Blocks gefasst sein, vor allem auf einen Staatsstreich. Gegebenenfalls ist zu erwägen, einen Staatsstreich zu provozieren, um diesen sodann niederzuschlagen und die extremistischen Gegner der Demokratisierung zu isolieren und zu diskreditieren. Fünftens ist dringend zu empfehlen, im Demokratisierungsprozess die Initiative zu ergreifen und auf das Tempo der Veränderungen zu drücken, aus der Position der Stärke zu handeln, und niemals Demokratisierungsmaßnahmen in Reaktion auf Druck, der von extremeren Oppositionsgruppen ausgeübt wird, zu ergreifen. Sechstens ist es überlebenswichtig, die Reformerwartungen zurückzustufen und eher von der Aufrechterhaltung eines Prozesses zu sprechen als ein demokratisches Utopia zu verheißen. Siebtens sollte unbedingt die Entwicklung einer verantwortlichen, gemäßigten Oppositionspartei angestrebt werden, die von den Schlüsselgruppen der Gesellschaft, einschließlich des Militärs, als nicht bedrohliche Alternativregierungspartei akzeptiert wird. Achtens schließlich tun die Demokratisierer gut daran, die Demokratisierung als unvermeidbar hinzustellen, so dass sie weithin als notwendige und natürliche Entwicklung selbst von denjenigen gedeutet wird, die sie ablehnen.

Im Unterschied zu dieser „paktierten Transition" sehen Huntingtons Rezepte für den Übergang auf dem Weg der „ruptura" härtere Medizin vor. Die dauerhafte Attacke auf die Illegitimität oder zweifelhafte Legitimität eines autoritären Regimes empfiehlt Huntington an vorderer Stelle. Hiermit zielt er auf den verletzlichsten Punkt der Machthaber. Deshalb komme es darauf an, Gruppen zu ermutigen, die sich von ehemaligen Befürwortern des autoritären Systems zu neutralen oder oppositionellen Kräften gewandelt haben. Kultiviere die erforderlichen Beziehungen mit dem Militär, so lautet eine weitere Empfehlung, denn die Unterstützung von seiten des Militärs kann hilfreich sein, wenn die Lage sich krisenhaft zuspitzt. Noch wichtiger ist die Bereitschaft des Militärs, das alte Regime nicht zu verteidigen. Überdies ist es erfolgversprechender, wenn die Demokratisierungsbewegung Gewaltlosigkeit predigt und praktiziert. Auf keinen Fall darf sie sich eine Gelegenheit zur Äußerung von Opposition gegen das Regime, einschließlich der Teilnahme an Regimewahlen, entgehen lassen. Lebensnotwendig ist der Kontakt mit weltweiten Medien, mit ausländischen Menschenrechtsorganisationen und transnationalen Organisationen, wie den Kirchen. Besonders wichtig ist sodann die Mobilisierung von Unterstützung seitens der Vereinigten Staaten von Amerika. Unverzichtbar ist die Förderung der Einheit der Oppositionsgruppen, beispielsweise mittels umfassender Dachorganisation, die die Kooperation unter den auseinander strebenden Gruppen erleichtert. Zu guter Letzt kommt es darauf an, beim Fall des autoritären Regimes schnell das Macht- und Autoritätsvakuum zu füllen.

Zumindest theoretisch gibt es hierfür, so Huntington in Weiterführung elitistischer Demokratietheorie, vor allem drei Rezepte: Die Herausbildung und Stützung eines populären charismatischen und zugleich demokratisch orientierten Führers, die schnelle Herbeiführung von Wahlen, um somit der neuen Regierung Legitimation zu verschaffen, und die Mobilisierung von Unterstützung seitens ausländischer und transnationaler Akteure (Huntington 1991, 1992).

Auch für demokratische Reformer im alten Machtblock – die dritte Kräftekonstellation – hält Huntingtons Kochbuch Rezepte bereit. Bei Verhandlungen über Regimeveränderungen zwischen Vertretern des Machtblocks und Vertretern der Opposition sind für die demokratischen Reformer in der Regierung vor allem folgende Leitlinien wichtig: Isoliere und schwäche die Fraktion der maximalistischen Hardliner und konsolidiere die Macht der Reformer in der Regierung und in der politischen Maschinerie des Gemeinwesens. So lautet die erste Empfehlung. Die zweite ist die: Ergreife die Initiative und überrasche sowohl die Opposition als auch die Hardliner mit Konzessionen; mache aber nie Konzessionen unter offensichtlichem Druck von seiten der Opposition. Gewinne Unterstützung für das Konzept der Verhandlungen seitens führender Generäle oder anderer Spitzenfunktionäre des Sicherheitsapparats. Das ist die dritte Empfehlung. Die vierte besagt, dass alles Erdenkliche dafür zu tun sei, den wichtigsten Verhandlungspartner in der Opposition zu einer relativ moderaten Position zu bewegen. Dringend zu empfehlen ist – fünftens – die Einrichtung vertraulicher Kommunikationskanäle zu den Oppositionsführern. Sechstens gilt es Vorsorge für den Fall des erfolgreichen Abschlusses von Verhandlungen mit der Opposition zu treffen. In diesem Fall werden nämlich auch die Reformer der Regierung in der Opposition sein. Deshalb sollte ihr primäres Interesse sein, Garantien und Sicherungen für das Recht der Opposition und von Gruppen, die mit der alten Regierung assoziiert waren (wie das Militär), zu gewährleisten. Schlussendlich gilt sowohl für die Demokratisierer des Machtblocks als auch für die der Opposition Folgendes: Die Gelegenheit zur paktierten Transition könnte alsbald vorüber sein. Deshalb tut man gut daran, die Chance beim Schopfe zu ergreifen. Hierbei ist zu beachten, dass die eigene politische Zukunft und die des Verhandlungspartners vom erfolgreichen Abschluss der Verhandlungen über die Transition abhängen. Verzögerungen des Verhandlungsprozesses sind ebenso zu vermeiden wie Vorschläge, welche die Kerninteressen des Verhandlungspartners existentiell bedrohen. Schlussendlich sollte sich ein Demokratisierer darüber klar sein, dass ein Pakt zwischen den Reformkräften des alten Regimes und der Opposition eine der wenigen machbaren und erträglichen Alternativen ist und dass Radikale und Maximalisten auf seiten der Opposition und des herrschenden Machtblocks keine akzeptable Alternative bereithalten. Schlussendlich gelte: „When in doubt, compromise" (Huntington 1992: 616) – „Wenn Du im Zweifel bist, gehe Kompromisse ein".

Das ist allerdings leichter gesagt als getan. Denn dafür benötigt man Gegner, die zur Kompromissbildung willens und fähig sind, ferner funktionierende Institutionen und ein ungewöhnlich hohes Maß an politischem Willen, Geschick und Durchsetzungsvermögen. Hinzu kommen die ökonomischen und politisch-institutionellen Rahmenbedingungen des alten wie des neuen Regimes, die – wie oben erwähnt – über Erfolg oder Misserfolg der demokratischen Transition mitentscheiden. All diese Faktoren werden in Huntingtons Kochbuch für Demokratisierer nicht erörtert, doch sie müssen in der Praxis unbedingt berücksichtigt werden. Was folgt daraus? Mindestens dies: Der Leser darf die sonstigen Zutaten beim Kochen nach Huntingtons Rezepten nicht vergessen. Die Speise könnte sonst übel bekommen!

Außerdem sind Huntingtons Rezepten für Demokratisierer drei weitere Warnungen hinzuzufügen. Erstens: Was in der dritten Demokratisierungswelle, die Huntington vor allem Blick hat, richtig ist, muss nicht notwendig in anderen Demokratisierungswellen stimmen (Beichelt 1999). Mit Huntingtons Rezepten hätte man kaum die Demokratisierung der mittel- und osteuropäischen Staaten einleiten können, und manche seiner Rezepte sind im Falle der Demokratisierung eines bettelarmen Landes wenig bekömmlich. Zweitens: Die Demokratisierung kann unter bestimmten Bedingungen gefährlich sein, vor allem, wenn sie einen Nullsummenkonflikt schürt (Jaggers/Gurr 1995: 25). Würde beispielsweise einem ethnisch und religiös tief gespaltenen Land eine Mehrheitsdemokratie übergestülpt, wäre der nächste Putsch seitens des Wahlverlierers programmiert. Drittens setzte der Demokratisierungsprozess der dritten und der vierten Welle mitunter nur semi-demokratische Staatsverfassungen, „fragile Demokratien" (Casper 1995) oder „defekte Demokratien" (Merkel 1999) mit beachtlicher Rückfallwahrscheinlichkeit in die Welt. Für solche Fälle hält Huntingtons Werk wenig Hilfestellung bereit.

Schlussendlich unterschätzt Huntington die Gegenströmungen zu den Demokratisierungswellen. Sie waren auch in der Periode der dritten und der vierten Demokratisierungswelle vorhanden. In beiden Wellen wurden seit 1973 zwar mehr als vier Dutzend Demokratisierungsprozesse gezählt, doch hat sich eine erkleckliche Anzahl von Regimen im selben Zeitraum zumindest zeitweise zum autoritären Staat zurückverwandelt, so beispielsweise Argentinien (zwischen 1976 und 1982), Bangladesch (1974-90), Chile (1973-89), Fiji (1987-89), Ghana seit 1981, Nigeria seit 1984, Sri Lanka ab 1982, Thailand (1976-93), die Türkei (zwischen 1980 und 1983) und Uruguay (von 1973 bis 1984) (Basis: Jaggers/Gurr 1996). Auch nach 1989 kamen Übergänge zu mehr Autokratie zustande. So zeigen die Political-Rights-Skalen von Freedom House im Zeitraum von 1989 bis 1999 neun Übergänge zur Halbautokratie an, beispielsweise in Kolumbien, und fünf Transitionen zum vollständig autokratischen Staat, unter ihnen Algerien. Und wer möchte die Hand dafür ins Feuer legen, dass alle Demokratien vom Ende des 20. Jahrhunderts auch im 21. Jahrhundert demokratisch bleiben?

# Teil IV:
# Stärken und Schwächen der Demokratie und der Demokratietheorien

Welche Probleme löst die Demokratie und welche erzeugt sie? Worin besteht ihre besondere Stärke und worin ihre besondere Schwäche? Und wie brauchbar sind die älteren und neueren Theorien der Demokratie dafür, moderne Demokratien besser zu verstehen, genauer zu beschreiben und präziser zu erklären? Diese Fragen werden im abschließenden vierten Teil des vorliegenden Buches erörtert. Er bilanziert den Nutzen, den die Demokratie stiftet, und ihre Kosten. Zudem wägt er die Leistungen und die Grenzen der verschiedenen Demokratietheorien ab.

**Kapitel 4.1**
**Die Demokratie als Problembewältiger und als Problemerzeuger**

Der Ruf der Demokratie in Wissenschaft und Politik war lange schlecht, bestenfalls ambivalent. Das änderte sich erst im ausgehenden 18. Jahrhundert. Volle Anerkennung fand die Demokratie jedoch nicht vor dem 20. Jahrhundert – doch nur in den Ländern, die vom Hauptstrom des westeuropäischen und nordamerikanischen Politik-, Rechts- und Kulturverständnisses geprägt sind. Aber selbst im ausgehenden 20. Jahrhundert gehört nur eine Minderheit von Ländern zur Gruppe der seit mehreren Jahrzehnten stabilen Demokratien. Nimmt man beispielsweise die Periode von

1960 bis Ende des 20. Jahrhunderts, so zählten bei Zugrundelegung eines Wertes von mindest acht auf der Demokratieskala von Jaggers und Gurr (Tabelle 14) gerade 25 Länder zweifelsfrei zu den fest verankerten Demokratien. Es waren dies die westeuropäischen und nordamerikanischen Verfassungsstaaten, Australien, Neuseeland, Japan, Indien (mit Ausnahme des autoritärstaatlichen Intermezzos von 1975/76) sowie Costa Rica, Israel, Jamaika und Trinidad. Natürlich gehört auch Frankreich zu dieser Gruppe, das auf der Jaggers-Gurr-Skala aus den weiter oben erörterten Gründen (Kapitel 3.6) jedoch nur sieben Punkte erreicht.

**Streit um die Demokratie**

Die Demokratie ist weltweit immer noch ein Gut nur für eine Minderheit – nicht nur nach der Zahl der Staaten, sondern auch nach Köpfen gerechnet. In den demokratischen oder freien Ländern haben die Mitarbeiter von Freedom House zum Beispiel am 1. Januar 1999 rund 2,354 Milliarden Menschen oder 39,8% der Erdbevölkerung gezählt, davon fast eine Milliarde in Indien. Doch das gilt es mit den 33,6% zu verrechnen, die in undemokratischen Ländern zu Hause sind und den 26,6%, die unter halbfreien Bedingungen leben (Freedom House 1999: 4). Der größte Teil der Weltbevölkerung kennt die Demokratie nicht aus eigener Anschauung. Viele davon würden sie wohl mit der Begründung ablehnen, sie widerspreche den eigenen politischen und gesellschaftlichen Traditionen. Zieht man gar die Geschichte aller überlieferten Staatsformen in Betracht, wird ersichtlich, dass die Demokratie bislang nicht nur eine Staatsform für eine Minderheit, sondern auch eine höchst rare Regierungsform war (Finer 1997, Robinson 1997).

Nicht zufällig schlug die moderne Demokratie auf einem bestimmten religiös-kulturellen, rechtlichen und wirtschaftlichen Boden Wurzeln: auf dem der neuzeitlichen Verfassungsstaaten in Europa und Nordamerika. Zu deren Kulturgütern zählen die christlichen Religionen, das römische und das germanische Recht, und vor allem die Wertschätzung des Individuums sowie des gemeinschaftsverträglichen Staatsbürgers in Recht und Religion, und zu deren Ausstattung gehören ein relativ hoher Stand wirtschaftlicher Entwicklung und breite Streuung der Machtressourcen. Auf diesem Nährboden gedeihen die Leitideen der Wertigkeit des Einzel- wie des Gesamtwohls und des Bandes zwischen Regierenden und Regierten. Länder mit anderen Rechts- und Religionstraditionen, geringerer Wirtschaftskraft und hochgradiger Machtkonzentration, starker Einbindung der Einzelnen in Kollektive und alles andere überragenden Familien- und Verwandtschaftsbanden haben viel seltener oder noch nie demokratische Strukturen dauerhaft hervorgebracht. Ein Beispiel sind Staaten mit starken islamisch-fundamentalistischen Strömungen. Dort gilt die Demokratie weithin als abzulehnendes Werk des Westens, als eine Herrschaft, die vom Makel individualistischer und säkularisierter Kultur, Politik und Ökonomie verunstaltet ist, von dem man den eigenen Gottesstaat tunlichst fernhalten will. Kritisch-distanziert zur Demokratie geben sich auch die Theoretiker und Praktiker des „Neuen Autoritarismus" bzw. der „Demokratie asiatischer Art" in Ländern wie der Volksrepublik China und in Singapur, in denen eher die Familie und die Verwandtschaft als das Individuum, eher der Führer als die Gefolgschaft, und eher das materielle Ergebnis als die politische Beteiligung als Wert an sich betont wird (Huntington 1991, Neher 1994, Friedman 1994, Fukuyama 1995).

Aber auch in den demokratischen Ländern Europas, Nordamerikas, Ozeaniens und in Japan streitet man über die Demokratie. Man debattiert allerdings meist nicht mehr darüber, ob die Staatsverfassung demokratisch oder autoritär zu gestalten sei, sondern hauptsächlich über Leistungen und Probleme sowie Nutzen und Kosten der Demokratie. Gewiss: Die Fronten der Debatte verlaufen nach wie vor zwischen politisch-ideologischen Lagern. Der typische Konservative stößt sich an der Gleichheitsnorm der Demokratie; ihm missfallen ihr expansiver Trend („Demokratisierung") und die – Tiefen wie Höhen gleichermaßen – erfassende Nivellierung. Die führen für ihn zu einer „allgemeinen ehrenwerten Mittelmäßigkeit", so Heinrich von Treitschkes Urteil über die Schweiz anlässlich seines Besuchs der Eidgenossenschaft im Jahre 1864 (zitiert nach Meier u.a. 1972: 893), oder in den „Massendespotismus" des „Kopfzahlstaates", so Jakob Burckhardt (ebd.: 697f.). Der typische Liberale hingegen ist der Vertreter der diskutierenden Klasse. Ihm gelten der offene Meinungskampf und die Konkurrenz zwischen Bewerbern um Führungsämter als prinzipiell ideale Verfahren. Gleichwohl beäugt er die in der Demokratie angelegte

Tendenz der Gleichmacherei argwöhnisch; vor allem fortschreitende soziale und ökonomische Gleichheit sind ihm ein Greuel. Der typische Linke neigt demgegenüber zur Auffassung, man habe mit der Demokratie gerade erst – mehr schlecht als recht – begonnen und man solle sie alsbald auf Gesellschaft und Wirtschaft ausweiten. Der Vertreter der Bewegungen und Parteien der „Neuen Politik", wie der Grünen, ist der Demokratie ebenfalls meist wohlgesonnen, vor allem wenn sie basisdemokratische Gestalt annimmt. Allerdings begegnet er ihr misstrauisch, wenn sie ausschließlich in repräsentativdemokratischer Form daherkommt, vom Mehrheitsprinzip dominiert wird und die ökologische Frage nicht in allen Belangen bewältigt (Stein 1998).

Gestritten wird über die Demokratie jedoch auch innerhalb der politisch-ideologischen Lager. Eine Fraktion der Liberalen und der Linksparteien beispielsweise beklagt, es gebe zu wenig Demokratie, eine andere behauptet, man habe davon schon zu viel. Für die eine erstickt die Volksherrschaft am Repräsentationsprinzip, die andere fürchtet den Einbau direktdemokratischer Elemente wie der Teufel das Weihwasser. Und die eine Seite erwärmt sich für die reine Mehrheitsdemokratie, die andere hingegen preist die Konkordanzdemokratie.

Unterschiedliche Bewertungen werden der Demokratie überdies in fachwissenschaftlichen Debatten zuteil. Davon zeugen die ersten drei Teile dieses Buches. Gewiss spiegelt der fachwissenschaftliche Dissens zum Teil unterschiedliche politische Vorlieben der Verfasser wider. Wichtiger sind aber grundsätzlich unterschiedliche Erfahrungshorizonte, Vorgehensweisen, Perspektiven der Analyse, begriffliche Linsen und unterschiedliche wissenschaftliche Traditionen. Zum Teil decken sich diese mit der politisch-geographischen Heimat der Theorien. In Europa hat die Tradition des starken Staates auch in den Theorien ein größeres Interesse am Staat hervorgerufen als in amerikanischen Theorien, in denen die individuelle politische Beteiligung und die aktive Betätigung des Bürgers in der Politik oft stärker betont wird. Es könne sogar sein, dass die europäische und die amerikanische Politikwissenschaft tendenziell unterschiedliche Konzeptionen von Demokratie hätten, so haben Newton und Valles gemutmaßt: „Aufgrund ihrer langen Geschichte nichtdemokratischer Regierungssysteme sind die Europäer eher geneigt, die Existenz eines mächtigen Staates als gegeben anzunehmen und ihr Augenmerk nun auf das Problem zu richten, wie seine Machtkonzentration mit den Interessen einer modernen demokratischen politischen Struktur zu vereinbaren ist. Die historische Entwicklung der Vereinigten Staaten hingegen führt zu der – selten explizierten und hinterfragten – Annahme, daß ein wirklich demokratisches politisches System schwach und dezentralisiert sein müsse. Amerikanische Politikwissenschaftler sind folglich stärker an individuellen Einstellungen und individuellem Verhalten sowie an der Input-Seite des politischen Geschehens orientiert" (Newton/Valles 1991: 235).

Doch die Unterscheidung zwischen amerikanischer und europäischer Wissenschaft von der Politik ist viel zu grobrastig. Zu groß sind die Unterschiede zwischen den Positionen innerhalb der Wissenschaftssysteme einzelner Regionen, um sie über einen Kamm zu scheren. Ein Vergleich von Werken des Schweizer Staatsrechts mit staatsrechtlichen Abhandlungen aus der Bundesrepublik Deutschland beispielsweise nährt den Verdacht, Schweizer Staatsrechtler lieferten eine ziemlich radikale Theorie. Sie ist so radikal auf Volkssouveränität geeicht, dass ein ebenfalls staatstragender bundesdeutscher Staatsrechtler wohl in Verlegenheit käme, wenn er seinem Kollegen aus der Eidgenossenschaft unbedenkliche Einstellung zu allen Pfeilern der freiheitlich-demokratischen Grundordnung nach Lesart des Grundgesetzes bescheinigen müsste. Man vergleiche nur Riklin und Möckli (1983) mit Isensee und Kirchhof (1987). Das Schweizer Staatsrecht verlangt, dass die Souveränität vom Volke ausgehe und umgehend wieder zu ihm zurückzukehren habe. Dem deutschen Staatsrecht hingegen scheint vor allem daran gelegen zu sein, dass die Souveränität vom Volke herkommt und woanders hingeht.

Gewiss spiegeln solche Differenzen grundlegende Unterschiede geschichtlich gewachsener Strukturen der Politik und unterschiedliche Denkformen der wissenschaftlichen Betrachtung des Politischen wider. Unterschiedliche Bewertungen der Demokratie wurzeln aber auch in kulturunspezifischen Vorgehensweisen, Beobachtungen und Interpretationsregeln. Zum Beispiel hängen die Unterschiede der Bewertung der Demokratie mit einer oder mehreren der im Folgenden genannten Größen zusammen:

1. Die Bewertung ist davon abhängig, über welchen Typus von Demokratie gesprochen wird. Die Kritik der Repräsentativde-

mokratie beispielsweise trifft die schweizerische „Referendumsdemokratie" (Nef 1988) nur am Rande. Und die scharfsinnige Kritik an der Mehrheitsregel von Guggenberger und Offe (1984) passt zwar vorzüglich auf die reine Mehrheitsdemokratie, doch greift sie um so weniger, je stärker diese von verhandlungsdemokratischen Mechanismen überlagert wird und je mehr die Staatsgewalten von Sicherungen und Gegenkräften gezügelt werden (Kapitel 2.6).

2. Sodann variiert die Bewertung der Demokratie mit der Reichweite der zugrunde gelegten Kritik. Oftmals meinen die Kritiker nicht die Demokratie, sondern den Verfassungsstaat und die Demokratie, manchmal auch den Staat insgesamt und bisweilen, so Tocqueville (1835/40), die Strukturen von Staat und Gesellschaft in einem Modernisierungsprozess, der die „égalité des conditions", die Gleichheit, an die Stelle überkommener ständischer Privilegien setzt.

3. Wie erwähnt, sind auch die zugrunde liegenden normativen Demokratievorstellungen verschieden. Sie reichen von radikal-diskursiven Konzepten (wie in der partizipatorischen Demokratietheorie) über elitistisch-wettbewerbliche Positionen (wie bei Max Weber und Joseph Schumpeter) bis zur Theorie der Führerdemokratie bei Carl Schmitt, der zufolge die Akklamation des Volkes für einen cäsaristischen Führer ebenso das Prädikat demokratisch verdient wie jede Mehrheitsdemokratie (Schmitt 1926).

4. Besonders in der vergleichenden Demokratieforschung wird die Bewertung der Demokratie auch von der Zusammensetzung der untersuchten Stichproben und dem Zeitpunkt der Untersuchung bestimmt. Gründet man die Bewertung der Demokratie nur auf den Vergleich von Instabilität und Zusammenbruch der Weimarer Republik einerseits und dem Überleben der angloamerikanischen Demokratien in den 30er und 40er Jahren des 20. Jahrhunderts andererseits, wird man zur – falschen – Annahme kommen, die Welt der Demokratie erschöpfe sich in instabilen Verhältniswahlsystemen Weimarer Art und stabilen Majorzdemokratien nach angloamerikanischem Vorbild (siehe Kapitel 3.2 und 3.3).

5. Das Urteil über den Nutzen und die Kosten der Demokratie wird ferner davon geprägt, ob eher die „Eingabe-" (Input) oder die „Ausgabeseite" (Output) der Politik oder beide zugleich analysiert werden. In der Regel schneidet die Demokratie bei

der Prüfung der institutionellen und prozessualen Aspekte („Input") deutlich besser und konsistenter ab als bei der Messung ihrer Leistung im Sinne von Staatstätigkeit („Output"). Auch Vertreter der Kritischen Theorie der Politik bescheinigen der Demokratie, dass sie gesellschaftliche Machtverhältnisse „ein Stück weit kontrollierbar gemacht und vor allem der Gewalt staatlicher Herrschaft einen wirksamen Riegel vorgeschoben habe" (Offe 1986: 219).
6. Wichtig für die Bewertung ist natürlich auch die Latte, die zur Leistungsmessung angelegt wird. Rousseau hat bekanntlich zur Prüfung der Qualität von Regierungen demografische und außenpolitische Messgrößen vorgeschlagen: „Ist alles übrige gleich, dann ist diejenige Regierung unfehlbar die bessere, unter der sich die Bürger ohne fremde Mittel, ohne Einbürgerung oder Kolonien besser ausbreiten und vermehren; diejenige, unter der ein Volk weniger wird und abnimmt, ist die schlechtere. Statistiker, jetzt seid ihr dran: zählt, meßt und vergleicht" (*Gesellschaftsvertrag*, III 9 Kp.: 92). In den *Considerations sur le Gouvernement de Pologne* hat Rousseau darüber hinaus die Auffassung vertreten, dass das untrüglichste Kennzeichen des verderbtesten Volkes die größte Zahl der Gesetze sei. Nach Rousseaus Messlatten schneiden die meisten modernen Demokratien ziemlich schlecht an, arme Länder mit hohem Bevölkerungswachstum sowie die große Mehrzahl der Autokratien jedoch ziemlich gut. Legt man hingegen Messlatten wie die Wahrung von Menschenrechten, Beteiligungschancen oder Ausmaß der Kontrolle der Herrschenden an, verbessert sich die Erfolgsbilanz der Demokratien schlagartig, während nun autokratisch verfasste Systeme die schlechten Noten erhalten (Humana 1992, Freedom House 1999). Freilich gibt es auch unter den Demokratien schwarze Schafe (Linz 1996). Indien beispielsweise gehört zu den Ländern, in denen die Menschenrechte mehr missachtet werden, als nach dem Demokratisierungsgrad des Landes zu erwarten wäre.
7. Dennoch gilt als Trend: Je höher der Demokratisierungsgrad, desto größer die Wahrscheinlichkeit der Einhaltung von Menschenrechten. Weniger eindeutig fielen die Ergebnisse aus, wenn die Kriterien für den besten Staat gemäß dem Dafürhalten der Philosophen der griechischen Antike Anwendung fänden. Gewiss erfüllen die meisten modernen Demokratien einige der

Kriterien des antiken „Idealstaats" (Demandt 1993), beispielsweise die Gesetzesherrschaft, das Vorhandensein eigener autonomer Gerichte, das Recht auf eigenständige Ahnen- und Götterverehrung, das Münzrecht und die Wappnung gegen innere und äußere Feinde. Bei zwei anderen Messlatten erhielten die modernen Demokratien jedoch schlechte Noten: mit autarker Ernährungswirtschaft und einem von Importen unabhängigen Gewerbe können sie nicht aufwarten (ebd.: 130f.).
8. Günstiger ist die Bilanz für die modernen Demokratien, wenn die Messlatten der Demokratietheorien des ausgehenden 20. Jahrhunderts angelegt werden. An Kreativität, an Lern- und Wandlungsfähigkeit seien sie allen anderen Regimen überlegen, so urteilte Peter Graf Kielmansegg zurecht (1987: 587). Auch Schmitters „Qualitäten demokratischer Regierung" zeigen für die Demokratie günstige Werte an. Schmitter zufolge kommt es vor allem auf vier Zielgrößen an: „participation", „accessibility", „accountability" und „responsiveness" (Schmitter 1994). In welchem Ausmaß dient eine bestimmte Demokratie – im Vergleich mit nichtdemokratischen Systemen – der Beteiligung der Bürger („participation"), der Zugänglichkeit der Regierenden und ihrer Verwaltung für Bürgeranliegen („accessibility"), der Rechenschaftspflichtigkeit der Herrschenden gegenüber den Beherrschten („accountability") und der Responsivität von Regierung und Verwaltung gegenüber den Präferenzen der Bürgerschaft („responsiveness")? Gemessen an Schmitters Zielkatalog stehen die meisten Demokratien, vor allem die verwurzelten unter ihnen, nicht in schlechtem Lichte da. Auch zeigen die Kriterien der „Legalität der Entstehungsweise und der Legitimität der Verwendungsweise politischer Herrschaft" (Offe 1986: 220) beträchtliche Konkurrenzvorteile der Demokratie vor anderen Herrschaftsformen an (Almond/Powell 1996). Zudem werden sie mit einigem Recht dafür gelobt, gesellschaftliche Probleme auf relativ gemeinschaftsverträgliche und autonomieschonende Weise zu regeln (Lijphart 1994a, 1994b). Überdies haben die Demokratien ein regelrechtes Wunderwerk vollbracht: miteinander wettstreitende politische Kräfte akzeptieren jedenfalls in den etablierten Demokratien in der Regel die Abstimmungsergebnisse (Przeworski 1999: 49). Das ist gar nicht selbstverständlich, zumal die Verlierer mitunter hochwer-

tige Güter verlieren, beispielsweise politische Macht, also die Chance, um mit Max Webers Worten zu sprechen, den eigenen Willen auch gegen Widerstreben durchzusetzen, gleichviel, worauf die Chance beruht.
9. Doch schon bei Fragen nach der Zuverlässigkeit, mit der individuelle Präferenzen in Kollektiventscheidungen umgesetzt werden, beginnt für die Demokratie wieder eine Zitterpartie. Sorgt sie wirklich für einen sogenannten Condorcet-Gewinner? Stellt sie wirklich sicher, dass eine Mehrheit von Bürgern mit der Präferenzordnung A vor B in der Kollektiventscheidung tatsächlich mit der Variante A gewinnt? Hieran sind größte Zweifel angebracht, wie beispielsweise das Kapitel 2.7 zeigt. Hinzu kommen Zweifel an der Fähigkeit der Demokratie, dem Gütekriterium der Pfadunabhängigkeit Genüge zu tun, dem zufolge der Pfad zu einem Wahlergebnis keinen Einfluss darauf haben darf, welche Entscheidungsalternative präferiert wird (Lane 1993). Tatsächlich aber sind die Ergebnisse auch des authentischsten demokratischen Prozesses pfadabhängig. Auch das verdeutlicht das Kapitel 2.7.

**Die Demokratie als Problemlöser**

Berücksichtigt man all dies, wird besser verständlich, warum die Urteile über Kosten und Nutzen von Demokratien höchst unterschiedlich ausfallen. Davon legen die in den Tabellen 17 und 18 zusammengestellten Argumente Zeugnis ab. Diese Tabellen enthalten die wichtigsten Argumente der fachwissenschaftlichen Diskussion zur Frage, ob – und gegebenenfalls wie – die Demokratie ein „Problembewältiger" oder ein „Problemerzeuger" ist. Zudem unterrichten sie darüber, wo die Achillesferse der Demokratie zu finden ist.

*Tabelle 17:* Demokratie als Problembewältiger – ein Überblick über die wichtigsten Argumente

1. Eine Form legitimer Herrschaft (Max Weber).
2. Schützt vor Tyrannis und gewährleistet den „schwachen Leviathan" (Melossi 1994).
3. Sichert materielle Voraussetzung von Freiheit und gewährleistet politische Gleichheit.
4. Berechenbarkeit der Institutionen, Vorgänge und Ergebnisse des politischen Willensbildungs- und Entscheidungsprozesses (Przeworski 1991a, 1991b).
5. Effiziente Methode der Artikulation und Bündelung von individuellen Präferenzen.
6. Erweiterter Zeithorizont für Konfliktaustragung und Konfliktlösung (Przeworski 1991b: 19).
7. Ermöglicht Herrschaft auf Zeit mit Machtwechselchancen (Fraenkel 1991).
8. Chance der politischen Beteiligung der großen Mehrheit der (erwachsenen) Bürger.
9. Bildung und Schulung des Bürgers als Staatsbürger.
10. Hohes Potenzial der Interessenberücksichtigung.
11. Die Opposition hat (bei zukünftigen Wahlen) grundsätzlich die Chance eines Wahlsieges oder hinreichender Machtteilhabe.
12. Offenes und lernfähiges politisches System.
13. Verlässliche Vermittlung zwischen Gesellschaft und Politik, die auch Frühwarnsysteme und „Pufferzonen" zwischen Politik und Gesellschaft enthält (erhöhte Krisenfestigkeit).
14. Effektive und effiziente Wahl und Abwahl von Herrschern, und zwar ohne Blutvergießen und ohne Opferung von Führern.
15. Politikbetroffene haben Sanktionschancen gegen Politikmacher: Politikänderung ist ohne Systemänderung möglich (Kaltefleiter 1986: 137).
16. Wirksame Methode zur Schulung und Auswahl fähiger Führer (Weber 1984a, 1984b).
17. Geordnete Führung der Massen sowie Vermeidung regelloser Straßenherrschaft und Führung durch „Zufallsdemagogen" (Weber 1984a: 392).
18. Relativ hohe „politische Produktivität" der Demokratie (Almond/Powell 1996).
19. Einzigartige Fähigkeit, gegnerische Kräfte in zuträgliche Energie zu verwandeln (z.B. Sozialismus in Sozialstaat und Ökologiebewegungen in Umweltschutz) (Rufin 1994).
20. Überfallartige Staatsintervention in Gesellschaft und Wirtschaft wird sehr erschwert, insoweit werden Wirtschaftsfreiheit und hierdurch Wachstumspotenziale gestärkt (Olson 1993).
21. Höheres Maß an sozialer und politischer Stabilisierung infolge höherer Wohlfahrtsstaatlichkeit (Böckenförde 1987).
22. Relativ friedliche Außenpolitik (vor allem untereinander Verzicht auf Kriegführung) und Verteidigungsfähigkeit: Demokratien sind „mächtige Pazifisten" (Lake 1992).
23. Die reifen Demokratien haben das Problem der Verselbständigung der Volksherrschaft gegenüber der Gesetzesherrschaft mit Hilfe des Verfassungsstaates zuverlässig unter Kontrolle gebracht.
24. Das Wunderwerk der Demokratie besteht darin, dass konfligierende politische Kräfte die Abstimmungsergebnisse akzeptieren (Przeworski 1999: 49).
25. Es gibt „keine theoretisch respektwürdigere Alternative zur Begründung und Rechtfertigung des kollektivbindenden Entscheidens durch den empirischen Willen der Bürger" (Offe 1992: 126).
26. Die Demokratie ist die relativ beste Staatsform: „A second-best democracy is better than the best nondemocracy" (Dahl 1998: 230); „Indeed, it has been said that democracy is the worst form of government except all those other forms that have been tried from time to time" (Churchill 1974: 7566).

Die Liste der Argumente, die für die Demokratie sprechen, ist lang, und die Qualität der Argumente verdient Beachtung. Dass sie eine legitime Herrschaft ist, also anerkennungswürdig und anerkannt, spricht für sie. Und dass sie den Test der „politischen Produktivität" nach Almond und Powell (1996) so gut besteht, unterstreicht ihre tendenzielle Überlegenheit. Nicht zufällig gilt sie vielen Beobachtern als beste Staatsform.

Wer allerdings meint, hiermit sei der Streit über das Für und Wider der Demokratie ein für allemal entschieden, täuscht sich. Nahezu jedes Argument zugunsten der Demokratie kann mit einem Gegenargument pariert werden. Die Demokratien sollen „mächtige Pazifisten" sein, friedlicher als andere Gemeinwesen (Lake 1992)? Dagegen ins Feld geführt werden die ältere und neuere historische Erfahrung, die Statistik, und die Beobachtung, wonach auch Demokratien von Kriegführung politisch profitieren können (Höffe 1999: 285-290). Demokratien sind keineswegs generell friedlich. Nur gegeneinander ziehen sie nicht in den Krieg (Risse-Kappen 1995, Czempiel 1996, Gleditsch/Hegre 1997). Die Demokratien sollen das bessere politische Führungspersonal haben? Das klingt plausibel. Und doch sind gewichtige Einschränkungen anzubringen: „Ganz überragende Gestalten haben die Demokratien nur selten aufzuweisen, wohl aber viel guten Durchschnitt", so urteilte Hans-Peter Schwarz über das politische Führungspersonal (1999: 341). Und in der Demokratie sollen die Stimmen zählen, nicht das Geld? Dagegen hat der norwegische Sozialwissenschaftler Stein Rokkan zu bedenken gegeben, dass Stimmen wohl zählen, materielle Ressourcen aber entscheiden.

**Die Demokratie als Problemerzeuger**

Die Demokratie erhält viel Lob, doch muss sie auch Kritik einstecken. Nicht wenige der Vorwürfe, die ihr heutzutage gemacht werden, sind Jahrhunderte alt, manche sogar älter als zwei Jahrtausende. Dass die Demokratie die Volksherrschaft entfesseln kann und dies ziemlich regelmäßig tut, ist ein Kernsatz der Demokratiekritik des Aristoteles (Kapitel 1.1). Und dass sie der natürlichen Unbeständigkeit der Mitwirkenden an Willensbildungs- und Entscheidungsprozessen die Unbeständigkeit der Zahl hinzufügt, zum

Beispiel wandernde Mehrheiten, gehört nicht erst seit der modernen Ökonomischen Theorie zum Gemeingut der Demokratietheorie. Vielmehr ist die „Unbeständigkeit der Zahl" eines der messerscharfen Urteile, die schon Thomas Hobbes über die Demokratie fällte (*Leviathan*, 147). Dass die Demokratie höchst anspruchsvolle Voraussetzungen hat und insofern besonders verletzlich ist, konnte man bereits bei Montesquieu und Rousseau nachlesen. Nur für Götter sei sie geeignet, behauptete Rousseau und fügte hinzu, dass die Repräsentation für die Volkssouveränität von Übel sei. Insoweit trat Giovanni Sartori in die Fußstapfen von Rousseau, als er die Institutionen Wahl und Repräsentation als „Achillesferse" der Demokratie einstufte (Sartori 1992: 40).

Die älteren Demokratietheorien nehmen einiges von der Demokratiekritik in den modernen Theorien vorweg. Ein eindrucksvolles Beispiel ist Tocquevilles Schilderung der Vorzüge und Schwächen der amerikanischen Demokratie im ersten Drittel des 19. Jahrhunderts (siehe Kapitel 1.6). Seine Demokratiekritik hat viele Analysen befruchtet, unter anderen auch die kritischen Demokratietheorien. Die „Tyrannei der Mehrheit" und der Zielkonflikt zwischen Gleichheit und Freiheit gehören für Tocqueville, der einen Grundgedanken der *Federalist Papers* aufgreift und weiterentwickelt, zu den Hauptgefährdungen einer Demokratie. John Stuart Mill sekundiert ihm und ergänzt, ein weiteres Strukturproblem der Demokratie bestünde in der Herrschaft Inkompetenter, zumindest der gleichberechtigten Mitsprache vieler Unwürdiger. Auch Schumpeter stößt in dieses Horn. Doch hat er sich mit dieser Erkenntnis abgefunden – im Unterschied zu Mill. Allerdings verwundert Schumpeters Leser, dass die – nach Schumpeters Lehre ignoranten – Staatsbürger nicht die falschen Kandidaten an die Macht wählen, sondern die richtigen. Sind die Staatsbürger vielleicht doch klüger als die Dummköpfe, die Schumpeters Demokratietheorie bevölkern?

Auch die Lehre der partizipatorischen Demokratie trägt Argumente zum Thema „Achillesferse der Demokratie" und „Demokratie als Problemerzeuger" bei. „Zu wenig Partizipation" lautet ihr Urteil und deshalb „zu wenig Schulung der Bürger und zu viel Spielraum für die Eliten". Schlussendlich fahren die kritischen Demokratietheorien schwerstes Geschütz auf: Probleme des kollektiven Handelns seien der Demokratie eigen, Trittbrettfahrerprobleme, zyklische Mehrheiten, die Pfadabhängigkeit der Ergebnisse, die Selektivität des Willensbildungs- und Entscheidungsprozesses und ungleichgewichtige Mehrheiten.

Zu jedem Argument für die Demokratie (Tabelle 17) gibt es mindestens ein gewichtiges Gegenargument (siehe Tabelle 18). Die Demokratie schafft die Voraussetzungen für Freiheit? Dem halten liberale Kritiker entgegen, die Demokratie ende letztendlich in „big government", in einem Übermaß an Staatlichkeit, und sei insoweit „tatsächlich unverträglich mit Freiheit" (The Economist 1997: 55), zumindest unverträglich mit Freiheit im Sinne des klassischen Liberalismus. Selbst das weit verbreitete Lob, die Demokratie gewährleiste die Abwahl von Herrschern ohne Blutvergießen, wird von den Kritikern nicht ungeschoren gelassen. Wer so lobt, übersieht, dass zur Möglichkeit, eine missliebige Regierung ohne Blutvergießen loszuwerden, die Chance hinzukommen muss, überhaupt eine effektive Regierung einzusetzen. Geschieht dies nicht, entstehen Probleme nach Art der Weimarer Republik: Das Parlament stürzt die Regierungen und sorgt nicht für Nachfolger; deren Stelle wird sodann vom Reichspräsidenten eingenommen, der über das Parlament hinweg auf Notverordnungsbasis regiert.

Selbst die Auffassung, die Demokratie verkörpere eine legitime Herrschaft, blieb nicht unwidersprochen. Kein sicherer Schutz gegen nichtauthentische Legitimation – so lautet ein Kernsatz der Kritik aus der Feder von Claus Offe (1972). Und lange vor ihm hatte schon Robert Michels vor der Gefahr der Oligarchisierung gewarnt, gegen die auch die Demokratie nicht geschützt sei (Michels 1987a, 1987b). Demnach ist die Demokratie eine Herrschaftsform, die nicht nur Probleme löst, sondern auch Probleme hervorbringen oder verstärken kann. Darüber unterrichten die in Tabelle 18 zusammengestellten Argumente.

*Tabelle 18:* Die Demokratie als Problemerzeuger –
die wichtigsten Argumente im Überblick

1. Neigung zur „Tyrannei der Mehrheit" (Federalist Papers, Tocqueville 1835/1840).
2. Zielkonflikt zwischen Gleichheit und Freiheit (Tocqueville 1835/1840, The Economist 1997: 56).
3. Die Demokratie fügt der natürlichen Unbeständigkeit die „Unbeständigkeit der Zahl" hinzu (Hobbes, *Leviathan*); ihre Ergebnisse sind instabil und reagieren schon auf kleine Variationen der Spielregeln (Riker 1982).
4. Kein Schutz gegen nichtauthentische Legitimation (Offe 1972).

5. Neigung zu übermäßig kurzfristig orientierter Politik, Vernachlässigung von Zukunftsinteressen (Tocqueville 1835/1840).
6. Abstrakte Gleichheit ohne Würdigung des Leistungsvermögens einzelner ∞ bloßer „Kopfzahlstaat" (Jakob Burckhardt zitiert nach Meier u.a. 1971).
7. Schwerwiegende Defekte des Willensbildungs- und Entscheidungsprozesses; Ausfilterung utopischer und wenig konflikt- und organisationsfähiger Interessen; Vermachtung und „Involution" (Agnoli 1968); Überwucherung der Gesellschaft durch den Parteienstaat (Leibholz 1958).
8. Kommerzialisierung der Politik, Konvergenz der Programme, Politiker wird zum „Reklametechniker".
9. Demokratie ist nur etwas für Götter (Rousseau, *Gesellschaftsvertrag*), die liberale Demokratie hingegen produziert Bürger „ohne Rückgrat" (Fukuyama 1992: 25).
10. Dauerwahlkampf als Barriere vernünftiger Politikgestaltung; Politik degeneriert zum Ritual und zum „Spektakel" (Edelman 1976, 1988); obendrein bringt sie neue ∞ nicht legitimierte ∞ Gewalten hervor, wie Medienherrschaft und Scheinplebiszite (Jäger 1992).
11. Mediokres Führungspersonal (Tocqueville 1835/1840, Schmitt 1926, Dahrendorf 1988).
12. Zu viele Günstlinge und zu viel Verwandtschaft (Hobbes, *Leviathan*, Kp. 19).
13. Die Chance, missliebige Regierungen loszuwerden, führt ins Leere, wenn nicht eine neue Regierung gebildet wird.
14. Die Demokratie erzeugt eine Lücke zwischen hohen (mitunter zunehmenden) Erwartungen und relativ geringer Steuerungsfähigkeit der Politik insgesamt (Habermas 1973) sowie unzureichendem Leistungsprofil der Demokratie im Besonderen (Shapiro/Hacker-Cordon 1999a, 1999b).
15. Der Volkswille ist „fiktiv, fehlbar und verführbar" (Offe 1992: 127), ebenso der Mehrheitswillen.
16. Steuerungs-Herrschaftsbändigungs-Konflikt: Der Herrschaftsauftrag auf Zeit verhindert die zur Problemlösung vielfach erforderte Fähigkeit zur Langfristplanung (Scharpf 1973). Die Demokratie ist andauernden großen Anstrengungen kaum gewachsen (Tocqueville 1835/1840).
17. Die (Repräsentativ-)Demokratie erzeugt kostspielige Staatsintervention, neigt zur „Gefälligkeitsdemokratie", stärkt (effizienzmindernde) „Verteilungskoalitionen" (Olson 1982), befestigt den Wohlfahrtsstaat („schleichender Sozialismus") und überlastet die Privatwirtschaft (Weede 1990).
18. Verfälscht oder verunmöglicht reale politische Kommunikation u.a. durch „herrschaftliche Ästhetisierung und Inszenierung von oben" (Greven 1999a: 231f.).
19. Sozialkulturelle Destabilisierung; Unordnung und Wankelmütigkeit als Hauptkennzeichen des „demokratischen Menschen" (Platon, *Der Staat*).
20. Die Demokratie neigt zur Verselbständigung der Volksherrschaft und damit zur Degenerierung der Gesetzesherrschaft (Aristoteles, Politik). Wird die Tendenz zur „totalen Demokratie" (Böckenförde) durch verfassungsstaatliche Institutionen gezügelt, so geschieht dies durch demokratisch nur mittelbar legitimierte Institutionen (Schmitter 1994).
21. Im Zeitalter der Globalisierung und der transnationalen Politik wächst die Spannung zwischen (überwiegend nationalstaatlich verankerter) Demokratie einerseits und internationaler Interdependenz sowie nichtdemokratischer transnationaler Politik zu gefährlicher Größe heran (Höffe 1999).
22. Dünne Stabilitätsdecke: Demokratien sind „Staatsformen des Verfalls" (Platon, Der Staat) oder neigen zu instabilem Kreislauf (Leisner 1998): 1. Selbstgefährdung, 2. Marsch in den „Gleichheitsstaat" (ebd: 199ff.), 3. Verlust der Ordnung („Demokratische Anarchie") (ebd.: 451ff.), 4. Ruf nach dem ordnenden oder zerstörenden politischen Führer.

Vielleicht ist es für den Leser hilfreich, wenn er vor der Erörterung des Strittigen darüber informiert wird, was heute weithin als akzeptiert gilt und durch die Demokratieforschung bestätigt wird. Zu den weithin akzeptierten Aussagen über die Demokratie zählen beispielsweise die folgenden:

1. Die Demokratie ist grundsätzlich eine Form legitimer Herrschaft im Sinne von Max Weber, und zwar entweder in legaler oder charismatischer Form.
2. Die Demokratie ist eine vorzügliche Methode, mit der Herrscher auf effiziente und relativ effektive Weise rekrutiert, gewählt und vor allem abgewählt werden können – und zwar ohne Blutvergießen und ohne Opferung kranker, alter oder glückloser Herrscher nach Art des Sakralkönigtums in Altägypten und Altmesopotamien.
3. Im Unterschied zu allen anderen Herrschaftsformen in komplexen Gesellschaftssystemen sind in der Demokratie die von verbindlichen politischen Entscheidungen betroffenen Bürger mit wirkungsvollen Sanktionen gegen den Politiker ausgerüstet. Man kann in der Demokratie „die Politik ändern, ohne das System zu verändern" (Kaltefleiter 1986: 137). Regierungswechsel sind in ihr nicht mit der Last von Regimewechseln verknüpft (Przeworski 1991b). Auch das stärkt die Bereitschaft, die Demokratie als „the only game in town" zu akzeptieren (Przeworski 1991b: 26).
4. Im Vergleich zu den nichtdemokratischen Systemen ist auch kaum Widerspruch gegen die These zu erwarten, dass eine Demokratie mit zunehmender Lebensdauer die politischen, sozialen und wirtschaftlichen Verhältnisse für die große Mehrheit der Bürger berechenbar macht. Das ist ein Faktor der Verstetigung, eine Grundlage für längerfristige Planbarkeit und, unter sonst gleichen Bedingungen, eine günstige Bedingung höherer Effizienz und Effektivität. Das Ausmaß der Berechenbarkeit variiert allerdings mit dem Demokratietypus. Hoch ist es in der Konkordanzdemokratie, weil dort die höheren Kosten der Konsensbildung überraschende Politikänderungen erschweren, niedriger in der Mehrheitsdemokratie, weil dort die geringeren Konsensbildungskosten drastische Richtungswechsel erleichtern.

5. Weithin akzeptiert ist auch die These vom problematischen Zeittakt der Demokratie. Zur Demokratie gehört der zeitlich befristete, gegebenenfalls sofort widerrufbare Herrschaftsauftrag. Doch die Befristung konfligiert mit der in komplexen Gesellschaften eigentlich erforderlichen Fähigkeit der Regierungsinstitutionen, längerfristig vorausschauend zu planen.
6. Zu guter Letzt wird man der Demokratie ein solides Legitimationsfundament zugute halten können. Zwar ist der Volkswille, auf den sie sich stützt, „fiktiv, fehlbar und verführbar" (Offe 1992). Das hat schon die älteren demokratiekritischen Staatstheoretiker beunruhigt (siehe Kapitel 1.1). Doch gibt es „keine theoretisch respektwürdige Alternative zur Begründung und Rechtfertigung des kollektiv bindenden Entscheidens durch den empirischen Willen der Bürger" (Offe 1992: 1).

Gegen nahezu alle anderen Argumente für oder wider die Demokratie wird Einspruch erhoben. Schwankende Mehrheiten seien ein Problem? Aber das werde in einer pluralistischen Gesellschaft doch durch die Wirkungen aller anderen ebenfalls nichtperfekten Kollektiventscheidungen gemildert (Shapiro 1996)! Die Konstitutionelle Zähmung der demokratischen Politik durch Gerichte sei ein Heilmittel? Aber wer garantiert, dass die Beschlussfassungen der Gerichte nicht genau dieselben Pathologien haben wie die Mehrheitsregel oder das Konkordanzprinzip (Shapiro 1996)? Die Demokratie sorgt für „Demokratisierung von Privilegien" (Downs 1972: 106)? Ja, aber um den Preis von Staus und Entwertung der Vorrechte (ebd.). Bedenken wurden ferner gegen die These laut, die Demokratie ermögliche den Machtwechsel und schaffe hierdurch die Grundlage für die Beteiligung der Opposition und für politische Innovation. Dieser These wurde entgegengehalten, dass just der Parteienwettbewerb um Wählerstimmen und das Streben nach Machterhalt den Stimmenmarkt oligopolisierten und die Machtwechselchancen verkleinerten. Doch das betont den Machterhalt zu sehr und vernachlässigt den Politikgestaltungsehrgeiz der Parteien (Budge/Keman 1990). Überdies zeigt der internationale Vergleich, dass die Wahrscheinlichkeit eines größeren Regierungswechsels von Land zu Land verschieden ist. In den meisten Vielparteiensystemen Nord- und Westeuropas und in den angloamerikanischen Demokratien ist die Machtwechselchance groß, in anderen Ländern gering, beispielsweise in Japan bis 1993, bis in die 70er Jahre auch in Schweden und in den 50er Jahren und 80er Jahren auch in der Bundesrepublik Deutschland. Allerdings verdeutlicht der Demokratie-Diktatur-Vergleich, dass die Machtwechselchance in der Demokratie um ein Vielfaches größer ist als in nichtdemokratischen Systemen. Das bedeutet nicht notwendig häufigere Regierungswechsel. Zentral ist aber die glaubhafte Drohung, die in einer Demokratie über jeder Regierung schwebt: die Abwahl.

**Abwägungen**

Wägt man das Für und Wider der Demokratie ab, zeigt sich, dass in den meisten Fällen weder Pro noch Kontra voll zutreffen. Die Deutung als Staatsform des Verfalls, so Platon in *Der Staat*, oder des krisenhaften Kreislaufs (Leisner 1998), hat die Demokratie von alters her begleitet. Doch diese Lehre geht über entgegenstehende Befunde hinweg. Beispielsweise sind nicht wenige Demokratien erheblich weniger verfallsanfällig als so mancher nichtdemokratische Staat (von Beyme 1994, 1999a), und überdies ist das politische Leistungsprofil der Demokratien zu unterschiedlich, um es über einen Kamm zu scheren (Lijphart 1999).

Ein weiteres Beispiel: Zum guten Ton jedes politischen Stammtisches gehört es, über die Qualität der Politiker zu schimpfen. Im gehobenen Journalismus und in der Wissenschaft ist das nicht viel anders. „Mediokeres Führungspersonal" – so lautet häufig die Diagnose (z.B. Dahrendorf 1988). Welch' bedrückender Unterschied zu Max Webers Hoffnung, durch Parlamentarisierung und Demokratisierung Deutschlands werde das Parlament zur Stätte der Auslese kompetenter politischer Führer. Doch keine dieser Thesen wird den politischen Führungspersönlichkeiten Deutschlands und anderer Länder gerecht. Zu unterschiedlich sind die Ergebnisse der Auswahlprozesse von Kandidaten für höchste Ämter im Staat. Gefallen gefunden hätte Max Weber vermutlich an der Amtsführung von Konrad Adenauer, Helmut Schmidt und von Helmut Kohl bei der Herstellung der deutschen Einheit. Schaudernd abgewandt hätte er sich wohl von der Führung der Regierungsgeschäfte unter den Kanzlern Ludwig Erhard, Kurt-Georg

Kiesinger und Willy Brandt nach der Bundestagswahl von 1972. Und übel aufgestoßen wären ihm schwarze Kassen der Parteienfinanzierung.

Teils zutreffend, teils unzutreffend lautet der Befund bei zahlreichen anderen Thesen in den Tabellen 17 und 18. Der These, dass die Konfliktregelung und Entscheidungsfindung in der Demokratie besonders berechenbar seien, steht der Nachweis gegenüber, dass schon bei geringfügiger Variation der Spielregeln die Abstimmungsergebnisse beträchtlich schwanken (Kapitel 2.7). Diesen Befund ignorieren die partizipatorischen Demokratietheorien einschließlich Habermas' Diskurstheorie erstaunlicherweise beharrlich (Habermas 1992b). Vielleicht überrascht den Leser die Auffassung, dass beide Thesen zugleich zutreffen können. Das gilt allerdings nur in zwei Fällen: wenn die Wähler diese Pfadabhängigkeit der Abstimmungsergebnisse nicht durchschauen, oder wenn sie die Spielregeln auch für den Fall akzeptieren, dass schon kleine Variationen der Regeln über Sieg und Niederlage entscheiden können.

Besonders heftig wird die These des Parteienstaates diskutiert (siehe Kapitel 3.5). Einer Auffassung zufolge verschafft die Demokratie den politischen Parteien eine unangemessen starke Position in Politik und Gesellschaft und in den zwischen beiden Sphären vermittelnden Institutionen (Leibholz 1958). Gewiss sind die Parteien in der Bundesrepublik Deutschland – wie auch in anderen parlamentarischen Regierungssystemen – maßgeblich an politischen Entscheidungsprozessen beteiligt (Budge/Keman 1990). Und zweifellos unterstehen sie dem Zwang, sich auf Wählerstimmenmärkten wettbewerbsorientiert zu verhalten. Das kann mit der Aufgabe kollidieren, an der Willensbildung so teilzunehmen, dass die Präferenzen der Bürger angemessen berücksichtigt und zu entscheidungsfähigen Alternativen gebündelt werden. Die Kollision ist jedoch nicht unausweichlich. Ob sie zustande kommt und welcher Schaden dann entsteht, hängt von vielerlei ab: von der politisch-ideologischen Distanz zwischen den Parteien und den Wählern, von der innerparteilichen Demokratie und der Offenheit der Parteien gegenüber ihrer Umwelt, von der Stärke oder Schwäche alternativer Bahnen der Interessenartikulation und -bündelung beispielsweise in Verbänden, Bürgerinitiativen und direktdemokratischen Institutionen, sowie vom Ausmaß, zu dem der Parteienwettbewerb durch unumstößliche Festlegungen gezügelt wird, beispielsweise durch Verfassungsgebote oder verbindliche Entscheidungen des Verfassungsgerichts, oder Kompromisstechniken, wie im Bund-Länder-Verhältnis.

Für die Demokratie spricht die These, dass sie die Transparenz des politischen Geschehens erhöht, vor Machtmissbrauch schützt, und für ein offenes, lernfähiges politisches System sorgen kann, und zwar durch Konkurrenz um Wählerstimmen, offenen Kampf zwischen den politischen Strömungen und verfassungsstaatliche Sicherungen. Das Lob wird durch die Kritik nicht aufgehoben. Gewiss wird die Lernfähigkeit in dem Maße vermindert, in dem der Parteienwettbewerb oligopolisiert ist und die Regierung ihre Machtposition mittels gezielter Patronage abschottet. Ist die Regierung gar in umfassende Korruption verstrickt, wie häufig in „defekten Demokratien" (Merkel 1999b), ist dem Niedergang Tür und Tor geöffnet. Ferner ist der Lernfähigkeit der kurzfristige Erfolgszwang abträglich, dem sich Regierung und Opposition unter demokratischen Bedingungen fast täglich ausgesetzt sehen. Der Vergleich mit stärker geschlossenen politischen Systemen, insbesondere mit autoritären Regimen, verdeutlicht allerdings einen großen Vorsprung der Demokratien: Ihre Offenheit und Lernfähigkeit sind beachtlich, auch wenn beide vielfach erst durch Meinungsstreit, Wettbewerb und Medien aufgezwungen wurden. Mehr noch: In Demokratien ist die Politik mit der Gesellschaft viel stärker verschränkt, und deshalb funktioniert die Rückkoppelung zwischen der Politik und den Bürgern schneller und unverfälschter als in autoritären Regimen. Die Massenmedien, die faktisch oft wie eine vierte Gewalt wirken, spielen bei dieser Rückkoppelung eine bedeutende Rolle. Sie können sowohl zu scheinplebiszitären Veranstaltungen beitragen und zur „herrschaftlichen Ästhetisierung und Inszenierung von oben" (Greven 1999a: 231), aber auch dazu, die Demokratie gegen Missbrauch staatlicher Macht zu verteidigen.

Demokratien sind strukturell anfällig für die Überdehnung der politischen Beteiligungschancen, wodurch Struktur und Prozess demokratischer Ordnung überlastet werden können. Doch was der reinen Theorie zufolge vorkommen kann, muss nicht notwendig Wirklichkeit werden. Der Realisierung des theoretisch Denkbaren können strukturelle oder kontingente Gründe entgegenstehen, beispielsweise obere Grenzen der Partizipationsbereitschaft und -fähigkeit. Mehr als 24 Stunden am Tag kann auch der beteiligungsfreudigste Bürger nicht am politischen Prozess teilhaben. Faktisch haben die westlichen Demokratien nur selten und nur in besonderen Krisen ein sehr hohes Maß an verfasster oder unverfasster politischer Beteiligung erlebt. Gewiss nahm seit Ende der 60er Jahre die prinzipielle Bereitschaft zur Partizipation zu. Vor allem wuchs die Bedeutung unkonventioneller Beteiligungsformen, wie Demonstrationen oder Teach-ins. Doch zeigt die einschlägige Forschung, so beispielsweise die Studien von Ronald Inglehart (1990, 1997) und Max Kaase (1992a, 1992b), dass dieser Partizipationsschub im Wesentlichen systemimmanenten Charakters war – sperrig aber demokratieverträglich.

Zum Selbstverständnis der modernen Demokratie, vor allem der Mehrheitsdemokratie, gehört die Vorstellung, die Mehrheitsregel sei ein faires, effizientes und effektives Entscheidungsprinzip. Doch diese Auffassung bedarf der Korrektur (Kapitel 2.7). Die Mehrheitsregel kann zur Mehrheitstyrannei entarten. Zudem zwingt die Mehrheitsregel den Beteiligten eine zutiefst widersprüchliche Orientierung auf: Sie verlangt ihnen Gemeinwohlorientierung ab, nötigt aber gleichzeitig zu konkurrenzorientiertem Verhalten, von dem nicht ohne weiteres einzusehen ist, warum es dem Gemeinwohl zuträglich sein sollte (Scharpf 1991, 1993a, 1993b). Und ferner liegt die „Achillesferse" der Mehrheitsregel darin, dass sie fair nur funktioniert, wo „keine auf Dauer verfestigte Mehrheits-Minderheitskonstellation" besteht (Lehmbruch 1999: 405).

Befürwortung wie Kritik der Mehrheitsregel sind sorgsam zu dosieren. Ihre Verteidiger und Kritiker streiten über ein Konfliktregelungsprinzip. In Wirklichkeit koexistieren in politischen Systemen in der Regel mehrere Konfliktregelungsverfahren (Lehmbruch 1998, 1999). Ohne Berücksichtigung der Konfliktregelung durch Mehrheit, Aushandeln oder „Verhandlungsdemokratie" (Scharpf 1993a) und Hierarchie taugt eine Theorie moderner demokratischer Staatsverfassungen wenig. Ohne Berücksichtigung des heilsamen Zusammenhangs zwischen Demokratie und Verfassungsstaat wird die Demokratietheorie ebenfalls nicht weiterkommen. Wer den Verfassungsstaat theoretisch und praktisch ausblendet, verleiht dem Demos unbegrenzte und im ungünstigsten Fall zerstörerische Kraft, wie man am Fall der ungebremsten Souveränität in der Lehre von Rousseau und von Marx ebenso studieren kann wie an den „Volksdemokratien" der sozialistischen Staaten oder an „defekten Demokratien" mit weitreichender Gestaltungsmacht des Zentrums. Das „System Jelzin" im Russland der 90er Jahre ist ein Beispiel (Mommsen 1999). Allerdings ist der Zusammenhang zwischen Verfassungsstaat und Demokratie komplexer, als es der Vorschlag zur Diskurstheorie des Rechts und des demokratischen Rechtsstaates von Jürgen Habermas nahe legt (Habermas 1992b). Habermas zufolge ist im Zeichen einer vollständig säkularisierten Politik „der Rechtsstaat ohne radikale Demokratie nicht zu haben und nicht zu erhalten" (ebd.: 13). Zweifellos kann eine radikale Demokratie, worunter Habermas das Zusammenwirken von authentischer Öffentlichkeit, offener Diskussion und Beschlussfassung in verfassten politischen Institutionen versteht, die rechtsstaatliche Ordnung stützen. Andererseits ist nicht zu übersehen, dass Rechtsstaatlichkeit auch auf semidemokratischer Grundlage oder ohne demokratische Basis entstehen und aufrechterhalten werden kann. Die westlichen Verfassungsstaaten beispielsweise haben sich erst zu einem späten Zeitpunkt zum demokratischen Staat entwickelt, während ihre rechtsstaatlichen Elemente früher als die Demokratie ausgebildet wurden.

Die Leistungen und Schwächen der Demokratie sind nicht nur mit Blick auf die Willensbildung und den Konfliktaustrag zu erörtern, sondern auch hinsichtlich der politischen Steuerung, der Staatstätigkeit. Wird letzteres unterbelichtet, wie in den partizipatorischen Demokratietheorien, schrumpft der potenzielle Ertrag der Theorie. Insoweit ist es empfehlenswert, der Demokratietheorie eine steuerungsbezogene Perspektive hinzuzufügen. Gleiches gilt für ihren Gegenstand – die Demokratie. Echte Demokratiequalität erweist sich an der Qualität der politischen Willensbildung, der Entscheidung und des Problemlösungsvermögens. Lincolns eingangs zitierte Demokratiedefinition hat dies im Griff: Demokratie ist „government of the people, by the people, and for the people", so hieß es dort. Aber offen ist, ob die Demokratien diesen Bestimmungen wirklich Genüge tun. Ihnen wohlmeinende Befürworter neigen dazu, diese Frage zu bejahen – mit Ausnahme des „government by the people", das gemeinhin ersetzt wird durch „Regierung durch die Repräsentanten". Das Problem ist jedoch, dass dem Lob ernst zu nehmende Zweifel an der Leistungskraft der Demokratie gegenüberstehen. Der These der Berechenbarkeit wird die Auffassung vom stop-and-go-Charakter mehrheitsdemokratischer Politik und der Hinweis auf „wandernde" oder „zyklische Mehrheiten" entgegengehalten (Kapitel 2.7). Hinzu kommt, dass die Regierung in einer Demokratie oft mit dem Problem einer Lücke zwischen hohen Erwartungen der Bürger und relativ geringen Steuerungsressourcen der Politik konfrontiert ist. In Demokratien kann diese Lücke sogar besonders groß werden, weil die den Regierenden zur Verfügung stehende Manövriermasse klein ist und die politischen Handlungsschranken massiv sind. Kommen konfligierende Entscheidungsprinzipien hinzu, beispielsweise die wechselseitige Lähmung von Parteienwettbewerb und Aushandlung im Bundesstaat, kann der politische Entscheidungsprozess blockiert werden (Lehmbruch 1998, Scharpf 1997).

Die These der großen Steuerungsfähigkeit demokratischer Regierungen bedarf sogar noch weiterer Einschränkung. Eine besondere Schwierigkeit jeder demokratischen Regierung ist der Konflikt zwischen befristetem Herrschaftsauftrag und Langfristplanung der Politik. Der eigentümliche kurzfristige Zeitrhythmus der Demokratie (Linz 1998) entspricht nicht dem einer Politik, die in sozialer, sachlicher und zeitlicher Hinsicht aufwendige Koordination erfordert und lange Vollzugszeiträume benötigt. Insoweit ist der Demokratie ein erhebliches Koordinations- und Gestaltungsdefizit eigen. Gibt es im politischen System ansonsten keine anderen Arrangements, die solche Mängel aufheben, beispielsweise Politik auf Verbändebasis, ein Verbund von Interessenverbänden und Staat, oder Politik „am Staat vorbei" (Ronge 1980), so wird aus diesem Defizit ein Strukturdefekt des politischen und gesellschaftlichen Systems. Unbeweglichkeit und langfristig drohende Unregierbarkeit können jedoch vermieden werden, beispielsweise durch das Hinzutreten von Koordinierungs- und Planungsarrangements. Koordination der Sozialpartner oder Koordination der Politik von Regierung, Notenbank, Gewerkschaften und Unternehmen („koordinierte Ökonomie" [Soskice 1990]) sind Beispiele.

Die Kosten und der Nutzen der Demokratie für das soziale und wirtschaftliche Getriebe eines Landes wurden erstmals systematisch in Tocquevilles *Über die Demokratie in Amerika* (1835/40) erörtert. Das Vordringen der Gleichheit und den damit gegebenen fundamentalen Unterschied zur althergebrachten ständischen Privilegienordnung in Frankreich hatte Tocqueville vor allem im

Blick (Shklar 1998). Je nach Standort wird die Herstellung und Bewahrung von Gleichheit als Problemlösung oder Problemerzeugung betrachtet. Mehr Gleichheit kann stabilisieren, vor allem wenn sie einen Zustand krasser, als unerträglich empfundener Ungleichheit beseitigt. Nivellierung ebnet allerdings Tiefen und Höhen gleichermaßen ein. Daraus können neue Probleme erwachsen. Tocqueville war bei seiner Analyse der Demokratie in Amerika zwischen beiden Sichtweisen – Problemlösung oder Problemerzeugung – hin- und hergerissen. Diese Spannung charakterisiert auch die Demokratiedebatte nach Tocqueville. Verteidiger der Demokratie würdigen ihre gesellschaftlichen und wirtschaftlichen Stabilisierungsleistungen. Ihre Berechenbarkeit preisen sie, die weitgehend friedliche Bewältigung von Konflikten und die relativ verlässliche Vermittlung zwischen Gesellschaft und Politik ebenso. Allerdings wird die Demokratie auch hart kritisiert: Der Konkurrenzkampf um Wählerstimmen und die Leitung durch schwächliche politische Führungen erzeugen nicht selten eine „Gefälligkeitsdemokratie", die mittels kostspieliger Geschenke und Vergünstigungen zugunsten von Sonderinteressen die Wirtschaft und die Gesellschaft überlastet. Ein rares Exemplar seiner Gattung ist der Politiker, der vor Wahlen seinen Wählern nicht Wahlgeschenke verspricht.

In welchem Ausmaß die Demokratie dem wirtschaftlichen Handeln abträglich oder ihm bekömmlich ist, wird in der Diskussion unterschiedlich beantwortet. Verschiedene Schulmeinungen prallen in der Debatte aufeinander. Auf der einen Seite findet man die von Olson und anderen vertretene These, dass mit zunehmendem Alter der Demokratie eine nach Zahl und Gewicht größer werdende Gruppe von „Verteilungskoalitionen" heranwachse, die ihre Sonderinteressen ohne Rücksicht auf die Produktion und insgesamt zum Schaden der Gesamtheit durchsetzten (Olson 1982). Auf der anderen Seite steht die Lehrmeinung, dass insbesondere koordinierte Ökonomien leistungsstark sind, also Volkswirtschaften mit sozialpartnerschaftlichen Arbeitsbeziehungen und kooperativer Koordinierung der wichtigsten wirtschaftspolitischen Akteure (Schmidt 1982, Scharpf 1987, Soskice 1990). Für beide Schulmeinungen gibt es Belege – allerdings jeweils aus unterschiedlichen Ländern und Perioden. Die Koordinationstheoretiker haben vor allem die Erfolgsjahre der nordeuropäischen Länder und

Österreichs vor Augen, die liberalen Theoretiker hingegen delektieren sich hauptsächlich an der Beschäftigungsdynamik der USA seit den 70er Jahren. Aber beide Schulmeinungen bestreiten nicht, dass die modernen Demokratien jedenfalls in der zweiten Hälfte des 20. Jahrhunderts für das wirtschaftliche Handeln mehr Sicherheit erzeugt haben als viele nichtdemokratische Regime, auch wenn der – beispielsweise in Steuern und Sozialabgaben fassbare – Preis für diese Sicherheit mitunter sehr hoch ist. Doch das ist ein gewaltiger Unterschied beispielsweise zu jenen Diktaturen, in denen die politischen Hauptziele das physische Überleben und der Machterhalt des Diktators sowie der Clique seiner engsten Vertrauten und Unterstützer sind, und wo alle anderen diesen Zielen bedenkenlos geopfert werden (Nonnenmacher 1999: 1).

Allerdings kann auch Demokratie mit schweren Wohlfahrtseinbußen einhergehen – was von den Kontrahenten in der eben erwähnten Debatte nicht ausreichend berücksichtigt wird. In nicht wenigen osteuropäischen Ländern hat der Übergang von der Plan- zur Marktwirtschaft und vom autoritären Staat zum semidemokratischen Regime sehr hohe Kosten und unerwartet große ökonomische Wohlfahrtsverluste mit sich gebracht. Nicht verwunderlich ist, dass solcher Wandel bitterste Kritik hervorruft. Von einem 88jährigen Rentner, der nach dem Fall des Eisernen Vorhangs in Rumänien mit knapp 60,- Mark monatlich bei hohen Preissteigerungen auskommen musste, wurde folgender Ausspruch berichtet: „Unter dem Kommunismus sind die Preise stabil geblieben. Diese sogenannte Demokratie hat nur Verbrechen, Räuber und Halunken hervorgebracht" (Rhein-Neckar-Zeitung, Nr. 291, 1994, S. 11).

Die Kosten-Nutzen-Bilanz der Demokratie ist facettenreicher als die der Loblieder auf die Demokratie und vielgestaltiger als das Positivurteil, das anspruchsvollere Selbstbeschreibungen der Demokratie in Verfassungsurkunden und im Staatsrecht gemeinhin enthalten. Auch für Anhänger erfahrungswissenschaftlicher Demokratieforschung wird überraschend sein, wie vehement in der Debatte über Kosten und Nutzen der Demokratie dem Für das Wider entgegengehalten wird. Gewiss ist nicht alles, was unter Pro und Kontra aufgefahren wird, erfahrungswissenschaftlich gleichermaßen gut abgesichert. Aber insgesamt verdeutlicht die Bilanzierung von Leistungen und Mängeln, dass auch die Demokratie neben Stärken beträchtliche Schwächen hat, neben Vorzügen schwerwiegende Nachteile, und dass sie nicht nur Nutzen stiftet, sondern auch erhebliche Selbstgefährdungen und andere Kosten mit sich bringt. Folglich ist bedingungsloses Feiern der Demokratie nicht angesagt, wohl aber nüchternes Abwägen ihrer Vorzüge und Nachteile.

Beim Abwägen der Vorzüge und Nachteile der Demokratie ist – zusätzlich zum konventionellen ideengeschichtlich inspirierten Bilanzieren (Leisner 1998) – dreierlei empfehlenswert: erstens die genauere Erkundung der Vorzüge und Nachteile verschiedener Demokratieformen, zweitens die Würdigung der Vorzüge und der Nachteile der Demokratie im Vergleich mit Diktaturen, und drittens die möglichst genaue Schätzung der Leistungsfähigkeit demokratischer Systeme, gegenwärtige und absehbare zukünftige Herausforderungen zu meistern.

Zur Beantwortung dieser Fragen dienen die drei folgenden Unterkapitel. Alle drei erfordern zuvor Verständigung über die Messlatten, mit denen das politische Leistungsprofil ermittelt werden soll. Die wichtigsten Prüffragen finden sich im „magischen Fünfeck" aus Effektivität, Effizienz, Transparenz, Partizipation und Legitimation (Wewer 1999: 513) und in den sonstigen Indikatoren „politischer Produktivität" (Almond/Powell 1996: 144 ff.): Fähigkeit zur Anpassung an Veränderungen im Umfeld der Politik und an politikinterne Herausforderungen, Rechenschaftspflichtigkeit, politische Unterstützung und Akzeptanz, Einhaltung von Regeln und prozeduraler Gerechtigkeit, Wohlfahrt (gemessen am Sozialprodukt und an sozialpolitischen Leistungen), Sicherheit der Bürger, Systemaufrechterhaltung sowie Anpassungs- und Neuerungskapazität.

## 4.2 Vorzüge und Nachteile verschiedener Demokratieformen

Das politische Leistungsprofil der Demokratien ist nicht uniform. Vielmehr variiert es mit der Demokratieform. Allerdings sind die Beziehungen zwischen Demokratieform und politischer Leistungskraft komplex. Über Art und Richtung der Zusammenhänge zwischen Demokratietyp und politischem Leistungsvermögen ist die

Forschung noch uneins. Einfache Regeln passen nicht. Von beispielgebender Leistungskraft schien lange nur die Mehrheitsdemokratie angloamerikanischer Spielart zu sein. Ein beträchtlicher Teil der älteren Lehre sah das Vorbild im Westminster-Modell, also einer Konkurrenzdemokratie mit Mehrheitswahlrecht und voller Souveränität des Parlaments und der aus dessen Mehrheit hervorgehenden Exekutive. Diese Demokratievariante sorge für effiziente Regierungsbildung, klare Verantwortlichkeit und Rechenschaftspflichtigkeit und ermögliche Anpassungselastizität sowie politische Innovation, so die bis heute populäre These.

Ein anderer Teil der älteren Lehre sah das Vorbild nicht im Westminster-Modell und dessen souveräner Mehrheitsdemokratie, sondern in der Praxis oder der Theorie der US-amerikanischen Verfassung, in der durch *checks and balances* gezügelten und gezähmten Volksherrschaft und Parteienkonkurrenz, also in der semisouveränen Konkurrenzdemokratie.

Von Konkurrenzdemokratie nach britischer oder US-amerikanischer Art hält man dort weniger, wo die älteren Traditionen des aufgeklärten Absolutismus oder der korporativen Repräsentation im modernen Staat nachwirken, wie im westlichen und mittleren Kontinentaleuropa (Lehmbruch 1996). Dort entstanden meist nicht Konkurrenzdemokratien, sondern Spielarten der Verhandlungsdemokratie (Scharpf 1993a). Zu ihnen zählen vor allem die Konkordanz- und die Konsensusdemokratie sowie Mischformen majoritärer und nichtmajoritärer Demokratien wie in der Bundesrepublik Deutschland. Wie viele Studien zeigen, können die Verhandlungsdemokratien den angloamerikanischen Konkurrenzdemokratien durchaus Paroli bieten oder diese übertreffen – beispielsweise nach politischer Stabilität, Integrationskraft und sozialer Kohäsion zu urteilen (Keman 1997). Mit Lob bedacht wurden die Verhandlungsdemokratien auch in Lijpharts Demokratienvergleich. Ihm zufolge übertreffen die Konsensusdemokratien die Majorzdemokratien (Lijphart 1994b, 1999). Das ist nicht falsch, aber wenn nicht zugleich andere Wirkfaktoren wie Regierungsparteien und der Stand der wirtschaftlichen Entwicklung berücksichtigt werden, vereinfacht das den Sachverhalt zu sehr. Mehr noch gilt das für die Gegenthese, wonach die Mehrheitsdemokratie die beste Regierungsform sei.

## Mehrheitsdemokratien und nichtmajoritäre Demokratien

Welchen Unterschied machen Majorz- und Konsensusdemokratien wirklich? Die vergleichende Institutionenforschung und die vergleichende Erforschung von Staatstätigkeit legen folgende These nahe: Das politische Leistungsprofil in den Mehrheitsdemokratien ist ähnlich ambivalent wie das der nichtmajoritären Demokratien. Nichtmajoritäre Demokratien, beispielsweise Konkordanzdemokratien, sind meist leistungsfähiger bei der Einbindung von Opponenten und beim Zusammenhalt tief gespaltener Gesellschaftssysteme. Das haben die Studien von Arend Lijphart (z.b. 1999) und Gerhard Lehmbruch (1967) überzeugend gezeigt. Mitunter können die nichtmajoritären Demokratien sogar Konflikte zwischen Gruppen, die einander entfremdet sind, erfolgreich regeln. Nichtmajoritäre Demokratien ähneln einer „umfassenden Organisation" im Sinne von Olson (1982) und neigen wie diese zu nichtparochialen Lösungen von Kollektivgüterproblemen. Das kann ein großer Vorteil sein. Allerdings sehen sich nichtmajoritäre Demokratien vor größere Schwierigkeiten gestellt, wenn Herausforderungen zu bewältigen sind, die rasches Handeln und größere Politikänderungen erfordern. Solchem Tun und Lassen steht die längere Willensbildung und Entscheidungsfindung der Konkordanz- und Konsensusdemokratien entgegen. Daraus können geringere Anpassungsfähigkeit, geringe Elastizität und unzulängliche Modernisierungskapazität erwachsen. Überdies besteht eine Schwäche der nichtmajoritären Demokratien in der geringeren Transparenz ihrer Willensbildungs- und Entscheidungsprozesse und der verwischten Verantwortlichkeit der an den verhandlungsdemokratischen Netzwerken Mitwirkenden. Dies alles sind Gesichtspunkte, die bei einem verallgemeinernden Lob der Konsensusdemokratie zu kurz kommen.

Sind Mehrheitsdemokratien also doch den nichtmajoritären Demokratien überlegen? Nein. Aber zweifelsohne liegt eine besondere Stärke der Mehrheitsdemokratien darin, stabile Regierung zu bilden und beizubehalten. Sodann kommen in ihnen größere Machtwechsel meist häufiger vor als in Konkordanzdemokratien – sofern die Konkurrenten ähnliche Größe haben oder durch Wählermobilisierung erreichen können. Regelmäßig erfolgende Machtwechsel können politisch innovativ wirken. Doch im ungünstigen Fall können häufige Machtwechsel auch eine gemeinwohlschädliche Abfolge schockartiger Richtungswechsel hervorrufen. Für die Mehrheitsdemokratie spricht hingegen wiederum die größere Transparenz. In ihr unterliegt die politische Führung einer größeren Verantwortungs- und Rechenschaftspflicht gegenüber dem Staatsvolk als in den nichtmajoritären Demokratien, in denen die politische Verantwortlichkeit oft hinter den vielen netzwerkartig verflochtenen Entscheidungsprozessen verblasst. Ferner kommt den Mehrheitsdemokratien der Vorteil der mediengerechteren Präsentierbarkeit ihrer Politik zugute, während die nichtmajoritären Demokratien sich nur mit Mühe mediengerecht darstellen können. Das für sie typische Aushandeln, die langwierige Kompromissbildung und die Problemlösungssuche in verhandlungsdemokratischen Arrangements meist hinter verschlossenen Türen, eignen sich nicht für medienwirksame Politikspektakel.

Allerdings gehört zur Medienfitness der Mehrheitsdemokratie das Risiko, Politik auf Spektakel zu verkürzen. Daraus erwächst die Gefahr einer „politics without policy", also einer Politik ohne nennenswerte Führung und Gestaltung (Dettling 1996). Das ist nicht die einzige mögliche Schwäche der Mehrheitsdemokratie. Weitere Schwächen liegen darin begründet, dass sie Minderheiten geringer wertet und weniger als die Verhandlungsdemokratie befähigt ist, Verlierer einer Abstimmung einzubinden. Überdies eignen sich Majorzdemokratien kaum dafür, opponierende Minoritäten zu integrieren. Überfordert würde die Mehrheitsdemokratie von der Aufgabe, eine in viele Segmente gespaltene Gesellschaft politisch zusammenzuhalten. Ferner zählt zu ihren Mängeln, dass die Vollzugskosten ihrer Gesetze meist höher als jene sind, die in Ländern mit nichtmajoritärer Herrschaft anfallen. Dieser Mangel spiegelt den Ausschluss von Minoritäteninteressen in der Willensbildung und Entscheidungsfindung wider. Die zuvor ausgesperrten Interessen können sich erst in der Vollzugsphase als Hindernis oder Blockade bemerkbar machen. Schließlich können die Wettbewerbs- und Konfliktorientierung, die Wahrzeichen der Mehrheitsdemokratie, zwar innovative und unterhaltsame Politik hervorbringen. Sie können aber auch destabilisieren, und zwar durch überzogene Konfrontation, Ausbeutung von Minderheiten, Konflikte mit Nullsummenspielcharakter oder durch eine Serie gegenläufiger Regierungs- und Politikwechsel.

Das politische Leistungsprofil in der Demokratie hängt überdies von der Struktur und Anzahl der Vetopositionen und Vetospieler im Staate ab, also von individuellen oder Kollektivakteuren, deren Zustimmung für eine Politikänderung notwendig ist (Tsebelis 1995: 301). Politische Systeme des Westminstertyps enthalten vergleichsweise wenige Vetopositionen und Vetospieler. Entsprechend groß ist ihr Potenzial für einen Politikwechsel. Viele Vetopositionen und Vetospieler hingegen engen den Spielraum der zentralstaatlichen Legislative und Exekutive in den meisten Bundesstaaten beträchtlich ein, so vor allem in den Vereinigten Staaten von Amerika, der Schweiz und der Bundesrepublik Deutschland (vgl. die Tabelle 7). Vetopositionen und Vetospieler beeinflussen die Politikformulierung, den Politikoutput und die Politikresultate sehr stark. Folgt man George Tsebelis' Vetospieler-Theorem, so ist das Potenzial für politischen Wandel (im Sinne eines größeren Politikwechsels) um so größer, je geringer die Zahl der Vetospieler, je kleiner die ideologische Distanz zwischen ihnen, und je heterogener die Gefolgschaft und Mitgliedschaft dieser Spieler ist. Umgekehrt gilt: Das Potenzial für Politikwandel ist um so geringer, je größer die Anzahl der Vetospieler ist, je mehr ideologische Distanz zwischen ihnen liegt und je homogener ihre Gefolg- und Mitgliedschaft ist.

Allerdings spielen auch Amtsdauer einer Regierung und Größe der Regierungswechsel eine Rolle bei der Chance, Vetospieler zu umgehen (Tsebelis 1999)

**Mischformen**

Aber nicht nur die reinen Demokratieformen sind zu bedenken, sondern auch die Mischformen. Nach Integrations-, Kooperations- und Problemlösungsfähigkeit zu urteilen, schneiden „gemischte Demokratien" mitunter besser als reine Mehrheits- oder Konsensusdemokratien ab. „Gemischte Demokratien" sind Herrschaftssysteme, in denen beispielsweise Mehrheitsprinzipien und verhandlungsdemokratische Arrangements zusammenwirken, so in der Bundesrepublik Deutschland, wo das Majorzprinzip des Parteienwettbewerbs mit dem Konkordanzprinzip im Bundesstaat koexistiert. Das Nebeneinander unterschiedlicher Konfliktregelungen kann allerdings Entscheidungsblockaden verursachen. Im Hinblick auf die Integrationskraft und die Zügelung der Legislative und der

Exekutive sind die Demokratiemodelle, die das Mehrheitsprinzip mit Kompromisstechniken und Minderheitenschutz flankieren und mäßigen, jedoch in der Regel leistungsfähiger als die reine Konkurrenzdemokratie (Kapitel 2.2 und 2.3). Letztere hat allerdings den Vorteil der direkten Beziehung zwischen Wahlergebnis und Regierungsbildung und die besser erkennbare Verantwortlichkeit gewählter Politiker auf ihrer Seite. Nach Partizipationschancen zu urteilen, schneidet allerdings sowohl die reine Mehrheitsdemokratie wie auch die einheitsstaatliche Konkordanzdemokratie erheblich schlechter ab als ein politisches System, das der Repräsentativverfassung direktdemokratische Einflussmöglichkeiten und Mitwirkungschancen auf Gliedstaatenebene zur Seite stellt (Kapitel 3.4). Allerdings sind Zielkonflikte zu berücksichtigen. Eine ausgebaute Direktdemokratie kann die Effektivität und Effizienz der politischen Steuerung beträchtlich mindern. Die Schweiz liefert hierfür so manches Anschauungsmaterial.

**Repräsentativ- und Direktdemokratie**

Inwieweit macht sich der Unterschied zwischen Repräsentativdemokratie und Direktdemokratie beispielsweise nach Schweizer Art im politischen Leistungsprofil bemerkbar? Auch hier geht es um Unterschiede des Grades und nicht um solche der Art. Die Interessen jüngerer und zukünftiger Generationen werden in allen Demokratien vernachlässigt. In allen Demokratien haben die Regierenden (mit offener oder klammheimlicher Zustimmung der Wählermehrheit) über die Verhältnisse gelebt, wovon die hohe Staatsverschuldung Zeugnis ablegt (Wagschal 1996). Doch der Grad, zu dem die Interessen jüngerer und zukünftiger Generationen vernachlässigt wurde, ist von Demokratietyp zu Demokratietyp verschieden. Deutlich stärker berücksichtigt werden die Interessen der jüngeren und der zukünftigen Generationen beispielsweise in Staaten mit starkem direktdemokratischen Element, so in der Schweiz und den USA, sowie in manchen Wohlfahrtsstaaten, soweit diese die öffentliche Infrastruktur, das Bildungswesen und die Kindererziehung in besonderem Maße fördern, beispielsweise in den nordischen Staaten. Merkbar unterscheiden sich sodann die Staatsausgaben der Direktdemokratie von denen der Repräsentativdemokratie. Schon Alexis de Tocqueville hatte in seiner Amerikaschrift hellsichtig eine wachsende Rolle des Staates in der Demokratie vorhergesagt. Wirklichkeit wurde diese hauptsächlich in repräsentativdemokratischen reichen Ländern in der zweiten Hälfte des 20. Jahrhunderts, vor allem dort, wo Linksparteien oder christdemokratische Parteien regierten. In diesen Staaten entstand ein neuer Demokratietypus, eine Soziale Demokratie im Sinne einer sozialstaatlich geprägten Demokratie. Länder mit starker direktdemokratischer Tradition wie die Schweiz und die USA (mit ausgebauter Direktdemokratie in einzelnen Bundesstaaten) haben beim Auf- und Ausbau einer sozialstaatlichen Demokratie nur zögerlich und lange Zeit gedämpft reagiert (Wagschal 1997, Wagschal/Obinger 1999). Demokratietheoretisch bedeutsam ist der Nachweis, dass direktdemokratische Strukturen den Staat zügeln und den privaten Interessen mehr Spielraum lassen. Das belegen neuere vergleichende Analysen, so die Studien von Wagschal (1997) und Wagschal/Obinger (1999) zur Schweiz, zu Australien, Kalifornien und den Ländern und Kommunen der Bundesrepublik Deutschland. Diesen Untersuchungen zufolge führt die Direktdemokratie die Steuer- und die Ausgabenpolitik der Regierung am kurzen Zügel. Die Gründe sind vielfältig. An der Direktdemokratie beteiligen sich die stärkeren Gruppen mehr als die gesellschaftlich Schwächeren. Ferner können finanzkräftige Gruppen die Kosten der Mobilisierung für ein Referendum eher tragen als finanzschwächere. Überdies ist Trittbrettfahren in der direkten Demokratie schwieriger zu bewerkstelligen. Vor allem sind in der Direktdemokratie die möglichen Kosten der Staatsausgaben- und der Steuerpolitik besser sichtbar und kalkulierbar als in Repräsentativdemokratien.

Allerdings sind die Entscheidungskosten der Direktdemokratie hoch (Kobach 1993, Luthardt 1994, Linder 1999). Führt das Stimmvolk den Staat am kurzen Zügel, verurteilt es mitunter die Politik zur Hilflosigkeit, so im Falle der Verweigerung konjunkturpolitischer Steuerungsinstrumente für den Schweizer Bundesstaat. Ferner ist die große Integrations- und Befriedungskapazität der Direkt- und der Referendumsdemokratie, wie der Fall Schweiz ebenfalls zeigt, mit meist langwieriger Willensbildung erkauft worden, aber auch mit Anfälligkeit für populistische Politik.

**Etablierte und fragile Demokratien**

Am wichtigsten ist aber nicht der Unterschied zwischen etablierter Mehrheits- und verwurzelter Konkordanzdemokratie oder zwischen Direkt- und Repräsentativdemokratie. Die wichtigste Trennlinie verläuft vielmehr zwischen etablierten und fragilen Demokratien. Etablierte Demokratien sind Gemeinwesen mit fest verankerter Staatsverfassung, die seit mehreren Jahrzehnten intakt funktionieren, Recht und Gesetz einhalten und den üblichen Kriterien demokratischer Verfassung gerecht werden. Fragile Demokratien hingegen haben diese Verwurzelung nicht oder noch nicht erlangt und sind defizitär – gemessen an den Normen intakter Demokratie. Die Fragilität hat viele Ursachen: ein geringes Alter der Demokratie, schwere Erblasten vom autoritären Vorgänger, eine angeschlagene Wirtschaft oder das Fehlen rechtsstaatlicher Traditionen, um nur einige Beispiele zu erwähnen. Vereinfachend gesagt, ist das politische Leistungsprofil der meisten fragilen Demokratien spürbar geringer, und zwar in beinahe allen Leistungsbereichen. In ihnen sind – um nur einige Beispiele zu erwähnen – die Beschränkungen freier Beteiligung und freien Wettbewerbs größer, ihr politischer Betrieb ist weitaus weniger kalkulierbar, und sie vernachlässigen Freiheits- und Sicherheitsbelange der Bürger erheblich mehr als die etablierten Demokratien. Auch an Transparenz mangelt es den fragilen Demokratien.

Drei Unterformen der fragilen Demokratie sind besonders erwähnenswert (Merkel/Croissant 2000). Die erste Form besteht aus ausschließenden Demokratien, die ein größeres Segment ihrer Bevölkerung vom Wahlrecht aussperren, beispielsweise aufgrund von Rasse, Religion, Besitz, Bildung oder Geschlecht. Ein Beispiel hierfür sind die USA in der Zeit der Sklavenhaltung, andere schließen die heutzutage demokratisch verfassten Staaten in der Periode vor der Einführung des Frauenwahlrechts ein. Die zweite Unterform der fragilen Demokratie ist die „Domänendemokratie" (ebd.), im Sinne eines Staates, in dem Vetomächte wie Militär, Guerilla oder große Wirtschaftsunternehmen einen Teil der Wirtschaft und Gesellschaft beherrschen und dem Zugriff der demokratisch gewählten Führung entziehen. Die dritte Spielart der fragilen Demokratie besteht aus der „illiberalen Demokratie" (ebd.), in der die wechselseitige Kontrolle der öffentlichen Gewalten umgangen und der Rechts- und Verfassungsstaatsgedanke systematisch verletzt werden, wie beispielsweise in Russland im ausgehenden 20. Jahrhundert.

Betrachtet man die Bundesrepublik Deutschland aus dem Blickwinkel des Demokratievergleichs, so schneidet ihre Institutionenordnung insgesamt gut ab – und nur wenige hätten ihr das 1949 zugetraut. In Deutschland koexistieren bekanntlich mehrheitsdemokratische Elemente, vor allem infolge des Parteienwettbewerbs auf Bundesebene und in den Ländern, mit konkordanz- oder konsensusdemokratischen Strukturen, die vor allem in der bundesstaatlichen Gliederung verankert sind. Allerdings zählt die Demokratie der Bundesrepublik zu den Staatsverfassungen, in denen der empirische Volkswille besonders stark gezügelt und eingehegt wird (Tabelle 7). So wie die Exekutive hierzulande „semisouverän" ist – im Sinne eines institutionell gebändigten Zentralstaates (Katzenstein 1987) – so ist auch der Demos „semisouverän". Die politische Mischung aus Mehrheits- und Konkordanzdemokratie und die außerordentlich starke Zügelung der Legislative und der Exekutive durch institutionellen Pluralismus, verfassungsstaatliche Vorgaben und systematische Kontrolle von Politik und Administration durch Recht und Justiz haben zu einem eigentümlichen Leistungsprofil beigetragen: Hinsichtlich allseits geschätzter Ergebnisse – wie Schutz der Bürger vor Tyrannei, Stabilität, prozedurale und Verteilungsgerechtigkeit, Wohlfahrt und Sicherheit – erzielt die Demokratie der Bundesrepublik insgesamt gute Noten (Ellwein/Holtmann 1999). Auch bei den Chancen politischer Beteiligung, politischer Unterstützung und Akzeptanz kann sich Deutschlands Zweite Republik sehen lassen, wenngleich die spürbar geringere Demokratiezufriedenheit in den neuen Bundesländern negativ zu Buche schlägt (Gabriel 1999). Zu wünschen übrig lässt die Durchschaubarkeit des politischen Getriebes. Vor allem die Politikverflechtung und die Europäisierung der öffentlichen Aufgaben haben die Transparenz der politischen Willensbildung und Entscheidungsfindung vermindert und damit die klar abgrenzbare Zurechenbarkeit politischer Ergebnisse zu den politisch Verantwortlichen erschwert. Zu den Schwächen gehören überdies die vielen Vetospieler im Staate und die damit angelegte Bevorteilung des Status quo. Zu den Schwächen wird man des Weiteren die starke Eingrenzung des volksherrschaftlichen Elements zählen müssen. Hierzulande stößt der Demos alsbald auf übermächtige Vetospieler und auf Gegenspieler in Gestalt konkordanzdemokratischer Verhandlungssysteme und des „Rechtswege-Staates" (Menger 1993), der das Politische dem Recht unterordnet – in einem auch international wohl beispiellosen Ausmaß. Dass für den Vorrang des Rechts manches spricht, bedarf angesichts der politischen Geschichte Deutschlands keiner weiteren Erörterung. Doch demokratietheoretisch und -praktisch ist die überaus starke rechtliche Zügelung des Demos und seiner Repräsentanten problematisch. Nicht jeder schätzt Semisouveränität und Richterstaatlichkeit. Und bei aller Wertschätzung der Judikative ist dies unübersehbar: Ihre Weltsicht ist segmentiert. Häufig fehlt ihr das Gespür für interdependente Problemlagen und für Folgekosten von richterlichen Entscheidungen. Nicht selten mangelt es der Richterschaft an ökonomischem Verstand, wie so manchem arbeits- und sozialrechtlichen Urteil abgelesen werden kann.

## 4.3 Ist die Demokratie wirklich die beste Staatsverfassung? Befunde des Demokratie-Diktatur-Vergleichs

Die herrschende Meinung in verfassungsstaatlichen Demokratien steht mittlerweile fest an der Seite der Demokratie. Diese gilt ihr als die beste Staatsform. Der britische Premierminister Winston Churchill hatte diese Auffassung im Unterhaus am 11. November 1947 auf folgende Kurzformel gebracht: „democracy is the worst form of government except all those other forms that have been tried from time to time" (Churchill 1974: 7566). Frei übersetzt: Die Demokratie ist eine ziemlich schlechte Staatsform, aber besser als alle anderen bislang getesteten Regime. Dem folgt heutzutage die große Mehrheit der wissenschaftlichen Beobachter.

Churchills These kommt der Wirklichkeit näher als das weithin uneingeschränkte Lob, das der Demokratie in ihren Selbstdarstellungen und in Festtagsreden zuteil wird. Allerdings taucht selbst die Churchill-These die Demokratie in vorteilhaftes Licht. Ist das gerechtfertigt? Übertrifft die Demokratie wirklich alle anderen Regierungsformen? Gilt das auch für die Demokratie in Indien in den 70er Jahren und in Deutschland in den späten 20er und den frühen 30er Jahren bis zur Machtübergabe an Hitler? Und soll die Churchill-These ebenso für alle neuen Demokratien der 90er Jahre oder für die „ethnische Demokratie" (Peled 1992) gelten? Wird nicht oftmals die demokratische Staatsform für etwas gepriesen, was nicht ihr zuzuschreiben ist, sondern beispielsweise dem Rechtsstaat, den Grundrechten der Bürger oder dem Vorteil, den ein hoher Stand wirtschaftlicher Entwicklung mit sich bringt? Erweist sich die Demokratie wirklich als die beste Staatsform, wenn man sie allen anderen Regierungsformen systematisch vergleicht und wenn man nicht nur ihre Stärken, sondern auch ihre Schwächen berücksichtigt? Diese Fragen sollen im Folgenden auf der Grundlage des Vergleichs demokratischer und nichtdemokratischer Staatsformen beantwortet werden (Schmidt 1998b, 1999d).

Die Ergebnisse dieses Vergleichs lassen sich zu vier Hypothesen bündeln: 1. Die etablierten Demokratien zeichnen sich vor anderen Regimen durch ihre höhere politische Produktivität aus. 2. Die Überlegenheit der Demokratien ist allerdings begrenzter Art; aufgrund methodologischer Fehler wird sie im traditionellen Demokratie-Diktatur-Vergleich meist überschätzt. 3. Bei manchen Aufgaben erzielen die Demokratien Leistungen von nur mäßiger Höhe. 4. Die etablierten Demokratien haben bislang die meisten Herausforderungen gemeistert; sechs Herausforderungen sind allerdings auch für die leistungsfähigsten Demokratien bestandsgefährdend.

**Der erste Befund: höhere politische Produktivität der etablierten Demokratien**

Der politischen Produktivität nach zu urteilen, sind die etablierten Demokratien anderen Regimen um etliches überlegen. Das zeigen die Fachliteratur zum Staatsformenvergleich, sowie Datensammlungen, die das Leistungsprofil demokratischer und autokratischer Staaten erschließen (Berg-Schlosser/Kersting 1997, Wintrobe 1998, Schmidt 1999d, UNDP 1999). Man nehme die politische Gleichheit, die politischen Beteiligungschancen, die Rechenschaftspflichtigkeit der politischen Führung, die relative Transparenz und Berechenbarkeit der Politik, den Grad der Legitimität der politischen Ordnung, die Eindämmung der Selbstprivilegierung, die prozedurale Gerechtigkeit sowie die Sicherheit und Freiheit der Bürger. Bei allen diesen Messlatten erzielen die etablierten Demokratien weitaus bessere Ergebnisse als die fragilen Demokratien. Und noch viel größer ist der Abstand zwischen den etablierten Demokratien und den autokratischen Regimen (Berg-Schlosser/ Kersting 1997: 138f.). So sind in den Demokratien beispielsweise die Chancen politischer Beteiligung der erwachsenen Bevölkerung viel größer als anderswo. Ferner ist die Neigung zur Selbstprivilegierung der Politik auch in den Demokratien vorhanden, aber insgesamt spürbar geringer als in Nichtdemokratien. Im Gegensatz zu diesen spielt aber die Frage der Legitimierung in den Demokratien eine ungleich größere Rolle. Überdies gehört in den gefestigten Demokratien die Entscheidung der Wähler über Wahl oder Nichtwahl politischer Führungskandidaten zur politischen Beteiligung. Dazu gehört die Chance, politische Führer abzuwählen, und zwar ohne Blutvergießen. Somit regelt in der Demokratie ein besonders bewahrenswerter Mechanismus die Nachfolgefrage. In autokratischen Regimen hingegen ist die Ablösung des politischen Führungspersonals meist institutionell nicht ausreichend gesichert und setzt brisante, schwer kalkulierbare Prozesse in Gang, die oft unter Einsatz von Gewalt ablaufen.

Das Recht der Staatsbürger in einer Demokratie auf Wahl und Abwahl ihrer politischen Führung bringt weitere Vorteile mit sich. Es zwingt die politische Führungsschicht in der Regel dazu, dem Staatsvolk sorgfältiger Rechenschaft abzulegen, und es veranlasst die politischen Führer zu größerer Rücksichtnahme auf Präferenzen und Präferenzänderungen der Wähler. Das alles verhindert nicht, dass die politische Entscheidungsfindung auch in der Demokratie meist hinter geschlossenen Türen stattfindet, aber es garantiert in der Summe ein tragfähigeres Bindeglied zwischen den Beherrschten und den mit der politischen Leitung Beauftragten.

Das Schrifttum zum Staatsformenvergleich und die Auswertung von Daten zum Leistungsprofil von Demokratien und Nichtdemokratien zeigen zudem dies: In den etablierten Demokratien sind die politischen Vorgänge besser kalkulierbar. Sofern Blockierungen des politischen Entscheidungsprozesses vermieden werden, was meist der Fall ist, wenngleich häufig erst nach langem stellungskriegartigem Streit, übersteigt die Anpassungs- und die Problemlösungskraft der Demokratien die der Nichtdemokratien. Zudem erweitern die größere Vorhersehbarkeit und die geringere Ungewissheit in den Demokratien den Zeithorizont, in dem die Bürger ihre gesellschaftlichen und wirtschaftlichen Aktivitäten planen und durchführen können. Somit erleichtert die größere Kalkulierbarkeit der politischen Vorgänge in der Demokratie auch die individuelle Lebensführung und trägt dazu bei, die Rahmenbedingungen wirtschaftlichen Handelns zu stabilisieren (Olson 1993, Barro 1996).

Lob wurde den Demokratien zurecht dafür zuteil, dass in ihnen die Legislative und die Exekutive weit strenger und erfolgreicher gezähmt werden als in anderen Regimen. Besonders wirkungsvoll gezügelt werden die gesetzgebende und die vollziehende Gewalt dort, wo die Demokratie in ein machtbeschränkendes und -aufteilendes System eingebettet wird, so vor allem in einem intakten Verfassungs- und Rechtsstaat, einem Bundesstaat oder einem politischen System mit divergierenden Mehrheiten in der ersten und der zweiten Kammer des Parlaments (Riker 1982).

Demokratien reagieren meist nicht nur responsiver auf Präferenzen und Präferenzänderungen der Wähler. Soweit es sich um etablierte Demokratien handelt, werden in ihnen zudem die Bürgerrechte besser geschützt als anderswo – insbesondere aufgrund ihres Pluralismus und der hohen Bedeutung, die in ihnen der Judikative zugemessen wird. Und beim Schutz der Menschenrechte liegen die etablierten Demokratien in der Regel weit vor allen anderen Staaten, auch vor den fragilen Demokratien. Dies zeigen auch die durchweg sehr hohen Korrelationen der Political-Rights- und der Civic-Rights-Skalen von Freedom House (1999).

Analysen einzelner Politikfelder untermauern die These vom Vorsprung der demokratischen Staatsverfassung (Berg-Schlosser/ Kersting 1997). Die Bildungspolitik, die Wissenschaftspolitik und die Steuerung der Arbeitsbeziehungen durch den Gesetzgeber sind Beispiele. In diesen Feldern haben die Bürger einer etablierten Demokratie ebenfalls erheblich mehr Freiheitsgrade als die Staatsbürger einer Autokratie (vgl. Hepple 1986, Armingeon 1994). Zudem gehört der Arbeitsschutz und der Umweltschutz zu den Politikbereichen, in denen die Autokratien mit den Demokratien nicht mithalten konnten, insbesondere nicht mit den wirtschaftlich hoch entwickelten Demokratien (Jänicke/Weidner 1997). Und auch bei der Sozialpolitik sind die meisten Demokratien den nichtdemokratischen Ländern überlegen, mit Ausnahme der sozialistischen Staaten, die in der Sozialpolitik und der Arbeitsplatzsicherung besonders große Anstrengungen unternommen hatten, wenngleich langfristig um den Preis der Überlastung der Ökonomie (Schmidt 1998a).

Die demokratische Staatsverfassung ist keine absolute Garantie für gutes Regieren. Verletzung von Menschenrechten, Einschränkung oder Unterdrückung von Minoritätenrechten und Verstoß gegen Eigentumsrechte kommen auch in ihr vor (Linz 1996). Das ist insbesondere der Fall, wenn die Demokratie noch vergleichsweise fragil ist. Der Vergleich lehrt aber, dass die Bürgerrechte in den etablierten Demokratien viel seltener verletzt werden als in den Autokratien und in den fragilen Demokratien. Darüber geben alle vorliegenden Jahresberichte von Freedom House Auskunft (z.B. Freedom House 1999). Vor allem haben die Bürger der Demokratien, insbesondere die der verfassungsstaatlichen Demokratien, das Recht, gegen die Verletzung ihrer Rechte durch eine der Staatsgewalten zu klagen, und sie genießen eine merkbar höhere Chance auf einen fairen richterlichen Prozess. Dies gewährleistet Rechtsschutz und Aussicht darauf, für erlittenes Unrecht entschädigt zu werden – eine funktionsfähige Justiz vorausgesetzt. Und das wird im Großen und Ganzen den etablierten Demokratien mittlerweile bescheinigt, so wiederum der Befund der Freedom House-Erhebungen zu den Bürgerrechtsskalen seit 1972.

Der umfassendere Rechtsschutz der Bürger ist Teil eines allgemeineren Vorzugs der Länder mit demokratischer Staatsverfassung: Sie regeln Konflikte besser als Nichtdemokratien. Ein wesentlicher Grund liegt in den Spielregeln der Demokratie selbst. Diese geben dem Verlierer einer Wahl grundsätzlich die Chance, aus der nächsten Runde als Sieger hervorzugehen, sofern er politische Unterstützung zu mobilisieren vermag. Die Chance, Verluste in früheren Abstimmungen durch Gewinn zukünftiger Spielrunden auszugleichen, fördert die Konfliktregelungsbereitschaft und erleichtert die Hinnahme eines Abstimmungsergebnisses selbst dann, wenn dieses schon bei geringfügiger Änderung der Spielregeln anders ausgefallen wäre. Somit kann die Demokratie besser als alle anderen Staatsverfassungen zugleich das Hobbes'sche Ordnungsproblem lösen: „it gives losers in the political process a reason not to reach for their gun" (Przeworski 1999: 10) – den Verlierern gibt sie aufgrund der Chance eines späteren Abstimmungssieges einen guten Grund dafür, nicht nach der Waffe zu greifen.

Der Vergleich mit Diktaturen erhellt ferner, dass die Demokratien, vor allem die etablierten Verfassungsstaaten unter ihnen, überlegene Anpassungsfähigkeit an externe und interne Herausforderungen und höhere Elastizität unter Beweis stellen. Ähnliches fördert zutage, wer die Messlatte der Systemaufrechterhaltung anlegt. Das zeigt unter anderem der Vergleich der westeuropäischen und nordamerikanischen Demokratien mit dem Zusammenbruch der sozialistischen Staaten in Mittel- und Osteuropa im ausgehenden 20. Jahrhundert. Die sozialistischen Länder zerbrachen unter dem Druck von innen und dem Wettbewerbsdruck von außen, wohingegen die westeuropäischen und nordamerikanischen Demokratien beide Prüfungen bestanden.

Ein weiterer Vorzug der Demokratie liege darin, so ein weit verbreiteter Lehrsatz der Internationalen Beziehungen, dass sie friedfertiger als nichtdemokratische Staatswesen seien. Demokratien neigten weniger zur Kriegführung als andere Staaten. Vor allem führten sie nicht untereinander Krieg (Lake 1992). Ist der Anteil der Demokratien an der Gesamtzahl der unabhängigen Staaten in den internationalen Beziehungen hoch, würde das Sicherheitsdilemma in den zwischenstaatlichen Beziehungen vermindert. Höhere Friedfertigkeit, geringere Neigung zur Kriegführung und vermindertes Sicherheitsdilemma brächten einen weiteren Vorteil mit sich. Knappe Ressourcen ökonomischer und gesellschaftlicher Art könnten für produktive Zwecke statt für zerstörerische Absichten verwendet werden, beispielsweise für „Handelsstaatspolitik", also Wohlstandsmehrung durch zivilwirtschaftliches, weltmarktoffenes Tun und Lassen statt für kostspielige „Machtstaatspolitik" (Rosecrance 1986). Die „Handelsstaatspolitik" wiederum verbessere die Chancen der Wohlstandssteigerung und der Förderung gesellschaftlichen Zusammenhalts.

Studien zu den Staatsausgaben stützen diese Auffassung. Ein Beispiel: Die Diktaturen geben im Durchschnitt einen größeren Anteil ihres Wirtschaftsproduktes für Militärausgaben aus als die Demokratien, so jedenfalls die Tendenz der Daten in den *World Armaments and Disarmament*-Jahrbüchern des Stockholmer Peace Research Institute seit Beginn der 70er Jahre (siehe auch Groth u.a. 1993). Dabei ist die größere Dunkelziffer von Militärausgaben in autoritären Regimen noch nicht einmal berücksichtigt. Ähnliches dürfte für den finanziellen Aufwand für Innere Sicherheit gelten – man denke nur an die Wucherungen des Staatssicherheitsdienstes der Deutschen Demokratischen Republik. Doch vergleichbare Daten sind im Feld der inneren Sicherheit noch mehr Mangelware als bei den Militärausgaben. Allerdings ist auch in Demokratien schon flächendeckend überwacht worden, selbst in der sonst so demokratischen Schweiz. Doch im Unterschied zu vielen Nichtdemokratien ist es unwahrscheinlich, dass die Politik der inneren Sicherheit die Demokratien in einen „Garnisons-" oder einen „Polizeistaat" verwandelt. Dem steht Vielerlei entgegen: die Unabhängigkeit der Richterschaft, die Autonomie der Medien und andere Barrieren, welche die Staatsgewalten, vor allem die Exekutive, daran hindern, sich zu verselbständigen.

**Der zweite Befund: Die Überlegenheit der Demokratien wird im traditionellen Demokratie-Diktatur-Vergleich aufgrund methodologischer Fehler meist überschätzt**

Bis zu dieser Stelle basieren die Ausführungen hauptsächlich auf dem Vergleich der etablierten Demokratien mit autoritären Regimen. Die dabei zutage geförderten Unterschiede wurden als Ausdruck der Demokratie-Diktatur-Differenz gewertet. Diese Deutung folgt gängiger Praxis des Demokratie-Diktatur-Vergleichs. Methodologisch ist sie allerdings nicht über jeden Zweifel erhaben. Denn der Unterschied des politischen Leistungsniveaus der etablierten demokratischen Staaten und der Nichtdemokratien könnte anderen Größen als der Demokratie-Diktatur-Differenz geschuldet sein, beispielsweise dem höheren wirtschaftlichen Entwicklungsstand der Demokratien, ihrer säkularisierten politischen Kultur, oder ihrer tiefer verwurzelten Rechtsstaatlichkeit.

Wer diese Bedenken entkräften will, muss den Demokratie-Diktatur-Vergleich erweitern. Vor allem sind ihm Kontrollvariablen hinzuzufügen, beispielsweise die gleichzeitige Berücksichtigung des möglichen Effektes sozialökonomischer Entwicklungsniveaus und stärkerer verfassungsstaatlicher Strukturen, um auf diese Weise den Demokratie-Diktatur-Unterschied genauer identifizieren zu können. Ein solchermaßen korrigiertes Forschungsdesign taucht einige Ergebnisse des traditionellen Demokratie-Diktatur-Vergleichs in neues Licht (Schmidt 1998c, 1999d). Dieses Forschungsdesign erhellt, dass der traditionelle Vergleich das Leistungsprofil der Demokratie mitunter überschätzt. Ferner wird aufgedeckt, dass manche Beobachter die Demokratie mitunter für etwas loben, was gar nicht primär ihr gebührt, sondern anderen Institutionen, beispielsweise dem Rechtsstaat, einer funktionierenden unabhängigen Gerichtsbarkeit, dem hohen Wohlfahrtsniveau oder dem Zusammenwirken dieser Faktoren mit der demokratischen Staatsverfassung.

Man nehme beispielsweise den relativ engen Zusammenhang zwischen dem Demokratiegrad eines Landes (gemessen an der Politische Rechte-Skala von Freedom House wie in Tabelle 14) und dem Prozentsatz der Bevölkerung, der mit dem Funktionieren der Demokratie im eigenen Land relativ zufrieden ist (Klingemann 1999, Norris 1999b: 251). Erklärt der Demokratiegrad wirklich die Demokratiezufriedenheit? Gut möglich. Aber noch stärker ist der Zusammenhang zwischen der Demokratiezufriedenheit und der Höhe des wirtschaftlichen Wohlstands des Landes. Das nährt die Vermutung, dass die Demokratiezufriedenheit zumindest teilweise auch von ökonomischen Niveaus und hierdurch gegebenen Chancen abhängt – ein Verdacht, den weitere Auswertungen des Verfassers mit den in Norris (1999a, 1999b) veröffentlichten Daten nicht ausräumen.

Man nehme als weiteres Beispiel die umfassenden Rechte und den besseren Rechtsschutz, die meist dort, wo eine demokratische Staatsverfassung fest verwurzelt ist, den Bürgern insgesamt und Minderheiten im Besonderen zuteil werden. Die umfassenden Rechte und der bessere Rechtsschutz sind nicht oder nicht allein der Demokratie zuzuschreiben. Bekanntlich kann die Demokratie zur Tyrannei der Mehrheit neigen, sofern der Demos und seine Repräsentanten nicht institutionell gebremst werden. Die Bürgerrechte und ihr wirksamer Schutz hingegen kommen hauptsächlich durch einen funktionierenden Rechtsstaat zustande, also durch rechtliche Zähmung der demokratisch gewählten Legislative und Exekutive.

Nun könnte eingewendet werden, Demokratie und Rechtsstaat seien die Seiten einer Medaille. Doch das trifft nicht zu. Demokratie und Rechtsstaat sind verschiedene Dimensionen der Staatlichkeit und sind deshalb auch begrifflich auseinander zuhalten. Ferner könnte man einwenden, dass Rechtsstaatlichkeit und etablierte Demokratie doch häufig koexistierten. Das ist nicht falsch, aber nicht zwingend. Entstehung und Struktur des Rechtsstaates sind von der Herausbildung und der Gestalt der demokratischen Staatsverfassung zu unterscheiden, und beide kovariieren nur teilweise. In manchen Demokratien ist der Rechtsstaat schwach, so in den „defekten Demokratien" (Merkel/Croissant 2000). Andererseits gab und gibt es nicht- oder halbdemokratische Staaten mit beachtlicher Rechtsstaatsqualität, so das Deutsche Reich von 1871 vor dem Übergang zur Weimarer Republik.

Auf dem Prüfstand des verbesserten Demokratie-Diktatur-Vergleichs fällt auch auf den Lehrsatz der friedfertigen Demokratien neues Licht. Die größere Friedfertigkeit der Demokratien, so zeigt der genauere Test, wurzelt nicht nur in der Demokratie, sondern auch in den Begrenzungen, welche der Konstitutionalismus dem Tun und Lassen der Legislative und der Exekutive auferlegt (Gleditsch/Risse-Kappen 1995). Überdies sind die Demokratien bislang nur unter sich friedfertig gewesen (Czempiel 1996).

Ein weiteres Argument sorgt für genauere Bestimmung des Leistungsvermögens der Demokratie. Die wirtschaftlich fortgeschrittenen etablierten Demokratien lobt man mitunter ob ihres höheren Wohlstandes. Mancher hat unter Demokratie kaum anderes als hohen Wohlstand verstanden. Doch der Wohlstand und das meist höhere Sicherheitsniveau der Bürger dieser Staaten entstammen ebenfalls nicht vorrangig der demokratischen Staatsverfassung, sondern dem höheren Stand wirtschaftlicher Entwicklung, auf dem sich die meisten etablierten Demokratien befinden, und ihren wohlfahrtsstaatlichen Strukturen. Und ob die Wirtschaft in den Demokratien schneller wächst als anderswo, kann bezweifelt werden (Lane 1996: 200). Wichtiger für Wachstum scheinen Rechtssicherheit, Marktwirtschaft, schlanker Staat und hohe Investitionen in das Bildungswesen zu sein (Barro 1996, Obinger 1999). Das verträgt sich durchaus mit dem berühmten Gesetz von Lipset. Lipsets Gesetz – „the more well-to-do a nation, the greater the chances that it will sustain democracy" (Lipset 1960: 48f) – besagt nicht, dass die Demokratie den hohen wirtschaftlichen Entwicklungsstand verursacht habe. Lipsets Gesetz besagt vielmehr, dass der höhere Entwicklungsstand eine günstige Voraussetzung für die Beibehaltung der Demokratie ist (weiterführend Lipset 1994, 1995).

Schlussendlich ist die hohe politische und soziale Stabilität der etablierten Demokratien nicht einzigartig. Stabil können grundsätzlich auch andere Staatsformen sein, beispielsweise halbdemokratische und autoritäre Regime, wenngleich meist um den Preis härterer Repression. Doch selbst in diesem Fall sollten die Stabilisierungsleistungen der Demokratien nicht überschätzt werden. Sich zu konsolidieren ist keineswegs allen Demokratien gelungen, und nicht alle konsolidierte Demokratien sind stabil geblieben (Linz/Stepan 1988, 1996, Merkel 1998). So mancher Staat hat es nie weiter als bis zur „fragilen Demokratie" (Casper 1995) gebracht. Nicht wenige demokratische Regime brachen zusammen, so die Weimarer Republik 1933, Österreich 1934 und eine erkleckliche Anzahl lateinamerikanischer Demokratien in den 70er Jahren, um nur einige Beispiele zu erwähnen. Und wer möchte die Hand dafür ins Feuer legen, dass die heutigen etablierten Demokratien auf alle Ewigkeit stabil bleiben, um von den defekten Demokratien ganz zu schweigen?

**Der dritte Befund: Bei manchen Aufgaben erzielen die Demokratien Leistungen von nur mäßiger Höhe**

Nicht alle Befunde des Demokratie-Diktatur-Vergleichs sprechen eindeutig für die Demokratie. Manche ihrer Siege, so die militärische Niederzwingung des Faschismus und Nationalsozialismus, sind erst nach langem Zögern, unter Hinnahme schwerster Verluste von Verfolgten und der Zivilbevölkerung der kriegführenden Staaten sowie um den Preis fahrlässiger Aufwertung des Stalinismus erkauft worden (Groth 1999). In manchen Politikfeldern haben die Demokratien keinen nennenswerten Vorsprung vor anderen Staatsformen erreicht. Ferner gibt es Politikbereiche, in denen sie den Test überhaupt nicht gut bestehen. Beim Kampf um Beibehaltung oder Abschaffung der Sklaverei gab die Demokratie überhaupt keine gute Figur ab, wovon auch die ansonsten ob ihrer Freiheitlichkeit so gepriesenen *Federalist Papers* Zeugnis ablegen. Volle soziale Gleichheit von Frauen und Männern, um eine viel jüngere Streitfrage ins Spiel zu bringen, hat die Demokratie nicht zustande gebracht, so kritisiert die feministische Demokratietheorie. Ihre Sprecher werfen der Theorie und Praxis der repräsentativen Demokratie westlicher Prägung vor, sie sei androzentrisch und habe ihr Freiheits- und Gleichheitsversprechen für alle nicht eingelöst (Holland-Cunz 1998). Dem kann entgegengehalten werden, dass die politische und ökonomische Ungleichheit zwischen Frauen und Männern in allen Demokratien in stärkerem Maße als in den meisten Autokratien vermindert und mitunter sogar weitgehend eingeebnet wurde, so vor allem in den nordischen Ländern (Sainsbury 1994, 1996, UNDP 1997). Doch dass sich auch die konstitutionellen Demokratien mit voller Gleichstellung von Frauen und Männer schwer tun, ist unbestreitbar. Und dass in den Demokratien für ein wohlstandseinschränkendes Umweltschutzprogramm keine Mehrheit zu finden ist (Stein 1998), trifft bislang und höchstwahrscheinlich auch zukünftig zu. Allerdings ist dies, wie auch Stein (1998) zugibt, mit der beachtlichen Fähigkeit der Demokratie zur Fehlerkorrektur zu verrechnen, die nachweislich auch der Umweltschutzpolitik zugute gekommen ist (Jänicke/Weidner 1997).

Allerdings hat auch die Demokratie beträchtliche Problemlösungsmängel. Offensichtlich tut man sich in ihr beispielsweise mit Problemen der Beschäftigung und der Arbeitslosigkeit schwer. Bei beiden Größen schneiden die Demokratien insgesamt kaum besser als die Nichtdemokratien ab. Allerdings gibt es in beiden Staatengruppen auch hierbei weiße und schwarze Schafe. So laborieren die meisten Demokratien an beträchtlicher Arbeitslosigkeit – trotz aufwendiger Bemühungen, die Unterbeschäftigung zu bekämpfen. Gewiss: In manchen Ländern und in manchen Perioden war man beschäftigungspolitisch erfolgreicher. Vollbeschäftigung beispielsweise wurde in den nordischen Ländern, der Bundesrepublik Deutschland, Österreich, der Schweiz und in Japan in den 60er Jahren erreicht. Doch aus dem Blickwinkel des internationalen und historischen Vergleichs scheinen das eher Ausnahmen zu sein, nicht Regelfälle.

Allerdings ist den meisten etablierten Demokratien zugute zu halten, dass ihre Arbeitslosenquote zugleich auch die Kehrseite ihrer meist besseren Arbeitslosenversicherung ist. Diese macht die Unterbeschäftigung sichtbar, wenn sie nicht gar zur höheren Arbeitslosigkeit beiträgt, beispielsweise durch Verlängerung der Sucharbeitslosigkeit. Ferner spielen in den reichen etablierten Demokratien die sozialpolitisch verursachten hohen Lohnnebenkosten eine Rolle, die vor allem im Falle ausgebauter beitragsfinanzierter Sozialversicherungen als Beschäftigungsbremse wirken können. Kaum weniger wichtig ist ein Weiteres: Die Arbeitslosigkeit der meisten Demokratien spiegelt die verhältnismäßig niedrige langfristige Wirtschaftswachstumsrate dieser Staaten wider. Die niedrige Wachstumsrate wiederum wurzelt im höheren Stand wirtschaftlicher Entwicklung, den die meisten Demokratien erreicht haben. Doch dieser Stand garantiert keineswegs ein – im Vergleich zu den Nichtdemokratien – überdurchschnittliches Wirtschaftswachstum (Barro/Sala-i-Martin

1995). Vielmehr kann die Wirtschaft der Nichtdemokratien sogar schneller wachsen als in den wirtschaftlich fortgeschrittenen Ländern, vor allem im Falle eines technologischen Aufholprozesses, den die wirtschaftlich entwickelten Staaten schon hinter sich haben. Die meisten etablierten Demokratien hingegen können ihre langfristige Wirtschaftswachstumsrate voraussichtlich nicht spürbar vergrößern. Aufgrund ihres hohen wirtschaftlichen Entwicklungsstandes haben sie das Potenzial für aufholende Entwicklung, welches ein Haupttreibsatz von rapidem wirtschaftlichem Wachstum war und ist, weitgehend ausgeschöpft (Obinger 1999).

Gutzuschreiben ist den etablierten Demokratien allerdings ein vergleichsweise stetiges Wachstum: Ihre Wirtschaftstätigkeit schwankt weniger stark als die der meisten nichtdemokratischen Staaten und der Länder, die den Übergang von der Planwirtschaft zur Marktökonomie vollziehen, wie die meisten mittel- und osteuropäischen Länder in den 90er Jahren. Somit ist in den etablierten Demokratien zugleich die Vermeidung schwerer Wirtschaftskrisen wahrscheinlicher. Der stetigere und besser kalkulierbare Entwicklungspfad der Wirtschaft in den meisten westlichen Demokratien gründet sich hauptsächlich auf die rechtliche, politische und soziale Stabilität dieser Länder. Diese Stabilität hängt ihrerseits mit den Stützungsfunktionen des Wohlfahrtsstaates zusammen, der vor allem in Westeuropa weit ausgebaut ist. Allerdings ist dafür ein Preis zu entrichten. Das Wachstum des Wohlfahrtsstaates über eine bestimmte Schwelle vergrößert den arbeits- und sozialrechtlichen Schutzwall um die Arbeitnehmer und die Gewerkschaften, macht diese immuner gegen konjunkturelle und strukturelle Krisen und vergrößert tendenziell den Konflikt zwischen hohem Sozialschutz und beschäftigungspolitischen Zielen. Demokratien mit ausgebautem Sozialstaat müssen deshalb unter Umständen für ihre höhere politische und soziale Stabilität und ihre geringere ökonomische Fluktuation teuer zahlen, und zwar mit geringerer mikroökonomischer Flexibilität einschließlich einer höheren Arbeitslosenquote.

Aus diesen Beobachtungen geht hervor, dass die Demokratien keineswegs in allen Disziplinen Gewinner sind und dass so manche Abstriche an dem Lob, das ihnen zuteil wird, erforderlich sind (Czempiel 1996). Auch muss festgehalten werden, dass die Demokratie rationale Problemlösung und rationale politische Ergebnisse nicht garantiert (Greven 1993). Ferner benimmt sich das Staatsvolk keineswegs immer gesittet. Mitunter ist es kapriziös, wankelmütig, ungerecht, ja rassistisch (Benhabib 1996: 17). Davon zeugen das Emporkommen faschistischer Parteien und vor allem der Aufstieg der NSDAP in der Zwischenkriegszeit. Auch aus der zweiten Hälfte des 20. Jahrhunderts sind Beispiele bekannt, wie der Jubel vieler britischer Wähler über den Weg in den Falkland-Krieg zeigte.

Zu den Schwächen der Demokratie zählt ihre Kurzatmigkeit. In der Demokratie steht die Politik unter kurzfristigem Erfolgszwang, und zwar vor allem auf Grund der Allgegenwart von Massenmedien, relativ kurzen Legislaturperioden und innerparlamentarischer oder innerparteilicher Profilierung. Die Politik in der Demokratie neigt deshalb zu „short-termism", zu Problemlösungen, die kurzfristig wirken aber nicht weit reichen. Kurzatmige Politik ist aber häufig kurzsichtige Politik. Beispielsweise neigt sie dazu, Kosten zu Lasten Dritter zu verlagern. Zu den hiervon Betroffenen gehören die Jüngeren und zukünftige Generationen, weil die Politik in vielen etablierten Demokratien aus Gründen der Machtverteilung und des Strebens nach Wahlerfolg dazu neigt, die Alterssicherung weit auszubauen und die Familien- und Kinderförderung sowie die Aus- und Weiterbildung zu vernachlässigen (Schmidt 1998b: 195f.). Auch die Neigung der Politik in fast allen Demokratien, die Kosten des politischen Betriebs durch hohe – überwiegend konsumbedingte – Staatsverschuldung zu finanzieren (Wagschal 1996), ist Teil der Vernachlässigung von Interessen zukünftiger Generationen.

**Der vierte Befund: Die etablierten Demokratien haben bislang die meisten Herausforderungen gemeistert; sechs Herausforderungen sind allerdings auch für sie bestandsgefährdend.**

Die Demokratien haben bislang eindrucksvoll bewiesen, dass sie neue Herausforderungen meistern können. So lautet ein Hauptbefund des *Beliefs in Government*-Forschungsprojektes (Klingemann/Fuchs 1995, Kaase/Newton 1995). Ist dies auch zukünftig zu erwarten? Oder sind Herausforderungen in Sicht, welche die Leistungskraft der Demokratie übersteigen? Dem Forschungsstand zufolge sind sechs Herausforderungen selbst für die leistungsfähigsten unter den Demokratien besonders gefährlich (Überblick bei Weidenfeld 1996, Schmidt 1998c, Anselm u.a. 1999). Die erste – meist latente, mitunter manifeste – Herausforderung besteht darin, sowohl „elite subversion" wie auch „mass defection" zu verhindern (Offe/Schmitter 1995: 512). Bedrohlich für die Demokratie wäre der Rückzug eines Großteils des Staatsvolkes aus der politischen Beteiligung. Ein gewisses Maß an politischer Apathie und Indifferenz mag der politischen Stabilität bekömmlich sein. Auch ist vorstellbar, dass die Demokratie noch eine weitere Abnahme des politischen Vertrauens in ihre Institutionen verträgt (Wilson 1997: 427ff., Norris 199a). Doch lebensgefährlich für die Demokratie wäre, wenn der Großteil der Wähler sich aus Gegnerschaft zu den Beteiligungsspielregeln der Mitwirkung an der Willensbildung und Entscheidungsfindung über öffentliche Angelegenheiten entzöge. Demokratie ohne Demokraten geht nicht.

Gefährlich für die Demokratie wäre zudem eine Machtverteilung, welche den Antisystemkräften entweder die Vorherrschaft im Parteiensystem und im Parlament verschafft oder zumindest die Blockademacht in der Volksvertretung, so wie in der Weimarer Republik, in der die Demokratie unter dem Zangenangriff der Nationalsozialistischen Deutschen Arbeiterpartei auf dem rechtsextremen und der Kommunistischen Partei Deutschlands auf dem linksextremen Flügel ins Wanken und schließlich zum Einsturz gebracht wurde (Lepsius 1978).

Sodann besteht eine fortwährende Herausforderung der Demokratie aus der „Unbeständigkeit der Zahl", so Thomas Hobbes' hellsichtige Demokratiekritik (*Leviathan*: 147). Kritisch für die Demokratie wäre der Zustand, in dem das Staatsvolk nicht länger die Inkonstanz der Zahl tolerieren würde, beispielsweise wandernde Abstimmungsmehrheiten, Ausbeutung von Minderheiten oder krasse Disproportionalität zwischen Stimmen- und Sitzanteilen. Und besonders gefährdet wäre die Demokratie, wenn das Volk nicht länger die Pfadabhängigkeit demokratischer Ergebnisse tolerierte, und beispielsweise gegen die Abhängigkeit von Sieg oder Niederlage einer Partei von einem bestimmten Wahlsystem aufbegehrte.

Die vierte Herausforderung der Demokratie wurzelt in der Spannung zwischen hoher internationaler Interdependenz und nationalstaatlicher Verankerung der Demokratie einschließlich ihres Demos. Hohe internationale Interdependenz, beispielsweise die

Globalisierung ganzer Wirtschaftssektoren, engt den Spielraum für demokratisch legitimiertes Regieren auf nationalstaatlicher Ebene ein, sofern der geschrumpfte Handlungsspielraum nicht durch Demokratisierung auf inter- oder supranationaler Ebene kompensiert wird (Höffe 1999).

Die fünfte Herausforderung der Demokratie erwächst ihrer angeborenen Neigung, vorrangig „die Bedürfnisse des Augenblicks" (Tocqueville 1976: 258) zu befriedigen – zu Lasten der Zukunft. Die Lastenverschiebung auf spätere Generationen ist bequem, und sie ist politisch einfach zu bewerkstelligen. Die zukünftigen Generationen haben nämlich weder Stimmrecht noch sonstige Machtressourcen. Dadurch lassen sich die lautstarken Interessen der Gegenwart, vor allem die für Machterhalt oder -verlust ausschlaggebenden Interessen, umso besser bedienen. Doch die Lastenabwälzung auf die Zukunft kann auf ihre Urheber zurückschlagen, wenn ein Teil der Abwälzungsfolgen schon in der Gegenwart spürbar wird. Genau dies ist beispielsweise im Fall der Staatsverschuldung gegeben, zu der die Demokratie ebenso wie die meisten nichtdemokratischen Systeme neigt. Die Bedienung einer hohen Staatsverschuldung mit Zins und Tilgung allerdings verknappt den haushaltspolitischen Spielraum sehr stark und behindert die Reaktions- und Gestaltungsfähigkeit nachhaltig.

Zugleich aber – und das ist die sechste Herausforderung – tun sich die politisch Verantwortlichen in einer Demokratie meist schwer, seit langem eingespielte Lastenverlagerungen auf die Schultern anderer rückgängig zu machen. Die Staatsverschuldung und der politische Tumult, den eine Finanzpolitik, die auf Abbau der Verschuldung setzt, regelmäßig hervorruft, sind lehrreiche Exempel. Das nährt die Vermutung, dass die Fehlerkorrekturfähigkeit der Demokratie, die Tocqueville noch als einen besonderen Vorzug dieser Herrschaftsweise wertete, erheblich geringer als erwartet ist, nur unter bestimmten Bedingungen zustande kommt, und womöglich bestandskritische Werte unterschreiten kann.

Das wirft eine weitere Frage auf: Wie hoch ist die Eintreffenswahrscheinlichkeit der sechs kritischen Herausforderungen der Demokratie? Gesicherte Antworten auf diese Frage erlaubt die derzeitige Prognosekapazität der Sozialwissenschaften nicht. Doch informierte Spekulationen sind möglich.

Erstens: Apathie und Indifferenz eines größeren Teils der Wählerschaft sind in einer der ältesten Demokratien, in den USA, schon gang und gäbe. Aber auch das scheint die Demokratie, ohnehin eine ziemlich elastische Institutionenordnung, verkraften zu können. Dass politische Apathie und Indifferenz in anderen Demokratien an Boden gewinnen könnten, ist angesichts fortschreitender Säkularisierung, Individualisierung und verbreiteter Unzufriedenheit mit der Regierungskunst durchaus im Bereich des Möglichen. Allerdings wäre erstaunlich, wenn beide bestandskritische Werte erreichen würden, zumal es gegenwirkende Tendenzen gibt, wie vor allem hohes politisches Interesse und hohe Teilhabebereitschaft seitens besser ausgebildeter Wähler in den meisten etablierten Demokratien.

Zweitens: Antisystemparteien haben in den etablierten Demokratien in der zweiten Hälfte des 20. Jahrhunderts nur Nebenrollen gespielt – im Unterschied zur ersten Hälfte. Die vorliegenden Befunde über die Parteiensysteme und ihre Konfliktlinien deuten nicht auf größere Veränderungen hin. Allerdings ist eine Ausnahme möglich: Das Aufbrechen ethnisch-religiöser Konfliktlinien, die im Falle massenhafter Zuwanderung oder bei weit auseinander driftenden Geburtenraten der alteingesessenen und der zugewanderten Bevölkerung in den etablierten Demokratien beträchtlich aufgewertet werden könnten.

Drittens: Ist die Politisierung der „Unbeständigkeit der Zahl" wahrscheinlich? Keine Gefahr droht der Demokratie aus dieser Ecke, solange der Demos sich nicht den intellektuellen Zündstoff der kritischen Demokratietheorien aneignet und den Nachweis ignoriert, dass schon kleine Variationen der Spielregeln unterschiedliche Ergebnisse zustande bringen können, oder solange der Demos von Intellektuellen oder demagogisch begabten Politikern nicht aufgestachelt wird. Sind diese Bedingungen wahrscheinlich? Die kritischen Demokratietheorien werden wohl nie Volkslektüre werden, gleichviel, ob sie als „social choice"-Theorie wie bei Riker (1982) oder im Gewande der Kritik der Mehrheitsregel auftreten (Guggenberger/Offe 1984). Und weil die Intellektuellen meist die Sprache des Volkes nicht sprechen, kann dieses ohnehin nicht auf sie hören. Insoweit ist die Antwort negativ. Einschränkend ist allerdings hinzuzufügen, dass gerade im Zeitalter der Massenmedien ein begnadeter Demagoge viel bessere Resonanzböden vorfindet als früher. Das Aufflackern des Rechtspopulismus in Westeuropa im ausgehenden 20. Jahrhundert, beispielsweise der Erfolg von Haider (FPÖ) in der österreichischen Nationalratswahl von 1999 und von Blocher (SVP) in der Wahl zum Schweizer Nationalrat im Oktober 1999, deuten darauf hin. Das könnte die Frage der „Unbeständigkeit der Zahl" neu stellen.

Bleiben die vierte, die fünfte und die sechste Herausforderung, also die Spannung zwischen hoher internationaler Interdependenz und nationalstaatlicher Verankerung der Demokratie, ferner die Neigung zur Kostenabwälzung auf die Zukunft und die relativ geringe Fehlerkorrekturfähigkeit. Über die Eintreffenswahrscheinlichkeit dieser Größen zu raisonieren, ist müßig. Sie sind schon eingetroffen (Wagschal 1996, Zürn 1998) und lasten schwer auf den Demokratien. Allerdings sind die Auswirkungen dieser Lasten – wie fast alles in der Politik – ungewiss. Die Lasten können unter Umständen wie bislang politisch latent bleiben. Das ist wahrscheinlich, wenn weder Regierung noch Opposition sie zur politischen Streitfrage machen. Doch die Problemlast der Demokratie könnte sich zu einem gewichtigen Legitimationsdefizit wandeln. Das ist vor allem zu erwarten, wenn die Regierungsparteien oder die Opposition oder beide die Demokratiedefekte zur politischen Streitfrage erklärten, und wenn zugleich keine kurzfristige Abhilfe des Mangels in Sicht wäre. Bleibt als Ausweg nur die Verbesserung der Fehlerkorrekturfähigkeit. Ob dies vor allem in der Wirtschafts- und Sozialpolitik möglich ist, wird sich in den nächsten Dekaden unter anderem daran ablesen lassen, ob die Demokratien die hohen Staatsschulden reduzieren und das von ihnen selbst geschürte Sozialausgabenwachstum finanziell konsolidieren können.

**Revision der Churchill-These**

Eine Schlussfolgerung aus dem zuvor Gesagten betrifft die Churchill-These, also die These, wonach die Demokratie eine schlechte Staatsform sei, aber besser als alle anderen bislang erprobten Regierungsformen. Im Lichte der vergleichenden Staatsformenforschung wird man dieser These vorhalten können, dass sie einen komplexen Sachverhalt übermäßig vereinfacht. Die Churchill-These lobt die Demokratie zu sehr. Sie ignoriert das Scheitern von

Demokratisierungsvorhaben und sie vernachlässigt, dass auch Demokratien zusammenbrechen können. Ferner entgeht ihr das klägliche politische Leistungsniveau vieler fragiler Demokratien. Überdies vernachlässigt die Churchill-These die Schwächen der demokratischen Staatsverfassung, beispielsweise ihr Potenzial zur Tyrannei der Mehrheit, ihre Kurzsichtigkeit und ihre Neigung zum Abwälzen von Kosten auf nachfolgende Generationen. Bei Letzterem steht sie so mancher Autokratie kaum nach. Viertens lässt die Churchill-These außer Acht, wie verschiedenartig das Leistungsprofil der diversen Demokratietypen ist. Fünftens lobt die Churchill-These die Demokratie für Verdienste, die in Wirklichkeit nicht ihr oder nicht ihr allein gebühren, sondern vor allem dem Rechtsstaat, der Unabhängigkeit der Justiz, einer säkularisierten politischen Kultur und einem hohen Wohlfahrtsniveau, oder dem Zusammenkommen dieser Faktoren und der Demokratie. Und sechstens ist nicht ausgemacht, ob die Demokratien allen Herausforderungen weiterhin wacker standhalten können.

Auch wenn der Demokratie-Diktatur-Vergleich „keine einfachen Antworten" zulässt (Linz 1996: 527), so legen die Befunde doch den Vorschlag nahe, die Churchill-These substanziell zu revidieren. Im Lichte der in diesem Buch ausgebreiteten Befunde ist die folgende Neufassung zu empfehlen: Nicht die Demokratie ist eindeutig besser als alle anderen Staatsformen. Es ist hauptsächlich die etablierte Demokratie mit Rechtsstaat, wirksamem Schutz der Bürgerrechte und hohem Wohlstand im Unterschied zu allen anderen Staatsformen, die eine gute Staatsverfassung vor den weniger leistungsfähigen Ordnungen des Gemeinwesens auszeichnet. Aber auch diese Staatsform laboriert an beträchtlichen Mängeln. Und Überlastung durch alte und neue Herausforderungen ist nicht ausgeschlossen.

**Kapitel 4.4**
**Die Demokratietheorien im Vergleich**

Nicht nur die Demokratien sollten im vorliegenden Buch verglichen werden, sondern auch die Demokratietheorien. Von Letzterem handelt das abschließende Kapitel dieses Buches. Jede der in diesem Band vorgestellten Demokratietheorien hat charakteristische Schlüsselbegriffe, Perspektiven und begriffliche Linsen. Auch unterscheiden sich die Theorien nach dem Zeitpunkt der Entstehung, Anlass, Anliegen und Informationsbasis. Jede der Theorien vermittelt wichtige Einsichten in den ideengeschichtlichen Hintergrund, die Struktur, Funktionsvoraussetzungen und die Auswirkungen der Demokratie. Insoweit tragen alle dazu bei, die Theorie und Praxis der Demokratie zu porträtieren. Ferner unterscheidet das leitende moralische Prinzip die Demokratietheorien. Für die aristotelische Lehre ist es die Tugend, für moderne Ansätze wie die Pluralismustheorie das gemeinwohlorientierte Handeln. Die Vertragstheoretiker hingegen setzen vor allem auf durch Vernunft domestiziertes Eigeninteresse, die Ökonomische Theorie der Demokratie hingegen auf Eigennutzmaximierung oder – in älterer Begrifflichkeit – auf Begierde, und die übrigen Theorien darauf, Tugend, Vernunft und Begierde zu mischen.

Auch nach Reichhaltigkeit und Reichweite differieren die Demokratietheorien. Manche von ihnen erörtern die historische Entwicklung, die Funktionsvoraussetzungen, die Typenvielfalt und die Auswirkungen demokratischer Ordnungen, so die Polyarchietheorie von Dahl (1971, 1989, 1998). Andere sind in dieser Hinsicht knapper ausgerüstet, beispielsweise die *Ökonomische Theorie der Demokratie* (Downs 1957a) und Rousseaus Lehre im *Gesellschaftsvertrag*. Manche sind vergleichend angelegt – allen voran die aristotelische Lehre und die moderne vergleichende Demokratieforschung, teilweise auch Tocquevilles Theorie. Andere hingegen basieren vor allem auf Fallanalyse oder der Untersuchung eines Landes, so die Ökonomische Theorie der Demokratie und die Marxsche Theorie revolutionärer Direktdemokratie. Erstaunlich selten werden demokratische und nichtdemokratische Staatsverfassung systematisch verglichen. Auch hierbei ist die Aristotelische Demokratietheorie ein Vorreiter, dem andere nur mit Mühe zu folgen vermochten, so ansatzweise die Pluralismustheorie.

Theorien lassen sich auch danach unterscheiden, ob sie zustandsfixiert, also statisch, oder prozessorientiert, also dynamisch, angelegt sind. Die Staatsformenlehren der alten griechischen Philosophen sind dynamisch angelegt. Vom Aufstieg und vom Verfall politischer Ordnungen berichten sie und zeichnen vor diesem Hintergrund die Demokratie in unvorteilhaftem Licht. Eine Staatsform des Verfalls ist die Demokratie in Platons Staatslehre. Andere Demokratietheorien sind demgegenüber statisch angelegt. Rousseau, John Stuart Mill, Max Weber, auch die Vertreter der kritischen Demokratietheorien und ein erklecklicher Teil der modernen vergleichenden Demokratieforschung gehören dieser Gruppe an. Dynamische Perspektiven hingegen prägen vor allem Untersuchungen, welche die Funktionsvoraussetzungen der Demokratie und den Übergang vom autoritären zum demokratischen Staat erkunden. Dynamisch ist auch ein Teil der Theorie der partizipatorischen Demokratie angelegt, insoweit sie Lern- und Aufklärungsprozesse thematisiert.

Gewiss wird man über die Messlatten zur Beurteilung von Theorien streiten können. Doch dürften für den Zweck einer Demokratietheorie, die sich für beschreibende und erklärende Untersuchung moderner Demokratien eignen soll, die folgenden Prüffragen auf Zustimmung der meisten Fachwissenschaftler rechnen: Welches sind die Schlüsselbegriffe der Theorie? Welcher Demokratiebegriff liegt zugrunde? Ist er klar definiert? Gibt es für ihn eine eindeutige Operationalisierung im Sinne der Offenlegung der Operationen, die zur Identifizierung des realweltlichen Sachverhalts, welchen der Begriff erfassen soll, erforderlich sind? Ist die zugrunde liegende Auffassung vom Demos, also vom Kreis der beteiligungsberechtigten Vollbürger, eng gefasst oder weit? Inwieweit werden die wichtigsten Dimensionen der Demokratie erörtert, so wie sie heute in den modernen demokratischen Verfassungsstaaten verstanden wird, mindestens im Sinne von freier, ungehinderter Opposition und Kontrolle („contestation" in Dahls Polyarchietheorie), Beteiligung der erwachsenen Bevölkerung („participation" bei Dahl), politischer Gleichheit ohne Ansehen der Person und einer Regierungspraxis, welche die demokratischen Spielregeln einhält? Inwieweit ist die Theorie normativ oder empirisch? Ist sie statisch oder dynamisch? Wie reichhaltig ist ihre Erfahrungsbasis? Hat sie den Forschungsstand systematisch berücksichtigt? Basieren ihre Aussagen auch auf international und historisch vergleichenden Studien sowie dem Vergleich von Demokratie und Nichtdemokratie? Enthält die Theorie Aussagen über die Entwicklung zur Demokratie und deren Funktionsvoraussetzungen? Ist die Theorie überprüfbar? Inwieweit erörtert sie Leistungen und Schwächen von Demokratien? Werden die verschiedenen Dimensionen des Politischen berücksichtigt, also die Form oder Institutionenordnung, das Prozessuale (Konflikt und Konsens) und der Politikinhalt?

Richtet man diese Prüffragen an die in diesem Buch erörterten Demokratietheorien, so erhält man die in Tabelle 19 zusammengestellten Informationen. Diese Tabelle deckt aufschlussreiche Trends auf. So wird beispielsweise der Demos-Begriff im Laufe der Ideengeschichte allmählich erweitert. Allerdings kommt seine Erweiterung zu dem uns heute vertrauten Begriff der Wahlberechtigung für grundsätzlich alle erwachsenen Staatsbürger erst im 19. und 20. Jahrhundert zustande. Volle Wertschätzung erfährt auch die Oppositions- und Kontrollfunktion erst in den neueren Theorien der Demokratie. Die Zügelung der Macht des Souveräns durch verfassungsstaatliche oder informelle Arrangements kommt in Tocquevilles Lehre zur Sprache. Dessen Ausführungen wiederum sind ohne die *Federalist Papers* nicht zu denken. Bei Hobbes hingegen fehlt die Idee der Gewaltenzügelung, ebenso bei Rousseau und Karl Marx. Selbst in der klassisch-liberalen Theorie von John Stuart Mill kommt sie erstaunlicherweise zu kurz. Im Gegensatz dazu betont die von Locke und Montesquieu stammende und vom kontinentaleuropäischen Neopluralismus ausgebaute Lehre der Souveränitätszügelung die herausragende Bedeutung eingebauter Sicherungen gegen die ungebremste Ausübung von Souveränität.

Der Anwendungsbereich der Demokratietheorien ist erstmals in den *Federalist Papers* und sodann bei Tocqueville radikal erweitert worden. Die meisten klassischen Theorien bis zu Marx waren fast ausnahmslos Theorien über Zwergstaaten. Tocquevilles Amerika-Buch und die modernen Theorien hingegen eignen sich sowohl für Kleinstaaten als auch für große Flächenstaaten. Im Prinzip ist sogar ihre Anwendung auf supranationale Regime vorstellbar. Unter den klassischen und den modernen Theorien bestehen allerdings große Unterschiede in der Erfahrungsbasis. Der internationale und historische Vergleich beispielsweise ist nur für knapp die Hälfte der Theorien selbstverständlich. Der Vergleich spielt hingegen sowohl in der aristotelischen Politiklehre eine große Rolle wie auch in modernen Beiträgen, so in der Untersuchung von Konkordanz-, Mehrheits- und Konsensusdemokratie, Polyarchie, parteienstaatlicher Demokratie, Funktionsvoraussetzungen der Demokratie und Übergängen vom autoritären zum demokratischen Staat.

Unterschiedlich ist zudem die thematische Breite der Theorien. Manche analysieren Genese und Funktion, Aufrechterhaltung und Zusammenbruch sowie Stärken und Schwächen der Demokratie, andere sind stärker spezialisiert. Die meisten Demokratietheorien erörtern die Form des Politischen und die Prozessdimension, während sie den Output des Politischen, also die gesamtgesellschaftlich verbindliche Entscheidung und deren Auswirkungen, sträflich vernachlässigen. Wiederum sind die Ausnahmen erwähnenswert. Zu ihnen gehören die Aristotelische Staatsformenlehre, die die Qualität politischer Führung als ein zentrales Gütekriterium politischer Systeme betrachtet, ferner Tocqueville und unter den modernen Theorien vor allem die komplexe Demokratietheorie sowie Teile der vergleichenden Demokratieforschung, hauptsächlich die von Arend Lijphart angeführte Richtung. Seltsamerweise wird in einer der besonders weit entwickelten Demokratietheorien – der Polyarchietheorie Dahls – der Zusammenhang von Demokratie und Staatstätigkeit weitgehend ausgeblendet. Und erstaunlicherweise lässt Dahl den systematischen Vergleich von demokratischer und nichtdemokratischer Staatsverfassung links liegen.

Insgesamt schneiden die Polyarchietheorie und andere komparatistisch angelegte Theorien jedoch beim Theorienvergleich mit gutem Ergebnis ab. Sie passieren viele Prüffragen mit Erfolg – wiederum mit Ausnahme der Untersuchung der Staatstätigkeit und Lücken bei der Erkundung von Stabilität und Zusammenbruch demokratischer Systeme. Gute Ergebnisse erzielt auch die Lehre der Konkordanzdemokratie und ihre Fortführung im Vergleich von Mehrheits- und Konsensusdemokratien durch Lijphart, wenngleich einschränkend hinzuzufügen ist, dass dies Teilbereichstheorien und nicht umfassende Theorien der Demokratie sein sollen. Im oberen Mittelfeld liegen die Pluralismustheorie, die kritischen Demokratietheorien und die komplexe Demokratietheorie. Aufgrund ihres schmäleren Erfahrungshintergrundes und des weitgehenden Fehlens der Komparatistik, schneiden die elitistischen Theorien schlechter ab, so auch – trotz ihrer ansonsten kraftvollen Analyse – Webers Lehre der Führerdemokratie. Gleiches gilt für die *Ökonomische Theorie der Demokratie* von Downs, die allerdings aufgrund der Ausrichtung auf ein Zweiparteiensystem und der nahezu ausschließlichen Prägung durch angloamerikanische Empirie einen gewissen parochialen Charakter hat. An systematischer Komparatistik mangelt es auch Schumpeters ansonsten wegweisendem Beitrag zur Demokratietheorie. Gleiches gilt für die Theorie der Sozialen Demokratie.

*Tabelle 19a:* Demokratietheorien im Vergleich (Teil A)

| | Aristoteles | Hobbes | Locke | Montesquieu | Federalist Papers | Rousseau | Tocqueville | J. St. Mill | Marx | Führerdemokratie | Schumpeter | Ökonomische Theorie | Pluralismustheorie |
|---|---|---|---|---|---|---|---|---|---|---|---|---|---|
| Leitideen | Staatsform, Qualität des Regierens, Idealstaat | Herrscher, Souveränität, schutzgebende Herrschaft | Naturrechtl. legitime Macht = Macht + Recht | Gewaltenverschränkung | Zügelung des Demos durch Föderalismus, Repräsentation und Konstitutionalismus | Unveräußerliche Volkssouveränität | Gleichheit, Freiheit | Repräsentativregierung, Meritokratie | Klassenkampf | Politische Führer, Herrschaft, Legitimität, Machtstaat | Politische Führer, Konkurrenz, geringe Wählerrationalität | Eigennutzen, Konkurrenz | Pluralismus |
| 1.1 Demos-Begriff: Eng, mittel oder weit? | Eng | Eng | Eng | Eng | Mittel | Mittel | Mittel | Mittel | Mittel | Weit | Weit | Weit | Weit |
| 1.2 Oppositions- oder Kontrollchance erfasst? | z.T. | Nein | Nein | z.T. | Ja | Nein | Ja | Ja | Nein | z.T. | Nein | Ja | Ja |
| 1.3 Ist Zügelung des Souveräns vorgesehen? | Ja | Nein | Ja | Ja | Ja | Nein | Ja | z.T. | Nein | z.T. | Nein | Nein | Ja |
| 1.4 Erörterte Konfliktregelungen: Mehrheit (M), Konkordanz (K), Hierarchie (H), Einstimmigkeit (E) | M | M+H | M+H | M + H | M+E | M + E | M | M | M + H | M+H | M+H | M | M + H |
| 2. Theorie: normativ oder empirisch? | Empirisch + normativ | Normativ | Normativ | Normativ | Empirisch + normativ | Normativ | Empirisch + normativ | Normativ | Normativ | Empirisch | Empirisch | Empirisch | Normativ + empirisch |

| | | | | | | | | | | | | | |
|---|---|---|---|---|---|---|---|---|---|---|---|---|---|
| 3. | Theorie: statisch oder dynamisch? | Dynamisch | Statisch | Statisch | Statisch | Statisch | Statisch | Dynamisch | Statisch | Statisch | Dynamisch | Statisch | Statisch |
| 4. | Theorie: input- und outputorientiert? | Input + Output | Input | Input | Input | Input + Output | Input | Input + Output | Input | Input + Output | Input + Output | Input | Input |
| 5. | Basiert Theorie auf Vergleich? | Ja | Nein | Nein | Nein | z.T. | Nein | z.T. | Nein | Nein | z.T. | Nein | z.T. |
| 6. | Werden Genese und Funktionserfordernisse der Demokratie analysiert? | Nein<br>Ja | Nein<br>Nein | Nein<br>z.T. | Nein<br>z.T. | Nein<br>Nein | Nein<br>z.T. | Ja<br>Ja | Nein<br>Nein | Nein<br>Nein | Nein<br>z.T. | Nein<br>Nein | z.T.<br>z.T. |
| 7 | Werden Bedingungen des Demokratiezusammenbruchs erkundet? | z.T. | Nein | Nein | Nein | Nein | Nein | z.T. | Nein | Nein | Nein | Nein | Nein |
| 8. | Werden Leistungen und Probleme der Demokratie erfasst? | Ja | Nein | Nein | Nein | z.T. | Nein | Ja | Nein | Nein | z.T. | Nein | z.T. |
| 9. | Theorie testbar? | Gut | Moderat | Moderat | Moderat | Moderat | Gering | Gut | Moderat | Moderat | Gut | Gut | Gut |
| 10. | Potenzielle Reichweite der Theorie | Sehr groß | Moderat | Moderat | Moderat | Groß | Gering | Sehr groß | Moderat | Moderat | Beträchtlich | Moderat | Groß |
| 11. | Leistungskraft der Theorie | Groß | Moderat | Moderat | Moderat | Beträchtlich | Gering | Sehr groß | Moderat | Gering | Beträchtlich | Moderat | Beträchtlich |

Anmerkung: Leistungskraft = Bilanz der Leistung bei den unter 1 bis 10 erörterten Testfragen.

*Tabelle 19b:* Demokratietheorien im Vergleich (Teil B)

| | Partizipatorische Theorie | Theorien der sozialen Demokratie | Kritische Demokratietheorien | Komplexe Demokratietheorie | Präsidentialismus und Parlamentarische Demokratie | Konkordanzdemokratie | Lijpharts Majorz- und Konsensusdemokratie | Polyarchietheorie | Direktdemokratie | Parteienstaatliche Demokratie | EU-Demokratiedefizit | Funktionsvoraussetzungen | Transitionstheorie |
|---|---|---|---|---|---|---|---|---|---|---|---|---|---|
| Leitideen | Partizipation | Gestaltung, Reform, sozialer Rechtsstaat | Demokratisierung, Kritik der Politik | Input und Output, Dilemmata | Präsidentialismus, Parlamentarismus | Bargaining, Veto, Kompromiss, gütliches Einvernehmen | Konsensus- und Mehrheitsdemokratie | Polyarchie | Direktdemokratie | Parteiendifferenz, politische Version der Konsumentensouveränitätslehre | Demokratiedefizit der EU, Konsoziation | Modernisierung, Streuung der Machtressourcen | Akteure, Interdependenz, Gestaltbarkeit |
| 1.1 Demos-Begriff: Eng, mittel oder weit? | Weit | Weit | Weit | Weit | Weit | Weit | Weit | Weit | Weit | Weit | Weit | Weit | Weit |
| 1.2 Oppositions- oder Kontrollchance erfasst? | Ja | Ja | Ja | Ja | Ja | Ja | Ja | Ja | Ja | Ja | Ja | Ja | Ja |
| 1.3 Ist Zügelung des Souveräns vorgesehen? | Nein | z.T. | z.T. | Ja | Ja | Ja | Ja | Ja | Nein | Ja | Ja | Nein | Ja |
| 1.4 Erörterte Konfliktregelungen: Mehrheit (M), Konkordanz (K), Hierarchie (H), Einstimmigkeit (E) | M+E | M + H | M + E | M+K+E | M | M + K + E | M + K + E | M | M | M+E+H+K | M+E | M | M + H |
| 2. Theorie: normativ oder empirisch? | Normativ + empirisch | Normativ + empirisch | Normativ + empirisch | Normativ + empirisch | Empirisch | Empirisch | Empirisch | Empirisch | Empirisch | Empirisch | Empirisch | Empirisch | Empirisch |

|  | | | | | | | | | | | | | |
|---|---|---|---|---|---|---|---|---|---|---|---|---|---|
| 3. Theorie: Statisch oder dynamisch? | Dyna-misch | Dyna-misch | Dyna-misch | Statisch | Statisch | Dyna-misch | Statisch | Statisch | Statisch | Dyna-misch | Dyna-misch | Dyna-misch |
| 4. Theorie: Input- und outputorientiert? | Input | Input + Output | Input + Output | Input + Output | Input | Input | Input + Output | Input | Input | Input + Output | Input + Output | Input |
| 5. Basiert Theorie auf Vergleich? | Nein | Nein | Nein | Nein | Ja | Ja | Ja | Ja | Ja | Ja | Ja | Ja |
| 6. Werden Genese und Funktionserfordernisse der Demokratie analysiert? | Nein | z.T. | ein | Nein | Nein | z.T. | Nein | Ja | Nein | Nein | Ja | Ja |
| 7. Werden Bedingungen des Zusammenbruchs von Demokratien erkundet? | z.T. | Nein | z.T. | z.T. | z.T. | Ja | z.T. | Ja | z.T. | z.T. | Ja | z.T. |
| 8. Werden Leistungen und Probleme der Demokratie erfasst? | z.T. | z.T. | Ja | Ja | Nein | z.T. | Nein | z.T. | Nein | Nein | z.T. | z.T. |
| 9. Theorie testbar? | Moderat | Moderat | Gut | Gut | Gut | Gut | Sehr gut | Sehr gut | Gut | Sehr gut | Sehr gut | Sehr gut | Moderat |
| 10. Potenzielle Reichweite der Theorie | Moderat | Moderat | Groß | Groß | Sektoral begrenzt | Sektoral begrenzt | Sektoral begrenzt | Sehr groß | Sektoral begrenzt | Sektoral begrenzt | Groß | Sektoral begrenzt |
| 11. Leistungskraft der Theorie | Moderat | Moderat | Groß | Groß | Mittel | Groß | Groß | Sehr groß | Groß | Groß | Sehr groß | Groß |

Anmerkung: Leistungskraft = Bilanz der Leistung bei den unter 1 bis 10 erörterten Testfragen.

Ausdrücklich hervorzuheben ist der Bewertungsmaßstab, der hier zum Zuge kommt. Der Theorievergleich soll vor allem ermitteln, wie gut oder schlecht die alten wie die neuen Demokratietheorien sich zur exakten Beschreibung und Erklärung der Form, der Prozesse und der Problemlösungskraft moderner Demokratien eignen. Das benachteiligt naturgemäß Theorien, die anderen Aufgaben gewidmet sind. Auch die klassischen Demokratietheorien werden hierdurch benachteiligt, weil sie vormoderne Demokratieformen untersuchen. Unter diesen Einschränkungen sollte der Demokratietheorientest der Tabelle 19 gewürdigt werden.

Besonders bemerkenswert ist das in Tabelle 19 zutage geförderte hohe Leistungsprofil der Aristotelischen Theorie der Demokratie, die trotz ihres – aus heutigem Blickwinkel – restriktiven Demokratieverständnisses und trotz ihrer Distanz zur Volksherrschaft auch heute noch ertragreich rezipiert werden kann. Und mindestens ebenso hervorragend ist – auch nach den Maßstäben der Demokratiediskussion des ausgehenden 20. Jahrhunderts – Tocquevilles meisterliche Analyse der amerikanischen Demokratie in *Über die Demokratie in Amerika.*

Am unergiebigsten für die Zwecke der modernen empirischen Demokratieforschung ist unter den erörterten Demokratietheorien die von Rousseau. Sie hat einen recht schmalen Anwendungsbereich, nur geringe Reichweite und eine dünne Erfahrungsbasis. Das steht in auffälligem Gegensatz zu ihrem politischen Gewicht, gilt sie doch als eine für die Französische Revolution zentrale Theorie. Und es kontrastiert mit ihrer fachwissenschaftlichen Bedeutung. Denn nicht wenige Einführungen in die Politische Theorie nehmen die Differenz zwischen Rousseaus Demokratielehre und der repräsentativdemokratischen Perspektive als Grundgerüst, so beispielsweise Fraenkel (1991). Der nüchterne Theorienvergleich nach dem in Tabelle 19 verwendeten Schema deckt freilich auf, dass man sich mit Rousseau nicht die stärkste Demokratietheorie herausgesucht hat, sondern die schwächste. Wer deshalb moderne „Aufklärung der Demokratietheorie" (Maus 1992a) ausgerechnet auf Gedankengut aus Rousseaus Volkssouveränitätslehre gründen will, begibt sich auf den Holzweg. Von den klassischen Demokratietheorien eignen sich sowohl die Lehre des Aristoteles und vor allem Tocquevilles Meisterstück *Über die Demokratie in Amerika* besser für Einführungen in die Politische Theorie der Demokratie.

Wiederum mit Ausnahme von Tocqueville entstanden die leistungsfähigen empirisch-analytischen Demokratietheorien erst im 20. Jahrhundert. Alexis de Tocqueville, Max Weber und Joseph Schumpeter bahnten ihnen den Weg. Den Ausbau besorgten vor allem die Pluralismustheorie, die kritischen Theorien der Demokratie sowie die komplexe Demokratietheorie. Die erforderliche komparatistische Untermauerung lieferten die Beiträge zum Präsidentialismus und Parlamentarismus, zur Proporz- und Konkordanzdemokratie, Lijpharts Demokratienvergleich, die Direktdemokratieforschung, Dahls Polyarchietheorie und die Lehre der parteienstaatlichen Demokratie. Unverzichtbares steuerten die Messungen der Demokratie bei, ebenso die Analysen über das Demokratiedefizit der EU, die Erkundung der Funktionsvoraussetzungen der Demokratie und der Übergänge vom autoritären Staat zur Demokratie. Diese Forschungszweige haben den Wissensstand der Demokratieforschung beträchtlich erweitert. Das hiermit geschaffene Angebot wurde bislang allerdings nur von der empirischen Demokratieforschung genutzt, während die normativen Theorien und weithin auch die Spielarten der partizipatorischen Demokratietheorie sich ihm gegenüber spröde zeigten.

Zu den leistungsstarken Demokratietheorien wird man insgesamt die vergleichenden Beiträge zählen können. Allerdings könnten diese stärker vom Wissensstand und den Beobachtungsperspektiven der Demokratietheorien profitieren, die sich nicht des Vergleichs bedienen. Auch nähmen die vergleichenden Beiträge keinen Schaden, wenn sie stärker berücksichtigten, was von den kritischen Theorien der Demokratie und – soweit empirisch anwendbar – von der partizipatorischen Demokratietheorie vorgetragen wird. In dieser Hinsicht haben die vergleichenden Theorien, namentlich die angloamerikanischen Beiträge, größere Schwächen. Das rührt unter anderem daher, dass nur wenige amerikanische und britische Politikwissenschaftler nichtenglische Fachliteratur lesen können. Der vergleichenden Demokratieforschung wird man zudem vorhalten müssen, dass sie die Bedingungen des Zusammenbruchs demokratischer Ordnungen weniger systematisch erforscht hat als die Übergänge zur Demokratie, mit Ausnahme von bahnbrechenden Studien zur Zwischenkriegszeit, aus der neben den Beiträgen zu Linz und Stepan (1978) die von Dirk Berg-Schlosser und Gisèle De Meur herausragen (Berg-Schlosser/De

Meur 1994, 1996, Berg-Schlosser/Kersting 1997, Berg-Schlosser 1999). Schwer tun sich vor allem die angloamerikanischen Demokratietheorien mit der Tatsache, dass es nicht nur eine Demokratie gibt, nämlich die Mehrheitsdemokratie, sondern mehrere Demokratietypen (siehe Teil III). Doch die Verfassung und die Verfassungswirklichkeit der Demokratie kann angemessen nur verstehen, wer das Mit- und Gegeneinander von Mehrheitsprinzip, gütlichem Einvernehmen und Hierarchie berücksichtigt und die Wechselwirkungen von demokratischen Institutionen, Prozessen und Staatstätigkeit im Blick behält. Beides wird in den meisten Demokratietheorien nach wie vor vernachlässigt. Hieran wird deutlich, dass die Demokratieforschung noch weit vor den Toren steht, die den Weg zur idealen Demokratietheorie freimachen, ähnlich weit wie ihr Gegenstand von der Idealwelt einer vollständig entwickelten Demokratie entfernt ist.

# Verzeichnis der zitierten Literatur

## Häufig verwendete Abkürzungen

| | |
|---|---|
| AAAPSS | Annals of the American Academy of Political and Social Science |
| Abt. | Abteilung |
| APSR | American Political Science Review |
| APuZ | Aus Politik und Zeitgeschichte – Beilage zur Wochenzeitschrift „Das Parlament" |
| ASR | American Sociological Review |
| Bd. | Band |
| Bde. | Bände |
| BJPS | British Journal of Political Science |
| CP | Comparative Politics |
| CPS | Comparative Political Studies |
| EJPR | European Journal of Political Research |
| FAZ | Frankfurter Allgemeine (Zeitung) (Deutschland-Ausgabe) |
| Hg. | Herausgeber |
| ISSJ | International Social Science Journal |
| JOCR | Journal of Conflict Resolution |
| JOPP | Journal of Public Policy |
| JPR | Journal of Peace Research |
| MEW | Karl Marx – Friedrich Engels Werke, Berlin-Ost |
| MWG | Max Weber Gesamtausgabe |
| NLR | New Left Review |
| Nr. | Nummer, Heftnummer |
| OECD | Organisation for Economic Co-operation and Development |
| ÖZP | Österreichische Zeitschrift für Politikwissenschaft |
| PSQ | Political Science Quarterly |
| PVS | Politische Vierteljahresschrift |
| UNDP | United Nations Development Programme |
| WEP | West European Politics |
| WP | World Politics |
| ZeS | Zentrum für Sozialpolitik (Bremen) |
| ZfP | Zeitschrift für Politik |
| ZIB | Zeitschrift für Internationale Beziehungen |
| ZParl | Zeitschrift für Parlamentsfragen |
| ZPol | Zeitschrift für Politikwissenschaft |

Abendroth, Wolfgang 1967: Zum Begriff des demokratischen und sozialen Rechtsstaates im Grundgesetz der Bundesrepublik Deutschland, in: Abendroth, Wolfgang, Antagonistische Gesellschaft und politische Demokratie, Neuwied, 109-138

Abromeit, Heidrun 1989: Mehrheitsdemokratische und konkordanzdemokratische Elemente im politischen System der Bundesrepublik Deutschland, in: ÖZP 18, 165-180

Abromeit, Heidrun 1993: Interessenvermittlung zwischen Konkurrenz und Konkordanz, Opladen

Abromeit, Heidrun 1995: Volkssouveränität, Parlamentssouveränität, Verfassungssouveränität: Drei Realmodelle der Legitimation staatlichen Handelns, in: PVS 36, 49-66

Abromeit, Heidrun 1998a: Ein Vorschlag zur Demokratisierung des europäischen Entscheidungssystems, in: PVS 39, 80-90

Abromeit, Heidrun 1998b: Democracy in Europe. Legitimizing Politics in a Non-State Polity, New York/Oxford

Abromeit, Heidrun 1999: Volkssouveränität in komplexen Gesellschaften, in: Brunkhorst, Hauke/Niesen, Peter (Hg.), Das Recht der Republik, Frankfurt a.M., 17-36

Abromeit, Heidrun/Pommerehne, Werner W. (Hg.) 1992: Staatstätigkeit in der Schweiz, Bern u.a.

Acton, H. B. 1991 (1972): Introduction, in: John Stuart Mill, Utilitarianism, On Liberty, Considerations on Representative Government, London, IX-XXX

Adam, Armin 1992: Rekonstruktion des Politischen. Carl Schmitt und die Krise der Staatlichkeit 1912-1933, Weinheim

Adam, Konrad 1992: Ich kenne nur noch Parteien, in: FAZ Nr. 205, 3.9.1992, 33

Adams, Willy Paul u.a. 1998: Die Vereinigten Staaten von Amerika, Frankfurt a.M.

Adams, Willy Paul/Adams, Angela 1994: Einleitung, in: Hamilton, Alexander/ Madison, James/Jay, John: Die Federalist-Artikel: Politische Theorie und Verfassungskommentar der amerikanischen Gründerväter, hrsg. v. Angela Adams und Willy Paul Adams, Paderborn u.a., VII-XVI

Addi, Lahouari 1992: Islamicist utopia and democracy, in: AAAPSS Nr. 524, 120-130

Addi, Lahouari 1997: Political Islam And Democracy: The Case Of Algeria, in: Hadenius, Axel (Hg.), Democracy's Victory And Crisis, Cambridge, 105-122

Agnoli, Johannes/Brückner, Peter 1968: Die Transformation der Demokratie, Frankfurt a.M.

Alber, Jens 1989: Der Sozialstaat in der Bundesrepublik 1950-1983, Frankfurt a.M./New York

Alemann, Ulrich von (Hg.) 1975: Partizipation, Demokratisierung, Mitbestimmung, Opladen

Alemann, Ulrich von 1987: Organisierte Interessen in der Bundesrepublik, Opladen

Alemann, Ulrich von 1995: Repräsentation, in: Nohlen, Dieter (Hg.), Wörterbuch Staat und Politik, München, 655-658

Alesina, Alberto/Rosenthal, Howard 1995: Partisan Politics, Divided Government, and the Economy, Cambridge, Mass.

Allison, Graham T. Jr./Beschel, Robert P., Jr. 1992: Can the United States Promote Democracy?, in: PSQ 107, Nr. 1, 81-98

Almond, Gabriel 1995: The Early Impact of Downs's An Economic Theory of Democracy on American Political Science, in: Grofman, Bernard (Hg.), Information, Participation & Choice, Ann Arbor, 201-208

Almond, Gabriel A./Powell, G. Bingham, Jr. 1966: Comparative Politics: A Developmental Approach, Boston
Almond, Gabriel A./Powell, G. Bingham, Jr. 1996: Comparative Politics Today. A World View, Glenview, Ill. u.a.
Almond, Gabriel A./Powell, G. Bingham Jr./Mundt, Robert J. 1993: Comparative Politics, A Theoretical Framework, New York
Almond, Gabriel A./Verba, Sidney 1963: Political Culture: Political Attitudes and Democracy in Five Nations, Princeton
Almond, Gabriel A./Verba, Sidney (Hg.) 1980: The Civic Culture Revisited, London u.a.
Althusser, Louis 1959: Montesquieu: La politique et l'histoire, Paris
Alvarez, Mike/Cheibub, José Antonio/Limongi, Fernanda/Przeworski, Adam 1996: Classifying Political Regimes, Chicago u.a. (unveröff. Manuskript)
Amnesty International 1999: amnesty international Jahresbericht 1999, Frankfurt a.M.
Anderson, Christopher J./Guillory, Christine A. 1997: Political Institutions and Satisfaction With Democracy: A Cross-National Analysis of Consensus and Majoritarian Systems, in: APSR 91, 66-81
Angell, Allan 1993: The transition to democracy in Chile: a model or an exceptional case?, in: Parliamentary Affairs 46, 563-578
Annas, Julia 1988: Platon, in: Fetscher, Iring/Münkler, Herfried (Hg.), Pipers Handbuch der politischen Ideen, Bd. 1, München, 369-396
Anselm, Elisabeth u.a. (Hg.) 1999: Die Neue Ordnung des Politischen. Die Herausforderungen der Demokratie am Beginn des 21. Jahrhunderts, Frankfurt a.M.
Anter, Andreas 1995: Max Webers Theorie des modernen Staates, Berlin
Apel, Hans 1991: Die deformierte Demokratie. Parteienherrschaft in Deutschland, Stuttgart
Arat, Zehra F. 1988: Democracy and Economic Development. Modernization Theory Revisited, in: CP 21, 21-36
Archibugi, Daniele/Held, David (Hg.) 1995: Cosmopolitan Democracy. An Agenda for a New World Order, Cambridge
Aristoteles 1990: Politik, Hamburg
Aristoteles 1985: Nikomachische Ethik, Hamburg
Aristoteles 1993: Der Staat der Athener, hrsg. v. Martin Dreher, Leipzig
Armingeon, Klaus 1994: Staat und Arbeitsbeziehungen, Opladen
Armingeon, Klaus 1996: Konkordanzzwänge und Nebenregierungen als Handlungshindernisse?, in: Schweizerische Zeitschrift für Politikwissenschaft 2, Nr. 4, 277-303
Arnim, Hans Herbert von 1993: Demokratie ohne Volk. Plädoyer gegen Staatsversagen, Machtmißbrauch und Politikverdrossenheit, München
Arnim, Hans Herbert von 1997: Fetter Bauch regiert nicht gern. Die politische Klasse – selbstbezogen und abgehoben, München
Arnim, Hans Herbert von (Hg.) 1998: Demokratie vor neuen Herausforderungen, Berlin
Arnim, Hans Herbert von (Hg.) 1999: Adäquate Institutionen: Voraussetzungen für „gute" und bürgernahe Politik?, Berlin
Aron, Raymon 1968: Main Currents in Sociological Thought, Bd. 1, Harmondsworth

Ashcroft, Richard 1986: Revolutionary Politics and Locke's Two Treatises of Government, Princeton
Austin, Michel/Vidal-Naquet, Pierre 1984: Gesellschaft und Wirtschaft im alten Griechenland, München
Bach, Maurizio 1999a: Die Demokratisierung Europas. Verwaltungseliten, Experten und politische Legitimation in Europa, Frankfurt a.M.
Bach, Maurizio 1999b: Europäische Integration und die Zukunft der Demokratie, Autorenkonferenz zum WZB-Jahrbuch 2000 „Die Zukunft der Demokratie", 3./4. Dezember 1999, Berlin
Bachrach, Peter 1970: Die Theorie demokratischer Elitenherrschaft, Frankfurt a.M.
Bachrach, Peter/Botwiniek, Aryeh 1992: Power and Empowerment: A Radical Theory of Participatory Democracy, Philadelphia, PA
Bachteler, Tobias 1990: Explaining Democratic Peace: The Evidence from Ancient Greece Revisited, in: JOCR 34, 315-323
Badura, Peter 1987: Die parlamentarische Demokratie, in: Isensee, Josef/Kirchhof, Paul (Hg.), Handbuch des Staatsrechts, Bd. 1, Heidelberg, 953-986
Bagehot, Walter 1963 (1867): The English Constitution, Harmondsworth
Bahro, Horst/Veser, Ernst, 1995: Das semipräsidentielle System – „Bastard" oder Regierungsform sui generes?, in: ZParl 26, 471-485
Bakunin, Michail 1969: Persönliche Beziehungen zu Marx, in: Hillmann, Susanne (Hg.), Gott und der Staat, Reinbek bei Hamburg, 174-190
Ballestrem, Karl G. 1976: Zur politischen Theorie des klassischen englischen Liberalismus, in: PVS 17, 186-207
Ballestrem, Karl G. 1988: ‚Klassische Demokratietheorie'. Konstrukt oder Wirklichkeit?, in: ZfP 35, 33-56
Banks, Arthur S./Day, Alan J./Muller, Thomas C. (Hg.) 1997: Political Handbook of the World: 1997. Governments And Intergovernmental Organizations As Of December 1, 1996, Binghamton, N.Y.
Barber, Benjamin R. 1994 (engl. 1984): Starke Demokratie. Über die Teilhabe am Politischen, Hamburg
Barber, Benjamin R. 1998: A Passion for Democracy, Princeton
Barber, Benjamin R. 1999: Demokratie im Würgegriff. Kapitalismus und Fundamentalismus – eine unheilige Allianz, Frankfurt a.M.
Barker, Ernest 1964 (5. Aufl.): Greek Political Theory. Plato and His Predecessors, London
Barnes, Samuel H./Kaase, Max u.a. 1979: Political Action. Mass Participation in Five Western Democracies, Beverly Hills/London
Barro, Robert J./Sala-i-Martin, Xavier 1995: Economic Growth, New York u.a.
Barro, Robert J. 1996: Democracy and Growth, in: Journal of Economic Growth 1, 1-27
Barro, Robert J. 1997: Determinants of Economic Growth. A Cross-Country Empirical Study, Cambridge, Mass./London
Bartlett, Robert C. 1994: Aristotle's Science of the Best Regime, in: APSR 88, 143-155
Bartsch, Volker 1982: Liberalismus und arbeitende Klassen. Zur Gesellschaftstheorie J. S. Mills, Opladen
Bealey, Frank 1988: Democracy in the Contemporary State, Oxford
Beck, Ulrich 1986: Risikogesellschaft. Auf dem Weg in eine andere Moderne, Frankfurt a.M.

Beck, Ulrich 1995: Die feindlose Demokratie, Stuttgart
Beck, Ulrich 1998: Das Demokratie-Dilemma im Zeitalter der Globalisierung, in: APuZ B38/98, 11. September 1998, 3-11
Beedham, Brian 1996: Full Democracy, in: The Economist December 21, 1996, Survey, 1-14
Beetham, David 1985: Max Weber and the Theory of Modern Politics, Cambridge
Beetham, David 1993: Four theorems about the market and democracy, in: EJPR 23, 187-201
Beetham, David (Hg.) 1994: Defining and Measuring Democracy, London u.a.
Behnke, Joachim 1999: Die politische Theorie des Rational Choice: Anthony Downs, in: Brodocz, André/Schaal, Gary S. (Hg.), Politische Theorien der Gegenwart. Eine Einführung, Opladen, 311-336
Beichelt, Timm 1996: Konsolidierungschancen des russischen Regierungssystems, in: Osteuropa 46, 597-609
Beichelt, Timm 1999: Demokratische Konsolidierung und politische Institutionen im postsozialistischen Europa, Frankfurt a.d.O./Heidelberg: Manuskript
Bellamy, Richard 1993: Joseph A. Schumpeter and his Contemporaries, in: EJPR 23, 117-120
Bellamy, Richard/Castiglione, Dario 1997: Review Article – Constitutionalism and Democracy – Political Theory and the American Constitution, in: BJPS 27, 595-618
Benda, Ernst/Hättich, Manfred 1985: Demokratie, in: Görres-Gesellschaft (Hg.), Staatslexikon. Recht – Wirtschaft – Gesellschaft, Freiburg u.a., 1182-1201
Bendix, Reinhard 1964: Max Weber. Das Werk, München
Benello, C. George/Roussopoulos, Dimitrios (Hg.) 1971: The Case for Participatory Democracy, New York
Benhabib, Seyla (Hg.) 1996: Democracy and difference: contesting the boundaries of the political, Princeton, New Jersey
Benhabib, Seyla/Nicholson, Linda 1987: Politische Philosophie und die Frauenfrage, in: Fetscher, Iring/Münkler, Herfried (Hg.), Pipers Handbuch der politischen Ideen, Bd. 5, München/Zürich, 513-562
Bentley, Arthur F. 1908: The Process of Government. A Study of Social Pressures, Evanston/Ill.
Benz, Arthur 1998: Postparlamentarische Demokratie? Demokratische Legitimation im kooperativen Staat, in: Greven, Michael (Hg.), Demokratie – eine Kultur des Westens?, Opladen, 201-222
Berg-Schlosser, Dirk 1989: Conditions of Democracy in Third World Countries, in: Democracy in the modern world, University of Tampere, 131-160
Berg-Schlosser, Dirk 1994: Demokratisierung in Afrika – Bedingungen und Perspektiven, in: Verfassung und Recht in Übersee 27, 287-308
Berg-Schlosser, Dirk 1998: Voraussetzungen von Demokratie. Staatsbildung, sozio-politische Identitäten, minimaler Wertekonsens, in: Berg-Schlosser, Dirk (Hg.), Politikwissenschaftliche Spiegelungen: Ideendiskurs – institutionelle Fragen – politische Kultur und Sprache, Opladen/Wiesbaden, 119-131
Berg-Schlosser, Dirk 1999: Empirische Demokratieforschung. Exemplarische Analysen, Frankfurt a.M./New York
Berg-Schlosser, Dirk/De Meur, Gisèle 1994: Conditions of Democracy in Inter-War Europe. A Boolean Test of Major Hypotheses, in: CP 26, 253-279

Berg-Schlosser, Dirk/De Meur, Gisèle, 1996: Conditions of Authoritarianism, Fascism, and Democracy in Interwar Europe: Systematic Matching and Contrasting of Cases for „Small N" Analysis, in: CPS 29, 423-468
Berg-Schlosser, Dirk/Kersting, Norbert, 1997: Warum weltweite Demokratisierung? Zur Leistungsbilanz demokratischer und autoritärer Regime, in: Hanisch, Rolf (Hg.), Demokratieexport in die Länder des Südens? Hamburg, 93-144
Berlin, Isaac 1969: Four Essays on Liberty, Oxford
Bermbach, Udo (Hg.) 1973: Theorie und Praxis direkter Demokratie, Opladen
Bermbach, Udo 1986: Liberalismus, in: Fetscher, Iring/Münkler, Herfried (Hg.), Pipers Handbuch der politischen Ideen, Bd. 4, München, 323-368
Bermbach, Udo 1991: Demokratietheorie und politische Institutionen, Opladen
Bermbach, Udo 1994: Direkte Demokratie, in: Holtmann, Everhard (Hg.), Politik-Lexikon, München/Berlin, 130-133
Bermbach, Udo 1995: Ambivalenzen liberaler Demokratie, in: Saage, Richard (Hg.), Das Scheitern diktatorischer Legitimationsmuster und die Zukunftsfähigkeit der Demokratie, Berlin, 289-304
Bermeo, Nancy 1992: Democracy and the Lessons of Dictatorship, in: CP 24, 273-291
Bernholz, Peter/Breyer, Friedrich 1994: Grundlagen der Politischen Ökonomie, Bd. 2: Ökonomische Theorie der Politik, Tübingen
Bernstein, Eduard 1973 (1899): Die Voraussetzungen des Sozialismus und die Aufgaben der Sozialdemokratie, Bonn-Bad Godesberg
Besson, Waldemar/Jasper, Gotthard 1990: Das Leitbild der modernen Demokratie, Bonn
Beyme, Klaus von 1965: Repräsentatives und Parlamentarisches Regierungssystem, in: PVS 6, 145-159
Beyme, Klaus von 1966: Demokratie, in: Kernig, Claus D. (Hg.), Sowjetsystem und demokratische Gesellschaft. Eine vergleichende Enzyklopädie, Bd. 1, Freiburg/Basel/Wien, 1111-1156
Beyme, Klaus von 1970: Die Parlamentarischen Regierungssysteme in Europa, Stuttgart
Beyme, Klaus von 1973: Demokratietheorie und Demokratiemodelle, in: Politische Bildung 6, Nr. 3, 3-53
Beyme, Klaus von 1984: Parteien in westlichen Demokratien, München/Zürich
Beyme, Klaus von 1986: Vorbild Amerika? Der Einfluß der Amerikanischen Demokratie in der Welt, München/Zürich
Beyme, Klaus von 1992a: Die Politischen Theorien der Gegenwart, Opladen
Beyme, Klaus von (Hg.) 1992b: Demokratisierung und Parteiensysteme in Osteuropa (Geschichte und Gesellschaft 18, Nr. 3), Göttingen
Beyme, Klaus von 1993: Die politische Klasse im Parteienstaat, Frankfurt a.M.
Beyme, Klaus von 1994: Systemwechsel in Osteuropa, Frankfurt a.M.
Beyme, Klaus von 1999a: Die parlamentarische Demokratie. Entstehung und Funktionsweise 1789-1999, Opladen/Wiesbaden
Beyme, Klaus von 1999b: Das politische System der Bundesrepublik Deutschland. Eine Einführung, Wiesbaden
Beyme, Klaus von/Schmidt, Manfred G. (Hg.) 1990: Politik in der Bundesrepublik Deutschland, Opladen
Bickford, Susan 1996: The Dissonance Of Democracy. Listening, Conflict, and Citizenship, Ithaca/London

Bien, Günther, Einleitung, in: Aristoteles, Politik, Hamburg, XXIII-LXVI
Biester, Elke/Holland-Cunz, Barbara/Sauer, Birgit (Hg.) 1994: Demokratie oder Androkratie? Theorie und Praxis demokratischer Herrschaft in der feministischen Diskussion, Frankfurt a.M./New York
Billerbeck, Rudolf 1989: Plebiszitäre Demokratie in der Praxis. Zum Beispiel Kalifornien, Berlin
Birch, Anthony H. 1993: The Concepts and Theories of Modern Democracy, London
Blankart, Charles B. 1994: Öffentliche Finanzen in der Demokratie, München
Blanke, Bernhard/Schridde, Henning 1999: Bürgerengagement und Aktivierender Staat. Ergebnisse einer Bürgerbefragung zur Staatsmodernisierung in Niedersachen, in: APuZ 48, B 24-25/99, 11.6.1999, 3-12
Bleicken, Jochen 1994: Die athenische Demokratie, Paderborn u. a.
Bloom, Allan 1997: Rousseau's Critique of Liberal Constitutionalism, in: Orwin, Clifford/Tarcov, Nathan (Hg.) 1997: The Legacy of Rousseau, Chicago, 143-167
Böckenförde, Ernst-Wolfgang 1976: Die Bedeutung der Unterscheidung von Staat und Gesellschaft im demokratischen Sozialstaat der Gegenwart, in: Böckenförde, Ernst-Wolfgang (Hg.), Staat und Gesellschaft, Darmstadt, 395-431
Böckenförde, Ernst-Wolfgang 1987: Demokratie als Verfassungsprinzip, in: Isensee, Josef/Kirchhof, Paul (Hg.), Handbuch des Staatsrechts, Bd. 1, Heidelberg, 887-953
Bollen, Kenneth A. 1979: Political Democracy and the Timing of Development, in: ASR 44, 572-587
Bollen, Kenneth A. 1980: Issues in the Comparative Measurement of Political Democracy, in: ASR 45, 370-390
Bollen, Kenneth A. 1983: World System Position, Dependency, and Democracy: The Cross-National Evidence, in: ASR 48, 468-479
Bollen, Kenneth A. 1990: Political Democracy: Conceptual and Measurement Traps, in: Studies in Comparative International Development 25, 7-24
Bollen, Kenneth A. 1993: Liberal Democracy: Validity and Method Factors in Cross-National Measures, in: American Journal of Political Science 37, 1207-1230
Bollen, Kenneth, A. 1995: Measures of democracy, in: Lipset, Seymour Martin (Hg.), The Encyclopedia of Democracy, London, Bd. III, 817-821
Bollen, Kenneth A./Jackman, Robert W. 1989: Democracy, Stability and Dichotomies, in: ASR 54, 612-621
Bookman, John T. 1992: The Wisdom of the Many: An Analysis of the Arguments of Book III and IV of Aristotle's Politics, in: History of Political Thought 13, 1-12
Bova, Russell 1991: Political Dynamics of the Post-Communist Transition, in: WP 44, 113-138
Bracher, Karl Dietrich 1957: Die Auflösung der Weimarer Republik. Eine Studie zum Problem des Machtverfalls in der Demokratie, Stuttgart
Bracher, Karl Dietrich 1974: Die nationalsozialistische Machtergreifung, Ulm
Bradford, Jones u.a. 1995: Condorcet Winners and the Paradox of Voting: Probability Calculations for Weak Preference Orders, in: APSR 89, 137-144
Bratton, Michael/Van de Walle, Nicolas 1997: Democratic Experiments in Africa. Regime Transitions in Comparative Perspective, Cambridge
Braun, Dietmar 1998: Theorien rationaler Wahl, Opladen

Bredekamp, Horst 1999: Thomas Hobbes visuelle Strategien, Berlin
Breier, Peter 1996: Max Weber. Democratic Politics, Ithaca/London
Brennan, Geoffrey/Lomasky, Loren 1993: Democracy and decision. The pure theory of electoral preference, Cambridge
Breuer, Stefan 1991: Max Webers Herrschaftssoziologie, Frankfurt a.M./New York
Breuer, Stefan 1994: Bürokratie und Charisma, Darmstadt
Brinkley, Alan/Polsby, Nelson W./Sullivan, Kathleen M. (Hg.) 1997: The new Federalist Papers: Essays, Washington D.C.
Brockard, Hans 1977a: Anmerkungen, in: Rousseau, Jean-Jacques, Vom Gesellschaftsvertrag oder Grundsätze des Staatsrechts, Stuttgart, 155-176
Brockard, Hans 1977b: Nachwort, in: Rousseau, Jean-Jacques, Vom Gesellschaftsvertrag oder Grundsätze des Staatsrechts, Stuttgart, 177-232
Brocker, Manfred 1991: Wahlrecht und Demokratie in der politischen Philosophie John Lockes, in: ZfP 38, 47-63
Brunkhorst, Hauke/Niesen, Peter (Hg.) 1999: Das Recht der Republik, Frankfurt a.M.
Brunner, Georg 1979: Vergleichende Regierungslehre, Bd. 1, Paderborn u.a.
Bryce, James 1921: Modern Democracies, 2 Bde., London
Buchanan, James M./Tullok, Gordon 1962: The Calculus of Consent. Logical Foundations of Constitutional Democracy, Ann Arbor
Buchstein, Hubertus 1992a: Perspektiven Kritischer Demokratietheorie, in: Probleme des Klassenkampfs, Nr. 86, 115-136
Buchstein, Hubertus 1992b: Politikwissenschaft und Demokratie, Baden-Baden
Buchstein, Hubertus 1998: Ernst Fraenkel als Klassiker?, in: Leviathan 26, 458-481
Budge, Ian 1996: The new Challenge of Direct Democracy, Cambridge/Oxford
Budge, Ian/Keman, Hans 1990: Parties and Democracy. Coalition Formation and Government Functioning in Twenty States, Oxford u.a.
Budge, Ian/McKay, David (Hg.) 1993: Developing Democracy, London u.a.
Bugiel, Dieter 1987: Das Institut der Volksabstimmung im modernen Verfassungsstaat. Zur Verfassungslage und Rechtspraxis bürgerlicher Sachentscheidsrechte, in: ZParl 18, 394-419
Bugiel, Karsten 1991: Volkswille und repräsentative Entscheidung. Zulässigkeit und Zweckmäßigkeit von Volksabstimmungen nach dem Grundgesetz, Baden-Baden
Bullen, Paul 1996: The Three Dimensions of Aristoteles' Political Ideology, University of Chicago: Dissertation
Bundesamt für Statistik (Hg.) 1996: Statistisches Jahrbuch der Schweiz, Zürich
Bundesverfassungsgericht 1993: Entscheidungen des Bundesverfassungsgerichtes, Bd. 89, 17, 155-213
Bundeszentrale für politische Bildung (Hg.) 1994: Grundwerte der Demokratie im internationalen Vergleich, Bonn
Burgelin, Pierre 1966: Introduction, in: Jean-Jacques Rousseau, Du Contrat Social, hrsg. v. Pierre Burgelin, Paris, 15-27
Burke, Edmund 1986 (1790): Reflections on the Revolution in France, Harmondsworth
Burkhard, Ross E./Lewis-Beck, Michael S. 1994: Comparative Democracy: The Economic Development Thesis, in: APSR 88, 903-910
Bürklin, Wilhelm 1988: Wählerverhalten und Wertewandel, Opladen
Bürklin, Wilhelm/Rebenstorf, Hilke u.a. 1997: Eliten in Deutschland, Opladen

Burnell, Peter/Calvert, Peter 1999: The Resilience of Democracy. Persistent Practise, Durable Idea, London/Portland, OR
Burns, J.H. 1957: J.S. Mill and Democracy, 1829-61, in: Political Studies 5, 158-175 und 281-294
Busch, Andreas 1995: Preisstabilitätspolitik, Opladen
Butler, David/Ranney, Austin (Hg.) 1994: Referendums Around the World, Washington D.C.
Buxton, Julia 1999: Venezuela: Degenerative Democracy, in: Burnell, Peter/Calvert, Peter (Hg.), The Resilience of Democracy. Persistent Practise, Durable Idea, London/Portland, 246-270
Cappai, Gabriela 1994: Modernisierung, Wissenschaft, Demokratie. Untersuchungen zur italienischen Rezeption des Werkes von Max Weber, Baden-Baden
Carroll, Barbara Wake/Carroll, Terrance 1999: The Consolidation of Democracy in Mauritius, in: Burnell, Peter/Calvert, Peter (Hg.), The Resilience of Democracy. Persistent Practise, Durable Idea, London/Portland, 179-197
Casper, Gretchen 1995: Fragile Democracies, London
Casper, Gretchen/Taylor, Michelle M. 1996: Negotiating Democracy: Transitions From Authoritarian Rule, Pittsburgh, Pennsylvania
Castles, Francis G. 1992: Parteien (V): Sozialdemokratische Parteien, in: Schmidt, Manfred G. (Hg.), Die westlichen Länder (Lexikon der Politik, hrsg. v. Dieter Nohlen, Bd. 3), München, 316-325
Castles, Francis G. (Hg.) 1982: The Impact of Parties, Beverly Hills u.a.
Catephores, George 1994: The Imperious Austrian: Schumpeter As Bourgeois Marxist, in: NLR 205, 3-30
Chambers, Simone 1996: Reasonable Democracy. Jürgen Habermas and the Politics of Discourse, Ithaka/New York
Cheibub, José Antonio/Przeworski, Adam 1997: Government Spending and Economic Growth Under Democracy and Dictatorship, in: Breton, Albert u.a. (Hg.), Understanding Democracy. Economic and Political Perspective, Cambridge, 107-124
Chua, Beng-Hunt 1995: Communitarian Ideology and Democracy in Singapore, London
Churchill, Winston S. 1974: Winston S. Churchill: His Complete Speeches, 1897-1963, Vol. VII 1943-1949, hrsg. von Robert Rhodes James, New York/London
Chryssochoou, Dimitris N. 1998: Democracy in the European Union, London/New York
Claeys, Gregory (Hg.) 1987: Der soziale Liberalismus John Stuart Mills, Baden-Baden
Cnudde, Charles F./Neubauer, Deane E. (Hg.) 1969: Empirical Democratic Theory, Chicago
Cohen, Frank S. 1997: Proportional Versus Majoritarian Ethnic Conflict Management in Democracies, in: CPS 30, 607-630
Cohen, Joshua/Rogers, Joel 1992: Secondary Associations and Democratic Governance, in: Politics & Society 20, 393-472
Cohler, Anne M. 1988: Montesquieu's comparative politics and the spirit of American constitutionalism, Lawrence, Kansas
Colomer, Josep Maria 1991: Transitions by Agreement: Modeling the Spanish Way, in: APSR 85, 1283-1302

Colomer, Josep Maria 1996: Introduction, in: Colomer, Josep M. (Hg.), Political Institutions in Europe, London, 1-17
Conradt, David P. 1993: The German Polity, New York/London
Conze, Werner/Lepsius, M. Rainer (Hg.) 1983: Sozialgeschichte der Bundesrepublik Deutschland. Beiträge zum Kontinuitätsproblem, Stuttgart
Cook, Terrence I./Morgan, Patrick M. (Hg.) 1971: Participatory Democracy, San Francisco u.a.
Cooper, Richard N. 1986: Economic Policy in an Interdependent World, Cambridge, Mass.
Coppedge, Michael 1995: Polyarchy, in: Lipset, Seymour Martin (Hg.), The Encyclopedia of Democracy, London, Bd. III, 975-978
Coppedge, Michael/Reinicke, Wolfgang H. 1990: Measuring Polyarchy, in: Studies on Comparative International Development 25, 51-72
Cranston, M. 1968: Introduction to Rousseau – The Social Contract, Harmondsworth, 9-46
Cranston, Maurice 1985 (1957): John Locke. A Biography, Oxford/New York
Crepaz, Markus M.L. 1996: Consensus versus Majoritarian Democracy. Political Institutions and Their Impact on Macroeconomic Performance in Industrial Disputes, in: CPS 29, Nr. 1, 4-26
Cristiano, Thomas 1996: The Rule of the Many. Fundamental Issues in Democratic Theory, Boulder, Colorado
Cutright, Phillips 1963: National Political Development. Its Measurement and Analysis, in: ASR 28, 253-264
Czada, Roland/Lehmbruch, Gerhard 1990: Parteienwettbewerb, Sozialstaatspostulat und gesellschaftlicher Wertewandel, in: Bermbach, Udo/Blanke, Bernhard/ Böhret, Carl (Hg.), Spaltungen der Gesellschaft und die Zukunft des Sozialstaates, Opladen, 55-84
Czempiel, Ernst-Otto 1996: Kants Theorem. Oder: Warum sind die Demokratie (noch immer) nicht friedlich? In: ZIB 3, 79-101
Dachs, Herbert u.a. (Hg.) 1991: Handbuch des politischen Systems Österreichs, Wien
Dahl, Robert A. 1961: Who Governs? Democracy and Power in an American City, New Haven/London
Dahl, Robert A. 1971: Polyarchy. Participation and Opposition, New Haven/London
Dahl, Robert A. 1973 (engl. 1970): Die politische Analyse, München
Dahl, Robert A. 1985: A Preface to Economic Democracy, New Haven/London
Dahl, Robert A. 1989: Democracy and its Critics, New Haven/London
Dahl, Robert A. 1992: The problem of civic competence, in: Journal of Democracy 3, Nr. 4, 5-59
Dahl, Robert A. 1993: Why all democratic countries have mixed economies, in: Nomos 36, 259-282
Dahl, Robert A. 1994: A Democratic Dilemma: System Effectiveness versus Citizen Participation, in: PSQ 109, 23-34
Dahl, Robert A. 1997a: Toward Democracy: A Journey. Reflections: 1940-1997, Berkeley, 2 Bde.
Dahl, Robert A. 1997b: From Personal History to Democratic Theory, in: Dahl, Robert A., Toward Democracy: A Journey. Reflections: 1940-1997, Berkeley, Bd. 1, 3-15

Dahl, Robert A. 1997c (1996 ital.): Polyarchy, in: Dahl, Robert A., Toward Democracy: A Journey. Reflections: 1940-1997, Berkeley, Bd. 1, 93-105

Dahl, Robert A. 1997d (1995): From Immigrants to Citizens: A New Yet Old Challenge to Democracies, in: Dahl, Robert A., Toward Democracy: A Journey. Reflections: 1940-1997, Berkeley, Bd. 1, 229-250

Dahl, Robert A. 1997e ( 1989): The Pseudo-democratization of the American Presidency, in: Dahl, Robert A., Toward Democracy: A Journey. Reflections: 1940-1997, Berkeley, Bd. 2, 753-786

Dahl, Robert A. 1998: On Democracy, New Haven/London

Dahl, Robert A. 1999: Can International Organizations Be Democratic? A Skeptic's View, in: Shapiro, Ian/Hacker-Cordòn, Casiano (Hg.), Democracy's Edges, Cambridge, 19-36

Dahl, Robert/Lindblom, Charles 1953: Politics, economics and welfare: planning and politico-economic systems resolved into basic social processes, New York

Dahlheim, Werner 1994: Die Antike, Paderborn

Dahrendorf, Ralf 1968a: Die angewandte Aufklärung, Frankfurt a.M.

Dahrendorf, Ralf 1968b: Gesellschaft und Demokratie in Deutschland, München

Dahrendorf, Ralf 1983: Die Chancen der Krise. Über die Zukunft des Liberalismus, Stuttgart

Dahrendorf, Ralf 1988: Auf den Wähler kommt es an, in: DIE ZEIT, Nr. 34 v. 19.8.1988, 3

Dahrendorf, Ralf 1992a: Tradition und Wandel, in: DIE ZEIT, Nr. 9 v. 21.2.1992, 53

Dahrendorf, Ralf 1992b: Democracy and Modernity: Notes on the European Experience, in: Eisenstadt, Samuel N. (Hg.), Democracy and Modernity, Leiden u.a., 15-20

Dalton, Russell J. 1988: Citizen Politics in Western Democracies. Public Opinion and Political Parties in the United States, Great Britain, West Germany, and France, Chatham N.J.

Dalton, Russell J. 1989: Politics in West Germany, Glenview, Ill.

Dalton, Russel J. 1999: Political Support in Advanced Industrial Democracies, in: Norris, Pippa (Hg), Critical Citizens. Global Support for Democratic Government, Oxford u.a., 57-77

Demandt, Alexander 1993: Der Idealstaat, Berlin

Deppe, Rainer/Dubiel, Helmut/Rödel, Ulrich (Hg.) 1991: Demokratischer Umbruch in Osteuropa, Frankfurt a.M.

Depenheuer, Otto 1994: Setzt Demokratie Wohlstand voraus?, in: Der Staat 33, 329-350

Desgraves, Louis 1992 (franz. 1986): Montesquieu, Frankfurt a.M.

Dettling, Warnfried 1996: Utopie und Katastrophe – Die Demokratie am Ende des 20. Jahrhunderts, in: Weidenfeld, Werner (Hg.), Demokratie am Wendepunkt. Die demokratische Frage als Projekt des 21. Jahrhunderts, Berlin, 101-120

Diamond, Larry 1992: Economic Development and Democracy Reconsidered, in: Marks, Gary/Diamond, Larry (Hg.), Reexamining Democracy, Newbury Park u.a., 93-139

Diamond, Larry/Linz, Juan J./Lipset Seymour Martin (Hg.) 1988/89: Democracy in Developing Countries, 4 Bde., Boulder Col./London

Diamond, Larry/Plattner, Marc F. (Hg.) 1994: Nationalism, Ethnic Conflict, and Democracy, Baltimore

Dienel, Peter C. 1997: Die Planungszelle. Alternativen zur Establishment-Demokratie, Opladen
Di Fabio, Udo 1998: Das Recht offener Staaten, Tübingen
Di Fabio, Udo 1999: Was der Staatenbund leisten kann. Europa ist auf dem Weg in die Mehrebenendemokratie, in: FAZ Nr. 79, 6.4.1999, 11
Dinan, Desmond (Hg.) 1998: Encyclopedia of the European Union, London and Basingstoke
DiPalma, Guiseppe 1990: To Craft Democracies. An Essay on Democratic Transitions, Berkeley u.a.
Dittrich, Walter 1992: Mitbestimmungspolitik, in: Schmidt, Manfred G. (Hg.), Die westlichen Länder (Lexikon der Politik, hrsg. von Dieter Nohlen, Bd. 3), München, 252-259
Dix, Robert H. 1994: History and Democracy Revisited, in: CP 27, 91-105
Dixon, Williain J. 1993: Democracy and the Management of International Conflict, in: JOCR 37, 42-68
Dobbs, Darrell 1996: Family Matters: Aristotle's Appreciation of Women and the Plural Structure of Society, in: APSR 90, 74-89
Döring, Herbert (Hg.) 1995a: Parlament And Majority Rule in Western Europe, Frankfurt a.M./New York
Döring, Herbert 1995b: Time as a Scarce Resource: Government Control of the Agenda, in: Döring, Herbert (Hg.), Parlament And Majority Rule in Western Europe, Frankfurt a.M./New York, 223-247
Döring, Herbert 1997: Parlamentarismus, Präsidentialismus und Staatstätigkeit, in: WeltTrends Nr. 16, 143-170
Doh, Chull Shin 1994: On the Third Wave of Democratization, in: WP 47, 135-170
Downs, Anthony 1957a: An Economic Theory of Democracy, New York (deutsch: Ökonomische Theorie der Politik, Tübingen 1968)
Downs, Anthony 1957b: An Economic Theory of Political Action in a Democracy, in: Journal of Political Economy 65, Nr. 2, 135-150
Downs, Anthony 1959: Dr. Rogers' methodological difficulties – A reply to his critical note, in: APSR 53, 1094-1097
Downs, Anthony 1960: Why the Government Budget is too Small in a Democracy, in: WP 12, 541-563
Downs, Anthony 1961: In Defense of Majority Voting, in: Journal of Political Economy 19, Nr. 2, 192-199
Downs, Anthony 1967: Inside Bureaucracy, Boston, Mass.
Downs, Anthony 1972: Up and Down with Ecology – the „Issue-Attention Cycle", in: The Public Interest 28, Sommer, 38-50
Downs, Anthony 1995: The Origins of An Economic Theory of Democracy, in: Grofman, Bernard (Hg.), Information, Participation & Choice, Ann Arbor, 197-200
Downs, Anthony 1998: Confessions of an Economic Theorist and Urban Policy Analysts, in: Downs, Anthony: Political Theory and Public Choice. The Selected Essays of Anthony Downs, Cheltenham/Northampton, Mass., Bd. 1, ix-xviii
Dreher, Martin 1993: Einleitung, in: Aristoteles, Der Staat der Athener, Leipzig, 5-30
Dreier, Volker 1993: Zur Logik politikwissenschaftlicher Theorien, Bern u.a.
Drexl, Josef u.a. (Hg.) 1999: Europäische Demokratie, Baden-Baden
Dryzek, John S. 1989: Policy sciences of democracy, in: Polity 22, Nr. 1, 97-118

Dryzek, John S. 1996a: Democracy in Capitalist Times. Ideals, Limits, and Struggles, New York/Oxford
Dryzek, John S. 1996b: Political Inclusion and the Dynamics of Democratization, in: APSR 90, 475-487
Dryzek, John S./Berejikian, Jeffrey 1993: Reconstructive Democratic Theory, in: APSR 87, 48-60
Dubiel, Helmut 1990: Zivilreligion in der Massendemokratie?, in: Soziale Welt 41, 125-143
Duch, Raymond M. 1995: Economic Chaos and the Fragility of Democratic Transition in Former Communist Regimes, in: The Journal of Politics 57, 121-158
Duncan, Graeme 1973: Marx and Mill,Cambridge u.a.
Duncan, Graeme/Lukes, Steven 1963: The New Democracy, in: Political Studies 11, 156-177
Durkheim, Emile 1953 (franz. 1893): Montesquieu et Rousseau, Paris
Duverger, Maurice 1959: Die politischen Parteien, Tübingen
Duverger, Maurice 1980: A New Political System Model: Semi-Presidential Government, in: EJPR 8, 165-187
Duverger, Maurice 1990: Le système politique français, Paris
Easton, David 1965: A Framework for Political Analysis, Englewood Cliffs, N.J.
Easton, David/Dennis, Jack 1969: Children in the Political System. Origins Of Political Legitimacy, New York u.a.
Eberwein, Wolf-Dieter 1992: Ewiger Friede oder Anarchie? Demokratie und Krieg, Wissenschaftszentrum Berlin für Sozialforschung.
Eckstein, Harry 1966: A Theory of Stable Democracy, Princeton
Economist 1997: The World Economy – the Future of the State, in: The Economist, September 20, 1997, Special Survey, 1-56
Edelman, Murray 1976: Politik als Ritual, Frankfurt a.M./New York
Edelman, Murray 1988: Constructing the Political Spectacle, Chicago/London
Eder, Walter (Hg.) 1995: Die athenische Demokratie im 4. Jahrhundert v. Chr., Stuttgart
Eichenberger, Reiner 1999: Mit direkter Demokratie zu besserer Wirtschafts- und Finanzpolitik: Theorie und Empirie, in: Arnim, Hans Herbert von (Hg.), Adäquate Institutionen: Voraussetzungen für „gute" und bürgernahe Politik?, Berlin, 259-288
Eichener, Volker 1998: Wie demokratisch ist die Europäische Union? Bochum (unveröff.. Manuskript)
Eisenstadt, Abraham S. (Hg.) 1988: Reconsidering Tocqueville's Democracy in America, New Brunswick/London
Eisenstadt, Samuel N. 1992a: Introduction, in: Eisenstadt, Samuel N. (Hg.), Democracy and Modernity, Leiden u.a., vii-xii.
Eisenstadt, Samuel N. (Hg.) 1992b: Democracy and Modernity, Leiden u.a.
Ekiert, Grzegorz 1991: Democratization Processes in East Central Europe: A Theoretical Reconsideration, in: BJPS 21, 285-313
Eliaeson, Sven 1998: Max Weber and Plebiscitary Democracy, in: Schroeder, Ralph (Hg.), Max Weber, Democracy and Modernization, New York, 47-60
Ellwein, Thomas/Hesse, Joachim Jens 1987: Das Regierungssystem der Bundesrepublik Deutschland, Opladen

Ellwein, Thomas/Holtmann, Everhard (Hg.) 1999: 50 Jahre Bundesrepublik Deutschland (PVS Sonderheft 30/99), Opladen

Elster, Jon 1986: The Market and the Forum: Three Varieties of Political Theory, in: Elster, Jon/Hylland, Aanund (Hg.), Foundations of Social Choice Theory, Cambridge/London/New York, 103-132

Engels, Friedrich 1958 (1845/46): Das Fest der Nationen in London, in: MEW Bd. 2, Berlin, 611-624

Engels, Friedrich 1971 (1884): Der Ursprung der Familie, des Privateigentums und des Staats, in: Marx, Karl – Friedrich Engels – Ausgewählte Schriften in zwei Bänden, Bd. 2, Berlin-Ost, 155-301

Epple-Gass, Ruedi 1988: Friedensbewegung und direkte Demokratie in der Schweiz, Frankfurt a.M.

Epstein, David F. 1984: The political theory of the Federalist, Chicago

Erdmann, Heinrich 1998: Neopluralismus und institutionelle Gewaltenteilung. Ernst Fraenkels pluralistische Parteienstaatstheorie als Theorie parlamentarisch-pluralistischer Demokratie, Opladen

Ersson, Swante/Lane, Jan-Erik 1997: Democracy and Development: A Statistical Exploration, in: Leftwich, Adrian (Hg.), Democracy and Development. Theory and Practice, Cambridge, 45-73

Eschenburg, Theodor 1955: Herrschaft der Verbände?, Stuttgart

Eschenburg, Theodor 1976: Tocquevilles Wirkung in Deutschland, in: de Tocqueville, Alexis, Über die Demokratie in Amerika, München, 879-932

Esping-Andersen, Gösta 1985: Politics against Markets. The Social Democratic Road to Power, Princeton, New Jersey

Esping-Andersen, Gösta 1990: The Three Worlds of Welfare Capitalism, Cambridge

Euchner, Walter 1969: Naturrecht und Politik bei John Locke, Frankfurt a. M.

Euchner, Walter 1982: Karl Marx, München

Euchner, Walter 1989: Einleitung des Herausgebers, in: Locke, John, Zwei Abhandlungen über die Regierung, Frankfurt a.M., 9-50

Euchner, Walter 1992: Karl Kautskys Beitrag zum Demokratieverständnis der SPD, in: Rojahn, Jürgen/Schelz, Till/Steinberg, Hans-Josef (Hg.), Marxismus und Demokratie. Karl Kautskys Bedeutung in der sozialistischen Arbeiterbewegung, Frankfurt a.M./New York, 220-232

Eucken, Christoph 1990: Der aristotelische Demokratiebegriff und sein historisches Umfeld, in: Patzig, Günther (Hg.), Aristoteles, „Politik", Göttingen, 277-291

Evers, Tilman 1991: Volkssouveränität im Verfahren. Zur Verfassungsdiskussion über direkte Demokratie, in: APuZ B 23/9l, 3-15

Fach, Wolfgang 1994: Der Zeuge Tocqueville, in: Zahlmann, Christel (Hg.): Kommunitarismus in der Diskussion, Frankfurt a.M., 42-47

Falk, Berthold 1968: Montesquieu, in: Maier, Hans/Rausch, Heinz/Denzer, Horst (Hg.), Klassiker des politischen Denkens, München, Bd. 2, 53-74

Falter, Jürgen W./Klein, Markus/Schumann, Siegfried 1994: Politische Konflikte, Wählerverhalten und die Struktur des Parteienwettbewerbs, in: Gabriel, Oscar W./Brettschneider, Frank (Hg.), Die EU-Staaten im Vergleich: Strukturen, Prozesse, Politikinhalte, Opladen, 194-220

Fears, J.R. 1973: Rezension von Moses I. Finley, The Ancient Economy, in: AAAPSS Nr. 410, 197-198

Feindt, Peter Henning 1997: Kommunale Demokratie in der Umweltpolitik. Neue Beteiligungsmodelle, in: APuZ B 27/97, 39-46
Feld, Scott L./Grofman, Bernhard 1988: Ideological Consistency as a Collective Phenomenon, in: APSR 82, 773-788
Femia, Joseph V. 1993: Marxism and Democracy, Oxford
Ferguson, Thomas 1995: Golden Rule. The Investment Theory of Party Competition and the Logic of Money-Driven Political Systems, Chicago/London
Fetscher, Iring 1968: Rousseaus Politische Philosophie. Zur Geschichte des demokratischen Freiheitsbegriffs, Neuwied
Fetscher, Iring 1970: Die Demokratie. Grundfragen und Erscheinungsformen, Stuttgart u.a.
Fetscher, Iring 1973: Demokratie zwischen Sozialdemokratie und Sozialismus, Stuttgart u.a.
Fetscher, Iring 1984: Wieviel Konsens gehört zur Demokratie?, in: Guggenberger, Bernd/ Offe, Claus (Hg.), An den Grenzen der Mehrheitsdemokratie, Opladen, 196-206
Fetscher, Iring 1985: Politisches Denken im Frankreich des 18. Jahrhunderts vor der Revolution, in: Fetscher, Iring/Münkler, Herfried (Hg.), Pipers Handbuch der politischen Ideen, Bd. 3: Neuzeit: Von den Konfessionskriegen bis zur Aufklärung, München, 423-528
Fickentscher, Wolfgang 1993: Demokratie – Eine Einführung, München
Fijalkowski, Jürgen 1989: Vorwort, in: Billerbeck, Rudolf, Plebiszitäre Demokratie in der Praxis, Berlin, 7-12
Fijalkowski, Jürgen 1993: Erfahrungen mit Volksabstimmungen zu Sachfragen – Erfordernisse und Ergebnisse kategorialer Differenzierung, in: Klingemann, Hans-Dieter/Luthardt, Wolfgang (Hg.), Wohlfahrtsstaat, Sozialstruktur und Verfassungsanalyse, Opladen, 147-167
Finer, Samuel E. 1997: The History of Government from the Earliest Times, Oxford, 3 Bde.
Finley, Moses I. 1980: Antike und moderne Demokratie, Stuttgart
Finley, Moses I. 1991 (engl. 1983): Das politische Leben in der antiken Welt, München
Fishkin, James S. 1991: Democracy and Deliberation, New Haven/London
Fitzgibbon, Russell H. 1951: Measurement of Latin-American Political Phenomena: A Statistical Experiment, in: APSR 45, 517-523
Flathman, Richard E. 1993: Thomas Hobbes: Skepticism, Individuality and Chastened Politics, Newbury Park u.a.
Flora, Peter u.a. 1983: State, Economy, and Society in Western Europe 1815-1975, Bd. 1, Frankfurt a.M./New York
Forschner, Maximilian 1988: Rousseau: Du Contract Social ou Principes du Droit Politique, in: Kindlers Neues Literatur Lexikon, Bd. 14, München, 388-390
Forsthoff, Ernst 1933: Der totale Staat, Heidelberg
Forsthoff, Ernst 1951: Zur Einführung, in: Montesquieu, Vom Geist der Gesetze, hrsg. v. Ernst Forsthoff, Bd. 1, Tübingen, V-LVI
Forsthoff, Ernst (Hg.) 1968: Rechtsstaatlichkeit und Sozialstaatlichkeit, Darmstadt
Forsthoff, Ernst 1971: Der Staat der Industriegesellschaft. Dargestellt am Beispiel der Bundesrepublik Deutschland, München

Forsthoff, Ernst 1976 (1954): Verfassungsprobleme des Sozialstaates, in: Forsthoff, Ernst, Rechtsstaat im Wandel. Verfassungsrechtliche Abhandlungen 1954-1973, München, 50-64

Fraenkel, Ernst 1981 (1960): Das amerikanische Regierungssystem. Eine politologische Analyse, Opladen

Fraenkel, Ernst 1984 (1940): Der Doppelstaat. Recht und Justiz im Dritten Reich, Frankfurt a.M.

Fraenkel, Ernst 1991 (1964): Deutschland und die westlichen Demokratien. Mit einem Nachwort über Leben und Werk Ernst Fraenkels, hrsg. v. Alexander von Brünneck, Frankfurt a.M.

Fraenkel, Ernst 1991a (1960): Deutschland und die westlichen Demokratien, in: Fraenkel, Ernst, Deutschland und die westlichen Demokratien, Frankfurt a.M., 48-67

Fraenkel, Ernst 1991b (1958): Die repräsentative und plebiszitäre Komponente im demokratischen Verfassungsstaat, in: Fraenkel, Ernst, Deutschland und die westlichen Demokratien, Frankfurt a.M., 153-203

Fraenkel, Ernst 1991c (1964): Der Pluralismus als Strukturelement der freiheitlich-rechtsstaatlichen Demokratie, in: Fraenkel, Ernst, Deutschland und die westlichen Demokratien, Frankfurt a.M., 297-325

Fraenkel, Ernst 1991d (1969): Strukturanalyse der modernen Demokratie, in: Fraenkel, Ernst, Deutschland und die westlichen bemokratien, Frankfurt a.M., 326-359

Fraenkel, Ernst 1991e (1963): Demokratie und öffentliche Meinung, in: Fraenkel, Ernst, Deutschland und die westlichen Demokratien, Frankfurt a.M., 232-260

Fraenkel, Ernst 1999: Gesammelte Schriften. Bd. 1. Recht und Politik in der Weimarer Republik, hrsg. von Alexander von Brüneck, Hubertus Buchstein, Gerhard Göhler

Frede, Dorothea 1997: Die ungerechten Verfassungen und die ihnen entsprechenden Menschen (Buch VIII 543a-IX 576b), in: Höffe, Otfried (Hg.), Platon – Politeia, Berlin, 251-270

Freedom House 1990: Freedom in the World. The Annual Survey of Political Rights & Civil Liberties 1989-1990, New York

Freedom House 1991: Freedom in the World. The Annual Survey of Political Rights & Civil Liberties 1990-1991, New York

Freedom House 1992: Freedom in the World. The Annual Survey of Political Rights & Civil Liberties 1991-1992, New York

Freedom House 1993: Freedom in the World. The Annual Survey of Political Rights & Civil Liberties 1992-1993, New York

Freedom House 1994: Freedom in the World. The Annual Survey of Political Rights & Civil Liberties 1993-1994, New York

Freedom House 1995: Freedom in the World. The Annual Survey of Political Rights & Civil Liberties 1994-1995, New York

Freedom House 1996: Freedom in the World. The Annual Survey of Political Rights & Civil Liberties 1995-1996, New York

Freedom House 1997: Freedom in the World. The Annual Survey of Political Rights & Civil Liberties 1996-1997, New York

Freedom House 1998: Freedom in the World. The Annual Survey of Political Rights & Civil Liberties 1997-1998, New York

Freedom House 1999: Freedom in the World. The Annual Survey of Political Rights & Civil Liberties 1998-1999, New York
Freitag, Markus 1999: Politik und Währung. Ein internationaler Vergleich, Bern/Stuttgart/Wien
Frey, Bruno S. 1978: Moderne Politische Ökonomie, München
Frey, Bruno S. 1992: Efficiency and Democratic Political Organization: The Case for the Referendum, in: JOPP 12, 209-222
Frey, Bruno S. 1994: Direct Democracy: Politico-Economic Lessons from Swiss Experience, in: The American Economic Review 84, Nr. 2, 388-342
Frey, Bruno S./Kirchgässner, Gebhard 1994: Demokratische Wirtschaftspolitik, München
Friedman, Edward (Hg.) 1994: The Politics of Democratization. Generalizing East Asian Experiences, Boulder Col. u.a.
Friedrich, Carl Joachim 1953: Der Verfassungsstaat der Neuzeit, Berlin u.a.
Friedrich, Carl Joachim 1966: Demokratie als Herrschafts- und Lebensform, Heidelberg
Fromme, Friedrich Karl 1962: Von der Weimarer Verfassung zum Bonner Grundgesetz. Die verfassungspolitischen Folgerungen des Parlamentarischen Rates aus Weimarer Republik und nationalsozialistischer Diktatur, Tübingen
Fromme, Friedrich Karl 1970: Der Demokratiebegriff des Grundgesetzgebers, in: Die Öffentliche Verwaltung, Nr. 15/16, 518-526
Fuchs, Dieter 1989: Die Unterstützung des politischen Systems der Bundesrepublik Deutschland, Opladen
Fuchs, Dieter 1993: Eine Metatheorie des demokratischen Prozesses, Wissenschaftszentrum Berlin für Sozialforschung
Fuchs, Dieter 1999: The Democratic Culture of Unified Germany, in: Norris, Pippa (Hg), Critical Citizens. Global Support for Democratic Government, Oxford u.a., 123-145
Fuchs, Dieter/Roller, Edeltraud 1994: Cultural Conditions of the Transformation to Liberal Democracies in Central and Eastern Europe, Wissenschaftszentrum für Sozialforschung Berlin
Fukuyama, Francis 1992: The End of History, New York
Fukuyama, Francis 1995: Confucianism and Democracy, in: Journal of Democracy 6, Nr. 2, 20-33
Funke, Manfred/Jacobsen, Hans-Adolf/Knütter, Hans-Helmuth/Schwarz, Hans-Peter (Hg.) 1987: Demokratie und Diktatur, Bonn
Furet, Francois 1981: Préface, in: De Tocqueville, Alexis, De la Démocratie en Amérique, Paris, 6-46
Gabriel, Oscar W. 1986: Politische Kultur, Postmaterialismus und Materialismus in der Bundesrepublik Deutschland, Opladen
Gabriel, Oscar W. 1987: Demokratiezufriedenheit und demokratische Einstellungen in der Bundesrepublik Deutschland, in: APuZ B 22/87, 32-44
Gabriel, Oscar W. 1994: Politische Einstellungen und politische Kultur, in: Gabriel, Oscar W./Brettschneider, Frank (Hg.), Die EU-Staaten im Vergleich, Opladen, 96-133
Gabriel, Oscar W. 1999: Demokratie in der Vereinigungskrise? Einstellungen zur Demokratie im vereinigten Deutschland, in: ZPol 9, 827-862

Gabriel, Oscar W./Hoffmann-Martinot, Vincent/Savitch, Hank V. (Hg.) 2000: Urban Democracy, Opladen

Gallagher, Michael 1996: Conclusion, in: Gallagher, Michael/Uleri, Pier Vincenzo (Hg.), The Referendum Experience in Europe, London/New York, 226-252

Gallagher, Michael/Laver, Michael/Mair, Peter 1995: Representative Government in Western Europe, New York u.a.

Gallagher, Michael/Uleri, Pier Vincenzo (Hg.) 1996: The Referendum Experience in Europe, London/New York

Garrett, Geoffrey 1998: Partisan Politics in the Global Economy, Cambridge Mass.

Gasiorowski, Mark 1990: The Political Regimes Project, in: Studies in Comparative International Development 25, 109-125

Gasiorowski, Marc J. 1995: Economic Crisis and Political Regime Change: An Event History Analysis, in: APSR 89, 882-897

Gaskin, Katharine/Smith, Justin Davis/Paulwitz, Irmtraud u.a. 1996: Ein neues bürgerschaftliches Europa. Eine Untersuchung zur Verbreitung und Rolle von Vonlunteering in zehn Ländern, Robert-Bosch-Stiftung (Hg.), Freiburg i.Br.

Gastil, Raymond Duncan 1990: The Comparative Survey of Freedom: Experiences and Suggestions, in: Studies in Comparative International Development 25, 25-50

Gauchet, Marcel 1990: Tocqueville, Amerika und wir. Über die Entstehung der demokratischen Gesellschaften, in: Rödel, Ulrich (Hg.), Autonome Gesellschaft und libertäre Demokratie, Frankfurt a.M.

Gebhardt, Jürgen 1991: Direkt-demokratische Institution und repräsentative Demokratie im Verfassungsstaat, in: APuZ B 23/9l, 16-30

Gehrke, Hans-Joachim 1999: Kleine Geschichte der Antike, München

Geiger, Theodor 1948: Klassengesellschaft im Schmelztiegel, Köln/Hagen.

Gellner, Wienand 1996: Die Blockade der politischen Gewalten in den USA, in: APuZ 46, B 8-9/96, 3-10

Gellner, Wienand/von Korff, Fritz (Hg.) 1998: Demokratie und Internet, Baden-Baden

Genschel, Philipp 1998: Markt und Staat in Europa, in: PVS 39, 55-79

Gerlich, Peter/Plasser, Fritz/Ulram, Peter A. (Hg.) 1992: Regimewechsel. Demokratisierung und politische Kultur in Ost- und Mitteleuropa, Wien u.a.

Germann, Raimund E. 1976: Der Bürger in der Konkordanzdemokratie, in: Civitas 31, Nr. 7

Germann, Raimund E. 1991: Aufnahme plebiszitärer Elemente ins deutsche Grundgesetz: Was lehren die schweizer Erfahrungen?, in: Jahrbuch für Politik, 1. Halbband, 219-238

Gerth, H.H./Wright Mills, C. 1991 (1948): Introduction: The Man And His Work, in: Gerth, H.H./Wright Mills, C. (Hg.), From Max Weber: Essays in Sociology, London, 3-74

Geyer, Dietrich 1992: Der Zerfall der Sowjetunion in historischer Perspektive. Bei aller Einmaligkeit Parallelen zwischen 1917 und 1991, in: Der Bürger im Staat 42, Nr. 2, 82-85

Giddens, Anthony 1997: Jenseits von Links und Rechts, Frankfurt a.M.

Giddens, Anthony 1999: Der dritte Weg. Die Erneuerung der sozialen Demokratie, Frankfurt a.M.

Gilden, Hilail 1983: Rousseau's Social Contract: The Design of the Argument, Cambridge

Gills, Barry/Rocamora, Joel 1992: Low intensity democracy, in: Third World Quarterly 13, 501-523
Gindulis, Edith 1999: Die Bestimmungsfaktoren der Gesetzgebung zum Schwangerschaftsabbruch im westeuropäischen Vergleich, Universität Bremen Fachbereich 8: Diplomarbeit
Githens, Marianne/Norris, Pippa/Lovenduski, Joni (Hg.) 1994: Different Roles, Different Voices. Women and Politics in the United States and Europe, New York
Glaeßner, Gert-Joachim 1991: Der schwierige Weg zur Demokratie. Vom Ende der DDR zur deutschen Einheit, Opladen
Glaeßner, Gert-Joachim 1999: Demokratie und Politik in Deutschland, Opladen
Gleditsch, Nils Petter 1992: Democracy and Peace, in: JPR 29, 369-376
Gleditsch, Nils Petter/Hegre, Havard 1997: Peace and Democracy. Three Levels of Analysis, in: JOCR 41, 283-310
Gleditsch, Nils Petter/Risse-Kappen, Thomas (Hg.) 1995: Democracy and Peace (European Journal of International Relations 1, Nr. 4), London u.a.
Gleditsch, Kristian S./Ward, Michael D., 1997: A Reexamination of Democracy and Autocracy in Modern Polities, in: JOCR 41, 361-383
Glum, Friedrich 1956: Jean-Jacques Rousseau – Religion und Staat, Stuttgart u.a.
Gneuss, Christian/Kocka, Jürgen (Hg.) 1988: Max Weber. Ein Symposium, München
Göhler, Gerhard 1986: Vom Sozialismus zum Pluralismus. Politiktheorie und Immigrationserfahrung bei Ernst Fraenkel, in: PVS 27, 6-27
Göhler, Gerhard/Klein, Ansgar 1991: Politische Theorien des 19. Jahrhunderts, in: Lieber, Hans-Joachim (Hg.), Politische Theorien von der Antike bis zur Gegenwart, Bonn, 259-656
Goldberg, Robert 1995: Theory, Ancient, in: Lipset, Seymour Martin (Hg.), The Encyclopedia of Democracy, Bd. IV, 1240-1247
Goldie, Marc 1985: Absolutismus, Parlamentarismus und Revolution in England, in: Fetscher, Iring/Münkler, Herfried (Hg.), Pipers Handbuch der politischen Ideen, Bd. 3, München und Zürich 1985, 275-352
Goldie, Marc (Hg.) 1997: Locke. Political Essays, Cambridge u.a.
Goldie, Marc 1997: Introduction, in: Goldie, Marc (Hg.), Locke. Political Essays, Cambridge u.a., vi-xxvii
Good, Kenneth 1999: Enduring Elite Democracy in Botswana, in: Burnell, Peter/Calvert, Peter (Hg.), The Resilience of Democracy. Persistent Practise, Durable Idea, London/Portland, 50-66
Gould, Carol C. 1990: Rethinking Democracy. Freedom and social cooperation in politics, economy, and society, Cambridge u.a.
Grande, Edgar 1996: Demokratische Legitimation und europäische Integration, in: Leviathan 24, 339-360
Greiffenhagen, Martin (Hg.) 1973a: Demokratisierung in Staat und Gesellschaft, München/Zürich
Greiffenhagen, Martin 1973b: Einleitung, in: Greiffenhagen, Martin (Hg.), Demokratisierung in Staat und Gesellschaft, München/Zürich, 11-44
Greven, Michael Th. 1977: Parteien und politische Herrschaft, Meisenheim.
Greven, Michael Th. 1993: Ist die Demokratie modern? Zur Rationalitätskrise der politischen Gesellschaft, in: PVS 34, 399-413
Greven, Michael Th. 1994: Kritische Theorie und historische Politik, Opladen

Greven, Michael Th. 1998: Einführungsvortrag: Demokratie – eine Kultur des Westens?, in: Greven, Michael Th. (Hg.), Demokratie – eine Kultur des Westens? 20. Wissenschaftlicher Kongreß der Deutschen Vereinigung für Politische Wissenschaft, Opladen, 19-36

Greven, Michael Th. 1999a: Die politische Gesellschaft, Opladen

Greven, Michael Th. 1999b: Die fehlende Demokratietheorie der Kritischen Theorie, in: Merkel, Wolfgang/Busch, Andreas (Hg.) 1999, Demokratie in Ost und West. Für Klaus von Beyme, Frankfurt a.M., 73-89

Greven, Michael Th./Schmalz-Bruns, Rainer (Hg.) 1999: Politische Theorie – heute, Baden-Baden

Grofman, Bernard (Hg.) 1995a: Information, Participation & Choice, Ann Arbor

Grofman, Bernard 1995b: Toward an Institution-Rich Theory of Political Competition with a Supply Side Component, in: Grofman, Bernard (Hg.), Information, Participation & Choice, Ann Arbor, 179-196

Grote, Rainer 1996: Direkte Demokratie in den Staaten der Europäischen Union, in: Staatswissenschaft und Staatspraxis 7, 317-363

Groth, Alexander J. 1999: Democracies Against Hitler. Myth, Reality and Prologue, Aldershot, Hamshire

Groth, Alexander J. u.a. 1993: Welfare-military trade-offs among oligarchies and polyarchies. Some cross-sectional aspects, in: Coexistence 30, 289-302

Grözinger, Gerd/Panther, Stephan (Hg.) 1998: Konstitutionelle Politische Ökonomie, Marburg

Grube, Frank/Richter, Gerhard (Hg.) 1975: Demokratietheorien. Konzeptionen und Kontroversen, Hamburg

Gschnitzer, Fritz 1995 (1986): Von der Fremdartigkeit griechischer Demokratie, in: Kinzl, Konrad H. (Hg.), Demokratia. Der Weg zur Demokratie bei den Griechen, Darmstadt, 412-431

Guggenberger, Bernd 1984: An den Grenzen der Mehrheitsdemokratie, in: Guggenberger, Bernd/Offe, Claus (Hg.), An den Grenzen der Mehrheitsdemokratie. Politik und Soziologie der Mehrheitsregel, Opladen, 184-195

Guggenberger, Bernd 1995: Demokratie/Demokratietheorie, in: Nohlen, Dieter (Hg.), Wörterbuch Staat und Politik, München/Zürich, 80-90

Guggenberger, Bernd/Offe, Claus (Hg.) 1984: An den Grenzen der Mehrheitsdemokratie. Politik und Soziologie der Mehrheitsregel, Opladen

Gurr, Ted Robert/Jaggers, Keith/Moore, Will H. 1990: The Transformation of the Western State: The Growth of Democracy, Autocracy, and State Power since 1800, in: Studies in Comparative International Development 25, 73-108

Gustavsson, Sverker 1998: Defending the democratic deficit, in: Weale, Albert/Nentwich, Michael (Hg.), Political Theory and the European Union. Legitimacy, Constitutional Choice and Citizenship, London/New York, 63-80

Gutmann, Amy 1993: Democracy, in: Goodin, Robert E./Pettit, Philip (Hg.), Companion to Contemporary Political Philosophy, Oxford/Cambridge, Mass., 411-421

Habermas, Jürgen 1973: Legitimationsprobleme im Spätkapitalismus, Frankfurt a.M.

Habermas, Jürgen 1981: Theorie des kommunikativen Handelns, 2 Bde., Frankfurt a.M.

Habermas, Jürgen 1992a: Drei normative Modelle der Demokratie: Zum Begriff deliberativer Politik, in: Münkler, Herfried (Hg.), Die Chancen der Freiheit. Grundprobleme der Demokratie, München/Zürich, 11-24

Habermas, Jürgen 1992b: Faktizität und Geltung. Beiträge zur Diskurstheorie des Rechts und des demokratischen Rechtsstaats, Frankfurt a.M.
Habermas, Jürgen u.a. 1969 (1960): Student und Politik. Eine soziologische Untersuchung zum politischen Bewußtsein Frankfurter Studenten, Neuwied/Berlin
Habermas, Jürgen 1999a: Die Einbeziehung des Anderen. Studien zur Politischen Theorie, Frankfurt a.M.
Habermas, Jürgen 1999b: Drei normative Modelle der Demokratie, in: Habermas, Jürgen, Die Einbeziehung des Anderen. Studien zur Politischen Theorie, Frankfurt a. M., 277-292
Habermas, Jürgen 1999c: Über den internen Zusammenhang von Rechtsstaat und Demokratie, in: Habermas, Jürgen, Die Einbeziehung des Anderen. Studien zur Politischen Theorie, Frankfurt a. M., 293-308
Habermas, Jürgen 1999d: Der europäische Nationalstaat – zur Vergangenheit und Zukunft von Souveränität und Staatsbürgerschaft, in: Habermas, Jürgen, Die Einbeziehung des Anderen. Studien zur Politischen Theorie, Frankfurt a. M., 128-153
Habermas, Jürgen 1999e: Inklusion – Einbeziehen oder Einschließen? Zum Verhältnis von Nation, Rechtsstaat und Demokratie, in: Habermas, Jürgen, Die Einbeziehung des Anderen. Studien zur Politischen Theorie, Frankfurt a. M., 154-184
Hacke, Christian 1992: Ein liberaler Aristokrat, in: Das Parlament, Nr. 24 v. 5.6.1992
Hadenius, Axel 1992: Democracy and Development, Cambridge
Hadenius, Axel 1994: The Duration of Democracy: Institutional vs Social-Economic Factors, in: Beetham, David (Hg.), Defining and Measuring Democracy, London u.a., 63-88
Hadenius, Axel (Hg.) 1997: Democracy's Victory and Crisis, Cambridge
Hamilton, Alexander/Madison, James/Jay, John 1961 (engl. 1787-1788): The Federalist Papers, hrsg. v. Clinton Rossiter, New York
Hamilton, Alexander/Madison, James/Jay, John 1993 (engl. 1787/88): Die Federalist Papers. Herausgegeben, übersetzt und eingeleitet von Barbara Zehnpfennig. Darmstadt
Hamilton, Alexander/Madison, James/Jay, John 1994 (engl. 1787/1788): Die Federalist-Artikel. Herausgegeben, übersetzt, eingeleitet und kommentiert von Angela Adams und Willy Paul Adams. Paderborn u.a.
Hampsher-Monk, Iain 1992: A History of Modern Political Thought. Major Political Thinkers from Hobbes to Marx. Oxford/Cambridge, Mass.
Hanisch, Rolf (Hg.) 1997: Demokratieexport in die Länder des Südens?, Hamburg
Hanisch, Rolf 1997: Internationale Demokratieförderung: Gründe, Motive, Instrumente, Möglichkeiten und Grenzen, in: Hanisch, Rolf (Hg.), Demokratieexport in die Länder des Südens? Hamburg, 3-92
Hanley, D. (Hg.) 1994: Christian Democracy in Europe, London/New York
Hansen, Mogens Herman 1991: The Athenian Democracy in the Age of Demosthenes, Oxford/Cambridge, Mass.
Hardin, Russell 1997: Democracy on the Margin, in: Breton, Albert u.a. (Hg.), Understanding Democracy. Economic and Political Perspective, Cambridge, 249-266
Hartmann, Christof 1999: Externe Faktoren im Demokratisierungsprozeß. Eine vergleichende Untersuchung afrikanischer Länder, Opladen
Hartwich, Hans-Hermann 1970: Sozialstaatspostulat und gesellschaftlicher status quo, Köln/Opladen

Hartwich, Hans-Hermann 1998: Die Europäisierung des deutschen Wirtschaftssystems. Fundamente – Realitäten – Perspektiven, Opladen
Haubold, Erhard 1995: Vierzig Schritte zum Wahlbetrug, in: FAZ Nr. 107, 9.5.95, 8
Hecht, Martin 1998: Modernität und Bürgerlichkeit. Max Webers Freiheitslehre im Vergleich mit den politischen Ideen von Alexis de Tocqueville und Jean-Jacques Rousseau, Berlin
Hegel, Georg Wilhelm Friedrich 1965 (1821): Grundlinien der Philosophie des Rechts, Hamburg
Hegel, Georg Wilhelm Friedrich 1970: Aus Hegels Vorlesungen über die Philosophie der Weltgeschichte, in: Hegel, Georg Wilhelm Friedrich, Recht, Staat, Geschichte, Stuttgart, 351-443
Heidorn, Joachim 1982: Legitimität und Regierbarkeit, Berlin
Heinemann, Ingo 1999: Public Choice und moderne Demokratietheorie, Frankfurt a.M.
Held, David 1991a: The possibilities of democracy. A discussion of Robert Dahl, Democracy and its Critics (New Haven: Yale University Press 1989), in: Theory and Society 20, 875-889
Held, David 1991b: Democracy, the Nation-State and the Global System, in: Held, David (Hg.), Political Theory Today, Cambridge 197-235
Held, David 1992a: Democracy: From City-states to a Cosmopolitan Order?, in: Held, David (Hg.), Prospects for Democracy, Cambridge, 13-52
Held, David (Hg.) 1992b: Prospects for Democracy, Cambridge
Held, David 1996: Models of Democracy, Cambridge/Oxford
Heller, Hermann 1971a: Staat, in: Heller, Hermann, Gesammelte Schriften, Bd. 3, 5-23
Heller, Hermann 1971b (1930): Rechtsstaat oder Diktatur?, in: Heller, Hermann, Gesammelte Schriften, Bd. 1, 445-463
Hennig, Eike 1974: Lesehinweise für die Lektüre der „Politischen Schriften" von Marx und Engels, in: Karl Marx/Friedrich Engels, Staatstheorie, hrsg. u. eingeleitet von Hennig, Eike u.a., Frankfurt a.M./Berlin/Wien, LIX-XCII
Hennis, Wilhelm 1973: Demokratisierung: Zur Problematik eines Begriffs, in: Greiffenhagen, Martin (Hg.), Demokratisierung in Staat und Gesellschaft, München/Zürich, 47-70
Hennis, Wilhelm (Hg.) 1977: Regierbarkeit, Stuttgart, 2 Bde.
Henrich, Rolf 1989: Der vormundschaftliche Staat. Vom Versagen des realexistierenden Sozialismus, Reinbek bei Hamburg
Hepple, Bob (Hg.) 1986: The Making of Labour Law in Europe, London/New York
Hereth, Michael 1991: Tocqueville zur Einführung, Hamburg
Héretier, Adrienne 1999: Elements of Democratic Legitimation in Europe: an Alternative Perspective, in: Journal of European Public Policy 6, 269-282
Hermens, Ferdinand Aloys 1931: Demokratie und Kapitalismus, München/Leipzig
Herst, Paul 1997: From Statism to Pluralism. Democracy, Civil Society and Global Politics, London/Bristol, PA
Hertig, Hans-Peter 1984: Volksabstimmungen, in: Klöti, Ulrich (Hg.), Handbuch Politisches System der Schweiz, Bd. 2, Bern 1984, 247-277
Herz, Dietmar 1995: Zauber der Nüchternheit. Die „*Federalist Papers*" als geistige Grundlage der amerikanischen Verfassung, in: FAZ v. 9.2.1995, 10
Herz, Dietmar 1999: Die wohlerwogene Republik. Das konstitutionelle Denken des politisch-philosophischen Liberalismus, Paderborn u.a.

Hesse, Joachim Jens 1998: Das Regierungssystem der Bundesrepublik Deutschland, 2 Bde., Opladen
Hesse, Konrad 1962: Der unitarische Bundesstaat, Karlsruhe.
Heuer, Jens 1990: Marxismus und Demokratie, Baden-Baden
Heußner, Hermann 1992: Entstehung direktdemokratischer Verfahren in den USA- Ein Rückblick auf die geschichtlichen Impulse plebiszitärer Verfassungsbestimmungen, in: ZParl 23, 131-145
Hibbs, Douglas A., Jr. 1977: Political Parties and Macroeconomic Policy, APSR 71, 1467-1487
Hibbs, Douglas A., Jr. 1987a: The Political Economy of Industrial Democracies. Cambridge, Mass.
Hibbs, Douglas A., Jr. 1987b: The American Political Economy, Cambridge, Mass.
Hibbs, Douglas A., Jr. 1992: Partisan theory after fifteen years, European Journal of Political Economy 8, 361-373
Hibbs, Douglas A., Jr. 1994: The Partisan Model of Macroeconomic Cycles: More Theory and Evidence for the United States, in: Economic and Politics 6, Nr. 1-23
Hildebrandt, Kurt 1973: Einleitung, in: Platon, Der Staat, Stuttgart, VII-XXXIX.
Hirst, Paul 1994: New Forms of Economic and Social Governance, Cambridge
Hobbes, Thomas 1959 (1642/1647): Vom Bürger, in: Hobbes, Thomas, Vom Menschen – Vom Bürger (Elemente der Philosophie II/III), eingel. und hrsg. v. Günter Gawlick, Hamburg, 59-338
Hobbes, Thomas 1984 (engl. 1651): Leviathan oder Stoff, Form und Gewalt eines kirchlichen und bürgerlichen Staates, hrsg. v. Iring Fetscher, Frankfurt a.M.
Hobbes, Thomas 1991 (engl. 1682): Behemoth oder Das Lange Parlament, Frankfurt a.M.
Hockerts, Hans Günter 1980: Sozialpolitische Entscheidungen im Nachkriegsdeutschland, Stuttgart
Hofmann, Gunter/Perger Werner A. (Hg.) 1992: Die Kontroverse. Weizsäckers Parteienkritik in der Diskussion, Frankfurt a.M.
Hoffmann, E.F.L., 1849: Vollständiges politisches Taschenwörterbuch, Leipzig (Nachdruck München/Gütersloh 1981)
Höffe, Otfried 1995: Gerechtigkeit, in: Nohlen, Dieter/Schultze, Rainer-Olaf (Hg.), Politische Theorien (Lexikon der Politik, Bd. 1), München, 144-152
Höffe, Otfried 1996: Aristoteles, München
Höffe, Otfried 1996a: „Sed Authoritas, Non Veritas, Facit Legen". Zum Kapitel 26 des Leviathan, Berlin, in Kersting, Wolfgang (Hg.), Thomas Hobbes – Leviathan oder Stoff, Form und Gewalt eines bürgerlichen und kirchlichen Staates, Berlin, 235-258
Höffe, Otfried 1997 (Hg.): Platon – Politeia, Berlin
Höffe, Otfried 1999: Demokratie im Zeitalter der Globalisierung, München
Hofrichter, Jürgen 1993: Kein Licht am Ende des Tunnels. Skeptische Einschätzungen der ökonomischen und politischen Lage in Mittel- und Osteuropa, in: Informationsdienst Soziale Indikatoren Nr. 10, 6-9
Hofrichter, Jürgen 1994: Die Akzeptanz demokratischer Grundwerte in der Europäischen Union, in: Bundeszentrale für politische Bildung (Hg.), Grundwerte der Demokratie im internationalen Vergleich, Bonn, 209-233
Holden, Barry 1988: New directions in democratic theory, in: Political Studies 36, 324-333

Holden, Barry 1988: Understanding Liberal Democracy, Oxford
Holden, Barry 1993: Democracy, in: Outhwaith, William/Bottomore, Tom (Hg.), The Blackwell Dictionary of Twentieth-Century Social Thought, Oxford, 142-145
Holland-Cunz, Barbara 1998: Feministische Demokratietheorie – Thesen zu einem Projekt, Opladen
Hollingsworth, J. Rogers/Boyer, Robert (Hg.) 1997: Contemporary Capitalism. The Embeddedness of Institutions, Cambridge
Homann, Karl 1988: Rationalität und Demokratie, Tübingen
Hommelhoff, Peter/Kirchhof, Paul (Hg.) 1994: Der Staatenverbund der Europäischen Union, Baden-Baden
Honneth, Axel 1999: Demokratie als reflexive Kooperation. John Dewey und die Demokratietheorie der Gegenwart, in: Brunkhorst, Hauke/Niesen, Peter (Hg.), Das Recht der Republik, Frankfurt a.M., 37-65
Höpner, Martin 1997: Politisch koordinierte Ökonomien 1973-1996, Düsseldorf: Wirtschafts- und Sozialwissenschaftliches Institut in der HBS (WSI-Diskussionspapier Nr. 42)
Horowitz, Donald L. 1990: Comparing Democratic Systems. in: Journal of Democracy 1, Nr. 4, 73-79
Horowitz, Donald L. 1993: Democracy in divided societies, in: Journal of Democracy 4, Nr. 4, 18-38
Horst, Patrick, 1996: Haushaltspolitik und Regierungspraxis in den USA und der Bundesrepublik Deutschland. Frankfurt a.M.
Huber, Evelyne/Ragin, Charles/Stephens, John D. 1993: Social Democracy, Christian Democracy, Constitutional Structure, and the Welfare State, in: American Journal of Sociology 99, 711-749
Huber, Evelyn/Rueschemeyer, Dietrich/Stephens John D. 1997: The Paradoxes of Contemporary Democracy. Formal, Participatory, and Social Dimensions, in: CP 29, Nr. 3, 323-342
Huber, John D./Powell, Bingham, G. Jr. 1994: Congruence Between Citizens and Policymakers in Two Visions of Liberal Democracy, in: WP 46, 291-326
Humana, Charles (Hg.) 1992: World Human Rights Guide, New York/Oxford
Hunter, Virginia J. 1994: Policing Athens. Social Control in the Attic Lawsuits, 420-320 B.C., Princeton, N.J.
Huntington, Samuel P. 1984: Will more Countries become Democratic?, in: PSQ 99, 193-218
Huntington, Samuel P. 1991: The Third Wave. Democratization in the late Twentieth Century, Norman
Huntington, Samuel P. 1992: How Countries Democratize. in: PSQ 106, 579-615
ILO 1999: The Cost of Social Security. Fourteenth International Inquiry, 1990-1993: Comparative Tables: http://www.ilo.org/public/english/110secso/css/cssindex.htm
Imboden, Max 1959: Montesquieu und die Lehre der Gewaltenteilung, Berlin
Inglehart, Ronald 1977: The Silent Revolution: Changing Values and Political Styles, Princeton, N.J.
Inglehart, Ronald 1990: Culture Shift in Advanced Industrial Society, Princeton, N.J.
Inglehart, Ronald 1997: Modernization and Postmodernization. Cultural, Economic and Political Change in 43 Societies, Princeton, N.J.

Inglehart, Ronald 1999: Postmodernization Erodes Respect for Authority, But Increases Support for Democracy, in: Norris, Pippa (Hg), Critical Citizens. Global Support for Democratic Government, Oxford u.a., 236-256

Inkeles, Axel (Hg.) 1991: On Measuring Democracy, New York

Intelmann, Peter 1996: Franz L. Neumann. Chancen und Dilemma des politischen Reformismus, Baden-Baden

Isensee, Josef/Kirchhof, Paul (Hg.) 1987: Handbuch des Staatsrechts der Bundesrepublik Deutschland. Bd. 1: Grundlagen von Staat und Verfassung, Heidelberg

Jachtenfuchs, Markus 1999: Die Zukunft der Demokratie im Rahmen der Europäischen Union, in: Kaase, Max/Schmid, Günther (Hg.), Eine lernende Demokratie. 50 Jahre Bundesrepublik Deutschland, Berlin, 263-281

Jackmann, Robert W. 1991: On the Political Capacity of Nation States: Institutionalization and Legitimacy, in: Inkeles, Alex (Hg.), On Measuring Democracy. Its Consequences and Concomitants, New Brunswick, 157-188

Jäger, Wolfgang 1987: Die Innenpolitik der sozial-liberalen Koalition 1974-1982, in: Jäger, Wolfgang/Link, Werner (Hg.), Republik im Wandel. 1974-1982. Die Ära Schmidt, Stuttgart/Mannheim, 9-274

Jäger, Wolfgang 1992: Fernsehen und Demokratie: Scheinplebiszitäre Tendenzen und Repräsentation in den USA, Großbritannien, Frankreich und Deutschland, München

Jaggers, Keith/Gurr, Ted Robert 1995: Transitions to Democracy: Tracking the Third Wave with Polity III Indicators of Democracy and Autocracy, in: JPR 32, 469-482

Jaggers, Keith/Gurr, Ted Robert 1996: Polity III: Regime Type and Political Authority, 1880-1994, Ann Arbor (CD-ROM)

Jänicke, Martin/Weidner, Helmut (Hg.) 1997: National Environmental Policies. A Comparative Study of Capacity-Building, Berlin u.a.

Jardin, André 1991 (franz. 1984): Alexis de Tocqueville. Leben und Werk, Frankfurt a.M./New York

Jeantet, Thierry 1991: Démocratie Directe, Démocratie Moderne, Paris

Jesse, Eckhard 1997: Typologie politischer Systeme der Gegenwart, in: Stammen, Theo u.a.: Grundwissen Politik, Bonn, 239-312

Jesse, Eckhard/Kailitz, Steffen (Hg.) 1997: Prägekräfte des 20. Jahrhunderts. Demokratie, Extremismus, Totalitarismus, Baden-Baden

Joas, Hans/Kohli, Martin (Hg.) 1993: Der Zusammenbruch der DDR, Frankfurt a.M.

Joerges, Christian/Meyer, Jens 1998: Von intergouvernementalem Verhandeln zu deliberativer Politik. Gründe und Chancen für eine Konstitutionalisierung der europäischen Kommitologie, in: Kohler-Koch, Beate (Hg.), Regieren in entgrenzten Räumen (PVS Sonderheft 29/1988), Opladen/Wiesbaden, 207-234

Johnson, Curtis N. 1990: Aristotle's Theory of the State, Hampshire u.a.

Jones, A.H.M. 1969 (engl. 1957): Wie funktionierte die Athenische Demokratie?, in: Gschnitzer, Fritz (Hg.), Zur griechischen Staatskunde, Darmstadt, 219-265

Jones, Clive 1999: Israel's Democracy at 50: From Resilience to Residue?, in: Burnell, Peter/Calvert, Peter (Hg.), The Resilience of Democracy. Persistent Practise, Durable Idea, London/Portland, 155-178

Jürgens, Gunther 1993: Direkte Demokratie in den Bundesländern, Stuttgart u.a.

Jung, Otmar 1987: Volksgesetzgebung in Deutschland, in: Leviathan 13, 242-265

Jung, Otmar 1990: Direkte Demokratie – Forschungsstand und -aufgaben, in: ZParl 21, 491-504

Jung, Otmar 1992: Kein Volksentscheid im Kalten Krieg! Zum Konzept einer plebiszitären Quarantäne für die junge Bundesrepublik 1948/1949, in: APuZ B 45/92, 16-30
Jung, Otmar 1994: Grundgesetz und Volksentscheid. Gründe und Reichweite der Entscheidungen des Parlamentarischen Rats gegen Formen direkter Demokratie, Opladen
Jung, Otmar 1995: Forschungsstand und Forschungsaufgaben 1995, in: ZParl 26, Nr. 4, 658-677
Kaase, Max 1992a: Politische Beteiligung, in: Schmidt, Manfred G. (Hg.), Die westlichen Länder (Lexikon der Politik, hrsg. v. Dieter Nohlen, Bd. 3), München, 339-346
Kaase, Max 1992b: Legitimitätsüberzeugungen, in: Schmidt, Manfred G. (Hg.), Die westlichen Länder (Lexikon der Politik, hrsg. v. Dieter Nohlen, Bd. 3), München, 224-231
Kaase, Max 1995: Demokratie im Spannungsfeld von politischer Kultur und politischer Struktur, in: Jahrbuch für Politik 5, Bd. 2, 199-200
Kaase, Max 1999: Interpersonal Trust, Political Trust and Non-institutionalised Political Participation in Western Europe, in: WEP 22, Nr. 3, 1-21
Kaase, Max/Newton, Kenneth 1995: Beliefs in Government, Oxford
Kaase, Max/Schmid, Günther (Hg.) 1999: Eine lernende Demokratie. 50 Jahre Bundesrepublik Deutschland, Berlin
Kaelble, Hartmut 1994: European Integration and Social History Since 1950, in: Lützeler, Paul Michael (Hg.), Europe after Maastricht, Providence, 89-111
Käsler, Dirk 1995: Max Weber. Eine Einführung in Leben, Werk und Wirkung, Frankfurt a.M.
Kagan, Donald 1992: Perikles. Die Geburt der Demokratie, Stuttgart
Kahan, Alan S. 1992: Aristocratic Liberalism. The Social and Political Thought of Jacob Burckhardt, John Stuart Mill, and Alexis de Tocqueville, New York
Kaiser, André 1997: Types of Democracy: From Classical to New Institutionalism, in: Journal of Theoretical Politics 9, 419-444
Kaiser, André 1998: Vetopunkte der Demokratie. Eine Kritik neuerer Ansätze der Demokratietypologie und ein Alternativvorschlag, in: ZParl 29, 525-541
Kalberg, Stephen 1998: Tocqueville and Weber on the Sociological Origins of Citizenship: The Political Culture of American Democracy, in: Schroeder, Ralph (Hg.), Max Weber, Democracy and Modernization, New York, 93-112
Kallscheuer, Otto 1986: Marxismus und Sozialismus bis zum Ersten Weltkrieg, in: Fetscher, Iring/Münkler, Herfried (Hg.), Pipers Handbuch der politischen Ideen, Bd. 4, München, 515-588
Kaltefleiter, Werner 1986: Die Grenzen der Demokratie, in: Hattenhauer, Hans/Kaltefleiter, Werner (Hg.), Mehrheitsprinzip, Konsens und Verfassung, Heidelberg, 137-150
Kant, Immanuel 1984 (1795): Zum ewigen Frieden, Stuttgart
Karatnycky, Adrian 1999: The 1998 Freedom House Survey – The Decline of Illiberal Democracy, in: Journal of Democracy 10, Nr. 1, 112-125
Karl, Terry Lynn 1990: Dilemmas of Democratization in Latin America, in: CP 23, 1-21
Karl, Terry Lynn/Schmitter, Philippe 1991: Modes of Transition in Latin America and Southern and Eastern Europe, in: ISSJ 28, 269-284
Katz, Richard S. 1997: Democracy and Elections, New York

Katz, Richard S./Mair, Peter (Hg.) 1992: Party Organizations. A Data Handbook on Party Organizations in Western Democracies, 1960-90, London u.a.
Katz, Richard S./Wessels, Bernhard (Hg.) 1999: The European Parlament, the National Parlaments, and European Integration, Oxford/New York
Katzenstein, Peter 1987: Small States on World Markets, Ithaca, N.Y.
Kelsen, Hans 1967: Demokratie und Sozialismus. Ausgewählte Aufsätze, hrsg. und eingeleitet von Norbert Leser, Darmstadt.
Kelso, William A. 1978: American Democratic Theory – Pluralism and its Critics, Westport
Keman, Hans 1996: The Low Countries. Confrontation and Coalition in Segmented Societies, in: Colomer, Josep M. (Hg.), Political Institutions in Europe, London/New York, 211-253
Keman, Hans (Hg.) 1997: The Politics of Problem-Solving in Postwar Democracies, London
Kempen, Otto Ernst (Hg.) 1976: Sozialstaatsprinzip und Wirtschaftsordnung, Frankfurt a.M./New York
Kempf, Udo 1999: Die Referendumsdemokratie in der V. Französischen Republik, in: Merkel, Wolfgang/Busch, Andreas (Hg.), Demokratie in Ost und West. Für Klaus von Beyme, Frankfurt a.M., 225-248
Kenngott, Eva-Maria 1995: Feminismus und Demokratie, in: Leviathan 23, 351-375
Keohane, Robert O./Nye, Joseph S. 1989: Power and Interdependence, New York
Kern, Paul B. 1972: Universal Suffrage Without Democracy: Thomas Hare and John Stuart Mill, in: Review of Politics 34, 306-322
Kersbergen, Kees van 1995: Social Capitalism. A study of Christian democracy and the welfare state, London/New York
Kershaw, Ian 1998: Hitler 1889-1936, Stuttgart
Kersting, Wolfgang (Hg.) 1996: Thomas Hobbes – Leviathan oder Stoff, Form und Gewalt eines bürgerlichen und kirchlichen Staates, Berlin
Kielmansegg, Peter Graf 1987: Der demokratische Verfassungsstaat im Wettbewerb der Systeme, in: Funke, Manfred/Jacobsen, Hans-Adolf/Knütter, Hans-Helmuth/Schwarz, Hans-Peter (Hg.), Demokratie und Diktatur, Bonn, 581-597
Kielmansegg, Peter Graf 1988a: Das Experiment der Freiheit. Zur gegenwärtigen Lage des demokratischen Verfassungsstaates, Düsseldorf
Kielmansegg, Peter Graf 1988b: An den Grenzen der Mehrheitsdemokratie?, in: Kielmansegg, Peter Graf, Das Experiment der Freiheit. Zur gegenwärtigen Lage des demokratischen Verfassungsstaates, Düsseldorf, 97-132
Kielmansegg, Peter Graf 1992: Ein Maß für die Größe des Staates. Was wird aus Europa? Europa fehlt die Zustimmung der Bürger, in: FAZ v. 2.12.1992, 35
Kielmansegg, Peter Graf 1996a: Parlamentarisches System und direkte Demokratie, in: Akademie-Journal Nr. 2, 2-5.
Kielmansegg, Peter Graf 1996b: Integration und Demokratie, in: Jachtenfuchs, Markus/Kohler-Koch, Beate (Hg.), Europäische Integration, Opladen, 47-72
Kinzl, Konrad H. (Hg.) 1995: Demokratia. Der Weg zur Demokratie bei den Griechen. Darmstadt
Kirchheimer, Otto 1960: Besprechung von Friedrich Karl Fromme, Von der Weimarer Verfassung zum Bonner Grundgesetz (1960), in: Neue Politische Literatur 5, 1100-1104

Kirchheimer, Otto 1965: Der Wandel des europäischen Parteiensystems, in: PVS 6, 20-41
Kirchheimer, Otto 1967: Deutschland oder Der Verfall der Opposition, in: Kirchheimer, Otto, Politische Herrschaft, Frankfurt a.M., 58-91
Kirchheimer, Otto 1981 (1930): Weimar – und was dann? Analyse einer Verfassung, in: Kirchheimer, Otto, Politik und Verfassung, Frankfurt a.M., 9-56
Kirchhof, Paul 1996: Das Recht Europas und das der Staaten, in: FAZ Nr. 283, 4.12.1996, 11
Kirchner, Emil J. (Hg.) 1988: Liberal Parties in Western Europe, Cambridge
Kitschelt, Herbert/Lange, Peter/Marks, Gary/Stephens, John D. (Hg.) 1999: Continuity and Change in Contemporary Capitalism, Cambridge
Kitschelt, Herbert/Mansfeldova, Zdenka/Markowski, Radoslav/Toka, Gabor (Hg.) 1999: Post-communist party systems: competition, representation and interparty cooperation, Cambridge
Klein, Ansgar/Schmalz-Bruns, Rainer (Hg.) 1997: Politische Beteiligung und Bürgerengagement. Möglichkeiten und Grenzen, Baden-Baden
Kleinfeld, Ralf 1993: Interessenvermittlung in der niederländischen Verhandlungsdemokratie. Organisation und Institutionen der sozioökonomischen Interessenvermittlung, in: Kleinfeld, Ralf/Luthardt, Wolfgang (Hg.), Westliche Demokratien und Interessenvernüttlung, Marburg, 223-260
Kleinfeld, Ralf/Luthardt, Wolfgang (Hg.) 1993: Westliche Demokratien und Interessenvermittlung, Marburg
Klingemann, Hans-Dieter 1999: Mapping Political Support in the 1990s: A Global Analysis, in: Norris, Pippa (Hg), Critical Citizens. Global Support for Democratic Government, Oxford u.a., 31-56
Klingemann, Hans-Dieter/Fuchs, Dieter (Hg.) 1995: Citizens and the State, Oxford
Klingemann, Hans-Dieter/Hofferbert, Richard I./Budge, Ian u.a. 1994: Parties, Policies, and Democracy, Boulder u.a.
Kloppenberg, James T. 1998: Democracy, in: Fox, Richard Whiteman/Kloppenberg, James T. (Hg.), American Thought, Meldon, Mass./Oxford, 173-177
Kobach, Kris W. 1993: The Referendum: Direct Democracy in Switzerland, Aldershot u.a.
Kohler-Koch, Beate 1998: Die Europäisierung nationaler Demokratien: Verschleiß eines europäischen Kulturerbes?, in: Greven, Michael (Hg.), Demokratie – eine Kultur des Westens?, Opladen, 263-288
Korioth, Stefan 1998: „Monarchisches Prinzip" und Gewaltenteilung – unvereinbar? Zur Wirkungsgeschichte der Gewaltenteilungslehre Montesquieus im deutschen Frühkonstitutionalismus, in: Der Staat 37, Nr. 1, 27-55
Koritansky, John C. 1995: Tocqueville, Alexis de, in: Lipset, Seymour Martin (Hg.), The Encyclopedia of Democracy, Bd. IV, London, 1264-1268
Kraus, Peter A. 1990: Elemente einer Theorie postautoritärer Demokratisierungsprozesse im südeuropäischen Kontext, in: PVS 31, 191-213
Kraynack, Robert P. 1995: Hobbes, Thomas, in: Lipset, Seymour Martin (Hg.), The Encyclopedia of Democracy, Bd. II, London, 567-571
Kraynack, Robert P. 1987: Tocqueville's Constitutionalism, in: APSR 81, 1175-1195
Kreisky, Eva/Sauer, Birgit (Hg.) 1997: Geschlechterverhältnisse im Kontext politischer Transformation (PVS Sonderheft 28/1997), Opladen

Kriele, Martin 1992: Plebiszite in das Grundgesetz? Der Verfassungsstaat bekäme Legitimationsprobleme, in: FAZ Nr. 262, 10.11.1992, 12

Kriesi, Hanspeter 1980: Entscheidungsstrukturen und Entscheidungsprozesse in der Schweizer Politik, Frankfurt a.M./New York

Kriesi, Hanspeter 1991: Direkte Demokratie in der Schweiz, in: APuZ B 23/91, 44-54

Kriesi, Hanspeter 1995: Le Système Politique Suisse, Paris

Kriesi, Hanspeter u.a. 1996: Le Clivage Linguistique. Probème de Compréhension autre les Communauté Linguistique en Swisse, Bundesamt für Statistik, Bern

Kuper, Richard 1998: The Many Democratic Deficits of the European Union, in: Weale, Albert/Nentwich, Michael (Hg.), Political Theory and the European Union. Legitimacy, Constitutional Choice and Citizenship, London/New York, 143-157

Kymlicka, Will 1999: Citizenship in an Era of Globalization: Commentary on Held, in: Shapiro, Ian/Hacker-Cordòn, Casiano (Hg.), Democracy's Edges, Cambridge, 112-126

Lake, David A. 1992: Powerful Pacifists: Democratic States and War, in: APSR 86, 24-37

Lakoff, Sanford 1998: Tocqueville, Burke, and the Origins of Liberal Conservatism, in: The Review of Politics 60, Nr. 3

Landfried, Christine (Hg.) 1988: Constitutional Review and Legislation, Baden-Baden

Landfried, Christine 1990: Rechtspolitik, in: von Beyme, Klaus/Schmidt, Manfred G. (Hg.), Politik in der Bundesrepublik Deutschland, Opladen, 76-98

Landfried, Christine 1994: Parteifinanzen und politische Macht, Baden-Baden

Landfried, Christine 1999: Die Zeit ist reif. Nur ein europäischer Verfassungsstaat kann das Legitimationsdefizit in der EU beheben, in: FAZ Nr. 209, 9.9.1999, 10

Lane, Jan-Erik 1993: Democracy: institutions and interests, in: Politeia 12, Nr. 2, 56-67

Lane, Jan-Erik/Ersson, Svante 1990: Comparative Political Economy, London/New York

Lane, Jan-Erik/Ersson, Svante, 1994: Comparative Politics. An Introduction and New Approach. Cambridge/Oxford

Lane, Jan-Erik 1996: Constitutions and Political Theory, Manchester/New York

Lane, Jan-Erik/Ersson, Svante 1997: The Institutions of Konkordanz and Corporatism: How closely are they connected? In: Schweizerische Zeitschrift für Politische Wissenschaft 3, Nr. 1, 5-30

Laslett, Peter 1998 (1960): Introduction, in: Locke, John, Two Treatises of Government, Cambridge, 3-133

Lau, Richard R. /Redlawsk, David P. 1997: Voting Correctly, in: APSR 91, 585-598

Laver, Michael/Schofield, Norman 1990: Multiparty Government. The Politics of Coalition in Europe, Oxford u.a.

Laver, Michael/Hunt, W. Ben 1992: Policy and Party Competition, New York/London

Le Divellec, Armel, 1996: Die dualistische Variante des Parlamentarismus – Eine französische Ansicht zur wissenschaftlichen Fata Morgana des semipräsidentiellen Systems, in: ZParl 27, 145-151

Leblang, David A. 1997: Political Democracy and Economic Growth: Pooled Cross-Sectional and Time-Series Evidence, in: BJPS 17, 453-472

Lehmbruch, Gerhard 1967: Proporzdemokratie: Politisches System und politische Kultur in der Schweiz und in Österreich, Tübingen

Lehmbruch, Gerhard 1969: Konkordanzdemokratie im internationalen System, in: Czempiel, Ernst-Otto (Hg.), Die anachronistische Souveränität, PVS Sonderheft 1, Opladen, 139-163

Lehmbruch, Gerhard 1971: Das politische System Österreichs in vergleichender Perspektive, in: Österreichische Zeitschrift für Öffentliches Recht 22, 35-56

Lehmbruch, Gerhard 1975a: Die ambivalenten Funktionen politischer Beteiligung in hochindustrialisierten Demokratien, in: Gilg, Peter u.a. (Hg.), Geschichte und Politische Wissenschaft. Festschrift für Erich Gruner zum 60. Geburtstag, Bem, 237-264

Lehmbruch, Gerhard 1975b: Consociational Democracy in the International System, in: EJPR 3, 377-391

Lehmbruch, Gerhard 1987: Proporzdemokratie nach zwanzig Jahren. Überlegungen zur Theoriebildung in der komparatistischen Forschung über politische Strategien in der Schweiz, Konstanz: Manuskript

Lehmbruch, Gerhard 1989: Marktreformstrategien bei altemierender Parteiregierung: Eine vergleichende institutionelle Analyse, in: Ellwein, Thomas u.a. (Hg.), Jahrbuch zur Staats- und Verwaltungswissenschaft, Baden-Baden, Bd. 3, 15-45

Lehmbruch, Gerhard 1990: Demokratie als rationaler Prozeß, in: Rudolph, Hermann (Hg.), Den Staat denken. Theodor Eschenburg zum Fünfundachtzigsten, Berlin, 53-59

Lehmbruch, Gerhard 1992: Konkordanzdemokratie, in: Schmidt, Manfred G. (Hg.), Die westlichen Länder (Lexikon der Politik, hrsg. v. Dieter Nohlen, Bd. 3), München, 206-211

Lehmbruch, Gerhard 1993: Consociational Democracy and Corporatism in Switzerland, in: Publius: The Journal of Federalism 23, Nr. 2, 43-60

Lehmbruch, Gerhard 1996: Die korporative Verhandlungsdemokratie in Westmitteleuropa, in: Schweizerische Zeitschrift für Politische Wissenschaft 2, Nr. 4, 19-41

Lehmbruch, Gerhard, 1998 (2., überarb. Aufl.): Parteienwettbewerb im Bundesstaat, Opladen/Wiesbaden

Lehmbruch, Gerhard, 1999: Verhandlungsdemokratie, Entscheidungsblockaden und Arenenverflechtung, in: Merkel, Wolfgang/Busch, Andreas (Hg.), Demokratie in Ost und West. Für Klaus von Beyme, Frankfurt a.M., 402-424

Lehmbruch, Gerhard/Schmitter, Philippe C. (Hg.) 1982: Patterns of Corporatist Policy-Making, Beverly Hills/London

Lehner, Franz 1979: Grenzen des Regierens. Eine Studie zur Regierungsproblematik hochindustrialisierter Demokratien, Kronberg/Ts.

Lehner, Franz 1981: Einführung in die Neue Politische Ökonomie, Kronberg, Ts.

Lehner, Franz 1989: Vergleichende Regierungslehre, Opladen

Leibholz, Gerhard 1958: Strukturwandel der modernen Demokratie, in: Leibholz, Gerhard, Strukturprobleme der modernen Demokratie, Karlsruhe, 78-141

Leibholz, Gerhard 1975: Repräsentation, in: Evangelisches Staatslexikon, Stuttgart, 2194-2199

Leicht, Robert 1992: Ohne Innere Sicherheit, in: DIE ZEIT, Nr. 49, 1

Leisner, Walter 1998: Demokratie, Berlin

Lenin, Wladimir I. 1970 (1918): Staat und Revolution, in: Lenin, Wladimir I., Ausgewählte Werke, Bd. II, Berlin, 315-420

Lenk, Kurt 1991: Probleme der Demokratie, in: Lieber, Hans-Joachim (Hg.), Politische Theorien von der Antike bis zur Gegenwart, Bonn, 933-990

Lenk, Kurt/Franke, Berthold 1987: Theorie der Politik: Eine Einführung, Frankfurt a.M./New York
Lepsius, M. Rainer 1978: From Fragmented Party Democracy to Government by Emergency Decree and National Socialist-Takeover: Germany, in: Linz, Juan L./Stepan, Alfred (Hg.), The Breakdown of Democratic Regimes, Baltimore/London, 34-79
Lepsius, M. Rainer 1990a: Die Prägung der politischen Kultur der Bundesrepublik durch institutionelle Ordnungen, in: Lepsius, M. Rainer, Interessen, Ideen und Institutionen, Opladen, 63-84
Lepsius, M. Rainer 1990b (1978): Soziale Ungleichheit und Klassenstrukturen in der Bundesrepublik Deutschland, in: Lepsius, M. Rainer, Interessen, Ideen und Institutionen, Opladen, 117-152
Lepsius, M. Rainer 1991: Nationalstaat oder Nationalitätenstaat als Modell für die Weiterentwicklung der Europäischen Gemeinschaft, in: Wildenmann, Rudolf (Hg.), Staatswerdung Europas? Option für eine Europäische Union, Baden-Baden, 19-40
Lepsius, M. Rainer 1993: Demokratie in Deutschland, Göttingen
Lerner, Daniel 1958: The Passing of Traditional Society, Glencoe, Ill.
Letwin, Shirley Robin 1998 (1965): The Pursuit Of Certainty. David Hume, Jeremy Bentham, John Stuart Mill, Beatrice Webb, Indianapolis
Lieber, Hans-Joachim (Hg.) 1991: Politische Theorien von der Antike bis zur Gegenwart, Bonn
Liebert, Ulrike 1995: Modelle demokratischer Konsolidierung. Parlamente und organisierte Interessen in der Bundesrepublik Deutschland, Italien und Spanien (1948-1990), Opladen
Liebert, Ulrike/Cotta, Maurizio (Hg.) 1990: Parliament and Democratic Consolidation in Southern Europe, London/New York
Lijphart, Arend 1968: The Politics of Accomodation: Pluralism and Democracy in the Netherlands, Berkeley/Los Angeles
Lijphart, Arend 1977: Democracy in Plural Societies, New Haven/London
Lijphart, Arend 1984: Democracies, New Haven/London
Lijphart, Arend 1985: Power Sharing in South Africa, Berkeley
Lijphart, Arend 1989a: From the Politics of Accommodation to Adversarial Politics in the Netherlands: A Reassessment, in: WEP 12, Nr. 1, 139-153
Lijphart, Arend 1989b: Democratic Political Systems. Types, Cases, Causes, and Consequences, in: Journal of Theoretical Politics 1, 33-48
Lijphart, Arend 1991: Constitutional Choices for new Democracies, in: Journal of Democracy 2, Nr. 1, 72-84
Lijphart, Arend 1992a: Democratization and Constitutional Choices in Czecho-Slovakia, Hungary and Poland 1989-91, in: Journal of Theoretical Politics 4, 207-223
Lijphart, Arend 1992b: Introduction, in: Lijphart, Arend (Hg.), Parliamentary versus Presidential Government, Oxford, 1-27
Lijphart, Arend (Hg.) 1992c: Parliamentary versus Presidential Government, Oxford
Lijphart, Arend 1993: Consociational Democracy, in: Krieger, Joel (Hg.), The Oxford Companion to Politics of the World, Oxford, 188-189
Lijphart, Arend 1994a: Presidentialism and Majoritarian Democracy: Theoretical Observations, in: Linz, Juan L./Valenzuela, Arturo (Hg.), The Failure of Presidential Democracy, Bd. 1, Baltimore/London, 91-105

Lijphart, Arend 1994b: Democracies: Forms, performance, and constitutional engineering, in: EJPR 25, 1- 17
Lijphart, Arend 1994c: Electoral Systems and Party Systems. A Study of Twenty-Seven Democracies 1945-1990, Oxford u.a.
Lijphart, Arend, 1996: The Puzzle of Indian Democracy: A Consociational Interpretation, in: APSR 90, 258-268
Lijphart, Arend, 1997a: Changement et continuité dans la theorie consociative, in: Revue Internationale de Politique Comparée 4, 679-698
Lijphart, Arend 1997b: Unequal Participation: Democracy's Unresolved Dilemma, in: APSR 91, 1-14
Lijphart, Arend 1998: South African Democracy: majoritarian or consociational?, in: Democratization 5, 144-150
Lijphart, Arend 1999: Patterns Of Democracy. Government Forms And Performance in Thirty-Six Countries, New Haven/London
Lijphart, Arend/Bruneau, Thomas C./Diamandouros, P. Nikiforus/Gunther, Richard 1988: A Mediterranean Model of Democracy? The Southern European Democracies in Comparative Perspective, in: WEP 11, Nr. 1, 7-25
Lijphart, Arend/Crepaz, Markus M. 1991: Corporatism and Consensus Democracy in Eighteen Countries: Conceptual and Empirical Linkages, in: BJPS 21, 235-246
Lijphart, Arend/Waisman, Carlos H. (Hg.) 1996: Institutional Design in New Democracies. Eastern Europe and Latin America, Boulder, Col.
Lindblom, Charles E. 1988: Democracy and Market System, Oslo
Lindenberg, Marc/Devarajan, Shantayanan 1993: Prescribing Strong Economic Medicine. Revisiting the Myths about Structural Adjustment, Democracy, and Economic Performance in Developing Countries, in: CP 25, 169-182
Linder, Wolf 1992: Die Schweiz zwischen Isolation und Integration, in: APuZ B 47-48/92, 20-31
Linder, Wolf 1994: Swiss Democracy. Possible Solutions to Conflict in Multicultural Societies, New York
Linder, Wolf 1999: Schweizerische Demokratie. Institutionen, Prozesse, Perspektiven, Bern/Stuttgart/Wien
Lindner, Clausjohann 1990: Kritik der Theorie der partizipatorischen Demokratie, Opladen
Lindsay, Thomas K. 1992: Aristotle's Qualified Defense of Democracy through „Political Mixing", in: The Journal of Politics 54, 101-119
Lindsay, Thomas K. 1994: Was Aristotle Racist, Sexist, and Anti-Democratic?, in: The Review of Politics 56, 127-151
Linz, Juan J. 1978: The Breakdown of Democratie Regimes. Crisis, Breakdown & Reequilibration, Baltimore/London
Linz, Juan J. 1990a: The Perils of Presidentialism, in: Journal of Democracy 1, Nr. 1, 51-69
Linz, Juan J. 1990b: The Virtues of Parliamentarismus, in: Journal of Democracy 1, Nr. 1, 84-91
Linz, Juan J. 1990c: Transitions to Democracy, in: The Washington Quarterly, Summer 1990, 143-164
Linz, Juan J. 1994: Presidential or Parliamentary Democracy: Does it make a Difference?, in: Linz, Juan J./Valenzuela, Arturo (Hg.), The Failure of Presidential Democracy, Bd. 1, Baltimore/London, 3-90

Linz, Juan J. 1996: Typen politischer Regime und die Achtung der Menschenrechte: Historische und länderübergreifende Betrachtungen, in: Jesse, Eckhard (Hg.), Totalitarismus im 20. Jahrhundert. Eine Bilanz der internationalen Forschung, Bonn, 485-537

Linz, Juan J. 1997: Some thoughts on the victory and future of democracy, in: Hadenius, Axel (Hg.), Democracy's Victory And Crisis, Cambridge, 311-370

Linz, Juan J. 1998: Democracy's Time Constraints, in: International Political Science Review 19, Nr.1, 19-37

Linz, Juan J, 1999: Democracy, Multinationalism and Federalism, in: Merkel, Wolfgang/Busch, Andreas (Hg.), Demokratie in Ost und West. Für Klaus von Beyme, Frankfurt a.M., 381-401

Linz, Juan J./Stepan, Alfred (Hg.) 1978: The Breakdown of Democratic Regimes, Baltimore

Linz, Juan J./Stepan, Alfred 1996: Problems of Democratic Transition and Consolidation. Southern Europe, South America, and Post-Communist Europe, Baltimore/London

Linz, Juan J./Valenzuela, Arturo (Hg.) 1994: The Failure of Presidential Democracy, Bd. 1, Baltimore/London

Lipset, Seymour Martin 1959: Some Social Requisites of Democracy: Economic Development and Political Legitimacy, in: APSR 53, 69-105

Lipset, Seymour Martin 1960: Political Man, London

Lipset, Seymour Martin 1981 (erweiterte Ausgabe): Political Man. The Social Base of Politics, Baltimore.

Lipset, Seymour Martin 1992: Conditions of the Democratic Order and Social Change: A Comparative Discussion, in: Eisenstadt, Samuel N. (Hg.), Democracy and Modernity, Leiden u.a., 1-14

Lipset, Seymour Martin 1993: Reflections on Capitalism, Socialism & Democracy, in: Journal of Democracy 4, Nr. 2, 43-55

Lipset, Seymour Martin 1994: The Social Requisites of Democracy Revisited, in: ASR 59, 1-22

Lipset, Seymour Martin 1995: Introduction, in: Lipset, Seymour Martin (Hg.), The Encyclopedia of Democracy, London, Bd. I, lv-lxxvi

Lipset, Seymour Martin (Hg.) 1995: The Encyclopedia of Democracy, Bde. I-IV, London

Lipset, Seymour Martin/Rokkan, Stein (Hg.) 1967: Party Systems and Voter Alignments: Cross-National Perspectives, New York

Lipset, Seymour Martin/Seong, Kyoung-Ryung/Torres, John Charles 1993: A comparative analysis of the social requisites of democracy, in: ISSJ 45, 155-175

Lively, Jack 1962: The Social and Political Thought of Alexis de Tocqueville, Oxford

Locke, John 1989 (engl. 1690): Zwei Abhandlungen über die Regierung, hrsg. und eingeleitet von Walter Euchner, Frankfurt a.M.

Locke, John 1997 (1697): An Essay On The Poor Law, in: Goldie, Marc (Hg.), Locke. Political Essays, Cambridge u.a., 182-200

Loewenstein, Karl, 1935: Autocracy versus Democracy in Contemporary Europe, in: APSR 29, 571-595 und 755-784

Loewenstein, Karl 1966: Max Webers Beitrag zur Staatslehre in der Sicht unserer Zeit, in: Max Weber. Gedächtnisschrift der Ludwig-Maximilians-Universität München zur 100. Wiederkehr seines Geburtstags 1964, Berlin, 131-146

Loewenstein, Karl 1975: Verfassungslehre, Tübingen
Lösche, Peter 1989a: Parteienstaat Bundesrepublik – Koalitionsbildungsstaat USA. Überlegungen zum Vergleich von Regierungssystemen, in: ZParl 20, 283-291
Lösche, Peter 1989b: Amerika in Perspektive. Politik und Gesellschaft der Vereinigten Staaten, Darmstadt
Luhmann, Niklas 1969a: Legitimation durch Verfahren, Neuwied/Berlin
Luhmann, Niklas 1969b: Komplexität und Demokratie, in: PVS 10, 314-325
Luhmann, Niklas 1986: Die Zukunft der Demokratie, in: Der Traum der Vernunft. Vom Elend der Aufklärung. Eine Veranstaltung der Akademie der Künste, Berlin (2. Folge), Darmstadt/Neuwied, 207-217
Luhmann, Niklas 1988: Die Wirtschaft der Gesellschaft, Oplanden
Lukacs, Georg 1962: Zerstörung der Vernunft, Neuwied
Lupia, Arthur/McCubbins, Mathew D. 1998: The Democratic Dilemma. Can Citizens Learn What They Need To Know?, Cambridge
Luthardt, Wolfgang 1994: Direkte Demokratie. Ein Vergleich in Westeuropa, Baden-Baden
Luthardt, Wolfgang 1997: Formen der Demokratie. Die Vorteile der Konkordanzdemokratie, in: Jesse, Eckhard/Kailitz, Steffen (Hg.), Prägekräfte des 20. Jahrhunderts. Demokratie, Extremismus, Totalitarismus, Baden-Baden, 51-58
Luthardt, Wolfgang/Waschkuhn, Arno (Hg.) 1997: Politische Systeme und direkte Demokratie, München
Luther, Kurt Richard/Müller, Wolfgang C. (Hg.) 1992: Special Issue on Politics in Austria: Still a Case of Consociationalism? (WEP 15, Nr. 1), London
Machiavelli, Niccolo 1925: Vom Staat – Gesammelte Schriften, hrsg. v. Hanns Floerke, Bd. 1
Mackie, Thomas T./Rose, Richard (Hg.) 1991: The International Almanac of Electoral History, London u.a.
Macpherson, C.B. 1962: The Political Theory of Possessive Individualism. Hobbes to Locke, London u.a.
Macpherson, C.B. 1973: Democratic Theory, Oxford
Macpherson, C.B. 1977: The Life and Times of Liberal Democracy, Oxford
Maddison, Angus 1995: Monitoring the World Economy 1822-1992, Paris
Maddox, Graham 1996: Religion and the Rise of Democracy, London/New York
Maier, Hans 1968: Rousseau, in: Maier, Hans/Rausch, Heinz/Denzer, Horst (Hg.), Klassiker des politischen Denkens II, München, 104-134
Maier, Hans 1985: Zur neueren Geschichte des Demokratiebegriffs, in: Maier, Hans, Politische Wissenschaft in Deutschland. Lehre und Wirkung, München/Zürich, 189-218
Maihofer, Werner 1994: Prinzipien freiheitlicher Demokratie, in: Benda, Ernst/ Maihofer, Werner/Vogel, Hans-Jochen (Hg.), Handbuch des Verfassungsrechts, Berlin, 427-536
Mainwaring, Scott 1993: Presidentialism, Multipartism, and Democracy, in: CPS 26, 198-228
Mainwaring, Scott/O'Donnell, Guillermo/Valenzuela, J. Samuel (Hg.) 1992: Issues in Democratic Consolidation: The New South American Democracies in Comparative Perspective, Notre Dame, Ind.
Mainwaring, Scott/Schugart, Matthew S. 1997: Juan Linz, Presidentialism, and Democracy. A Critical Appraisal, in: CP 29, 449-471

Mair, Peter 1994: The Correlates of Consensus Democracy and the Puzzle of Dutch Politics, in: WEP 17, Nr. 4, 97-123
Majone, Giandomenico 1997: From the Positive to the Regulatory State, in: JOPP 17, Nr. 2, 139-168
Majone, Giandomenico 1998: Europe's Democratic Deficit, in: European Law Journal 4, Nr. 1, 5-28
Manent, Pierre 1996: Tocqueville and the Nature of Democracy, Lanham
Mandt, Hella 1998a: Politik in der Demokratie. Aufsätze zu ihrer Theorie und Ideengeschichte, Baden-Baden
Mandt, Hella 1998b: Politisch-sozialer Wandel und Veränderungen des Institutionenverständnisses in der Neuzeit, in: Mandt, Hella (Hg.), Politik in der Demokratie: Aufsätze zu ihrer Theorie und Ideengeschichte, Baden-Baden, 134-142
Mandt, Hella 1998c: Demokratiefähigkeit – Gegenwartsprobleme westlicher politischer Systeme, in: Mandt, Hella, Politik in der Demokratie: Aufsätze zu ihrer Theorie und Ideengeschichte, Baden-Baden, 215-227
Mandt, Hella 1999: „Die Freiheit Europas und die Knechtschaft Asiens" – Europabewusstsein und Kritik des Eurozentrismus im politischen Denken Montesquieus, in: Weinacht, Paul-Ludwig (Hg.), Montesquieu. 250 Jahre „Geist der Gesetze", Baden-Baden, 99-106
Mann, Thomas 1918: Betrachtungen eines Unpolitischen, Berlin
Manzer, Robert A. 1996: Hume's Constitutionalism and the Identity of Constitutional Democracy, in: APSR 90, 488-496
Marcard, Michaela von 1994: Rokoko oder das Experiment an lebenden Herzen. Galante Ideale und Lebenskrisen, Reinbek
Marks, Gary/Diamond, Larry (Hg.) 1992: Reexamining Democracy, Newbury Park u.a.
Marshall, John 1994: Resistance, Religion, and Responsibility, Cambridge
Marshall, T.H. 1996: Citizenship and Social Class, in: Marshall, T.H./Bottomore, Tom, Citizenship and Social Class, London/Chicago, 3-51
Marx, Karl 1960 (1852): Der achtzehnte Brumaire des Louis Bonaparte, in: MEW Bd. 8, Berlin-Ost, 111-207
Marx, Karl 1970 (1871): Der Bürgerkrieg in Frankreich, in: Marx, Karl – Friedrich Engels. Ausgewählte Schriften in zwei Bänden, Bd. 1, Berlin-Ost, 442-515
Marx, Karl 1971 (1875): Kritik des Gothaer Programms, in: Marx, Karl – Friedrich Engels. Ausgewählte Schriften in zwei Bänden, Bd. 2, Berlin-Ost, 7-38
Marx, Karl 1972a (1843): Zur Kritik der Hegelschen Rechtsphilosophie. Kritik des Hegelschen Staatsrechts (§§ 261-313), in: MEW Bd. 1, Berlin-Ost, 209-333
Marx, Karl 1972b (1843/44): Zur Kritik der Hegelschen Rechtsphilosophie. Einleitung, in: MEW Bd. 1, Berlin-Ost, 378-391
Marx, Karl/Engels, Friedrich 1969 (1845-1846): Die deutsche Ideologie, in: MEW Bd. 3, Berlin-Ost, 9-532
Marx, Karl/Engels, Friedrich 1970 (1848): Manifest der Kommunistischen Partei, in: Karl Marx – Friedrich Engels. Ausgewählte Schriften in zwei Bänden, Bd. I, Berlin-Ost, 17-57
Massing, Peter 1979: Interesse und Konsensus. Zur Rekonstruktion und Begründung normativ-kritischer Elemente neopluralistischer Demokratietheorie, Opladen
Maus, Ingeborg 1991: Sinn und Bedeutung von Volkssouveränität in der modernen Gesellschaft, in: Kritische Justiz 24, 137-150

Maus, Ingeborg 1992a: Zur Aufklärung der Demokratietheorie, Frankfurt a.M.
Maus, Ingeborg 1992b: Basisdemokratische Aktivitäten und rechtsstaatliche Verfassung. Zum Verhältnis von institutionalisierter und nichtinstitutionalisierter Volkssouveränität, in: Kreuder, Thomas (Hg.), Der orientierungslose Leviathan, Marburg, 99-116
May, K.O. 1952: A Set of Independent, Necessary and Sufficient Conditions for Simple Majority Decision, in: Econometrica 20, 680-684
Mayer, David Y. 1968: John Stuart Mill and Classical Democracy, in: Politics 3, 55-64
Mayer, J.P. 1976: Tocqueville heute, in: Tocqueville, Alexis de, Über die Demokratie in Amerika, München, 873-878
Mayer-Tasch, Peter C. 1968: Autonomie und Autorität. Rousseau in den Spuren von Hobbes?, Neuwied
Mayntz, Renate/Scharpf, Fritz (Hg.) 1973: Planungsorganisation. Die Diskussion um die Reform von Regierung und Verwaltung des Bundes, München
McClelland, J.S. 1996: A History of Western Political Thought. London/New York
McIver, Robert 1947: The Modern State, London
McKenna, George 1998: The Drama of Democracy. American Government and Politics, Boston u.a.
McLean, Ian 1987: Public Choice, Oxford
McWilliams, Wilson Carey 1995a: Federalists, in: Lipset, Seymour Martin (Hg.), The Encyclopedia of Democracy, Bd. II, London, 482-485
McWilliams, Wilson Carey 1995b: Antifederalists, in: Lipset, Seymour Martin (Hg.), The Encyclopedia of Democracy, Bd. I, London, 69-70
Medearis, John 1997: Schumpeter, the New Deal, and Democracy, in: APSR 91, 819-832
Meier, Christian 1969: Die Entstehung des Begriffs „Demokratie", in: PVS 10, 535-575
Meier, Christian 1993: Athen. Ein Neubeginn der Weltgeschichte, Berlin
Meier, Christian 1995: Gleichheit und Grenzen. Aristoteles, die Griechen, die Barbaren, die Sklaven, in: Merkur 49, 825-835
Meier, Christian/Maier, Hans/Koselleck, Reinhart/Conze, Werner 1972: Demokratie, in: Brunner, Otto/Conze, Werner/Koselleck, Reinhart (Hg.), Geschichtliche Grundbegriffe. Historisches Lexikon zur politisch-sozialen Sprache in Deutschland, Bd. 1, Stuttgart, 821-899
Meitmann, Jack 1992: Konsequente Demokratie. Für die Beseitigung des Zwanges zur Koalitionsbildung, Berlin
Melossi, Dario 1994: Weak Leviathan and strong democracy, or of two styles of social control, in: International Journal of Contemporary Sociology 31, Nr. l, 1-15
Melzer, Arthur M. 1990: The Natural Goodness of Man: On The System of Rousseau's Thought, Chicago
Melzer, Arthur M. 1995: Rousseau, Jean-Jacques, in: Lipset, Seymour Martin (Hg.), The Encyclopedia of Democracy, London, Bd. III, 1085-1089
Menger, Christian-Friedrich 1993: Deutsche Verfassungsgeschichte der Neuzeit, Heidelberg
Mensching, Günther 1992: Der Geist des Weines, in: FAZ Nr. 174, 29.7.1992, 35
Merkel, Wolfgang (Hg.) 1994: Systemwechsel 1, Opladen
Merkel, Wolfgang 1998: The Consolidation of Post-Autocratic Democracies: A Multi-level Model, in: Democratization 5, Nr. 3, 33-67

Merkel, Wolfgang 1999a: Systemtransformation. Eine Einführung in die Theorie und Empirie der Transformationsforschung, Opladen
Merkel, Wolfgang 1999b: Defekte Demokratien, in: Merkel, Wolfgang/Busch, Andreas (Hg.), Demokratie in Ost und West. Für Klaus von Beyme, Frankfurt a.M., 361-381
Merkel, Wolfgang/Busch, Andreas (Hg.) 1999: Demokratie in Ost und West. Für Klaus von Beyme, Frankfurt a.M.
Merkel, Wolfgang/Croissant, Aurel, 2000 (i.E.): Formale Institutionen und informale Regeln in illiberalen Demokratien, in: PVS 41, Nr. 1
Merkel, Wolfgang/Lauth, Hans Joachim 1998: Systemwechsel und Zivilgesellschaft: Welche Zivilgesellschaft braucht die Demokratie?, in: APuZ B 6-7/98, 3-12
Merkel, Wolfgang/Puhle, Hans-Jürgen 1999: Von der Diktatur zur Demokratie: Transformationsbedingungen, Erfolgsbedingungen, Entwicklungspfade, Opladen/Wiesbaden
Merkel, Wolfgang/Sandschneider, Eberhard/Segert, Dieter (Hg.) 1996: Systemwechsel 2. Die Institutionalisierung der Demokratie, Opladen
Merkel, Wolfgang/Sandschneider, Eberhard (Hg.) 1997: Systemwechsel 3. Parteien im Transformationsprozeß, Opladen
Merkl, Peter H. 1993: Which are todays democracies?, in: ISSJ 45, 257-270
Merquior, J.G. 1980: Rousseau and Weber, London
Merritt, Richard L. 1995: Democracy Imposed. U.S. Occupation Policy and the German Public, 1945-1949, New Haven/London
Meyer, Thomas 1991: Demokratischer Sozialismus – Soziale Demokratie, Bonn
Michels, Robert 1906: Die deutsche Sozialdemokratie, in: Archiv für Sozialwissenschaft und Sozialpolitik 23, 471-556
Michels, Robert 1987a (1908): Die oligarchischen Tendenzen der Gesellschaft. Ein Beitrag zum Problem der Demokratie, in: Michels, Robert, Masse, Führer, Intellektuelle, Frankfurt a.M./New York, 133-181
Michels, Robert 1987b (1928): Grundsätzliches zum Problem der Demokratie, in: Michels, Robert, Masse, Führer, Intellektuelle, Frankfurt a.M./New York, 182-88
Michels, Robert 1989 (1911): Zur Soziologie des Parteiwesens in der modernen Demokratie, Stuttgart
Midlarsky, Manus I.1992: The Origins of Democracy in Agrarian Society. Land Inequality and Political Rights, in: JOCR 36, 454-477
Mill, John Stuart 1957 (1873): Autobiography, New York
Mill, John Stuart 1958 (1861): Considerations on Representative Government, New York
Mill, John Stuart 1970 (1848): Principles of Political Economy, Harmondsworth
Mill, John Stuart 1985 (1859): On Liberty, Harmondsworth
Mill, John Stuart 1985a (1835): Democracy and Government, in: Williams, Geraint L. (Hg.), John Stuart Mill on Politics and Society, Glasgow, 179-185
Mill, John Stuart 1985b (1840): M. de Tocqueville on Democracy in America, in: Williams, Geraint L. (Hg.), John Stuart Mill on Politics and Society, Glasgow, 186-247
Miller, J. 1984: Rousseau: Dreamer of Democracy, New Haven
Mitchell, Joshua 1995: The Fragility of Freedom. Tocqueville on Religion, Democracy, and the American Future, Chicago

Mitchell, William C. 1984: Schumpeter and Public Choice, in: Public Choice 42, 73-88 und 161-174
Mitra, Subrata K. 1996: Politics in India, in: Almond, Gabriel A./Powell, G. Bingham, Jr., Comparative Politics Today. A World View, Glenview, Ill. u.a., 668-729
Mitra, Subrata Kumar/Enskat, Mike 1999: Parties and the People: India's Changing Party System and the Resilience of Democracy, in: Burnell, Peter/Calvert, Peter (Hg.), The Resilience of Democracy. Persistent Practice, Durable Idea, London/Portland, 123-154
Mittermaier, Karl/Mair, Meinhard 1995: Demokratie. Die Geschichte einer politischen Idee von Platon bis heute, Darmstadt
Moe, Tery M./Caldwell, Michael 1994: The Institutional Foundations of Democratic Government: A Comparison of Presidential and Parliamentary Systems, in: Journal of Institutional and Theoretical Economics 150/1, 171-195
Möckli, Silvano 1994: Direkte Demokratie, Bern/Stuttgart
Mommsen, Margarta 1999: Das „System Jelzin" – Struktur und Funktionsweise des russischen „Superpräsidentialismus", in: Merkel, Wolfgang/Busch, Andreas (Hg.), Demokratie in Ost und West. Für Klaus von Beyme, Frankfurt a.M., 290-319
Mommsen, Wolfgang 1974a: Max Weber. Gesellschaft, Politik und Geschichte, Frankfurt a.M.
Mommsen, Wolfgang 1974b: Max Weber und die deutsche Politik 1890-1920, Tübingen
Mommsen, Wolfgang 1974c (1963): Zum Begriff der „plebiszitären Führerdemokratie", in: Mommsen, Wolfgang, Max Weber. Gesellschaft, Politik und Geschichte, Frankfurt a.M., 44-71
Mommsen, Wolfgang J. 1989: The Political and Social Theory of Max Weber, Oxford
Mommsen, Wolfgang J. 1993: Max Weber. Ein politischer Intellektueller im Deutschen Kaiserreich, in: Hübinger, Gangolf/Mommsen, Wolfgang J. (Hg.), Intellektuelle im Deutschen Kaiserreich, Frankfurt a.M., 33-61
Montesquieu, Charles 1965 (franz. 1748): Vom Geist des Gesetze. Eingeleitet, ausgewählt und übersetzt von Kurt Weigand, Stuttgart
Montesquieu, Charles 1979 (1748), De l'esprit des lois, 2 Bde., hrsg. von Victor Goldschmidt, Paris
Moon, Jeremy 1995: Innovative Leadership and Policy Change: Lessons from Thatcher, in: Governance 8, 1-25
Moore, Barrington, Jr. 1966: Social Origins of Dictatorship and Democracy, Cambridge, Mass.
Morgenstern, Mira 1996: Rousseau And The Politics of Ambiguity. Self, Culture, and Society, Baltimore, Pennsylvania
Mostov, Julie 1989: Karl Marx as democratic theorist, in: Polity 22, Nr. 2, 195-212
Mossé, Claude 1979 (engl. 1973): Der Zerfall der athenischen Demokratie, Zürich/ München
Moulin, Leo 1953: Les origines religieuses des techniques electorales et déliberative modernes, in: Revue International d'Histoire Politique et Constitutionelle, April-Juni, 106-148
Mueller, Dennis C. 1996: Constitutional Democracy, New York/Oxford
Muller, Jerry Z. (Hg.) 1997: Conservatism. An Anthology of Social and Political Thought from David Hume to the Present, Princeton, N.J.

Müller, Wolfgang C. 1988: Österreichs Regierungssystem. Institutionen, Strukturen, Prozesse, in: Der Bürger im Staat 38, 121-127

Müller-Rommel, Ferdinand 1993: Grüne Parteien in Westeuropa. Entwicklungsphasen und Erfolgsbedingungen, Opladen

Münkler, Herfried (Hg.) 1992: Die Chancen der Freiheit. Grundprobleme der Demokratie, München/Zürich

Münkler, Herfried 1993: Thomas Hobbes, Frankfurt/New York

Muller, Edward N./Seligson, Mitchell A. 1994: Civic Culture and Democracy: The Question of Causal Relationships, in: APSR 88, 635-652

Nagel, Jack H. 1994: What Political Scientists Can learn from the 1993 Electoral Reform in New Zealand, in: Political Science & Politics 27, 525-529

Narr, Wolf-Dieter/Naschold, Frieder 1973: Theorie der Demokratie, Stuttgart u.a..

Naschold, Frieder 1968: Demokratie und Komplexität, in: PVS 9, 494-518

Naschold, Frieder 1969a: Organisation und Demokratie. Untersuchung zum Demokratisierungspotential in komplexen Organisationen, Stuttgart u.a.

Naschold, Frieder 1969b: Demokratie wegen Komplexität. Zu Niklas Luhmann: Komplexität und Demokratie, in: PVS 10, 326-327

Naschold, Frieder 1971: Die systemtheoretische Analyse demokratischer politischer Systeme, in: Probleme der Demokratie heute (PVS Sonderheft 2), Opladen, 3-39

Naschold, Frieder 1996: Partizipative Demokratie – Erfahrungen mit der Modernisierung kommunaler Verwaltungen, in: Weidenfeld, Werner (Hg.), Demokratie am Wendepunkt. Die demokratische Frage als Projekt des 21. Jahrhunderts, Berlin, 294-310

Nass, Klaus Otto 1999: Ein beliebtes Phantom: das Demokratiedefizit der EU, in: FAZ Nr. 74, 29.3.1999, 15

Naumann, Friedrich 1900: Demokratie und Kaisertum, Berlin

Neal, Patrick 1995: Theory, Postwar Anglo-American, in: Lipset, Seymour Martin (Hg.), The Encyclopedia of Democracy, Bd. IV, 1247-1255

Nef, Rolf 1988: Die Schweizer Referendumsdemokratie, in: Der Bürger im Staat 38, 53-60

Neher, Clark D. 1994: Asian Style Democracy, in: Asian Survey 34, Nr. 11, 949-961

Neidhardt, Friedhelm/Koopmans, Ruud/Patch, Barbara 1999: Konstitutionsbedingungen politischer Öffentlichkeit. Der Fall Europa, Autorenkonferenz zum WZB-Jahrbuch 2000 „Die Zukunft der Demokratie", 3./4. Dezember 1999, Berlin

Neidhart, Leonhard 1970: Plebiszit und pluralitäre Demokratie, Bern

Neidhart, Leonhard 1987: Regierungs- und Verwaltungssystem in der Schweiz und der Bundesrepublik Deutschland – ein Vergleich, in: Windhoff-Héritier, Adrienne (Hg.), Verwaltung und ihre Umwelt, Opladen, 170-193

Neidhart, Leonhard 1988a: Die Schweizer Konkordanzdemokratie, in: Der Bürger im Staat 38, 53-60

Neidhart, Leonhard 1988b: Das Parteiensystem der Schweiz, in: Der Bürger im Staat 38, 61-67

Neidhart, Leonhard 1992: Grundlagen und Besonderheiten des schweizerischen Systems, in: Abromeit, Heidrun/Pommerehne, Werner W. (Hg.), Staatstätigkeit in der Schweiz, Bern u.a., 15-42

Neubauer, Deane E. 1967: Some Conditions of Democracy, in: APSR 61, 1002-1009

Neumann, Franz 1986a (1957): Montesquieu, in: Neumann, Franz, Demokratischer und autoritärer Staat, Frankfurt a.M., 142-194

Neumann, Franz 1986b (1957): Zum Begriff der politischen Freiheit, in: Neumann, Franz, Demokratischer und autoritärer Staat, Frankfurt a.M., 100-141

Neumann, Franz 1986c (1957): Ökonomie und Politik im zwanzigsten Jahrhundert, in: Neumann, Franz, Demokratischer und autoritärer Staat, Frankfurt a.M., 248-260

Newton, Kenneth 1995: Democratic Crisis, Contradiction and Catastrophe. West European Democracies, 1945-1990, in: Journal für Sozialforschung 35, 121-144

Newton, Kenneth/Valles, Josep M. 1991: Introduction: political science in Western Europe 1960-1990, in: EJPR 20, 227-238

Nichols, Mary P. 1992: Citizens and Statesmen. A Study of Aristotle's Politics, Savage, Maryland.

Niclauß, Karlheinz 1974: Demokratiegründung in Westdeutschland. Die Entstehung der Bundesrepublik 1945-1949, München

Niclauß, Karlheinz 1988: Kanzlerdemokratie. Bonner Regierungspraxis von Konrad Adenauer bis Helmut Kohl, Stuttgart/Berlin/Köln/Mainz

Niclauß, Karlheinz 1992: Der Parlamentarische Rat und die plebiszitären Elemente, in: APuZ B 45/92, 3-15

Nipperdey, Thomas 1992: Deutsche Geschichte 1866-1918. Zweiter Band: Machtstaat vor der Demokratie, München

Nohlen, Dieter 1978: Wahlsysteme der Welt, München/Zürich

Nohlen, Dieter 1986: Militärregime und Re-demokratisierung in Lateinamerika, in: APuZ B 9/1986, 9-16

Nohlen, Dieter 1990: Wahlrecht und Parteiensystem, Opladen

Nohlen, Dieter 1991: Presidencialismo vs. Parlamentarismo en América Latina, in: Revista de Estudios Politicos 74, Oktober/Dezember, 43-54

Nohlen, Dieter 1992: Wahlrecht, in: Schmidt, Manfred G. (Hg.), Die westlichen Länder (Lexikon der Politik, hrsg. v. Dieter Nohlen, Bd. 3), München, 510-518

Nohlen, Dieter (Hg.) 1993: Handbuch der Wahldaten Lateinamerikas und der Karibik, Opladen

Nohlen, Dieter 1999: Demokratie und soziale Gerechtigkeit in Lateinamerika, in: Merkel, Wolfgang/Busch, Andreas (Hg.), Demokratie in Ost und West. Für Klaus von Beyme, Frankfurt a.M., 249-272

Nohlen, Dieter/Fernandez, Mario (Hg.) 1991: Presidencialismo versus Parlamentarismo en América Latina, Caracas

Nohlen, Dieter/Solari, Aldo (Hrsg.), 1988: Reforma Politica y Consolidacion Democratica. Europa y América Latina, Caracas

Nohlen, Dieter/Thibaut, Bernhard 1994: Transitionsforschung zu Lateinamerika: Ansätze, Konzepte, Thesen, in: Merkel, Wolfgang (Hg.), Systemwechsel 1, Opladen 195-228

Nonnenmacher, Günther 1989: Die Ordnung der Gesellschaft. Mangel und Herrschaft in der politischen Philosophie der Neuzeit: Hobbes, Locke, Adam Smith, Rousseau, Weinheim

Nonnenmacher, Günther 1999: Wie sich Saddam und Milosevic ähneln, in: FAZ Nr. 46, 24.2.1999, 1

Norris, Pippa (Hg.) 1999a: Critical Citizens. Global Support for Democratic Government, Oxford u.a.

Norris, Pippa 1999b: Institutional Explanations for Political Support, in: Norris, Pippa (Hg.), Critical Citizens. Global Support for Democratic Government, Oxford u.a., 217-235
Ober, Josiah 1989: Mass and Elite in Democratic Athens. Rhetoric, Ideology and the Power of the People, Princeton
Ober, Josiah/Hedrick, Charles (Hg.) 1996: Demokratia. A Conversation on Democracies, Ancient and Modern, Princeton
Obinger, Herbert, 1998: Politische Institutionen und Sozialpolitik in der Schweiz. Frankfurt a.M. u.a.
Obinger, Herbert 1999: Politische und institutionelle Determinanten des Wirtschaftswachstums 1960-1992, Bremen: ZeS (Zes-Arbeitspapier Nr. 6/99)
O'Donnell, Guillermo A. 1979: Modernization and Bureaucratic Authoritarianism. Studies in South American Politics, Berkeley
O'Donnell, Guillermo A. 1994: Delegative Democracy, in: Journal of Democracy 5, Nr. 1, 55-69
O'Donnell, Guillermo A./Schmitter, Philippe C./Whitehead, Laurence (Hg.) 1986: Transitions from Authoritarian Rule, Baltimore, 5 Bände
OECD (Organization for Economic Co-operation and Development) 1994: The OECD Jobs Study, Part I and II, Paris
OECD 1997a: OECD Economic Survey: United States 1997, Paris
OECD 1997b: OECD Economic Outlook – Historical Statistics 1960-1995, Paris
OECD 1999a: OECD Social Expenditure Database, Paris
OECD 1999b: OECD Employment Outlook, June 1999, Paris
Offe, Claus 1972: Politische Herrschaft und Klassenstrukturen, in: Kress, Gisela/Senghaas, Dieter (Hg.), Politikwissenschaft, Frankfurt a.M., 135-164
Offe, Claus 1975: Berufsbildungsreform. Fallstudie zu Reformpolitik, Frankfurt a.M.
Offe, Claus 1984: Politische Legitimation durch Mehrheitsentscheidung?, in: Guggenberger, Bernd/Offe, Claus (Hg.), An den Grenzen der Mehrheitsregel, Opladen, 150-183
Offe, Claus 1985: Disorganized Capitalism, Oxford
Offe, Claus 1986: Demokratie und 'höhere Amoralität' in: Der Traum der Vernunft. Vom Elend der Aufklärung. Eine Veranstaltung der Akademie der Künste, Berlin (2. Folge), Darmstadt/Neuwied, 218-232
Offe, Claus 1991: Capitalism by Democratic Design? Democratic Theory Facing the Triple Transition in East Central Europe, in: Social Research 58, 865-892
Offe, Claus 1992: Wider scheinradikale Gesten – Die Verfassungspolitik auf der Suche nach dem „Volkswillen" in: Hofmann, Gunter/Perger, Werner A. (Hg.), Die Kontroverse. Weizsäckers Parteienkritik in der Diskussion, Frankfurt a.M., 126-142
Offe, Claus 1994: Der Tunnel am Ende des Lichts. Erkundungen der politischen Transformation im Neuen Osten, Frankfurt a.M./New York
Offe, Claus 1996a: Bewährungsproben – Über einige Beweislasten bei der Verteidigung der liberalen Demokratie, in: Weidenfeld, Werner (Hg.), Demokratie am Wendepunkt. Die demokratische Frage als Projekt des 21. Jahrhunderts, Berlin, 141-157
Offe, Claus 1996b: Varieties of Transition. The East European and East German Experience, Cambridge

Offe, Claus 1997: Micro-Aspects of Democratic Theory: What Makes For The Deliberative Competence Of Citizens?, in: Hadenius, Axel (Hg.), Democracy's Victory And Crisis, Cambridge, 81-104

Offe, Claus 1998a: Demokratie und Wohlfahrtsstaat. Eine europäische Regimeform unter dem Streß der europäischen Integration, in: Streeck, Wolfgang (Hg.), Internationale Wirtschaft, nationale Demokratie. Herausforderungen für die Demokratietheorie, Frankfurt a.M./New York, 99-136

Offe, Claus 1998b: Vox Populi und die Verfassungsökonomik. Anmerkungen zum Beitrag von Feld und Savioz, in: Grözinger, Gerd/Panther, Stephan (Hg.), Konstitutionelle Politische Ökonomie, Marburg, 81-88

Offe, Claus/Preuss, Ulrich K. 1991: Democratic Institutions and Moral Resources, in: Held, David (Hg.), Political Theory Today, Cambridge, 143-171

Okun, A.M. 1975: Equality and Efficiency. The Big Tradeoff, Washington D.C.

Olson, Mancur 1965: The Logic of Collective Action, New Haven/London

Olson, Mancur 1982: The Rise and Decline of Nations. Economic Growth, Stagflation, and Social Regidities, New Haven

Olson, Mancur 1993: Dictatorship, Democracy, and Development, in: APSR 87, 567-576

Orwin, Clifford/Tarcov, Nathan (Hg.) 1997: The Legacy of Rousseau, Chicago

Olson, Mancur 1993: Dictatorship, Democracy, and Development, in: APSR 87, 567-576

Pangle, T.L. 1973: Montesquieu's Philosophy of Liberalism: Commentary on „The Spirit of The Laws", Chicago

Palzer-Rollinger, Birgit 1995: Zur Legitimität von Mehrheitsentscheidungen. Die Legitimitätsproblematik von Mehrheitsentscheidungen angesichts zukunftsgefährdender politischer Beschlüsse, Baden-Baden

Pao-Min, Chang 1993: The Structural and Cultural Prerequisites of Democracy: Some Observations, in: Asian Profile 21, 505-522

Papadopoulos, Yannis 1998: Démocratie Directe, Paris

Papageorgiou, C.J. 1990: Four or five types of Democracy in Aristotle?, in: History of Political Thought 9, Nr. 1, 1-8

Pappé, H.O. 1964: Mill and Tocqueville, in: Journal of the History of Ideas 25, 217-234

Pateman, Carole 1970: Participation and Democratic Theory, London

Pateman, Carole 1989: The Disorder of Women: democracy, feminism and political theory, Cambridge

Peled, Yoav 1992: Ethnic Democracy and the Legal Construction of Citizenship: Arab Citizens of the Jewish State, in: APSR 86, 432-443

Pelinka, Anton 1974: Dynamische Demokratie: Zur konkreten Utopie gesellschaftlicher Gleichheit, Stuttgart u.a.

Pempel, T.J. (Hg.) 1990: Uncommon Democracies: The One-Party Dominant Regimes, Ithaca, N.Y.

Pennings, Paul 1995: Consociationalism and Party System Change. Towards a Comparative Operationalization, ECPR Joint Sessions, Bordeaux

Peters, Bernhard 1993: Die Integration moderner Gesellschaften, Frankfurt a.M.

Petersen, Thomas 1994: Staat, individuelle Präferenz und allgemeiner Wille, Universität Heidelberg: Habilitationsschrift

Pettiford, Lloyd 1999: Simply a Matter of Luck? Why Costa Rica Remains a Democracy, in: Burnell, Peter/Calvert, Peter (Hg.), The Resilience of Democracy. Persistent Practise, Durable Idea, London/Portland, 87-104
Pfetsch, Frank R. 1999: Von der liberalen Elitentheorie zur Theorie einer europäischen Zivilgesellschaft, in: Merkel, Wolfgang/Busch, Andreas (Hg.), Demokratie in Ost und West. Für Klaus von Beyme, Frankfurt a.M., 496-519
Phillips, Anne 1991: Engendering Democracy, Cambridge
Phillips, Anne 1995: Geschlecht und Demokratie, Berlin
Pickel, Gert/Pickel, Susanne/Jacobs, Jörg (Hg.) 1997: Demokratie. Entwicklungsformen und Erscheinungsbilder im interkulturellen Vergleich, Frankfurt a.d.O./Bamberg
Pierson, George Wilson 1996 (1938): Tocqueville in America, Baltimore/London
Pion-Berlin, David 1992: Military Autonomy and Emerging Democracies in South America, in: CP 25, 83-102
Pisa, Karl 1986: Alexis de Tocqueville: Prophet des Massenzeitalters. Eine Biographie, München
Platon 1989: Der Staat. Über das Gerechte, Hamburg
Pleschinski, Hans 1997: Der Prophet der Globalisierung. Die neue Zeitrechnung des Alexis de Tocqueville, in: FAZ Nr. 195, 23.8.1997
Poe, Steven C./Tate, C. Neal 1994: Repression of Human Rights to Personal Integrity in the 1980s: A Global Analysis, in: APSR 88, 853-872
Politik als Kampf – Politik als Beruf. Eine Diskussion mit Christian von Krockow, M. Rainer Lepsius und Hans Maier, in: Gneuss, Christian/Kocka, Jürgen (Hg.), Max Weber. Ein Symposium, München 1988, 25-46
Pope, Whitney 1986: Alexis de Tocqueville. His Social and Political Theory, Beverly Hills u.a.
Potter, David/Goldblatt, David/Kiloh, Margaret/Lewis, Paul 1997: Democratization, Oxford/Milton Keynes
Pourgerami, Abbas 1991: The Political Economy of Development: An Empirical Examination of the Wealth Theory of Democracy, in: Journal of Theoretical Politics 3, 189-211
Pourgerami, Abbas 1992: Authoritarian versus Non-authoritarian Approaches to Economic Development: Update and Additional Evidence, in: Public Choice 74, 365-377
Powell, G. Bingham, Jr. 1982: Contemporary Democracies. Participation, Stability and Violence, Cambridge, Mass./London
Priddat, Birger P. 1989: Die politische Struktur der aristotelischen Ökonomie, in: PVS 30, 395-419
Pryor, F. 1968: Public Expenditures in Communist and Capitalist Nations, London
Przeworski, Adam 1986: Some Problems in the Study of the Transitions to the Democracy, in: O'Donnell, Guillermo A./Schmitter, Philippe C./Whitehead, Laurence (Hg.), Transitions from Authoritarian Role. Comparative Perspectives, Baltimore/London, 47-63
Przeworski, Adam 1990: The State and the Economy under Capitalism, Chur u.a.
Przeworski, Adam 1991a: Spiel mit Einsatz. Demokratisierungsprozesse in Lateinamerika, Osteuropa und anderswo, in: Transit Nr. 1, 190-211
Przeworski, Adam 1991b: Democracy and the Market, Cambridge
Przeworski, Adam 1999: Minimalist Conception of Democracy: a Defense, in: Shapiro, Ian/Hacker-Cordon, Casiano (Hg.), Democracy's Value, Cambridge, 23-55

Przeworski, Adam/Alvarez, Michael/Cheibub, José Antonio/Limongi, Fernando 1996: What Makes Democracies Endure?, in: Journal of Democracy 7, Nr. 1, 39-56

Przeworski, Adam/Limongi, Fernando 1993: Political Regimes and Economic Growth, in: Journal of Economic Perspectives 7, Nr. 3, 51-69

Puhle, Hans-Jürgen 1999: Demokratisierungsprobleme in Europa und Amerika, in: Brunkhorst, Hauke/Niesen, Peter (Hg.), Das Recht der Republik, Frankfurt a.M., 317-345

Putnam, Robert D. 1993: Making Democracy Work. Civic Traditions in Modern Italy, Princeton, N.J.

Putnam, Robert D. 1995: Tuning In, Tuning Out: The Strange Disappearance Of Social Capital in America, in: PS: Political Science & Politics 28, 664-683

Putnam, Robert D. 1996: Die Symptome der Krise – Die USA, Europa und Japan im Vergleich, in: Weidenfeld, Werner (Hg.), Demokratie am Wendepunkt. Die demokratische Frage als Projekt des 21. Jahrhunderts, Berlin, 52-80

Putnam, Robert D. 1997: Democracy In America At Century's End, in: Hadenius, Axel (Hg.), Democracy's Victory And Crisis, Cambridge, 27-70

Rae, Douglas 1999: Democratic Liberty and the Tyrannies of Places, in: Shapiro, Ian/Hacker-Cordòn, Casiano (Hg.), Democracy's Edges, Cambridge, 165-192

Raaflaub, Kurt A. 1988: Politisches Denken im Zeitalter Athens, in: Fetscher, Iring/Münkler, Herfried (Hg.), Pipers Handbuch der Politischen Ideen, Bd. 1, München/Zürich, 273-368

Raaflaub, Kurt A. 1992: Politisches Denken und Krise der Polis. Athen im Verfassungskonflikt des späten 5. Jahrhunderts v. Chr., in: Historische Zeitschrift Bd. 255, Nr. 1, 1-60

Raaflaub, Kurt A. 1995 (1992): Einleitung und Bilanz: Kleisthenes Ephialtes und die Begründung der Demokratie, in: Kinzl, Konrad H. (Hg.), Demokratia. Der Weg zur Demokratie bei den Griechen, Darmstadt, 1-54

Ranney, Austin 1995: Presidential Government, in: Lipset, Seymour Martin (Hg.), The Encyclopedia of Democracy, London, Bd. III, 996-999

Rausch, Heinz 1968a: Tocqueville, in: Meier, Hans/Rausch, Heinz/Denzer, Horst (Hg.), Klassiker des politischen Denkens II. Von Locke bis Max Weber, München, 217-239

Rausch, Heinz 1968b: J.St. Mill, in: Maier, Hans/Rausch, Heinz/Denzer, Horst (Hg.), Klassiker des politischen Denkens II. Von Locke bis Max Weber, München, 240-261

Reeves, Richard 1984: Eine nordamerikanische Reise, Frankfurt a.M., Wien/Berlin

Richter, Emanuel 1994: Die Expansion der Herrschaft, Opladen

Richter, Emanuel 1999: Das republikanische Europa. Aspekte einer nachholenden Zivilisierung, Opladen

Richter, Melvin 1969: Comparative Political Analysis in Montesquieu and Tocqueville, in: CP 1, Nr. 2, 129-160

Richter, Melvin 1977: The Political Theory of Montesquieu, Cambridge

Riescher, Gisela 1994: Zeit und Politik. Zur institutionellen Bedeutung von Zeitstrukturen in parlamentarischen und präsidentiellen Regierungssystemen, Baden-Baden

Riggs, Fred W. 1993: Fragility of the Third World's Regimes, in: ISSJ 45, 199-243

Riker, William H. 1980a: Implications from Disequilibrium of Majority Role for the Study of Institutions, in: APSR 74, 432-446
Riker, William H. 1980b: A Reply to Ordeshook and Rae, in: APSR 74, 456-458
Riker, William H. 1982: Liberalism against populism, San Francisco
Riklin, Alois/Möckli, Silvano 1983: Werden und Wandel der schweizerischen Staatsidee, in: Riklin, Alois (Hg.), Handbuch Politisches System der Schweiz, Bd. 1, Bern/Stuttgart, 9-118
Riklin, Alois 1989: Montesquieus freiheitliches Staatsmodell, in: PVS 30, 420-442
Riklin, Alois 1999a: Die Republik von James Harrington 1656, Bern/Wien
Riklin, Alois 1999b: Die gewaltenteilige Mischverfassung Montesquieus im ideengeschichtlichen Zusammenhang, in: Weinacht, Paul-Ludwig (Hg.), Montesquieu. 250 Jahre „Geist der Gesetze", Baden-Baden, 15-30
Risse-Kappen, Thomas 1994: Wie weiter mit dem „demokratischen Frieden"?, in: ZIB 1, 367-379
Risse-Kappen, Thomas 1994: Democratic Peace – Warlike Democracies? A Social Constructivist Interpretation of the Liberal Argument, in: European Journal of International Relations 1, 491-517
Rittberger, Volker 1987: Zur Friedensfähigkeit von Demokratien. Betrachtungen zur politischen Theorie des Friedens, in: APuZ, B 44/87, 3-12
Ritter, Alan/Bondanella, Julia Conaway (Hg.) 1988: Rousseau's Political Writings, New York/London
Roberts, Jennifer Tolbert 1994: Athens on Trial, Princeton, N.J.
Robinson, Eric W. 1997: The First Democracies. Early Popular Government Outside Europe, Stuttgart
Robinson, William I. 1996: Promoting Polyarchy. Globalization, US Intervention, and the Hegemony, Cambridge
Robson, John M. 1968: The Improvement of Mankind. The Social and Political Thought of John Stuart Mill, Toronto
Roebroek, Joop M. 1993: The Imprisoned State, Universität Tilburg: Dissertation
Rödel, Ulrich/Frankenberg, Günter/Dubiel, Helmut 1989: Die demokratische Frage, Frankfurt a.M.
Rödel, Ulrich (Hg.) 1990: Autonome Gesellschaft und libertäre Demokratie, Frankfurt a.M.
Roellecke, Gerd 1991: Schwierigkeiten mit der Rechtseinheit nach der deutschen Wiedervereinigung, in: Neue Juristische Wochenschrift 44, Nr. 11, 658-661
Rogers, Hayward W. 1959: Some Methodological Difficulties in Anthony Downs's An Economic Theory of Democracy, in: APSR 53, 483-485
Rohrschneider, Robert 1999: Learning Democracy. Democratic and Economic Values in Unified Germany, Oxford
Rose, Richard/Mishler, William 1996: Testing The Churchill Hypothesis: Popular Support For Democracy And Its Alternatives, in: JOPP 16, Nr. 1, 29-58
Rose, Richard/Mishler, William/Haerpfer, Christian 1998: Democracy and its Alternatives. Understanding Post-Communist Societies, Cambridge
Rosecrance, Richard 1986: The Rise of the Trading State, New York
Rosenberg, Arthur 1962: Demokratie und Sozialismus. Zur politischen Geschichte der letzten 150 Jahre, Frankfurt a.M.

Rosenblatt, Helena 1997: Rousseau And Geneva. From the First *Discourse* to the *Social Contract*, 1949-1762, Cambridge
Rossiter, Clinton 1961: Introduction, in: The Federalist Papers. Alexander Hamilton, James Madison, John Jay, New York, vii-xxxi
Rousseau, Jean-Jacques 1977 (franz. 1762): Vom Gesellschaftsvertrag oder Grundsätze des Staatsrechts. Neu übersetzt und hrsg. v. Hans Brockard, Stuttgart
Rousseau, Jean-Jacques 1964: Oeuvres Complètes, Paris
Rousseau, Jean-Jacques 1977a: Politische Schriften, 2 Bde., Paderborn
Rousseau, Jean-Jacques 1977b (franz. 1755): Abhandlung über die Politische Ökonomie, in: Rousseau, Jean-Jacques, Politische Schriften, Paderborn, Bd. 1, 9-58
Rousseau, Jean-Jacques 1987 (franz. 1764): Briefe vom Berge, in: Jean-Jacques Rousseau Schriften, hrsg. v. Henning Ritter, München, Bd. 2, 7-252
Rüb, Friedbert 1994: Schach dem Parlament! Über semipräsidentielle Regierungssysteme in einigen postkommunistischen Gesellschaften, in: Leviathan 22, 260-292
Rueschemeyer, Dietrich/Huber-Stephens, Evelyne/Stephens, John D. 1992: Capitalist Development and Democracy, Chicago
Rufin, Jean-Christophe 1994 (franz. 1993): Die Diktatur des Liberalismus, Reinbek
Ruge, Undine 1999: Glaube und Gemeinschaft: Der „konservative Liberalismus" des Alexis de Tocqueville, in: Dürr, Tobias/Walter, Franz (Hg.), Solidargemeinschaft und fragmentierte Gesellschaft: Parteien, Milieus und Verbände im Vergleich. Festschrift zum 60. Geburtstag von Peter Lösche, Opladen, 537-552
Rupieper, Hermann-Josef 1993: Die Wurzeln der westdeutschen Nachkriegsdemokratie. Der amerikanische Beitrag 1945-1952, Opladen
Rustow, Dankwart A. 1970: Transitions to Democracy: Toward a Dynamic Model, in: CP 2, 337-363
Saage, Richard (Hg.) 1995: Das Scheitern diktatorischer Legitimationsmuster und die Zukunftsfähigkeit der Demokratie. Festschrift für Walter Euchner, Berlin
Saage, Richard/Berg, Gunnar (Hg.) 1998: Zwischen Triumpf und Krise. Zum Zustand der liberalen Demokratie nach dem Zusammenbruch der Diktaturen in Osteuropa, Opladen
Sabine, George H. 1963: A History of Political Theory, London
Sainsbury, Diane (Hg.) 1994: Gendering Welfare States, Cambridge
Sainsbury, Diane 1996: Gender Equality And Welfare State, Cambridge
Samples, Guido 1998: Bürgerpartizipation in den neuen Länderverfassungen – Eine verfassungshistorische und verfassungsrechtliche Analyse, Berlin
Santoro, Emilio 1993: Democratic theory and individual autonomy. An interpretation of Schumpeter's doctrin of democracy, in: EJPR 23, 121-143
Sartori, Giovanni 1968: Democracy, in: Sills, David L. (Hg.), International Encyclopedia of the Social Sciences, Bd. 4, New York, 112-121
Sartori, Giovanni 1992 (engl. 1987): Demokratietheorie, Darmstadt
Saxonhouse, Arlene W. 1996: Modern Mythmakers and Ancient Theorists, Notre Dame/London
Saxonhouse, Arlene W. 1998: Democracy, Equality, and Eîde: A Radical View from Book 8 of Plato's Republic, in: APSR 92, 273-284
Scarpetta, Olga 1992: Political Traditions and the Limits of Democracy in Columbia, in: International Journal of Politics, Culture, and Society 5, 143-166

Scarrow, Susan E. 1997: Party Competition and Institutional Change: The Expansion of Direct Democracy in Germany, in: Party Politics 3, 451-472
Schaal, Gary Stuart/Strecker, David 1999: Die politische Theorie der Deliberation: Jürgen Habermas, in: Brodocz, André/Schaal, Gary S. (Hg.), Politische Theorien der Gegenwart. Eine Einführung, Opladen, 311-336
Schachtschneider, Karl Albrecht 1999: Regieren für statt durch das Volk? Demokratiedefizite in der Europäischen Union?, in: Arnim, Hans Herbert von (Hg.), Adäquate Institutionen: Voraussetzungen für „gute" und bürgernahe Politik?, Berlin, 203-234
Scharpf, Fritz W. 1970: Demokratietheorie zwischen Utopie und Anpassung, Konstanz.
Scharpf, Fritz W. 1973: Planung als politischer Prozeß. Aufsätze zur Theorie der planenden Demokratie, Frankfurt a.M.
Scharpf, Fritz W. 1985: Die Politikverflechtungs-Falle: Europäische Integration und deutscher Föderalismus im Vergleich, in: PVS 26, 323-356
Scharpf, Fritz W. 1987: Sozialdemokratische Krisenpolitik in Europa. Das „Modell Deutschland" im internationalen Vergleich, Frankfurt a.M.
Scharpf, Fritz W. 1991: Die Handlungsfähigkeit des Staates am Ende des zwanzigsten Jahrhunderts, in: PVS 32, 621-634
Scharpf, Fritz W. 1992: Europäisches Demokratiedefizit und deutscher Föderalismus, in: Staatswissenschaften und Staatspraxis 3, 293-306
Scharpf, Fritz W. 1993a: Versuch über Demokratie im verhandelnden Staat, in: Czada, Roland/Schmidt, Manfred G. (Hg.), Verhandlungsdemokratie – Interessenvermittlung – Regierbarkeit. Festschrift für Gerhard Lehmbruch, Opladen, 25-50
Scharpf, Fritz W. 1993b: Legitimationsprobleme der Globalisierung. Regieren in Verhandlungssystemen, in: Böhret, Carl/Wewer, Göttrik (Hg.), Regieren im 21. Jahrhundert – Zwischen Globalisierung und Regionalisierung, Opladen, 165-185
Scharpf, Fritz W. 1994: Föderalismus im globalen Kapitalismus, in: Scharpf, Fritz W., Optionen des Föderalismus in Deutschland und Europa, Frankfurt a.M./New York, 156-166
Scharpf, Fritz W. 1997a: Games Real Actors Play, Boulder, Colorado
Scharpf, Fritz W. 1997b: Nötig, aber ausgeschlossen. Die Malaise der deutschen Politik, in: FAZ Nr. 127, 5.7.1997, 35
Scharpf, Fritz W. 1998: Demokratie in der transnationalen Politik, in: Streeck, Wolfgang (Hg.), Internationale Wirtschaft, nationale Demokratie. Herausforderungen für die Demokratietheorie, Frankfurt a.M./New York, 151-174
Scharpf, Fritz W. 1999b: Regieren in Europa. Effektiv und demokratisch? Frankfurt a.M./New York
Scharpf, Fritz W. 1999c: Demokratieprobleme in der europäischen Mehrebenenpolitik, in: Merkel, Wolfgang/Busch, Andreas (Hg.), Demokratie in Ost und West, Frankfurt a.M., 672-694
Scharpf, Fritz W./Reissert, Bernd/Schnabel, Fritz 1976: Politikverflechtung: Theorie und Empirie des kooperativen Föderalismus in der Bundesrepublik, Kronberg/Ts.
Schäuble, Wolfgang 1996: Weniger Demokratie wagen? Die Gefahr der Konstitutionalisierung der Tagespolitik, in: FAZ v. 13.9.1996, 12
Schedler, Andreas 1994: Die (eigensinnige) kommunikative Struktur demokratischer Wahlen, in: ZfP 4l, 22-44

Schelsky, Helmut 1973: Mehr Demokratie oder mehr Freiheit?, in: FAZ v. 20.1.1973, 7-8

Scheuch, Erwin K./Scheuch, Ute 1992: Cliquen, Klüngel und Karrieren, Reinbek bei Hamburg

Schieder, Wolfgang 1991: Karl Marx als Politiker, München

Schiller, Theo 1991: Machtprobleme in einigen Ansätzen der neueren Demokratietheorie, in: Greven, Michael Th. (Hg.), Macht in der Demokratie, Baden-Baden, 141-174

Schluchter, Wolfgang 1980: Der autoritär verfaßte Kapitalismus. Max Webers Kritik am Kaiserreich, in: Schluchter, Wolfgang, Rationalismus der Weltbeherrschung, Frankfurt a.M., 134-160

Schluchter, Wolfgang 1985 (1972): Die „alte" Synthese: die bürokratische Demokratie, in: Schluchter, Wolfgang, Aspekte bürokratischer Herrschaft, Frankfurt a.M., 65-144

Schluchter, Wolfgang 1988: Religion und Lebensführung, Frankfurt a.M., 2 Bde.

Schimanck, Uwe 1996: Theorien gesellschaftlicher Differenzierung, Opladen

Schmalz-Bruns, Rainer 1989: 'Civil-society' – neue Perspektiven der Demokratisierung?, in: Forschungsjournal NSB 2, Nr. 3/3, 20-34

Schmalz-Bruns, 1995: Reflexive Demokratie. Die demokratische Transformation moderner Politik, Baden-Baden

Schmid, Josef 1990: Die CDU. Organisationsstrukturen, Politiken und Funktionsweisen einer Partei im Föderalismus, Opladen

Schmidt, Manfred G. 1978: Die 'Politik der Inneren Reformen' in der Bundesrepublik Deutschland 1969-1976, in: PVS 19, 201-253

Schmidt, Manfred G. 1980: CDU und SPD an der Regierung. Ein Vergleich ihrer Politik in den Ländern, Frankfurt a.M./New York

Schmidt, Manfred G. 1982: Wohlfahrtsstaatliche Politik unter bürgerlichen und sozialdemokratischen Regierungen. Ein internationaler Vergleich, Frankfurt a.M./New York

Schmidt, Manfred, G. 1991: Machtwechsel in der Bundesrepublik (1949-1990), in: Blanke, Bernhard/Wollmann, Hellmut (Hg.), 40 Jahre Bundesrepublik zwischen Kontinuität und Veränderung (Leviathan Sonderheft 12), Opladen, 179-203

Schmidt, Manfred G. 1992: Regieren in der Bundesrepublik Deutschland, Opladen

Schmidt, Manfred G. 1996a: When parties matter: A review of the possibilities and limits of partisan influence on public policy, in: EJPR 30, 155-183

Schmidt, Manfred G. 1996b: The Grand Coalition State, in: Colomer, Josep M. (Hg.), Political Institutions in Europe, London, 62-98

Schmidt, Manfred G. 1998a: Sozialpolitik in Deutschland. Historische Entwicklung und internationaler Vergleich, Opladen

Schmidt, Manfred G. 1998b: Das politische Leistungsprofil der Demokratien, in: Greven, Michael (Hg.), Demokratie – eine Kultur des Westens? 20. Wissenschaftlicher Kongreß der Deutschen Vereinigung für Politische Wissenschaft, Opladen, 181-200

Schmidt, Manfred G. 1998c: Die politische Produktivität liberaler Demokratien, in: Saage, Richard/Berg, Gunnar (Hg.), Zwischen Triumph und Krise. Zum Zustand der liberalen Demokratie nach dem Zusammenbruch der Diktaturen in Osteuropa, Opladen, 243-268

Schmidt, Manfred G. 1999a (im Erscheinen): Der konsoziative Staat. Hypothesen zur politischen Struktur und zum politischen Leistungsprofil der Europäischen Union,

in: Grande, Edgar/Jachtenfuchs, Markus (Hg.), Wie problemlösungsfähig ist die Europäische Union? Regieren im Europäischen Mehrebenensystem, Baden-Baden
Schmidt, Manfred G. 1999b: Die Herausforderungen demokratischer Politik: Zum Leistungsprofil von Demokratien in vergleichender Perspektive, in: Greven, Michael Th./Schmalz-Bruns, Rainer (Hg.), Politische Theorie – heute, Baden-Baden, 275-292
Schmidt, Manfred G. 1999c: Immer noch auf dem „mittleren Weg"? Deutschlands Politische Ökonomie am Ende des 20. Jahrhunderts, Bremen: ZeS (ZeS-Arbeitspapier Nr. 7/99)
Schmidt, Manfred G. 1999d: Ist die Demokratie wirklich die beste Staatsverfassung?, in: ÖZP 28, 187-200
Schmitt, Carl 1922: Politische Theologie, München/Berlin
Schmitt, Carl 1926: Die geistesgeschichtliche Lage des heutigen Parlamentarismus, Leipzig/München
Schmitt, Carl 1927: Volksentscheid und Volksbegehren. Ein Beitrag zur Auslegung der Weimarer Verfassung und zur Lehre von der unmittelbaren Demokratie, Berlin/Leipzig
Schmitt, Hermann 1999: Wie demokratisch ist die Politik der EU? Politische Repräsentation in der Europäischen Union, in: Forum 1999, hrsg. vom Rektor der Universität Mannheim in Verbindung mit der Gesellschaft der Freunde der Universität Mannheim e.V., Mannheim, 6-15
Schmitt, Hermann/Weßels, Bernhard 1999: Europawahl und Europäisches Parlament. Ursachen, Formen und Folgen der Demokratisierung der Europäischen Union, Autorenkonferenz zum WZB-Jahrbuch 2000 „Die Zukunft der Demokratie", 3./4. Dezember 1999, Berlin
Schmitter, Philippe C. 1983: Democratic Theory and Neocorporatist Practice, in: Social Research 50, 885-928
Schmitter, Philippe C. 1992a: The Irony of Modern Democracy and Efforts to Improve its Practice, in: Politics & Society 20, 507-512
Schmitter, Philippe C. 1992b: The Consolidation of Democracy and Representation of Social Groups, in: American Behavioral Scientist 35, 422-449
Schmitter, Philippe C. 1994: Dangers and Dilemmas of Democracy, in: Journal of Democracy 5, Nr. 2, 57-74
Schnütter, Philippe C. 1995a: More Liberal, Preliberal, or Postliberal?, in: Journal of Democracy 6, Nr. l, 15-22
Schmitter, Philippe C. 1995b: Post-Liberal Democracy: Does it have a Future?, in: Bentele, Karlheinz/Reissert, Bernd/Schettkat, Ronald (Hg.), Die Reformfähigkeit von Industriegesellschaften, Frankfurt a.M./New York, 47-63
Schmitter, Philippe C./Karl, Terry 1992: The Types of Democracy Emerging in Southern and Eastern Europe and South and Central America, in: Volten, Peter M.E. (Hg.), Bound to Change: Consolidating Democracy in East Central Europe, Boulder, Col., 42-68
Schmitter, Philippe C./Lehmbruch, Gerhard (Hg.) 1979: Trends Toward Corporatist Intermediation, Beverly Hills/London
Schollmeier, Paul 1988: The democracy most in accordance with equality, in: History of Political Thought 9, 205-209
Schubert, Klaus 1991: Politikfeldanalyse, Opladen

Schubert, Klaus 1992: Leistungen und Grenzen politisch-ökonomischer Theorie. Eine kritische Bestandsaufnahme zu Mancur Olson, Darmstadt.
Schütrumpf, Eckart 1991: Einleitung, in: Aristoteles, Politik (Aristoteles Werke in deutscher Übersetzung, Bd. 9, Teil II), Berlin, 89-148
Schumacher, Ralph 1994: John Stuart Mill, Frankfurt a.M.
Schumpeter, Joseph A. 1950 (engl. 1942): Kapitalismus, Sozialismus und Demokratie, Bern
Schumpeter, Joseph A. 1996a (1942): Capitalism, Socialism and Democracy, London/New York
Schumpeter, Joseph A., 1996b (1949): The March into Socialism, in: Schumpeter, Joseph A.: Capitalism, Socialism and Democracy, London/New York, 421-433
Schwan, Alexander 1990: Pluralismus und Wahrheit. Zur legitimatorischen und kritischen Funktion der Politischen Philosophie in der pluralistischen Demokratie, in: Haungs, Peter (Hg.), Wissenschaft, Theorie und Philosophie der Politik. Konzept und Probleme, Baden-Baden, 157-199
Schwan, Alexander 1991: Politische Theorien des Rationalismus und der Aufklärung, in: Lieber, Hans-Joachim (Hg.), Politische Theorien von der Antike bis zur Gegenwart, Bonn, 157-258
Schwan, Gesine 1997: Entgrenzungen des Politischen? Die liberale Demokratietheorie und -praxis muß feministisch erweitert werden, in: Kreisky, Eva/Sauer, Birgit (Hg.), Geschlechterverhältnisse im Kontext politischer Transformation (PVS Sonderheft 28/1997), Opladen, 69-82
Schwarz, Hans-Peter 1981: Die Ära Adenauer. Gründerjahre der Republik. 1949 bis 1957, Stuttgart/Wiesbaden
Schwarz, Hans-Peter 1983: Die Ära Adenauer. Epochenwechsel. 1957 bis 1963, Stuttgart/Wiesbaden
Schwarz, Hans-Peter 1987: Die Zukunft der Demokratie im 20. Jahrhundert, in: Funke, Manfred/Jacobsen, Hans-Adolf/Knütter, Hans-Helmuth/Schwarz, Hans-Peter (Hg.), Demokratie und Diktatur, Bonn, 598-613
Schwarz, Hans-Peter 1999: Das Gesicht des Jahrhunderts. Monster, Retter, Mediokritäten, Berlin
Schwarz, Franz F. 1989: Einleitung, in: Aristoteles, Politik, Schriften zur Staatstheorie, Stuttgart, 3-72
Schweller, Randall L. 1992: Domestic Structure and Preventive War. Are Democracies more Pacifist?, in: WP 44, 235-269
Schwinn, Thomas 1997: Die Entstehung neuer Ordnungen im antiken Griechenland, in: Kölner Zeitschrift für Soziologie und Sozialpsychologie 49, 391-409
Seibel, Wolfgang 1991: Erfolgreich scheiternde Organisationen. Zur politischen Ökonomie des Organisationsversagens, in: PVS 32, 479-496
Seiler, Daniel-Louis 1998: La Vie Politique Des Européennes. Introduction Aux pratiques Démocratiques Dans Les Pays De L'Union Européenne, Paris
Seliger, Martin 1985: John Locke, in: Fetscher, Iring/Münkler, Herfried (Hg.), Pipers Handbuch der politischen Ideen, München/Zürich, Bd. 3, 381-400
Senghaas, Dieter/Senghaas-Knobloch, Eva 1992: Si vis pacem, para pacem, in: Leviathan 20, Nr. 2, 1-19
Setälä, Maija 1999: Referendums and Democratic Government. Normative Theory and the Analysis of Institutions, Houndmills, Basingstoke/London

Setzer, Hans 1973: Wahlsystem und Parteienentwicklung in England. Wege zur Demokratisierung der Institutionen, Frankfurt a.M.
Setzer, Hans 1994: Schumpeters Theorie und die Praxis britischer Demokratie, in: ZfP 41, 45-74
Shackleton, Robert 1961: Montesquieu. A Critical Biography, Oxford
Shapiro, Ian 1996: Democracy's Place, Ithaca/London
Shapiro, Ian/Hacker-Cordòn, Casiano 1999a: Democracy's Value, Cambridge
Shapiro, Ian/Hacker-Cordòn, Casiano 1999b: Democracy's Edges, Cambridge
Shapiro, Ian/Hacker-Cordòn, Casiano 1999c: Promises and Disappointments: Reconsidering Democracy's Value, in: Shapiro, Ian/Hacker-Cordòn, Casiano (Hg.), Democracy's Value, Cambridge, 1-20
Shell, Kurt L. 1971: Einleitung, in: Mill, John Stuart, Betrachtungen über die repräsentative Demokratie, Paderborn, 7-23
Shell, Kurt L. 1987: Westliche Demokratien, in: Beyme, Klaus von/Czempiel, Ernst-Otto/Kielmansegg, Peter Graf (Hg.), Politikwissenschaft, Bd. 1, Stuttgart u.a., 109-140
Shields, Currin V. 1958: Editor's Introduction. The Political Thought of John Stuart Mill, in: Mill, John Stuart, Considerations on Representative Government, New York, vii-xliii.
Shklar, Judith N. 1969: Men and Citizens: A Study of Rousseau's Social Theory, Oxford
Shklar, Judith N. 1987: Montesquieu, Oxford/New York
Shklar, Judith N. 1998: Redeeming American Political Thought (hrsg. von Hoffmann, Stanley), Chicago u.a.
Shonfield, Andrew 1965: Modern Capitalism, Oxford u.a.
Shugart, Matthew Soberg 1994: Building the Institutional Framework: Electoral Systems, Party Systems, and Presidents. University of California, Manuskript
SIPRI (Stockholm International Peace Research Institute) 1971ff.: World Armaments and Disarmament, Stockholm
Siedentop, Larry 1994: Tocqueville, Oxford
Sigele, Ludwig 1996: Achtung, Cyberpolitik! Die Propheten des Informationszeitalters predigen: Die Republik des 21. Jahrhunderts ist elektronisch oder gar nicht. Ein Blick in die Zukunft der Demokratie, in: Die Zeit Nr. 20, 10.5.1996, 3
Sirowy, Larry/Inkeles, Alex 1990: The Effects of Democracy on Economic Growth and Inequality: A Review, in: Studies in Comparative International Development 25, 126-157
Skorupski, John (Hg.) 1998: The Cambridge Companion to Mill, Cambridge
Smart, Paul 1990: ‚Some Will Be More Equal Than Other'. J.St. Mill on Democracy, Freedom and Meritocracy, in: Archiv für Rechts- und Sozialphilosophie 76, 308-323
Smith, Gordon 1983: Politics in Western Europe, Aldershot
Smith, G.W. 1998: General Introduction, in: Smith, G.W. (Hg.), John Stuart Mill's Social and Political Thought: critical assessments, London, xiii-xxxii
Smith, Rogers M. 1993: Beyond Tocqueville, Myrdal and Hertz: The Multiple Traditions in America, in: APSR 87, 549-566
Smith, Steven B. 1995: Theory, Twentieth-Century European, in: Lipset, Seymour Martin (Hg.), The Encyclopedia of Democracy, Bd. IV, 1255-1261

Solschenizyn, Alexander 1994: Mein Weg nach Moskau. Eine Zeit der Wirren steht bevor: Die russische Frage am Ende des 20. Jahrhunderts, in: FAZ Nr. 169, 23.7.1994, 23

Sorensen, Georg 1993: Democracy and Democratization, Boulder, Col. u.a.

Soskice, David 1990: Reinterpreting Corporatism and Explaining Unemployment: Coordinated and Non-co-ordinated Market Economies, in: Brunetta, Renato/Dell, Arinea, Carlo (Hg.), Labour Relations and Economic Performance, London, 170-211

Sotello, Ignaclo 1987: Demokratischer Sozialismus, in: Fetscher, Iring/Münkler, Herfried (Hg.), Pipers Handbuch der politischen Ideen, Bd. 5, München/Zürich, 437-453

Spahn, Peter 1988: Aristoteles, in: Fetscher, Iring/Münkler, Herfried (Hg.), Pipers Handbuch der politischen Ideen, Bd. l, München/Zürich, 397-438

Specht, Robert 1989: John Locke, München

Spragens, Thomas A. 1990: Reason and democracy, Durham u.a.

Springborg, Patricia 1984: Karl Marx on Democracy, Participation, Voting and Equality, in: Political Theory 12, 537-556

Stampfer, Friedrich 1947: Die ersten 14 Jahre der Deutschen Republik, Offenbach

Starck, Christian 1995: Der demokratische Verfassungsstaat: Gestalt, Grundlagen, Gefährdungen, Tübingen

Starr, Harvey 1991: Democratic Dominoes. Diffusion Approaches to the Spread of Democracy in the International System, in: JOCR 35, 356-381

Steffani, Winfried 1980: Pluralistische Demokratie, Opladen

Steffani, Winfried 1981: Präsidentielles und parlamentarisches Regierungssystem, Opladen

Steffani, Winfried 1992: Parlamentarisches und präsidentielles Regierungssystem, in: Schmidt, Manfred G. (Hg.), Die westlichen Länder, München, 288-295

Steffani, Winfried, 1995: Semi-Präsidentialismus: Ein eigener Systemtyp?, in: ZParl 26, 621-641

Steffani, Winfried, 1997: Ernst Fraenkel als Persönlichkeit, in: ZPol 7, 1261-1285

Stein, Lorenz von 1972 (1850): Der Begriff der Gesellschaft und die Gesetze ihrer Bewegung, in: Stein, Lorenz von, Gesellschaft – Staat – Recht, hrsg. und eingel. von Ernst Forsthoff, Frankfurt a.M. u.a., 21-113

Stein, Tine 1998: Demokratie und Verfassung an den Grenzen des Wachstums. Zur ökologischen Kritik und Reform des demokratischen Verfassungsstaates, Opladen

Stelzenmüller, Constanze 1994: Direkte Demokratie in den Vereinigten Staaten von Amerika, Baden-Baden

Stenelo, Lars-Göran/Jerneck, Magnus (Hg.) 1996: The Bargaining Democracy, Lund

Stepan, Alfred 1986: Paths Toward Redemocratisation: Theoretical and Comparative Considerations, in: O'Donnell, Guillermo A./Schmitter, Philippe C./Whitehead, Laurence (Hg.), Transitions from Authoritarian Rule. Comparative Perspectives, Baltimore/London, 64-84

Sternberger, Dolf 1984: Drei Wurzeln der Politik, Frankfurt a.M.

Sternburg, Wilhelm von 1999: Deutsche Republiken. Scheitern und Triumpf der Demokratie, München

Stimson, Shannon C.1998: Hamilton, Alexander, in: Fox, Richard Whightman/ Kloppenberg, James T. (Hg.), A Companion to American Political Thought, Manden, Mass., 288-290

Stolleis, Michael 1995: Gemeineuropäisches Verfassungsrecht – historisch entwickelt?, in: Lehmbruch, Gerhard (Hg.), Einigung und Zerfall. Deutschland und Europa nach dem Ende des Ost-West-Konflikts. 19. Wissenschaftlicher Kongreß der Deutschen Vereinigung für Politische Wissenschaft, Opladen, 149-166
Strauss, Barry S. 1991: On Aristotle's Critique of Athenian Democracy, in: Lord, Cames/O'Connor, David K. (Hg.), Essays on the Foundations of Aristotelian Political Science, Berkeley u.a., 212-233
Strauss, Leo 1953: Natural Right And History, Chicago
Streeck, Wolfgang (Hg.) 1998: Internationale Wirtschaft, nationale Demokratie. Herausforderungen für die Demokratietheorie, Frankfurt a.M./New York
Strom, Kaare 1990: Minority Government and Majority Rule, Cambridge, Mass.
Strom, Kaare 1992: Democracy as Political Competition, in: Marks, Gary/Diamond, Larry (Hg.), Reexamining Democracy, Newbury Park u.a., 27-47
Strübel, Michael 1987: Mehr direkte Demokratie? Volksbegehren und Volksentscheid im internationalen Vergleich, in: APuZ B42/87, 17-30
Sturm, Roland 1989: Haushaltspolitik in westlichen Demokratien, Baden-Baden
Summers, Robert/Heston, Alan 1984: Improved International Comparisons of Real Product and its Composition: 1950-1980, in: Review of Income and Wealth 30, 207-262
Summers, Robert/Heston, Alan 1988: A New Set of International Comparisons of Real Product and Price Levels Estimates for 130 Countries 1950-1985, in: Review of Income and Wealth 34, 1-25
Summers, Robert/Heston, Alan 1991: The Penn World Table (Mark 5): An Expanded Set of International Comparisons 1950-1988, in: Quarterly Journal of Economics 56, 327-268
Swedberg, Richard 1991: Joseph A. Schumpeter. His Life and Work, Cambridge
Swedberg, Richard 1996: Introduction, in: Schumpeter, Joseph A., Capitalism, Socialism and Democracy, London, I-XXI
Tamney, Joseph W. 1991: Confucianism and Democracy, in: Asian Profile 19, 399-411
Tarcov, Nathan 1984: Locke's Education For Liberty, Chicago
Tarcov, Nathan 1995: Locke, John, in: Lipset, Seymour Martin (Hg.), The Encyclopedia of Democracy, Bd. III, London, 773-777
Taylor, Charles Lewis 1991: Measures of Government Change: Indicators of Democracy from Mass Media Reporting, in: Inkeles, Alex (Hg.), On Measuring Democracy. Its Consequences and Concomitants, New Brunswick u.a., 189-206
Ten, C.L. 1998: Democracy, Socialism, And The Working Classes, in: Skorupski, John (Hg.), The Cambridge Companion to Mill, Cambridge, 372-395
Tetzlaff, Rainer 1995: Afrika zwischen Staatsversagen und Demokratiehoffnung, in: APuZ B 44-45/95, 3-13
The Economist 1993: Democracy in Africa, in: The Economist 4.9.1993, 46-49
The Economist 1994: Why voting is good for you, in: The Economist 27.8.1994, 15-17
The Economist 1996: Happy 21$^{st}$ century voters! A Survey of Democracy, in: The Economist, 21.12.1996
The Economist 1997: The Future of the State, in: The Economist, 20.9.1997 (Survey The World Economy)
Therborn, Göran 1977: The Rule of Capital and the Rise of Democracy, in: NLR 103, 3-42

Thompson, Dennis 1976: John Stuart Mill and Representative Government, Princeton, N.J.
Thibaut, Bernhard 1996: Präsidentialismus und Demokratie in Lateinamerika. Argentinien, Brasilien, Chile und Uruguay im historischen Vergleich, Opladen
Thibaut, Bernhard 1998a: Präsidentielle, parlamentarische oder hybride Regierungssysteme? Institutionen und Demokratieentwicklung in der Dritten Welt und in den Transformationsstaaten Osteuropas, in: ZPol 8, 5-37
Thibaut, Bernhard 1998a: Institutionen direkter Demokratie in Lateinamerika, in: ZParl 29, 107-127
Thukydides 1976: Geschichte des Peloponnesischen Krieges, Zürich/München
Tilton, Timothy A. 1979: Alexis de Tocqueville and the Political Sociology of Liberalism, in: Comparative Social Research 2, 263-287
de Tocqueville, Alexis 1976 (franz. 1835/40): Über die Demokratie in Amerika, München
de Tocqueville, Alexis 1978 (franz. 1856): Der alte Staat und die Revolution, München
de Tocqueville, Alexis, 1981: De la Démocratie en Amérique, hrsg. u. eingel. von François Furet, 2 Bde, Paris
Touraine, Alain 1991: What does democracy mean today?, in: ISSJ 43, 259-268
Trechsel, Alexander H. 1999: Volksabstimmungen, in: Klöti, Ulrich u.a., Handbuch der Schweizer Politik. Manuelle de la politique suisse, Zürich, 557-588
Treitschke, Heinrich von, 1898: Politik, Bd.2, hrsg. von Max Cornicelius, Leipzig
Truman, D.B. 1951: The Governmental Process, New York
Tsebelis, George 1995: Decision Making in Political Systems: Vetoplayers in Presidentialism, Parlamentarism, Multi-Cameralism and Multi-Partyism, in: BJPS 25, 289-325
Tseblis, George 1999: Veto Players and Law Production in Parliamentary Democracies: An Empirical Analysis, in: APSR 93, 591-608
Tufte, Edward R. 1978: Political Control of the Economy, Princeton
UNDP 1998: Human Development Report 1998, New York/Oxford
UNDP 1999: Human Development Report 1999, New York/Oxford
Valenzuela, Arturo 1993: Latin America: Presidentialism in Crisis, in: Journal of Democracy 4, 3-16
Vanhanen, Tatu 1984: The Emergence of Democracy. A Comparative Study of 119 States, 1850-1979, Helsinki
Vanhanen, Tatu 1989: The level of democratization related to socioeconomic variables in 147 states in 1980-85, in: Scandinavian Political Studies 12, Nr. 2, 95-127
Vanhanen, Tatu 1990: The Process of Democratization. A Comparative Study of 147 States 1980-88, New York u.a.
Vanhanen, Tatu 1997: Prospects of Democracy. A study of 172 countries, London/New York
Vanhanen, Tatu/Kimber, Richard 1994: Predicting and explaining democratization in Eastern Europe, in: Pridham, Geoffrey/Vanhanen, Tatu (Hg.), Democratization in Eastern Europe. Domestic and international perspectives, London/New York, 63-96
Vaughan, Charles Edwyn 1925: Studies In The History of Political Philosophy Before And After Rousseau, Vol.1. From Hobbes to Hume, Manchester

Vaughan, Charles Edwyn 1962: The Political Writings of Jean-Jacques Rousseau, Oxford
Verba, Sidney/Schlozman, Kay Lehman/Brady, Henry E. 1995: Civic Voluntarism in American Politics, Cambridge, Mass.
Vilmar, Fritz 1973: Strategien der Demokratisierung, 2 Bde., Darmstadt/Neuwied
Wagschal, Uwe 1996: Staatsverschuldung. Ursachen im internationalen Vergleich, Opladen
Wagschal, Uwe 1997: Direct Democracy and Public Policymaking, in: JOPP 17, 223-245
Wagschal, Uwe 1998: Parties, Party Systems, and Policy Effects, in: Pennings, Paul/Lane, Jan-Erik (Hg.), Comparing Party System Change, London/New York, 62-78
Wagschal, Uwe 2000 (i.E.): Das Ausgabenparadoxon der athenischen Direktdemokratie, in: Der Staat 39, Nr. 1
Wagschal, Uwe/Obinger, Herbert 1999: Der Einfluß der Direktdemokratie auf die Staatstätigkeit, Bremen: ZeS (ZeS Arbeitspapier Nr. 1/99)
Waldron, Jeremy 1995: The Wisdom of the Multitude. Some Reflections on Book 3, chapter 11 of Aristotle's Politics, in: Political Theory 23, 563-584
Wang, Rongfen 1997: Cäsarismus und Machtpolitik. Eine historisch-bibliographische Analyse von Max Webers Charismakonzept, Berlin
Warren, Mark 1988: Max Weber's Liberalism, in: APSR 82, 31-50
Warren, Mark 1992: Democratic Theory and Self-Transformation, in: APSR 86, 8-23
Warren, Mark E. 1993: Can Participatory Democracy Produce Better Selves? Psychological Dimensions of Habermas' Discursive Model of Democracy, in: Political Psychology 14, 209-234
Warren, Mark E. 1996: Deliberative Democracy and Authority, in: APSR 90, Heft 1, 46-60
Waschkuhn, Arno 1998: Demokratietheorien, München
Weale, Albert 1995: William Riker and the Theory of Democracy, in: Democratization 2, Nr. 3, 377-395
Weale, Albert 1998: Between representation and constitutionalism in the European Union, in: Weale, Albert/Nentwich, Michael (Hg.), Political Theory and the European Union. Legitimacy, Constitutional Choice and Citizenship, London/New York, 49-62
Weale, Albert 1999: Democracy, New York
Weale, Albert/Nentwich, Michael (Hg.) 1998: Political Theory and the European Union. Legitimacy, Constitutional Choice and Citizenship, London/New York
Weart, Spencer R. 1994: Peace Among Democratic and Oligarchic Republics, in: JPR 31, 299-316
Weart, Spencer R. 1998: Never at War. Why Democracies Will Not Fight One Another, New Haven/London
Weaver, R. Kent/Rockman, Bert A. (Hg.) 1993: Do Institutions Matter? Government Capabilities in the United States And Abroad, Washington D.C.
Weber, Max 1976 (1922): Wirtschaft und Gesellschaft, Tübingen
Weber, Max 1984a (1917): Wahlrecht und Demokratie in Deutschland, in: Max Weber, Zur Politik im Weltkrieg. Schriften und Reden 1914-1918, hrsg. von Wolfgang J. Mommsen in Zusammenarbeit mit Gangolf Hübinger (MWG Abt. I: Schriften und Reden, Bd. 15), Tübingen, 344-396

Weber, Max 1984b (1918): Parlament und Regierung im neugeordneten Deutschland. Zur politischen Kritik des Beamtentums und Parteiwesens, in: Max Weber, Zur Politik im Weltkrieg. Schriften und Reden 1914-1918, hrsg. von Wolfgang J. Mommsen in Zusammenarbeit mit Gangolf Hübinger (MWG Abt. I: Schriften und Reden, Bd. 15), Tübingen,421-596

Weber, Max 1984c (1918): Der Sozialismus, in: Max Weber, Zur Politik im Weltkrieg. Schriften und Reden 1914-1918, hrsg. von Wolfgang J. Mommsen in Zusammenarbeit mit Gangolf Hübinger (MWG Abt. I: Schriften und Reden, Bd. 15), Tübingen, 597-633

Weber, Max 1984d (1917): Das preußische Wahlrecht, in: Max Weber, Zur Politik im Weltkrieg. Schriften und Reden 1914-1918, hrsg. von Wolfgang J. Mommsen in Zusammenarbeit mit Gangolf Hübinger (MWG Abt. I: Schriften und Reden, Bd. 15), Tübingen, 222-235

Weber 1984e (1918): Die nächsten innenpolitische Aufgaben, in: Max Weber, Zur Politik im Weltkrieg. Schriften und Reden 1914-1918, hrsg. von Wolfgang J. Mommsen in Zusammenarbeit mit Gangolf Hübinger (MWG Abt. I: Schriften und Reden, Bd. 15), Tübingen, 634-639

Weber, Max 1988 (1921): Gesammelte Politische Schriften, Tübingen

Weber, Max 1988a (1919): Der Reichspräsident, in: Max Weber, Zur Neuordnung Deutschlands. Schriften und Reden 1918-1920, hrsg. von Wolfgang J. Mommsen in Zusammenarbeit mit Wolfgang Schwentker (MWG, Abt. I: Schriften und Reden, Bd. 16), Tübingen, 220-224

Weber, Max 1988b (1922): Die drei reinen Typen der legitimen Herrschaft, in: ders., Gesammelte Aufsätze zur Wissenschaftslehre, Tübingen, 475-488

Weber, Max 1988c (1895): Der Nationalstaat und die Volkswirtschaftspolitik, in: Winckelmann, Johannes (Hg.), Max Weber. Gesammelte Politische Schriften, Tübingen, 1-25

Weber, Max 1990 (1908): Brief an Robert Michels, in: MWG Abt. II: Briefe, Bd. 5, Tübingen, 615-620

Weber, Max 1992 (1919): Politik als Beruf, in: Max Weber, Wissenschaft als Beruf 1917/1919 – Politik als Beruf, hrsg. von Wolfgang J. Mommsen und Wolfgang Schluchter in Zusammenarbeit mit Birgitt Morgenbrot (MWG Abt. I: Schriften und Reden, Bd. 17), Tübingen, 113-252

Weber-Schäfer, Peter 1976: Einführung in die antike politische Theorie, Bd. 2, Darmstadt

Weber-Schäfer, Peter 1986: Aristoteles, in: Maier, Hans/Rausch, Heinz/Denzer, Horst (Hg.), Klassiker des politischen Denkens 1, München, 45-69

Weede, Erich 1990: Wirtschaft, Staat und Gesellschaft. Zur Soziologie der kapitalistischen Marktwirtschaft, Tübingen

Weede, Erich 1992: Some Simple Calculations on Democracy and War Involvement, in: JPR 29, 377-383

Wewer, Göttrik 1999: Regieren in Bund und Ländern (1948-1998), in: Ellwein, Thomas/Holtmann, Everhard (Hg.), 50 Jahre Bundesrepublik Deutschland (PVS Sonderheft 30/99), Opladen, 496-519

Wehler, Hans-Ulrich 1995: Deutsche Gesellschaftsgeschichte. Dritter Band: Von der „Deutschen Doppelrevolution" bis zum Ende des Ersten Weltkrieges: 1848-1914, München

Wehner, Burkhard 1992: Die Katastrophen der Demokratie, Darmstadt
Weidenfeld, Werner (Hg.) 1994: Reform der Europäischen Union. Materialien zur Revision des Maastrichter Vertrags von 1996, Gütersloh
Weidenfeld, Werner (Hg.) 1996: Demokratie am Wendepunkt. Die demokratische Frage als Projekt des 21. Jahrhunderts, Berlin
Weigand, Kurt 1965: Einleitung, in: Montesquieu, Vom Geist der Gesetze, Stuttgart, 1-85
Weiler, J.H.H. 1999: The Constitution of Europe, Cambridge
Weinacht, Paul-Ludwig (Hg.) 1999a: Montesquieu. 250 Jahre „Geist der Gesetze". Beiträge aus Politischer Wissenschaft, Jurisprudenz und Romanistik, Baden-Baden
Weinacht, Paul-Ludwig 1999b: Montesquieus Lehre vom Staat und von den beiden Grundtypen des Staates, in: Weinacht, Paul-Ludwig (Hg.), Montesquieu. 250 Jahre „Geist der Gesetze", Baden-Baden, 75-98
Weiner, Myron 1987: Empirical Democratic Theory and the Transition from Authoritarianism to Democracy, in: Political Science 20, 861-866
Weir, Stuart/Beetham, David 1999: Political power and democratic control in Britain: the Democratic Audit of the United Kingdom, London
Weizsäcker, Richard von 1992: Richard von Weizsäcker im Gespräch mit Gunter Hofmann und Werner A. Perger, Frankfurt a.M.
Weltbank 1997: Weltentwicklungsbericht, Bonn
Welwei, Karl-Wilhelm 1999: Das Klassische Athen. Demokratie und Machtpolitik im 5. und 4. Jahrhundert, Darmstadt
Welzel, Christian 1994: Systemwechsel in der globalen Systemkonkurrenz: Ein evolutionstheoretischer Erklärungsversuch, in: Merkel, Wolfgang (Hg.), Systemwechsel 1, Opladen, 47-80
Welzel, Christian/Inglehart, Ronald 1999: Analyzing Democratic Change and Stability: a Human Development Theory of Democracy, Wissenschaftszentrum Berlin für Sozialforschung
Wendt, Alexander 1999: A Comment on Held's Cosmopolitanism, in: Shapiro, Ian/Hacker-Cordòn, Casiano (Hg.), Democracy's Edges, Cambridge, 127-133
Wenturis, Nikolaus 1980: Marxismus, in: Handwörterbuch der Wirtschaftswissenschaft, Bd. 5, München u.a., 166-189
Weßels, Bernhard/Klingemann, Hans-Dieter 1994: Democratic Transformation and the Prerequisites of Democratic Opposition in East and Central Europe, Wissenschaftszentrum Berlin für Sozialforschung
Wessels, Wolfgang 1999: Das politische System der Europäischen Union, in: Ismayr, Wolfgang (Hg.), Die politischen Systeme Westeuropas, Opladen, 713-746
Westle, Bettina 1989: Politische Legitimität – Theorie, Konzepte, empirische Befunde, Baden-Baden
Whitehead, Laurence (Hg.) 1996: The International Dimensions of Democratization. Europe and the Americas, Oxford
Whitehead, Laurence 1986: International Aspects of Democratisation, in: O'Donnell, Guillerrno A./Schmitter, Philippe C./Whitehead, Laurence, (Hg.), Transitions from Authoritarian Rule. Comparative Perspectives, Baltimore/London, 3-46
Widmaier, Ulrich/Gawrich, Andrea/Becker, Ute 1999: Regierungssysteme Zentral- und Osteuropas. Ein einführendes Lehrbuch, Opladen

Wiesendahl, Elmar 1981: Moderne Demokratietheorie. Eine Einführung in ihre Grundlagen, Spielarten und Kontroversen, Frankfurt a.M. u.a.

Wiesendahl, Elmar 1991: Neue soziale Bewegungen und moderne Demokratietheorie. Demokratische Elitenherrschaft in der Krise, in: Roth, Roland/Rucht, Dieter (Hg.), Neue soziale Bewegungen in der Bundesrepublik Deutschland, Bonn, 561-578

Williams, Geraint L. (Hg.) 1985: John Stuart Mill on Politics and Society, Glasgow, 179-185

Willke, Helmut 1993: Systemtheorie entwickelter Gesellschaften, Weinheim/München

Wilson, Frank L. 1999: European Politics Today. The Democratic Experience, Prentice Hall, N.J.

Winterling, Aloys 1993: „Arme" und „Reiche". Die Struktur der griechischen Polisgesellschaften in Aristoteles' „Politik", in: Saeculum 44, Nr.1, 179-205

Wintrobe, Ronald 1997: Rent Seaking and Redistribution Under Democracy Versus Dictatorship, in: Breton, Albert u.a. (Hg.), Understanding Democracy. Economic and Political Perspective, Cambridge, 125-143

Wintrobe, Ronald 1998: Political Economy of Dictatorship, Cambridge

Wittman, Donald 1989: Why democracy produces efficient results, in: Journal of Political Economy 97, 1395-1424

Wolf, Klaus-Dieter (Hg.) 1997: Projekt Europa im Übergang? Probleme, Modelle und Strategien des Regierens in der Europäischen Union, Baden-Baden

Wolff, Jürgen H. 1991: Demokratie, Armut und Entwicklung: Ein Überblick, in: Verfassung und Recht in Übersee 24, 393-405

Wollmann, Hellmut 1999: Kommunalpolitik: Mehr (direkte) Demokratie wagen, in: APuZ B 24-25/99, 13-22

Zakaria, Fareed 1997: The Rise of Illiberal Democracy, in: Foreign Affairs 76, Nr. 6, 22-43

Zehnpfennig, Barbara 1993: Einleitung, in: Zehnpfenning, Barbara (Hg.), Alexander Hamilton, James Madison, John Jay: Die Federalist Papers, Darmstadt, 1-44

Zeltner, Hermann/Redaktion Kindlers Literatur Lexikon 1988: Two Treatises of Government, in: Kindlers Neues Literatur Lexikon, hrsg. von Walter Jens, München, Bd. 10, 515-516

Ziemer, Klaus 1994: Fehlstart in die Demokratie? Die politischen Systeme Osteuropas fünf Jahre nach der „Wende", Universität Trier: Manuskript

Zimmermann, Ekkart 1993: Political Breakdown and the Process of National Consensus Formation: On the Collapse of the Weimar Republic in Comparative Perspective, in: Weil, Frederick D. u.a. (Hg.), Research on Democracy and Society, Bd. 1, Greenwich, 267-279

Zippelius, Reinhold 1987: Zur Rechtfertigung des Mehrheitsprinzips in der Demokratie, in: APuZ B 42/87, 3- 10

Zippelius, Reinhold 1989: Geschichte der Staatsideen, München

Zürn, Michael 1996: Über den Staat und die Demokratie in der Europäischen Union, in: PVS 37, 27-55

Zürn, Michael 1998: Regieren jenseits des Nationalstaates. Globalisierung und Denationalisierung als Chance, Frankfurt a.M.